書物の破壊の世界史

シュメールの粘土板からデジタル時代まで

Nueva Historia Universal de la Destrucción de Libros:

De las tablillas sumerias a la era digital

Fernando Báez

フェルナンド・バエス

八重樫克彦＋八重樫由貴子＝訳

紀伊國屋書店

書物の破壊の世界史——シュメールの粘土板からデジタル時代まで

NUEVA HISTORIA UNIVERSAL DE LA DESTRUCCIÓN DE LIBROS

by Fernando Báez

ルイス・アルベルト・バエス・ベジョと
カルメン・エルナンデスへ、
わが両親の思い出に捧げる。

目次

第2部　東ローマ帝国の時代から一九世紀まで

本を燃やす人間は、やがて人間も燃やすようになる

——ハインリッヒ・ハイネ『アルマンゾル』（一八二一年）

燃やされた本それぞれが世の中を照らし出し……。

——ラルフ・ウォルド・エマーソン『随想、第一集』（一八四一年）

ありとあらゆる図書館の書架をことごとく破壊せよ。

——フィリッポ・トンマーゾ・マリネッティ『未来派宣言』（一九〇九年）

隣の家にある本は弾を込めたピストルだ。
焼いてしまえ。ピストルの弾を抜くんだ。
人間の精神を支配せよ。

——レイ・ブラッドベリ『華氏四五一度』（一九五三年）

最新版を手にした読者の皆さまへ

物心がつく頃から、おそらくは読書なしでは生きていかれないと悟って以来、学識者と呼ばれる人々が書物の終わりを声高に叫ぶのを耳にしてきた気がする。そんな私にとって書物の終わりは、つい最近まで世の中を賑わしていた二〇一二年の人類滅亡説、いわゆるマヤの予言と呼ばれるものに匹敵するテーマである。そこで最新版（二〇一三年）の出版に寄せた本稿を、アフガニスタンのとある書店主の言葉で始めようと思う。悪条件下を生き抜いてきた彼が、とりわけ最悪の時に口にした「書物はなくなるだろうが、人々はそのことにすら気づかないかもしれん」。パレスチナ系メキシコ人思想家のガブリエル・ザイドが、著書『多すぎる本』に記した《火・車輪・文字という（原始人が作ったにもかかわらず、いまだ他の追随を許さない）数万から数千年来の発明品の消滅を予言する専門家はいないが、本の消滅を告げる予言者たちには事欠かない》にも相通じる発言だ。

書物は魔力を失った。インターネットやケーブルテレビが発達したグローバル社会で、本はもはや重要ではない。そう考える人は二〇一〇年九月に起こった出来事を思い出してみるべきだ。冷戦後唯一の超大国となった米国で、九月一一日のニューヨーク同時多発テロ追悼に際し、コーランを燃やすと宣言したひとりの牧師を思いとどまらせるべく、政府と軍の高官が動いたことは記憶に新しい。ニュース番組のコメンテーターのなかには、大げさに騒ぎすぎだとの向きもあったが、私は一歩間違えば大惨事になるところだったと見ている。しかも問題はそこで終わったわけではない。われわれが生きる二一世紀は、たったひとつの神聖なシンボルの破壊が戦争の引き金となる可能性も高いのだ。

形を変えて現代もなお続く異端審問の事例としては、同じ二〇一〇年九月に米国防総省が取った奇妙な措置――国防情報局職員アンソニー・シェーファー大佐の著作『オペレーション・ダークハート』九五〇〇部を買い占め、焚書《ふんしょ》にすると決めた――が挙げられる。国家の安全保障に関わる情報が含まれているとの理由からだ。だとすると、米国の外交機密をネット上に掲載したかどで非難・迫害されているオーストラリア人ジャーナリスト、ジュリアン・アサンジが、ウィキリークスで公開した全情報を本として出版したらどうなるか？ 後先を考えずに目障りな書物をことごとく抹殺する。そんな無謀な政策は、中国でさえも取っていないはずである。

私の父は「書物と図書館は無処罰特権や教条主義、情報の操作や隠蔽に対抗する伏兵だ。その事実を人々はすっかり忘れてしまっているが、けっして忘れるべきではない」と強く主張していたが、彼の言い分は正しかった。抑圧者や全体主義者は書物や新聞を恐れるものである。それらが〝記憶の塹壕〟であり、記憶は公正さと民主主義を求める戦いの基本であるのを理解しているからだ。

二〇〇四年に『書物の破壊の世界史』初版が刊行されると、あまりの反響の大きさに、私は自分が文明の古傷に触れたのを実感した。何よりも書物が伝える記憶の価値を大勢の読者に認識してもらえたことが嬉しかった。本書をきっかけにシナゴーグ（ユダヤ教の会堂）に招かれ、ゲニザという不要になった書物の保管庫を見せていただく貴重な機会にも恵まれた。また、リオデジャネイロで出会った男性に「僕は人々が引っ越しの際に処分した本を集めて図書館を開いているけど、あなたの著作も一緒に並べたからね」といわれたことも印象に残っている。

ここで、巻末に付した謝辞に載せきれなかった人々に御礼申し上げたいと思う。私自身、スペイン語圏内に多少のつながりがあるとはいえ、ギジェルモ・シャベルソンなくして、本書が地球規模で広がることはなかった。彼は国際的に知名度の高い偉大な出版エージェントというだけでなく、喜びの時にも苦難の時にも真の友人でいてくれた。シャベルソンとスタッフ全員、特にバルバラ・グラハムとハコバ・カシェルには感謝してもしきれない。

本書をきっかけに、書物の破壊のテーマでさまざまな討論を展開してくれたメディアの存在も大きな後押しとなった。文化的な側面の情報源としても、以下のテレビ・ラジオ局、各紙誌のジャーナリストの皆さまには、日頃から大変お世話になっている。イギリスのBBC。オランダのラジオ・ネーデルラント。フランスの『ル・モンド』紙。イタリアの『レスプレッソ』誌。スペインのラディオ・ナショナル・デ・エスパーニャ、カデナ・セル、カタルーニャ・ラディオ、『エル・パイス』紙、『ラ・バングアルディア』紙、『ABC』紙、『エル・ムンド』紙、『ラ・ラソン』紙、『エウロパ・プレス』紙、『ウルティマス・ノティシアス』紙、『エル・フィナンシエロ』紙付録の文化誌『クルトゥラル』誌、『ケ・レエル』誌、『ムイ・インテレサンテ』誌、『レトラ・インテルナシオナル』誌、『クオ』誌、『エドゥカシオン・イ・ビブリオテカ（教育と図書館）』誌、『ラテラル』誌（バルセロナの偉大なる本の付録誌）、レベリオン（インターネット・ニュースサイト）。アメリカのCNN、『ニューヨークタイムズ』紙、『ボストン・グローブ』紙、『ザ・ニューヨーカー』誌、『インターナショナルインフォメーション&ライブラリー・レビュー』誌。メキシコのTVアステカ、『エル・ウニベルサル』紙。グアテマラの『プレンサ・リブレ』紙。コスタリカの『ラ・ナシオン』紙。ベネズエラのテレスール、『エル・ウニベルサル』紙、『エル・ナシオナル』紙。コロンビアの『エル・ティエンポ』紙。チリの『エル・メルクリオ』紙、『ラ・テルセラ』紙。ブラジルの『オ・グローボ』紙、『ベジャ』誌、『エンコントラルテ』誌。アルゼンチンの『ラ・ナシオン』紙。ベトナムのVTV。そしてEFE、UPI、AFP、ロイターなど、数々の通信社。

友人である小説家、カメラマン、映画監督たちの多くが、拙著からインスピレーションを得てくれたことも嬉しい驚きだった。アルゼンチンのジャーナリストで歴史家、劇作家・俳優でもあるホルヘ・ゴメスは素晴らしい戯曲『ビブリオクラスタ（書物の破壊者）』を上演。同じくアルゼンチンの作家カリナ・マグレギは本の擁護者たちの守護聖人である聖女ヴィボラの生涯を復元し、出色の小説『悪を感じず、燃えつつ生きる』を上梓した。アレハンドロ・セルパはビブリオコースト（書物の大量虐殺）を論文のテーマに選び、チリの映画監督レネ・バジェステロスはドキュメンタリー『熱傷』を制作した。カリン・バジェステロスはチリにおける書物の破壊に関する初の本格的研究に着手。メキシコのエッセイスト、ラファエル・トリスは傑作短編『エル・ビブリオファゴ（書物を食う男）』を執筆した。イラクの詩人ファロク・サッロームは二〇〇三年に私が撮影した写真をもとに、全篇にわたってイラクにおける破壊をテーマにした詩集を出版し、アルゼンチンのビジュアルアーティスト、ファビアン・トリゴは禁書の索引カードをモチーフにした個展「セクレト（秘密）」を開催した。同じくアルゼンチンのアーティスト、テューラ・ヒルデン＆ピオ・ディアスは世界の文化遺産が火災に見舞われるシーンを作品上で再現。ロンドン生まれでマドリードを拠点に活動している写真家のエイドリアン・タイラーは破壊された書物を撮り続け、写真集『塵は塵に』を刊行し……と枚挙にいとまがない。

スペイン国立図書館にて、『教育と図書館』誌のラモン・サラベリアとメキシコ・グアダラハラ公立図書館の館長を長年務めたブランカ・カルボが企画した「戦時下の図書館」展のイベントに、英国人作家ロバート・フィスクとともにゲスト出演できたのも光栄だった。また私の文章の一部が、ペドロ・ロペスとハビエル・ヒメノ・ペレリョの叢書『噴火寸前の火山――図書館と社会的義務』に収録されたことも喜ばしく思う。

トマス・ソラーリとウーゴ・ガルシア（故人）からの称賛も一生忘れられない。それと進取の気性に富んだアルゼンチン国立図書館の図書館員たちのことも。彼らは何と二〇〇六年に、私の名前を冠したコンクール〝フェルナンド・バエス・ラテンアメリカコンクール――図書館・古文書館・博物館における盗難・弾圧と抵抗〟を開催し、二〇〇八年には入選作を一冊の本『ビブリオクラスタ』にまとめて出版した（ブエノスアイレス大学出版）。ラ・プラタ市の検閲に関する優れた論文で最優秀賞を受賞したフロレンシア・ボッシーをはじめ、作品が掲載されているクリスティアン・ホセ・オリベイラ・サントス、ルイス・オポルト、ダニエル・カノサ、シルバナ・ボナッチ、フェデリコ・サバリョス、ベアトリス・ケスラー、フリアン・バルスキーも、私の言葉から着想を得て、今日書物の破壊をテーマとする研究に献身している。

スペインでの初版の出版から一〇年近くが過ぎた二〇一三年、本書はメキシコの出版社から再版されることになった。私はこれを機に、読者に改めて真剣な討論のテーマを提供できると考えた。そこで、レイアウトを調整して旧版よりもゆったりと組み直し、本文にも手を加えて通りのよい文章に書き換えた。とはいえ、自分ひとりで成し遂げたわけではなく、何十人もの友人や傑出した編集者たち、一七カ国語に及ぶ素晴らしい翻訳者たちと熱心な読者各位のお知恵を拝借した。だからこの最新版は、本書の内容をより豊かにするために、貴重な時間を割くことを厭わぬ方々の尽力の賜物ともいえるだろう。

初版のイントロダクションのようにあえて削除せず残した部分もあるが、この一〇年間に会合や

講習、研修会や講演会で尊敬する同僚たちと議論し、自分なりに達した結論を要約したビブリオコースト（書物の大量虐殺）とメモリシディオ（記憶殺し）の理論を、中間報告という形で盛り込むことにした。

このほか旧版と大きく変わった点としては、中国における書物の破壊に関する新たな項目をつけ加え、中東・アフリカで消滅した図書館やマヤ・アステカ文明の失われた古文書に関するさらなる情報を提供するよう努めた。中世フィレンツェでドミニコ会士ジロラモ・サヴォナローラが行なった〝虚栄の焼却〟、一九七〇年代から八〇年代にかけての、アルゼンチンとチリの軍事政権による書物の破壊の項目も充実させた。また、スペイン科学研究高等評議会の人文社会科学部門の蔵書や、ドイツのアンナ・アマリア図書館を焼き尽くした火災の情報も追加した。

本書の初版本は二〇〇六年の時点で、すでにスペイン語圏、ポルトガル語圏を中心に、さまざまな版が出ていたが、ある謙虚な匿名の読者から、小説中に描かれた書物の破壊についても検証してみてはどうかと提案された。気が遠くなるような作業になると、ためらわれたものの、必要な作品は自分が勤める図書館にほぼ全作揃っているではないかと気づき、調査を進めることにした。その結果、焚書が描かれた最初の事例はヨーロッパ近代文学の幕開け的作品ともいえる、ミゲル・デ・セルバンテスの『ドン・キホーテ』であることが判明したときには、喜びもひとしおだった。

その努力は、第二部第一五章「フィクションにおける書物の破壊」として結実した。ちなみにそこで取り上げた小説のなかで、私のお気に入りはボフミル・フラバルの短編小説『あまりにも騒がしい孤独』だ。長年古紙の圧縮処理に携わってきた男が、日々破壊される書物に抱く郷愁に魅了され、何度も繰り返し読んでいる。

二〇〇三年に勃発したイラク戦争の影響はいまだ尾を引いている。私は六回バグダード入りしたが、時宜を得た図書館や博物館の復興プロジェクトは（実現しなかったものの）非常に重要だと考えている。同じく近年のアフガニスタンにおける復興や、九月一一日を〝世界コーラン焚書デー〟にしようとした、先述のテリー・ジョーンズ牧師についての研究の成果なども加筆した。電子書籍の章は時代の流れに応じて修正を加え、参考文献も更新してある。

　私にとっての関心事は答えよりも問いに出会うことだ。この年齢でそれに気づいたのは幸運だった。本書には歴史上・宗教上の異説や異端が出てくるが、定説や正統派というものも非常に曖昧な定義であることを念頭に置いておくべきだ。アリストテレスは哲学が驚きから始まるといったが、私自身は失望から生まれるものだと思っている。ある意味このノンフィクションは、歴史を前にした驚きと失望という両義的な感情がもたらした、私の無邪気な好奇心から生じたのではないかと踏んでいる。

　最後にひとつはっきりさせておきたい。本書のタイトルを〝書物の破壊の歴史〟ではなく〝書物の破壊の世界史〟としたのは、世界中で起こっている身近な問題として捉えてほしかったからだ。この種々雑多な論文集ともいえる本書は、ロバート・バートン著『憂鬱の解剖』、フラン・オブライエン（ブライアン・オノラン）著『スウィム・トゥー・バーズにて』、フリオ・コルタサル著『石蹴り遊び』に借りがある。本書の読み方をとやかくいうのは本意ではない。読者の皆さまそれぞれが読みたいように読んでくだされば本望だ。死や忘却に対峙する必要が生じた際に、頼りになる座右の書あるいは護符として機能すれば幸いである。

イントロダクション

バグダードの謎

「もはやわれわれの記憶は存在しない。文字や法律の揺りかご、文明発祥の地は焼失した。残っているのは灰だけだ」

この言葉はバグダード大学で中世史の教員が口にしたものである（これを発した数日後、この教員はバース党に所属していたとの理由で逮捕されたという）。近代的な大学の構内は、教室も研究室も破壊され、略奪に遭ったあとだった。図書館の蔵書も例外ではない。その教員はひとり、大学の玄関先で絶えず物陰に隠れるようにしていた。あの言葉は彼の独白だったのかもしれないし、あるいは中東でよく耳にする、果てしなく続く囁き声に唱和していただけかもしれない。彼は私の姿を認めると、瞳を潤ませた。おそらく誰かを待っていたのだろうが、待ち人来たらず、間もなく大学をあとにする後ろ姿が見えた。当てもなくさまようように、校舎のそばにミサイルが空けた巨大なクレーターを避けて去っていく。

しかしそれから数時間後、教え子のひとりが思いつめた表情で私に話しかけてきたことで、彼の言葉は意義を与えられることになる。茶色の長衣にサンダル姿、眼鏡をかけた学生は、丹念に切り揃えたひげを蓄えてはいたが、年齢はかなり若そうだった。二〇歳から二二歳ぐらいだろうか。正義感に燃えて物申すには打ってつけの年頃だ。話しかけてきたとはいっても、私を見るわけでも別の場所を見るわけでもなく、うつろな目をして訊いてきた。「どうして人間はこんなにも多くの本を破壊するのか」と。

学生は落ち着いた声で問題提起したあと、何かの一節を口ずさみ始めた。どうやらあまりよく覚えていないらしく、言葉に詰まって続かなくなると再び私に同じ問いを投げかけた。イラクは何世紀にもわたって文化の破壊と収奪の被害を受けてきた。「あなたは専門家でしょう?」皮肉まじりに問い詰める。彼の名はエマド。左手に擦り切れたペルシャの詩人の詩集を携え、乾いたヤシの枝をしおり代わりに挟んでいる。正直に告白すると、私は彼に返す言葉が見つからず、黙ってその場から退散した。構内の廊下の至るところで口論が始まり、巻き込まれたくなかったからでもある。ホテルの部屋に戻って、自分のペースを取り戻し、じっくりと腰を据えて考えるのに不可欠な心のゆとりが生まれると、あの場で受けた困惑は自分の考えを見つめ直すきっかけとなった。

あれから何カ月も経っているのに、なぜ今になって事の重大さをひしひしと感じるのかわからないが、あの時の出来事が記憶の奥底にこびりついて離れない。もしかすると自分は何もわかっていないのではないか、どんなに理論づけようとしても、惨劇を前にしては何もかも無駄で、間違っているのではないか、との思いが頭をもたげてくる。だがたとえそうだとしても、私は自分自身の経験に基づき、自分なりの結論を導き出してバグダードの学生の問いに答えねばならない。それが彼の問いの価値に報いる唯一の道だと考える。このイントロダクションの意図は、それ以上でもそれ以下でもない。

二〇〇三年五月バグダードに現地入りした際、私は文化の破壊の新たな形に直面した。それは見て見ぬふりをするという間接的な加担でなされていた。米軍による首都制圧後、「一九五四年ハーグ条約（武力紛争の際の文化財の保護に関する条約）第一議定書」、七二年の「世界の文化遺産及び自然遺産の保護に関する条約」、九九年の「ハーグ条約第二議定書」の条項に反する怠慢さと浅薄さ、思慮のなさによる文化財の消失が始まった。米兵たちはイラクの文化施設を破壊こそしなかったが、守りもしなかった。この無関心さが犯罪グループによる収奪にお墨つきを与えた。犯罪組織による蛮行のあと、サダム・フセイン政権の象徴への憎悪を煽る、一連のプロパガンダに触発された無知な群衆による略奪行為が続いた。博物館や図書館がその国の権力機関と同一視された事実を忘れてはならない。そしてそれらの施設が壊滅したのは、沈黙が大惨事を正当化したからにほかならないことも。

二〇〇三年四月一二日、イラク国立博物館略奪という衝撃的なニュースが世界中を駆けめぐった。多大な価値のある展示品三〇点ほか一万四〇〇〇点以上の所蔵品が盗まれ、展示室が破壊された。四月一四日には国立図書館でおよそ一〇〇万冊の蔵書が焼かれる。国立古文書館にも火が放たれ、一〇〇〇万点以上のイラク共和国やオスマン帝国時代の記録が焼失した。その後、数日間のうちにバグダード大学付属の複数の図書館、ワクフ図書館、イラク国内にある何十もの大学の図書館が、同様の被害を受けた。

バスラでは中央図書館、バスラ大学附属図書館、イスラム図書館とともに自然史博物館が燃やされた。モスルでは博物館内の図書館が、プロの窃盗団による古文書の盗難と放火の被害に遭った。賊は価値ある古文書だけを選んで持ち去り、残りの蔵書に火を放ったのだ。ティクリートでは博物館の建物が爆破され、警備員たちが逃げ出したことで、容易に強奪が行なわれた。

この予期せぬ大惨事に、監視の目が行き届かぬ何千もの遺跡の襲撃が追い打ちをかける。貴重な考古資料の国境を越えた不正取引は、前代未聞の規模になりつつある。武装した盗掘グループがハトラ、イシン、クラル・ジャブル、クユンジュク、テル・センケレ、テル・アル・ジュベイト、ジャウハ、ウル、ウムアルカラブといった遺跡の発掘現場を荒らす。ヘリコプターやパトロール隊の巡回が通り過ぎるや舞い戻って盗掘を再開、遺物を粗末に扱い、壁画を破壊した。国外に持ち出された出土品は、クウェートやダマスカス経由でローマやベルリン、ニューヨーク、ロンドンへと運ばれ、金に糸目をつけぬ個人蒐集家たちに言い値で買い取られる。それにしても、書物の生まれたこの土地でメモリシディオ（記憶殺し）が発生するなんて。偶然にしてはあまりにも皮肉な話だが、この謎は容易に解けそうもない。

書物の破壊の狭間で

イラクで目にした光景で、私は自分が生まれて初めて破壊された書物を見た日のことを思い出した。確か四歳か五歳だったと思う。当時わが家は極貧状態で、町の図書館は私の唯一の拠りどころだった。私の父は弁護士だったが不正を拒んで失業中。代わりにスペイン・カナリア諸島出身の母が手芸品店で、『オデュッセイア』の主人公オデュッセウスの妻ペネロペのごとく、来る日も来る日も縫っては解く衣服の修繕をして家族を養っていた。そこで幼い私は毎日、地元シウダーグアヤナのサン・フェリクスで町立図書館を開いていた家に預けられた。義理のおばがその図書館に秘書として勤めていた関係でだ。親切にも彼女は私の好きなようにさせてくれたので、私は一日中、図書館の中で書架と本に囲まれて過ごした。

読書の価値を見いだしたのもそこでのことだ。読むよりほかにすることもなく、読まざるを得なかった事情もあるが、よい本にめぐり合うたびに、また読もうという気力が湧き、さらに読書熱が高まる結果になった。読書の手引きも図書目録も、文芸批評選集も週末の新聞書評もそっちのけで、〝古典〟という棚のラベルも気にせず、片っ端から読みふけった。書物に対する私の関心は半端ではなく、本は唯一の友人だった。当時の自分が幸せだったかどうかはわからない。ただ少なくとも、大好きな本のページをめくっているあいだだけは空腹も貧困も忘れていられた。私を恨みや不安から救ってくれたのも書物だった。

本を読んでいる限り、何時間ひとりぼっちにされても、孤独感を覚えることはなかった。他の多くの子どもたちと同様に、私もジュール・ヴェルヌやエミリオ・サルガリ、エドガー・アラン・ポー、ロムロ・ガジェゴス、ウィリアム・シェイクスピア、ロバート・ルイス・スティーヴンソンに夢中になり、百科事典に掲載されたカラー図版の数々に心を奪われた。どの百科事典だったか、今となっては思い出せないが、月面着陸したロケットの写真は幼い私には感動的で、大きくなったら自分も宇宙飛行士になりたいと夢見たりもした。穴のあいたズボンに継ぎはぎだらけのシャツ、くしがないので枕に寝押しして整えた頭髪。そんな貧しい子どもが宇宙飛行士だなんて、他人が聞いたら大笑いしたかもしれないが、私は本気でそう思っていた。書物で語られていることはすべて本当だと信じていたので、臨終の床にいるドン・キホーテの挿画を見たときには泣いてしまったほどだった。

そんな至福の時に突然終止符が打たれる。オリノコ川の支流に当たるカロニ川が、警報を発する間もなく増水・氾濫し、町が洪水に襲われたのだ。私の好奇心の源泉だった本も被害を免れなかった。小さな図書館はどす黒い水に破壊され、蔵書は全滅、私は拠りどころと幼少期の思い出を失った。その後しばらくは頻繁に、スティーヴンソンの『宝島』が濁流に飲み込まれていくさまや、シェイクスピアの戯曲が流されていく場面を夢に見た。

本が奪われるという恐ろしい幼児体験は、私にとって克服できないトラウマとなった。しかも奇遇にもそれが唯一の体験ではなかったのだ。ゲーテは若い時分フランクフルトで焚書《ふんしょ》に遭遇し、「無生物を罰するとはどういうことだ」と憤慨している。[1] 私の場合は高校に通っていた一七歳の時だった。学年末の修了式直後に同級生たちが教科書を燃やした。誰も彼もがあまりに興奮していて事前に制止できず、必死になって火を消そうとした私は、皆の嘲笑の的になった。一九歳で百科事典のセールスの仕事に就いたときにも、悪夢が繰り返された。足繁く通っていた古書店が火災に見舞われ、全焼したのだ。両手にやけどを負った店主が静かに目を閉じ、悲しみをこらえる姿は、今でも鮮明に脳裏に焼きついている。一九九九年には調査団の一員としてボスニア・ヘルツェゴヴィナの首都サラエボを訪れ、廃墟と化した国立図書館と対面した。現場で知り合った美しい女性詩人（名前はあえて伏せておく）が私に告げた。「破壊された本の一冊一冊が、地獄へのパスポートよ」。同年、またしてもベネズエラの地方図書館が地滑りで崩壊し、現地に向かった。二〇〇〇年にはコロンビアの諸都市をめぐり、同国を荒廃させた内戦で破壊の憂き目を見た図書館の実態を調査することになって……。

意識的か無意識かは定かでないが、いつしか私は書物の破壊というテーマに取り憑かれ、気づいたときにはそれらの事例について語る本の執筆準備をしていた。二〇〇一年、そんな私のもとに送られてきたずっしりと重い箱は、期せずして私の研究の礎石となった。郵便配達人は私に受領書を手渡すと、カラカスからの荷物だと告げ、サインを求める。箱には直接封筒が貼りつけてあり、中には書類が一枚と判読できない文字で署名された簡潔な報告書が入っていた。箱の中身は本らしく、父方の祖父ドミンゴの唯一の遺産とのことだった。死に際し祖父は、遺言状でそれらを私に遺贈すると記したが、先日亡くなったばかりのおじが保管していたのだと報告書では説明されている。信じられないことだが、私は生前の祖父に会ったことがない。傑出した靴職人だったらしいが、祖父の話は家族からほとんど聞かされていなかった。

油とタバコの脂《やに》が染みついた箱の中には約四〇冊の本が入っていた。いくつかは人にあげ、目を引いたものだけ手元に残した。そのうち一冊がウィリアム・ブレイズの『書物の敵』（一八八〇年）で、本を破壊する諸々の要因についての興味深い解説がなされていた。これは何かの兆しに違いないと予感し、感動も冷めやらぬまま実家に直行した。父は母とふたりで年金生活をしており、パーキンソン病を患っている。ふだんはほとんど感情を表に出さないが、祖父からの奇妙な遺産相続の話をすると、いつになく饒舌に語ってくれた。祖父は歴史の謎が大好きで、息子である彼とよくアレクサンドリア図書館の話で盛り上がったという。帰り際、父に力強く抱擁されたとき、私は自分の研究の方向性が決まったと確信した。

私は幼い頃から書物の破壊に怯えて生きてきた。自分が〝アレクサンドリア〟〝ヒュパティア〟〝検閲〟といった言葉に敏感に反応し、危惧の念を抱くことにも気づいていた。そんな私に向けられたバグダード大学の学生からの問いかけは、一刻も早く自分がこれまで書きためてきたものをまとめ、今もなお続く文化的大惨事の数々を世界に知らしめるべきだという義務感を芽生えさせた。五〇世紀以上も前から書物は破壊され続けているが、その原因のほとんどは知られていない。本や図書館に関する専門書は数あれど、それらの破壊の歴史を綴った書物は存在しない。何とも不可解な欠如ではないか？

終末論的な神話

書物の破壊の理論を模索している最中に、私は偶然、この世の起源を説明づける神話や地球規模の大異変、いわゆる世界終末を語る神話が世界中に氾濫していることに気がついた。どの文明も判で押したように、永劫回帰を軸とする枠組みのなかで、創造と破壊という相反する神話に集約される感がある。[2]アポカタスタシス（終末論的クライマックス）は、人類の歴史の終わりと永遠の至福の始まりの根拠を示すのに必要な手段だったわけだ。古代の神話をひもとけば、火・風・水・土の四元素が過去に人間の悪行を浄化してきた経緯や、今後も未来永劫に浄化していくであろう予告を叙述する物語が山ほど見つかる。

イスラエル人、イラン人、ギリシャ人、ローマ人、メソアメリカ人は、世界には創造と破壊の時しかないと確信し、ゾロアスター教やズルワーン教は世界終末の日付まで定めた。アステカ人は神々に人間の新鮮な心臓を捧げることで、太陽の消滅を先延ばしにできると信じていた。いけにえは戦争捕虜で賄われたので、儀式を維持すべく人間は永久に戦争を繰り返すようになる。北欧神話のラグナロクまたは世界を焼き尽くす炎は、先住民と東洋の神話が融合されたものだ。古代地中海世界の巫女シビュラの神託は、つねにローマの終焉と新たな世界の誕生を告げていた。

キリスト教はそれら創造と破壊の神話を復活させ、旧約聖書の「創世記」と新約聖書の「黙示録」に収めた。世界終末とは物事の真実を明らかにし、失われた純粋さを取り戻す大異変を指すのだろう。実際、「黙示録」の黙示とは、古代ギリシャ語のアポカリュプシスで〝破壊〟を意味する。この言葉には〝啓示〟の意味もある。破壊あるところに神の啓示あり。終末のメッセージは新たな時のメッセージでもあるということかもしれない。

創造と破壊は、宇宙発生と世界終末の神話に象徴されるばかりか、神々の本質にも反映された。神々が創造主であると同時に破壊者でもあるのはそのためだろう。また破壊の道具は神聖視され、火も水も神格化された。クレタ島の人々は牛を神と崇めた。同島を頻繁に襲った地震が牛神の怒りであると考えたからだ。メソポタミアの破壊の神ネルガルは嵐を起こす力を授けられた若者の姿として表されるが、この神のシンボルは剣である。

同様に、四元素（火・風・水・土）による破壊の神話は、救済の神話にもなっているのがわかる。フィンランドの民族叙事詩カレワラでは、重傷を負った老賢者ワイナミョイネンのために血止めの軟膏を作るには、聖なる鉄の起源を語って聞かせることが必要だった。また多くの場合、破壊者は絶大な力を有し、治癒能力やすべてを見とおす力を備えた超人か神、あるいは悪魔とみなされた。たとえば北欧神話に登場する異能の戦士ベルセルクたちは、われを忘れて怒りを解き放つが、これは神々の聖なる怒りの典型だ。人類史上、賢王と称された人物は決まって破壊者でもあり、神々の行為を繰り返したものだった。

そこでこれら宗教・神話の構成要素としてなくてはならない滅亡神話にこそ、書物の破壊を説明づける鍵があるのではないかと私は考えた。滅亡神話の元型は、何にも増して人間の本質の目に見える堕落を反映している。天体の秩序や地上での生活に異変が起こるたび、古代人はそれを信仰に基づく場面と結びつけて神話化し、集団や個人の行動を縛る慣習のひな形とした。大宇宙（宇宙）と小宇宙（人間）は対応していて、別々に存在しながらも分かちがたく結びつき、一方で起こったことは他方でも起こると考えられた。合理主義の時代になっても神話は形を変えて存続し、科学や思想の根拠として生き残っていく。

破壊性は人間の本能によるものだとし[3]、だからどうしようもないという人々は、自然災害が悪魔や妖精のしわざと考えた原始人と大差ない。確かに人間には暴力的な本能が備わっているとされ、脳のどの部位が司っているかは、近年の神経学でも、視床下部、大脳辺縁系、前頭前皮質と諸説ある。だが暴力が時代の社会的要求によって引き起こされる事実は否めない。神学的な見方をしていた時代には神々が乗り移ったからだとみなされ、科学の時代にはヒトの遺伝子に反動や対立といった因子が組み込まれていると定義づけられる。このヒステリーと思しき行動について明らかなのは、破壊は人間の本能だとする理論自体が、自らの破壊行為の責任を不問に付そうとする人間の性分そのものであり、すべてを水に流して一からやり直すという神話にも如実に現れていることだろう。

古代の神話に人間の破壊性を説明づける根拠があるかという問いには、還元主義や科学万能主義に陥ることなく前向きな答えを出すべきだ。[4] 神話は全体と個、すなわち神と神の分身である人間が再び合一するという願望に基づいている。そのように考えると、過去・現在・未来は今という瞬間の連続に集約される。神話はその性質上、創始・標準化・維持の段階を経て定着していく。終末論的な神話は人間の置かれた状況や不安の反映だ。いずれの神話でも、始まりと終わりは創造と破壊という不可避の過程で双方向に関与する。

破壊に際し人間は、永続、浄化、神聖化の儀式を必要とする。そして調和と力の回復を求め、人格の最も奥深い部分に従って行動する。生物体系、社会体系によらず、破壊と再生、死と復活は唯一の目的である持続のためだけに繰り返される。創造の儀式が寺院や家屋の建築に応用されるように、破壊の儀式もまた、共同体や家庭もしくはあの世に人間を回帰させる流れが決まっている。灰のなかからよみがえる不死鳥《フェニックス》の神話がその好例だ。

生物兵器や化学兵器、核兵器といった人間の生死を左右する危険物の増加、制御の利かない人口爆発、温暖化や砂漠化、水位の上昇による居住可能領域の減少など、人類存続の危機が高まるにつれて、地球規模の大災害による秩序の回復を謳った破壊の神話に注目が集まる。
死の危険を意識した人々は、破壊の神話に囚われて判断力を失い、救世主《メシア》の出現という昔ながらの陰気な願いを抱くようになる。そして現実を否定し、破壊行為に及ぶことで死をあがなおうとするのである。

ビブリオコーストの理論（中間報告）

書物がなぜ破壊されるのかを論じる前に、書物は文字の発明に伴ってもたらされた、ごく最近の発明品であることを指摘しておきたい。人類学者によると、最も初期のヒト属であるホモ・ハビリスは約二五〇万年前に出現し、現生人類のもとになったとされるホモ・サピエンス・サピエンスはおよそ数千年前に文字を発明したばかりだ。どういうことかというと、人類の歴史は九九パーセントが先史時代で、残りの一パーセントのみが有史、つまり文字で書かれた文献が存在する時代だということだ。

文字の出現によって、[5]世界におよそ一二ある最古の文明の集団的記憶は、大きく様変わりしたと思われる。フランスの哲学者レジス・ドゥブレは人類の文明史をメディア圏で三分割し、初期の言語圏（ロゴスフェール）、後期の映像圏（ビデオフェール）と並んで、中期の文字圏（グラフォスフェール）を人類の存在の核と捉えた。[6]文化・文明をさまざまな観点から区分けする際に、文字の使用は最も重要な指標のひとつとされる。なぜなら文字は、社会集団にとって何かを確証する際になくてはならない道具だからだ。インド・ヨーロッパ語の語根 skribh- 自体が物語っているように、文字は〝切る、分ける、ふるいにかける〟ものである。一般的にすべての生物種は、音声、化学物質の分泌、身振り、においなど、何らかの情報伝達手段を持っているが、ヒトは言語を獲得したことで、より複雑な思考プロセスを表現できるようになった。さらに文字の使用によって、音声や仕草だけでなく、慣例などの抽象的な概念を目に見える記号に変換して伝えられるようになり、集団の伝統を確実に継承できるようになった。

文字が発明されると、間もなくそれを支える書物の必要が生じた。アルゼンチンの大文豪ホルヘ・ルイス・ボルヘスはこう語る。

人間が創り出したさまざまな道具のなかでも、最も驚異的なのは紛れもなく書物である。それ以外の道具は身体の延長にすぎない。たとえば望遠鏡や顕微鏡は目の延長でしかないし、電話は声の、鋤《すき》や剣は腕の延長でしかない。しかしながら書物はそれらとは違う。書物は記憶と想像力の延長なのである。[7]

書物は人間の記憶に厚みを持たせると同時に、携帯可能な大きさにもかかわらず客観性を与える。今やCDブックやカセットブック、紙書籍、電子書籍など、用途に応じて使い分けもできる合理的な装置だ。口承から文字への革新的な飛躍、特に書物が崇拝の対象となっていく過程で必要とされたのは、感性をコード化し、均質かつ真正な状態に変える、より確実で不変の方法だった。そうして書物は、あらゆる物事を混沌《カオス》としてではなく理性的に形作ろうとする動きに貢献していくことになる。また、書物を集団や個人の記憶を形あるものにして支える構造物以上の存在だとする考え方は、多岐にわたる強力なメタファーを生み出した。主だったものを列挙してみる。

(1) 書物は魔除け――四世紀のキリスト教神学者で聖人のヨハネス・クリュソストモス(ヨハ

ネ・クリゾストモ）によると、当時アンティオキアの人々は首から写本をかけて魔除けにしていた。

（2）書物はいのち——使徒ヨハネが新約聖書「黙示録」に記している、最後の審判の際に救われる人々の名前が記された神の書物に対する信仰。

（3）書物は自然——ギリシャの哲学者プロティノスは、星々は天に永遠に書かれた文字のようなものだと語っている。

（4）書物は万物——宇宙から作られた参考文献であるという考え。

（5）書物は世界——フランスの詩人ステファヌ・マラルメは、世界は一冊の書物になるために存在していると確言している。

（6）書物は人間——米国の詩人ウォルト・ホイットマンは『草の葉』で、この書に触れる者はひとりの人間に触れるのだと述べている。

（7）書物は夢——書物を分かち合う夢と捉えたもの。

これらのメタファーのひとつひとつは、永続する言葉があって初めて理解できるものであり、書物と人間が分かちがたく結びついているという意識の表れでもある。

書物は記憶を神聖化・永続化させる手段である。それだけに今一度、社会の重要な文化遺産の一部として捉え直す必要がある。[8] 文化は各民族の最も代表的な遺産であるという前提で物事を理解しなければならない。文化遺産そのものが伝達可能な所有物なのだという思いを人々に抱かせるだけに、領土内の帰属意識、民族アイデンティティを高める性質がある。図書館、古文書館、博物館はまさにその文化遺産であり、各民族はそれらを記憶の殿堂として受け入れている。

だからこそ私は、書物は単なる物質としてではなく、個人や共同体のアイデンティティ、あるいは記憶として破壊されていると考えるのだ。

記憶のないアイデンティティは存在しない。自分が何者かを思い出すことなしに、自分を認識はできない。何世紀にもわたってわれわれは、ある集団や国家が他の集団や国家を隷属させる際、最初にするのが、相手のアイデンティティを形成してきた記憶の痕跡を消すことだという事実を見せつけられてきた。

中世カトリック教会の異端審問における書物の破壊は、迫害者側が著者の投獄・処刑、著作の焚書では満足できず、本を所有し、書かれた内容を実践する民族をも一掃したかった証拠といえる。この件については、問題の根本を十分に追究し、正確に把握する必要がある。メモリシディオ（記憶殺し）は書物の破壊の基本であり、それを率先するイデオローグたちは歪んだ急進主義に駆られて、政治もしくは宗教絡みの文化戦争を引き起こそうと画策する。一冊の書物あるいは一軒の図書館が破壊される理由はひとつであった試しがない。いくつもの理由が絡んでくるのだ。

たとえ問題が明るみに出て表向きは主謀者が罰せられても、段階的に個人や社会の記憶をコントロールし、大赦《たいしゃ》によって罪人の釈放を画策する、そんな悪意も横行する。この大赦という言葉の語源はギリシャ語のアムネスティア（忘れ去る）で、古代ギリシャ・アテナイ（現アテネ）の将軍トラシュブロスが前四〇三年に出した大赦令が始まりとされている。トラシュブロスは、スパルタと和解すべく公の記録を消すよう命じ、これに逆らって過去の悪い記憶を保持する者、思い出させようとする者をことごとく罰した。

古代ローマ人は、反逆罪を犯した者に対し、元老院が科した刑罰をダムナティオ・メモリアエ（記憶の破壊）と呼んだ。これはいうなれば記録抹殺刑で、罪人が後代に名を残さぬよう、碑文、書物、

記念碑などあらゆるものが破壊された。とはいえ、そういった古代人たちの行動をわれわれが嘲笑う資格はない。書物を破いたり燃やしたりする者は現代社会にも存在し、いまだに時代遅れの行為を繰り返しているのだから。

書物の破壊は、公的機関によるものでも個人によるものでも、必ずといっていいほど、規制、排斥、検閲、略奪、破壊という暗澹たる段階を経る。禁止や修正を伴う規制もあれば、差別的な抑圧を伴う検閲もある。自然発生的な略奪もあれば、直接的または間接的に営利を目的とする略奪もある。概して過激主義者は、敵対者のなかでもより強固に抵抗する者たちの士気を削ぎ、屈服させるため、または自らの信条を強制するために、他者が共有する記憶、すなわち文化に攻撃の矛先を向ける。一方の文化が他の文化を抑圧し、新たな記憶を相手の社会に植えつける、この現象はアカルチュレーション（文化変容）、あるいはトランスカルチュレーション（文化受容）として知られている。過去にドイツのナチスや中国の毛沢東などの専制政権が行なった民族浄化がそれに該当するといえば、おわかりいただけるだろうか。破壊する者は固執する。古代ギリシャ・イオニアの牧童ヘロストラトスを思い出す。この若い羊飼いは有名になりたい一心で、前三五六年にエフェソス（現トルコ）のアルテミス神殿に放火し、死刑ならびに記録抹殺刑に処された。

書物を焼いたり図書館を空爆したりするのは、それらが敵対する側のシンボルだからだ。ボスニア・ヘルツェゴヴィナの首都サラエボにある国立図書館の破壊はその一例である。一八九六年創立の同図書館は、一九九二年八月二五日の夜一〇時半から空爆に見舞われ、機銃掃射を受けて炎に包まれた。軍事施設でない図書館が空爆の標的になるとは考えがたく、むしろ戦争では二の次にされる印象があるが、共同体と密着した文化財である図書館が、ある民族の象徴のひとつであるという事実を物語っている。

読者の皆さまは、社会で神聖視されるコンピュータや自動車など聞いたことはないだろうが、神聖視される本があることはご存じだろう。多くの階層・領域でその書物は記憶の文化財であるのに加え、超自然的な存在が人間を介して著したものとみなされた。古代イスラエル人がユダヤ教の会堂シナゴーグに、神の言葉である神聖な文書や聖句が収められた聖書や、その写本を保管するゲニザと呼ばれる書庫を設置したのは顕著な例だ。神聖な書物の破壊を恐れるあまり、まるで財宝を地中に埋めるかのような、独特の厳かな空間を世界各地に建てることになった。なかでも重要だったもののひとつがエジプト・カイロのシナゴーグにあったゲニザだ。そこにはヘブライ文字で書かれた何万もの文書が保管されていた。

イスラム教にも同様の施設が存在する。パキスタン・バローチスターン州クエッタ近郊、チルタン山脈の丘にある五六の洞窟ジャバル・ヌール・ウル・クラン内で、イスラム教徒の奉仕者の集団が、全国から送られてきた破損したコーラン七万袋を敬虔な思いで保管している。洞窟内には貴重な写本も展示してあり、信者たちが色とりどりの袋に収められたコーランに囲まれ、祈りを捧げる空間となっている。

ビブリオコースト（書物の破壊を端的に表現する新語、〝書物の大量虐殺〟の意）とは、何らかの理由で優越性を持つ一方の記憶にとって、直接あるいは間接的な脅威となる記憶を抹殺することだ。繰り返しになるが、書物はその物自体が憎まれているから破壊されるわけではない。文庫本や奥付を敵視する者、紙や活版印刷、あるいは金の背表紙を憎悪する者というのは聞いたことがない。

英国の詩人ジョン・ミルトンは『アレオパジティカ』（一六四四年）でいっている。《良書を破壊する者は、理性そのものを殺している》。楔形《くさびがた》文字が刻まれた古代オリエント・シュメールの粘土板、甲骨文字を記した古代中国の獣骨や甲羅に始まり、石や皮の切れ端、銅板や鉄、パピルス、羊皮紙、紙を経て、今やCDや端末機器という具合に、書物の物質的な部分は時代や環境に応じて変化したが、書物の用途は変わっていないはずである。

イタリアの作家・哲学者のウンベルト・エーコは、ビブリオクラスタ（書物の破壊者）には三種類あると説明している。

……原理主義のビブリオクラスタ、不注意によるビブリオクラスタ、そして営利目的のビブリオクラスタだ。原理主義のビブリオクラスタは、書物を物として憎んでいるのではない。そこに書かれた内容が読まれることを恐れているのだ。犯罪者であるのに加え常軌を逸しており、原理主義に煽られて……。不注意によるビブリオクラスタは、イタリアの多くの図書館がそうであるように、あまりに貧しくて管理が行き届かぬ結果、しばしば本を破壊に導く。蔵書を奥まった手の届かないところにしまい込み、朽ちるに任せるのも彼らのしわざである。営利目的のビブリオクラスタは、価値ある古文書をばらばらにして売りさばく。そうすれば一冊のままで売るよりも利益が増すとわかっているからだ。[9]

蒐集品を破壊する者は、破壊的な蒐集家以上に創造と破壊の終末神話に根ざしているため、より全体主義的な性質が強い。全体主義においては政治もイデオロギーも、集産主義や階級差別、終末思想のユートピア、専制主義や官僚主義を介して他人の記憶を拒否し、高圧的な方法で歴史を捏造し続ける。[10]

興味深いことに破壊者には天才的な創造者が多い。仮に彼らビブリオクラスタに辞書があるとすれば、自分たちだけが永遠に裁く側にあると記されているに違いない。太古から続く破壊のメカニズムに則って、破壊することでのみ現状をリセットし、白紙に戻すことができると。過激派の歪んだ熱意は、たとえそれがコーランであろうと聖書であろうと、宗教的・社会的・芸術的・政治的運動であろうと、結局は自分の神聖な起源や永遠性を正当化するための状況を作り出す。ジョージ・オーウェルは小説『一九八四年』のなかで、全体主義国家の省庁が過去を発見しては消すことに心血を注ぐ、そんな近未来の社会を描き出した。そこでは国家が、抵抗勢力の悪影響から社会を守るべく、書物を改竄し、原版を秘密の焼却炉で処分する。

その意味で書物の破壊者は教条主義者でもある。画一的で反駁の余地がない世界観にしがみつき、独裁的かつ独断的、自信過剰なために、自分が時間を超越した唯一の権威者だと考える。そんな神のごとき存在を自負する者たちが上に立つ社会では、人々は常時監視され、彼らの望まぬ態度を示せば即座に断罪される。自分たちが絶対視する書物のみを擁護する者たちは、当然意見の相違に寛容であるはずがない。ひと握りの人間が一度神聖とみなしたものには推測も揶揄も認めず、批判的考察は反逆と同一視される。そんな社会は、取り締まる側の人間にとっては天国かもしれないが、違反者の側には燃え盛る地獄そのものだろう。

何事も確信なしに支配できぬのと同様に、相手の文化を掌握することなく、宗教的・政治的・軍事的な覇権《ヘゲモニー》はあり得ない。書物や図書館を破壊する者たちは、自分が何をしているのか承知のうえでやっている。それは昔も今も変わっていない。彼らの目的ははっきりしている。人々を脅して反発する気力を奪い、疑念を植えつけ不和を生じさせることだ。

ビブリオコーストが侵害する基本的人権のなかには、個人の尊厳に加え、個や集団が記録を保持する権利、アイデンティティの権利、情報を得る権利、書物を通じて歴史的調査や科学的研究を行なう権利など山ほどある。われわれはその事実を見過ごすべきではない。

焚書という方法

なぜ書物の破壊にはいつも火がつきものなのか？　読者の皆さまにもご一考いただきたい。書物を燃やすのは、放火癖のある者ばかりだったのだろうか？

焚書の要因については諸説あるに違いないが、放火癖のある者がビブリオクラスタになるという考えに、精神科医たちが同意していないのだけは確かだ。彼らはこの問題を、別の精神的兆候の表れと見る。そのひとつが太陽崇拝だ。火は文明の発展に欠かせぬ基本的な要素であるだけに、暖を取る焚き火や食事を調理するかまどの火、集団の安全を守るかがり火など、暮らしに密着したものだった[11]。

火は人間にとって、なくてはならない存在だった。その証拠に、ほとんどの宗教が火を神格化して崇めている。だが人間の生命を守ってくれる力は、同時に破壊する力でもあった。火を放って破壊に及ぶとき、人間は生命の火と死の火を統《す》べる神と同一化した気分になる。そうすることで、太陽信仰や大いなる破壊の神話（大抵は世界が焼き尽くされて浄化が起こる）の具現者となるわけである。

火を使う理由ははっきりしている。精神性を備えたものあるいは人を、単なる物質へと貶めるためだ。人間を焼けば炭素、水素、酸素、窒素に還元されるように、紙を焼いても灰と化す。書物に記されていた永遠の理性も、理性ではなくなる。物理的な面に加え、視覚的な効果も無視できない。ものが燃える場面では、否が応でも黒く焦げていく過程が目につく。明るい色が黒に変わる心理的な影響は計り知れない。

一九三五年頃、ブルガリア出身のユダヤ人作家エリアス・カネッティは小説『眩暈《めまい》』で、主人公が自身の蔵書とともに炎に包まれる場面を綴った。文末は次のように結ばれている。《ついに火の手が回った瞬間、彼は自分の人生で一度も見せなかった高笑いをした》。一九五三年には、レイ・ブラッドベリが小説『華氏四五一度』で、社会秩序が損なわれぬように書物の所持が禁じられた架空の世界で、見つけた書物を焼却すべく出動するファイアマン(焚書官)たちの姿を描いている。

ローマ帝政期の詩人プブリウス・パピニウス・スタティウスは、やはり詩人だった父の死に際し、父の作品を焼却しないよう家族に懇願した。[12] その大志によってスタティウスは、のちに詩人としての地位を確立する。同じく帝政ローマの詩人オウィディウスは『変身物語』のエピローグで、著作を火や剣、神の手、時から救い出すことについて触れている。[13]

破壊の文化

書物の破壊は、自身の憎悪や無知に気づかぬ者たちの行為だと思われがちだが、それはまったくの見当違いである。一二年間の研究の末に私は、個人や集団の教養が高くなればなるほど、終末論的な神話に影響され、書物の抹殺に向かうとの結論にたどり着いた。全般的にビブリオクラスタは用意周到な者たちだ。つまりは頭脳明晰で敏感で、完璧主義者で注意深く、並外れた知識を有し、抑制的な傾向が強く、批判を受け入れるのが苦手で、利己主義で誇大妄想癖があり、中流以上の家庭の出で、幼児期・少年期に軽いトラウマを抱え、権力機関に属していることが多く、カリスマ性があって、宗教・社会の話題に過敏、おまけに幻想に浸りがちである。書物の破壊は無教養な人間がやることだ、というステレオタイプの考え方は、この際排除すべきだ。むしろ無知な人々は、この手の事柄とは最も無縁な人々だ。

哲学者や文献学者、インテリ層や作家が書物の破壊行為を公言した例は多い。古代エジプトでは、詩人・一神論者として知られた王アメンホテプ四世(アケナトン)が、自身が記したアテン神の物語を強要すべく過去の書物をことごとく焼き払っている。前五世紀には古代ギリシャ・アテナイの民主主義者たちが無慈悲にもアブデラ生まれのソフィスト、プロタゴラスを迫害、著作『神々について』が公の場で火に投げ込まれた。哲学史家ディオゲネス・ラエルティオスの『ギリシア哲学者列伝』によると、プラトンは論敵デモクリトスの著作を燃やし、ソクラテスと知り合った頃には、自作の詩も焼いたという。

中国では秦《しん》の始皇帝の宰相で法治主義者の李斯《りし》が、過去への回帰を唱えるすべての書物の破壊を進言した。前二一三年のことだ。だが不幸にもそう考えたのは李斯が最初ではない。すでに老子が前六世紀に『老子道徳経』で勧めている。《知恵など追い払い、知識など捨ててしまえ。そのほうが民の役に立つ》。また《学問を捨てれば憂いはなくなる》とも。

一六世紀スペインでアルカラ大学を創立し、ギリシャ語・ヘブライ語・アラム語からラテン語への多言語対訳聖書を手がけたフランシスコ・ヒメネス・デ・シスネロス枢機卿は、グラナダでイスラム教徒たちの書物を焚書にしている。スペイン出身でメキシコに初の図書館を設置したファン・デ・スマラガ大司教は、一五三〇年にアステカの古文書を焼却。一八世紀スコットランドの哲学者で、寛容な人物として知られたデイヴィッド・ヒュームでさえも、ためらうことなく形而上学に関する書物の排除を要求している。[14]

二〇世紀初頭にイタリアを中心に起こった前衛芸術運動で、近代社会のスピードを称え、過去の芸術の徹底破壊を行なった未来派は、一九〇九年に未来派宣言を発表し、すべての図書館の破壊を呼びかけた。終始一貫して書物の愛好家だったナチスの宣伝大臣ヨーゼフ・ゲッベルスは一九三三年、非ドイツ的な書物の焚書を主導した。一九三九年米国では、セントルイス公立図書館の司書らがジョン・スタインベックの『怒りの葡萄』に反発、公共の場で焼いた。この事件は、宣教師たちが猥褻な言葉にも共産主義の教えにも寛容でないことを作家たちに知らしめた。スタンフォード大学とハーバード大学で教鞭をとっていたウラジーミル・ナボコフは、メモリアルホールで六〇〇人以上の学生たちを前に、ミゲル・デ・セルバンテスの『ドン・キホーテ』を燃やすよう求めた。一九六〇年代コロンビアで学閥や教会、伝統主義に対抗する形で生まれた前衛芸術運動ナダイズモの詩人たちは一九六七年頃、過去の文学と決別するためと称して、同国の詩人で作家ホルヘ・イサークスの小説『マリア』（一八六七年）を燃やした。ボルヘスも『自伝風エッセイ』で初期の自著を焼却したことを包み隠さず語っている。《数年前までは値段が高すぎなければ、自分で買い取って焼いていた》

まとめ

書物の破壊の歴史という恥辱の年代記を破壊の原因別に見ると、全体の六〇パーセントは故意の破壊によるものだ。古代オリエントのシュメールの粘土板だろうが、二〇〇二年にヘブライ語の書物を焼いたフランス人司書だろうが関係なく、書物を破壊する者たちは、あらゆる文化に共通して見受けられる態度を示している。それは世の中の人間を〝彼ら〟と〝私たち〟に区別する傾向だ。これが行き過ぎると〝私たち〟以外は全員敵となる。そういった他者否定の基準のもとで、つねに検閲は課され、知る権利は侵害されてきた。

残りの四〇パーセントはそれ以外の要因で、内訳は一位が自然災害（火災、台風、洪水、地震、津波など）、次いで事故（火災、海難事故など）、天敵による被害（本につく虫、ネズミ、昆虫など）、文化の変化（言語の消滅、文学様式の移り変わりなど）、書写材の劣化（一九世紀の酸性紙は何百万もの作品を破壊しつつある）と続く。それらの原因に加え、われわれは自問する必要がある。年間どれだけの本が出版されても書店に並ぶことなく破棄されているか。どれぐらいの私家本が人知れず消滅しているか。いったい何冊の本が海岸や地下鉄の車内、公園のベンチに置き去りにされ、終わりを迎えているか。穏やかならざるこれらの問いに答えるのは難しいが、確実にいえるのは、あなたが今、この文章を読んでいるあいだにも、少なくとも一冊の本が永遠に失われているということだ。

第1部　旧世界

第1章　古代オリエント

書物の破壊はシュメールで始まった

人類最初の書物は今から何千年も昔に、神秘的な近東・メソポタミアのシュメール地方（現イラク南部）、ティグリス川とユーフラテス川に挟まれた未踏の半乾燥地帯に登場した。完成までには、抽象的な概念の発達と技術の改良という長い道のりを経たに違いない。[1] しかしながら不可解なことに、それらの書物は間もなく消滅する。その原因は、粘土という材質によるもの、洪水など自然災害によるもの、あるいは人間の暴力によるものと推測される。

発明品の破壊という特性は人類の全歴史を読み解く鍵であるにもかかわらず、これまでほとんど注目されてこなかった。シュメールにおける書物の破壊の規模は今のところ判明していないが、この地域を壊滅させた戦争で破壊された文書は、一〇万を超えると見てもおかしくはないだろう。

それらの書物の存在が明らかになったのは、考古学者たちの偉業のおかげである。ウルクの守護神イナンナを祀ったエアンナ聖域を発掘し、ウルク第四層から大量の粘土板が発見された。前三二〇〇年頃の文書[2]と推定され、なかには完全な形で残っていたものもあるが、多くは焼けたり粉々になったりして原形をとどめていない。今後も新たな発見の可能性があるので断定はできないが、書物誕生の証拠が書物の破壊開始の証拠でもあるという、文明の逆説《パラドックス》のひとつを提示していることは確かだ。

この場合の破損の原因は脆《もろ》い材質や自然災害、経年の傷みではなく、都市国家間の戦争中に火災や衝撃で、もしくは故意に破壊されたものである。ウル第三王朝（前二二‐二一世紀にかけてメソポタミアを支配したシュメール人の統一王朝）最後の王イビ・シンに仕え、反旗を翻した将軍イシュビ・エッラへの賛歌には、文化が攻撃の目標とされたことが明記されている。《国と都を廃墟に至らしめよとのエンリル神の命令について……神はその国の文化を壊滅させる目的で、彼に目を留められた》[3]

水も粘土板の破壊の原因である。ティグリス川とユーフラテス川の氾濫は集落を丸ごと滅亡させた。そこには当然、文書保管所や図書館も含まれる。メソポタミアで水が神格化され、気まぐれだが潔白な、記憶の神々の宿敵として世界大洪水伝説に登場するのも不思議ではない。

そのような事情から、何としてでも文書を保存すべく、より効果的な方法の開発が急務となった。シュメール（〝黒い頭の民〟の意）の人々は、書物の超自然的な起源を信じていて、穀物の女神ニダバ（ニサバ）に書記の女神としての役目も担わせた。彼らにとって文字の獲得がどれほど重要だったかは、前二七五〇年頃に当地を治めたとされる、ウルク王エンメルカルの伝説にも表れている。エンメルカルは地獄の腐水を飲んだため、彼の功績を書き記さないという神罰が下った[4]。別の言い伝えでは、エンメルカルが遠方にあるアラッタの君主に降伏を勧告すべく使者を派遣しようとするが、彼の言葉を口頭で伝えるべき使者が、あまりに長い伝言をどうしても覚えられない。そこで王は粘土板に文字で記し、使者は目的地に到着後、それを読み上げてアラッタの領主を威圧、服従させることに成功したという。[5]

勤勉な役人である書記たちは、宮廷に縦社会の職業集団を形成していた。書記の養成所である学校で弟子の指導に当たり、文字を書く前後には女神ニダバに祈りを捧げるなど、一種の宗教を通じて筆記術の秘儀を伝授した。書記としての技術はもちろん、魔術の素養から植物誌や動物誌、地理学、数学や天文学など、ありとあらゆる知識が必要とされた。ニップルで出土した粘土板が示しているように、彼らに知らないことはあり得なかった。よって集団内で昇級するには並々ならぬ努力を要したと察せられる。書記の等級は初級のドゥブ・サル（書記）、中級のセス・ガル（大兄）、上級のウム・ミ・ア（師）で、ウム・ミ・アには絶大な特権が与えられ、すべての罪を免れたとのことだ。

前二八〇〇年頃、王たちは書記に全幅の信頼を寄せ、書物の保管に関する絶対的な権限を委任した。この慣習は政治体制が変わっても保たれたため、民族自体は消滅しても記録文書のなかに生きながらえていくことになる。たとえばアッカド人はシュメール人を征服すると、法規や慣習を変えたが、書記たちを支配下に置き、文字の書き方を教えさせた。アッシリア人、アムル人、古代ペルシャ人らもシュメールの文字を借用した。そのため、シュメール文字は複数の言語を表す文字として長い寿命を保っていった。

シュメール人が建てた階段状の聖塔ジッグラトもシュメール文字と同様、古代オリエント世界に広まり、後代にも造られ続けた。興味深いのはジッグラトも文字を記した最初の書物も同じ素材、粘土でできていたことだ。泥が豊富な土地柄もあるが、どちらも有益なもの、あるいは魔術的なものとされたからかもしれない。[6]ジッグラトは神殿を備え、叡智の保管所であると同時に統治者のシンボルでもあった。書物はそのメタファーとされた可能性もある。

シュメール文字の字体は楔形《くさびがた》文字、つまりくさび、あるいは切り込みの形をしている。[7]文字は葦《あし》

メソポタミアの粘土板文書の大半は断片が残るのみである．写真は資料番号 MS2367/1，女神イナンナへの賛歌が書かれた前 20 世紀の粘土板文書　© British Museum

または動物の骨で作ったペン（尖筆）で、熱を加えて程よい柔らかさにした粘土板に刻まれた。重くて大きな粘土板に筆記する際は、ひとりが板を支え、もうひとりが執筆するというように、ふたり一組で行なうことも多かった。当初は文書の内容を正確に使者が記憶し、先方に伝えることに重点が置かれていた。そのため絵文字で表されたが、次第に簡略化された抽象的な記号が使われるようになって、約二〇〇〇あった文字記号が一〇〇〇以下に減り、その後、音節文字（表音文字のうち、ひとつひとつの文字が音節を表す文字体系のこと）としての要素も加わったことで、さらに整理・縮小されていった。

シュメール語は膠着語《こうちゃくご》に分類される。膠着語とは単語の最小単位である語根に接頭辞や接尾辞などを付着させて、その単語に文のなかでの文法的な関係を示す構造を持たせる言語のことだ。当初は右上端から書き始める縦書きだったが、間もなく粘土板を左に九〇度回転させて、左から右への横書きになった。

これまで説明してきた時代を、今度は図書館に着目して眺めてみよう。ウルク第四層（前三三〇〇‐前三二〇〇年頃）とウルク第三層（前三一〇〇‐前二九〇〇年頃）の時代には粘土板の製造が急激に増加し、最初の図書館が生まれた。館内の木製の棚には行政経済文書や語彙リスト、動植物、鉱物の目録が収められていた。ウルとアダブからは、前二八〇〇年から前二七〇〇年頃に機能していたふたつの図書館の粘土板が見つかっている。前二六〇〇年から前二五〇〇年にかけては、ファラ、アブ・サラビクやキシュなど、各地に図書館が現れたが、前述の行政経済文書や語彙リスト、動植物目録のほか、詩や魔術書、金言集も有していた。書記が文書をデザインする際、上部に執筆者と監修者の名前を記すといった、現代の書物にもつながる特筆すべき改良もなされた。

前二二〇〇年頃にグデア王が創設したラガシュの図書館は、最古の史料編纂記録であるエアンナトゥム王の戦勝碑（禿鷹の碑、前二五〇〇年頃）をはじめとする歴史書のほか、有名なアッカド王サルゴンの娘で、史上初の作家として知られるエンヘドゥアンナの詩を所蔵していた。王女の詩の内容は女神イナンナへの賛歌だ。蔵書にはふたつでひと組の円筒形碑文もあって、一方には文書の前半部分であること、もう一方には後半部分であることが記されていた。

前二〇〇〇年から前一〇〇〇年にはイシン、ウル、ニップルで図書館が機能し、イシンとウルでは都の王宮内に、ニップルではシュメール語でエドゥブバ（粘土板の家）と呼ばれた書記の学校内にあった。ウル（現テル・エル・ムカイヤル）では破壊された施設の遺構が発見され、内部から前一二六七年頃、カッシート朝（バビロン第三王朝、前一五〇〇‐前一一五五年）最盛期のものと推定される家族の記録が出土した。

また同じくウルでは、エラム王国（前二二‐前七世紀）の支配下にあった時代の図書館と文書も複数発見されている。特にカブナク（現イランのハフト・テペ）と、アンシャン（現テペ・マルヤーン）の王宮文書庫が有名だ。粘土板の大半は現在のイラク南東部にあったニップル[8]（現ニッフェル）で出土し、その数は数万点を超えている。アッカド語の初期の文書も姿を現し始めている。最初の図書目録が現れたのもこの時期だ。目録には作品タイトルと書き出しが掲載されていた。王たちを称える賛歌や王朝表、書簡といった新たな種類の文書も生まれ、書法自体も飛躍的な進歩を見せている。

ほかにもメソポタミア地方には全域にわたって未発掘の図書館がいくつも眠っているが、その同じ場所で現代の図書館が皮肉にも二〇〇三年、イラク侵攻後に略奪の被害に遭った。史上初の図書館はいずれも廃墟と化し、蔵書の半数以上が破壊されたが、この図式は今でも変わらないということだ。

エブラほかシリアに埋もれた図書館

一九六四年、イタリアの古代オリエント学者パオロ・マティエは、ローマ・ラ・サピエンツァ大学の考古学調査チームを率いて、シリア・アレッポの南西五五キロに位置するテル・マルディーフの遺丘の発掘を開始した。当初は城門と城壁、神殿と家の遺構しか見つからなかったが、一九六八年、女神イシュタルに献じられた玄武岩製の胸像が出土し、アッカド語で《エブラ族の王イッビト・リム》と刻まれていた。この王の碑文を論拠にマティエは、アッシリア学者で文献学者でもあるジョヴァンニ・ペティナートとともにテル・マルディーフが古代都市エブラであるとの見解を示した。エブラは古代エジプトの碑文やアッカド語の文書に登場する他国に四方を囲まれた包領で、前三〇〇〇年紀には人口およそ二五万人、うち一二〇〇人以上が役人だったという[9]。古代シリアのセム語族地域で最も重要な古都とされながら、どこにあったかはそれまで不明だった。

発掘調査を始めて一〇年が過ぎた一九七四年から七五年にかけて、同遺跡エブラⅡB1層（前二四〇〇－前二二五〇年頃）と呼ばれる時代に属する王宮Gの一部で、接見の庭に付属する二部屋から、文書庫の跡と何千枚もの粘土板文書が発見された。マティエは発見当時について次のように語っている。

> 二部屋のうち一方は紛れもなく小さな文書庫（L2712）で、無数の粘土板と破片が見つかった。（王宮の）破壊と火災後に建物が崩壊したらしく、焼けたレンガで埋め尽くされていた。破壊の際に文書庫を仕切る分厚く高い三方の壁が崩壊し、木製の屋根が室内に落下したと見られ、床に落ちた粘土板は火災で焼き固まった。砕けた文書は瓦礫の直撃も受けたに違いない。[10]

エブラの文書庫には進んだ技術が導入されていたと考えられている。部屋の大きさは縦五・一×横三・五五メートル。三方の壁際に書架が置かれ、北側には語彙の文書、東側には商業関係の文書というように、主題ごとに分類して保管されていた。粘土板は長い板に載せて運ばれ、文書庫内では三段の棚板を支柱で支えた木製の書架に並べられた。最終的にこの文書庫からは完全なもの、砕けたものも含めて一万五〇〇〇枚の粘土板が出土している。隣接したもうひとつの部屋は、文書の写しを作る写字室だったようだ。

エブラで見つかった文書は小ぶりの粘土板が多く（なかには三〇センチ四方の大きなものもあったが）、縦線で区切られ、表裏の両面に文字が刻まれていた。文書の末尾には奥書と、内容の要約もついていた。驚くべき正確さを誇る行政経済文書や通商条約、征服した都市のリスト、公式声明や王の勅令、さまざまな法規が所蔵され、現時点で最古の辞書と目されるシュメール語とエブラ語を対応させたリストもあった。このことは前二五〇〇年頃、エブラで文献学の研究が行なわれていた証拠だと、ペティナートは指摘している。[11]

文書庫は王宮Gが敵の攻撃を受けて火災を起こし、焼け落ちた際に放棄されたと見られる。火災による損傷は著しい。略奪者たちは金や財宝など高価な物品を容赦なく奪ったが、砕けた粘土板だけは放置した。エブラは誰が破壊したのか。アッカド王のサルゴンと孫のナラム・シンに征服されているので、どちらかが破壊した可能性が高い。マティエは以前ナラム・シン説を唱えていたが、近年はサルゴン説を支持している。

古代シリアの別の文書庫としては、ユーフラテス川中流域にあった古代都市マリ（現テル・ハリリ）のジムリ・リム王の王宮内のものが挙げられる。エブラの文書庫よりも重要度は低いが、マリはペルシャ湾と地中海を結ぶ交易ルートの要衝で、キャラバン（隊商）などから通行税を徴収したり、

前14世紀に作られた初期の辞書の断片．シュメール語とアッカド語で書かれている
© British Museum

王宮が商取引の場になっていたりしたこともあって、文書庫跡から大量に出土した粘土板は行政経済文書が主で、書簡その他はごく一部である。

地中海に面した小国ウガリト（現ラス・シャムラ）は、シリアで最も重要な港湾都市ラタキアの北の遺丘にあった。ウガリトには王宮内や神殿内の図書館以外にも、大神官や外交官などの個人図書館があって、前一一九〇年頃にこの都市が滅亡するまで機能していた。それらの図書館跡からはシュメール語、アッカド語、フルリ語、ウガリト語の四カ国語の対照語彙集も出土している。王宮には粘土板が多数残され、行政経済文書や外交文書のほか、カナン地方独自の宗教や神話、文学作品も含まれていた。ウガリトで発見された文書には多言語が使用され、交易で栄えたこの都市が多くの民族の交差点であったことを示してもいる。

バビロニア王国時代の図書館

前二〇〇〇年頃、ウル第三王朝がアムル人に滅ぼされ、現在のバグダードの南に広がる平野部に小国家が分立した。

政治的な混乱状態を収拾し、バビロニア（古代メソポタミアにおいて広義ではシュメール、アッカド地方を含むメソポタミアの大部分を指す）を再び統一したのは、バビロン第一王朝第六代ハンムラビ（在位前一七九二年頃-前一七五〇年頃）だ。自身の王国を築き上げ、バビロンの守護神だった五〇の称号を持つマルドゥクを国の主神に定め、神々から支配権を授けられた者と自称した。征服戦争のたびに文書を略奪し、首都バビロン（現イラク）の宮殿にあった大図書館へと運ばせた。バビロニアでは古アッカド語の方言が話され、文字は楔形《くさびがた》文字を使っていた。

バビロニアを統一するなかで、ハンムラビは同害復讐の原理に基づく恐るべき法典を制定した。

新バビロニアの数学文献で，エサギラと呼ばれる粘土板 © British Museum

彼の名を不朽のものにしたハンムラビ法典である。《もし人が他人の目を損なったならば、彼の目を損なわなければならない》と謳った第一九六条であまりに有名だ。

第三七条には粘土板の破壊に関する最初の記述も見られる。《もし人が兵士、捕吏、兵役の土地、畑、家を買ったならば、彼の証書は破壊され、彼は銀を失い、土地、畑、家は持ち主に返る》[12]。同時代の文書にはほかにも、所持者の不注意による粘土板の破損を防ぐべく、警告が記されたものが少なくない。《アヌ神とアントゥ神を畏れる者は、文書に敬意を払い、大切に扱うはずである》

法典の文書が刻まれた石碑は、王宮の図書館内に何千もの文学作品、数学書、天文学書、歴史書とともに保管されていたと考えられている。この時期には行間に訳文を書き入れた文書や、最初のシュメール語学習の手引き書も登場している。

バビロニア王国時代の図書館は、シャドゥプムとシッパル（現イラクのアブ・ハッバ）の二カ所で遺構が見つかっている。シッパルでの発見は、一九八七年に考古学界を賑わせた。ワリド・アル・ジャディル率いるバグダード大学の考古学チームが、ネブカドネザル二世（新バビロニア王、在位前六〇四‐前五六二年）の時代に建てられた太陽神シャマシュの神殿周辺を発掘し、神官ベロッソスが失われた著作『バビロニア史』で述べていたと伝えられる図書館を発見した。三方を壁に囲まれた四・四×二・七メートルの図書館には、幅五〇センチ、奥行き八〇センチの壁龕《へきがん》（棺や骨壺などを安置する壁穴）のあるレンガの台が置かれ、隣は読書室になっていた。図書館跡からは総計約八〇〇枚の粘土板が、アッカド語とシュメール語で書かれた行政経済文書、文学、宗教、数学と、当時の専門家が分類した状態で出土している。メソポタミア地方の他の多くの図書館と同様に、最古のシュメール文学として名高い『ギルガメシュ叙事詩』や『ルガルバンダ叙事詩』『エヌマ・エリシュ』も所蔵していた。

　前一五九五年にバビロニアを掌握したカッシート朝（バビロン第三王朝）期には、各地の図書館で精力的な活動が見られたが、前一一五八年にカッシート朝がエラム人に滅ぼされると、ハンムラビ法典の石碑やマルドゥク神の彫像などが戦利品として持ち去られた（ハンムラビ法典碑は一九〇一年、フランスの考古学隊によってエラム王国の都だったイランのスーサで発見されている）。その後、エラム人を撃退しイシン第二王朝（バビロン第四王朝）がバビロニアを支配した。同王朝の四代ネブカドネザル一世（在位前一一二五‐前一一〇四年頃）はエラム王国を支配下に収めると、マルドゥク神の彫像を奪回、同神を中心に据えたバビロニア神話の創世記叙事詩『エヌマ・エリシュ』を重んじるよう命じた。余談だが『エヌマ・エリシュ』は、次節で紹介するアッシュルバニパルのニネヴェ図書館の遺構から発掘、修復された。欠損部分も多いが、現在七枚の粘土板に刻まれた約一一〇〇行を読むことができる。ほかにも庶民の知恵に関する文書や、呪術師でもあった書記シン・レキ・ウンニンニが一二枚の粘土板に編纂した、奥書つきの『ギルガメシュ叙事詩』も出土している。奥書は古代バビロニアで文書に付されたもので、筆写者の名前、原本に関するデータ、他の粘土板との関係などが記録された。

話をもとに戻そう。時代は下って前六八九年、新アッシリア王国の王センナケリブがバビロニアに遠征し、バビロンはまたもや陥落している。その孫アッシュルバニパルは、当時最も有名だった図書館のひとつをニネヴェに建設したが、彼の死後間もない前六一二年、ニネヴェは滅亡している。そういった出来事が起こるたび、無数の粘土板が盗難・押収・破壊され失われた。当時も今と変わらず、文化にとって恵まれた時代ではなかったのだ。

アッシュルバニパルの大図書館

新アッシリア王国のアッシュルバニパル（在位前六六八‐前六二七年）は、父エシャルハドンの死後、生前の取り決めによりアッシリア王として即位。父のエジプト遠征を継続し、エラムへも二度の遠征を行ない、バビロニア王となった兄とも戦争になるなど、戦いの多い人生を送った。その一方で、彼は文字の読み書きができた数少ない王のひとりで、文化・宗教的事業を推進したことでその名を不滅のものにした。おそらくはペンと武器を初めて結びつけた、文武両道の為政者だったと思われる。

一八四五年、英国の考古学者オースティン・ヘンリー・レヤード率いる考古学チームが、古都ニネヴェ（現イラク・モスール）のクユンジュクの丘の発掘を開始。八年後の一八五三年、アッシュルバニパルの宮殿内にあった図書館跡を発見した。[13] 二万七二〇枚の粘土板と何千もの断片が出土し、それらは現在大英博物館に収められている。図書館の全容が把握されると、アッシュルバニパルは古代オリエント世界で最初の偉大な文書蒐集家だったことが判明した。彼より前に同じく文書を蒐集していた王に、中アッシリア王国時代のティグラト・ピレセル一世（在位前一一一五－前一〇七七年）がいるが、蔵書の数ではアッシュルバニパルの足元にも及ばない。

アッシュルバニパルは書物に対する情熱を次のように語っている。

粘土版に文字を記す完全な技術は、私の前任者が誰ひとりとして得られなかったものだが、あらゆる書記の神ナブーは私にその叡智を与えた。私は文字を粘土板に記し、書物を蒐集して、内容ごとに整理して並べ、自分の瞑想と読書のために、宮殿に置いた。[14]

アッシュルバニパルの宮殿に仕えていた書記たちは昼夜を問わず働き続け、王のためにありとあらゆる文化の書物を書き写したに違いない。その後も同遺跡での発掘は継続され、現在までに出土した粘土板は約三万枚、そのうち少なくとも五〇〇〇枚は奥書つきの文学作品である。有名なものではハンムラビ法典、『エヌマ・エリシュ』『ギルガメシュ叙事詩』、最古の占星術文献といわれる『エヌマ・アヌ・エンリル』七〇枚も含まれている。天体の運行と人間や国家の運命には照応関係があるとの考えに基づき、過去の天文現象と出来事の関連性から、国や王族の未来を予想したものだ。

もしかすると粘土板の破壊は日常茶飯事に行なわれていたのかもしれない。というのも、《この粘土板を破壊したり、水につけて文字を消したりした者は（……）アッシュール、シン、シャマシュ、アダド、イシュタル、ベル、ネルガル、ニネヴェのイシュタル、アルベラのイシュタル、シャラット・キドムリ、天地の神々とアッシリアの神々によって呪われるであろう》[15]と警告した碑文が見つかっているからだ。ニネヴェにはアッシュルバニパルの図書館のほかにふたつの図書館があった。ひとつは古代アッシリア王センナケリブが建設した南西宮殿、もうひとつは知恵と書記の神ナブーの神殿内にあったものである。

前六一二年、バビロニア人とメディア人、スキタイ人によってニネヴェは破壊され、残念なことにこれらの図書館はすべて壊滅した。英国の社会人類学者ジェイムズ・ジョージ・フレイザーは、この件について次のような見解を示している。

略奪後、都市には火が放たれ宮殿は焼け落ちた。上階の図書館にあった粘土板は建物が倒壊した際に壊れたと見られる。出土した粘土板の多くには亀裂が生じ、町を廃墟と化した火災で焼けていた。後年遺跡はウォルター・スコットの小説『ジ・アンティクァリー』に出てくるドゥスター・スイベル級の古物蒐集家たちによる略奪被害に遭っている。彼らの目当ては遺跡に埋もれた財宝。古代の叡智ではなく金銀だった。貴重な思い出の品々は、彼らの強欲さでさらなる破壊にさらされ、台無しになった。そこへとどめを刺すかのように、春中降り続いた雨が地面を伝わって粘土板に浸み込む。雨水にはさまざまな化学物質が溶け込んでおり、それらが粘土板の亀裂や割れ目に溜まってひびが押し広げられ、すでに断片となった粘土板をさらに小さな破片に砕いてしまった。[16]

前一五〇〇年から前三〇〇年のあいだに、近東には少なくとも五一の都市があり、二三三の文書庫と図書館が存在していたといわれるが、その内訳は一七八が文書庫、五五が図書館だとわかっている。それらの図書館のうち二五は前一五〇〇年から前一〇〇〇年、三〇は前一〇〇〇年から前三〇〇年までに存在したもので、いずれも廃墟と化している。

謎に包まれたヒッタイトの文書

小アジアに王国を築き、各地に影響を与えたヒッタイトの人々は、時代を通じて唯一の神を信じていた。その神が何の前触れもなく突然消えた。彼らは直ちに神を探しに向かう。そうしなければ世界が滅亡するかもしれないからだ。まるでその神のあとを追うかのように、ヒッタイトも忽然と姿を消した。われわれは彼らについて断片的・副次的にしか知らない。ヒッタイトに魅了された人々は、痕跡を見いだそうと奮闘してきたが、情報が乏しく、いまだ人類史の大いなる謎であり続けている。

ヒッタイト王国の首都はハットゥシャ。現代名はボアズカレ（旧ボアズキョイ）で、トルコ・アンカラの東、一五〇キロのところに位置している。前一八〇〇年から前一二〇〇年の六〇〇年間、ヒッタイトは複雑な構造を持つ大規模な城塞都市ハットゥシャを拠点に、小アジアでも最大の秘密のひとつとされる、製鉄技術を保持する重要な文明として君臨していた。初代王はラバルナ一世（ハットゥシャに遷都したハットゥシリ一世の父）。最後の王はシュッピルリウマ二世とされているが、王や王国がいつ、どのように滅亡したかはわかっていない。その後、前七一七年頃にトラキア人とフリギア人がこの地域に侵入したため、アッシリアのサルゴン二世が遠征し、残存していたヒッタイトの小国家を征服したといわれている。

ヒッタイトはハットゥシャのビュユック・カレ（大城塞）に図書館を設置し、ヒッタイト語（インド・ヨーロッパ語族）を楔形文字で記した粘土板を収めていた。考古学者たちが一九〇六年から一二年のあいだに、少なくとも八つの言語で書かれた一万枚以上の粘土板、ボアズキョイ文書を発掘。なかでも特に重要なのは『ヒッタイト法典』と呼ばれる文書で、二枚の粘土板に各一〇〇条ほどの条文が記されている。文書には法律書だけでなく、さまざまな言語で書かれた『ギルガメシュ叙事詩』の写本や、魔除けや性的不能《インポテンツ》対策の祈禱書なども含まれていたが、ここでもやはり何百枚もの粘土板が粉砕されていた。都の南西ニサンテペの神殿跡では、文書庫から襲撃で破壊された王家の文書が見つかっている。

発掘調査によって前一四〇〇年に破壊されたタッビガ（現トルコのマシャト・ヒョエク）の行政文書庫やサピヌワ（現オルタキョイ）とサリッサ（現クシャックル）の図書館の存在も明らかにされた。ヒッタイトの影響が及んでいた地域には、エマル（現シリア・メスケネ）やウガリトにも立派な図書館があったことがわかっている。

ペルセポリスの焼き討ち

アケメネス朝ペルシャの偉大な夢想家ダレイオス一世は、戦勝の少なさを非の打ちどころのない内政整備で補った感がある。帝国を二〇あまりの州に分け、それぞれの統治を地方総督サトラップに委ねる一方、〝王の目、王の耳〟と呼ぶ監督官を派遣してサトラップを監視させ、地方と都を結ぶ王の道を完備し、貨幣制度を整え、度量衡《どりょうこう》（長さ・重さ・容積の単位）を統一するなど中央集権体制を確立した。この王の着想のなかでもひときわ異彩を放ったのが、パサルガダエ（現イラン）、スーサに続く都ペルセポリスの大造営事業だ。パサルガダエの南約八七キロに位置するこの都は、前五二〇年から造営が開始され、ダレイオス一世の後継者クセルクセス一世、アルタクセルクセス一世の治世まで継続された。宮殿跡からは行政記録も含め大量の粘土板が出土しているが、その内容から王たちがこの都にほとんど滞在していなかったことが知られていて、ペルセポリスは政治の中心というよりも、神聖な書物のために建設されたと断言する者もいる。その神聖な書物とは『アヴェスター』というゾロアスター教の聖典で、ヤスナ（祭儀書）、ウィスプ・ラト（小祭儀書）、ウィーデーウ・ダート（除魔書）、ヤシュト（神々への賛歌）、ホルダ・アヴェスター（小アヴェエスター）の五典に大別される。これらはダレイオス一世の父王ウィシュタースパが写本を二部作るよう命じ、一部はササビガンに、もう一部はペルセポリスの文書庫に所蔵された。

歴史家たちの著述によると、前三三一年、バルカン半島から東方遠征中のマケドニア・アレクサンドロス大王軍（歩兵四万、騎馬兵七〇〇〇）は、ティロス（現レバノン）包囲戦の勝利とエジプト征服で調子づき、ペルシャ王国に向けて遠征を再開した。ユーフラテス川とティグリス川を越え、ガウガメラ（現イラク）でダレイオス三世のペルシャ軍一〇〇万と戦い、勝利を収めている。ダレイオス三世は敗走し、一年後に側近の手で暗殺された。ガウガメラの戦いのあと、バビロンもアレクサンドロス大王に降伏、スーサも支配下に入った。その後、大王は冬の最中にペルセポリスに進軍し、宮殿を占拠している。

ギリシャ・アテナイの美貌のヘタイラ（高級娼婦）であったタイスは、ペルセポリスが陥落した際、大王の軍に随行していたが、ギリシャ人たちの侮辱に報復すべく、ペルセポリスに火をつけるよう酒宴の場でアレクサンドロス大王を挑発した。酔っていた大王は配下とともに破壊と略奪の限りを尽くした末に、都を焼き討ちにした。ヒマラヤスギ材でできた宮殿は、火を放たれてひとたまりもなく、灰燼に帰したといわれる。

ペルセポリスの財宝は二万頭のラバと五〇〇〇頭のラクダに載せられて移送された。ゾロアスター教の教典『アルダ・ヴィラフ（真の法の書）』の序章は次のように述べている。

ペルセポリスの遺跡

罪深き悪神アーリマンは、人間たちに信仰心と法に対する敬意を失わせるため、悪人のギリシャ人イスカンダル（アレクサンドロス大王）を駆り立て、圧政と戦争、荒廃をもたらすべくイランに向かわせた。イスカンダルは王たちの扉を破壊して首都に侵入し、略奪行為に及んだ。牛革の上に金文字で書かれた法は、首都の文書の砦に保管されていた。だが狂える神アーリマンは悪人イスカンダルをそそのかし、イスカンダルは法の書を焼き、法学者や賢者ら思慮深い者たちを皆殺しにした。[17]

焼かれた書物には文学作品や行政経済文書とともに、『アヴェスター』も含まれていた。ゾロアスター教の聖典が失われたのだ。三世紀にゾロアスター教の信者たちは、ササン朝ペルシャの王アルダシール一世の命令で、記憶を頼りに『アヴェスター』を復元しなければならなかった。失われた『アヴェスター』原書の聖句には、信じる者たちに不滅の生命を授ける力があったと、断言する人々も多い。

廃墟と化したペルセポリスは、シカゴ大学東洋研究所が調査に乗り出すまで放置されていた。一九三一年から三四年はエルンスト・ヘルツフェルト、三五年から三九年はエーリッヒ・F・シュミットをリーダーに発掘が行なわれ、砦の地区では火災による損傷が激しい三万枚のエラム語で書かれた粘土板が見つかったが、その多くは破片か粘土の塊になっていて、判別できた文書の大半は商取引の記録だった。その後、クセルクセス一世の宝物庫で七五三枚の粘土板と何千もの断片が発見されている。

第2章 古代エジプト

初期のパピルス文書の消滅

古代エジプトで初期の書類や書物の媒体であったパピルスは、前三〇〇〇年頃から使われ始めた。しかし耐久性に乏しいため、保存に適した気候条件を有する地域を除き、ほとんど現存していない。パピルスの名称は古代エジプト語 per-peraâ（〝王の花〟の意。パピルスの加工が王の専売だったことから）との伝承がある。

材料となるカヤツリグサ科カミガヤツリ（学名シペラス・パピルス）は、中央アフリカ・ナイル川源流を原産とする多年草である。水辺や湿地に自生し、草丈は四、五メートル、横に這うように伸びる根茎と断面が三角形で直径六センチほどの茎を持つ。草丈六メートル、茎の直径が一〇センチに達することもあるそうだ。茎のてっぺんから放射状に伸びる緑色の細長い部分は葉ではなく花軸で（葉は退化し茎の根元についている）、先端に花穂《かすい》をつける。茎の色はエメラルドグリーン、花穂は茶褐色で、おしべは赤みを帯びている。この植物の茎を外側から縦に薄く削いでいき、川の汲み置き水に浸して繊維を取り出し、縦列と横列に重ねて並べ、布で包んだ上から叩いたり圧搾したりしたのちに時間をかけて乾燥させ、表面を磨いて形を整えて仕上げるという工程を経て、文字を記すことのできる紙が生み出された。複雑で手間のかかる製法だからか、二〇世紀に復元されるまでほとんど忘れられていた。

古代ギリシャの哲学者で博物学者、植物学の祖とも称されるテオフラストス（前三七二年頃 - 前二八七年頃）は、パピルスの有用性を次のように述べている。《外国人によく知られているのは、われわれがパピルスを巻物として使っていることだ。しかしながらパピルスはとりわけ栄養価の高い食料として大いに価値がある。土地の人々は生のままか茹でたり炒めたりしたパピルスを嚙み、汁だけを飲んでかすは吐き捨てる。それがパピルスとその活用法である》[1]。古代ローマの医師ディオスコリデス（四〇年頃 - 九〇年頃）は、焼いたパピルスの薬効の絶大な価値を指摘している。《パピルス紙を焼いて残る灰には、口内や他の部位にできる潰瘍の化膿を食い止める効能がある。パピルスはそれ自体も有益だが、焼くとさらに効果を増すのである》[2]

古代エジプトの首都メンフィスのネクロポリス（埋葬地）、サッカラにある役人の墓からは、前三〇三五年頃のものと推定されるパピルスが発見されているが、最初期のパピルスには文字は何も記されていなかった。古代エジプトのヒエラティック（神官文字）で書かれた最古のパピルス文書は、アブシールで発見された、エジプト古王国第五王朝ネフェルイルカラー・カカイ王（在位前二四七七 - 前二四六七年）時代の記録文書、通称アブシール・パピルスだ。時代が下って第六王朝ペピ二世（在位前二二七八 - 前二一八四年）の治世下に生きた賢者イプウェル作の『訓戒』によると、どうやらこのパピルス文書は第六王朝期に破壊されたらしい。以下に引用してみよう。

もしも私があの時、今直面している悲惨な状況から救い出してくれるよう女神に助けを求めていたならば！　王の私室を見よ。文書は奪われ、そこに書かれていた秘密は暴かれた。見よ、魔法の呪文は広められ、シェム（収穫月）とセケム（生命力）の魔法は人々が繰り返すがために効力を失った。見よ、文書庫は開かれ、財産目録は奪われた。奴隷らは奴隷の主人と化した。見よ、書記たちは皆殺しにされ、彼らの文書は奪われた。あまりに凄惨な現状を前にして、私は悔やんでも悔やみきれない！　見よ、土地台帳の書記たちを。彼らの文書も破壊され、エジプトの穀物は公共の財産と化した。見よ、王の私室の法の書は外に投げ捨てられた。人々は公共の場でそれらを踏みにじり、貧民たちは通りでそれらを壊している。[3]

時の流れと気候条件も多くの文書に味方しなかった。エジプト第二中間期（前一八－前一六世紀頃）の文献とされる、ウェストカー・パピルスの損傷は甚だしい。[4] エジプト第四王朝のクフ王に対して語られるという形式で、神官や魔術師たちの驚異的な出来事が書かれているが、第一話は最後の数語しか残っておらず、第二話には大きな欠落があり、残りの三話は比較的よい状態だが、第五話の末尾は失われている。この文書で紹介される魔術師ジェディの話は、おそらく文学作品における最初の魔術師についての記述だろう。その他のパピルス文書も現存してはいても非常に状態が悪い。たとえばアブシール・パピルスは古王国時代の貴重な行政経済文書群だが、完全に断片と化している。

憂慮すべき別の事例は、ラムセス二世の時代（前一三世紀）に編纂された、トリノ王名表として知られるトリノ・パピルスだ。総計一一枚の文書が一六四の断片になっている。神話時代から第一八王朝までの王名と、王によっては在位期間を年月日まで正確に記した重要な記録なのに、破損がひどすぎる。元は長さ一・七×幅〇・四一メートルの完全な文書だったが、イタリア・トリノへ送る際、取り扱いに注意しなかったために、到着時には原形をとどめていなかったという。[5]

エジプトの科学や文学を扱った文書も八割以上が失われた。今日われわれの手元にあるのは、史上最も厄介なパズルのピースとなった膨大な量の断片だけだ。

ラムセウム

エジプト新王国第一九王朝ラムセス二世（在位前一二七九年頃‐前一二一三年頃）をエジプト人はウセルマアトラー・セテプエンラー（〝ラー〈太陽神〉のマアト〈真理〉は力強い、ラーに選ばれし者〟の意）と呼んで崇め、ギリシャ人はギリシャ語訳でオジマンディアスと呼んで神格化した。地上においてはエジプト王セティ一世とトゥヤ妃の息子だが、真の姿はアメン神（〝隠されたもの〟の意。アモン神とも）の息子だと伝承される。幼少期に目立った逸話はないが、のちにエジプトを並外れた王国として際立たせた。嘘か真実かはともかく、二〇〇人以上の妻を持ち、一一一人の息子、六九人の娘がいるといわれ、旧敵ヒッタイトとの平和条約の締結、ヌビア（アフリカ大陸北東部の古地名）遠征での勝利といった功績は何百もの石碑に刻まれている。六六年間エジプトを統治した偉大な王だが、ここで彼を取り上げる理由は最古の図書館のひとつを設立したからだ。[6]

即位後二年目、ラムセス二世はテーベの都（現在のルクソール近郊）に葬祭殿の建設を命じ、完成までに二〇年の歳月を費やした。図書館はラムセウム（ラムセス二世葬祭殿）と名づけられたその神殿内にあった。古代ギリシャの歴史家シケリアのディオドロスが著書『歴史叢書』で、前三〇〇年頃の歴史家アブデラのヘカタイオスの言葉を借りて特筆している。《そこは神聖な図書館で〝魂を癒す場所〟と表示されていた》。図書館をそのように命名したのは見事だが、芸術的というよりも医学的な意味合いが強い。そこに収められたパピルス文書の大半が薬物学関係の文書だったためだ。

ラムセウム（ラムセス２世葬祭殿）　© Creative Commons International

この言葉を手がかりに、一九世紀以来何世代にもわたって考古学者たちが発掘を続けてきたが、図書館の場所は特定されていない。ヒエログリフ（聖刻文字・神聖文字）の解読者でもある、フランスの古代エジプト学研究者ジャン＝フランソワ・シャンポリオンは、書物の神である兄妹神、トートとセシャトの壁画付近に図書館はあったはずだと考えたが、決定的な証拠に欠き、推測の域を脱しなかった。[7]ドイツの司書フリッツ・ミルカウは記している。《ラムセウムの図書館を見つけ出すのは不可能だ[8]》

　いずれにせよ仮説はいまだ有効、数々の謎もしかりだ。ドイツのエジプト学者ライナー・シュタデルマンは聖なる図書館は列柱室の後方にあると主張。[9]イタリアの古典学者ルチアーノ・カンフォラは図書館の書架は横臥《おうが》食卓（食事用の寝椅子）が置かれた広間の隣にあったと推測する。[10]英国のジェームズ・エドワード・クイベルやフランス国立科学研究センター（ＣＮＲＳ）考古学調査隊のリーダー、クリスチャン・ルブランらエジプト学者が作成したさまざまな遺跡の見取り図を見ると、図書館は決まって神殿の奥に位置している。〝魂を癒す場所〟の表示は、カー（魂）が肉体から離れるのを医師が防ぐ部屋である可能性が高い。《書物の家は隠され、目に見えない》と図書館の存在を暗示する当時の史料、第一アナスタシ・パピルスがほとんど無視されているのも奇妙だ。文書が語る言葉を受け入れるなら、ラムセウムにある彫刻群も、畏怖すべき秘教的な源泉の謎を解く鍵となるかもしれない。

エチオピア人やアッシリア人、ペルシャ人による侵攻と略奪で、遺憾にもラムセウムは破壊され、そこにあった書物もエジプトの他の多くの初期文書と同様に消滅してしまったと考えられている。一世紀にこの神殿はキリスト教徒に占拠され、カトリック教会に転用されたが、その時点ですでに図書館は存在していなかった。

秘密の文書の焚書

エジプト神話の太陽神ラーと女神イシスの名前は、読者の皆さまも耳にしたことがあるだろう。ラーには秘密の名前があったが、ほかの神々には内緒にしていた。イシスは息子のホルスに権力を与えるべく、泥から毒ヘビを作ってラーの通る道に潜ませ、ヘビに噛まれたラーは窮地に陥る。毒の苦しみに耐えかねて、ラーは解毒と引き換えにイシスに自分の本当の名前を明かし、イシスはラーの魔力をものにした。本名を知ることで、相手を意のままに操れるようになったのだ。何らかの理由でパピルス文書はそれと同じ力を有するようになり、文書は祭司集団によってのみ読まれるようになった。祭司たちの神罰に対する畏敬の念は、権力欲よりもはるかに勝っていた。ただし、なかには邪《よこしま》な思いを抱く者もいたようだ。

エジプト新王国第二〇王朝ラムセス三世（在位前一一八三年頃－前一一五二年頃）の暗殺について、こんな逸話が残されている。王は暗殺後、あの世から使者を送って、陰謀に関わった疑いのある者をことごとく調べさせた。するとそのひとりが、魔術が記されたパピルスの巻物を朗唱し、絶大な力を有する神と化すことで目的（つまり王の暗殺）を果たしたと白状したのだった。

話は変わるが、新王国第一八王朝のアメンホテプ四世（在位前一三五一年頃 - 前一三三四年頃）こそ、焚書《ふんしょ》を初めて行なった人物のひとりだ。一神論者だったこの王は、アケナトン（アクエンアテン）と改名すると宗教改革を断行。世界初の一神教とされるアテン神信仰を国民に強要し、国家神アメンと神々を捨て、テーベからアケトアテンに遷都した。その際、秘密の文書をすべて破壊したという。英国のエジプト学者アーサー・ウェイゴールは次のように説明する。《アケナトンはそれらの文書を全部炎のなかに放り込んだ。小悪魔も幽霊も聖霊も怪物も、創造神デミウルゴスもオシリスをはじめとするエジプトの神々についての著作も、すべて炎に包まれ、灰となってしまった[11]》

その後の反動は周知のとおりだ。王の死後、新都アケトアテンはわずか二〇年で放棄され、都はメンフィスに移転、多神教信仰に戻された。後継者たちはアケナトンの記憶を抹消すべく、石像や石碑からも彼の顔や名前を削り取り、焚書にされたパピルス文書の内容を、記憶を頼りに復元した。

〝生命の家〟

古代エジプトの神殿内には、〝生命の家[12]〟と呼ばれる図書館のような施設が併設され、神聖な文書を守る一方、写本の作成や翻訳の役目を担っていた。アメンホテプ三世（在位前一三八八年頃 - 前一三五一年頃）はルクソール神殿を建てるに当たり、神々の意志を知るために、〝生命の家〟にあった聖なる書物を参考にしたという。これは例外ではない。たとえばラムセス四世（在位前一一五二 - 前一一四五年）は自身の墓の建設に先立ち、パピルス文書を参考にして、〝生命の家〟の書記をワディ・

ハママトの鉱床に派遣している。またプトレマイオス三世（在位前二四六‐前二二一年）のもとで編纂されたカノプス勅令にも、神官の弁として次のような言葉が記されている。《ラーの源泉をひもとき、流れに導かせるため〝生命の家〟に入ろう》

ラムセウムのほか、エドフのホルス神殿の〝生命の家〟も、アレクサンドリア図書館の前身のひとつだった可能性がある。この神殿はプトレマイオス三世の時代に建設が始まり、プトレマイオス一二世（在位前八〇‐前五一年）の時代に完成した。図書館司書として働いていた神官たちの仕事は一般業務のほか、薬学はもちろん実用的あるいは魔術的な奉仕の提供だった。ウィーン・パピルス154によると、メンフィスにあったプタハ神殿の大神官は国民から《聖なる図書館の予言者、聖なる図書館の書記で（……）聖なる図書館の蔵書を敬い、ラーの力を発して崩壊したものを復活させる》といわれていたという。

エドフの〝生命の家〟の壁面には書物の女神セシャトのレリーフがあるうえ、『王が宮殿を守るための魔術書』『実験室の秘密の知識の書』『神の秘密の形に関する知識の書』など三七の魅力的な文書が見つかってもいる。前四世紀のサルト・パピルス825（BM10051）には《ラーの力が流れ出るように語る、それらの神聖な文書は太古の叡智の総体である》と記されている。

文書は公開しているものもあれば、非公開のものもあった。プトレマイオス朝時代のブレムナー＝リンド・パピルスは《〝生命の家〟の秘密の書物は誰も目にしたことがない》という。秘密の書物がどのようなものだったかは知りようがない。先述のとおり異民族の攻撃を受けて、図書館の他の宝物と一緒に破壊されてしまったからだ。

トートの禁じられた文書

ご存じのとおり、トート（古代エジプトではジェフティとも呼ばれた）は、ヒエログリフを発明してエジプト人にもたらした書物の守護神だ。神々の書記でまとめ役でもあり、ピラミッドの建設方法を人間たちに伝え、時の管理者で最初の暦を制定し、楽器の開発者で竪琴《たてごと》を奏でた。イチジクやハチミツを好んだともされ、トートの信者たちは挨拶の際〝甘味は真実である〟と言い合うことで、互いに識別していた。すべての人の名前や行ないを生前から記録し、死者の審判の場では死者の名前を記録する役目を担う、そんなトートが、この世のあらゆる知識を収めた書物を著したと考えられるようになるのは必然ともいえる。彼の著作は薬学・哲学・魔術の概説書とされた。ちなみに先に述べたラムセス三世の暗殺時に陰謀者たちが使った魔術書は『トートの書』とみなされている。その写本は破壊され、別の写本はエジプト各地を荒廃させる原因となったともいわれる。何世紀ものあいだにそれらの写本もひとつ残らず消えてしまったそうだ。

三三世紀前のパピルスには、川底に隠され、ヘビに守られていた『トートの書』を発見し、手に入れたエジプトの王子ネフェルカプタハの物語が描かれていた。[13] ネフェルカプタハはビールに浸けたパピルス文書を飲み干すと、たちまちこの世のすべての知識を得た。神しか知り得ない、ありとあらゆる叡智を身につけたのだ。トートは著書が盗まれたことを察知し、あの世とこの世の境から犯行現場に急行すると、言葉を発する間もなく王子を殺害、『トートの書』を取り戻したという。そのパピルス文書も前三六〇年頃に破壊されたらしい。

トートはアレクサンドリアでギリシャ神話のヘルメス神、錬金術師ヘルメスと融合し、ヘルメス・トリスメギストス（三重に偉大なヘルメス）と化した。その名で多くの写本が作られたが、それらもやはり焚書にされてしまった。

第3章　古代ギリシャ

廃墟と瓦礫のあいだに

I

一般的に、古代ギリシャの芸術と聞いて思い浮かべるイメージは、ギリシャ神話の神々の彫像や陶器、あるいは神殿の遺跡といったところだろう。観光ポスターや絵葉書の写真でおなじみの古代都市は、破壊と略奪の末に廃墟となり、のちに文明のシンボルと化した。書物に関しても、これと同じことが起こった。ギリシャの文学・哲学・科学などの書物は、控えめに見積もっても七五パーセントは失われた。郷愁に酔いしれることなく冷静に物事を見つめる西洋古典学の第一人者、英国のケネス・ジェームズ・ドーヴァーはこう語る。

古代ギリシャ人による著作で現存しているのはほんの一部だけである。古代ギリシャの歴史家の名前は大勢知られているが、作品が残っているのは古典期（前五〇〇年末頃－前三五〇年頃）に三名、それよりあとに数名のみだ。アテナイでは前五〇〇年から前二〇〇年のあいだに、二

現存するヨーロッパ最古の書物，デルヴェニ・パピルス　© Reproducción en Colección de Fernando Báez

〇〇〇を超える演劇作品が上演されたといわれるが、現在、原作を読んだり演劇を鑑賞したりできるのは、わずか四六作品にすぎない。[1]

現存する古代ギリシャ最古の文書の断片は、前三四〇年に成立したデルヴェニ・パピルスと名づけられたもので、[2]部分的に炭化している。ギリシャ神話に登場する伝説的な吟遊詩人オルペウスの作とされる詩を注釈した寓意に満ちた哲学論文だが、成立が前四世紀で最古かと思うと複雑な心境だ。仮にエジプトから輸入したパピルスがギリシャでも広まり、初期の書物が前九世紀には作られていたとすると、五〇〇年間分の作品が失われたことになる。ギリシャにおける最初の書物は、ことごとく消滅してしまったわけだ。

とりわけ多くの書物が失われたのは、ヘレニズム期（前三二三年頃－前三〇年頃）のことである。ドイツの碩学フェリックス・ジェイコビーが自著『ギリシャの歴史家たちの断片』でこの件について解説している。同書にはヘレニズム期の歴史家八〇〇人以上のギリシャ語作品の断片が掲載されているが、それらの著作はいずれも失われている。

II

古代ギリシャ時代の書物は巻物状のパピルスだ。文書の長さはさまざまで、巻物ゆえに一巻、二巻と数えた。エジプトからパピルスを輸入していたギリシャ人は、中継地だったフェニキアの港湾都市ビブロス（現レバノン）にちなみ、パピルスを別名〝ビブロス〟とも呼び、そこから転じて書物は〝ビブリオ〟と名づけられた。[3] また、読むという行為は〝アナグノーシス（読書）〟と命名されたが、とりわけ〝公共の場で読む〟ことを意味していた。[4] 読書の際には右手で巻物を支え、左手でパピルスの端を繰り出して、読み終わった部分を心棒に巻き取っていく。この行為を〝アネリットー〟と呼んだ。

フェニキアのアルファベットを導入し、パピルスに文字を記す以前、クレタ島のギリシャ人は独自の文字を持っていた。象形文字から音節文字である線文字A、さらにそれを簡略化して文法体系を整備した線文字Bを開発し、シュメール人と同じく粘土板に刻んでいた。王の文書庫に所蔵されていた粘土板文書は、商品目録や食料庫の物品帳簿、名簿や家畜のリストで、文学作品ではなかった。クレタ文字の使用を支持する者たちは、伝説上の人物カドモスにギリシャへのフェニキア・アルファベット導入の権限を与えた者たちの失策を非難したが、[5] 反対意見が主流にならず、フェニキア文字の導入に伴うクレタ文字の廃止が受け入れられたことは、ヘロドトスや[6] ソフォクレス、[7] アリストテレスの著作[8] のなかでも証言されている。

前九世紀に何が起こったのかは定かでないが、おそらくはヘクサメトロス（六歩格。一行が六つの韻脚からなる詩律）の開発に伴って、ギリシャ語はなめらかで整った母音を獲得した。[9] 一方、記憶媒体としてパピルスが広く受け入れられ、前五世紀頃には、読み書きが都市部において一般的になった。

パピルスだけでなく革製や木製、石製などの書字板も使われていた。たとえば二世紀ギリシャの旅行家で地理学者のパウサニアスは、ヘリコン山でひどく傷んだ鉛製の書字板に刻まれたヘシオドスの『仕事と日々』を読んだというが、[10] 実物は何も残っていない。

古代ギリシャ世界において、法律上の取り決めを書面で行なうようになったのは画期的な進歩だった。後代四世紀の人で、アテナイの弁論家・政治家のアイスキネス[11]は、国民が知識を身につけ、嘘を見抜けるようになれば国力が増すと、公共の文書館の存在を称えている。実際、都市国家ポリス間の条約や協定は、調印者の気が変わるのを避けるべく、文書に記録が残された。前五〇〇年にエリスとヘライア間で交わされた条約の書字板では、そこに書かれた文書の価値が称賛され、損なった者は処罰する旨が謳われている。[12]

前五世紀はギリシャにとって決定的な時期となった。文字文化が口承に取って代わり、文化革命が始まったのだ。[13] 読書は通常、声に出して朗読された。黙読することもあったようだが、[14] これは口承の名残といえよう。書物に対する情熱は、書物に関わる最初の商売を生み出しもした。ソクラテスが「（ギリシャの哲学者）アナクサゴラスの書物は一ドラクマ出せば、誰でもアゴラ（市民広場）で買える」[15] といっているところをみると、市場では本も売っていたらしい（ちなみにドラクマは古代ギリシャの通貨で、一ドラクマは労働者の一日分の賃金に相当する）。喜劇作家エウポリスも市場での書物の売買に触れている。

> 私はニンニクやタマネギのにおい、香の煙や香りに満ち、

書物が売られている洞窟である、市場のなかをめぐり歩いた。[16]

二世紀の修辞家ポリュデウケスは、この書物の売買を〝ビブリオテーカイ〟と名づけている。[17] 写本の担い手であるギリシャの筆写者のほとんどは奴隷だったため、エジプトの書記たちのような特権は与えられていなかったが、必要不可欠な労働者だった。筆記用具は書字板の材質によっても変わるが、パピルスの場合にはリードと呼ばれる先を尖らせた葦《あし》のペンと、天然ゴムと煤《すす》を混ぜたインクを使っていた。

当初、文章に区切りはなく、句点も小文字も存在しなかった。横書きで記され、散文体の文面の幅は八センチ、詩文では詩の形式によって定められていた。筆写者は通常の作品で一ドラクマから四ドラクマの賃金を得ていた。腕の立つ名人になると報酬は上がり、貧困層から脱け出すこともできた。書物は公共の場で著者またはその代理人によって読まれることで発表（出版）したとみなされ、朗読が終わると聞き手は質問することができたらしい。

古代ギリシャには挿絵入りの書物も存在していた。哲学史家ディオゲネス・ラエルティオスは『ギリシア哲学者列伝』に、《アナクサゴラスは絵のついた本を発表した最初の人物である》と記している。[18] 非常に美しい書物もあった。イタリア・ヴェネチアの聖マルコ（マルチャーナ）国立図書館に唯一現存する写本の断片[19]によると、アリストテレスの著作には三つの主要な著作目録のどれにもない、アレクサンドロス大王のために特別に製作された『イリアス』の豪華本も含まれていた。その本はアレクサンドロス大王が、ペルシャのダレイオス三世から奪った戦利品と一緒に大櫃《おおびつ》に入れて運んだと伝えられるという。伝記作家プルタルコスも著書[20]のなかで、アリストテレスこそ『イリアス』豪華本の作者だと称え、その本がなくなったのか、アリストテレスの埋葬時に副葬されたのかは定かではないが、アレクサンドロス大王の墓では見つからなかったので、いずれにしても紛失したことに変わりはないと記している。

Ⅲ

書物の歴史で紛失と破壊を区別するのは至難の業だ。書物が破壊の標的となった場合もあれば、破壊の巻き添えを食らったり単になくなったりしただけのこともある。いずれにせよ原本はもはや存在せず、奇跡的に写本が発見されでもしなければ、古代に失われた無数の文書を取り戻せる可能性は限りなく低い。

そのことは、評判の高い悲劇詩人ソフォクレス[21]の作品目録に一二〇作のタイトルが掲げられているのに、今日完全な形で残っているのが七作だけで、あとは何百もの断片になっていることを指摘するだけで十分だろう。偉大な女性詩人サッフォー[22]も、九つの著作を遺したと伝えられるが、今日欠けずに残っているのは二編の頌歌とわずかな断片だけである。同じくギリシャ古典詩の優れた女性詩人で、詩人ピンダロスを制してコンテストで優勝したこともあるコリンナ[23]の五つの著作は、まとまりのないかけらだけしか残っていない。九二あったというエウリピデス[24]の作品も、他の文献に多数引用されているにもかかわらず、現存するのは悲劇が一八、サテュロス劇（悲喜劇の一種）がひとつだけである。

非情な現実はまだ続く。ソクラテス以前の著述家や、知恵や教養を授けることを職業としたソフィストの全著作も断片と化している。哲学者ゴルギアス[25]の『非存在について』も、その名に違わずどこにも存在していない。

古代ギリシャの文書の喪失は、全時代を通じて文学・科学・哲学などあらゆる分野で発生している。どんなにプラトンを引用し、ソクラテスや悲劇詩人で強迫的なまでに完璧な詩を書いたアガトン[26]を称えても、彼らの作品は断片としてしか今日には存在しない。抒情詩人アルクマン[27]の乙女歌『パルテネイオン』全六巻も失われ、他のギリシャ人作家が著作で触れている部分しか知り得ない。英国の古典学者デニス・ペイジの選集によると、頻繁に引用されているのは《私はあらゆる鳥の歌声を知っている》という文言だ。

喜劇詩人アリストファネス[28]の場合、考古学者によるパピルス断片の発見と辞書編集者たちによる引用のおかげで、およそ一〇〇〇の断片が確認されているが、四四の喜劇のうち完全な形で生き延びたのは一一のみだ。それはまだましな例で、一〇一あったディフィロス[29]の喜劇、一〇〇あったエウブロス[30]の喜劇、二四五あったアレクシス[31]の喜劇は、原形をとどめていない。

キュニコス派、ピュロン主義、懐疑主義、ストア派の著作もすべて断片の塊と化した。ストア派の創始者で、その著書『国家』はプラトン作よりも広く読まれたといわれるゼノン[32]も難を免れなかった。同じくストア派のクリュシッポス[33]も、七〇〇以上あったとされる著作はいくつかの断片を残してすべて失われ、後世の哲学者たちの引用でわずかに知り得るだけである。

シュキオンの指導者で、諸都市間のアカイア同盟で名を馳せた政治家アラトス[34]の『回想録』三〇巻あまりも消滅した。伝説の叙事詩人アルクティヌス[35]のトロイア戦争に関する叙事詩『アイティオピス』全五巻と『イリオスの陥落』[36]全二巻もわずかな断片しか読むことができない。オリンピックの祝勝歌で有名な詩人ピンダロスの全一七巻あったとされる作品も、現存するのは四巻だけで、ほかは断片だ。

プラティナス[37]の五〇〇に及ぶ悲劇も、アスティダマス[38]の二五〇の悲劇も、天文学者で数学者、観測に基づく太陽中心説を唱え、さまざまなテーマの書物を著したといわれるアリスタルコス[39]の著作も今は存在しない。四世紀頃に編纂されたランプリアス・リスト（プルタルコスの著作目録）によると、プルタルコス[40]の著作は二二七作あったが、八三作しか現存していない。

プラトンの甥で弟子でもあったスペウシッポス[41]に至っては、一作も完全な著作が残っていない。ギリシャの教養人たちに人気のあった歴史家サモスのドゥリス[42]の作品は、ばらばらになった節と句の山に貶められた。歴史家・哲学者で地理学者でもある『地理書』の著者ストラボン[43]の大著『歴史』全四七巻も大半が消滅してしまった。バビロニアの祭司ベロッソス[44]の作品が失われたのも本当に残念だ。記念碑的作品『バビロニア史』（前二八〇年頃の作で、三つの時代を三巻に分けて記している）は今日、著述家たちの引用に片鱗をとどめるのみである。

このように、破壊された書物のリストは、うんざりするほど膨大で、圧倒される分量だ。事故や災害、火事や無関心の結果、失われた作品の数も計り知れない。

エンペドクレスの詩の破壊

古代ギリシャにおける文学作品破壊の最初の事例は、皮肉なことに『詩人たちについて』と題された、アリストテレスの失われた著書の断片中に載っていた。ドイツの古典文献学者ヴァレンティン・ローゼは語る。

アリストテレスは（……）『詩人たちについて』のなかで《（エンペドクレスは）途方もない詩人で、フレーズやメタファーの使い方その他、さまざまな詩の技巧に長けていた》と述べている。《ペルシャ戦争を題材にした詩「クセルクセス一世の行軍」やアポロン神への賛歌「アポロンへの緒言」など多くの詩を著したが、それらはすべて姉妹――あるいは神学者ヒエロニムスによると娘――の手で燃やされてしまった。「緒言」はエンペドクレスの意に反して焼かれたが、ペルシャ王のほうは出来がよくないとの理由から、本人の意向で処分された》ということだ。
また、彼は悲劇や政治論も書いていたという。[45]

このアリストテレスの意見に対するコメントを読んだことはないが、エンペドクレスの詩の破壊には多分に宗教的な問題が絡んでいたと推測できる。四元素説を唱えた哲学者で、詩人・政治家・医師でもあり、弁論術の祖と称されるエンペドクレス（前四九三年頃－前四三三年頃）は、人間を創造した唯一神を信じていたといわれている。そうなると、「アポロンへの緒言」でギリシャ神話の神を賛美したのは、保身のためかもしれないし、逆に伝統的な神々を冒瀆する内容に、姉妹が怯えて焼き捨てた可能性も考えられる。

プロタゴラスに対する検閲

前節で述べたエンペドクレスの詩の破壊はよく知られた逸話だが、同じく前五世紀には、「人間は万物の尺度である」という名言で知られるソフィスト、プロタゴラス（前四九〇年頃－前四二〇年頃）も政治権力と宗教権力による検閲の被害を受けている。著作『神々について』が公の場で読まれ、ピトドロス（またはプロタゴラスの弟子エヴァトロス）が不敬罪で訴えたのだ。後代のディオゲネス・ラエルティオス[46]やヘシュキオス[47]によると、『神々について』は焚書《ふんしょ》にされ、写本も家々をくまなく捜索してすべて押収された。古代ギリシャの懐疑派の哲学者、プリウスのティモンは著書『シロイ』に記している。

（……）プロタゴラスの著作はすべて灰燼に帰すのが望ましいとされた。それらの書物の存在を神々に悟られ、逆鱗に触れぬよう、当局も念には念を入れて対処したのだろう。だが事態は著作の焼却だけでは収まらず、プロタゴラスがのちに毒杯を仰いだソクラテスと同様、地獄の支配者ハデスのもとへ行く運命をたどるのは避けられなかった。[48]

三世紀後半から四世紀の歴史家・ギリシャ教父エウセビオス[49]も確証している。《プロタゴラスの著作は法に則り、アテナイ市民の手で焼かれた[50]》。プロタゴラスはソクラテスと同じく、認識の相対性を主張したことが災いして迫害された。アテナイを追われたプロタゴラスは天罰に見舞われ、乗っていたシチリア島行きの船が難破して死亡したとされている。その時、彼の手には最後の著作の完全版が握られていたという。[51]

プラトンも書物を焼いた

前三八七年のこと、哲学者プラトン（前四二七‐前三四七年）は、ムセイオン（学術・芸術の女神ムーサたちの学堂）の創設地としてテメノス（聖地）を選んだ。そこはアテナイ郊外の英雄アカデモスに捧げられた土地で、付近にはギュムナシオン（公共の体育場）もあった。その土地の名前にちなんでアカデメイアと名づけられたプラトンの新しい学園は、《ムーサたちの真髄を極める[52]》と語った哲学者オリンピオドロスら、全国各地から入学希望者が殺到し、当然のことながらギリシャで際立った存在になった。

アカデメイアの入り口にはエロス神に捧げられた祭壇が設けられ、その奥に教室が続く。[53]教室には教卓と生徒用の小ぶりの椅子、白板、天球儀、太陽系の模型、プラトンが作った時計、地球儀、地理学者たちが製作した地図類が置かれ、左右の壁にはソクラテスや弟子のパイドン、プロタゴラスらが描かれていた。のちに休憩用の個室も増設された。[54] そこには当然図書館が併設されていたはずで、ピタゴラス派の文献やエジプトやメソポタミアの古文書、劇作家ソフロンの擬曲《ミモス》（世情を描写した寸劇）、ホメロスやエピカルモスの作品をはじめ、有名無名の別を問わず、多くの作家の著作がパピルス文書で収められていたに違いない。

プラトンの書物蒐集癖をよく知っているディオゲネス・ラエルティオス[55]は、プラトンがライバル視していたデモクリトスへの言及すら拒み、著作を集めて燃やそうと考えたことを非難している。[56] デモクリトスが哲学の入門者向けに大いなる秘密を説いた、『大宇宙大系』をはじめとする著書と、プラトンの著作は驚くほど似ていたというから、なおさら憎悪の念を燃やしたのかもしれない。だがプラトンに書物を焼きたがる傾向があったのは確かなようだ。プラトンは若い頃、悲劇の創作コンクールに出場しようとディオニュソス劇場へ向かう途中、町中でソクラテスと出会い、その後、自作の詩をすべて火中に投じたと、ラエルティオスも書いている。[57]

プラトンが作品を焼くなどということがあるだろうか？　答えはイエスで実際にやってのけている。これには十分な根拠があって、真理（といっても、彼自身の思想体系の真理）に裏打ちされていないすべての著作を、徹底的に否定したということだ。プラトンは詩人たちを嘘つきで狂っているとみなし、自身が理想とする〝国家〟への立ち入りを禁じた。そもそもプラトンは書物を価値ある財産とは捉えていなかった。ある日、師の教えを完璧に記していた熱心な弟子が、散歩に出かけた海岸で覚え書き帳を失くしてしまった。彼は学園に戻ってくるなり、謝罪ではなく歓喜の声を上げた。ようやく師プラトンが弟子たちに対し、彼の言葉を覚え書き帳にではなく、魂に刻むよう教えた理由がわかったと。[58]

この逸話はプラトンの方針をよく示している。プラトンは教えを口頭で授けたことから、彼の思想は文章化されていないものが多く、より価値ある部分は失われたと考えられている。プラトンは著作でたびたび書物を批判した。『パイドロス』（274e－275b）では、文字を発明したと誇るエジプトの神テウト（トート）に至高の神タモス（ゼウス）が、文字は記憶の手がかりにすぎず、真の知恵ではないと反論する場面を描いている。

『第二書簡』でプラトンは自身の教義の普及に反対し、シュラクサイ（現在のシチリア島シラクサ）の僭主《せんしゅ》ディオニュシオス二世に秘密を打ち明けている。《私はそれを書いていない。〝プラトンの著作〟はどこにもないし、今後も存在しない。そう呼ばれているのは、ソクラテスの――彼が若い時分の――作品だ。それでは、この書簡を一気に読み終え、燃やすのだ》[59]

末尾の〝燃やすのだ〟は注目すべき要点だ。現代イタリアの歴史家ジョヴァンニ・レアーレはこれを、秘教的な叡智の集団内における上下関係の表れと見た。[60]ドイツ・テュービンゲン大学の研究グループはプラトンの知られざる一面を明らかにすべく『第七書簡』（342d）を分析し、他の研究者たちはプラトンが唯一行なったとされる公開講義「善について」を研究した。これについてはアリストテレスの弟子だった哲学者アリストクセノスが証言している。ふだん講義形式で教育をしないプラトンが公開で講義を行なう。耳寄りな話が聞けるかもしれないと期待して、多数の聴衆が集まったが、数理論、幾何学、天文学に関するあまりに難解な話についていけなかったという。[61]それがどのような内容だったか、詳細は永久に失われてしまったが、その片鱗は、おそらく現存しているいくつかの対話のなかに息づいていることだろう。

アルテミス神殿の破壊

古代ギリシャは非凡な才能が発揮された驚異の世界だったが、意外なことにヘレニズム期の建築物は、七つだけしか聖別されていない。そのうちのひとつが、エフェソスにあったアルテミス神殿だ。大プリニウスは、リュディア王クロイソスの出資によって建設が開始され、一二〇年後に完成したと記している。[62] この神殿の歴史で興味深いのは、本書のイントロダクションでも触れた放火事件である。前三五六年七月二一日、かのアレクサンドロス大王が生まれた晩に、牧童ヘロストラトスが神殿に火を放った。犯行の動機は歴史に名を残すためだったが、逆に極刑に処されたうえ、後世に名を残さぬよう記録を抹殺された。だが後代の歴史家ストラボンが著作に記したことで、ヘロストラトスの名は現代に伝わっている。

ここまでの話はのちの歴史家たちにも史実として認められている。加えてその火災で、唯一の原本だった哲学者エフェソスのヘラクレイトスの全手稿が焼けたという伝承もある。ヘラクレイトスは自身の著作を、子どもたちとよく一緒に遊んで過ごしたアルテミス神殿に保管していた。そこなら安全だと踏んだのだろうか。ディオゲネス・ラエルティオスは述べている。《彼の著作といわれる『自然について』は、「万有について」「政治について」「神学について」の三部からなっていた。この書はアルテミス神殿に奉納された[63]》

神殿に保管した理由としては、次のふたつが考えられる。

（1）この本の体裁が、ギリシャ中部の聖域デルフォイのアポロン神殿で行なわれている神託を意図的に模倣したものだったのかもしれない。そうなると、ヘラクレイトスがエフェソスの神官だった可能性を示唆するだけでなく、彼がアルテミス神殿を万物の生成を支配する永遠の理法、ロゴスの顕在化にふさわしい場所だと考えていたとも推測される。(2)アルテミスはギリシャ神話に登場する全能の神ゼウスと女神レトの娘、アポロンの双子の姉で、狩猟・貞潔の女神として厳格に純潔を保っていたとされる。ヘラクレイトスのような妥協を許さぬ思想家が、この女神を自身の思想のシンボルと考えるようになっても不思議ではない。シュメールで生まれ、エジプトへと引き継がれた古代オリエントの慣習に則り、彼は自著を神殿に奉納した。そうすれば神殿が女神の真実を明らかにしてくれると直観したからだ。ヘラクレイトスの書物は俗世とは無縁の真理に達するための地図であり、彼が万物の根源とみなした〝絶えず赤々と燃える火〟は神殿内部に焚かれた火だったのだろう。その断片を読み解くには何十とおりもの方法があるが、知る人ぞ知る有益な方法は、アルテミスへの崇拝を暗示する言葉や表現を受け入れることだ。ある断片でヘラクレイトスは女神の武器である弓について触れている。《弓は生命と死という因果から成り立っている》[64]

歴史の定説を鵜呑みにするのに慣れているとつい見逃してしまうが、ヘロストラトスは大理石のような不燃性の素材でできた古代で最も巨大な神殿のひとつ(八〇×一三〇メートル)に、どうやって火をつけたのか？ 厳密にいえば、彼が放火したのは神殿の建物ではなく内部、まずは記録文書の保管所だったと私は思う。そこにはヘラクレイトスの著作を含め、木製や紙製の燃えやすい物品が置かれていたに違いない。火は瞬く間に燃え広がり、神殿内部は炎に包まれた。その様子を神殿の崩壊と描写したのだろう。

ヘラクレイトスの断片は告げる。《火は到着するや、すべてを裁き、すべてに罰を下すであろう》[65]。

この黙示に対する不敬行為で、彼の手稿が破壊されたのはあまりに皮肉だ。

古代ギリシャの医師

世界中の医師たちが医学校卒業の際に唱えて胸に刻んでいるであろう、医師の倫理に関する言葉〝ヒポクラテスの誓い〟。実際の著者は定かでないが、コス島出身の医師で〝医学の父〟と称される、ヒポクラテス（前四六〇年頃‐前三七〇年頃）の作とされている。

同時代人だったプラトンは著書『プロタゴラス』で、《アスクレピオス派の医者、コス島のヒポクラテス》とだけ触れている。[66] ヒポクラテスの功績のなかでも特筆すべきは、病気は環境や食事、生活習慣によって生じるもので、神業によるものではないと主張し、それまでの祈禱や呪術を中心とした医術を経験、つまり観察と臨床検査に基づく科学的な医術へと移行させるべく、病気の症状とその治療法を体系的にまとめたことだろう。前三世紀頃に編纂された『ヒポクラテス全集』は彼だけでなく、弟子や他の医師たち少なくとも一九人の書き手による医学書の集成だ。当初は七〇巻あまりあったというが、今日まで伝わっているのは六〇巻で、一〇巻分が失われている。興味深いのは、全編にわたって古代ギリシャ語イオニア方言で書かれ、それがそのまま医学用語として定着したことだ。

ある日ヒポクラテスはクニドスにあった医神を祀った神殿を訪れた。生と死は人間が自分自身も神であるのを忘れたことを示すメタファーにすぎず、すべては無駄だと気づいた彼は、神殿内の医学図書館に火を放って逃げた。この伝承について、『ヒポクラテス全集』（ローブ・クラシカルライブラリー版）を英訳したウィリアム・ヘンリー・サムエル・ジョーンズはこう語る。《ヒポクラテスのことを、生と死の神秘に関する偉大な文書群への冒瀆行為を抑えきれないほど、強迫観念に取り憑か

れている人物として描写することで、敵対者たちが彼の評判を落とそうとしたのだろう》[67]

この伝承の別の説は、ヒポクラテスは盗作で告訴されぬよう、証拠隠滅のために神殿にあった書物に火をつけたという、さらにあくどい内容になっている。

ふたりのビブリオクラスタ

本章の締めくくりに、古代ギリシャのビブリオクラスタ（書物の破壊者）をふたり紹介する。ひとりはマロネイア出身の哲学者メトロクレス。彼は自分の思想は単なる幻想でしかないと悟ったあと、著作を焼き捨てた。焼いたのは自著ではなく師テオフラストスの教えだという説もある。真偽は定かでないが、プラトンがパピルスに火をつけながら口にした言葉《火と鍛冶の神ヘファイストス、速やかに現れよ。淡水の女神テテュスがそなたを必要としている》を思い出したともいわれている。

もうひとりは哲学者で詩人のボリュステネスのビオン（前三二五年頃 - 前二五五年頃）。信頼性の高い複数の情報筋によると、同時代のなかで最も人騒がせな思想家で、今日彼よりもずっと有名になっている他の哲学者たちへの対抗意識が半端ではなかったらしい。[68] 自己顕示欲が強く移り気で、何事にも不器用な性格だったビオンは、人生も著作も華々しく波乱に満ちていた。何しろ奴隷として売られたのちに解放され、アテナイでさまざまな哲学の学派に首を突っ込んだというのだから。

今日彼の著作は一冊も完全な形で残っていないが、断片だけは現存し、『注解』『キニュコス派批判』『パロディ』『風刺文学』など、作品のタイトルは知られている。キニュコス派を支持していた時期に上梓した『非難』では、あらゆる物事を攻撃し、人間の愚かさを痛烈に批判。彼の作品は両義性と寓意、逸話と語呂に溢れ、より徹底した教訓を好む読者を楽しませた。

ある時、ビオンは必要に迫られ書物を燃やし、のちにそのことを皮肉な調子で書簡にしたため、公にした、とディオゲネス・ラエルティオスは語っている。後援者《パトロン》だったマケドニア王、アンティゴノス二世ゴナタス宛てに書かれた、自身の若かりし日の回想だ。《私は素質のない若者ではございませんでしたもので、とある修辞学者に買われ、その死に際しては遺産をすべて相続しました。私はその修辞学者の著作を焼き払うと、所持金をかき集めてアテナイに赴き、哲学に勤しむことになったのです》

ビオンが修辞学者の著作を焼いたのは、すでにそこから学び終わり、アテナイへの旅に携える必要がなかったからだろう。実際ビオンは頭の切れる人物だったのだ。そんな彼の口癖のひとつは、《最悪の不幸は人生で何の不幸にも見舞われぬこと》である。

第4章 アレクサンドリア図書館の栄枯盛衰

I

前二八五年頃、上エジプトでブロンズ色の肌をしたギリシャ人男性がエジプトコブラに噛まれて死んだ。その名はファレロンのデメトリオス。地元当局が地面に横たわった遺体を発見したが、検死をした医師たちには、彼がヘビに手首を噛まれた原因が、自殺か事故か、あるいは他殺かを特定する勇気はなく、沈黙を選ぶことにした。[1] 三つの可能性のうち、少なくともふたつは十分考えられることだった。死亡男性は、王位に就いたプトレマイオス二世ピラデルポスから目の敵にされ、アレクサンドリアを追われたばかりだったのだ。死に顔は実年齢よりもずっと老け、六〇歳から七〇歳に見えたという。遺体は何の敬意も払われず、ディオスポリス近郊のブシリス地区に埋葬された。[2]

デメトリオスの死はその後、何週間も人々の語り草となり、作家や哲学者のなかには残念がる声も多かった。彼は非常に優れた人物で、何十冊もの著作を執筆した。偉大な思想家たちの弟子であり、影響力ある政治家でもあったが、それにも増して古代世界で最も有名だった図書館、アレクサンドリア図書館の創設に貢献したからだ。デメトリオスの没後、栄華を極めた叡智の殿堂の運命は、やがて王族同士の勢力争いと国同士の征服戦争に翻弄されるようになる。そこで本章の幕開けに、立役者デメトリオスの足取りをたどってみようと思う。彼の生涯はこの傑出した図書館の起源と終焉をつかむのに最適だからだ。

デメトリオスについては詳細がほとんどわかっていないが、いくつかの文献に記された情報から、ある程度の人となりはうかがえる。前三五〇年頃にギリシャの港町ファレロンで、コノン将軍宅の奴隷ファノストラトスの息子として生まれた。アテナイに行き、アリストテレスがアテナイ郊外に創設した学園リュケイオンに入学。アリストテレス本人から直接学び、その後、テオフラストスから教えを受けた[3]。美男子で自信に満ち溢れ、勘が鋭く妄想好きな青年だった。演説がうまかったため、逍遥《しょうよう》学派（アリストテレス学派、ペリパトス学派ともいう）の哲学者たちから推されて、前三一七年、マケドニアのギリシャ総督アンティパトロス朝のカッサンドロスよりアテナイの統治を任された。前三〇七年までの一〇年間はこの統治者の地位に就いている。

その間に彼は人口調査を実施し、法律を制定、時機よく憲法・財政上の措置を行ない、市民に評判がよかった。人気者となった彼は、哲学者や詩人、劇作家など大勢の友人に囲まれ、三〇〇の彫像が立つほどの名声を得た。ところがそんな栄光の日々も前三〇七年、〝攻城者〟とあだ名されるアンティゴノス朝デメトリオス一世にカッサンドロスが敗れ、アテナイが攻略されたときに終わりを告げた。デメトリオスの彫像は倒され汚され、彼の名はすべての記録から抹消された。

デメトリオスは通行許可証を手に入れてエジプトの古都テーベに逃れ、毎日読書や執筆、ホメロスの詩の検討に費やして過ごしたという。アテナイへの帰還が絶望的だとわかると、衣類と自身の手稿を携えアレクサンドリアに移る。そこが未曽有の大都市だとは、さすがのデメトリオスも予想だにしていなかったことだろう。アレクサンドリアとは、マケドニアのアレクサンドロス大王が征服した各地にギリシャ人を入植させて建設した都市の名だ。なかでも前三三一年にナイル川デルタの西岸、マレオティス湖畔に創設されたエジプトのアレクサンドリアは有名で、大王亡きあと、部下だったプトレマイオス一世がエジプトを支配すると、プトレマイオス朝エジプトの首都として栄えた。都市計画を担当したのは、ロドス島出身の建築家デイノクラテスだ。[4]デイノクラテスはこの町を、縁飾りのついたマケドニアのクラミス（古代ギリシャの男性用の短い肩衣）状に設計しようと決めて、[5]市街地を五つの区画に分け、それぞれにギリシャ語アルファベットの最初の五文字、アルファ、ベータ、ガンマ、デルタ、エプシロンと名づけた。それら五文字はギリシャ語で〝アレクサンドル、神から生まれし王がこの町を興した〟の頭文字となっている。[6]

アレクサンドリアの都に眩惑されたデメトリオスは、ブルケイオン地区の王宮に向かった。プトレマイオス一世ソテルのエジプト王即位から間もない、前三〇六年のことだ。プトレマイオス一世は前三六七年頃の生まれ。マケドニア王国の貴族ラゴスとその妻アルシオネの息子で、成長後アレクサンドロス大王の将軍のひとりになった。インド遠征に参加し、その忠誠心は征服者本人から称賛されている。ソテル（救済者）の称号は、前三〇四年にデメトリオス一世によるロドス島包囲戦で、島民側に加勢して島を守りきった武勲によるものだ。動乱の世にあって大王の部下のなかでは長生きし、八五歳で天寿を全うしている。

伝記作家プルタルコスによると、[7]デメトリオスはプトレマイオス一世に、君主制に関する書物を読むよう勧めた。王にその知識を進言できるほど、勇気のある者がいなかったからだ。一方、アイリアノス（ローマのギリシャ語作家）の著述では、彼は法律や規則も練り上げたという。[8]デメトリオスは偉大な作家でもあったので、[9]宮廷内での働きは自然と知的な領域へと向かった。彼は万能で役に立つ人物だった。のちに芸術から政治まですべてを一冊に網羅した大著『プトレマイオス』を王に献上している。ある時、デメトリオスは王を説き伏せ、学問・芸術の女神ムーサに捧げる建物の建造に着手させた。そうしてムーサたちの殿堂、ムセイオンと名づけられた建物は、王宮の一角をなすようになる。エジプト文化をギリシャの文化に入れ替えると同時に、自身の評判も高めることができる。そんな学術研究機関の構想は、王にとって願ってもないものだった。ムセイオンには数学者エウクレイデス（ユークリッド）、科学者エラトステネス、アルキメデスら当代きっての賢人たちが集まり、学問の一大中心地となった。やがてそこに途方もない規模の図書館が併設されることになる。

デメトリオスはまず逍遥学派の学校を作り、次いで図書館を建設するという昔ながらの手法を用いた。プトレマイオス一世はアテナイのリュケイオンで学頭を務めるテオフラストスをアレクサンドリアに招こうとしたが、[10]老哲学者は招聘に応じることができず、代わりに弟子のランプサコスのストラトンを派遣した。ストラトンは王子、つまり未来のプトレマイオス二世の家庭教師となり、八〇タラント（一タラントは数年から数十年分の収入）の報酬を得たらしい。デメトリオスはアレクサンドリアにリュケイオンの姉妹校を設立するための橋渡し的な存在であった。

王からムセイオン付属の図書館運営を任されたデメトリオスは、蔵書の充実を図るべく書物を買い求め、写本を借りて転写させた。前二世紀の宮廷人アリステアスからその兄弟フィロクラテスに宛てた手紙には、《王の図書館の都にいたファレロンのデメトリオスは、世界中のあらゆる書物を金に糸目をつけずに入手するよう命じられていた》とある。

蔵書を五〇万冊に増やすという王の意図の達成に努めていたデメトリオスは、別の目標を打ち立てることになる。アリステアスの手紙には、ヘブライ語聖書（旧約聖書）の存在を知ったデメトリオスが、ギリシャ語訳の実現に向けて動き出す経緯が語られている。[11]彼は王に、図書館の蔵書を完璧にするには、ギリシャ語の聖書が是が非でも必要だと進言。プトレマイオス一世がアレクサンドリア東地区にあるユダヤ人コミュニティと良好な関係を築いていたことも幸いし、提案は快諾され、エルサレムのユダヤ教大祭司エレアザルに、翻訳者集団の手配を依頼することになった。その後、七二人のユダヤの長老たちがアレクサンドリアに到着。晩餐会でプトレマイオス二世と宗教や政治に関して歓談したのちに、今はなきアレクサンドリアの大灯台で有名だったファロス島の館に移動し、デメトリオスの指揮のもと、七二日間で任務を全うした。こうして「創世記」から「マラキ書」まですべてギリシャ語に翻訳され、写本も作られた。これがセプトゥアギンタとも呼ばれる、現存する最古の聖書の翻訳のひとつ『七十人訳聖書』である。役目を終えると一行は、山ほどの褒美とともにエルサレムへと帰っていったという。

II

ムセイオンについて歴史的文献に残されている記述は、王宮の一部で、散歩道や座席つきの談話室、大食堂を有する大きな建物だったことだけだ。[12] 内部は通路が錯綜し、そのところどころに書棚つきの小部屋まである中庭が設置され、壁には寓意画やシンボルが描かれ、色とりどりに彩色されていたという。その価値は、たとえプリウスのティモンが《ムーサたちの檻[13]》と揶揄しても減じるものではなかった。

学術研究機関に付属していた図書館の規模は当初、閲覧室が一室あったにすぎなかったが、間もなく拡張されて変貌を遂げた。蔵書数はおよそ七〇万に及んだともいわれる。おそらく収納スペースに問題が生じたのだろう。後年、ムセイオンから少し離れた場所にあるセラペウム（セラピス神殿。セラペイオンともいう）に本館をしのぐ規模の分館が建設され、アレクサンドリア図書館は最盛期を迎える。

デメトリオスの進言に耳を貸し、ムセイオンへの書物の寄贈を奨励したプトレマイオス一世の功績は大きいが、図書館の蔵書蒐集を強化し、権威を高めたのは息子のプトレマイオス二世、さらにセラペウムに分館を設置し、ムセイオンと双璧をなす形でギリシャとオリエントの文化を融合させたヘレニズム文化の成果を集大成し、諸学の発展に寄与したのは、孫のプトレマイオス三世だった。セラペウムの分館は、一九四五年の考古学調査でプトレマイオス三世の時代のものであることが証明されたと、英国の考古学者アラン・ロウが記している。[14]

ちなみにセラペウムはヘレニズム期にエジプトとマケドニアの宗教が統合され、習合神として生まれたセラピスを祀るために、プトレマイオス一世が建設した神殿だった。内部は祭司たちの部屋と図書館に分かれていた。伝承ではセラペウムで神聖な宴が催されていたとされ、神の啓示を求めて宿泊する人々もいたとのことだ。

Ⅲ

ローマ帝国時代の医学者ガレノス（一二九年頃‐二〇〇年頃）によると、プトレマイオス朝の王たちは、図書館の評判を高める努力を惜しまなかったらしい。[15] 価値ある原本を借りて、転写するための保証金に予算を注ぎ込んでいた。とはいえ、借りた原本を必ずしも返却したわけではなかった。プトレマイオス三世は、アテナイが貸し出しを禁じていたアイスキュロス、ソフォクレス、エウリピデスの公式パピルス文書を、多額の保証金を積んで強引に貸与させ、返却時には膨大な違約金を払って転写した写本のほうをアテナイに返し、原本を手に入れた。そうしてアイスキュロスの約七九の作品、ソフォクレスの一二〇の作品、エウリピデスの八八の作品が、アレクサンドリア図書館の書架に並ぶことになった。アレクサンドリアの法律では、この地を訪れる者は皆、書物を一作品は

ギリシャの劇作家アイスキュロス作品のパピルス断片．この作品は8割方が失われている

図書館に寄贈しなければならないとも定められていたといわれる。

　パピルス文書の転写と分類は、逍遥学派の学校で代々組織的に教育された。図書館に対する需要は日に日に増す一方で、図書館司書は閲覧室にこもり、より質の高い書物を求めてやってくる利用者たちへの対応に追われていた。司書たちは書物を評する際、ディプレ（＞優れた作品で注目に値する）、アステリスク（＊重複箇所あり）、オベロス（―誤り）、アンチシグマ（Ͻ順序が逆）などの記号を行間に付した。

Ⅳ

　アレクサンドリア図書館の館長になれたのは、王に任命された者だけだった。館長は祭司であったともいわれ[16]、征服された先住民たちの不信や不満がたまっていたことから、厳重に警護されていた。王宮に住まい、贈賄や背信の誘惑に陥らぬよう報酬を十分に支給され、税金は免除されたが、王子の指導教師を務めることを義務づけられた。これらの特徴は記憶にとどめておくべきだ。のちのキリスト教会の共同体内に図書館が作られた事例がほとんどなかったのを考えても、アレクサンドリア図書館は書物を神殿に奉納するという古代オリエントの慣習を保っていたといえるだろう。そのことはこの図書館の地理的条件を考えても納得がいく。

　ところで、アレクサンドリア図書館はムセイオンとセラペウムに分かれていたが、館長は両方を兼任していたのだろうか？　それとも本館と分館はそれぞれ別の人物が管理していたのだろうか？　ムセイオンの図書館長は学者にセラペウムの分館の運営を委託していたとの仮説もある。しかしおそらくそうではなかったのではないか。たとえばスペインの古文書学専門家で書誌学者でもあるアグスティン・ミジャーレス・カルロは、どちらも館長は一緒だったと考え、次のように述べている。

《双方の機関は、管理部門においてはひとつに統合されていた[17]》

V

初代館長は、図書館の立ち上げに寄与したデメトリオスではなく、文法学者エフェソスのゼノドトス（前三二五年頃 - 前二六〇年頃）だった。彼の仕事で最も知られているのは、ホメロスをはじめとする古典を研究し、異本と照合したり、言葉の使い方を検討したりして、よりよい形に訂正した最初の校訂版を刊行したことだ。厳格なまでに文章に向き合い、難解な箇所には自身が考え出した記号（項目Ⅲで一部紹介したもの）を付して、読者を原文の解読へと導いた。ギリシャのアルファベット二四文字に因んで、ホメロス作品を二四巻に分割した当事者と目されている。ゼノドトスの主な著作は『ホメロスの生涯』で、偉大な叙事詩人に関するあらゆる言い伝えについて論じていたという。

ゼノドトスの後任として二代目の館長に就任したのは、叙事詩『アルゴナウティカ』で有名な叙事詩人ロドスのアポロニオス（前二九五年頃 - 前二一五年頃）だ。彼は『ゼノドトス批判』を著し、前任者のホメロス作品の校訂版における概念的・文法的な誤りを容赦なく指摘した。アポロニオスはプトレマイオス三世の指導教師だったが、途中で館長職を解任されている。理由は不明だ。エウエルゲテス（恩恵王）と称されたプトレマイオス三世だが、アポロニオスには恩恵をもたらさず、彼の代わりにエラトステネス（前二七五年頃 - 前一九四年頃）を館長に選んだ。

エラトステネスはキュレネ（現在のリビアにあったギリシャ領）の出身で、アレクサンドリアで教育を受け、若い頃に知識を求めてアテナイを訪れている。そこでキプロス島キティオンのゼノンの弟子になり、キオスのアリストンやピタネのアルケシラオスら哲学者たちからも教えを受けた[18]。知識欲が旺盛で、プラトンのアカデメイアでは数学を学んだという。天文学者で数学者でもあったエラトステネスが、前二四〇年頃、地球の円周を二五万二〇〇〇スタディアと割り出した話は有名だ。古代ギリシャの距離の単位スタディオン（複数形スタディア）は地域によって値が異なるが、エジプトの一スタディオン＝一五七・五メートルで計算すると、二五万二〇〇〇スタディアは三万九六九〇キロとなる。現代の人工衛星とレーザー光を使った測定で、地球の円周は約四万キロと判明しているから、エラトステネスの計算結果はかなり正確だったことがわかる。

アポロニオスの解任直後に第三代館長に就任すると、エラトステネスはこれまで司書たちが行なってきた作品批評に科学的調査を組み合わせて、図書館のイメージを一新した。自身が前任者たちのような文法学者でないのを自覚し文献学者と称したが、[19]これが〝文献学者〟という名称の起こりとされている。晩年は目が不自由になり、前一九五年にビザンティウムのアリストファネス（前二五七年頃‐前一八〇年頃）を後任に推薦して辞任、翌年食事を断って自殺したとのことだ。

ここで、詩人で批評家のキュレネのカリマコス（前三一〇年頃‐前二四〇年頃）[20]に触れておく。カリマコスは図書館長あるいは司書だったという説もあれば、単なる協力者だったとの説もある。[21]自分の弟子で第二代館長に就任したアポロニオスと対立し、数々の警句や自著の序文で彼を批判している。またプラトンに対しても攻撃の矛先を向け、最低の文学批評家、真の詩の敵とみなしていた。のちに東ローマ帝国で編纂された『スーダ辞典』によると、カリマコスには八〇〇作の著作があったというが、[22]そのうち現存しているのは、六つの賛歌と六四の警句、いくつかの挽歌《ばんか》と無数の写本の断片だけである。[23]

カリマコスは作家としてではなく、司書あるいは協力者として書誌学研究の分野で貢献することになる。何年もかけて、アレクサンドリア図書館が所蔵する優れた古典作品の全カタログを作ったのだ。一二〇巻に及ぶこの図書目録のタイトルは『学問諸分野における卓越した人物とその著作目録』、通称『ピナケス（目録）』である。カリマコスは全蔵書を五つの分野と六つの散文という合計一一のジャンルに分ける手法を取った。内訳は修辞学、法律、警句、悲劇、喜劇、歴史、医学、数学、自然科学、その他。二世紀の終わりから三世紀頃のギリシャ語散文作家アテナイオスは著作[24]に、カリマコスは書評には必ず、自分が言及した箇所を示すため、各作品の完全版の行数を記していたと書いている。[25]また『ピナケス』とは別に、『黎明期から年代順に並べた劇作家目録』と題した目録を作成したともいわれている。

カリマコスには支持者がいた。最も知られているのはスミュルナのヘルミッポス。[26]歴史家・哲学者で、前三世紀の中頃に弟子だった。ほかにも故郷キュレネには、歴史文献の編纂者イストロスや地理学者フィロステファノスら、熱心な弟子がいたという。

話をもとに戻そう。前一九五年、前任者エラトステネスの推薦を受け、ビザンティウムのアリストファネスが、四代目の図書館長に就任した。ビザンティウム（現トルコ）の出身だがアレクサンドリアにてゼノドトス、カリマコスのもとで学び、彼らと長年図書館で研究を続けてきた尊敬される文法学者だ。ホメロスをはじめ、ヘシオドス、エウリピデス、アリストファネス、ピンダロス、アルクマンなどギリシャ古典を校訂・出版し、作家とその作品の普及に貢献した。また散文・韻文を問わずギリシャのあらゆる文学を網羅した大辞典の編纂と、カリマコスの『ピナケス』の改訂版で各方面から絶賛された。

アリストファネスの弟子サモトラケのアリスタルコス（前二一七年頃‐前一四五年頃）は、師の推薦で司書から第五代図書館長に昇進した。アリスタルコスにとっては、文法の研究が続けられることが何よりも栄誉だったに違いない。彼は八〇〇の注釈書[27]を著し、そのなかで主要な詩人たちについて意見を述べた。とりわけホメロス作品については原典批判を展開し、史上最も重要とされる校訂版を編纂した。これまで紹介してきた（ロドスのアポロニオスを除く）前任者たちと同様、彼の著作も完全な形で現存するものはない。

以上のように前三世紀から前二世紀にかけて、アレクサンドリアでは図書館・学術機関を中心に文献学上の学統が形成され、優れた人材を輩出した。いわゆるアレクサンドリア学派である。カルキス（現ギリシャ・ハルキダ）生まれの詩人で批評家でもあったリコフロンもそのひとりだ。評論は一作も残っていないが、長詩「アレクサンドラ」（一四七四行）は欠けることなく現存している。

ほかにも時代は少し下るが、アリスタルコスの流れを汲む優れた作家に、文法学者でもあったアレクサンドリアのディデュモス[28]（前六三年頃－後一〇年）がいる。ディデュモスは〝Didymos Chalkenteros（ブロンズ腹のディデュモス）〟あるいは前作で書いたことをすっかり忘れ、次作で矛盾することを書くため〝Bibliolathas（書いた本の内容を忘れる人）〟とあだ名された。図書目録をもとに前時代の詩人それぞれに対する論評を書き、賢人たちによる大量の散文を研究するなど、四〇〇〇以上の著作があったが、それらはすべて失われている。

前一四四年頃、プトレマイオス七世ネオス・フィロパトルの暗殺事件をきっかけに、アレクサンドリア図書館は危機的状況を迎えた。プトレマイオス七世暗殺に手を下したと噂される叔父のプトレマイオス八世が即位し、王族間の争いで新王から恨みを買っていたアリスタルコスと弟子たちは、アレクサンドリアから逃げ出した。図書館長には軍人が任命されたと推測されるが、詳細についてはまったくわかっていない。その後、後八八年にオネサンドロという名の王の親戚が館長だったという記録が残っているが、それを境に、司書たちの情報は途絶えている。

ローマ内戦期（前四九‐前四五年）、アレクサンドリア図書館の輝かしい業績は終わりなき攻撃にさらされすっかり陰ってしまった。ローマの将軍ガイウス・ユリウス・カエサルは、エジプトの王位継承戦争でクレオパトラ七世の側についた。前四八年一一月九日、プトレマイオス一三世率いるエジプト軍は、アレクサンドリアの王宮内にいたカエサル軍を包囲し、港に投錨してあるローマの艦隊を拿捕しようとした。カエサルはそれを阻止すべく、味方の軍艦にたいまつを投げ込むよう指示し、程なく軍艦は炎に包まれた（エジプト側の軍艦に火を放ったという説もある）。のちにローマの歴史家カッシウス・ディオは、その際、火が港の倉庫群に達し、そこに保管されていた大量の書物を焼き尽くしたと推測した。[29]同じくローマの哲学者セネカもこの事件で四万の本が失われたと記し、[30]歴史家パウルス・オロシウスも《炎は都の一部を焼き、たまたまそれらの建物に保管されていた四万巻の書物が灰燼に帰した》と書いている。[31]

四万巻の書物はアレクサンドリア図書館の蔵書だったのか？　現在も学者たちの議論は続いている。軍艦の火災が市街地にも燃え広がった、あるいはムセイオンの図書館が港近くに位置していたため、延焼で焼け落ちたとの見方もある。だが、米国の歴史家エドワード・アレクサンダー・パーソンズは図書館の蔵書ではないとし、[32]イタリアの古典学者ルチアーノ・カンフォラも、図書館の蔵書ではなく、一時的に保管されていた搬入予定の本ではないかと指摘している。[33]私も彼らの意見に賛成で、それら四万巻の書物はムセイオンの図書館が交渉の末に獲得し、各地から船でアレクサンドリアに運ばれ、港に保管されていた書物ではないかと考える。残念なことに、目的地を前にして、紛争に到着を阻まれてしまったのではないかと。

あまり話題にされないが、ローマ帝国の第四代皇帝クラウディウス（在位四一‐五四年）は、ふたつの書物（ひとつはイタリア半島中部の先住民族エトルリア人について、もうひとつは北アフリカの古代都市カルタゴ〈現チュニジア〉人について）を書き上げた記念に、アレクサンドリアのムセイオンに付属の建物を建設したという[34]。また、ローマの将軍アントニウス（前八二年頃-前三〇年）はクレオパトラ七世への愛の証に、ペルガモン図書館（現トルコ）の蔵書を二〇万冊、アレクサンドリアの図書館に寄贈したといわれている。

Ⅶ

アレクサンドリア図書館とその蔵書は最終的に誰がどのように破壊したのか？　正統派と自称したアタナシウス派のキリスト教がローマ帝国で国教化される三九二年前後に、他の宗教・教派を異教として排除しようとした流れの一環なのか、論争の結着はまだついていない。三九一年、時のローマ皇帝テオドシウス一世（在位三七九-三九五年）からエジプトの非キリスト教宗教施設や神殿を破壊する許可を取りつけ、アレクサンドリア総主教テオフィロスがセラペウムと図書館分館への攻撃と略奪を命じたと、複数の歴史家たちが非難している。歴史家エドワード・ギボン（一七三七-九四年）は指摘する。《テオフィロスはセラピス神殿の崩壊を引き起こした。建物は堅牢ではあったが、難なく壊すことができた（……）図書館の至宝は略奪あるいは破壊の被害に遭った。およそ二〇年後に再び図書館を襲撃した者たちは、空になった書架を見て怒りと非情さを倍増させた。その精神は宗教的偏見によって完全に曇らされていた[35]》。神殿占拠の締めくくりに、キリスト教徒たちはその場を大量の十字架で埋め尽くし、壁を打ち壊した。古代世界の学術の中心地だったアレクサンドリアでは、元来キリスト教神学の研究も盛んで、二世紀には初期キリスト教を代表する神学者アレクサンドリアのクレメンス（一五〇年頃-二一五年頃）やその弟子でやはりギリシャ教父のオリゲネス（一八五年頃-二五四年頃）が活躍、キリスト教の国教化後は、ローマ、コンスタンティノープル、エルサレム、アンティオキア（現トルコ）と並ぶキリスト教神学研究の中心地のひとつとなる。その地でキリスト教会の頂点に昇り詰めたテオフィロスは、恨みがましくさもしいだけでなく、ご都合主義なところもあったらしい。オリゲネスの著作の熱狂的な読者になったあと、手のひらを返したように突然態度を豹変させ、オリゲネスの思想に関わるすべてのものを敵視し出す。四〇三年にはコンスタンティノープル教会会議を主導し、オリゲネスの支持者や書物を糾弾したという。

Ⅷ

セラペウムとそこにあった図書館分館がテオフィロスの命令で破壊されたのだとしたら、ムセイオンにあった図書館本館は誰に破壊されたのか？　歴史家たちの意見は割れている。ローマ人か？キリスト教徒か？　それともアラブ人か？　憶測で論争を繰り返す前に、その問いに答えるべく、

アレクサンドリア図書館の破壊が描かれた版画.
ハルトマン・シェーデル著『ニュルンベルク年代記』（ニュルンベルク，1493年）
© Reproducción en Colección de Fernando Báez

まずはアラブ人説にどのような証拠があるか整理してみよう。
九世紀から一〇世紀にかけてのキリスト教聖職者・歴史家アレクサンドリアのエウテュケスによると、六四一年にアレクサンドリア攻囲戦で籠城したローマ軍を降伏させ、エジプトを征服した将軍アムル・イブン・アル・アースは、イスラム教の創始者であるムハンマドの後継者で第二代正統カリフ（イスラム教国の首長）のウマル・イブン・アル・ハッターブ（在位六三四-六四四年）に書簡を送り、アレクサンドリアの財産は四〇〇〇の宮殿、四〇〇〇の公衆浴場、四〇〇の劇場、四万のユダヤ人、一万二〇〇〇の商店だと報告している。また書簡は次のように結ばれている。《ムスリムたちは勝利の果実を味わいたくてたまらぬ様子である》[36]
この書簡には、アレクサンドリアの記念碑的存在だったムセイオンの図書館についての記述はないが、一三世紀のアラブ人年代記作家で思想家、アリストテレスの崇拝者だったイブン・アル・キフティ（一一七二-一二四八年）は自著で、将軍アムルがキリスト教徒でアリストテレスの注釈者ヨハネス・ピロポノス（四九〇-五七〇年）と会見した際、アレクサンドリア図書館が活動を一時中止しているが、蔵書はどうなるのかと質問されたと記している。アムルはその場では即答せずに、それらの書物に関するカリフ、ウマル・イブン・アル・ハッターブの御意を仰ぐべく使者を派遣した。[37]しばらくして回答を受け取ったアムルは、カリフの決定に悲しむことなく、淡々とピロポノスに読み聞かせた。《そなたが申す書物に関する余の答えはこうである。それらの書物にコーランと同じ教義が含まれるなら重複するだけで無用である。それらの書物がコーランの教義に反するなら保管するだけ無駄である。すべて焼き払うがよい》
アラブ人医師で歴史家のアブド・アル・ラティフ（一一六二-一二三一年）は、将軍アムルはカリフの回答に失望したが、忠実な男であったため、ためらうことなく命令に従い、《アレクサンドリア図書館には火が放たれ、完全に破壊された》[38]と書いている。一方、イブン・アル・キフティは、パピルス文書はアレクサンドリア市内の浴場の焚きつけ用に配布され、すべてを燃やし終えるのに半年かかったと記している。ヘシオドス、プラトン、ゴルギアス、アルキロコス、サッフォー、アルカイオス、アルクマンら古代ギリシャの哲人・詩人の名作や、古代エジプトの歴史家の著作など、何千という貴重な書物が燃料として使われたのだ。

ここまでは特に問題もなさそうに思えるが、これらのデータが偽りであると、否定する学者たちもいる。根拠は以下のとおりだ。

(1)この事件について同時代の証言がない。アブド・アル・ラティフもイブン・アル・キフティも一二世紀から一三世紀に生きた、つまり事件から六、七世紀後の人物である。

(2)ムセイオンの図書館には、アラブ世界で最も知られた哲学者アリストテレスの著作も所蔵されていた。アリストテレス作品の大半は後年、中世にアラビア語からの翻訳でヨーロッパに紹介されている。だとすると彼の著作が破壊されたわけがない。

(3)キリスト教徒たちは、六世紀以前にムセイオンの図書館を異端だとみなしていた。だからアラブ人がエジプトを征服した時点で、すでにキリスト教徒の手によって破壊されていた可能性が高い。アレクサンドリア総主教キュリロスの手下の修道士たちが、良心の呵責もなく図書館長テオンの娘ヒュパティアを虐殺した、しかもキュリロスはセラペウム破壊を命じたテオフィロスの甥だ。図書館を廃墟と化すことなど大したことではなかっただろう。将軍アムル・イブン・アル・アースがカリフ、ウマル・イブン・アル・ハッタープに提出したアレクサンドリアの財産目録に、図書館のことが触れられていなかったのはそのためだ。

（4）ピロポノスは六世紀の人なので、七世紀に将軍アムルと会見することはあり得ない。

さらに、なぜ情報源がアラブ人のものだけで、ギリシャ人、キリスト教徒、ローマ人のものはないのか？　という疑問も生じる。アブド・アル・ラティフもイブン・アル・キフティも、どちらも学識豊かで、アリストテレスの思想に精通したアラブ人歴史家ではあるが、のちの専門家たちはこの問題を、ふたりの歴史家が意図的に仕組んだものと見ている。彼らの目的はカリフ、ウマル・イブン・アル・ハッターブの評判を貶め、その血統を正当でないものとすると同時に、十字軍を撃退し救世主と称されたウマルとは雲泥の差の英雄、エジプト・アイユーブ朝の始祖サラディン（一一三七／三八-九三年）を称揚し、アラブ世界に知らしめることだという見解だ。

アブド・アル・ラティフとイブン・アル・キフティは実際、サラディンと面識があり、尊敬していた。特にイブン・アル・キフティについては、ドイツの歴史家ディートリヒ・アイグナーが指摘するように、カイロで教育を受けている点、著作『賢者の歴史』が一二四九年にアル・ザウザニという人物が書いた要約しか残っていない[39]点でも疑いが持たれている。イブン・アル・キフティの医学や哲学に関する約二六の著作はすべて失われている。現存する他人による要約だけでは、特定に足る情報が不十分であると。

いずれにせよ、アラブ人によるアレクサンドリア図書館の破壊という中傷はヨーロッパに達し、一七世紀に強調された。英国のオリエント学者エドワード・ポコック（一六〇四-九一年）は、一六四九年に翻訳したバル・ヘブライオス著『アラビアの歴史概観』や、五六年に翻訳したアレクサンドリアのエウテュケス著『年代記』アラビア語版・ラテン語版の出版で、この憶測を西洋社会に広めるのに貢献した。加えて息子のエドワード（一六四八-一七二七年）が、アブド・アル・ラティフのエジプトに関する叙述を翻訳出版したことで、図書館焼失をもっともらしく説明づけるパズルが完成した。

エドワード・ギボンは一七七六年から一二年かけて出版された大著『ローマ帝国衰亡史』のなかで、事件が発生した年代と彼らが生きてきた時代の隔たりや、ムスリムの世界では日常の宗教的実践で本を大事にすることはあっても破壊することはないとの理由から、このふたりのアラブ人歴史家について疑問を呈している。

論争は一八世紀から持ち越され、一九世紀にはル・フォール博士がパリの講堂に集まった観衆の前で、アレクサンドリア図書館を破壊したのはアラブ人ではなくキリスト教徒だと発言した。オルレアンの司教フェリックス・デュパンルーはそれを偽りであると非難し、ル・フォール博士をデータ歪曲のかどで訴えた。E・シャステルという名の教師は、結論は保留にした論文を発表してル・フォールの考えを支持している。[40] スペインではトマス・カマラ神父がこの議論に興味を持ち、論文を精読したうえで、著書『「宗教と科学の闘争史」への回答』(バリャドリード、一八八〇年)でル・フォールらに異議を唱えた。

Ⅸ

結局、ムセイオンの図書館本館は誰に破壊されたのか? 現在ではふたりのアラブ人歴史家たちの主張は廃れ、新たな仮説が持ち上がっている。主要な三つの説を紹介しよう。

(1) 図書館を破壊したのはローマ人であるという説。二一五年にアレクサンドリアでローマ帝国のカラカラ帝による虐殺が起こった際、皇帝の軍隊がムセイオンを略奪したとカッシウス・ディオが述べている。[41] 二七二年のパルミラ（現シリア）の女王ゼノビアによるアレクサンドリア襲撃時の、図書館の司書たちと書物に対する迫害もむごたらしいものだった。ローマ時代後期の軍人で歴史家のアンミアヌス・マルケリヌスはこの時代についての叙述で[42]、《今やブルキオンと呼ばれた特権階級の居住区は、破壊されて見る影もない》と記している。

ブルキオン地区には王宮とムセイオンがあった。二七三年、パルミラに勝利したローマ皇帝アウレリアヌスはアレクサンドリアをローマに取り戻したが、兵士たちは図書館に敬意を払わなかった。女王ゼノビアによる災難のあと、二九七年頃、皇帝ディオクレティアヌスによって、魔術や錬金術関係の本はすべて抹消するよう命令が下された。過剰なまでに疑い深い皇帝は、アレクサンドリアの住民たちが武器を購入するために金属を純金に変える方法を学んだに違いないと信じていた。[43] 九世紀の対立教皇アナスタシウス三世ビブリオテカリウスによると[44]、ディオクレティアヌスは何百人ものキリスト教徒を迫害し、神聖な書物を焚書《ふんしょ》にした。その際、ディオクレティアヌスは市場で書物を燃やしたという。[45] 古《いにしえ》の記録は、この時の損失は計り知れないと警告する。なぜならおびただしい数の本が消滅したからだと。[46]

アフリカ大陸におけるキリスト教徒の著作に対する検閲と迫害の記録は際立っている。ローマからアフリカに派遣された執政官《コンスル》ゼノフィリオスの証言によると、ローマの属州となっていた北アフリカ・ヌミディア（現アルジェリア）の中心都市キルタでは三九五年頃、キリスト教徒の文書が押収され、焚書にされた。[47] アビティナ（現チュニジア）では司教フンダーノが神聖な書物を長官に差し出し、長官はそれらを焼却するよう命じた。兵士たちが公共の場で熾《おこ》した焚き火にそれらの書物を投げ込むと、雨が降ってきて火が消し止められ、書物は難を逃れたという。[48]

（2）図書館を破壊したのは地震だったという説。三二〇年から一三〇三年のあいだに少なくとも二三の地震がアレクサンドリアを襲っている。三六五年の夏にはとりわけ大きな地震で多くの建物が倒壊した。実際、欧州海洋考古学研究所のフランク・ゴディオのチームは、アレクサンドリア沖の海底で、無数の遺物と壁、神殿跡を発見した。このことは、アレクサンドリアの都の一部が海底に沈んだことを示している。

（3）怠慢さが図書館を破壊したという説。政治的対立や軍事的衝突が多発し、図書館まで頭が回らなかった。司書たちはローマのような安全な場所を求めて避難してしまい、その後ひとりだけ館長に任命されたことがわかっているが、写本作りからは一切、手が引かれた。そういう可能性がゼロとは言い切れず、けっしてあなどることはできない。

X

最後に一点、補足しておこう。アレクサンドリア図書館の組織的な破壊について語るとき、思い出さねばならないのは蔵書の数だ。それについては諸説あり、前出のアリステアスの手紙では、パピルス文書の巻子本《かんすぼん》で二万巻、王の計画書は五〇万巻に上っていたとする。古代ローマの著作家アウルス・ゲッリウス[49]と歴史家アンミアヌス・マルケリヌス[50]は七〇万巻で一致している。ビザンティウムの年代記作家ゲオルギオス・シュンケロスは一〇〇万巻、文献学者ヨハンネス・ツェツェス[51]は本館と分館に分けて計算し、セラペウムの分館に四万二〇〇〇巻、ムセイオンの本館に四九万巻、うち四〇万巻は編集済みの完成本で、残りの九万巻は編集途中の未完本としている。

第5章　古代ギリシャ時代に破壊されたその他の図書館

ペルガモン図書館

歴史の舞台裏に隠れる形で、その存在すらほとんど知られていないペルガモン図書館の物語は、謎に包まれてはいるものの、ライバルだったアレクサンドリア図書館と同様に、書物の破壊の歴史を考えるうえで非常に魅惑的な道標といえる。後代の歴史家ストラボンによると、この図書館は前二世紀、小アジア（現トルコ）にあったペルガモン王国のエウメネス二世（在位前一九七－前一五九年）が、アレクサンドリアの王朝に対抗して創設したものだ[1]（創設時期を父王アッタロス一世の治世とする説もある）。ストラボンと同時代の建築家ウィトルウィウスは、もう少し救いを持たせた言い方をしている。《王たちは文献学に対する多大なる愛に突き動かされ、ペルガモンに巨大な公共の図書館を建設した[2]》

エウメネス二世は長年かかって二〇万ないし三〇万冊の羊皮紙写本を確保するに至った。羊皮紙は両面に書ける、巻物ではなく冊子状にできるなど、パピルスに比べて融通が利くうえ、長持ちする素材だった。とはいえ羊皮紙の使用は、東ローマ帝国の歴史家ヨハネス・リュドゥスが説明しているように、もとはといえばエジプト王プトレマイオス五世（在位前二〇四年頃 - 前一八一年）がペルガモン図書館の活動源を断つべく、あるいはエジプト国内におけるパピルスの供給不足によって、パピルス紙のさらなる輸出を拒んだことから始まった、まさに怪我の功名だった。[3]大プリニウスがこの情報を次のように認めている。

図書館をめぐるプトレマイオスとエウメネスの対立が原因で、プトレマイオスがローマ帝国と再び合意し、パピルスの輸出を停止したため、ペルガモンでは羊皮製の書物が開発された。以来この材料は世に広まり、人間の不滅性を支える道具となった。[4]

ペルガモン生まれの医学者ガレノスは、この図書館で大量の偽書を見つけている。[5]世界有数の蔵書を誇る図書館にしたいという焦りが、このような失策を招いたのだろう。なかでもより深刻な被害を及ぼしかねない偽書に、古代ギリシャの政治家デモステネスの未発表の談話と銘打った贋作があった。大して広まらなかったため、影響は少なくて済んだものの、アレクサンドリア図書館ではすでに写本が作られていたというから恐ろしい。またディオゲネス・ラエルティオスは、図書館司書たちがしばしば書物に対して検閲を行ない、不都合な部分を削除していたと記している。[6]

しかしながらペルガモン図書館は、ストア派哲学者のマロスのクラテス（生没年不詳）を館長に迎え、同派の教義に則った厳しい運営がなされていたはずだ。[7]文法学者でもあり評論に定評のあったクラテスは、扱う文学作品に関わるあらゆる物事を研究しなければならないと考えた。たとえばホメロス作品ならば、叙事詩を通じて彼が伝えようとした真理をつかむべく、寓意的表現を読み解く訓練と語源学の素養が不可欠だと。こんな逸話が残っている。ホメロスの『イリアス』に登場するギリシャ神話の英雄アキレウスが用いる〝盾〟の描写。何世紀ものあいだ、ホメロス作とされてきたが、後代の加筆とする意見があった（ゼノドトスの『イリアス』校訂版にアリストニコス、のちのエウメネス三世〈在位前一三三 - 前一二九年〉による注釈が載っている）。これに対しクラテスは、〝アキレウスの盾〟の表現は〝天文学の父〟と称されるホメロスならではだと反論している。
また前三世紀頃、ギリシャの作家カリストゥスのアンティゴノスが、アッタロス一世の宮廷に招かれペルガモンに滞在し、伝記作家・歴史家として活躍、ペルガモン図書館の基礎を作ったとの伝承もある。アンティゴノスは同時代の多くの人々と違い、建築物や伝説、歴史上の人物に関する証言を求めて旅してまわった。ドイツの正統派古典文献学者ウルリヒ・フォン・ヴィラモーヴィッツ＝メレンドルフ（一八四八 - 一九三一年）は、アンティゴノスの天才性を見抜き、彼の著作はどれも明るく、心地よいまでの明晰さと驚きに満ちていると指摘している。[8]
だがペルガモン図書館におけるこれらの努力は、小アジアでの紛争で頓挫してしまう。ローマの将軍アントニウスがペルガモンの都を破壊後に、アレクサンドリアのセラペウムに寄贈する目的で、ペルガモン図書館所蔵の羊皮紙文書約二〇万冊を愛人のクレオパトラ七世に送ったとされている（前四八年の書物焼失に対する、彼なりの謝罪だったのかもしれない。一〇一ページ参照）。プルタルコスによるこの逸話[9]は、残念ながら未知の作家、カルウィシウスという人物が唯一の情報源になっている。
図書館をめぐる争いは、偽書の横行という不名誉を引き起こし、図書館の破壊で幕引きとなった。ペルガモン図書館の蔵書がアレクサンドリア図書館の書架に収まったのか、それともペルガモンで破壊されたのかは定かでないが、もはやどちらでもいいことだ。いずれにしてもすべては消えてしまい、図書館も今日では瓦礫の山と化している。

アリストテレスの著作の消失

Ⅰ

メキシコの詩人・思想家で古典学者でもあったアルフォンソ・レイエス（一八八九－一九五九年）は、アリストテレス（前三八四－前三二二年）の失われた著作について次のように語っている。《もしプラトンの一般向けに書かれた作品が残っていたとすれば、アリストテレスには秘伝的な要素の強い作品が残っていたことだろう[10]》。現在アリストテレスの作品で残っているのは、書物蒐集家あるいは弟子たちによって集められた学術的な論文や講義のためのノートだけで、初期の対話篇や研究資料、書簡や詩は失われてしまった。

なぜそんなことになったのか？　それを知るには、まずは歴史家ストラボンの引用から始めよう。《（アリストテレスは）私の知る限り、世に知られた最初の書物蒐集家で、エジプトの王たちに図書館の配架の方法を教えたのも彼だった[11]》。つまりアリストテレスは古代ギリシャ世界における最も有名な書物蒐集家で、〝読む人〟すなわち読者と呼ばれた最初の人物ということだ[12]。哲学者プラトンの死（前三四七年頃）に際し、その著作は甥で哲学者、アカデメイアの学頭を継いだスペウシッポスが三タラントで手に入れたが、最終的にはアリストテレスが前三三五年に開設した学園、リュケイオンの図書館に収まることになる。

アリストテレスは次のような方法で弟子たちの読書を推進していた。

（1）朗読や朗唱など声に出して本を読むこと。これは初心者用の訓練で、その後は歩廊を散歩しながら議論をさせた（それでアリストテレスの弟子たちは、〝散歩〟や〝歩廊〟を表す〝ペリパトス

〈逍遥〉〃学派と呼ばれるようになった）。

（2）また初心者には一般向きの本を音読させた。つまり有名な思想家の作品や対話集を声に出して読ませたのだ。時には演技を取り入れ、アリストテレスが進行役を務め、弟子たちがそれぞれの役を演じていた可能性も高い。[13]

アリストテレスの著作も、これと同じように分類されていたともいわれている。たとえばプラトン風の対話篇（今日は失われてしまっている）は一般向き、秘伝の書についてはリュケイオンの内部で扱うという具合にだ。

II

アリストテレスがリュケイオンに置いた図書館（と彼の著作）の運命は、古代ギリシャの歴史における一大事件の発生で瞬く間に暗転した。前三二三年、何の前触れもなくアレクサンドロス大王が急死したのだ。マケドニアの支配力が減退すると、アテナイではマケドニア人に対する迫害が起こる。大王の家庭教師でマケドニア政府の顧問、おそらく密偵でもあったアリストテレスには、すぐさま責任追及の矛先が向けられた。彼が親友の小アジア・アタルネウスの僭主《せんしゅ》、ヘルミアスを称えて作った詩も攻撃材料になったという。

補足すると、ヘルミアスはアリストテレスのアカデメイア時代の学友だ。アリストテレスはプラトンの死後、アカデメイアを去った直後に、ヘルミアスの招きでアッソス（現トルコ）に滞在し、そこで僭主の姪を娶《めと》っている。ヘルミアスはマケドニアと強固な関係を結び、小国アタルネウスの独立を守っていたが、ペルシャの捕虜になり前三四一年殺害された。アリストテレスの敵対者側が攻撃材料にしたのは、ヘルミアスの悲報に際しアリストテレスが作った詩で、どんなに拷問を受けても最期まで同盟国マケドニアの情報を洩らさなかった親友の徳を称えたものだった。アリストテレスもアテナイにとどまっていれば、死刑判決を受けてソクラテスのように毒杯を仰いで死んでいたかもしれない。しかし彼は逃亡した。「アテナイ市民に同じ過ちを繰り返させたくない」といったという説もある。母方の故郷であるエウボイア島カルキスに身を寄せた彼は、死期が近づいているのを察していたのだろう（実際、その翌年に亡くなっている）、間もなく遺言状をしたため、図書館と蔵書をテオフラストスに遺贈し、リュケイオンの学頭に指名した。

もうひとりの重要な弟子で算術の天才だったロドスのエウデモスは、テオフラストスが学頭に指名されると、師の対話篇や覚え書き、学術論文の写本を持って故郷ロドス島に戻り、そこで新たな逍遥学派の一派を創設、アリストテレス研究の中心地として、後代ローマの文化に多大な影響を及ぼすことになる。前一世紀にリュケイオンの第一一代学頭となり、アリストテレスの著作を整理・編纂したアンドロニコスもロドス島の出身だ（この件については項目Vで改めて説明する）。

動物学者・植物学者でもあったテオフラストスはリュケイオンの発展に尽力し、彼のもとにはギリシャ各地から生徒が集まり、二〇〇〇人以上の弟子を有するまでになったという。[14] また、弟子で友人のファレロンのデメトリオスの交渉のおかげで、リュケイオンの土地を手に入れると、校内の図書館を充実させるべく新たに刊行された書物の購入を命じ、自身も多くの書物を著した。リュケイオンにはさまざまな分野の蔵書が豊富に揃っていたと、ディオゲネス・ラエルティオスは伝えている。[15] 三五年間学頭を務めると、テオフラストスは八五歳で《すべての書物はネレウスへ》と遺言し、図書館の将来を自身の友人スケプシスのネレウスに託している。[16]

だがテオフラストスが死去したあと、リュケイオンの学頭に就任したのはランプサコスのストラトンだった。なぜテオフラストスはネレウスをリュケイオンの学頭に指名しなかったのか？　それなのにどうして彼に図書館の蔵書を相続したのか？　現代の古典文献学者・哲学史家のハンス・ベネディクト・ゴットシャルクは、次のように推測する。[17] テオフラストスが学頭に指名したストラトンに書物を譲らず、ネレウスに遺贈したのは、ネレウスが彼とアリストテレスの著作を整理し編纂することを望んでいたからだ。ネレウスはアリストテレス作品の専門家で、テオフラストスが敬意を払う弟子であり、図書館の文化財を譲り受けるに十分な関係ができていた。

当時のアテナイの状況、反マケドニア勢力の台頭によって、リュケイオンの蔵書、特にアリストテレスの著作に危険が差し迫っていたという事情もあっただろう。すでに前三〇六年、リュケイオンとマケドニアとのつながりを知っていた反対派が、リュケイオンを閉鎖に追い込むべくアテナイ市内で哲学を教えることを禁じる暴挙に出たことがあった。そういった動きを危惧したテオフラストスとストラトンが、師の貴重な書物をアテナイから遠く離れたより安全な土地に運ぶよう、ネレウスに指示した可能性が高い。

テオフラストスはネレウスに、アリストテレスの著作を一五七作品・五四二巻、自身の著作を二二五作品・四六三巻、合計三八二作品・一〇〇五巻のパピルス文書を託したが、ほかにも同時代の作家たちの作品の原本や写本もあったに違いない。同図書館は一万巻のパピルス文書を保管していたとの説もある。それだけ大量の文書を、ネレウスはアテナイから移送したというから驚きだ。

いったいネレウスとは何者だったのだろう？　人柄については、リュケイオン内で尊敬される存在だったとしかわかっていない。小アジア北東部の都市スケプシスの出身だが、生没年は不詳で、テオフラストスと同世代で前四世紀の生まれとされている。父親はコリスコスというが、アリストテレスの友人で、アッソスでともにヘルミアスに庇護され暮らした仲間である。プラトンは『第六書簡』でコリスコスのことを話題にし、政治的な経験も豊富な学者だと評し、アリストテレスは論理学に関する複数の著作や『ニコマコス倫理学』のなかで彼の名を挙げている。

父親の代からのこれだけ重要な関係とネレウス自身の能力を加味すれば、テオフラストスの後任として学頭になるに十分な条件が揃っていると思うのだが、そうはならなかった。〝物理学者〟と呼ばれたストラトンが、前二八六年頃にリュケイオンの学頭に指名されると、ネレウスは所持品をまとめ、スケプシスへ旅に出ると告げて逍遥学派のもとを去っていった。師の著作を残らず携えていったという。

Ⅲ

一説によると、ネレウスは多額の報酬と引き換えに、師から託された書物をアレクサンドリア図書館に売り払った。[18]別の説では、それらの書物はスケプシスに運ばれ、そこでネレウスの子孫の手で保管されたとされる。[19]ペルガモン王国アッタロス朝の王たちに没収されぬよう、地下の穴倉に埋められた状態でだ。

欲のために価値ある書物を売ったのか、それとも家族への手土産にしたのか。そこまでネレウスは恩知らずで思慮に欠く人物だったのだろうか？　現代フランスの古典文献学者ポール・モロー（一九一九 - 八五年）は、多くの矛盾をものともせずに、巧みな仮説を打ち立てている。ネレウスはプトレマイオス一世に、アリストテレスとテオフラストスの著作群を売った。ただし、教師や生徒用の教科書としての使用に限ると条件をつけたうえでだ。おそらく対話や覚え書き、稀少価値の高い作品の写本も提供しただろうが、使用を制限することで没収や流出を防いだに違いないと。[20]

私の仮説はそれとは異なるものだ。ネレウスはリュケイオンの図書館にあった相当数のアリストテレスやテオフラストス、その他の作家の編集済みの書物を売るのには同意した。しかしまだ整理されていない文書や、師や弟子の草稿など、明らかに状態が悪く見劣りする作品は手元に残した。そのなかには秘伝の書もあったかもしれない。彼の子孫はそれらを盗まれたり略奪されたりしないよう保管場所に隠したのだと思う。

また、書物の売買は仲介人を通して行なわれたと考えられ、その役目を担ったのは当時プトレマイオス一世のもと、アレクサンドリア図書館で働いていたファレロンのデメトリオスだった可能性がある。デメトリオスはリュケイオンでテオフラストスに学んだ。ネレウスとは学友で、親しい友人だったかもしれない。加えて以下のような理由から、大量の写本の売却を手伝ったと考えられる。

(1) スケプシスへの旅費が必要だった。
(2) ひとりでこれだけの規模の蔵書を陸路や海路で移送するのは危険すぎた。
(3) 文書の安全確保には、アレクサンドリア図書館に所蔵するほうがよいと判断した。

ネレウスがアレクサンドリアに書物を売った証拠が、一三世紀シリアの医師・歴史家イブン・アビ・ウサイビアが所有していたアル・ファーラービー（八七〇年頃-九五〇年、中世イスラムの哲学者・数学者・科学者・音楽家）の文書のなかに発見された。[21] そこにはカエサルの養子で、アレクサンドリアを掌握した初代ローマ皇帝アウグストゥスが《図書館の監査を命じ、蔵書の記録を調べさせたところ、アリストテレスの時代とテオフラストスの時代に作成されたアリストテレス作品の写本が見つかった》と書かれている。それらの写本はネレウスが売却に応じなければ、アレクサンドリア図書館にあるはずがないものだ。

Ⅳ

ネレウスは故郷スケプシスの自宅に、朗唱に使う作品を保管し、それらを子孫に委ねた。だが彼らは書物の扱いに不慣れだったため、地下の穴倉にそれらの書物を隠した。[22] ペルガモン王国のエウメネス二世がペルガモン図書館の蔵書にすべくアリストテレスの著作を探しているという噂を聞きつけたからだが、書物を守るには仕方がなかったとはいえ、パピルス文書に湿気とカビは大敵だ。それから二〇〇年放置されたのち、書物はテオス（現トルコ）出身のアペリコンという富豪に金貨と引き換えに買われた。二世紀から三世紀のギリシャ語散文作家アテナイオスは次のように書いている。《そうして逍遥学派の論文、アリストテレスの叢書、その他の多くの作品は買われた――それというのも彼は裕福だったからだ[23]》

書物を手に入れると、アペリコンはアテナイの邸宅に運んだ。リュケイオンの図書館の蔵書は長い逃避行の末、奇しくも振り出しに戻ったわけだ。しかし話はそこで終わらなかった。アテナイに運ばれた文書は新たに筆写され、新しい写本に移し替えられたが、その際に多くの誤りが生じたといわれている。アペリコンは欲深い人間で、それらの書物以外にも、アテナイの文書庫から議会の古い裁定文書をいくつも盗んでいたらしい。[24] アペリコンは事前に計画していたとおり、アテナイの市民権を得ると専制君主アテニオンに取り入ろうとした。君主が名を連ねる逍遥学派の原典たる書物を餌にだ。折しもローマの東方進出に対してポントス王ミトリダテス六世が反旗を翻し、アテナイやスパルタらギリシャの都市もそれに呼応した矢先のこと。アペリコンは間違いだらけの写本を喧伝し、愛郷心をそそるには絶好の品だと人々に吹聴してまわった。だが実の伴わない見栄には、報いがつきものだ。アペリコンは兵士の一団とともにデロス島に送り込まれたが、軍人の経験もない素人だったため、ローマの将軍オルビオスの軍勢を前にひとたまりもなく、真っ先に逃げ出した。アペリコン以外、部隊は全員捕虜となったという。

前八六年、アテナイはギリシャ本土に上陸したローマの名将ルキウス・コルネリウス・スッラ率いる精鋭部隊に包囲された。スッラは価値ある町の破壊を最小限に抑えるべく、略奪をほどほどにしたため、のちの世に〝幸いなる者〟とのあだ名がつけられている。兵士たちは家から家へと捜索を続け、私設図書館に隠れていたアペリコンを発見。強運の持ち主アペリコンもついに命運が尽き、その場で殺害された。将軍スッラはアペリコンの図書館にあった蔵書を運び出させ、戦利品とともに船でローマへと送らせた。[25] 後年イブン・アル・キフティは、ヘレニズム期の作家プトレマイオス・アル・ガリブが作成したアリストテレスの著作目録を発見した際、ストラボンやプルタルコスの目録と照合し、簡潔に《アペリコンという名の男の図書館で見つかった書物》[26]とだけ記している。

やはりローマの将軍だったルクッルスは、賢人たちの町アミソス（現トルコ・サムスン）でアリストテレス作品の手稿と写本を発見し、ローマの自宅に運ばせた。その際、捕虜のなかにいたギリシャの識者ティラニオンを祖国に一緒に連れていくのを忘れなかった。ティラニオンは前六七年にはローマに住んでいたが、奴隷身分にもかかわらず持ち前の親切心と知恵でキケロやアッティクスらローマ帝国の知識人たちと親しく交わり、ホメロスの諸問題に関する本と文法書を著した。キケロの弁を額面どおりに受け取るならば、[27] ティラニオンは当時の地理を完璧に把握していた。地理学者でもある歴史家ストラボンは前三〇年頃、ティラニオンをローマの師と仰いでいたという。そもそもティラニオンはアリストテレスとテオフラストスの著作を解読すべくローマに連れてこられたわけだが、それらの書物が彼の読書や知的会話の源泉となり、やがて彼自身がローマの賢人たちに師とみなされるようになる……このアリストテレスとテオフラストスの著作をめぐる、数奇なつながりには考えさせられる。そんなティラニオンの最大の関心事は、それらの書物を整理して世に出すことだった。[28]

スッラとルクッルスは別荘《ヴィッラ》に図書館をしつらえ友人たちに開放した。キケロはルクッルスの図書館に通い詰め、アリストテレス作品の検討に勤しんだ。[29]一方ティラニオンは、スッラの図書館にあった草稿や講義録などの資料に関心を寄せ、定期的に通っては写し取り、資料を整理して編纂作業を進めた。計画は誰にも打ち明けなかったが、自分ではロドス島時代の恩師であるディオニュシオス・トラクスからインスピレーションを受けたと考えていた。トラクスはロドス島の前にアレクサンドリア図書館にいた文法学者で、五代目館長アリスタルコスの弟子でもある。ティラニオンはアリストテレス作品のネレウスによる売却の事情や、アペリコンによる買収の経緯を知っていたに違いない。だからこそ自身の役割を十分わかっていたともいえる。ストラボンは彼のことを《アリストテレスの愛好家》で《人々に喜びを与えるべく編纂に着手した》と述べている。[30]

アペリコンは粗悪な写本を作り出し、何十作も台無しにした。それがアリストテレスの思想が誤解される原因となった。プルタルコスは、ティラニオンが《物事の大半》、つまり〝書物〟を準備していたといっている。[31]ティラニオンはアリストテレス作品をよりよい形で編纂しようとしていたわけだが、寿命が尽きてその計画は見果てぬ夢となった。

V

最終的にアリストテレスとテオフラストスの作品を編纂したのは、リュケイオンの第一一代学頭を務めたロドスのアンドロニコスだった（ロドス島がアリストテレスの直弟子エウデモスの帰郷でアリストテレス研究の中心地となったことは、項目IIで述べたとおりだ）。アンドロニコスは前四〇年頃から前二〇年頃、ティラニオンが整理した資料をもとに分類・編纂を行ない、全五巻に及ぶ作品集と目録を完成させたが現存していない。[32] 三世紀の哲学者テュロスのポルピュリオスは、アンドロニコス版の存在を認めていて、師プロティノスの遺作『エンネアデス』[33]を編纂するに当たり、アンドロニコスの分類に倣い、成立年代順ではなく題材によって分類したと語っている。

アンドロニコスがどこをどのように改めたのかは、知るすべがない。しかし忘れ去られようとしていた著作を世に広め、アリストテレス作品の歴史を変えたことは確かだ。[34] また彼は、アリストテレスの著作を編纂する際に、第一哲学を自然学（physika）の後ろに配置し、〝自然学のあとの書（ta meta ta physika）〟と名づけたが、それが後年ラテン語の metaphysica となって、〝形而上学〟という一般名詞として使われるようになった。そのため、この言葉の生みの親のようにもいわれている。

ポール・モローはこの推論には懐疑的で、形而上学の語は三世紀前半に、すでにディオゲネス・ラエルティオスが目録で使っていると指摘する。しかしアンドロニコスの目録の筆写には、五つに分類した項目中、四項目が埋まり、ひとつだけ空白になっているが、そこに形而上学が入るのではないかという説もある。[35] だがそれとて憶測にすぎない。

キケロは前四三年に亡くなっているので、アンドロニコス版を目にはしていない。しかしルクッルスの図書館に通い詰めて研究していたこともあり、アリストテレス作品には平易な作品と難解な作品がある事実を、改訂より前の早い時期から知っていた。[36] 著作『善と悪の究極について』第五巻のなかで、《倫理学的な作品は一般向きで、部外者にもわかりやすい内容になっているが、それ以外の作品は腕によりをかけて磨いたかのように難解である》と述べている。また書簡のひとつでキケロは、スッラの息子ファウストがアリストテレスの著作を読みに行くのを何よりの楽しみにしていると告げている。[37] ファウストは父親からすべての遺産を引き継いだが、なかでも傑出していたのがアテナイで手に入れた蔵書を納めた図書館で、少なくとも一時期、知識人のあいだで注目の的だった。ところがファウストは浪費癖が祟って破産し、間もなく彼の資産は公売にかけられることになった。その後、図書館はたびたび売られて所有者が変わり、蔵書は散逸した。

歴代の所有者で唯一名が知られているのは、ローマ皇帝カラカラだ。しかし彼は狂気の発作中、アリストテレスと弟子である逍遥学派の著作を焼くよう命じている。アレクサンドロス大王の急死をアリストテレスの毒殺によるものと思い込んだからだ。[38]

VI

アリストテレスの失われた著作に関連して、最後に一項目つけ加えておこう。文学の分野で長年激しく議論されてきた作品、『詩学』の第二部についてだ。古代ギリシャの喜劇とカタルシスを論じた作品で、紛失あるいは破壊されたと考えられている。その存在自体が争点にもなっているが、実在していた十分な証拠はある。古代に作成された三つのアリストテレスの著作目録に載っているのだ。

一一〇〇年に注釈者ニカイアのエウストラティウス（一〇五〇／六〇－一一二〇年）は、著書『ニコマコス倫理学に関する注釈』でこう述べている。《アリストテレスはホメロス作といわれる滑稽な叙事詩『マルギテス』について、『詩学』の第一部で言及しているが、それには明らかに続編がある》。[39] 一三世紀ベルギーで、ギリシャ語文献を翻訳・編集したモエルベケのヴィレム（一二一五－八六年）も、自身が訳した『詩学』ラテン語版に《アリストテレスによる率直で簡潔な詩の技法・第一》と書いている。その〝第一〟という文字は多くの哲学教師たちを震撼させた。

『詩学』第二部については、それがどのように失われたかを論じる仮説にも事欠かない。主なものを挙げてみる。

（1）ドイツの古典言語学者ヤーコブ・ベルナイス（一八二四－八一年）は、悲劇と喜劇の人間の感情への影響について論じた五世紀の哲学者プロクロスの文章を引き合いに出し、当時はまだアリストテレスの『詩学』第二部が読まれていた可能性があると指摘している。[40]

（2）英国の古典学者イングラム・バイウォーター（一八四〇－一九一四年）は、アリストテレス『詩学』第二部は、まだ何巻にも及ぶパピルスの巻物だった時代に失われた。それゆえ写本が作成されることがなかったと考える。[41]

（3）スペインの文献学者・翻訳者のバレンティン・ガルシア・イェルバ（一九一七－二〇一〇年）は、自身が翻訳した『詩学』スペイン語版序文で、第二部が失われたのは喜劇に対する興味のなさによるものだが、浅薄な概説が作られたことで、失われし原作品への関心を煽る結果となったと述べている。[42]

（4）英国の古典学者リチャード・ジャンコ（一九五五年－）は、前の三者とは若干異なる見解を示している。『詩学』はアリストテレスの作品の最終巻だった。それゆえに関心が薄く、転写の際に割愛されるなどして、跡形もなく消滅してしまった。東ローマ帝国時代に作られた概説『コイスリニアヌス論』の写本を除いてだ。この概説こそが、まさに『詩学』第二部の要約である。[43]

私もジャンコと同感だ。伝説と化した『詩学』第二部が失われた本当の原因は、無関心以外の何ものでもないと思う。失って初めてその価値に気づき、作品に書かれていた内容を復元すべく概説が作られたのではないか。そのひとつが有名な写本『コイスリニアヌス論』なのだろう。

廃墟と化したその他の図書館

古代ギリシャの文化の歴史は図書館消滅の歴史ともいえる。これまで紹介してきたのは世界有数の図書館だが、事例はほかにもたくさんある。[44]二世紀の著作家アウルス・ゲッリウスは《前六世紀にアテナイ僭主《せんしゅ》ペイシストラトスが開いたアテナイの公立図書館は、前五世紀アケメネス朝ペルシャのアテナイ侵攻時、クセルクセス一世に蔵書を持ち去られた。それをさらに前四世紀、セレウコス朝の初代セレウコス一世が奪った》と語っている。[45]

ところが前二世紀の人マル・イバスは、《セレウコスは即位に際し、自身の治世とともに時代を幕開けすべく、世にあるすべての書物を焼き払うよう命じた》と伝えている。そのためアテナイの図書館の蔵書は焼かれ、前五世紀の歴史家トゥキディデスの『戦史（ペロポネソス戦争の歴史）』が失われた。そこでこの手稿を全文暗記し、細部まで特徴をつかんでいたアテナイの政治家・雄弁家のデモステネスが口述し、作品を復元したという。[46]風刺作家のルキアノスによると、デモステネスは全部で八回、口述を繰り返して、八つの写本を作らせたとのことだ。[47]この時『イリアス』や『オデュッセイア』も一緒に焼けたに違いない。それらは、元々吟遊詩人の吟唱で伝えられてきたふたつの長編叙事詩を、ペイシストラトスが初めて文章化させた初版本だった。

それ以外にもローマ皇帝ハドリアヌスがアテナイに建設したハドリアヌス図書館など、古代ギリシャには名の知られた図書館があったが、それらの図書館に何が起こったのかは、今となっては知りようがない。[48]エジプトのプトレマイオス朝の王たちも、アテナイにプトレマイオンという正規の図書館を有する施設を建設させている。《フェガスのディオスコリデスの息子、ディオスコリデスの命に従い、母なる女神に杯を、ステファノロに一七ドラクマを捧げる。またやはり命令に従い、プトレマイオンの図書館に一〇〇巻の本を寄贈する》[49]と書かれた碑文も残っている。

文書のなかに保たれていたために、図書館のあった事実がわかる場合もある。[50]哲学者アルキメデスがシュラクサイの僭主ヒエロン二世のために、豪華船アレクサンドリア号の中に図書館を作ったと伝えられているが、実物はどこにも残っていない。[51]アテナイの悲劇詩人エウリピデスも見事な蔵書を誇る個人図書館を持っていたらしいが、彼の死後に散逸してしまった。[52]

アッリアノス著『アレクサンドロス東征記』（二世紀）のなかに祝賀神事の場面がある。語り手は騒擾《そうじょう》事件後、一行がエクバタナ（現イラン）に到着したときのことを次のように描写する。《無数のベッドに大櫃《おおびつ》、山と積まれた書物、港は船乗りたちが運んできた品々で溢れかえっていた》

ロドス島の図書館の蔵書が列挙された碑文も残っている。[53]原文はアルファベット順に整然と並び、まるで図書目録の手本のようだ。

ボイオティア人たち
アリスタイチモス　1
クレオン　1
パイドンデスもしくは寡頭《かとう》政治について
アテナイ市民の法律について　5
ヘゲシアス、アテナイ市民好みの演説
アスパシア　1
アルキビアデス　1

テオデクテス、芸術　4
アンフィクティオニア（隣保同盟）について　1
スパルタ王テオポンポスについて　1
コリントスについて　1
オリンポスのマウソロス　1
フィリッポス　1[54]
アレクサンドロスの称賛　1

セレウコス朝のアンティオコス三世はシリアのアンティオキアに図書館を設立し、詩人のカルキスのエウポリオン（前二七五年頃－前二二〇年頃）を館長に任命した。[55] また、前二世紀の碑文によると、ギリシャのコス島にも良質の文書の蒐集に関心のある後援者《パトロン》たちに支えられた図書館が存在していたらしい。[56] 同図書館に一〇〇ドラクマ寄付すると明記した碑文も見つかっている。だが、どちらの図書館も今日では瓦礫すら残っていない。

碑銘研究のおかげで、ミラサなど小アジアの複数の土地に図書館が存在していたこともわかっている。[57] シチリア島タオルミーナでは出土した碑文から、体育館に付属した図書館があったと判明したし[58]、オリンピア[59]、アフロディシアス、コリントス、ディラキウム、エデッサ、ニーサ、カリア、プルーサ、スミルナ、ソルース、ペラもしかりである。ペラの図書館はマケドニア王フィリッポス二世（アレクサンドロス大王の父）によって建てられたとのことだ。[60] しかしそれらの図書館もまた、生き延びられなかった。

デルフォイには金でできた書物を収めた図書館があったらしい。プルタルコスの著作によると、

《叙事詩のコンクールで二度優勝したエリトレアのアリストマコスの純金製の本が、デルフォイのシキオン人の宝庫に奉納された》[61]。アイギナ島[62]、クレタ島、キプロス島[63]、エレトリアにも図書館が存在していた証拠がある。だがそれらはもちろん、聖域の文書庫でさえも難を免れなかった。プリタネイオン、メトロン、ドゥラ・エウロポス、クレオフィラキオンの神殿内にあった文書や帳簿も同じく何ひとつ残っていない[64]。

このように古代ギリシャの末期には忘却がまかりとおり、大量の書物と知の殿堂たる学術施設が破壊の憂き目に遭った。ガレノスによるとその時期、山火事や大地震といった天変地異も頻発し、やはり無数の書物が犠牲になったという[65]。

第6章　古代イスラエル

契約の箱と十戒の石板の破壊

古代イスラエルの歴史は、ユダヤの民と極端な両義性を備えた神との関係の歴史である。民と神とのあいだを取り持つ媒介者たちは、その神と同じく妬みが強く激しやすいという点で際立っていた。そのことは、なぜユダヤ民族初代の族長が書物の破壊者だったのかという問いの説明にもつながるだろう。

モーセが唯一神ヤハウェ自ら指で律法を記した二枚の石板を携えて、シナイ山から降りてくると、民が金の子牛像を作って崇拝していた。それを目の当たりにした《モーセの怒りは燃え上がり、板を投げ捨て、山のふもとで砕いてしまった》(「出エジプト記」三二章一九節)。だがそれでも怒りは収まらず、責任者の兄弟、友人、隣人までをも殺すよう命じ、その日のうちに三〇〇〇人が血祭りに上げられた。すると神はユダヤの民を許し、再び山に戻ってくるようモーセをいざなった。《主はモーセに仰せられた。「前のと同じような二枚の石の板を切り取れ。わたしは、あなたが砕いたこの前の石の板にあったあのことばを、その石の板の上に書き記そう」》(同三四章一節)。ヤハウェがそれらの石板を収める契約の箱の製作を命じるあたりから、話は複雑になっていく。

モーセに命じられてベツァルエル（その名には〝神の影に〟という意味がある）が作った箱は、アカシア材製で《長さは二キュビト半、幅は一キュビト半、高さは一キュビト半》だった（同二五章一〇節）。長さの単位キュビトは指先から肘までの長さ（腕尺）とされ、一キュビトは約四二センチから五三センチに相当する。大きめに見積もって長さ約一三〇センチ、幅と高さが八〇センチほどだ。地面に直接触れないよう箱には四本の脚と、手で直接触らぬよう二本の棒が備えつけられた。箱の外装と内装についてはモーセが詳しく語っている。《これに純金をかぶせる。それはその内側と外側にかぶせなければならない。そのまわりには金の飾り縁をつける。箱のために四つの金の環を鋳造し、それを四隅の基部に取りつける。一方の側にふたつの環を、もう一方の側にもふたつの環を据える。アカシア材で棒を作り、それにも金をかぶせる。その棒は箱を担ぐために、箱の両側にある環に通す。棒は箱の環に差し込んだままにし、抜いてはならない》（同二五章一一－一五節）

箱のふたも金で作られ、その上には金を槌《つち》で打ち出した二体のケルビム（智天使）が向かい合い、箱を覆うように翼を広げた形でしつらえられた。こうしてでき上がった契約の箱は、何世紀にもわたってユダヤの民を敵から守る護符として機能した。さまざまな土地をめぐった末、預言者エレミヤが託宣に従い、契約の箱を携えてモーセが神から約束の地を示された山へ行き、人の住むことのできる洞穴を見つけてその中に運び込み、入り口を塞いだという（「マカバイ記Ⅱ」二章五節）。だが、その後この二枚の石板がどうなったかはわからない。

エレミヤ書

聖書にはほかにも、古代イスラエルで古くから焚書《ふんしょ》が行なわれていたことを証明する記述がある。

預言者エレミヤは自身に語られた主のことばを書記のバルクに口述筆記させ、巻物に記したことばをすべての民に聞こえるように神殿から朗読させた。その内容に恐れを抱いた首長たちは王に報告。王はネタヌヤの子エフディに巻物をとってくるよう命じ、皆の前で読み上げさせた。

　第九の月であったので、王は冬の家の座に着いていた。彼の前には暖炉の火が燃えていた。エフディが三、四段を読むごとに、王は書記の小刀でそれを裂いては、暖炉の火に投げ入れ、ついに暖炉の火で巻物全部を焼き尽くした（「エレミヤ書」三六章二二－二三節）。

この書物の破壊は今日われわれのもとに「エレミヤ書」が届くのを妨げはしなかったが、その後ローマ人たちが実行に移す迫害を予告するものだった。

ヘブライ語聖書の崇拝

ヤハウェが口述した書物であるとの概念から、ユダヤの民はヘブライ語聖書（旧約聖書）を、この世の理にかなった物事がすべて内包された聖なる書物、書物のなかの書物と信じ、書物の民であることを自負してきた。この伝統の興味深いところは、書物を神聖なものとみなした結果、そこに書かれたヘブライ文字そのものが（中世ユダヤの神秘思想カバラで研究され）魔術的な意味合いを持つようになったことだ。

聖書を守る姿勢は徹底していた。ユダヤ人たちは聖書への冒瀆を認めるよりも殺されるほうを選んだと、一世紀の著述家フラウィウス・ヨセフスは語っている。[1] 前一六七年、ユダヤの指導者マカバイ一族が、セレウコス朝に対し反乱を起こした理由のひとつは、まさにアンティオコス四世の兵士たちによる聖書の破壊がきっかけだった。《律法の巻物を見つけては引き裂き、火に投げ込んだ。契約の書を隠していた者、律法に則った生活をしている者は、王の勅令によって処刑された》（「マカバイ記I」一章五六－五七節）。反乱は戦争へと発展したが、ユダヤ側は勝利し、エルサレム第二神殿を奪回すると、独立王朝ハスモン朝（前一四〇年頃－前三七年）を成立させた。

しかしながら一世紀のユダヤ戦争（六六－七三年）で誇り高きユダヤ人はローマ人に屈服させられ、膨大な量の書物が破壊された。七〇年のエルサレム攻城戦では神殿が炎上し、多くの文書が消滅したが、一部は隠して残存できた。この戦争で当初ユダヤ軍の指揮官として戦ったヨセフスも、神殿の蔵書を救うべく危険を冒している。[2] また攻城戦の際に神殿にあったのは、宗教関係の公式文書と、腕の立つ書記たちが作った書物の複製だったようだ。

死海文書

一九四七年、ベドウィンの羊飼いの若者たちが群れからはぐれた山羊を追っていて、死海の西岸、クムラン遺跡の近くにある洞窟の中で、巻物が入った円筒状の壺を発見した。この情報が伝わるや、即座に考古学者や神学者たちが付近にある一〇〇以上の洞窟の発掘調査を開始し、一一の洞窟から二〇〇〇年間隠されてきた書物を回収することができた。手つかずのまま放置されていた巻物もあったが、断片化したものも多く（その数およそ一万五〇〇〇）、文献学者たちにとってはまさに究極のクロスワードパズルだったに違いない。

文書は大部分がヘブライ語、二割がアラム語で、ごく稀にギリシャ語やアラム語方言で記された非常に価値あるものだった。驚嘆すべき部分は多いが、第一に挙げられる特徴は、そのほとんどが最初期に編纂された旧約聖書だということだ。それまでは一〇世紀のアレッポ文書が最古の写本とされていたが、発見された「イザヤ書」の写本は、既存のどの写本よりも一〇〇〇年以上古かった。第二の特徴はこれらの写本が六六年から七〇年頃、ローマ軍がユダヤの反乱軍に攻撃を仕掛ける前に、洞窟内に意図的に隠されたということ。第三の特徴はそれらの巻物が、俗世から離れて共同生活を送っていた、ユダヤ教エッセネ派に属するクムラン教団のものと考えられる点である。

第四の特徴としては文書に使用された素材が挙げられる。大半は羊皮紙で残りはパピルス、銅製の巻物もひとつ見つかっている。文字は炭をベースにしたインクで書かれ、句読点や段落の区切り、単語と単語のあいだのスペースもない。最長の写本は一九五六年に第一一号洞窟で発見された「神殿の巻物」で、八・一五メートルある。この写本では、ヘブライ語で神の神聖な名を表す四つの子音文字テトラグラマトン(神聖四文字。ヤハウェと読む)が、神の名の力を賛美するために登場している。第五の特徴はそれらの巻物が「ヘブライ語聖書正典」「旧約聖書外典と偽典」「教団文書」の三つのカテゴリーに分類されることである。

これら文書の出現によって一部の人々のあいだに恐怖が引き起こされた事実は、パピルス学者で古文書学者だったスペインのイエズス会士ホセ・オカラガン(オキャラハンとも。一九二二-二〇〇一年)の身に起こった出来事が証明している。オカラガンは一九五五年に第七号洞窟で発見されたパピルス小片の解読に人生を費やした。彼は一九七二年に著作を出版。7Q5として知られるパピルス断片は、西暦五〇年頃に書かれた「マルコによる福音書」(第六章五二-五三節)で、ほかにも新約聖書の諸文書の断片があったと主張し、物議を醸した。わずか数語しかない文書の切れ端とはいえ、新約聖書の写本が見つかったとなれば、クムランに誰が住んでいたのかという問題が持ち上がる。また、これまで自明の理とされてきた諸文書の著作年代の定説が覆る。さらにイエスの死(三〇年頃)から三〇年足らずで書かれたということは、イエス・キリストが実在の人物であることを決定づけることになる。そうなると各方面からの反発は必至で、あらゆる種類の暴力的な非難や攻撃を招く結果となり、オカラガンは研究者生命を絶たれる寸前にまで追い込まれたのだった。

聖書を食べる預言者たち

旧約聖書と新約聖書には書物摂取（文字どおり〝書物を食べること〟）の珍しい事例が載っている。「エゼキエル書」（第二章八－一〇節と三章一－三節）で、神がパピルスの巻物をエゼキエルに示し、次のように命じたと語っているのがそれだ。

「……あなたの口を大きく開いて、わたしがあなたに与えるものを食べよ」。そこで私が見ると、何と私のほうに手が伸ばされていて、そのなかにひとつの巻物があった。それが私の前で広げられると、表にも裏にも文字が書いてあり、そこに書かれていたことは哀歌と嘆きと悲しみであった。

その方は私に仰せられた。「人の子よ。あなたの前にあるものを食べよ。この巻物を食べ、行って、イスラエルの家に告げよ」。そこで私が口を開けると、その方は私にその巻物を食べさせ、そして仰せられた。「人の子よ。わたしがあなたに与えるこの巻物で腹ごしらえをし、あなたの腹を満たせ」。そこで私はそれを食べた。するとそれは私の口のなかで蜜のように甘かった。

「ヨハネの黙示録」（第一〇章八－一一節）には、この書物を食べるという考えが再登場する。

それから前に私が天から聞いた声が、また私に話しかけていった。「さあ行って、海と地の上に立っている御使いの手にある、開かれた巻物を受け取りなさい」。それで私は御使いのところに行き「その小さな巻物をください」といった。すると彼はいった。「それを取って食べなさい。それはあなたの腹には苦いが、あなたの口には蜜のように甘い」。そこで、私は御使いの手からその小さな巻物を取って食べた。するとそれは口には蜜のように甘かった。それを食べてしまうと、私の腹は苦くなった。その時、彼らは私にいった。「あなたはもう一度、諸々の民族、国民、国語、王たちについて預言しなければならない」

甘さと苦さとは、表面的な美しさと内に秘められた力を表したものに違いない。書物を飲み込むことは所有権の移譲、知識の伝達を保証した。書物を読む代わりに食した者は、教えを直接その身に受け取り、多言語で語ったり、より確かな形で表現したりする能力が備わったとされる。

一三〇〇年頃、ギリシャの著作家アルテミドロスは夢に関する本を書き、本を食べる夢についても触れている。《書物を食べる夢は、教養の高い者やソフィスト、書物について論じることを生業にしている者にとってはよい夢である》[3]

超自然的な力を得るために、食人を習慣とした民族は多い。書物が神の属性を帯びている、神の一部であると信じていれば、それを貪ろうと考えても何ら不思議なことではない。チュニジア生まれのフランスの農学者で、精神科医・精神分析家のジェラール・ハッダド[4]は次のように説明する。《自分たちの集団の起源が書かれた書物を食べると、各人はそれぞれ深い変貌を遂げる。集団そのものや書物に書かれた系譜との同一化によって、集団内で男や父となるための能力を授かり、子宝に恵まれるのである》

第7章 中国

秦の始皇帝と前二一三年の焚書

Ⅰ

中国が数多くの国に分裂した春秋時代の乱世を経て、残った七大国が争い合った戦国時代の末期。秦《しん》では前二四六年、趙政《ちょうせい》が祖父と父の相次ぐ死により、わずか一三歳で即位した。とはいえ、まだ若い趙政の代わりに、父の宰相だった呂不韋《りょふい》が政治を代行した。趙政は目鼻立ちのはっきりした、声が大きく好戦的な少年だったという。前二三八年に二二歳で元服するや、趙政は懸念材料の一掃に乗り出した。身持ちの悪い母とのあいだに子をもうけ、王位を狙っていると噂される嫪毐《ろうあい》を殺害。事件に関与したかどで、長年の功労者で人望も厚く自身の後見役でもあった呂不韋（実の父親との説もある）を罷免、蟄居《ちっきょ》を命じ、のちに自殺に追い込んでいる。

権力を掌握し内政を安定させると、趙政は他国への遠征を開始し、一国ずつ制覇していった。彼は終わりなき紛争の原因を、封建君主らの野心にあると考えていた。新手の軍事戦略を次々と打ち出す若き秦王に、諸国の王は太刀打ちできず、まずは前二三〇年に韓《かん》が倒され、前二二八年には王

万里の長城の建設に着手した秦の始皇帝

が捕らえられて趙《ちょう》が滅亡した。燕《えん》は前二二六年、秦王暗殺を試みたが失敗。激怒した趙政に攻め込まれ、大虐殺の末に滅ぼされている。前二二五年に秦は魏《ぎ》の首都大梁《ダリャン》を攻略。前二二三年には強国の楚《そ》を敗北させ、前二二一年には現在の山東省に位置する斉《せい》をものにし、戦国時代の幕を閉じた。中国全土を統一した趙政は翌年から天下巡遊を始め、各地を視察、祭祀を行なった。前二一九年には泰山《たいざん》に《初めて天下を併合し、従わない者はいなくなった》と刻んだ碑を設置させている。[1] 巡遊は前二一〇年に彼が旅先で客死するまでの一〇年間、全四回に及んだ。

全国平定の過程は当然ながら無血では済まなかった。その実現には反対者を躊躇なく殺し、買収し、滅ぼさねばならなかったからだ。領地はすべて没収したため、趙政は莫大な財産を有する強力な君主となった。志が高かっただけでなく、自己崇拝的な面もあり、自身の威光を世に知らしめるべく、王に代わる尊称を自らに与えることにした。重臣たちと議論の末、趙政は皇帝の称号を使うことにした。しかも長期国家になることを見越し、初代であることを明確に示すべく始（一世）の文字を称号の前に付した。また五行思想（火・水・木・金・土）を取り入れて、秦王朝の象徴である水・黒色・数字の六を重んじた。[2]

不思議なことに始皇帝の姿はけっして見られることがなく、首都咸陽《かんよう》のほか二七〇あった宮殿のどこにいるのかも定かでなかった。敵の攻撃をかわす意図もあったのだろうが、神仙思想に傾倒し、身を隠していれば仙人が現れ、不老不死の霊薬を授けられて自身も仙人になれるとの話を信じていたからともいわれている。周囲に行き先を告げることなく、不老不死の霊薬を求め芝罘《しふう》島などへ遠出することも多かったという。

秦の始皇帝は何よりも秩序に基づく治世を尊んだ。政治面では中央集権的な体制を敷き、支配下に置いた諸国の国としての扱いを廃止し、中国全土を三六の郡に分割（その後、新たな征服で四八になる）。地方長官を派遣して厳しく監視した。[3] 軍は中央政府の直轄となり、武術は禁じられ、武器は没収された。

また忠実な宰相・李斯《りし》の進言で国内の画一化を推進し、法律を定めて度量衡《どりょうこう》や通貨を一律にし、道幅の広さや服装、漢字書体、考え方や言語まで統一した。英国の歴史作家アーサー・コットレルは《画一化を強要したことで、秦の始皇帝は歴史の大いなる破壊者のひとりと化した》という。[4]

前二一四年、始皇帝は将軍蒙恬《もうてん》を三〇万の兵士とともに北方の極寒の地に派遣し、かつて国境沿いにあった国々が築いた長城を修復してつなぎ合わせ、遊牧民族・匈奴《きょうど》の侵入を防ぐ一大長城を作らせた。かの有名な万里の長城である。

この軍事要塞の建設では何千・何万もの犠牲者が出たが、始皇帝の代で完成したわけではなく、秦が滅びたあとも修復や移転、放棄が繰り返された。現存しているのは一四世紀の明の時代に改築され、一五世紀から一六世紀にかけて完成したものである。城壁は当初、粘土質の土で築かれた低いものだったが、明代の改築で現在目にしているようなレンガを使った堅固な城壁になった。今日現存している部分は、城壁の幅が四・六メートルから九・一メートル、より高さのある区間では三・七メートルまで狭まっている。土台の高さは平均七・六メートル。外側の防護壁には切り込みが一定区間ごとに入れられ、銃眼の役目を担っており、二、三〇〇メートルおきに高さ一二メートルの敵台と呼ばれる監視塔が置かれている。

万里の長城以外にも始皇帝は大規模な土木事業を手がけた。そのうちのひとつが記念碑的な陵墓《りょうぼ》、秦始皇帝陵の建設だ。今日もなお陝西《いんせい》省西安市（古名・長安）の北東三〇キロ、驪山《りざん》のふもとに現存する。建造には七〇万人が駆り出され、完成までに三六年間かかった。周辺一帯の遺跡もすべて含めた総面積は約六〇平方キロ、外城壁に囲まれた敷地部分が約二平方キロ、陵墓の高さが七六メートルという壮大な規模で、地下には宮殿が存在しているという。

伝説によると、地下宮殿の奥の間には水銀の川が流れ、その上に黄金の棺が浮いている。弓形の天井には天球が、壁には中国の地形図や広大な国土の風景が描かれている。室内は〝消えることなきランプ〟に照らされ、宝石その他の財宝が収められているそうだ。陵墓の入り口は侵入者を迎え撃つ自動装置の弩《おおゆみ》に守られ、副葬品として製作された等身大の兵士と馬の素焼きの人形（兵馬俑《へいばよう》）約八〇〇〇体が、陵を取り巻く形に配置された。

Ⅱ

始皇帝の絶大な権力の影には李斯がいた。前二八〇年頃の生まれで、若くして役人になったあと、儒家の荀子《じゅんし》に弟子入りしたが、そこで法家の代表格となる韓非《かんぴ》と出会い、影響を受けて法家に与《くみ》した。[5] 法家とは諸子百家（中国の春秋戦国時代に現れた思想家と学派の総称）の六学派のひとつで、法治主義を旨とした。上に立つ者の好き嫌いで褒賞や処罰を決めるのではなく、法という定まった基準に従って国を治めることを基本とする。君主が情動を抑え、法に基づき厳正に褒賞や処罰を与えれば、臣民はおのずと君主についてくる。君主と臣民の契約関係が成り立てば、社会の秩序も保たれる。また、法は時代に合わせて変える必要があると説いた。

李斯が始皇帝に進言したことで実現した政策のなかでも、漢字書体の統一は評価に値する偉業だ。[6] 五〇〇〇あった字体が二〇〇〇に整理されたというから貢献度は高いが、今日ではそれよりも、政策に反発する学者たちへの弾圧を進言したことのほうが有名になっている。[7] 前漢時代の偉大な歴史家、司馬《しば》遷《せん》（前一四五年頃－前八六年頃）は、李斯が始皇帝に進言したときの様子を次のように伝えている。

かつて帝国は分裂し、無秩序がはびこり、誰にも天下を統一できませんでした。それで諸侯が幅を利かせていたわけです。彼らは談話で、過去ばかりを懐かしみ現在を軽んじ、空疎な言葉を振り撒くことで真実を混乱させました。学者らはそれぞれ好き勝手に独自の学派を作り出し、時の君主の政策を愚弄しました。

現在、陛下は天下を統一され、物事の白黒をつけられたため、臣民から尊敬され、揺るぎなき地位を保っておられます。しかしながら、それら個々の学派の知識を教えている者たちは、誤った教えに基づいて法や政策を非難しています。勅令が下ると、自身の学派の観点から批判し、宮廷内では心のなかで毒づき、宮廷外では市中で声高に批判する。彼らは陛下の評判を貶めることで名声を得ようと画策しているのです。異論の表明で優位に立ったと錯覚し、中傷してまわるよう弟子たちを仕向けています。これ以上野放しにしておくと、上においては陛下のお力が減退し、下においてはそういった輩どもが結束してしまいます。そのようなことは禁じなければなりません。

陛下の忠臣を通じて史料編纂官に、秦《しん》国のものを除くすべての書物を焼くよう指示しましょう。幅広い知識を有する人々を除き、『詩経』や『書経』、百家の書物を所持する者は、地元当局に出頭し、それらを差し出し燃やさねばならないと政令を発布します。『詩経』や『書経』について口にした者たちは死罪とし、彼らの遺体は公共の広場にさらしましょう。古代に照らして現在を侮辱する輩どもは、一族もろとも処刑します（……）公示から三〇日が過ぎても、書物を手放さない者たちは、入れ墨を刻んで労役に処しましょう。[8]

李斯は詩や歴史書、哲学書を危険視した。始皇帝について詩人や歴史家、思想家が書いた批判や風刺が広まれば、臣民が暴動を起こす可能性があると恐れ、強迫観念に取り憑かれていたのかもしれない。本書のイントロダクションで私は『老子道徳経』の言葉《知恵など追い払い、知識など捨ててしまえ。そのほうが民の役に立つ》《学問を捨てれば憂いはなくなる》を引用し、李斯に先行する書物の破壊の概念として紹介したが、改めて読み返してみると、李斯のようになるなら知識や学問など要らないという戒めにも思えてくる。

前二一三年、アレクサンドリア図書館がすべての書物を集めようと奮闘していた頃、中国では秦の始皇帝が、農業、医学・薬学、卜占《ぼくせん》を除く、すべての書物の焚書《ふんしょ》を承諾した。[9] ただし、錬金術や恍惚、瞑想、東洋の呪術に関する専門書は隠し、獣骨や亀甲《きっこう》に記された古代文字は保存した。ちなみに当時の中国の書物は、札状に削った竹や細長い木を使った竹簡《ちっかん》・木簡と呼ばれるもので、札を並べて縦書きで上から下へ、右から左へと文字を書いていき、最後に糸で綴じて完成させた。

始皇帝は王朝支持者で法を国の原理として重んじる法家に傾倒し、彼らの著作を保護すべく宮中に書庫を作り蔵書を充実させる一方、個人蔵書を禁じ、没収・焚書にするよう命じた。[10] 役人たちは一軒一軒しらみつぶしに探し、書物を奪い取り、公の場で焚き火に放り込んだ。それらの書物を読んだことがなく価値もわからぬ人々は、その光景を驚きの目で、もしくは嬉々として見守っていたことだろう。その翌年には始皇帝の政策を批判したかどで、あるいは始皇帝が信頼していた方術士たちの欺瞞と暴言の発覚をきっかけに、約四六〇人以上の学者たちが懲罰として生き埋めにされ、家族は屈辱にさらされた。[11] これらが世にいう秦の思想弾圧、焚書坑儒《ふんしょこうじゅ》である。

始皇帝の怒りは法家を除く五つの学派（陰陽家・名家・道家・墨家・儒家）にも向けられた。特に祖先崇拝を唱える孔子（前五五二－前四七九年）の著作を目の敵にし、ことごとく燃やさせた。孔子の思想や歴史や政治に関する知識が広まることを危ぶんだとも考えられる。

孔子は中国の春秋時代、魯《ろ》国（現在の山東省南部）に生まれた。幼い頃に父を、一七歳で母を失い、天涯孤独の身となった。若い頃には倉庫や牧場の管理をする下級役人として働いた苦労人だ。それでも逆境にめげずに勉学に励み、二二歳で文学、歴史、音楽を教え始め、三四歳で初めて弟子を取ったともいわれる。五二歳で中都の宰（長官）に登用されて才能を発揮。大司寇《だいしこう》（司法長官）にまで出世するが、五五歳で官職を辞し、弟子たちとともに諸国巡遊の旅に出て（策略によって失脚、亡命を余儀なくされたともいう）、各地で政治改革の必要性を説いた。六九歳で魯に帰国し、晩年は弟子の教育と古典研究の整理を行なった。

孔子が編纂し直したとされる中国・周（前一〇四六年頃－前二五六年。前七七一年以前は西周、以後は東周）伝来の五つの経典・五経は、儒家の聖典である。『詩経』は中国最古の詩篇で、西周時代の歌

前 213 年，始皇帝が命じた焚書の様子

謡を孔子が編集・整理したもの。『書経』は中国最古の歴史書で、伝説の聖人君主・堯《ぎょう》と舜《しゅん》に始まり夏《か》、殷《いん》、周《しゅう》の王の言行録をまとめたものだ。[12]『易経』は占いの理論と方法を説き、『礼』はさまざまな儀礼の規定だが、道徳的な規範も意味するようになった。『春秋』は前七二二年から前四八一年までの魯を中心として書かれた歴史書である。

孔子の教えは、日常の各場面における五徳(仁・義・礼・智・信)の実践に集約される。彼は君主が国をよりよく治めるには、それらに則る必要があると信じていた。自身を律し、磨くこと。賢者を敬い、家族を愛すること。国政を担う大臣たちに配慮し、下級役人や司法官と調和のとれた政治運営を心がけること。臣民とは信頼関係を築き、賢人や芸術家に教えを請い、助言を仰ぐこと。自国への一時的な滞在者や外国人には親切に接し、臣民に対しては丁重に扱うことなどだ。

秦の始皇帝と孔子の著作に関するこんな逸話が残っている。始皇帝がすでに世を去ったあと、宮廷の使用人が書庫を掃除していると、孔子の著作の写本が出てきたというのだ。始皇帝が禁忌としたものが書庫にあったとは。まさかの出来事にその場は騒然となったに違いない。厳格な始皇帝の膝元で、官憲の目をかいくぐり司書がそのような自殺行為に出るとは考えがたい。それとも始皇帝が極秘に隠し持っていたのか。いずれにせよ宮殿もろとも破壊され、真相は闇のなかだ。

二〇〇二年六月、中国の考古学チームの発掘によって、湖南省で戦国時代の古城が発見され、三万六〇〇〇枚に及ぶ竹簡が出土した。それらは秦代の地方行政文書で、始皇帝時代の知られざる歴史が記録されていた。郵便制度が確立していたことや、当時の刑罰がそれまでで最も厳しかったことなどが確認されている。

始皇帝以後の書物の破壊

中国の歴史には、無数の検閲と書物の破壊のエピソードが刻まれている[13]（近現代の事例については第三部で紹介する）。前二一〇年に秦《しん》の始皇帝が没すると、側近らの暴政によって弱体化した秦を打倒すべく、反乱が全土に広がる。多くの武将が活躍するが、とりわけ有力だったのが楚の項羽《こうう》と漢の劉邦《りゅうほう》だ。前二〇六年、首都咸陽《かんよう》に入城した劉邦に秦王が降伏。続いて項羽によって王族の処刑と略奪・焼き討ちが行なわれ、秦は亡びた。その際、宮廷の書庫も炎に包まれ、焚書にされずに済んだ書物も焼けてしまった。

国家の記憶たるそれらの失われた書物は、前漢時代の前一九一年にようやく復元させることができた。これは作品を全文暗記していた多くの学者たちの尽力によるものだ。前二〇六年から始まる漢王朝（前漢と後漢）の時代は、文化的に興隆した時期だった。項羽を破って天下統一を果たし、前漢の初代皇帝となった劉邦（高祖）は儒教を受け入れ、文学者たちを重用した。ある時彼が賢者に、自分は武力で覇者となったが、なぜ古典から学ばねばならないのかと尋ねると、賢者はこう答えたそうだ。《その覇権に形を与えることができるのは古典だけだ》。聞く耳を持った高祖のもとで、咸陽の郊外に作られた首都長安は、並外れた学問の都と化していく。

前漢は七代皇帝・武帝の時代に最盛期を迎える。前一三六年、武帝は儒学者の献言を聞き入れて儒学を官学とし、五経（詩・書・易・礼・春秋）をそれぞれ専門に学んで教える五経博士を置いた。前一三四年には、地方の才能ある人材を地元が推挙する郷挙里選《きょうきょりせん》を取り入れ、特に儒学の素養を身につけた人物を登用した。蔵書拡充のため写本を量産する計画が持ち上がったのもこの時期で、書記たちは作業に専念し、書き上げた写本を山と積み上げたという。当時の書物は絹製の帛書《はくしょ》が竹簡《ちっかん》・木簡と併用されていた。竹簡・木簡に比べて仕上がりが美しく、軽量で運搬も便利だが、高価なうえに湿気や害虫に弱く、長期保存には適していなかった。

武帝の対外政策の功績としては、北方の遊牧民族・匈奴《きょうど》の制圧が挙げられる。精力的に攻撃を仕掛け、何度も打ち破った末に前九九年頃、支配下に収めている。この武勲は、ヨーロッパの中国学者たちが〝東洋のヘロドトス〟と呼ぶ司馬遷でさえも、筆舌に尽くしがたかったのかもしれない。あるいは征服後の仕打ちがあまりに酷だったためか、その頃彼が編纂していた歴史書『史記』[14]にもさほど詳しくは綴られていない。

時は下って前二六年、学者で政治家の劉向《りゅうきょう》（前七七‐前六年）は、一一代皇帝・成帝から宮中蔵書の校閲と解説を命じられる。のちに彼はそれらを一書にまとめ、『別録』と名づけた。蔵書を六類に分類し、書名の意味や著作の由来、書物の内容と批判、偽書の分別、著者の経歴や学派、評価を掲載するなど、既存の目録とは違う画期的なものだった。たとえば荀子《じゅんし》の著作は、三二二あった写本を三二篇一二巻に整理している。

劉向亡きあとは息子の劉歆《りゅうきん》が引き継ぎ、『別録』を簡素化した『七略』を完成させた。タイトルの『七略』は書物を輯略《しゅうりゃく》（総論）・六芸略（六つの基本的な教養）・諸子略（思想家）・詩賦《しふ》略（詩と歌謡）・兵書略（戦術）・術数略（数秘術）・方技略（医術・占星術・錬金術など）の七つに分類したことに由来する。草稿は前六年、一二代皇帝・哀帝《あいてい》に献上された。『七略』自体は現存していないが、宮中蔵書目録については後漢時代の歴史家・文学者の班固《はんこ》（三二－九二年）が編纂した歴史書『漢書』に掲載されていて、その当時六七七の作品があったが、現代まで残っているのは一五二作品のみであることがわかっている。[15]

その後王族内での権力争いが激化し、前漢は衰える。前一年に哀帝が若くして崩御、あとを継いだ従弟の平帝も六年足らずで夭折すると、皇帝の外戚である王莽《おうもう》が遠縁の二歳の子どもを皇太子に立て、摂皇帝（のちに仮皇帝）として政治の実権を握った。二年後の八年に王莽は自ら皇帝に即位、新国を建国した。儒学を熱心に学んだ王莽は周代を理想とし、周の書物をもとに政治を行なった。宮廷に多くの儒学者を集め、その数は一〇〇〇人近くに上ったともいわれている。だが、現実を無視した時代錯誤な政策によって国政は混乱、財政は逼迫し、困窮した農民たちの反乱（赤眉《せきび》の乱）が頻発する。豪族たちも各地で挙兵。二三年、長安城に攻め入られた王莽は戦闘の最中に殺害され、新は滅亡した。彼の並外れた個人蔵書も、その時ともに失われたという。

二五年、混乱を収拾した劉秀《りゅうしゅう》が光武帝として即位し、漢王朝を復興。首都を洛陽《らくよう》（現在の河南省北西部）に移し、後漢時代が二二〇年まで続く。その間の書物に関わる出来事としては、第四代皇帝・和帝時代の一〇五年、宦官《かんがん》（去勢を施された官吏）の蔡倫《さいりん》による紙の改良と普及が挙げられる。中国では前漢の時代より麻くずや樹皮など絹よりも安価な素材を使った麻紙が存在していたが、蔡倫は従来の技術を改良し、実用的な製紙方法を開発した。それによって写本の増産が可能となり、蔵書楼の建築が盛んになる一方、書物の軽量化・小型化が進み、文化の地方伝播にも貢献した。しかしながら後漢の衰退に伴い、またもや乱世に突入し、宮中蔵書は再び散逸。後漢末期の丞相《じょうしょう》・曹操《そうそう》が基礎作りをした（三国時代の）魏での復興を待たねばならなかった。

曹操の子で二二〇年に魏の初代皇帝・文帝となった曹丕《そうひ》は、幼い頃から文武に秀で、後代に父の曹操、弟の曹植《そうしょく》とともに三曹と称されたほどの詩人である。後漢末期の建安時代に父・曹操が手がけた文学サロンを継承し、自らも中国史上初の文学論評『典論』を編纂するなど、文学の振興に貢献した。魏王朝の歴史は五代、四五年と短命ではあるが、その間、首都洛陽は学問の中心として大いに栄えた。それだけに当時の文人、張華《ちょうか》が伝える巨大な蔵書楼の喪失が惜しまれる。実際、後漢の滅亡後、隋の建国で中国が再び統一される五八一年まで戦乱の世（魏晋南北朝時代）が続き、大量の書物が失われた。三一一年には五胡十六国の漢が西晋《せいしん》の都・洛陽を攻撃し、略奪の限りを尽くして、宮中にあった書庫が廃墟と化した。三一六年には新たに遷都した首都・長安が陥落し、やはり略奪と殺戮を受け、西晋は滅亡する。

四九五年から五一〇年頃、斉（南朝）の文学サロンに集い、その後、梁《りょう》（南朝）を建国した蕭衍《しょうえん》（初代皇帝・武帝）の治世には、書庫を復興すべく何度も政令が公布され、写本を求めて伝令たちが全国各地に派遣された。そうして梁王朝は一四万冊の蔵書を蒐集し、文徳殿、華林園といった宮中図書館を有するまでになったが、五五四年に西魏に攻め込まれ、首都江陵《こうりょう》（現在の湖北省南部）の陥落前に、第四代皇帝・元帝の手ですべて焼却された。後年、北朝を代表する詩人となった顔之推《がんしすい》（五三一－五九一年頃）が、かつて仕えた南朝・梁の元帝を偲ぶ悲しみに満ちた賦《ふ》（韻文の一種）を綴った。現在仕えている周の君主に遠慮し、元帝を古代の楚王になぞらえている。

古意
十五好㆓詩書㆒
二十弾㆑冠仕
楚王賜㆓顔色㆒
出入章華裏
作㆑賦凌㆓屈原㆒
読㆑書誇㆓左史㆒
数従㆓明月讌㆒
或侍㆓朝雲祀㆒
登㆑山摘㆓紫芝㆒
泛㆑江採㆓緑芷㆒
歌舞未㆑終㆑曲
風塵暗㆑天起
呉師破㆓九龍㆒
秦兵割㆓千里㆒
狐兎穴㆓宗廟㆒
霜露霑㆓朝市㆒
璧入㆓邯鄲宮㆒
剣去㆓襄城水㆒
未㆑獲㆑殉㆓陵墓㆒

古意《こい》
十五詩書を好み
二十冠《かん》を弾《だん》じて仕《つか》ふ
楚《そ》王顔色《おうがんしょく》を賜ひ
出入《しゅつにゅう》す章華《しょうか》の裏《うち》
賦《ふ》を作るは屈原《くつげん》を凌ぎ
書を読むは左史《さし》に誇る
数《しば》しば明月《めいげつ》の讌《えん》に従ひ
或《あるい》は朝雲《ちょううん》の祀《し》に侍《じ》す
山に登りて紫芝《しし》を摘み
江《こう》に泛《うか》びて緑芷《りょくし》を採る
歌舞《かぶ》未だ曲を終へざるに
風塵《ふうじん》天を暗くして起《おこ》る
呉師《ごし》九　龍《きゅうりゅう》を破り
秦兵《しんぺい》千里《せんり》を割く
狐兎《こと》宗廟《そうびょう》に穴づくり
霜露《そうろ》朝市《ちょうし》を霑《うるお》す
璧《たま》は邯鄲《かんたん》の宮《きゅう》に入《い》り
剣は襄城《じょうじょう》の水に去る
未だ陵墓《りょうぼ》に殉《じゅん》ずるを獲《え》ず

独生良足レ恥　　独生《どくせい》良《まこと》に恥づるに足る
憫憫思二旧都一　　憫憫《びんびん》として旧都を思ひ
惻惻懐二君子一　　惻惻《そくそく》として君子を懐《おも》ふ
白髪窺二明鏡一　　白髪《はくはつ》明鏡《めいきょう》を窺《うかが》ひ
憂傷没二余歯一　　憂傷《ゆうしょう》して余歯《よし》を没《お》へん

私は十五で詩経や書経の学問を愛好し、二十で冠の塵をはじいて出仕した。楚の王様（梁の元帝をたとえた）は、もったいなくも私に好意を持って接して下さり、章華台《しょうかだい》に出入りするほどの高官に取り立てて下さった。賦を作れば屈原（楚の詩人）をも凌ぐ出来栄え、書物を読めば（博識の史官の）左史倚相《さしきそう》にも誇る学識を見せた。王様が月見の宴会を開かれる際には何度も（宋の謝荘が「月の賦」で詠じたように）ご相伴させて頂き、王様がお祭りを執り行なう際には（「高唐の賦」を奉った宋玉のように）お供したこともあった。山に登っては紫の霊芝《れいし》を摘み、長江に舟を浮かべては緑の香草を採った（梁に仕え、皇族の方々の厚遇を賜り、優雅な生活を送らせて頂いた）。しかし、楚の宮廷の楽しい歌や舞いが終わらないうちに、突然、風や塵が天を暗くするごとく、激しい戦乱が起こった。呉王闔閭《こうりょ》の軍は九龍を刻んだ台を打ち壊し、秦の兵隊は千里の地を奪い取った。狐と兎が楚王の祖先のおたまやに巣穴を作り、朝廷や市場は人気なく霜や露で覆われている。楚王が手に入れた貴重な和氏《かし》の璧《へき》は、趙に奪われて趙《ちょう》の都の邯鄲《かんたん》に運ばれ、張華と孔章が地中から掘り当てた剣は襄城《じょうじょう》の水中に没した。それなのに、私は歴代の王のみささぎの前で殉死することもできず、おめおめと（北朝に仕えて）生きているとは全く恥ずべきことである。しかし、今でも旧都（江陵）の壊滅を悲しむ気持ちで一杯で、かつての主君（梁の元帝）を悼む気持ちで胸が張り裂けそうなのだ。とは言え、鏡に写るのは白髪あたまの我が姿、余生は祖国の人々を哀悼して終わるのであろう。（『漢魏六朝の詩』下巻、石川忠久編著、明治書院）

三〇〇年以上続いた魏晋南北朝時代の混乱を収め、中国を再統一した隋の建国から間もない五八三年、初代文帝・二代煬帝《ようだい》に重臣として仕えた牛弘《ぎゅうこう》は、宮中の書籍が少ないことを憂い、敵に勝るには写本を倍増させることが重要だと上奏した。これが聞き入れられ、隋の宮廷は三七万書を獲得するに至る。六一八年に隋を滅ぼして唐を建国した高祖・李淵《りえん》は、隋の旧宮廷から蔵書をすべて運んでくるよう命じた。ところが途中で事故が発生し、九割の書物が失われてしまったという。唐はその後二八九年間にわたって中国を支配し、国際都市・長安を中心にシルクロードを介した東西交易で大いに栄えた。異民族の文化を積極的に受け入れ、さまざまな学問・文化を開花させた唐代は、それまで以上に名だたる文人・詩人を多数輩出している。当然ながら蔵書事業も促進されたが、木版印刷が発明されたことも大きな後押しとなった。なお、中国で発明された紙の製法が西洋との中継地、イスラム世界に伝播したのもこの頃だ。七五一年に中央アジアの覇権をめぐり、唐と建国間もないイスラム帝国アッバース朝（七五〇－一二五八年）が、タラス河畔（現キルギス）で戦闘になった。どちらも破竹の勢いで領土を拡大していた時期だっただけに、両者の衝突は必至だったが、その際、アラブ人側の捕虜となった中国人のなかに製紙職人がいたことによる。

九〇七年に唐が滅亡すると中国は五代十国に分裂し、深刻な危機的状況の最中で書物の破壊がしばしば発生した。九七五年には南唐最後の国主で優れた文人でもあった李煜《りいく》（九三七－九七八年）が、敵である宋の手に落ちぬよう蔵書の焼却を命じている。

九七九年に中国を再統一した宋（北宋）の時代は、唐代に引き続き、学問や技術、文化、思想面が飛躍的に発展した。書物に関わる事柄に的を絞ると、木版印刷を基礎にした活版印刷の発明が第一に挙げられる。大量生産と潤沢な流通が可能になったことで、以前は貴族の専有物だった書物が多くの人々の手に渡るようになった。蔵書家の数や蔵書数の規模が格段に増え、個人所有の蔵書楼も登場。個人や民間で出版事業に乗り出す者も現れた。作りが悪い難あり商品も多かったが、廉価本の供給で書物の普及に貢献した。販売は店を構えず市などで行なわれ、常設の書店は続く南宋時代に登場したとのことだ。北宋時代には宮中蔵書の蒐集も盛んで、中央政府が首都開封《かいほう》に所有していた三大蔵書楼だけでも六七〇五作品、総計七万三八七七冊が所蔵されていたという。だが、それらの書物も、その後に訪れる動乱の世を生き延びることはできなかった。

中国で失われた書物の数が増加の一途をたどったのは確かだが、その総数を正確に割り出すのは不可能だ。神代以来の歴史を扱った前漢の『史記』に始まり、後漢の『漢書』、唐の『隋書』、後晋《こうしん》の『旧唐書』、北宋の『新唐書』、唐崩壊以来の統一王朝・元の『宋史』などを経て、最後の統一王朝・清の『明史』に至る二十四史（中国の王朝の正史）と、中華民国時代に編纂された『清史稿』にはそれぞれ宮中蔵書目録が載っているので、[16] 少なくとも現存の有無を調べることはできる。

仏教文書に対する迫害

中国における仏教の道のりは平坦ではなかった。大乗仏教の伝来は一世紀頃とされ、[17] 後漢の首都洛陽《らくよう》にインドや西域から仏教者たちが渡来し、経典の翻訳に努めた。出家して僧門に入るということ、僧伽《サンガ》（出家者の共同体）での生活、悟りの概念が理解され、ようやく受け入れられるようになった。誰もが菩薩（悟りを求める者）になれるという考えは、民衆の心の支えとなったに違いない。仏教が浸透していく過程ではたびたび廃仏が起こり、少なからぬ仏教の経典が押収・破壊の憂き目に遭っている。僧や仏教文書に対する迫害は、伝来当初から始まっていたが、とりわけ規模が大きかった四皇帝（北魏の太武帝、北周の武帝、唐の武宗、後周の世宗）による廃仏は「三武《さんぶ》一宗《いっそう》の法難」と呼ばれている。八四五年に行なわれた武宗による弾圧では、四六〇〇の寺院と多くの文書が破壊された。同時にゾロアスター教、マニ教、景教《けいきょう》（ネストリウス派キリスト教）も排斥されている。また、続く北宋の太祖は度牒《どちょう》（出家者の身分証）の販売や寺院への課税を行ない、仏教を国家の統制下に置いた。宋代・明代の儒学者（新儒学と称される）たちは、仏教の諦観や空の思想を浅薄とみなし、まるで過去に儒家が法家から迫害された恨みを晴らすかのように、仏教を攻撃し、権威の失墜に励んだ。

ところで、シルクロードの分岐点に当たるゴビ砂漠のオアシス都市・敦煌は近郊にある鳴沙山《めいさざん》の洞窟群で有名である。[18]五胡十六国時代の三六六年、現地を訪れた僧・楽僔《らくそん》が金色の千仏を幻視して掘り始めて以来、代々引き継がれて元の時代までのおよそ一〇〇〇年間に掘られた七〇〇以上の洞窟には、二四〇〇体あまりの仏塑像が安置され、壁には一面に壁画が描かれている。

清代の一九〇〇年、洞窟のひとつ莫高窟《ばっこうくつ》で、道士・王円籙《おうえんろく》が崩れ落ちた壁のなかに封じ込められていた大量の仏教経典や写本、文献を発見した。推定年代は四世紀から一一世紀、断片化したものもあったが、大方は良好な状態を保っていた。敦煌文書と総称されるそれらの文書は、清朝政府が保護に乗り出す前に、数千点が英国の考古学者オーレル・スタイン、フランスの東洋学者ポール・ペリオ、数百点が日本の大谷探検隊、ロシアの東洋学者セルゲイ・フョードロヴィチ・オルデンブルクの探検隊に売られ、米国の美術史家ラングドン・ウォーナーの探検隊による壁画の略奪も含め、各国に分散したが、その一方で莫高窟が注目され、敦煌研究が盛んになるきっかけにもなった。

なぜ経典その他の文献が洞窟内に封じ込められたのか。焚書にされるのを恐れて隠したとの説と、不要な文書・価値のない文書を保管しただけとの説がある。それにしてもその数、五万点とは半端ではない分量だ。洞窟の完成に伴って仏教徒の峡谷との意識が育まれ、あらゆる弾圧から仏教文化を守ることを意図し、写本と芸術作品が保管される一種の図書館と化したのではないか。南地区には五〇〇超、北地区には二四三の洞窟があるが、後者からは漢語のほか、チベット語・サンスクリット語、コータン語、クチャ語・ソグド語・西夏《せいか》語・ウイグル語・モンゴル語の八カ国語で書かれた経典も発見されている。内容も『金剛般若経《こんごうはんにゃきょう》』や『魔訶般若波羅蜜経《まかはんにゃはらみつきょう》』など、唐代以前の稀少な仏教聖典写本から、ゾロアスター教、マニ教、景教の経典、当時の政治や生活の実態がわかる公私文書まで多岐にわたり、非常に貴重な歴史的資料である。

第8章　古代ローマ

帝国の検閲と迫害

古代ローマでも書物の体裁はパピルスの巻物と羊皮紙で、書物に対する執拗なまでの破壊行為は継続された。[1] 王政ローマ第二の王ヌマ・ポンピリウス（在位前七一五年頃-前六七三年頃）が亡くなった際、ふたつの棺が用意され、一方にはヌマの遺体を、もう一方には彼の著作である神聖な秘儀の書一二巻とギリシャの哲学書一二巻を収めて、塚に埋葬した。前一八一年（四〇〇年後とする文献もあるが）共和政ローマの時代に、大雨で土が流され、棺が地上に現れた。遺体はなかったがヌマの書は残っていて、人々は畏敬の念を覚えつつも夢中になって読んだ。話を聞きつけた法務官《プラエトル》クィントゥス・ペティリウスがそれらの書物に目を通し、現行の宗教に反するとして元老院に訴えた。焚書《ふんしょ》の裁定が下され、《民会で書物は燃やされた》[2]。共和政末期から帝政初期にかけての歴史家ティトゥス・リウィウス（前五九-後一七年）は、前一八六年頃、元老院が《焚書にする書物を集めるために》行政官らを召集したと記している。[3]

王政ローマの終わり、第七の王タルクィニウス・スペルブス（在位前五三四-前五〇九年）の時代に建設されたユピテル神殿は、内部にシュビラ（巫女）の神託集『シュビラの書』を保管し、聖事担当官だけが参照することができた。それらの書物にまつわる逸話がある。クマスのシュビラが王政ローマ第五の王タルクィニウス・プリスクス（在位前六一六‐前五七九年）のもとに『シュビラの書』全九巻を持ち込み、金貨三〇〇枚で買うよう求めた。当然王は笑い飛ばして取り合わない。するとシュビラはその場で三巻を焼き払い、残りの六巻を同じ値段で買うよう求めた。王は驚き、不安になってきた。それらの書物は予言書で、ローマの未来が書かれていたからだ。シュビラがさらに三巻を焼き払うと、根負けした王は金貨三〇〇枚を支払ったという。[4]前八三年に発生したユピテル神殿の火災で、それらの書物は数巻を除いて焼失した。だが無事だった数巻も前八〇年と前六九年の火災で失われた。そこでローマの元老院は各地から神託を集め、新たな『シュビラの書』を編纂した、帝政ローマ初代皇帝アウグストゥス（在位前二七‐後一四年）が『シュビラの書』を何巻か救い出したともいわれている。いずれにせよ同書は前一二年にアポロン神殿に移されたが、結局はそこで滅びることになる。四〇八年に軍人フラウィウス・スティリコが、それらの文書が政権批判に使われていると知り、死の数日前に残りの『シュビラの書』をすべて焼き払ったのだ。[5]

詩人ウェルギリウスの庇護者だったアウグストゥス帝は、正当な理由もなく大量の書物を破壊し、後八年にはオウィディウスの『愛の技術』の流通を禁止した（この作品は一四九七年にイタリア・フィレンツェで神権政治を行なっていたドミニコ会士ジロラモ・サヴォナローラも焚書にし、一五九九年には英国の劇作家・詩人クリストファー・マーロウの英訳版がカンタベリー大主教とロンドン主教の命令で焚書にされている）。帝政ローマの政治家・歴史家タキトゥス（五五年頃‐一二〇年頃）によると、アウグストゥス帝は風刺作家カッシウス・セウェルス（ティトゥス・カッシウス・セウェルス・ロングラノ、前五〇‐後三二年）の全著作も燃やすよう命じている。[6]

カッシウス・セウェルスはクレタ島に追放になり、その後、第二代皇帝ティベリウス（在位一四－三七年）に財産を没収され、セリフォス島に流された。その地で人生最後の数日間、石の前に座って、敵にも味方にもけっして読まれることのない世界の年代記を書いて過ごしたといわれている。アレクサンドリア出身のギリシャ人作家ティマゲネスの著作『歴史』も、アウグストゥス帝の命令で公の場で焚書にされている。皇帝自身が己に見合った姿に描かれていないというのが理由である。[7]ほかにもアウグストゥス帝は、自分が気に入らないギリシャとローマの書物を二〇〇〇冊以上焼いている。皇帝はかなり過激な読者だったということだ。[8]

ある者が詩人を妬み、詩人が作品中で伝説の英雄アガメムノンを冒瀆していると訴えた。別の者は、さる歴史家が著作のなかでカエサルを暗殺したブルトゥス（マルクス・ユニウス・ブルトゥス）やカッシウス（ガイウス・カッシウス・ロンギヌス）を称えていると告発した。ティベリウス帝は訴えられた詩人と歴史家を死罪に処し、その他の作家たちの著作も怒りに任せて破壊した。死罪となった詩人と歴史家は、前帝アウグストゥスの御前で作品を朗読し、皇帝から称賛された者たちだったにもかかわらずである。[9]

ティベリウス帝の時代には、元老院議員で歴史家のクレムティウスが、元老院を非難したかどで自殺に追い込まれ、著作を焼かれている。[10]それから何年も経ったのちに、後継者の第三代皇帝カリグラ（在位三七－四一年）は、改めてクレムティウスの著作の流通を禁じた。[11]つまり先帝の検閲でクレムティウスの著作を根絶することはできなかったということだ。

暴君で有名な第五代皇帝ネロ（在位五四－六八年）の時代には、ローマの大火で少なくとも三〇〇〇枚の青銅製文書が焼けた。それらの古文書はカピトリヌスの丘から発見されたもので、《ローマの建設当時にさかのぼり、ローマ市民の様子や元老院による政令、意志決定などがわかる、帝国の

最も古く美しい記録文書だった》[12]

第一一代皇帝ドミティアヌス（在位八一‐九六年）は、蛮族の侵入で発生した図書館の火災を消し止めることなく全焼させ、古典作品のよりよい写本を求めてアレクサンドリアに使者を送っている。加えて自身を非難している疑いのあるすべての書物を、見せしめとして公共の広場で焼いたうえ、詩人たちを棒叩きの刑に、出版人たちを磔刑《たっけい》あるいは串刺しの刑に処した。

東ローマ帝国第二代皇帝ユスティニアヌス一世（在位五二七‐五六五年）の治世には、アンティオキアの年代記作家ヨハネス・マララスが『年代記』を著し、ローマにおける書物の破壊について言及している。《六月に（……）ギリシャ人が数名連行され、彼らの自宅からは書物や偶像、卑しい神々の像が押収され、焼き払われた》

失われた図書館の世界

古来伝承の説話や民謡は早い時期から記録が残っているが、古代ローマの文学の始まりは前三世紀と考えていいだろう。パピルスの巻物が書物として定着し、元ギリシャ人奴隷で劇作家・詩人のルキウス・リウィウス・アンドロニクス（前二八四年頃‐前二〇四年頃）が『オデュッセイア』を翻訳、演劇作品として盛んに上演されるようになった時期だ。古代の世界で最も重要な帝国の文学面での開拓者が、ギリシャ人だったというのは単なるパラドックスではない。

それはともかく、文学が発展していく過程に書物の段階的な流通拡大が大きく関わっていたことは押さえておくべきだろう。[13] 販売は露店で行なわれ、上流階級の知識人層に買われた。蔵書の増加に伴い、公共や個人の図書館を作る動きも起こる。ローマにおける最初の公立図書館は、カエサルによって計画されていた。もし彼が前四四年三月一五日に暗殺されなければ、実現していたに違いない。

図書館の開設に先立ち、カエサルは学者・著作家・政治家のマルクス・テレンティウス・ウァロを図書館長に任命していたことがわかっている。[14] ウァロはクィンティリアヌスら後代の作家たちから《ローマ人のなかでもとりわけ博学な人物》[15]と称された逸材で、多岐の分野にわたる七四作品、パピルス文書にして六二〇巻の著作を執筆したが、一作を除いて全滅している。失われた著作のひとつは『図書館について』というタイトルで、その道の専門書としては最古のものだった。カエサルの暗殺で計画は廃案となり、ローマ初の公立図書館は幻と化した。前二七年にウァロが亡くなると、彼の著作は略奪されたり、破壊されたりして散逸した。

この公立図書館を実現したのは、皮肉にもカエサルの批判者だった歴史家ガイウス・アシニウス・ポッリオだった。《ポッリオはローマに初の公立図書館を開設した。ギリシャ語とラテン語の書籍を有し、中庭《アトリウム》には大勢の作家たちの像が置かれ、素晴らしい蔵書を誇ったが、それらの大半は各地から持ち帰った戦利品だった[16]》

アウグストゥス帝もふたつの図書館を創設したが、どちらも火災で焼失している。一カ所はパラティーノの丘のアポロン神殿（パラティヌスと呼ばれていた）にあった。図書館の運営はポンペイウス・マクロス[17]に一任され（蔵書からオウィディウスの作品を抹消し[18]、カエサルに関する文書の閲覧に制限を設けたのもこの人物だ[19]）、著作家ガイウス・ユリウス・ヒュギーヌスが引き継いだ。図書館にはふたつの閲覧室があり、それぞれギリシャ語・ラテン語の文献を扱っていた（以後この形が図書館閲覧室の慣例になる）。壁龕《へきがん》は棚として利用し、数々の彫像が飾られ、室内の装飾を引き立たせていたといわれている。この施設はしかし六四年、二〇〇年、三六三年のローマの大火で崩壊した。

もう一カ所はオクタウィアのポルティコと呼ばれる神殿内の図書館で、第一〇代皇帝ティトゥス

(在位七九－八一年)の治世に火災で焼失した。東ローマ帝国時代の歴史家ビザンティンのマルコスは、公立図書館とアウグストゥスの回廊《ガッレリア》の全焼に遺憾の意を表明している。[20]

イタリア本土出身ではない初の属州(ヒスパニア)生まれの皇帝、第一三代トラヤヌス(在位九八－一一七年)は、長年ギリシャの哲学者・弁論家ディオン・クリュソストモスを重用した。その影響で巨大な公共広場《フォルム》の建設を思いつき、一一四年ウルピア図書館を開いた。ギリシャ語・ラテン語二カ国語の文献およそ二万巻の蔵書を誇っていたが、これも五世紀半ば頃に火災で焼け落ちた。

カピトリヌスの丘にあった図書館については破壊に関する情報しかない。[21]第一四代皇帝ハドリアヌス(在位一一七－一三八年)が創設したギリシャの文化・学術研究施設アテナエウムにも図書館があったようだが、それについても推測できるほどの情報もない。ほとんど話題にならないが、パンテオンにもかつては立派な公立図書館が存在していて、三世紀に歴史家セクストゥス・ユリウス・アフリカヌスが館長を務めている。[22]

一九一年には第九代皇帝ウェスパシアヌス(在位六九－七九年)が創設した平和の神殿内の図書館も、大火で全滅している。この火災で医師ガレノスの手稿が大量に失われた。その昔エフェソスのヘラクレイトスが考えついたのと同じく(八四ページ参照)、ガレノスも神殿ならば安全だと思って著作を保管していたのだ。かろうじて残った二〇ほどのガレノス作品が、今に伝わり読めるだけでも幸いだと思わねばならないだろう。

大都市の公衆浴場にも図書館は付設された。トラヤヌス帝は一〇九年頃にふたつの閲覧室を有する図書館を一棟建てている。第二二代皇帝カラカラ(在位二一一年頃－二一七年)は、約一六〇〇人を収容できる公衆浴場を中心とした複合施設の建設を命じている。カラカラ帝は自身の評判を高めるべく、奴隷を含めたすべてのローマ市民に施設の使用を認め、温水・冷水双方の湯船を提供した。

また、ここにはふたつの体育館とひとつの図書館が併設され、図書館は慣例に則り、ギリシャ語とラテン語のふたつのセクションに分かれていた。

皇帝コンスタンティヌス一世（在位三〇六－三三七年）の時代の国勢調査によると、当時ローマに二八の公立図書館が確認されているが、そのいずれも現存していない。

次いで個人の蒐集家の図書館について見てみよう。まず特筆すべきは六万二〇〇〇点の蔵書を誇ったクィントゥス・セレヌス・サンモニクスだ。カラカラ帝の侍医で博学な人物だった（皇帝の熱病除けに〝アブラカダブラ〟の呪文を処方したことで有名だ）が、晩餐会の席で殺害され、その後蔵書も奪われてしまった[23]。文法学者アレクサンドリアのアルキアスに教育されたギリシャ人解放奴隷で、ネロ帝の秘書となったエパフロディトスも、三万点の蔵書を所有していたものの、残念なことにそれらも散逸してしまった。一九世紀ドイツの著作家エルンスト・リュンツナーはエパフロディトスの図書館について熱心に語り、その規模はギリシャ語・ラテン語双方で膨大な量に上ったと指摘している[24]。

多くの劇場支配人も喜劇や悲劇の個人蔵書を持っていた。演劇の興行を企画する際には、まずはすでに観客もよく知っている人気の喜劇作家か、ギリシャ悲劇を選ぶのが定番だった。そこでローマ人の作家、たとえばプラウトゥスのような喜劇詩人を招いて、脚色や翻案を委託した。だがそれらの個人蔵書も何ひとつ残されていない。

スッラやルクッルスのように当代の識者としても名高い軍人たちの別荘《ヴィッラ》には、征服戦争の折に手に入れたさまざまな写本があった。スッラの図書館にアテナイから奪ってきた哲学者アリストテレスの写本も含まれていたことは、第五章（一二〇ページ）で述べたとおりだ。天文学者で読書家でもあったガイウス・スルピキウス・ガッルスは、ギリシャ人作家の書簡を集めた個人図書館を持って

19世紀に発掘されたティムガッドの図書館跡

いて、キケロから称賛されている。[25] しかし現在まで伝わっていないところをみると、それらの図書を救うことはできなかったようだ。またダルトナや港町チヴィタヴェッキアにも図書館つきの別荘があったらしい。[26]

キケロも当時唯一無二の個人図書館を有していたが、後年失われてしまった。彼の書物に対する関心は半端ではなく、書簡のなかでも書物や奴隷の筆写者たち、司書たちについてたびたび綴っている。当初キケロの図書館はディオニシウスという人物が整理していた。ところが、途中で逃げてしまったため、[27] 友人だったギリシャ人地理学者・文法学者のティラニオンが代わりに分類し、満足のいく形に仕上がったという。[28] またキケロの友人でローマの富裕な知識人だったアッティクスは、筆写者や校訂者を大勢抱え、豊富な蔵書を蓄えていたのに、数十年後にはひとつ残らず失われた。

先述のとおり当時書物の販売は路上で行なわれ、リブラリア・タベルナ[29]と呼ばれる露店が山ほどあった。文献上では、二世紀の著作家アウルス・ゲッリウスが、《リブラリアで私は詩人ユリウス・パウルスと一緒になった》と書いているのが最初の事例だ。[30] これがもととなって、一四世紀以降ヨーロッパ言語の〝書店〟を示す単語となった可能性がある。ローマ帝国の退廃とたび重なる危機の影響は、それらの露店にも当然及び、帝国の崩壊後には一軒も残らなかった。

ローマ帝国の属州にも、規模は小さく限られたもの（たとえばラテン語文献しかないなど）とはいえ、図書館は存在していた。前一四六年、北アフリカの都市国家カルタゴは図書館もろともローマに破壊され、滅亡した。跡地にはすでに植民地が建設されていたが、アウグストゥス帝はさらに大きな植民都市を築き、図書館も建造した。また後一〇〇年頃にトラヤヌス帝が創設した植民都市ティムガッド（現アルジェリア）にも図書館が存在したが、後年廃墟と化している。

イタリア本土に目を向けると、さまざまな碑文から、コモ（現イタリア・ロンバルディア州）に小プリニウスによって寄贈された図書館があったことがわかっている。セッサ・アウルンカ[31]（同カンパニア州）にはトラヤヌス帝の姪でハドリアヌス帝の姑に当たるマティディアが建設した図書館が、ヴォルシーニ[32]やティヴォリ（どちらもラツィオ州）にも蔵書庫があったとわかっている。ペルガモンでは、ハドリアヌス帝が新たな図書館つきの地区を再興すると、フラヴィア・メリティネという女性が、アスクレピオン（医神アスクレピオスの聖域）で療養中の病人たちのために、自身の蔵書を寄贈した。ローマ支配下のイベリア半島ヒスパニア（現スペイン）で最重要とされた都市は、タラコ（現タラゴナ）、エメリタ・アウグスタ（現メリダ）、ヒスパリス（現セビリア）だが、ヒスパリスには図書館がふたつあったといわれている。[33] ただし資料がないため、公立図書館だったのか、それとも貴族や軍人、学者の個人図書館だったのかは不明である。

ギリシャ・アテナイには、ティトゥス・フラウィウス・パンタイノという人物が、トラヤヌス帝

古代ローマの図書館は遺跡が残っていればよいほうだ。写真は小アジア・エフェソスにあるケルスス（セルシウス）図書館のファサード（正面）

に敬意を表して創設したパンテノ図書館の跡がある。一〇〇年の碑文によると、パンタイノは《列柱と図書館の建物、蔵書、備品を、自費で》寄贈したという。[34] 別の碑文には同図書館の利用規定が次のように記されている（この種の文献では最古のものだ）。《利用者規約に則り、いずれの本も持ち去ってはならない。（……）図書館の利用時間は一時から六時までである》。開館時間から察すると、午前中は室内の採光が読書には十分でなかったのかもしれない。また閲覧室には『イリアス』や『オデュッセイア』の登場人物を表現した彫像が置かれていたと考えられている。

アテナイにはハドリアヌス帝が別の図書館、いわゆる〝ハドリアヌスの図書館〟も建てている。完成は一三二年。西側はコリント式の円柱が立ち並ぶプロピュライアと呼ばれる壮麗な入り口、東側の建物にはパピルスの巻物が置かれ、縦一二二×横八二メートルの中庭を一〇〇本の柱が囲み、中央には池に見立てた貯水槽が設置されていた。[35] この建物は二六七年に破壊されている。

ギリシャ人の都市で前二世紀に共和政ローマの支配下に入ったエフェソスには、巨大な図書館の遺跡がある。ローマの建築家ウィトルウィウスの理論に基づき設計され、一一〇年から建設を開始、一三五年に完成した。落成記念に建てられた石碑には《小アジアの前執政官《プロコンスル》ティベリウス・ユリウス・ケルスス・ポレマエアヌスを称え、息子で執政官《コンスル》のティベリウス・ユリウス・アクィラ・ポレマエアヌスが自費で装飾・至聖所・書物つきのケルスス図書館を建造した》と記されている。

列柱で飾られた二階建てファサードが素晴らしい、古代ローマの建築物のなかでも最も印象的なこの建物は、一万二〇〇〇巻のパピルス文書を所蔵する図書館であると同時に、父ケルススの霊廟も兼ねていた。地下からは見事な装飾が施された大理石の石棺が発見されている。館内は縦一六・七二×横一〇・九メートルの広さで、壁龕には叡智（ソフィア）・知識（エピステーメー）・知性（エノイア）・美徳（アレテー）を擬人化した女神の像が置かれている。図書館は二六二年のゴート族（ゲルマン系の一部族）の侵入時に焼かれ、さらに同年に発生した地震によって滅びたが、正面のファサードだけは残された。

やがて西ローマ帝国の衰退によって、建築物の維持という根気のいる作業の継続が困難になり、保存状態を悪化させた。四一〇年、アラリック一世率いる西ゴート族がローマを占拠した。ローマが陥落した八月二四日から一週間、町は容赦なく収奪され、パピルス文書は酒宴の焚き火にくべられた。ゴート族のリーダーのひとりは、味方の軍勢が図書館に火をかけた際、敵軍に大声で、そんなところで無駄に座り込んでいないで、自分たちの楽しみのためにその場を明け渡すよう提案した。この逸話の出典はモンテーニュ（一五三三‐九二年）である。[36]

ヘルクラネウムで発見された黒焦げのパピルス文書が，現代テクノロジーでよみがえる

ヘルクラネウムの焼け焦げたパピルス文書

ヘルクラネウム（現カンパーニャ州エルコラーノ）[37]はナポリから数キロの肥沃な土地に恵まれた美しく穏やかな町で、帝政ローマの頃には人口およそ五〇〇〇人、太陽と文化をこよなく愛する豊かな人々が人生を謳歌していた。六二年頃、この町を大きな地震が襲い、家屋が倒壊し、何人もが亡くなった。だがそれは、その後に続く火山噴火の予兆でしかなかった。七九年、ヴェスビオ火山が大噴火を起こす。ポンペイ、スタビアエ、オプロンティスといった近隣の町と同様に、ヘルクラネウムも被災し、激しい火山ガスの爆風に見舞われ一瞬にして廃墟と化した。《火山灰が雪のように降り積もり、町を分厚い灰のマントで覆った》[38]と小プリニウスが証言しているとおり、その後ヘルクラネウムには火山灰や火砕流、土砂が二〇メートルも堆積し、一七〇六年に発見されるまで、一六

○○年以上もそのままの状態で埋もれていた。

一七五二年、考古学隊による発掘で、ヘルクラネウムのパピルス荘と呼ばれる邸宅跡から個人図書館が発見された。ギリシャ語で書かれた約一八〇〇巻のパピルス文書は真っ黒に炭化し、脆《もろ》くて運搬や研究の過程で壊れたものもある。この邸宅は古代ローマの裕福な政治家で、カエサルの舅《しゅうと》に当たるルキウス・カルプルニウス・ピソ・カエソニヌスが所有していたものだ。図書館はおよそ三・二メートル四方の小部屋で、床は鮮やかな色のモザイクで装飾されていた。部屋の真ん中には薄く繊細な彫刻が施された両面の戸棚が置かれ、そこにパピルス文書が保管してあった。[39]部屋の狭さから考えて閲覧室というよりは個人の読書室、もしくは書庫というのが専門家の見方である。また、ローマ人が自身の個人図書館にギリシャ語の本だけを置いておくとは考えられず、いつかラテン語の書物も見つかるのではないかと推測している。

パピルス荘発見の功績は、どれだけ強調してもしすぎることはないだろう。古代の個人図書館の唯一残存した実物というだけでなく、焼け焦げた巻物の一部を開いてX線ビームで解析した結果、ギリシャの哲学者エピクロスの失われた著作や、図書館の所有者ピソ・カエソニヌスの友人で助言者でもあった哲学者フィロデモスの知られざる著作であることが判明したからだ。[40]パピルス荘を含めてヘルクラネウムには未発掘の部分が多く、さらなる文書庫出現の可能性が見込まれる。それに加えて解析技術の改良で、炭化した文書を損傷することなく解読できる日が来るかもしれないという。新事実判明の報告が待ち遠しい。

第9章 キリスト教の過激な黎明期

使徒パウロの魔術書との戦い

新約聖書「使徒行伝」（一九章一九節）には、パウロ（一〇年頃－六五年頃）が小アジアのギリシャ人都市エフェソスを訪れたときの様子が綴られている。そこで彼は悪魔を追放し、新たに信者を獲得してキリスト教を広めた。回心する前には、あんなに嫌って、キリスト教徒を散々攻撃していたにもかかわらずだ。

エフェソスの魔術師たちは、恐れをなして自分たちの著作を焼いたという。

（……）魔術を行なっていた多くの者が、その書物を抱えてきて、皆の前で焼き捨てた。その値段を合計してみると、銀貨五万枚になった。

ここに記された書物の値段は興味深い議論を引き起こした。当時のパピルス文書一巻は今日の五〇ドルぐらいかもしれないと考えた人もいれば、魔術書は安物のパピルスだっただろうから、銀貨五万枚となると膨大な書物が焼かれたことになると推測した人もいる。同じような出来事は、その後も各地で繰り返されたに違いない。パウロは「コリント人への手紙第一」（二章六－八節）で、この世の支配者たちが神の知恵を悟っていたら、自分もいずれそうなるとわかり、キリストを磔《はりつけ》にはしなかっただろうと述べているが、まるでその言葉を裏づけるかのように、キリスト教徒は後年、神格化されたキリストの教義を受け入れない者たちをことごとく迫害するようになる。

テュロスのポルピュリオスの『反キリスト教論』

三世紀の哲学者テュロスのポルピュリオス（二三四年頃－三〇五年頃）は、新プラトン主義の開祖である師プロティノスの遺作を編纂したことで知られる（一二二ページ参照）が、彼には『反キリスト教論』と題した著作がある。キリスト教の矛盾する側面について端的に分析した全一五巻の論文だ。そのなかでポルピュリオスは福音書の日付や教義の内容、イエスの言動を否定し、単なる見せかけにすぎぬキリストに対する信仰を批判している。プラトンやその流れを汲むプラトン主義の思想に理解を示していた神学者たちも、さすがにこの作品には気分を害され、四四八年に焚書《ふんしょ》に処した。それ以来、同書は完全な形では残っていない。

今日『反キリスト教論』の内容は、神学論文中に引用される形で断片的に伝わっている。ギリシャ教父カエサレアのエウセビオスが復元し著作に引用した部分を見ると、ポルピュリオスは怒りをあらわにギリシャ教父オリゲネスについて述べている。

彼（オリゲネス）はプラトンを研究し、ヌメニオス、クロニオス、アポロファネス、ロンギヌス、モデラトス、ニコマコスや、ピタゴラス派の逸材たちの著作に入れ込んだ。またストア派のケレモンの著作やコルヌトスの著作も利用した。それらの書物から、ギリシャ人の神秘の象徴的解釈法を学ぶと、ユダヤ人の書物に応用した（……）。

ポルピュリオスはギリシャの古典を借用して聖書の注解を行なったオリゲネスによほど我慢がならなかった様子だが、キリスト教神学にギリシャ哲学の要素が吸収されたことが理解できていなかったようだ。

グノーシス文書

カトリック教会の熾烈な迫害で生じたグノーシス文書の消滅について詳しく語ったら、もう一冊別の本ができ上がってしまうので、ここでは簡潔に述べるにとどめておきたい。グノーシス文書と

ウスタシュ・ル・スュール《聖パウロのエフェソスでの宣教》（1649年），ルーヴル美術館所蔵

はグノーシス主義の教典や神話、文学作品の総称だが、そもそもこのグノーシス主義とは何かというと、狭義ではキリスト教の一派（キリスト教グノーシス派）、広義では一世紀（キリスト教が生まれる以前）に誕生し、三世紀から四世紀にかけて地中海世界で勢いのあった宗教思想のことで、古代エジプト、インド、ギリシャ、バビロニアの宗教思想の影響を受けた二元論（世界や物事の原理が、精神と物質、善と悪など相反するふたつの要素から成り立っているという考え）を前提としていた。

グノーシス主義は精神を善、物質を悪と捉え、物質である肉体を悪とし、禁欲を貫いた。反対に《魂によって肉体が放棄されるのであれば、肉欲の罪は魂に影響を及ぼさない》と考え、快楽に走った者たちもいる。しかし多くは物質すなわち悪に支配されたこの世では、信仰ではなく知識（グノーシス）に寄らなければ救われないという価値観を持っていて、知識を身につけ強靭な精神力を備えることができれば、誰もが神と一体化できると考えた。そのため神の子イエスが十字架にかかって犠牲になることで、全人類の罪をあがなったとするキリスト教の教えとは相いれなかったのだ。彼らはまた、キリストは至高の神の叡智が人格化したもので、洗礼時にイエスの体に入り込み、磔の前に出ていった。だからキリスト自身は磔にされていないと主張した。加えてユダヤ教の神ヤハウェを物質界の創造主デミウルゴス（プラトンの『ティマイオス』に登場する存在）と同一視し、原初の世界を創造した真の至高の神、名指しできない善なる神に対する低次の悪神で、あらゆる面において劣るものとみなした。

キリスト教グノーシス派は、二元論を旨とするシリア派と汎神論的なアレクサンドリア派に大別され、二世紀のサトゥルニヌス、バシレイデス（八五年頃-一四五年頃）、ヴァレンティノス、テオドトス、ヘラクレオン、タティアノス、四世紀から五世紀にかけてのエピファニオスほか、傑出した著作家を多数輩出した。彼らの作品は何百とあったはずだが、現存している文書の少なさには正直驚かされる。たとえばアレクサンドリア派のリーダー格だったバシレイデスは、『福音書』一巻と『福音書注釈』二四巻、『賛歌』の叢書を著した。息子のイシドルスが父の仕事を引き継ぎ、指示された書物を執筆したといわれているが、断片しか残っていない。ポルピュリオスの『反キリスト教論』と同様に、それらの著作は焚書にされたのちに復元された。正統とされる信仰を擁護するため、異端とみなした思想を論駁《ろんばく》する際に引用されたからだ。とりわけ二世紀のリヨン司教エイレナイオスの『異端反駁』、三世紀の対立教皇ヒッポリュトスの『全異端反駁論』、四世紀のサラミス（キプロス島）司教エピファニオスの『パナリオン（薬籠）』が有名だ。このような形でグノーシス文書が復元されるとは何ともやりきれないが、少なくとも古代の宗教思想の至宝を絶滅から救うことはできた。

かつてはグノーシス派について研究するにも、原資料がなく、反駁者である教父たちの文献に頼らざるを得なかったが、そんな状況に転機が訪れる。グノーシス派のグループが隠した写本が発見されたのだ。一九四五年一二月、エジプト南部ナイル川流域に位置するナグ・ハマディ近郊で、エジプト人の農夫の兄弟が天然の肥料を掘り出していたところ、偶然土の中に壺を発見した。中には羊皮で装幀された冊子状の写本一三冊が入っていた。兄弟が古美術市場で少しずつ売りさばき、ふたりの母親が災いを恐れて一部を焼いたため、写本は一二冊と断片に減ったうえ、国外に流出してしまったが、長年の交渉の末、最終的にエジプトに戻り、現在はカイロのコプト博物館に所蔵されている。ナグ・ハマディ文書と名づけられたそれらの写本はコプト語で書かれているが、ほとんどがギリシャ語からの翻訳とみられる。五二の文書が含まれ、その多くは「トマスによる福音書」「パウロの黙示録」「イエス・キリストの知恵」など、現行新約聖書の二七ある正典を選んだ際に除外された新約聖書外典だ。ほかにも旧約聖書関係のグノーシス文書、ヘルメス思想に関する文書、神話や典礼、金言集やプラトン『国家』の抄訳本など貴重な文献揃いである。

初期の異端

キリスト教グノーシス派に加え、カトリック教会は別の異端とも戦わねばならなかった。たとえばダキアの司教パウリヌスは著作で魔術を理にかなった方策だと擁護し、破門されかかったが、マケドニア司教のとりなしで著作の焚書処分だけで済んだ。[1] 三九八年には東ローマ帝国初代皇帝アルカディウス（在位三九五－四〇八年）が、キュジコスの司教エウノミオスの著作の焚書を命じている。[2]

四三五年には東ローマ帝国でテオドシウス二世が、四三八年には西ローマ帝国でウァレンティニアヌス三世が書物の検閲を命じ、役人が集団で家々をめぐり、ニカイア公会議[3]（三二五年）で追放が決まったアリウス派、エフェソス公会議（四三一年）で排斥されたネストリウス派の著作を没収した。アリウス派とはアレクサンドリアの司祭アリウス（二五〇年頃－三三六年頃）が説いた教派で、父なる神と子なる神（イエス・キリスト）は同質ではないとし、キリストの神性と三位一体を否定した。ネストリウス派とはコンスタンティノープル大主教ネストリウス（三八一年頃－四五一年頃）が説いた教派で、キリストは人間性と神性を併せ持つ存在であるから、マリアのことは神の母ではなくキリストの母と呼ぶべきだと主張した。またローマ司教の優越性を認めず、使徒たちの素朴な生き方に倣った。どちらの教派も正統派と自称するグループとの長年にわたる神学論争の末、異端のレッテルを貼られて破門・迫害されることになった。エジプトに逃れたネストリウスの弟子たちは活発に布教を展開し、ペルシャを経て活動範囲を東へと広げた。のちに景教《けいきょう》という名で中国まで伝わっている（一五二ページ参照）。

ヒュパティアの虐殺

ヒュパティアをめぐる物語はアレハンドロ・アメナバル監督の映画『アレクサンドリア（原題Agora）』（二〇〇九年）で一躍有名になったので、ご存じの読者も多いだろう。ヒュパティアは学問の専門家になろうとしたがために抹殺された最初の女性だ。彼女の人生を追っていくと、当時のアレクサンドリアの退廃ぶりが理解できる。

ヒュパティアは二五〇年から三七〇年頃にアレクサンドリアに生まれた。父親のテオンは〝哲学者のなかで最大の賢人〟として知られ、アレクサンドリアのムセイオンの重要なメンバーだった。天文学・数学・音楽の専門書を執筆し、ギリシャの天文学者プトレマイオスの『アルマゲスト』を注解した『簡易表』を著すなど、定評のある学者だった。同じくギリシャの数学者エウクレイデスの『原論』を編纂し、学生たちのあいだに普及させたのも彼で、その質の高さから東ローマ帝国では何十年にもわたって使い続けられたという。古代ギリシャの密儀信仰オルフェウス教の入信儀式に関する文献や『ギリシャ選集』のような詩に関する著作もあり、エピファニオス、エウラリオス、オリゲネスといった優秀な弟子たちもいた。一九世紀から二〇世紀にかけてベルギー・ブリュッセルで刊行された『ギリシャ語占星術文献目録』全一二巻（CCAG）をひもとけば、テオンの名が占星術師や魔術師たちのなかでも最も鋭敏な人物として、何度も登場している。

娘のヒュパティアも父親に負けず劣らず優秀で、学問に対し不屈の精神の持ち主だった。当初はテオンの助手だったが、間もなくすべての面で父親を追い越し、当時の数学を完全に把握するに至った。『ディオファントスの「算術」に関する注釈』や『アポロニオスの「円錐曲線」に関する注釈』『天文学規範』などの論文を著し、父親の『アルマゲスト簡易表』第三巻に加筆したともいわれている。

残念なことに、それらの代表作ですら断片的にしか現代に伝わっていない。彼女の著作は破壊され、あるいは後代の情勢悪化で喪失した。ヒュパティアの弟子で友人でもあったシュネシオスは、自著『夢について』を彼女に贈っている。彼の主張を真に理解できたのは、プラトンや、プロティノスをはじめとする新プラトン主義から学び、この世の謎に精通していたヒュパティアだけだったからだ。またシュネシオスとの書簡でのやり取りから、彼女がアストロラーベ（天体観測器）やハイドロスコープ（液体比重計）を設計していたことがわかっている。

ヒュパティアは献身的な教師でもあった。新プラトン主義の哲学学校で入門者たちを教えていたが、彼女の新プラトン主義はより科学的・学術的なもので、幾何学への愛を回復させることで、教えを広めようとするものだった。彼女の評判は高まる一方で、話を聞く機会を求める声が一般市民からも上がり、エジプトの長官《プラエフェクトゥス》オレステスをはじめ、アレクサンドリアの高官たちまでもが助言を請うようになった。そんなヒュパティアは妬みの対象となり、キリスト教徒のあいだでは、学問に対する彼女の姿勢や言動を神への冒瀆と捉え、敵視する向きも現れた。

アレクサンドリア総主教テオフィロスが時のローマ皇帝テオドシウス一世からエジプトの非キリスト教宗教施設・神殿を破壊する許可を取りつけ、三九一年にアレクサンドリアのセラペウム（セラピス神殿）と図書館分館の破壊と略奪を実行した話は、第四章で述べた（一〇二ページ参照）。テオフィロスの甥で、おじから影響を受けて育ったキュリロスは四一二年にアレクサンドリア総主教に就任すると、異教徒迫害と破壊活動に手を染めた。異教徒との協調路線を推し進めるオレステスは、異教徒に対する略奪や破壊行為を法律で禁じ、キュリロスと対立。四一四年キュリロスが法律を無視してユダヤ人強制排除を断行したため、双方のあいだで暴力沙汰となり、緊張状態が頂点に達した。長官の懐柔策を模索していたキュリロスは、オレステスに入れ知恵しているのは師であるヒュパティアだとの噂を聞き、ヒュパティアに対する憎悪を募らせる。

四一五年の春、講演中で壇上にいたヒュパティアは、会場になだれ込んできたキュリロスの手下、ペテロ率いる修道士の一群に、魔女だと罵られたうえ、無理やり連れ去られた（馬車で移動中に誘拐されたという説もある）。彼女は抵抗し、助けを求めたが、その場にいた誰ひとりとして助ける勇気はなかったという。混乱した聴衆たちが恐怖に身をこわばらせているあいだに、修道士たちは難なく彼女を拉致し、教会として使われていたカエサリオンまで運んだ。そこで全員で取り囲むなか、虐待が始まった。裸にされて鋭利なカキの貝殻で殴打されたヒュパティアは、肉を削がれ、眼球と舌を引き抜かれた。その後、すでに息絶えた彼女の体をシナロンという場所に運び、切り刻んで臓物や骨を取り出し、灰になるまで火で焼いた。最終的な目的は、ヒュパティアをこの世から完全に消し去ることだった。

キュリロスにはヒュパティアが女性であること、彼女に備わる知性、キリスト教の教義に疑問を呈する能力、謙虚さと実践に基づく教育方法など、何もかもが耐えがたかったに違いない。アカデメイアの最後の学徒として知られる哲学者ダマシウスは、著者『イシドルスの生涯』で次のように語る。《この女性を一刻も早く亡き者にしたいと願い、あのような殺害方法を画策するとは、キュリロスはよほど精神的に蝕まれていたのだろう》

長官オレステスは自責の念にさいなまれ、ヒュパティアの死について捜査を命じ、エデシオを責任者に任命する。ところがエデシオはキュリロス側に金で丸め込まれてしまう。それでもオレステスは折れなかったため、総主教らキリスト教徒から敵視され、最終的にアレクサンドリアを出ていかざるを得なくなった。そうしてヒュパティアに対する犯罪は、恥ずべき買収によって無処罰で終わった。

どういうわけかアレクサンドリア図書館の変遷には絶えず犯罪の影がつきまとっている。創設者のデメトリオスがエジプトコブラの犠牲になって以来（八九ページ参照）、多くの司書たちが無残な最期を遂げている。ヒュパティアがムセイオンに関わったのはこの学術機関の末期のことだが、彼女も虐待の末に殺害された。図書館自体も後年、跡形もなく滅びている。

人類の歴史とは、何と皮肉なものなのだろう。

第10章 書物の脆さと忘却

無関心による書物の破壊

ローマの風刺作家ユウェナリスは、パピルスの儚《はかな》さを嘆いている。しかしそれ以上に恐ろしいのは、人間の無関心だ。古代ギリシャでは当初、オリジナルの手稿以外に大量の写本が作られることはなかった。ホメロスやヘシオドスといった一部の例外を除き、読者が限られていたのも確かだが、写本が少ないと、経年の傷みや湿気その他の環境的要因で、作品が完全に消滅してしまう危険性も高くなることには思い至っていなかったのだろう。[1]

今日、現存する前四世紀以前のギリシャ語パピルス文書の例はない。[2] 実際ヘレニズム期には、あれほど各図書館が蔵書の獲得に走り、書物の売買が活発に行なわれていたにもかかわらず、耐久性に乏しいパピルス文書を羊皮紙の写本に移し替えることには関心が向かわなかったらしく、羊皮紙化されなかった文書は失われてしまった。[3] 一世紀以降のキリスト教共同体ではパピルスよりも安価な羊皮紙が使われ、羊皮紙への移し替えも進んでいたことが考古学上の発見で判明している。聖書の写本は二世紀の時点ですでに羊皮紙の割合がかなりの比重を占め、三、四世紀にはほとんどが羊皮紙になっている。その一方で非キリスト教の文書については、羊皮紙化が遅れ、早期の作品が現存していることは稀だ。とはいえ当時、非キリスト教徒やその文化が被った不幸な状況を考えれば、無理もないといえよう。

異教とみなした文学に対するキリスト教徒の対応は、他の原因とも相まって多くの書物を絶滅に追い込んだ。教会から軽薄で不道徳、信者に悪影響を及ぼすとの有罪判決を受けて、ギリシャの劇作家の何千という喜劇が葬り去られ、劇場の舞台設定や俳優の演技も迫害の対象となった。六九一年のトゥルロ教会会議では古代ギリシャの信仰や慣習の禁止が決まり、喜劇の上演も禁じられた。そうして多くの作品が書棚の奥に隠されたまま何世紀も眠り続けることになり、後代に考古学的遺物として発見されているありさまだ。

第五〇代ローマ皇帝ヨウィアヌス（在位三六三－三六四年）は、前任皇帝の背教者ユリアヌス（在位三六一－三六三年）が異教の復興を進め、ギリシャとローマの作家の著作を充実させたという理由だけで、三六三年にアンティオキアの巨大な図書館を焼いている。[4] この図書館が、前三世紀にアンティオコス三世が創設したもの（一二七ページ参照）と同じかどうかは定かではない。

それらの要因に加え、古代世界とりわけアレクサンドリア図書館で顕著にみられた傾向が挙げられる。特定の作家の著作や古典作品と、それらの作品概説ばかりを大量に集める偏った選書の仕方である。人気作家の著作のほうが読まれるからというわけだ。

たとえば一世紀から二世紀にかけての著述家ビブロスのフィロン[5]は、パピルス文書で全一二巻の『書物の入手と選定』で推奨する書物の一覧を提示し、文法学者のペルガモンのテレフォス[6]も『本の鑑定』全三巻に推薦書リストを載せている。ヘレニズム期には、ソフォクレスの一二〇以上あったといわれる戯曲のうち七大作の読破が必須とされ、それ以外には関心が寄せられなかった。残り一〇〇作以上のソフォクレス作品は、公式写本が一部だけ保管されていたものの、結局はアテナイの図書館からもアレクサンドリア図書館からも失われてしまった。ちなみにアレクサンドリア図書館の司書たちは、おそらくはプラトンからの影響だろうが、[7]選定図書を〝カノン〟と呼んでいたと考えられている。カノンはギリシャ人が人体の理想的比率を表すのに使った言葉で、規範、基準、模範などの意味を持ち、美術、建築、音楽、宗教など多方面で用いられている。アレクサンドリア図書館で選定図書を〝カノン〟と呼んでいたという説を最初に提唱したのは、一八世紀ドイツの古典学者で、ライデン大学の図書館司書でもあったダーヴィト・ルーンケン[8]だ。ただし、ルーンケンの説は教会用語のカノン(聖書正典)から着想を得たものである。

　アレクサンドリア図書館では、第四代図書館長ビザンティウムのアリストファネスの影響で、ホメロスとヘシオドスが叙事詩人リストの筆頭となり、短長格の詩人ではアルキロコスが、抒情詩人ではピンダロス、バッキュリデス、サッフォー、アナクレオン、ステシコロス、シモニデス、イビュコス、アルカイオス、アルクマン(〝九歌唱詩人〟と総称され、コリンナがアルクマンと替わる場合や例外として加えられる場合もある)が特別視された。この辛辣なまでの司書たちの偏重ぶりが、逆に軽視された作家たちの膨大な作品の忘却と消滅に拍車をかけることになった。

　二〇世紀オーストリアの古典学・比較文献学者で、オーストリア国立図書館で写本の管理をしていたが、ナチスの支配が本格化する直前に祖国から脱出し、アイルランドや英国、米国で活躍したルートヴィヒ・ビーラー[9](一九〇六 - 八一年)は、次のような結論に達している。

> 書物の消滅とりわけ広範囲にわたる作品の消滅の原因のひとつは、三世紀に大流行した現代の早わかり本やダイジェスト版の先駆けである概略書の登場だった。読者の誰もがリウィウス

の『ローマ建国史』一四二巻を読破する時間や根気を持ち合わせているわけではないからだ。だが、三世紀から四世紀にかけてそれらの概略書がさらに縮小され、さもしい抜粋になり果ててしまった。それというのも、リウィウス作品自体が失われ、現在知られている一四二巻中三五巻を残すのみとなってしまったのだから。

そうなると、もはや存在しない書物について言及している概略書ですら貴重になる。

使用言語の変化がもたらした影響

ローマ帝国領におけるラテン語の強要は緩やかながら決定的だった。それがギリシャ語文献の忘却にかなりの影響を及ぼしたことは間違いない。大まかに説明すると、ラテン語は元々ローマを中心とするイタリア中部ラティウム地方の言語で、ローマ帝国の公用語となり、帝国の拡大とともに領土に広く伝播した。とはいえ、ラテン語圏は帝国の西半分と北アフリカに限られ、東半分はこれまでどおりにギリシャ語が優勢だった。言語の違いは必然的に文化の違い、宗教の違いとも直結してくる。三九五年ローマ帝国が西ローマ帝国（三九五 - 四七六年）と東ローマ帝国（三九五 - 一四五三年）に分裂。西ローマ帝国がゲルマン民族（西ゴート族、東ゴート族、ヴァンダル族、フランク族、アングル族、サクソン族、ジュート族、ロンバルド族ほか）に侵入された末、西ローマ皇帝が廃位されて滅びると、西ヨーロッパ各地はそれぞれの部族に支配され、言語面でも影響を受けてラテン語の口語（話し言葉）が変化し、ロマンス諸語が生まれた。一方、東ローマ帝国では住民の多くがギリシャ系となり、七世紀にギリシャ語が公用語となった。しかしラテン語は、その後もローマ・カトリック教会の公用語であり続け、口語としては使われなくなった地域でも、文章語、学術語として末永く使用されることになる。

キリスト教は当初、地中海世界で教えを広めるべくヘブライ語その他の聖書の原語を切り捨ててギリシャ語になびいたが、ローマ帝国での勢力拡大のためラテン語に鞍替えした。その後、徐々にラテン語が浸透していくなかで、キリスト教徒は古代ギリシャに対する蔑みを顕著に示すようになる。ところがその移行期間に当たる二世紀から三世紀には、たとえばラテン語で祈り、ラテン語と古ケルト語を話したリヨン司教エイレナイオスが、異端を攻撃する際にはギリシャ語で書く、シリア出身のキリスト教護教者タティアノス、ローマ出身の対立教皇ヒッポリュトスも、異教徒を批判しながら相手の言語であるギリシャ語で記すといった、過渡期ならではの興味深い現象も見られた。文書や記録がラテン語で書かれるようになったのは三世紀以降のことだ。最古の文献は二五〇年一月二〇日付の書類で、対立教皇ノヴァティアヌスがローマで持論を広めるべく、ラテン語を用いたのが始まりとされている。短期間で普及し、エルヴィラ教会会議（三〇五年）の記録は、すでに全編ラテン語で書かれていた。

この使用言語の変化がもたらした影響は明白だ。

（1）哲学者と詩人の言語であるギリシャ語は放棄された。ただし、数々の異端の起源を哲学や文学のなかに詮索しているキリスト教の聖職者たちを除いてだ。カルタゴ生まれの神学者テルトゥリアヌスはある時、こう言い放っている。《事実、異端者たちは皆、哲学によって洗脳されている[10]》

（2）パピルスから羊皮紙に移し替える過程で書物を選ぶ基準が、有名で利用価値があるものに加え、正統でコントロールしやすいという尺度が幅を利かせるようになった。それによってどれだけの書物が失われたか想像してみてほしい。二世紀から六世紀までに起こった損失の規模を計るには、想像力を駆使するよりほかない。

最後にひとつ情報をつけ加えよう。二世紀にアレクサンドリア学派の代表格だったギリシャ教父オリゲネスについては、これまでたびたび話題にしてきた（一〇二、一六八、一七三ページ参照）。古代キリスト教最大の哲学者で西欧思想に大きな影響を与えたが、死後三〇〇年近く経った五五三年に異端宣告を受け、膨大な量に上った著作の多くが残念ながら処分されてしまった。そのオリゲネスが、アレクサンドリアを離れてパレスチナに移り、カエサリアに図書館を創設している。同図書館は弟子のパンフィロによって拡大され、六三七年にイスラム教徒の侵攻で破壊されるまで、聖書を世界中に配布し続けた。ギリシャ教父で聖書の注釈者だったエウセビオスや、二世紀以来使用されてきたラテン語訳聖書の改訂版、ウルガータ聖書（四〇五年）の翻訳者として知られるヒエロニムスら傑出した著作家たちがその図書館を利用し、ギリシャ語文献の優れた編纂者エウタリオスもそこから知識を得たとのことだ。

第2部　東ローマ帝国の時代から一九世紀まで

第1章　コンスタンティノープルで失われた書物

I

三三〇年ローマ皇帝コンスタンティヌス一世は、帝国の東方、ギリシャ文化圏の中心地ビザンティウムに遷都した。〝新ローマ（第二のローマ）〟となった都には王宮に元老院、公共広場《フォルム》が備わり、ローマ風の競馬場や劇場、湯治場、教会、貯水池、穀物倉庫、彫像の建設も盛んに進められた。同年五月一一日、正式にローマ帝国の首都となり、当初はラテン語でコンスタンティノポリス、のちにギリシャ語でコンスタンティノープル（ともに〝コンスタンティヌスの都〟の意）と呼ばれる。東西ローマの分裂（三九五年）以降は、東ローマ（ビザンティン）帝国の首都として、東西交易の要衝という地の利を生かしただけでなく、ギリシャとローマの伝統を併せ持つことにも成功し、古代の叡智と直接つながり、文化的にも繁栄した。数多くの古典の名著がコンスタンティノープルを介して世界の人々の目に触れ、読まれる可能性が倍増した。そうならなければ、プラトンやアリストテレス、ヘロドトス、トゥキディデス、アルキメデスといった賢人らの珠玉の名作も、われわれ現代人のもとに届くことなく終わり、作品のタイトルのみが伝わる状態に陥っていたかもしれない。と考えると、伝達役を担ったこの都市の存在意義は途轍もなく大きい。

書物の存続には、当地の知識人たちが取り入れた新たな形状が功を奏した。二世紀から三世紀にかけて、裏表両面に文章を書けるコデックス（冊子状の写本）が導入されたが、素材が羊皮紙だったためパピルスよりも長持ちした。その頃作成された写本は、七、八世紀のイスラム勢力によるたび重なる攻撃にさらされ、のちの一四五三年オスマン帝国軍によるコンスタンティノープル陥落時には、帝国大学の図書館が三万六五〇〇冊の蔵書もろとも焼かれる事態に遭遇しながらも、今日まで生き延びたものが少なくない。

東ローマ帝国の最盛期は、イスラム帝国軍を撃退し、国力を回復した九世紀。写本の作成が急増するのもその時期だ。帝国大学図書館の創設者で、のちにコンスタンティノープル総主教となった博学者フォティオス（八二〇年頃－八九一年頃）は、歴史家や小説家、雄弁家などの無数の著作を図書館で読み、うち二八〇作の概要を『図書総覧』にまとめている。意外なことに古代ギリシャの小説家アキレウス・タティウスの『レウキッペとクリトフォン』をはじめとする恋愛小説も紹介されていて、猥褻であると批判しつつもヒロインたちの美しさを称えている。アテナイの雄弁家リュクルゴスの演説や哲学者アイネシデモスの論文など貴重な作品も含まれるが、残念なことにそれらは現存していない。

フォティオスは筆写者たちをとりわけ保護したことでも知られている。厚遇された筆写者たちは学識豊かな者たちで、古典作品を救うべく小文字書体による羊皮紙写本の作成に勤しんだ。文字を小さくすることでより多くの文章が書き込め、作業の速度も増すからだ。そうしてでき上がった写本は、従来のパピルス文書や大文字書体のアンシャル体で綴られた羊皮紙文書に取って代わり、主流を占めるようになる。

コンスタンティノス七世が統治していた一〇世紀は、古代ギリシャの文化の復興が進み、歴史書・哲学書・法律書が盛んに筆写された。学者たちを宮廷に集めて『スーダ辞典』のような百科事典的な書物や農業書が編纂され、皇帝自身も学問研究に勤しみ、著作を残している。別名〝マケドニア朝ルネサンス〟とも呼ばれるビザンティン文化の黄金時代である。この時代、教育上の目的で作成された写本（フランス国立図書館所蔵のギリシャ語写本 Parisinus graecus, 1741）には、アリストテレスの『弁論術』や『詩学』が含まれている。もっともアリストテレスについては当時も、論理学に関する著作群『オルガノン』の著者として高く評価する者がいる一方で、辛辣かつ複雑な物言いを軽蔑する者もいたようだ。

七五一年の中国・唐とアッバース朝の戦闘をきっかけに、中国で発明された紙の製法が西洋との中継地、イスラム世界に伝播したことは先に述べた（一五〇ページ参照）。現時点で紙に書かれた最古のギリシャ語写本は、ヴァチカン図書館所蔵の写本（Codex Vaticanus gr. 2200）で、八〇〇年頃にアラブ人の筆写者が作成したものとされている。

中国生まれの紙がヨーロッパの玄関口であるコンスタンティノープルに持ち込まれたのは、九世紀から一〇世紀にかけてのことだ。当初は絹製の帛書《はくしょ》だったが、次第に紙に入れ替わり、書物の作成に使われ始めた。それに伴い、高価な羊皮紙とパピルスの使用は抑制され、とりわけエジプトからの輸入品で重くかさばるパピルスは、公文書と政府刊行物に限られるようになった。現存する同帝国最後のパピルス文書は一〇八三年、政治家・軍人・聖職者のグレゴリオス・パクリアノスが著したティピコン（東方正教会の奉事規則書）だ。紙は軽量で扱いやすく、他のどの材質よりも安価だっただけに、筆写者たちの関心を惹きつけ、西洋社会に浸透していくが、写本に携わる修道士たちにとっては、劣化しやすいのが悩みの種だったという。

II

東ローマ帝国の誇りは、精神性の高さを称揚するという形でも表れた。三五七年、雄弁家でアリストテレスの注釈者としても有名な同国の哲学者テミスティオスが、古典作品の消滅を防ぐべく帝国に図書館創設の構想が持ち上がっていることを、しきりに称えていたのも無関係ではなさそうだ。[1]彼も同時代の知識人と一緒で、西洋文化の真髄ともいうべきギリシャの叡智が絶えぬよう、最後の砦コンスタンティノープルで食い止めたいと考えていた。それらの人々のなかには個人で図書館を所有していた者もいた。同国の政治家で新プラトン主義哲学者、歴史家でもあったミカエル・プセルロスは、オルフェウスやゾロアスター、パルメニデス、エンペドクレス、プラトン、アリストテレスの著作を揃えた自分の母親の蔵書について誇らしげに語っている。ほかにも一〇五九年にエウスタシオ・ボリアスが七八冊、七九年にミカエル・アタリアテスが五四冊、一二七四年にテオドシウス・スカルノスが一四冊を所有していたとの記録が残っている。

修道院も素晴らしい蔵書を揃えていた。前述のエウスタシオは修道院の図書室に書物を寄贈することを勧めている。《なぜ本の所有に固執する？　あなたは学問の知識を所有しているわけではない。なのに本を独り占めして、人々が本と出会う機会を奪うことはないだろう？　それらの財産を図書室に保管してもらうんだ。あなたのあとを追うように、いずれその道の専門家や愛好家がやってきてあなたの本を手にする。そうすれば前者は一時期その図書室で過ごしてさらに教養を高めるだろうし、後者は自分の無知ぶりを恥じて、自分に必要な本を読んで勉強するだろう[2]》

愛書家は各方面に存在していた。一一八〇年頃に死去した文献学者のヨハンネス・ツェツェスは、本を買う余裕のない貧しさを嘆いている。《私にとっては自分の頭が図書館だ。あまりに貧しく自宅に本がない。それで著者の名前を正確に挙げることができないのだ》。そう語りながらも、ツェツェスは途方もない数の詩人や劇作家、歴史家、雄弁家、哲学者、地理学者、小説家の名前や著作を正しく暗記していた。

ツェツェスといえば、時の東ローマ帝国皇帝マヌエル一世コムネノスに宛てた手紙で、一冊の本をめぐる悪夢について説明している。よりによって砲火が轟《とどろ》くなか、哲学者アテナイのデキシッポスの著作『スキタイ人の歴史』を目にした。それは彼が生涯かけて、ある情報を得るべく密かに探し続けてきた作品だった。問題の書物は火に包まれていたが、それでもまだ完全な状態だった。彼自身の言葉を借りれば、《本に綴られた言葉が火に勝った》のだと。[3] ある意味、時代の希求の表れともいえる夢だ。

しかしながら愛書家たちの思いが、必ずしも書物の大量破壊を阻止できたわけではない。コンスタンティノープルの歴史を振り返ってみても、七三〇年には市内の図書館が全焼して数百冊もの写本が焼失したという記録があるし、七八一年にも宮殿と町の一部が火事に遭い、やはり数百冊が灰と化した。そのなかには、東方正教会からもローマ・カトリック教会からも崇拝される聖人ヨハネス・クリュソストモスの作品群も含まれていたという。八〇二年から八〇七年までのあいだには、火災で一万二〇〇〇冊以上もの書物が破壊されている。

加えて、八世紀から九世紀にかけて聖像破壊運動（イコノクラスム）が起こり、聖像に対する破壊と焼き打ちが、敵・味方関係なく書物にまで及んだ。そもそも聖像破壊運動は、皇帝レオン三世がキリスト教徒・ユダヤ教徒・イスラム教徒の和解という名目で偶像崇拝を禁止したのが始まりだが、本当のところは国家の問題に口出しする教会の影響力を減らすのが目的だった。東ローマ帝国はギリシャ人と正教会の国というイメージが強いが、セルビア人、ブルガリア人などスラヴ系の民族やアルメニア人を含む多民族国家で、貴族のなかにはグルジア系やトルコ系、アルメニア系の者もいて、政府や軍の高位に就いていた。また、一時期旧西ローマ帝国領（ローマ・カトリック教会のキリスト教徒が住む地域）を支配していたこともあり、宗教的にもかなり複雑な問題を抱えていたのだ。

レオン三世は七二六年、イコン崇拝を禁じる勅令（聖像禁止令）を発し、軍に命じて宗教画や彫像をすべて取り除かせ、キリスト像も容赦なく破壊させた。この措置は偶像崇拝をよく思わない人々からは歓迎されたが、イコンに描かれた原像を信仰する正教会の聖職者や信者、古代ギリシャの伝統を保持する市民やカトリック系の住民が反発、帝国内を二分して文化的・政治的対立が深まっただけでなく、ローマ教皇との反目も激化するなど、国際問題にも進展した。なぜそんな横暴ぶりが発揮できたのかというと、東ローマ帝国は皇帝を地上における神の代理人（つまり教皇）とする皇帝教皇主義の国で、総主教の任免をはじめ皇帝の決定は絶対で、教会上層部は皇帝に従わざるを得ない事情があったからだ。七四一年のレオン三世の死により即位した息子のコンスタンティノス五世は、父親の聖像破壊運動を推し進め、反対者を処刑するなど、さらなる強硬手段をとった。それでこの皇帝には〝糞〟を意味する〝コプロニュモス〟というあだ名がつけられている。

七五四年の教会会議で同皇帝が宣言し、議論となった布告は以下のようなものだ。

聖書と教父の教えに基づき、三位一体の名においてわれわれは満場一致で、芸術家たちの忌まわしき技術によって作り出されたあらゆる聖画像を、神聖なる教会は拒否し、排除することを宣言する。今後いかなる素材であれそのようなものを作る者、崇拝する者、教会あるいは家庭に飾る者、隠して所有する者は、それが主教・司祭・輔祭《ほさい》の場合には罷免、修道士もしくは平信徒の場合には破門とする。いずれにせよ神に歯向かう者は、偉大なる教父たちが受け継いできた教義の敵とみなし、法で裁かれるものとする。

この勅令によって過去に例のない迫害がなされ、何千体もの聖像が焼かれ、聖画も白く塗りつぶされた。キリスト像や聖母像もすべて取り払われ、聖像を擁護する者は拷問・殺害され、財産は没収された。その際、図書館においても教義にそぐわぬとみなされた書物が標的になり、何百冊もの写本が破壊されている。社会的にも国際的にも大きな影響を及ぼした聖像破壊運動は、七八七年の第二ニカイア公会議の決議で、東西教会ともに聖像擁護を認めることで終結した。

東ローマ帝国時代にも検閲は存在したが、先程も述べたように民族的・宗教的多様さが引き起こす軋轢を反映して、ギリシャの古典作品ではなく神学論文が対象となったようだ。一一一七年、アルメニア教会を攻撃すべくニカイアの総主教エウストラティウスが数十冊の作品を分析したところ、スラヴの亜使徒・聖キュリロスの著作二、三冊に異端の説があるのを発見した。エウストラティウスが長い報告書を書き記し、問題となった作品の数百冊に上る写本を破壊に導いたのはいうまでもない。一一四四年にもやはり教会当局は、反逆的な修道士の著作の押収を命じ、写本三冊を焚書《ふんしょ》にしている。

一二〇四年、国内の権力争いが激化していたコンスタンティノープルはさらなる悲劇に見舞われる。第四回十字軍の襲撃で難攻不落を誇った城塞都市が陥落し、何千冊もの写本が破壊されたのだ。同年四月一三日、首都入城を果たした十字軍は、帝国側が抵抗をやめると略奪の限りを尽くした。兵士らは暴徒の群れと化し、コンスタンティノープル総主教座が置かれた帝国一の大聖堂ハギア・ソフィアに押し入り、主教座に娼婦を座らせるなどの蛮行を働いた。教会内に立てこもっていた人々への暴行・強姦・殺戮をはじめ、芸術品やタペストリー、枝つき燭台などの強奪にも及ぶ。東ローマ帝国のキリスト教を同じキリスト教とはみなしていなかったのか、兵士らに同行していた聖職者らは、神の叡智を救い出すとの大義名分から略奪する兵士らに許しを与え、自らもその場で遭遇した聖遺物を持ち去った。この大規模な強奪劇によって、ヨーロッパ各地の教会はコンスタンティノープルの財宝や聖遺物を手にすることとなった。二〇世紀英国の歴史家スティーヴン・ランシマンは次のように語る。《コンスタンティノープルの略奪は歴史上でも類を見ぬ性質のものだ。（……）第四回十字軍以上に、人類に対する最大の犯罪はないと思う》[4]

その大惨事の最中にキュレネのカリマコスの傑作とされる『ヘカレー』が失われている。現代のわれわれは、当時の神学者で詩人のミカエル・コニアテス[5]が喜びとともにその作品について語り、引用するのを羨望のまなざしで眺めるのみだ。同時にギリシャの女性詩人サッフォー[6]の著作もそこで消滅している。征服者たちはコンスタンティノープルに居座り、ラテン帝国建国を宣言した。首都から脱出した皇族たちは、各地に亡命政府を樹立し、そのうちのひとつニカイア帝国が一二六一年にようやくコンスタンティノープルを奪回した。再建されたコンスタンティノープルでは以前のように文献研究が継続された。再び内乱と外敵の攻撃が激化する一四世紀半ばまでのあいだ、写本の作成は増加し、上流階級も教師らを擁護する流れを保った。一二七〇年頃の成立とされるアンブロシアヌスC222写本が、《アリストテレスの全作品は注意深く読むべきである》と促しているのは注目に値する。[7]

南イタリア・カラブリア出身でアリストテレス主義の神学者バルラアム（一二九〇年頃‐一三四八年）[8]は、皇帝アンドロニコス三世の親友としてコンスタンティノープルで暮らしていたが、静寂主義を提唱する神学者グレゴリオス・パラマスと大論争になり、物議を醸す。一三四一年にアンドロニコス三世が急逝すると、同年コンスタンティノープルで開かれた教会会議で有罪判決を言い渡され、破門と全著作の焚書に処された。しかしイタリアの詩人・人文学者フランチェスコ・ペトラルカのとりなしでローマ教皇が救いの手を差し伸べ、バルラアムは当時教皇庁のあったフランス・アビニョンに逃げ、その地で活躍した。なかでも彼が詩人ペトラルカに古ギリシャ語を教えたことは、けっして小さな出来事ではない。

Ⅲ

一四五三年五月二九日未明、鬨《とき》の声がコンスタンティノープルの闇を引き裂いた。〝ファーティフ（征服者）〟ことメフメト二世率いるオスマン帝国軍の包囲に二カ月近くさらされた末、ついに総攻撃が始まったのだ。施錠を忘れた通用門から侵入してきたイスラムの軍勢に、キリスト教徒の兵士らは大混乱に陥り、〝突破された！〟と恐れをなして逃げ出した。城壁に翻るオスマン帝国の旗を目にした皇帝コンスタンティノス一一世は覚悟を決め、徽章《きしょう》を床に投げ捨てると、戦火に身を投じた。のちに二名の兵士が皇帝を斬首したと証言しているが、真偽のほどは定かではない。

オスマン帝国軍は丸三日間、略奪行為に専念した。地区から地区へ、通りから通りへと移動しては女子どもを殲滅《せんめつ》していく。教会施設や聖像、写本も容赦なく破壊された。ブラケルナエ宮殿ではヴェネチアから応援に来ていた部隊が全滅し、宮殿には火が放たれた。書物は手当たり次第に捨てられたが、宝石がちりばめられた表紙については引きちぎって持ち去られた。現トルコ・イスタンブールの歴史地区に現存するハギア・ソフィア大聖堂、洗礼者ヨハネ修道院、コーラ修道院（現カーリエ博物館）、聖テオドシア教会、パントクラトール修道院付属教会などの東ローマ帝国時代の史跡には、略奪の爪痕がいまだに残っている。世の常ではあるが、それらの宗教施設はその後、モスク（イスラム教寺院）へと姿を変えた。

エドワード・ギボンによると、ムハンマド信仰にそぐわない一二万冊の写本が山積みにされ、一日の破壊の締めくくりとして海に投げ込まれ、海面を漂った末に沈んでいったとのことだ。[9] 東ローマ帝国関連の代表的な史料集で〝ミーニュ版〟として知られる、一九世紀フランスの神学者ジャック・ポール・ミーニュ著『ギリシャ教父全集』には、ギリシャ教父に限らず同帝国の幅広い作家の著作が収録されている。そのひとり、文法学者のコンスタンティノス・ラスカリスは、オスマン帝国軍の兵士らがシケリアのディオドロス著『歴史叢書』全四〇巻の写本を破壊したと断言している。いずれにせよ《大部分の本は燃やされた[10]》というわけだ。

コンスタンティノープル陥落の報は、瞬く間にヨーロッパ全土に伝わった。読者も承知のとおり、これによって東ローマ帝国は滅亡し、古代以来続いてきたローマ帝国の流れは断絶したのだった。

第2章　修道士と蛮族

図書館が閉ざされていた時代

前章では旧ローマ帝国の東側における書物の破壊について説明したが、本章では西側の事情に触れようと思う。西ローマ帝国は四世紀、内紛と外敵（蛮族すなわちゲルマン民族の侵入）への対応に追われ、図書館どころではなくなっていた。どこの図書館もほとんど機能しておらず、戦火で焼失したものも多い。同国の軍人で歴史家のアンミアヌス・マルケリヌス（三三〇年頃－三九五年頃）は、《あちらこちらの図書館が墓場のごとく永久に閉ざされていた》と綴っている。[1]

続く五世紀（西ローマ帝国が滅亡に向かう時期）は、読書も写本も、貴族や修道士などごく一部の人々の活動に限られていた。西ローマ帝国末期の元老院議員・詩人・司教で、五世紀のガリア（現北イタリアからフランス全域）出身者で唯一記録が残る著作家としても知られるシドニウス・アポリナリス（四三〇年頃－四八九年頃）は、ある修道士がブルターニュに珍しい写本を届けようとしているとの情報を得ると、従者たちに追跡させ、写本の内容を口述するよう迫らせたという。そこで逃したら最後、二度と手に入らないと危惧したのだろうが、それほど当時は書物が貴重だったということだ。

一般的にヨーロッパでは、西ローマ帝国の滅亡（四七六年）から東ローマ帝国の滅亡（一四五三年）までを中世と区分する。四九七年に成立し、イタリアのほぼ全域を支配下に置いた東ゴート王国で、テオドリック大王に仕えたローマ人の政治家・著作家カッシオドルス（四八五年頃‐五八五年頃）の著作『教育方法論』の一節は、蛮族たちの脅威にさらされながら暮らしていた暗黒時代を垣間見させてくれる。カッシオドルスはアルビノという男の音楽書について触れ、それがローマの図書館に一冊あると指摘したうえで、次のように述べる。《万が一にも蛮族らの侵略で、その写本が消滅するような事態になった場合には、ここに代わりとなるガウデンティウスが筆写した写本が一冊ある》

カッシオドルスは政治家を引退後、五五〇年（五四〇年という説もある）南イタリア・カラブリアにウィウァリウムと名づけた図書館を併設する修道院を建てて隠遁し、余生を修道士の教育や筆写者の養成、文献の蒐集・翻訳、古文書の保護に尽くした。異教とされたギリシャの古典作品がそこで筆写されたかどうかは定かでないが、カッシオドルスが諸学に通じた教養人だったことを考えると十分あり得る話だ。それにカッシオドルスは長年コンスタンティノープルに住んでいたので、ギリシャ語・ラテン語の本を比較的容易に入手できたと思われる。残念ながらウィウァリウムの図書館の写本がどのような形で失われたのか、証拠となる文献がないためわかっていない。六世紀に作成された彼自身の著作『反復句』の写本がかろうじて残っているだけだが、そこにはウィウァリウムで作られた写本の特徴がすべて備わっていると思われる。[2]

教皇グレゴリウス一世（五四〇年頃‐六〇四年）は、若くしてローマの長官《プラエフェクトゥス》に就任した政治家で、その後修道士に転身。教皇大使として東ローマ帝国に派遣されたこともあり、のちに教皇になったという珍しい経歴の持ち主だ。典礼の整備、教会改革に着手し、ベネディクト会修道士のアウグスティヌスを初代カンタベリー司教としてイングランドに派遣するなど、教皇時代の活躍も目覚ましい。著作も多く、四大ラテン教父のひとりに数えられ、死後には列聖されてもいる。そんな彼も、先代の教皇ペラギウス二世の秘書をしていた頃、ローマのラテラノ宮殿に小さな図書館を設けている。五八九年、テベレ川の氾濫で食糧危機が発生し、飢えた住人らの一団が暴徒と化して、この図書館を焼き払おうとしたが、教会側によって阻止されたらしい。

カッシオドルスの図書館の蔵書はグレゴリウス一世の図書館、あるいは七世紀にイタリア北部ボッビオに建てられた修道院の図書館に移されたのではないかと主張し、歴史家たちの説得を試みる者がいるが、私には根拠に乏しい意見に思える。もちろんカッシオドルスが生前、自分のところで作った写本をローマにある複数の図書館に送った可能性は否定できないし、彼の死後、ウィウァリウムの図書館を閉鎖してからの二〇年間に、多くの写本が別の修道院に分散して保管されたにもかかわらず、今度はそれらの修道院も破壊されて紛失に至ったということも考えられる。

その頃イベリア半島は西ゴート王国の支配下にあった。簡単に経緯を説明しよう。ゲルマン民族の西ゴート族は、アラリック一世がローマを陥落（一六四ページ参照）したあと、西ローマ帝国と手を結び、イタリアからガリアへと移動した。先に到着していたヴァンダル族やケルト系などの先住民族を討ち、四一八年トロサ（現フランス・トゥールーズ）を首都に定めて西ゴート王国を建国、南ガリア地方で勢力を増していた。四七六年に西ローマ帝国が滅亡すると、西ゴート王国は混乱に乗じて領土を拡大したが、五〇七年にフランク王国との戦いに敗れ、イベリア半島に追いやられる。そこでトロサを放棄し、五六〇年トレドに遷都したというわけだ。西ゴート王国の支配者層は当初アリウス派のキリスト教徒だったが、第三回トレド公会議（五八九年）の決定を受けてカトリックに改宗し、七一一年にイスラム軍に滅ぼされるまで、ゲルマン文化・ローマ文化・キリスト教文化を融合させて栄えた。当時のこの地の図書館に関する言及はごくわずかしかない。西ゴート族に圧されてイベリア半島から北アフリカに渡ったヴァンダル族の脅威を逃れ、逆に北アフリカの東ローマ帝国領から逃げてきた修道士ドナートと七〇名の仲間たちが、五七〇年頃、バレンシアにセルビタノ修道院を建てている。彼らは祖国から大量の蔵書を携えてきたといわれるが、それらがどのような末路をたどったのか正確な情報はない。また六〇〇年代のトレドには、ラウレンシオという名前の伯爵の私設図書館があったとの記録があるが、これについてもその後の行方がわからず、彼の死とともに書物も終わりを迎えた可能性が高い。

一方、セビリアでは高名な大司教イシドルス（五六〇年頃－六三六年）が、西ゴート族の支配によって失われた古代ギリシャ・ローマの学問を復興しようと奮闘していた。彼は第四回トレド公会議（六三三年）の場で、自らが運営するセビリアの大聖堂学校に倣ってイベリア半島のすべての大聖堂に神学校の設立を命じ、必須の教養科目とされた自由七科（文法・修辞・論理の三学と算術・幾何・天文・音楽の四科）のほかギリシャ語・ヘブライ語の学科の設置を義務づけた。またイシドルスは多作な著作家で写本の筆写も精力的に行なった（カッシオドルス作品を筆写させたともいわれている）。代表作とされるのは、五二人の著作からの引用を含む数千単位の情報を集めて編纂した、中世初の百科事典『語源』全二〇巻である。神学、歴史、文学、芸術、法学、文法、天文学、自然科学など、あらゆる知を体系的にまとめた大著だが、執筆の目的は今ひとつ明確ではない。異教徒の著作家の生涯やその思想を紹介するためだったのではないかと思われる一方、ローマの歴史家スエトニウスの不可思議な百科全書『プラトゥム』など古典文学の原典となる情報の多くを見落としている。とはいえ、人類の記憶を保つ重要性を認識していたのは確かで、このような大著を書き上げるには、当然膨大な数の蔵書を有し、古代ギリシャ・ローマの哲人たちの重要な文献に接する手立てを持っていたに違いない。というのも、『語源』の主な情報源は、失われたとされているローマの著作家マルクス・

テレンティウス・ウァロの著作集ではないかとみられるからだ。彼の著作を通じて古代ギリシャ・ローマの文化が継承され、西ゴート王国時代のスペインのみならず、その後ヨーロッパ全体へと広まった功績は大きい。

アイルランドの装飾写本

ギリシャの古典作品はコンスタンティノープルで生きながらえたが、ラテンとケルトの古典作品の大部分は、アイルランドの修道士たちのおかげで救われたといえる。今ここで、彼らの尽力について触れるだけの価値はあると思う。その前に大雑把にでも歴史を振り返っておこう。

アイルランドとブリテン島には石器時代から人類が住んでいたが、前五世紀（古代ギリシャの古典期に当たる）頃、すでにヨーロッパに定着していたケルト人が、大陸から渡ってきて鉄器をもたらしたといわれている。大陸のケルト人はブルゴーニュからオーストリアに及ぶ中央ヨーロッパの広い範囲に、さまざまな部族が王族を中心とした集落を築き、高度に洗練された文化を享受し豊かな生活を営んでいた。前五世紀から前三世紀にかけての最盛期には、大陸のケルト人のなかにはバルカン半島やイタリア半島に進出し、テッサロニキやマケドニア、ローマを手中に収めた部族もいたが、ゲルマン民族に圧されてガリア南部やイベリア半島に移動。前一世紀にガイウス・ユリウス・カエサルらローマ人に制圧され、いずれも属州としてローマ帝国に編入された。

ブリテン島にも前五五年にカエサルが進軍。四三年には第四代皇帝クラウディウスが島の南部（現在のイングランドとウェールズ）を征服し、ブリタンニアと名づけキリスト教化したのがブリテン島と呼ばれるようになった由縁である。四世紀に大陸でゲルマン民族の大移動が始まると、領土を脅かされたローマ帝国は余力がなくなり、ブリテン島を放棄し、軍隊を引き揚げる。代わりに同島にはゲルマン系のアングロサクソン（アングル族・サクソン族・ジュート族）が侵入し、キリスト教を駆逐すると、やがてイングランドのもとになる七つの王国を建設していく（教皇グレゴリウス一世がカンタベリーのアウグスティヌスを派遣し、ブリテン島の再キリスト教化を図るのはその頃のことだ）。ただし、北部スコットランドはもとより、西部のウェールズにもアングロサクソンの支配は及ばず、ケルトの文化が継承されていく。

一方アイルランドは、ローマやアングロサクソンの侵入を受けることなくケルトの伝統を保ち、王と神官ドルイドのもと、山や森、湖や大地など自然を崇拝しながら生きていた。四三二年教皇ケレスティヌス一世は、辺境の島で未開の暮らしを続ける人々に福音を説く目的で、ケルトの伝統に精通した宣教者を送り込む作戦に出た。まずはガリア人のパラディウス、後任としてウェールズ人のパトリキウス（のちの聖パトリック）をアイルランドに派遣した。パトリキウスは使命を果たすべく、いくつか策を講じる。まずはケルト人社会の支配者層をいかに取り込むかだ。そこでケルトの聖地で故意に禁忌を破り、彼らを挑発したうえで奇跡を起こしてみせた。それによって王とドルイドたちの信頼を得て、大規模改宗を実現させた。次いで着手したのが、違和感なくキリスト教になじめるように土着の慣習を取り入れた修道院や教会、司教館の建設だった。そうして築かれた宗教施設が人材を育成し、諸々のラテン古文書を救出することになる。

現地生まれの修道士たちは、ギリシャ語・ラテン語に加え、ブリテン島・アイルランドのアルファベットであるオガム文字も身につけた。何百冊もの写本を作成しただけでなく、ケルト美術の傑作とも呼ぶべき装飾写本の福音書まで作った。単に伝承の文字化にとどまらず、ケルト神話・ケルト文学の消滅防止にも多大な貢献を果たしている。本節の冒頭で、「ラテンとケルトの古典作品の大部分は、アイルランドの修道士たちのおかげで救われた」といったのは、けっして過言ではない。

彼らが手がけた写本によって、アルスター神話やトァン・マッカラルの話、レンスター地方を中心とするフィンの物語や、アラン、グレンダーロッホ、アーマー、クロナード、バンガー、リズモア、クロンマクノイズといった地名が、世に知られることになったのだ。なかでも傑出した功労者が、アイルランドの三守護聖人のひとりに数えられる聖コルンバ（五二一－五九七年）だ。

コルム・キル（アイルランド語で〝教会の鳩〟）ことコルンバはアイルランド北西部の名門オニール家に生まれたが、聖職者の道を志し、クロナード修道院の創設者フィニアン（のちの聖フィニアン）のもとで修行した。[3] 五四三年故郷アルスターにデリー修道院を、五四六年にはダロウ修道院を創設し、その後もアイルランド中に約四〇の修道院を建て、何十冊もの写本を製作した（ダブリンにあるロイヤル・アイリッシュ・アカデミー・ライブラリー所蔵のアイルランド最古の装飾写本『コホックの書』はコルンバ作とされている）。ところがコルンバは、信仰上の不一致から迫害を受け、五六三年頃、一二人の弟子を引き連れスコットランドの西沖に位置するアイオナ島に渡る。そこに修道院を建設して島民であるピクト族のキリスト教化と写本の製作に専念するとともに、スコットランド各地をめぐって布教活動を行ない、彼の弟子たちはイングランド北部やヨーロッパ大陸まで足を延ばしてケルト系修道院を広めた。アイオナ修道院長アダムナンが著した『聖コルンバ伝』（六九二年頃）によると、コルンバは一日たりとも聖書精読とその学習、知識の普及に費やさぬ日はなかったといい、[4] 聖書の「詩篇」三四章の言葉を記したあとに死んだと伝えられている。[5]

ドイツのケルト言語学者・文学者クノ・マイアー（一八五八－一九一九年）は、六世紀にひとりのケルト人によってアイルランド文学の礎が築かれたと推定する。それはコルンバの死後間もなくダラン・フォルガルが書いたコルンバを称える哀悼詩だ。一般的にはコルンバのいとこで北イー・ネールの王アイードの依頼に応じて作ったものとされている。五七五年に開催されたある宗教会議で、ケルトの詩人フィリたちが政治に関わりすぎだとの不当な非難が上がるなか、フィリを擁護する立場を貫いたコルンバにフォルガルが謝意を示した詩だとの証言記録もある。コルンバ自身も文才に長け、ラテン語やアイルランド語で多くの詩を作り、三〇〇冊の著作を残したといわれているが、いずれも現存していない。

ケルトの詩人フィリについて補足する。ケルトの社会を王とともに統治したのは、ドルイドと呼ばれる神官たちだ。王の助言者として王座の隣に座り、立法者や裁判官を務め、予言や魔術を行なった。当初は何役もこなしていたが、次第に立法者、祭司、詩人に分かれていく。詩人にも宴席で竪琴《たてごと》を弾きつつ英雄伝を朗唱する吟唱詩人（ボエルジ）、各地をめぐって出来事を歌い広める吟遊詩人（バルド）といろいろ呼び名があるが、基本的には〝語り部〟という意味のフィリ（古アイルランド語。複数形はフィリド）と呼ばれる。彼らの作る詩には言葉に魂がこもり、呪文と同じ超自然的な力が宿ると考えられていた。そこで言葉を自在に操るフィリたちを、王族も騎士たちも大切にしたという。

文字を持たないケルト人の社会では（オガム文字は四世紀頃、碑文用にギリシャ語やラテン語を参考にして作られたものだ）、法律も神話も、宗教の教義も王家の系譜も、すべてフィリが記憶にとどめた。暗誦しやすいよう韻を踏む詩の形にして、師から弟子に口伝えで継承された。勝手にフィリを名乗ることはできず、長い修行の末にオラム（師）に達する必要があった。初級者のオブライアは七つの物語だけを覚えればよいが、最上級のオラムになると三七〇の物語の暗誦と、文法、神話、地形学、法律の知識を要する。

フィリになるための試験は毎年行なわれ、志願者は薄暗くじめじめした独居房に入り、それまで学んできたものをすべて詩に結実させる。そうしてでき上がった作品は、名作の域に達するのだ。

中世に活躍する吟遊詩人たちは、そういった伝統を受け継いでいる。その風来坊ぶりや大仰な振る舞いから、軽く見られ、文学作品中でも端役になりがちだが、彼らは幅広い知識と独特の世界観を備えた歴史の語り手なのだ。

フィリたちが語り聞かせたケルト神話のなかから、「トァン・マッカラルの話」を紹介しよう。ノアの大洪水から三〇〇年後、二四組の男女がアイルランドに入植した。彼らはその後、繁栄するが、疫病の発生でトァン・マッカラルひとりを残して全滅してしまう。トァンは窮地に陥るたびにシカ、イノシシ、ウミワシと別の動物に生まれ変わりながら、歴史を見つめ続ける。最終的にサケに生まれ変わると、漁師に捕らえられて調理され、カレルの王の宮廷の食卓に上り、妃に食べられる。その後、妃の子宮に入り込んで胎児に変わり、やがてカレル王の息子トァンとして誕生し、成長して過去と未来を見とおす予言者となるまでの経緯が語られる。これらの物語は口承文学だが、後世に文字に書きとめられ、一二世紀初頭に製作された『赤牛の書』と呼ばれる(アイルランドの文学作品を幅広く集めた)写本に収録されている。

話をアイルランドの修道士たちの功績に戻す。『ダロウの書』『リンディスファーンの福音書』と並んで三大ケルト装飾写本と称される、ダブリンのトリニティ・カレッジ図書館所蔵『ケルズの書』を目の当たりにすると、写本の技術が文章ばかりではなく、視覚的にも神秘を訴える芸術であるのを思い知らされる。この写本は八世紀、聖コルンバの偉業を称えるためにアイオナ修道院で製作が開始され、アイルランド・ケルズ修道院で完成されたとのことだが、一一世紀の英国の歴史家ジェラルド・オブ・ウェールズは、『ケルズの書』が人間ではなく天使の作だと述べている。ページの一枚一枚が乾かした羊の皮で作られているため、文字が映えて読みやすく、長持ちしたのも特徴だ。

修道士たちは皮を切っては丹念に折り曲げ、縫って本の体裁を整える。その工程を経て初めて筆写や装飾の作業に入る。現代米国の学者で著作家のトーマス・カーヒルはひとつの説を打ち立てた。アイルランド様式の装飾写本に書かれた文字の描線は、〝調和のとれた不均衡〟という先史以前の数学に則ったものであり、明確な中心が存在せぬ調和であると。また人物像よりも動物のようなもの、大小さまざまならせん模様やジグザグ模様などの幾何学的な装飾が際立っているとも指摘する。

すでにヨーロッパにまで広まりつつあった、このアイルランドの魔術的ともいえる時期はバイキングの侵略で幕を閉じる。[6]九世紀頃、富を嗅ぎつけることに長けたバイキングは、アイルランドの修道院とそこに保管されていた書物を破壊した。何世紀にもわたって築き上げられた細やかな仕事の集成が、略奪行為のたびに無残に壊滅していく。アイルランドの諸王も脆弱な軍隊も、侵略を阻むことはできず、長年保たれてきた地域の安定は崩壊した。金と宝石を追い求めるバイキングは、装飾写本の表紙を破り取っては残りを海に投げ捨てる。九世紀後半にイングランドで編纂された『アングロサクソン年代記』では、七九三年の出来事が次のように記述されている。《同じ年の六月八日、異教徒の男らによる略奪および非道な行ないで、遺憾ながらリンディスファーンの教会が破壊された》

イングランド東北部、リンディスファーン島の修道院ではキリスト教世界全域に向けた写本の製作がなされていたが、富の在処を熟知したバイキングは、ここも見逃さず何度も破壊・略奪行為に及んだ。八〇一年には建造物への放火、八〇六年には修道士らの殺害と再び放火、八六七年には何もかも破壊し尽くされる。それまで被害が少なかった修道院にも魔の手は及んだ。アイルランドのグレンダーロッホは少なくとも九度の焼き討ちに遭い、クロンファート、クロンマクノイズ、イニッシュ・ムーリー、バンガー、キルデア、モビルの修道院は文字どおり消滅した。アイルランドとイングランドでは数多くの図書館が廃墟と化した。たとえば旧ヨークの図書館は跡形もなく消え、ピーターバラの図書館の蔵書はよりによって、八六〇年にクロウランドの修道院を燃やしたデンマーク人らの手に渡った。一〇九一年、再建されたクロウランドの修道院は火災で再び焼失し、その地域一帯の衰亡が始まった。

中世ヨーロッパの修道院

五世紀後半にゲルマン民族のフランク族が建てたフランク王国は、カロリング朝のカール大帝（七四二－八一四年、シャルルマーニュとも）の時代に最盛期を迎える。カール大帝は二分割されていたフランク王国（現フランス、スイス、スロベニア、オーストリア、ドイツ西部、ルクセンブルク、ベルギー、オランダ）を統一すると、南ではロンバルド王国（現イタリア北部）を滅ぼし、北ではザクセン族（現ドイツ北部）を征服、東ではバイエルン公国（ドイツ南部）やドナウ川中流のヴェンド族（スラヴ人）を併合し、西ではイベリア半島のイスラム王国、後ウマイヤ朝を攻めてエブロ川以北を占領するなど、他のゲルマン民族の部族を従え、領土を拡大。八世紀末までに西ヨーロッパの主要部分を統合し、東ローマ帝国と並ぶ強国に成長させた。教皇レオ三世からローマ皇帝の冠を授与され、形式上は西ローマ皇帝（西方帝位、フランク・ローマ皇帝）となったカール大帝は、古代ギリシャ・ローマ、キリスト教（ローマ・カトリック）、ゲルマン系の三つの文化を融合し、中世ヨーロッパの基礎を築いた〝ヨーロッパの父〟と称されている。

八世紀以後、国際的な視野を備えたカール大帝は、優秀な聖職者を養成するために司教らに対し、修道院や教会に付属学校と図書館の設立を命じた。さらに教育水準の向上と内容の充実を図るために、ヨーロッパ各地の学者の獲得に乗り出す。たとえばイングランド・ヨークでの教育実践で知られ、図書館も創設していた博学多識の神学者アルクィン修道士（七三五年頃 - 八〇四年）を説得し、アーヘン（現ドイツ西部ノルトライン＝ヴェストファーレン州）の宮廷に招いて教育顧問に抜擢すると、教育改革を推進させた。アルクィンら学者たちは宮廷で王族や貴族の子弟の指導に当たり、自由七科を中心とした質の高い教育を提供しながら、学問研究に勤しんだ。このカール大帝時代の古典文化の再興運動は、〝カロリング朝ルネサンス〟と呼ばれている。アルクィンはほかにも修道院学校での修道士たちの育成に加え、宮廷の写字室で写本の改良に携わり、帝国内の書体の統一を図るべくカロリング小文字体と呼ばれる書体を発明している。晩年はカール大帝の計らいでトゥール（現フランス中部アンドル＝エ＝ロワール県）のサン・マルタン修道院に隠遁。そこでも優れた学校を設立し、多くの筆写者を育てるとともに、非常に美しい写本を多数作成した。

中世ヨーロッパでは学問が盛んになり、修道院に併設された主要な図書館も賑わったが、その後の運命は無残なものだった。例を挙げると、七四七年にベネディクト会が創設し、西ローマ帝国滅亡後の暗黒時代に失われた古典写本の再生に努めたドイツ・フルダ修道院の図書館は、同国キリスト教新旧両派の内乱をきっかけとする三十年戦争（一六一八 - 四八年）の最中に完全に破壊された。フルダの図書館に先立つこと二百余年、五二九年頃イタリア・カッシーノのアポロン神殿跡に建設されたモンテカッシーノ修道院の図書館も、学芸の中心地として各地から修道士が集まり、盛んに写本が製作されたものの、要衝の地という立地条件が災いし、何度となく壊滅的被害を受けている。要因は異なっても瓦礫と化すという結果は変わらず、そのたびに見事な蔵書が減少していく。古くは五八一年頃、ロンバルド族の襲撃で数々の稀少な書物が破壊され、九世紀にはイスラム帝国アッバース朝の進軍によって図書館が焼かれた。何世紀ものちにその地を訪れた作家ジョヴァンニ・ボッカッチョ（一三一三 - 七五年）が、何十冊もの古い写本が埃の積もったまま床に散らばり、しかもその多くが余白部分を切り取られているという光景を目の当たりにして悲嘆に暮れている。その後も同修道院は一七九九年にナポレオン・ボナパルトのイタリア侵攻で破壊され、最終的に一九四四年、第二次世界大戦中に連合国軍の空爆を受けて全滅した（現在あるのは一九六四年に復元されたものだ）。事前にドイツ占領軍内にいた、敬虔なカトリック信者の将校たちの判断で、古代以来の貴重な写本や芸術品の多くがヴァチカンに移送されていたのは、奇跡としかいいようがない。

パリンプセスト

カッシオドルスのウィウァリウム以降、フルダ修道院の図書館設立までの約二〇〇年間、ヨーロッパでは古典作品の写本が作られなかったばかりか、古い写本が新しい写本に転用された。[7] 羊皮紙に書かれた文面をこすり取り、中央の折り目で裁断、半分の大きさになったものを新たに冊子状にして文章を書いたのだ。そうしてリサイクルされた羊皮紙写本は、ギリシャ語の単語パリン（〝再び〟）とプサオー（〝こすられた〟）を合わせてパリンプセストと呼ばれている。教父たちの説教や神学書を広めるべく、プラウトゥス、キケロ、ティトゥス・リウィウス、大プリニウス、ウェルギリウス、詩人ルカヌス、雄弁家フロントらローマの名著が犠牲にされた。

イタリア北部のボッビオ修道院（現エミリア゠ロマーニャ州）は、アイルランドからアイオナ島に移った修道士コルンバの一二弟子のひとり、コルンバヌスが六一四年頃に建てたもので、大規模な図書館があったことで知られている。一八一九年、同修道院で七世紀に製作されたヒッポのアウグスティヌスの「詩篇」に関する注釈書の写本（ヴァチカン図書館所蔵 Vat. Lat. 5757）が、ヴァチカンにおける研究の結果、キケロの『国家について』に上書きされたパリンプセストだと判明。皮肉にもパリンプセストの製作とは逆に、薬品でヒッポのアウグスティヌスの写本が消され、キケロの作品が復元された。前五四年から前五一年のあいだに書かれた『国家について』はプラトンの『国家』をモデルにした対話形式による全六巻だ。パリンプセストから発見された文書は、全体の三分の一程度で主要な部分は欠落している。しかしそれまで失われたとされていた作品が、部分的にでも明らかになった意義は大きい。

書物の守護者たち

中世初期、ローマ帝国の属州ヒスパニア・タラコネンシス（現スペインのバレンシア州、カタルーニャ州、ガリシア州とポルトガル北部）。皇帝ディオクレティアヌスによるキリスト教徒の大迫害（二〇八ページ参照）で捕まり、バレンシアの法廷に引き立てられたサラゴサ出身の助祭ビセンテは、教会の書物を焚書《ふんしょ》にすると主張した裁判官に反論し、無益なやり取りのあと叫んだ。「あなたが脅しに使っている火、神聖な文字を脅かすその火は、正義の裁きとしてあなたを焼き焦がすことになる！」三〇四年に処刑されたビセンテは後年、カトリック教会と正教会の聖人、サラゴサの聖ビセンテとして崇拝され、ポルトガル・リスボン市の守護聖人にもなっている。

同様に書物の守護者とされる聖ヴィボラダを紹介しよう。九二五年の五月にザンクト・ガレン（現スイス・ザンクト・ガレン州）が蛮族マジャール人（のちにハンガリー王国を建国した民族）に襲撃された際の逸話である。ボーデン湖とアッペンツェル・アルプスのあいだの谷に位置するこの町は、六一二年にやはりコルンバの一二弟子のひとり、修道士ガルスが布教に訪れ、川岸に建てた小屋に端を発する。ガルスの死から一世紀後、小屋は修道院に改められ、町は列聖された聖ガルスにちなんでザンクト・ガレンと名づけられた。八世紀半ば、カール大帝の父ピピン三世の時代には有名な学校が開かれ、学問が興隆した。九世紀にかけて修道院では写本の作成と蒐集が進められ、付属図書館は数多くの写本や稀少本を所蔵、ブリテン島やアイルランドから修道士らが筆写に訪れるほどだった。そんなある日、図書館の管理を担当していた女性ヴィボラダは、蛮族による図書館襲撃の光景を幻視する。彼らは明日、修道士を皆殺しにして火を放つつもりでいる。本を隠して皆、山の洞窟に隠れるようにと。それは修道士たちにとって、これまで苦心して蒐集してきた何千冊もの本の死を意味していた。そこで襲撃の前夜から翌五月一日の早朝にかけて、修道士たちは図書館中の蔵書を地中に埋めた。ヴィボラダは一緒に逃げるよう説得されたが、ここに残るのが自分の使命だといって聞かず、ひとり修道院の独居房に閉じこもる。記録によれば包囲された町は襲撃者に打ち勝ったとされているが、修道院は敵の放った火によって焼け落ちた。焼け跡からは、斧で頭部を割られ、体を切断されて土の山の上に横たわるヴィボラダの遺体も見つかった。その後、彼女が横たわっていた場所の地中から本が無傷の状態で発見された。身を挺して書物を守った行為は列聖に値すると評価され、ヴィボラダは書物に関わる人々の守護聖人となった。

今の話とは打って変わって、ほとんど知られることもなく、称えられることもないのがイモラの聖カッシアヌスの殉教だ。ローマ帝国によるキリスト教の迫害時代、イモラ（現イタリア・エミリア＝ロマーニャ州）で学校を経営していたカッシアヌスは、書いた論文が原因で迫害され、三六三年、自分の教え子たちの手で殺害されるという刑に処された。教え方が厳しすぎると憎んでいた生徒たちは、師を裸にして尖筆やナイフを投げつけ、自著を飲み込ませたうえで、刃物で切りつけ、書写板で頭を割って殺害した。

時代は下って一六世紀、ドイツの著作家・思想家・人文主義者で風刺詩人でもあるウルリヒ・フォン・フッテン（一四八八－一五二三年）も、カトリック教会の偽善や腐敗ぶりを激しく批判したため恨みを買った。マインツの住人に著作を焚書にするから山積みにするよう要求されると、フッテンはその者たちに「私の本を燃やしたら、私も町中を燃やしてやる」と警告したという。とはいうものの、彼の脅し文句が興奮した住人らにどの程度の効き目があったかは定かでない。

第3章　アラブ世界

初期に失われた図書館

イスラム教はふたつの言葉とともにアラブ世界を変えた。それらの言葉はいまだに健在だ。「アッラーのほかに神なし。ムハンマドはアッラーの使徒なり」。つまりは大天使ジブリール（ガブリエル）が二二年間にわたってムハンマドに授けた一連の規範、のちにコーランとなる一一四の章《スーラ》、六〇〇〇以上の節《アーヤ》からなるアッラーの啓示である。アラビア語で〝詠唱すべきもの〟の意味を持つイスラム教の聖典コーランは、預言者ムハンマドによって伝えられた神の言葉として崇拝されている。その姿勢は読む前に身を清める、保管の際には絹あるいは装飾を施した布で包み、高いところに置くといったコーランの取り扱い方にも表れている。コーランを全文暗記することはイスラム教徒の最大の栄誉のひとつとされ、達成者は〝ハーフィズ〟の称号が与えられ、尊敬の対象となる。また聖句は朗唱の仕方によっては奇跡を起こせるとされ、完璧な美しさを伴った書体で書き写すことも敬虔な行為と考えられている。神からの啓示は断片的に下ってきたため、そのたびにムハンマドは教友（預言者ムハンマドと直《じか》に接したイスラム教徒）たちに伝え、復唱させて確認し、暗記や筆記を求めた。

教友たちはそれらの言葉を、ヤシの葉やラクダの平たい骨、木片や羊皮紙など、その都度身近にあったものに書きとめていたが、ムハンマドの死後（六三二年）、イスラム共同体を率いた正統カリフ（〝正しく導かれた代理人たち〟の意。四代目まで続いた）から筆写者に任命されたザイド・イブン・サービトが、それらをすべて蒐集し、全文暗記している教友たちに確認を取ったうえで一冊の本にまとめ上げた。

コーランに根ざした調和は、正統カリフの断絶後、カリフ（イスラム教国の首長）の位に就き、六六一年から七五〇年まで栄えたスンナ派ウマイヤ朝に如実に表れている。ダマスカス（現シリア）を首都にしたこのイスラム王朝では、カリフたちが率先してコーランの教えの普及に努めた。このことはアラブ世界においてのちに重要な道標となる。なぜならば多くの図書館が建設されるのも、この時代に端を発しているためだ。

一〇世紀バグダードの書籍商イブン・アン・ナディィムは実に興味深い証言を集めている。《過去の時代に化学が果たした功績を世に広めようとしている学者イブン・イスハークの言葉を借りると、ヤズィード・イブン・ムアーウィア（ウマイヤ朝第二代カリフ・ヤズィード一世）はなかなかの論客で詩人でもあり、思慮深い人物だ。その彼が、まずは医学・化学・占星術の本を集めた。どれも翻訳するのが目的とのことだ。実に高潔な精神の持ち主といえる。なぜ化学の理論と実践に時間を費やすのかと問われた彼は、自分の同僚や兄弟たちを豊かにしたいのだと答えたという》

書物に多大な熱意を抱く人間はいつの時代にも存在する。七世紀から八世紀にかけてのウラマー（イスラム法学者）シハブ・アル・ズーリは、ムハンマドの伝記や言行録の蒐集家で、九世紀頃に多数編纂されたハディース（〝伝承〟の意。ムハンマドの言行録で第二の聖典と呼ばれる）は主に彼の蔵書がもとになっている。ウマイヤ朝第一〇代カリフ・ヒシャーム・イブン・アブドゥルマリクも、ペルシャ史関係の書物の著名な蒐集家だったほか、アブ・クラバ、アブ・ウムラオ・ビン・アル・アラ、クレブ・ビン・ムスリムら個人図書館を所有する者も多く、数々の作品の写本が作られ、注釈がなされるほど盛んだったという。その栄光の面影は不運にも何ひとつ残っていない。ウマイヤ朝を崩壊させた者たちは、蔵書もろとも都を破壊した。その際に少なからぬ錬金術書が失われている。

ササン朝ペルシャ南西部のジュンディーシャープール（現イラン）は、六世紀にはすでに学問と医学の中心地だった。図書館や大学を含む世界初の医学教育病院が建設され、アル・ハリス・イブン・カラダが地元出身の医師第一号となっている。この都市には五世紀の終わりから六世紀初頭、政治的・宗教的な理由で東ローマ帝国を追われた者たちが大勢避難してきていた（一七二ページ参照）。主にエデッサのネストリウス派キリスト教徒の学者やアテナイの新プラトン学派の哲学者だったが、君主ホスロー一世（在位五三一－五七九年）は亡命者を手厚く保護すると、研究所を設けてギリシャ語やシリア語の文献をパフラヴィー語（三－七世紀に主に文章語として使用されたペルシャ語。ササン朝ペルシャの公用語）に翻訳するよう求めた。その際、哲学・化学・天文学・占星術などの写本に加え、医学書も持ち込まれたことが大きい。また、ホスロー一世はインドや中国からも学者を招き、東洋の医学や薬草学、数学や天文学、占星術や宗教の文献を翻訳させている。六三七年にササン朝ペルシャが第二代正統カリフ、ウマル・イブン・アル・ハッターブのアラブ軍に敗れ、ジュンディーシャープールもイスラム教徒の支配下に置かれたが、統治者が変わっても研究所や病院は継続され、医学の専門家たちがムスリムの医師の指導・教育を組織的に行なった。医学の発展と教育において、このペルシャの小都市が果たした役割、重要性については、その何世紀ものちに活躍するアル・ラーズィー（ラーゼス）やイブン・シーナー（アヴィセンナ）といった偉大な医師たちも認めている。だがそんな先人たちの努力は、無残にも破壊されることになる。

九六九年、エジプトを征服したイスラム教シーア派の一派、イスマーイール派のファーティマ朝は、新たに首都を興してアル・カヒラ（"勝利の都"の意。現在のカイロ）と名づけると、イスラム世界でも最大規模の図書館ダール・アル・イルム（"知識の館"）の建設に着手した。世に知られる名著をすべて取り揃えた図書館だ。九七〇年にはアル・アズハル・モスクに付属する学院として、アル・アズハル大学も創立された。しかし一〇六八年、中央アジアを起源とするトルコ系のイスラム王朝、セルジューク朝に侵略され、すべて破壊される。

ファーティマ朝がトリポリ（現レバノン）に置いたダール・アル・イルムでも、シーア派の教義ならびに哲学・数学・天文学などの研究が行なわれ、数多くのギリシャ語文献がアラビア語に翻訳された。その一部は西洋にも伝わったと考えられる。ところが一一〇九年七月、十字軍がトリポリを制圧。知識の館は一〇万冊の書物もろとも焼け落ちた（ちなみにファーティマ朝がサラディン率いるアイユーブ朝に取って代わられ、滅亡するのは一一七一年のことだ）。

再びイランに目を向けてみる。八世紀から九世紀にかけてのイスラム文化の繁栄の時代、イラン系のイスラム王朝サーマーン朝に統治されたイランでは最初の図書館が建設された。なかでも有名なのは、神秘に満ちたアムダリヤ川北岸のブハラ（現ウズベキスタン）に築かれたサーマーニ一族の王宮図書館だろう。かの賢人イブン・シーナーが、アミール（イスラム教国の総督）の命を救ったことで、この図書館で学ぶのを許可された逸話が知られている。シーラーズやエスファハーン、レイの図書館と並ぶ重要な図書館で、アミールはこの図書館に、バグダードや中国から取り寄せた稀《き》覯《こう》本も含め数多く寄贈していた。

サーマーン朝に続きイラン系イスラム王朝ブワイフ朝もエスファハーンに王宮図書館、サイバン・ウル・ヒクメ図書館を置き、ブワイフ家の王子たちの蔵書を収めていた。次いで一〇二九年、ガズナ朝のスルタン（イスラム教国の君主）マスードがエスファハーンの町を侵略・略奪した際、蔵書はガズナ（現アフガニスタン東部）に持ち去られてしまう。その一部は一一五一年、ゴール朝のアラー・ウッディーン・フサイン二世がガズナを陥落させたときに焼失しているが、失われた書物のなかにはイブン・シーナーの『東洋哲学』も含まれていたといわれている。

イスラムを攻撃したモンゴル人たち

モンゴルの血に飢えた男テムジン（一一六七年頃－一二二七年）、チンギス・カンの名で知られる人物は、モンゴル全土を支配して部族の統一を果たしたあと、中国の征服に着手する。まずは北宋を滅亡させた北朝の金とその支配下にあった西夏《せいか》を滅ぼすと、騎馬軍団を率いてさらに西アジアにまで攻め、現在の西トルキスタン・イラン・イラクを含む広大な領土の支配に至る。一二二〇年、以前彼らから逃れたスルタンを探してブハラに到着すると、モスクを襲撃した。そこにあった本が押収・破壊される様子が年代記に記されている。

彼らは聖なる書物と写本の詰まった大櫃《おおびつ》をモスクの中庭に運ぶと、中身を地面にぶちまけた。その後、櫃を厩舎《きゅうしゃ》のまぐさ桶代わりに使い、奪ったグラスで祝杯を上げた。それから町の音楽家たちを呼び寄せて、モスク内で酒宴とダンスに興じた。モンゴル人たちは歌い、叫び声を上げながら欲を満たす。その間イマーム（イスラム教の導師）や賢人、宗教学者、氏族の長や町の有力者を使用人として働かせ、馬の世話をさせた。散々楽しんだ末、チンギス・カンは自分の宮殿に戻ることにし、配下の者を引き連れて去っていったが、その際、床に散乱したコーランをはじめとする神聖な書物の引きちぎられたページを平然と踏みつけていった。それを見ていたアミール兼イマームで、トランスオクシアナ（中央アジア・アム川北岸のオアシス地域）の最高宗教指導者ジャラルディン・アリ・ベン・ハッサン・アル・レンディは、卓越した賢者であるイマーム、ロクネディン・イマムザデに向き直って問いかけた。「ここでわれわれが目にしているのはいったい何だ？　これは夢か？　それとも現実か？」それに対しイマムザデが答える。「それ以上何もいうな。われわれを吹き払う神の怒りの風だ。もうわれわれには語る余力すら残っていない」[1]

チンギス・カンはブハラ侵略後サマルカンド（現ウズベキスタン）を襲った。サマルカンドは、七五一年のアッバース朝と唐によるタラス河畔の戦い（一五〇ページ参照）で、アラブ人の捕虜となった二名の中国人が紙の製法を伝え、イスラム世界で初の製紙工場が開かれた町でもある。モンゴル軍は引き続きニーシャープール（現イラン北東部）へと侵攻した。その町にある複数の図書館も名声を得ていたが、同じ運命をたどった。

かつてはシルクロードのオアシス都市として栄え、のちに廃墟と化し、現在は中央アジア最大の遺跡として知られるメルヴ（現トルクメニスタン）にも、書物に関わる逸話がいくつも残されている。九世紀バグダード生まれのペルシャ人言語学者・詩人で年代記作家のイブン・アビ・タヒル・タイフルが、著作『バグダードの歴史』で語るところによると、ササン朝ペルシャ最後の君主ヤズデギルド三世（在位六三二－六五一年）がメルヴに逃げてきた際、さまざまな都市から写本の全集やパフラヴィー語の書物を携えてきたという。一一世紀前半にはシェレフ・アル・ムルク・イブン・マンスルがこの地に図書館を所有していた。一二世紀にはアジズ・アド・ディン・アブ・バクル・アティク・アズ・ジンジャニが創設したアジジャ図書館が存在した。どうやらアジズはセルジューク朝第八代スルタンのアフマド・サンジャルの寵臣のひとりだったようだ。

一二世紀のメルヴにはアミディヤ、カトゥニヤ、ドゥイアイリヤという名前の三つの図書館もあり、いずれも見事に機能していたという。ほかにもメルヴの歴史を綴った賢者アブ・サイード・アブドゥルケリム・イブン・ムハンマド・アズ・サーマーニがふたつの図書館を創設した。一二一八年、アラブ人旅行者がメルヴの町で一〇の公立図書館に遭遇したとの記録もある。そのうちのひとつ、ダミリヤ図書館には一万二〇〇〇冊の蔵書があったという。この町を訪れたイスラム世界の偉大な地理学者ヤークート・アル・ハマウィー（一一七九－一二二九年）はここで、二〇〇冊もの本を借りて読んだあと、この地域の知的水準の高さに舌を巻いて帰っていった。メルヴでは勉強したいと思った者は誰でも、これらの図書館で本を一日借りることができたという話だ。

高い知性を誇ったメルヴの文化の全滅が、せめて教訓となってそれ以後の破壊を阻止できればまだよかったのだが、モンゴル人たちはここで踏みとどまるつもりはなかった。

アラムトにあった暗殺者たちの図書館

スペイン語で〝暗殺者、人殺し、刺客〟を意味する単語アセシノ、英語のアサシンは、アラビア語のハッシャーシーンが語源とされている。この言葉はイスラム教スンナ派が、シーア派の一派イスマーイール派の分派で、急進的なことで有名だったニザール派につけた蔑称だが、中世ヨーロッパでこのグループが十字軍と敵対する暗殺教団として伝説化したことで一躍その名が広まり、文学作品に表され、言語にまで影響を及ぼす結果となった。そもそもの意味については〝ハサンの信奉者〟〝ハサス（原理）〟〝中東産の麻（カンナビス・インディカ種）から作られる大麻ハシシ〟と諸説あるが、一九世紀以降にハシシと結びつけられ、暗殺教団の団員たちが暗殺計画を行動に移す前にハシシを吸った。つまり〝ハシシを吸う者〟だという説が主流となっている。[2] 二〇世紀インド出身の英国人作家でスーフィー（イスラム教神秘主義）の師でもあった賢人アルコン・ダラウル（本名アイドリーズ・シャー）は、アサシンはアラビア語に訳すと〝監視人〟だから〝秘教の教義を守る者〟のことだと主張している。[3]

今やフィクションの世界でも〝アサシン〟の名で知られるようになったニザール派は、〝山の長老〟と呼ばれる男、ハサン・イブン・サッバーフが率いた教団だ。一〇五〇年頃の生まれとされるハサンは、一七歳までイランのレイで数学、天文学、魔術などを学んだのち、シーア派からイスマーイール派に改宗し、ファーティマ朝のカリフに忠誠を誓って卓越した宣教師となった。ちなみに彼は、高名な数学者・天文学者で詩集『ルバイヤート』の著者オマル・ハイヤームの友人でもある。ハサンは一〇九〇年イラン北部の山岳地帯にあるアラムト山の砦を奪うと、そこを本拠地として教団を設立。自らは〝山の長老〟という最上位に就き、その下に七つの階梯（大布教者・布教者・上級の弟子・信者・徒弟・労働者・職人）を設けた。このなかで暗殺者として活動したのは〝フィダーイー〟と呼ばれる信者の階梯である。ハサンから天国を約束され、暗殺者として指名された者は、いかなる犠牲を払ってもそれを実行する。ハサンは次のように命じていた。「行って私の命じた相手を殺してくるのだ。戻ってきたときには、私の天使たちがおまえを天国へと導いてくれる。仮に死んだとしても、やはり私の天使たちをおまえのもとに送り、天国に導いてもらおう」

カスピ海の南、マゼンデラン地方。標高一八〇〇メートルの地点にあるアラムト山の砦を本拠地としたアサシン。彼らは奪った砦を大改築し、さらに強固にしたうえで、次々と近郊の砦を占領しては領土を拡大していった。砦には食堂や訓練施設に加えて図書館も設置され、ハサンの信奉者らはアラブ世界の指導者たちが難色を示すような文献も含め、何百もの文書をいつでも閲覧できた。

しかしながら、初代〝山の長老〟ハサン（一一二四年没）から一五〇年以上続いた八代目の一二五六年一二月、モンゴル軍の攻撃に必死の抵抗を試みた末、難攻不落の砦とともに図書館も陥落する。この時、モンゴル軍のひとりが図書館の調査を申し出て許可されたとの逸話が残っている。[4] 何よりもその者が驚かされたのは、宗教関連の書物に加え、大量の詩歌集や天文学の専門書があったことだった。この一部は馬に積んで持ち去ったという。現代シリアの年代記作家アリフ・タミルは《モンゴル軍は、一五〇万冊を所蔵するイスマーイール派の図書館を破壊した》と述べている。[5] 別の資料では二〇万冊という記述もあるが、いずれにせよ破壊されたことに変わりはない。

歴史家スティーヴン・ランシマンはさらに詳しく述べている。

> ニザール派のアラムト山の砦には膨大な数の哲学、および神秘学の本があった。（チンギス・カンの孫）フラグは彼の侍従で、イスラム教徒のアラーウッディーン・アターマリク・ジュヴァイニーを調査に向かわせた。ジュヴァイニーがコーランを脇にどけると、科学的・歴史的価値のある他の書物が出てきた。その際、異端と思われる本はすべて焼かれた。奇妙な偶然だが同じ頃、メディナ（現サウジアラビア）の町で落雷による大火災が発生し、イスラム正統派の最大規模の哲学書を所蔵する図書館が全焼している。[6]

アラムト山の砦を攻略したモンゴル軍は、一路バグダードへと向かう。

フラグによるバグダードの書物の破壊

一二五七年、バグダードに到着したフラグ[7]は、祖父に負けず劣らずの破壊行為を再現した。それでも事前に戦下における外交儀礼に則り、アッバース朝最後のカリフ、ムスタアスィムに使者を送って無条件降伏を求めている。一般にフラグは寛容さと残忍さという両義性を持つ人間とされるが、ある意味それは大人物だった証拠なのかもしれない。その数時間後、お抱え占星術師フシム・アル・ディンが、神妙な顔でバグダード包囲戦を断念してはどうかとフラグに助言する。いくつかの兆しと星回りがよくない状況だという。

もしも王がこの忠告に耳を貸さず攻略に踏み切るならば、六人の悪魔が具現化する。第一に王軍の馬全頭が死に絶え、兵士たちが病に伏せる。第二に日が昇らなくなり、第三に雨が降らなくなる。第四に嵐が起こり、地震によって世界は荒廃する。第五に草木が大地で育たなくなり、第六に偉大な王が年内に死ぬことになる。[8]

災いの予言を聞いてためらいが生じたフラグは、年代記作家で数学者のナシール・ルッディーン・トゥーシーを呼び寄せる。三角法の発明者として知られるトゥーシーは、アラムト山の砦の襲撃・破壊後、モンゴル人支配者の随員のひとりとなっていた。彼は王の助言者全員から話を聞いたあと、裁定を下す。「おそらくは読み間違いにすぎない。バグダードを攻めたところで何も起こりはしないでしょう」

征服者が決断するにはその言葉だけで十分だった。直ちに軍に対し、ティグリス川を渡るよう命じる。道中の村々を壊滅させながら進み、ついに一二五七年一一月一五日、首都バグダードを包囲する。その間、深刻な洪水に見舞われ、両者ともに持久戦を強いられるが、翌年の一月一七日にカリフが先手を打ち、バシリヤでモンゴル人らに攻撃を仕掛けた。四時間あまりの戦闘後、一万二〇

○○人もの兵士の死体が大地に横たわった。最終的に二月四日、モンゴル軍はバグダード侵入を果たし、一二日まで首都での激戦が繰り広げられた。

アッバース朝は降伏を表明したものの、一三日になっても殺戮はやまず、一〇万人の遺体が通りという通りに溢れるなか、モンゴル兵らの蛮行は容赦なく続いた。略奪・殺害を免れたのはキリスト教徒のみだった。フラグの妻がネストリウス派の信者だという理由からだ。モンゴル軍に投降したカリフ・ムスタアスィムは捕らえられ、アル・リハイニン宮殿に連行された。そこには王家の者が揃っていたが、カリフの目の前で容赦なく全員処刑された。その後モンゴル兵らはカリフの体に絨毯を巻きつけ、死ぬまで殴り続けたという。これは王の血がこの地に流れ落ちた場合、モンゴル人らに災いが及ぶという予言がなされていたため、王の体を包むことで回避したのだった。

バグダード全域の図書館にあった写本はティグリス河畔に運ばれ、残らず川に投げ捨てられた。ティグリス川はにじみ出たインクと血でどす黒く染まったという。それは教養の高さを誇るバグダードの人々の名声を貶めるべく、計算ずくでなされた行為だった。イスラム文化の中心が、ウマイヤ朝の首都ダマスカスからアッバース朝の首都バグダードに移って以来、バグダードに最も重要な法律・数学・文学の学校が集中している事実は、万人の知るところだったのだから。

ここで、これまでにもたびたび話題に上ってきたアッバース朝の歴史をまとめてみよう。預言者ムハンマドの後継者である正統カリフを制し、イスラム教国を建設したウマイヤ朝。そのウマイヤ朝のイスラム教私物化を不満として、反旗を翻した反ウマイヤ朝勢力のひとつがアッバース家だ。七五〇年にはウマイヤ朝を倒し、建国を宣言した（アッバース革命とも呼ばれている。また、翌七五一年に中国・唐とも一戦を交えているのは先述のとおりだ）。アッバース朝は急速に勢力を拡大し、一時は西はイベリア半島から東は中央アジアに至る大帝国を築き上げた。灌漑《かんがい》設備の整備で農業生産を向上させ、商工業の発展と東西交易の恩恵もあって繁栄し、首都バグダードは八世紀、人口一五〇万人を超える世界最大の都市となり、第五代カリフの頃に最盛期を迎える。『千夜一夜物語（アラビアンナイト）』で有名なハールーン・アル・ラシード（在位七八六 - 八〇九年）だ。彼はバグダードにダルル・フカマ（″知識の宝庫″）という名の図書館を建てると、占星術師の名家の出身者アル・ファドル・イブン・ナウバクフを館長に任命し、各地から取り寄せた書物をアラビア語に翻訳させた。その頃、同国の天文学者ムハンマド・アル・ファザーリが、ゼロの概念がはっきり書かれた最古の文献として知られる、七世紀インドの数学者・天文学者ブラフマグプタの数理天文書『ブラーマ・スプタ・シッダーンタ（宇宙の始まり）』をアラビア語に翻訳した。ファザーリはイスラム世界で初めてアストロラーベを作った人物でもある。同じくハールーン・アル・ラシードに仕えたなかに、錬金術師のジャービル・イブン・ハイヤーンがいる。化学、薬学、天文学、冶金学、哲学、物理学、音楽など四〇〇以上の著作があり、塩酸、硝酸、硫酸の精製方法や、クエン酸、酢酸などの有機化合物の発見者、貴金属を溶かす王水やアルカリの概念の生みの親で、各種化学器具の発明者としても知られる。彼ら至高の哲人とともにイスラム科学の黄金期が始まる。

ハールーン・アル・ラシードの息子で第七代カリフのマアムーン（在位八一三 - 八三三年）も、芸術・文学を熱心に庇護した歴代カリフのひとりである。年代記で語られるところでは、ある晩彼の夢のなかに長いひげの威厳に満ちた男が現れた。ぼんやりとしたあちらの世界から敷居を越えてこちらへやってきたその人物は、ゆっくりマアムーンに近づくと、哲学の意義を滔々と説明し出した。亡霊とも思しき男は、いつの時代のものともわからぬ古の言葉で語り続ける。にもかかわらず彼には相手のいっていることがすべて理解できた。そこでふたりは信仰心や善意、各植物の名前の由来、古典作品の価値、砂漠の神秘といった事柄について熱心に対話した。話をしているうちに、相手が実はアリストテレスであることに気づく。アリストテレスはマアムーンに、自分の作品が時代を生き延びるためにも、全著作を翻訳してほしいと求めた。目を覚ましたカリフは、すぐに各分野の学者と魔術師、占星術師を呼び、父が設立した〝知識の宝庫〟をさらに拡大・充実させた図書館バイト・アル・ヒクマ（〝知恵の館〟）の建設を命じた。完成した図書館の管理は、サフル・ベン・ハルンとサイード・ベン・ハルンのふたりに託された。

それからの数カ月、国中の賢者たちがアリストテレスのギリシャ語写本を探し求めて、東ローマ帝国のコンスタンティノープルをはじめとする他の国々の首都に向けて出発した。盗賊を警戒しながら、入手した写本をラクダで持ち帰った者たちは、翻訳作業と注釈の執筆を始めた。程なくして多くのギリシャ語の学術文献が、アラビア語で読めるようになる。こうした訳業の大部分は、プトレマイオスの天文学書『アルマゲスト』、プラトンの『国家』、アリストテレスの『形而上学』といった哲学書からガレノスやヒポクラテスの医学書まで、幅広い翻訳を手がけたフナイン・イブン・イスハークや、天文学者・数学者であるペルガのアポロニオスやアルキメデス、エウクレイデス（ユークリッド）などを翻訳したサービト・イブン・クッラら、傑出した翻訳家の尽力による。彼らの多くはネストリウス派など異端とされたキリスト教徒や、独自の信仰を守るべくサービア教徒と偽ったメソポタミア北部の都市ハラン（現シリア）の出身者たちなど、迫害を受けてバグダードへと逃げてきた人々だった。

代数学を確立したフワーリズミーや、天文学の入門書『天の運動と天文知識の集成』で名高いファルガーニー、エタノールを発見したアル・ラーズィーと、アッバース朝での賢人たちの活躍は目覚ましい。彼らの著作が後年ラテン語に翻訳されたことで、中世ヨーロッパに大きな影響を与え、近代以降の発展に寄与した。文学についても事情は同じで、『千夜一夜物語』や『ルバイヤート』

の四行詩、マカーマと呼ばれる中世アラブの物語は、西洋の作家や詩人、音楽家や芸術家に着想を与えた。ほかにも思想や政治、医学、自然科学、暦、占星術、錬金術、光学、建築、音楽など事例は枚挙にいとまがない。イスラムの科学者たちは古代ギリシャやインド、ペルシャ、バビロニア、中国の知的遺産をアラビア語に翻訳することで自らの文化に取り入れた。継承した遺産に独自の思索と研究、開発の成果を加え、よりよいものに昇華したうえで西洋社会へと引き継いだ。その功績は計り知れない。また、アッバース朝の時代には個人図書館を有する者も多かった。初期の歴史家アル・ワーキディーの図書館は、ラクダ六〇〇頭でも運びきれない規模の蔵書を誇ったと伝えられ、ハールーン・アル・ラシードの廷臣ジャアファル・アル・バルマキーは相当数の神学書を揃えた図書館を、第九代カリフ・ワースィクに仕えたアブドゥル・マリク・ジャトと第一〇代カリフ・ムタワッキルに仕えたアル・ファタ・イブン・カカーンも、膨大な量の天文学書を揃えた図書館を持っていたといわれている。

一〇世紀になると北アフリカのイフリーキヤ（現チュニジアおよびその周辺部）にシーア派のファーティマ朝が起こってカリフを名乗り、イベリア半島コルドバにウマイヤ朝の末裔が建てた後ウマイヤ朝でも八代目のアミール・アブド・アッラフマーン三世がカリフと称したことで、三人のカリフが併存する事態になる。アッバース朝はその後徐々に衰退。九四五年、バグダードを占拠したブワイフ家はアッバース朝のカリフに大アミール（世俗の支配者）の称号を認めさせ、一〇五五年にセルジューク朝に倒されるまでイラン・イラクを統治する。なおバグダードの公立図書館第一号の創設者は、ファールス地方を治めていたブワイフ朝のアミール、バハー・ウッダウラの大臣を務めたサブル・ベン・アルデシャイールだ。その図書館は九九一年の創立で一万冊が所蔵されていたという。その後も次々と図書館が建てられ、一時期バグダードには三六の図書館があったとされる。

ところで、アラブ随一の詩人ムタナッビーにこんな逸話が残されている。九一五年クーファ（現イラク）生まれのこの大詩人は、「最良の友は書物だ」と公言するほどの愛書家だった。九六五年、ムタナッビーはケルマーン地方（現イラン）を治めていたブワイフ朝のアミール、アドゥド・ウッダウラに呼ばれてシーラーズの宮廷に出向いたあと、バグダードへの帰り道でベドウィン族の強盗団に襲われ、抵抗して命を落とした。逃げ出すのは自分の詩句にもとると考えたのかもしれない。

おお、夜も砂漠も愛しの駿馬も、
ここまで私を熟知しているとは。
槍や戦闘も、
そしてペンと紙までもが。

過去に例を見ないほどに、学問分野で極みに達したイスラム文化は、チンギス・カンとその後継者らによって無残に破壊された。さらに時代を下った一三九三年、同じくモンゴル系の軍事指導者ティムール率いるティムール朝の軍隊が、またもやバグダードを攻撃し、手当たり次第に人々を殺害し、建物を破壊した末、シリアを目指し、その地も壊滅させた。兵士らは敵の書物の命もすべて殺していったのだった。

第4章 中世の誤った熱狂

アベラールの禁書

偉大な思想家たちの人生は、大抵何らかの危険にさらされる。ソクラテスは牢獄で毒杯を仰がざるを得なかったし、プロタゴラスはアテナイで著作が燃やされる場面を目の当たりにした。デモクリトスは世に煩わされずに思索に没頭するため、オイディプスの悲劇のごとく自分の目を引き抜き、プラトンはすんでのところで殺されずに済み、アリストテレスは非情な人間だと非難を浴び、カルキスに逃げる羽目になった。

中世フランスの哲学者・神学者ピエール・アベラールもその呪いを免れなかったひとりだ。彼は一一一七年頃、ノートルダム大聖堂参事会員の姪エロイーズとの不適切な恋愛事件（二〇歳以上年の離れた若い娘を妊娠・出産させ、秘密裏に結婚するなど）を起こしたことで、去勢される事態に至った。後年修道院長になったアベラールが、友人宛てに往年の恋を綴った書簡をきっかけに、女子修道院長となっていたエロイーズとの文通が始まる。それがのちの世に広まった愛の書簡集『アベラールとエロイーズ』だ。

その間にもアベラールはたびたび物議を醸している。独自の三位一体説を展開した著作『三位性と一位性について』がソワッソン公会議（一一二一年）で異端判決を受け、同書の焚書《ふんしょ》と聖メダルドゥス修道院への幽閉を宣告された。約二〇年後には『神学への導き』がサンス公会議（一一四〇年）で異端とみなされ、アベラールの詭弁ぶりを懸念した教皇インノケンティウス二世は一一四一年頃、全著作の焚書を命じたうえで、彼のことを〝キリストの敵である地獄のドラゴン〟と称したともいわれている。

それから約八世紀を経た一九二〇年、米国の裁判所は『アベラールとエロイーズ』の流通を禁じる判決を下した。その理由は彼の著作が、過剰に人間の情緒を擁護し、知識人らを官能や性行為に導くからだという。

反逆者エリウゲナ

アイルランドの反逆精神の後継者、謎に包まれたエリウゲナことヨハネス・スコトゥス・エリウゲナ（八一〇年頃‐八七七年頃）は、中世でもひと際異彩を放つ哲学者のひとりである。八四五年頃、カール大帝の死後しばらくして分裂した西フランク王国の初代シャルル二世（禿頭王《とくとう》）に招かれ、宮廷学校で教鞭をとった際には、多くの学生を集めたといわれる。ギリシャ語を完璧に操るエリウゲナは王に依頼され、八六〇年から八六二年にかけて偽ディオニシウス・アレオパギタの著作（五世紀末から六世紀前半に成立したとされる神学的文献群）をラテン語に翻訳した。また彼自身の著作で最も有名な『自然区分論』は、一六、一七世紀の哲学者ジョルダーノ・ブルーノやスピノザらに影響を与えたとされる。その意義はけっして小さくない。

だが、あまりに汎神論的なその見解はのちの時代に異端とされ、教皇ホノリウス三世は一二二五年のセンス教会会議で各修道会と教会に、彼の著作を燃やすよう勧告した。大文豪ボルヘスはこの本の〝火刑〟を次のように語る。《エリウゲナが説き、論争となった作品『自然区分論』第五巻は公衆の面前で燃やされた。ある意味それは愛書家の熱情をかき立てるには好都合なやり方だった。なぜなら、それによってエリウゲナの作品がわれわれの手元に届く結果を生んだのだから》[1]

一方で神学者でもあったエリウゲナは、キリストの贖罪による救済は永遠の栄光を与えられた人にしか及ばないというベネディクト会の神学者ゴットシャルクの主張を異端とみなし、真っ向から反論した。自著『予定論』で主張したように、神は全知全能の存在であり、何人《なんびと》も神と無関係ではない。それゆえに、永罰が運命づけられているわけなどあり得ないと否定した。

エリウゲナの最期に関して、一二世紀イングランドの歴史家でベネディクト会士でもあるマームズベリのウィリアムが興味深い記述を残しているが、おそらく偽説と思われる。彼によればエリウゲナは教えていた修道院の学校で、彼の虐待にたまりかねた少年らから刺殺されたというのだが、疑わしい話ではある。[2]

タルムードその他のヘブライ語の書物

五世紀前後に編纂されたタルムード（エルサレム・タルムードが四世紀末、バビロニア・タルムードが五世紀末に成立）。ユダヤの律法の口伝と注解の集大成であるこの書物は、中世から現代に至るユダヤ人の精神文化を知る重要文献といわれている。と同時に人類史上、最も迫害された書物のひとつでもある。

エジプトでは一一九〇年、新約聖書の四福音書の正当性を主張するために、タルムードの排除を命じた者がいた。一二三九年には教皇グレゴリウス九世が多くの監察官を任命し、彼らにタルムードを探し出し、見つかった場合には燃やすよう命じている。一二四四年にはパリで、数十人ほどのカトリック聖職者が、何百冊ものタルムードを燃やしている。一二四七年から四八年にかけては王権の強化が進んだフランスで、ルイ九世が配下にタルムード探しと破壊を命じている。一二八四年には父のあとを継いだフィリップ三世が、一二九〇年から九九年にはフィリップ四世が、やはり同様におびただしい数のタルムードを灰にした。

一三一九年にはフランス南部ペルピニャンとトゥールーズの教会が何十冊と燃やしているし、二二年には教皇ヨハネ二二世が公衆の前で燃やさせた。一四九〇年にはスペイン・サラマンカでアウトダフェ（異端審問判決式）が行なわれ、タルムードをはじめとするヘブライ語書物が焚書にされた。[3]一五五三年九月にもローマの聖職者らの一団がタルムードをかき集め、カンポ・ディ・フィオーリ広場で燃やす決定を実行した。[4]一五五九年四月あるいは五月、ユダヤ教の本の印刷所があった町クレモナでも、ヘブライ語の書物一万二〇〇〇冊が燃やされた。

一方ドイツでは、古典ギリシャ語の権威で、キリスト教徒でありながらヘブライ語やカバラの研究に打ち込んだ人文主義者ヨハンネス・ロイヒリン（一四五五－一五二二年）と、改宗ユダヤ人で迫害者側に転じたドミニコ会士ヨハン・プフェッファーコルン（一四六九－一五二三年）の「ユダヤ教の書物は非キリスト教であるがゆえに焚書にされるべきか否か」をめぐる論争が有名だ。一五〇九年、神聖ローマ皇帝マクシミリアン一世はプフェッファーコルンの歪んだ信心深さに後押しされる形で、帝国内に存在するタルムードすべての破壊を命じた。これに対しロイヒリンが激しく反発。神学的観点からタルムードと、カバラの神髄が詰まった『ゾハール（光輝の書）』をはじめとするヘブライ語の書物、ヘブライ聖書やタルムードの注解者として有名なフランスの学者ラシや、同じくフランスの哲学者・数学者・天文学者のゲルソニデス、スペインの詩人イブン・エズラ、北アフリカのタルムード学者でトーラー（モーセ五書）の編纂者でもあるナフマニデスの研究書の使用を擁護した。ただし、ユダヤ教的視点からイエスの生涯を物語った『トルドート・イエシュ（イエスの生涯史）』など、イエスを中傷するような記述のある本については対象外だったようだ。

無知ゆえにか恐れゆえにか、あるいは密かに抱いていた公平さへの切望ゆえにかはわからないが、皇帝は一五一〇年、以前発布した勅令（タルムードの破壊命令）を撤廃した。ところが今度はロイヒリンのヘブライ語やカバラ研究が論争の対象になり、一五一三年に異端として告発される。彼は激しく抗弁し、判決が二転三転した末、最終的に無罪となったが著作は有罪となり、一五一四年、ケルンの住人たちは彼の著書が焚書にされるのを目撃している。

一六三五年にポーランド・ルブリンで出版された旅行家ゲルション・ベン・エリゼル・ハレヴィの『イスラエルの地ゲリロテ』も、刊行直後にワルシャワでイエズス会士らによって焼かれている。その後、本の消滅を回避すべく、一六九一年に第二版が印刷されたという。

比較的近い時代でタルムードが焚書されたのは一七五七年、同じポーランドでのことだ。ポーランドのカミェニェツ＝ポドルスキ（現ウクライナ）の信者らが、手に入れた約一〇〇〇冊のタルムードを公然と破壊した。もちろんだいぶあとの出来事とはいえ、ナチス時代のドイツもタルムードを消滅させる機会を見逃すことはなかった。その件については後段で触れたい。

マイモニデスに対する検閲

中世の最も偉大なユダヤ教思想家と称されるマイモニデス（モーシェ・ベン・マイモーン）は、医師・ユダヤ教神学者・哲学者として活躍し、後世に多大な影響を及ぼした。

マイモニデスは一一三五年、イスラム王国ムラービト朝統治下のスペイン・コルドバで、ラビ（ユダヤ教の宗教指導者）の家系に生まれた。さまざまな民族に支配され、その時々の文化を吸収してきたイベリア半島で、ユダヤとイスラムの文化に育まれて育ったわけだ。まさに彼自身が数々の矛盾を内包したスペインを体現していたといえるが、一一四七年のムラービト朝崩壊後、イスラム教徒やキリスト教徒による迫害を逃れ、スペイン南部、北アフリカ、パレスチナと脱出と移住を繰り返し、不幸続きの人生は穏やかならざるものだった。ようやくエジプトに落ち着くと、二三歳の頃からヘブライ語で書き始めていた、『ミシュネー・トーラー（"第二のトーラー"の意）』を一〇年越しで完成させた。これはユダヤ法に関する膨大な資料を体系的に分類し、法典化したもので、『ミシュナー注解』とともに高く評価され、彼はユダヤ教徒・イスラム教徒の双方から多大な敬意を表される人物となる。一一七六年には、のちに世界中で彼の名声を高めることになる著作『迷える者の手引き』に着手する。これは、信仰を失った哲学者たちに、アリストテレス主義や新プラトン主義などギリシャ哲学とユダヤ教の融和を呼びかけたアラビア語の論文で、ラテン語に翻訳され、アルベルトゥス・マグヌス、トマス・アクィナスら、キリスト教神学者にも影響を与えた。

医師としても名声を博し、エジプト・アイユーブ朝の宮廷医にもなったマイモニデスは、医学書や教訓的な書簡集も執筆している。後者の代表例としては『イエメン書簡』『背教についての書簡』、占星術を扱った予言的な研究書『マルセイユの共同体への書簡』などが挙げられる。彼は死の間際にアリストテレスの著作の幻影を目にし、それらの本のいくつかの段落を訂正しようと思ったが叶わず、一二〇四年に永眠したとされる。

しかしながらマイモニデスの死から年月が過ぎ、著作が世界中で読まれるようになると、各地で燃やされる事態に陥った。一二三二年にはフランス・マルセイユ、翌三三年にはモンペリエで焚書の憂き目に遭っている。マイモニデスの神に対する見解に耐えられなかったドミニコ会士らが、次から次へと彼の本を焚書にしたのだった。

ダンテの悲劇

ダンテ・アリギエリ（一二六五‐一三二一年）の生涯は悲しむべき出来事だらけである。西ローマ帝国の後継国家を自称した神聖ローマ帝国で、皇帝と教皇が対立していた時代、教皇派が支配していたフィレンツェで、ダンテは内部抗争に敗れて永久追放となり、フィレンツェに戻れば即刻焚刑《ふんけい》との宣告が下された。放浪の最中にも何度となく殺されかけ、亡命先では同志たちとも決別、ダンテは孤立してしまう。一三一二年神聖ローマ皇帝に即位したハインリヒ七世が、イタリア各地を遠征しフィレンツェで反対派を敗北させたことで、皮肉にもダンテに祖国帰還の希望が芽生える。しかし同皇帝は翌年マラリアで急逝。その後フィレンツェを支配した為政者は一三一五年、高額の罰金を支払ったうえで、公の場で犯罪者であると自ら告白し、保護観察下に置かれることを条件に、亡命者たちに帰還を促した。だがダンテはこれを拒否。過去の死刑宣告は撤廃されたものの永久追放となり、ラヴェンナの領主に庇護され、その地で客死している。ダンテは一三一三年頃の著作『帝政論』のなかで、世界平和のためには人類がひとりの皇帝の治める世界帝国のもとにひとつにならなければならないと主張した。そこには帝国の権威は教皇ではなく直接神に由来すると説かれていたため、反感を買って一三一八年、ロンバルディアで燃やされた。

ダンテの作品は、その後もたびたび焚書にされている。一四九七年にはフィレンツェで、一五八一年頃にはポルトガルで、かなりの数の『神曲』が没収され、破壊された。ひょっとしたらダンテは自分を待ち受ける運命を理解していたのかもしれない。だからこそ作品中で主人公が最初に遭遇するのは地獄だったのだろう。

〝虚栄の焼却〟

今頃になって教皇庁は、ドミニコ会士ジロラモ・サヴォナローラが聖人だったかどうかの検討を命じたらしい。しかしながらルネサンス期に彼は、教会の堕落、社会の腐敗を糾弾し、厳格なまでにイエスの信条に倣うことを強く求め、カトリック教会全体の土台を揺るがしたのだった。

市民の退廃ぶりや教皇の不品行、権力者らの傲慢な態度を批判したこの修道士は、いわば終末論症候群を患っていたようなものだ。人類が堕落したために世界の終わりが到来するという強迫観念に取り憑かれていたのだ。過去に何人もの人物が同じように、天災や疫病の蔓延は人間の罪が原因であると主張しては、世界終末と千年王国（再臨したキリストが統治する王国）の到来を説き、民衆の心を利用しようとした。

つねに論争を巻き起こしたサヴォナローラは一四五二年、イタリア・フェラーラに生まれた。大学時代の彼が神学者トマス・アクィナスの熱心な読者だったことや、絵や詩では大成できなかったこと、その後は雄弁な修道士として、一五世紀イタリアを代表する名門で、ルネサンスの後援者《パトロン》としても知られるメディチ家支配のフィレンツェにはこびる享楽や腐敗、同性愛や淫乱に溺れる者たちを激しく非難したことは、知っておいても損はない。サヴォナローラは「ヨハネの黙示録」の終末論を持ち出し、神がいずれ堕落した聖職者とイタリアを罰するとの説教を人々に繰り返した。敵対していたメディチ家が一四九四年、大軍を率いて侵攻してきたフランス王シャルル八世に屈して信望を失い、一時期フィレンツェから追放されると、サヴォナローラは自分の提唱する神政政治を実現しようとした。聖職者らには清貧の理想を重視して質素な食事や服装を心がけるよう命じ、一般人に対しては世俗的な芸術や豊かな市民生活を批判。彼の矛先は当然、かつてメディチ家に庇護されていた芸術家や文学者らの作品にも容赦なく向けられた。

　サヴォナローラは、先のシャルル八世の勝利こそが神の怒りのしるしであると主張して、世紀末の民衆の心をつかんだものの、娯楽の過剰な取り締まりに不満を募らせた市民も多かった。加えて教皇領の私物化を批判して教皇アレクサンデル六世を激怒させ、服従を拒否して破門されてしまう。一四九七年二月七日、サヴォナローラは四旬節（復活祭に先立つ四六日間）の前に行なわれるカーニバルを無益なものとみなし、代わりに悔悛の祭りを強行する。[5]彼の弟子ドメニコ・ブオンヴィチーニ修道士は人々に対し、人間の虚栄心の表れとなる品々を市庁舎前の広場に集めるよう要求した。サヴォナローラの大聖堂での説教後、家々から装身具や美術作品といった〝虚栄の品々〟が集められた。なかには率先して協力した子どもや少年らが、一軒一軒ドアを叩き、半ば強奪する形で持ってきた品物もあったという。[6]その後、広場に舞台が設置されていくのだが、その様子を英国の歴史ジ

ジロラモ・サヴォナローラ

ャーナリスト、ピーター・ワトソンがうまく描写している。

> 祭りのために築かれた構造物の中央には、階段状のピラミッドが作られていた。最下段にはカーニバルで使用された仮装用の衣装や仮面、つけひげやかつらが並べられ、次の段には写本や印刷した書物がいくつも置かれていた。古代ローマやイタリアの詩人の作品、そのなかにはペトラルカやボッカチオの著作もあった。さらに上の段には女性用の装身具類（手鏡・ベール・化粧品・香水）が置かれ、その上にはリュートやハープといった楽器とトランプやチェスの駒。奇妙な建造物の最上段は二段になっていて、特に目を引く絵画が並んでいた。ルクレティア、クレオパトラ、ファウスティナ、ベンチーナなど、どれも絶世の美女と称された人物画ばかりだ。それら〝虚栄の品々〟に火が放たれる様子を、市庁舎の職員や政治家たちが宮殿のバルコニーから見守っている。音楽が演奏され歌声が響き渡り、教会の鐘がけたたましく打ち鳴らされる。その後、人々は皆サン・マルコ広場へと移動し、そこで三重の同心円を作って踊り始めた。内側の円には修道士たちが、ふたつ目の円には天使のような恰好をした子どもたちを連れた聖職者らが並び、一番外側の円は一般市民が形作った。[7]

この〝虚栄の焼却〟の儀式によって、魔術書や『ゾハール』をはじめとするカバラの書物、オウィディウスやカトゥルス、マルティアリスなどローマ期の詩人やダンテの著作、流行の恋愛詩集が燃やされた。当時の修道士らが嫌悪していたプラトンの『対話編』、ボッカチオの『デカメロン』もこれを免れなかった。一方サヴォナローラの信奉者だったサンドロ・ボッティチェリやヴェロッキオの弟子のロレンツォ・ディ・クレディら芸術家は、異教色のある自身の絵画作品が燃えていく

1498年，フィレンツェで“虚栄の焼却”さながら火刑に処されるサヴォナローラ修道士

さまを、恍惚とも諦観とも思える目で眺めていた。貴族たちの宴会で使用した諸々の楽器も、世俗的な芸術の一部として燃やされた。

自らを不死身の聖画像破壊者だとみなすサヴォナローラだったが、まさかその一年後、自分が教会から吊り落としの刑[8]で拷問され、市庁舎前の広場で絞首後に、自身の説教集や論文、小冊子とともに火焙りになるなど考えもしなかったに違いない。もっとも彼の支持者たちは――自分でも説明がつかぬままに――高揚した気分で、火刑の火ができるだけ長く保たれるように協力したという。一四九八年五月二三日、フィレンツェで火刑に処されたサヴォナローラの遺灰は、その後アルノ川に撒かれた。

サヴォナローラは今わの際に、かつての宿敵メディチ家の、失脚させられ

た人物が口にした言葉を思い出しただろうか。《敗者にはすべての罪を負わせ、勝者には崇高な事柄すべてが与えられる》

キリスト教のなかの異端

中世のカトリック教会では異端を〝宗教上の過ち。教会で主張する真理に、自分の意志で反対し続けること〟と定義していた。この概念は神学的・実践的手順を経て、組織が異端行為と戦う仕組みを助長する。そのため教会権力に従わない、あるいは反抗的な姿勢を示す者たちに対し、迫害を正当化できる状況にも導いてくれる。

一一世紀にフランス北部のヴェルテュで起こった事件を紹介しよう。農夫のルタルドはある日、来《きた》るべき世界終末に備え、使命を果たすときが到来したとの神のお告げを受けて、妻を離縁したうえ、教会の十字架を破壊して、十分の一税を払う必要はないと主張し、人々を煽動した。最終的に同地区の司教に異端のかどで訴えられ、有罪となったルタルドは自殺に追い込まれたという。

これなどは非常にわかりやすい例だが、中世に異端とみなされた個人や分派はあまりに多種多様で、本当の動機や目的も見えにくい。二世紀の北アフリカに起こったとされるアダム派は、人間は生まれたままの姿、つまり裸の状態に回帰する必要性を声高に主張。三七〇年に初めて文献に登場するエウキート派は、悪魔も神の子であると考え、受け入れる。一〇世紀の中頃にブルガリアの司祭ボゴミルによって開始され、イスラム教が入ってくる一四世紀までバルカン半島で信仰されていたボゴミル派は、あらゆる社会制度・教会・典礼を否定し、徹底した禁欲と善悪二元論を説く。ボゴミル派の思想が交易路を通じて東ヨーロッパから運ばれ、一〇世紀半ばにフランス南部で発祥したといわれるカタリ派（アルビジョア派）は、極端な善悪二元論を教義とし、神との仲介者たる教会や聖体拝領をはじめとする秘跡を拒絶した。一二三〇年ハンブルクに現れたシュタディンガー・ムーブメントの信者たちは完全自由なセックスを擁護し、一二五九年に出現した鞭打ち苦行派たちは、より多くの者が三三日間鞭打ちを続けることで救われると唱え……といった具合だ。

ここから先は、異端の迫害に絡んだ書物の破壊をランダムに挙げてみよう。

一二〇八年、教皇インノケンティウス三世は、カタリ派掃討を目的としたアルビジョア十字軍を結成して派遣。兵士らはカタリ派を保護する領主たちの撃退と信徒の虐殺に加え、彼らが所有していた本、彼らの教義に関連する書物の焚書を実施した。シトー会士ハイステルバッハのカエサリウスの記述によると、パリ市内では物理学の専門書の読書が禁止され、同時代の哲学者・汎神論者ディナンのダヴィドの著作と『ガリアの書』と呼ばれる一連の書物が燃やされた。[9]

その前後の時代のフランスに目を向けると、一一五五年、説教家として知られるブレスのアルナウドの演説集が焼かれた。一二一五年、哲学者ベナのアマルリクスの著作が、第四ラテラン公会議で教皇インノケンティウス三世による有罪宣告後、焚書になっている。アマルリクス派の創設者である彼は、神と神の被造物である人間は、全であり一である神の投影にすぎないとの説を主張した人物だ。隣のイタリアでは、神学者で神秘思想家のフィオーレのヨアキムとその弟子たちの作とされる『永遠の福音書』という本が、彼の死後五〇年以上経った一二五六年頃に、異端との理由で破壊されている。

一三一〇年五月三一日、中世フランスの代表的な女性神学者マルグリット・ポレートが死刑判決を受ける。神秘的な愛について綴った著作で、ラテン語、イタリア語、英語などに翻訳されて広く読まれた『素朴な魂の鏡』[10]が異端の罪で訴えられる原因となったのだ。それでも彼女は自説を撤回せず、翌六月一日、著作とともに火焙りにされた。しかし同書はその後も密かに読み継がれ、現代まで伝わっている。一三二二年、ロラルド・ワルテロも、堕天使ルシファーの正当性と将来の天への帰還を説いたかどで、自分の作品とともにケルンで火刑に処されている。

フランスのカタリ派とともに代表的な異端とされるワルドー派に関しては、信徒自身が組織的に文書を破壊したため詳しいことはわからないと歴史家たちは述べる。一一七三年、〝リヨンの貧者〟と自称していたリヨン市民のピーター・ワルドー（一一四〇年頃‐一二一七年頃）によって創始された信徒宣教運動で、カトリック教会の欺瞞に反対し、清貧に立ち返るべきだと主張。禁欲的な生活を旨とし、南フランス、北イタリアで活動した。

腐敗した聖職者たちの教えを否定し、聖書から学ぶべく禁じられていた翻訳に着手。生活言語に訳して独自の解釈を展開したため一一八二年、ワルドーは教会から破門され、合法的な活動ができなくなる。一一八四年には異端宣告もされ、一二〇八年、南フランスの信徒たちはカタリ派とともにアルビジョア十字軍に抹殺された。

ワルドーの死後も彼の遺志は支持者たちによって継承されていくが、一三世紀から一九世紀半ばまで執拗なまでの迫害を受け続けた。一二三二年、教皇グレゴリウス九世によって南フランスに異端審問所が設置され、都市部を中心に異端追跡が開始される。アルビジョア十字軍による虐殺時にわずかに生き残ったフランスの信徒たちは、イタリアの信徒たちとピエモンテのアルプスの谷間に潜んだ。オーストリア、ドイツ、ボヘミアへと散っていった者たちもいる。教会側の迫害に抵抗するワルドー派の姿勢は、権力に屈しない象徴であっただけに、各地でたびたび虐殺事件が発生した。宗教改革の時代になると、ワルドー派もこれまでどおり隠れ住んで教理を守るか、宗教改革運動に参加するかの選択を迫られ、協議の結果プロテスタント側に与し、スイスの改革派教会に合流した。一五六一年六月五日、サヴォィイア公エマヌエーレ・フィリベルトがカヴール講和条約によりワルドー派の自治を認めると、谷への攻撃はやんで、しばし平穏な時が訪れるが、長続きはしなかった。一六五五年四月の復活祭に、講和条約を無視して、教皇庁から了解を得たサヴォイア家とフランスの連合軍が谷に進軍。ワルドー派を欺き、谷に侵入すると、非武装の人々に対し大虐殺を行なった。本や文書は残らず焼かれ、捕らえられた者たちは、火焙りにされた。その後も迫害はやまず、虐殺や監禁先での病死、カトリックへの改宗、奴隷として売られるなど信徒の数は激減したが、それでもワルドー派は屈せず、スイスへの亡命と帰還を経て、一八四八年にようやく市民権を獲得した。

異端はいつも宗教上のものとは限らない。政敵や反対派駆逐の口実とされた場合もある。たとえば一三二八年、教皇ヨハネ二二世は一冊の本の焚書を命じている。単に教皇が必ずしも全能ではないと疑問を投げかけたかどでだ。《その時期に教皇は、全八巻中一巻を書いた聖職者二名に有罪宣告を下している。彼らは著作のなかで、皇帝は自分の思うままに他者を罰することや他者の悪癖を正すこと、結婚式を執り行なうこともでき、教会の所有財産も意のままに扱えることを証明しようとした。それが原因だった[11]》

一四六三年八月一六日、フランス中部ディジョンのホテルで、メシエ・ジャン・ボンヴァルレという男が、聖職者数名と地元の名士であるジャン・デ・モレーム、エイメ・デシェノン、ジャン・ロブステル、エイメ・バルジョドとともに、ある魔術書を焚書にする決断を下した。関係者全員がその書に恐れを抱き、異端とみなしたからだと、一九世紀に同国の書誌学者ガブリエル・ペイニョが記している[12]。

また一四七三年五月二三日頃、スペインのアルカラ・デ・エナーレスでは、サンタ・マリア教会の正門前で異端の公開処刑が行なわれた。火刑に処せられたのは、サラマンカ大学の神学部教授ペドロ・マルティネス・デ・オスマの著作『告白』だった。その本は市中を引きまわされたあと、人々から唾を吐きかけられた末に焼かれた。それに先立ち、著者マルティネス・デ・オスマには破門の宣告がなされたという。[13]

第5章 中世スペインのイスラム王朝とレコンキスタ

アルマンソルによる焚書

七一一年、ウマイヤ朝配下のイスラム軍が、ジブラルタル海峡を越えてイベリア半島に侵入し、西ゴート王国を滅ぼすと、数年のうちに北部山岳地帯を除く大部分を占領した。ウマイヤ朝のカリフはその領地をアル・アンダルスと名づけ、コルドバに拠点を置くと、本国の首都ダマスカスからアミールと呼ばれる総督を派遣して統治させていた。七五〇年にアッバース革命でウマイヤ朝が滅亡し、アッバース朝に代わっても、本国の首都（バグダード）からアミールを派遣する統治の仕方は継続された。七五六年、ウマイヤ家で唯一生き残ったアブド・アッラフマーン一世がイベリア半島に落ち延び、バグダードから派遣されたアミールを倒すと、自らアミールを称して独自の支配を開始する。これが後ウマイヤ朝の起こりで、以後三世紀近くにわたって勢力を増強させ、一〇世紀に最盛期を迎える。

八代目アミールのアブド・アッラフマーン三世は、軍事力を強化して北部山岳地帯のキリスト教諸国、北方から攻めてくるフランク王国やノルマン人（バイキング）を制すると、南方のチュニジアに興ったファーティマ朝を牽制すべく九二九年、自らカリフとして即位する。その一方で、諸外国との交易を奨励し、王朝を大いに発展させた。首都コルドバの宮廷には哲学者や詩人、医師や数学者らが続々と招かれ、留学生が集まる諸学問の中心地となる。泉のある穏やかな庭園、公衆浴場、宮殿も建設され、さまざまな人種、宗教、言語が共存する友愛に満ちた雰囲気がこの地を支配した。

父のあとを継いだハカム二世は、慎重で慈悲深く、ねばり強い性格が功を奏し、王国は平穏のうちに栄華を極めている。自身も優れた文化人で、賢人たちとの会話を楽しみのひとつとしていた二代目カリフは、〝西方の真珠〟の誉れ高い首都コルドバにふさわしい、中世ヨーロッパ随一の図書館の建設を決心する。この時代、スペイン全土には六〇の図書館が存在したと推定されている。

その後の数年間ハカム二世は各地に使者を遣わして、自分が世界中の良書の写本を求めている旨を伝えさせ、多くの貴重な本を入手した。アル・ズバイディを中心とするカリフの顧問らは、図書館の蔵書用に、ありとあらゆる分野の書物四〇万冊を選定した。図書目録は少なくとも四四巻作成され、どれも五〇ページほどあったという。何よりも驚かされるのは、ハカム二世がすべての蔵書に目を通したと口にしている点だ。彼は自分が読んだ本一冊一冊の冒頭あるいは末尾に、著者について知り得る限りの詳細な情報を添えるのを習慣にしていた。書物への熱意が並々ならぬ人物だけに完璧な入手ルートを築き、バグダードやシリアで刊行された本を、現地の者よりも先に読んでいるとまで噂されるほどだった。

九七六年にハカム二世が死去すると、まだ少年だった息子ヒシャム二世がカリフの座を引き継いだが、父の側近だったアルマンソル（勝利者）ことアブ・アミル・ムハンマド・アル・マンスール（九三八年頃－一〇〇二年）の野望に阻まれ、実権を奪われる。

アルマンソルは九七八年、カリフの侍従に就任する。名目はカリフの補佐役だったが、九八一年にはコルドバの東に造営した新都市マディーナ・アッザーヒラ（光輝の町）に行政府を移して、独裁政治を行なった。アルマンソルは数々の強硬政策を実施、北西アフリカのベルベル人やキリスト教徒のカタルーニャ人、スラヴ人からなる外国人傭兵部隊を組織して、約五〇回にわたって北アフリカやイベリア半島北部のレオン王国、ナバラ王国、カスティーリャ王国、ガリシア王国のサンティアゴ・デ・コンポステーラなどキリスト教諸国に進軍しては、破壊と略奪行為に及んだ。また彼はハカム二世の図書館の蔵書で、イスラム教徒にとって神聖でない本をすべて焼くよう命じている。いわれるままに集められた大量の本が山積みにされて火が放たれ、燃え尽きるまでに数日間を要したという。アルマンソルは自らの手でコーラン全文を書き写したともいうので、イスラム教の狂信者となっていたのかもしれない。おかげで今日、ハカム二世の図書館にあった蔵書は、九七〇年と記された一冊が現存しているだけである。宿命だったかどうかは定かではないが、アルマンソルは一〇〇二年、遠征先のキリスト教国との国境地帯の町メディナセリで病に倒れ、ゆっくりと、それも苦痛に苛まれて死を迎えたといわれている。そうして生涯繰り広げた戦闘で、塵へと帰っていったのだった。

イブン・ハズムの禁じられた詩

アルマンソルの死後、一〇年も経たないうちに後ウマイヤ朝は衰退する。息子のアブド・アルマリクがカリフの侍従の座に就くが、公平さに欠く執政で反感を買った。一〇〇八年、コルドバで起こったクーデターでアルマリクは殺害され、ヒシャム二世は退位させられる。その後、後ウマイヤ朝では六人ものカリフが即位。互いに争い合う内乱に突入し、北部のキリスト教国を味方につける者まで現れた。

後ウマイヤ朝末期の詩人イブン・ハズム（九九四－一〇六四年）は、愛を論じた最良の書と称される『鳩の頸飾《くびかざ》り』の著者として知られる。父親は後ウマイヤ朝のカリフ・ヒシャム二世の宰相で、彼自身もアブド・アッラフマーン四世、アブド・アッラフマーン五世、ヒシャム三世の宰相となるが、一〇三一年に最後のカリフ・ヒシャム三世が退位させられると、コルドバを逃れ、セビリアへと向かう。後ウマイヤ朝の滅亡後、イベリア半島全土は、コルドバ王国、セビリア王国、グラナダ王国、バレンシア王国、サラゴサ王国など、タイファと呼ばれるイスラム教諸王国が分立するようになる。

イブン・ハズムはイスラム法学のザーヒル派に属する法学者でもあった。当時のアル・アンダルスはマーリック派が主流だったが、イブン・ハズムは法律上の規定はコーランとハディースに忠実であるべきで、個人的な見解や類推、合意などで決めるべきではないと、マーリック派の法学者たちを批判したことで迫害の憂き目に遭う。

セビリア王国の王アル・ムタディドは詩人たちの後援者《パトロン》であるばかりか、妻も息子らも詩人であったにもかかわらず、イブン・ハズムの四〇〇編近くある全著作の焚書《ふんしょ》を命じた。すべての作品を消し去るには至らなかったが、詩人を震え上がらせるには十分だったようだ。ところが後年、彼は思わぬ報いを受けることになる。ある歴史家によると、アル・ムタディドは権力を失ったあと、モロッコに追放され、不毛の地で飢えを味わいつつ、何百行もの詩を書き連ねたという。流刑先で、かつて屈辱を味わわせた男と同じ詩人になるとは、何とも皮肉な話だ。

一一世紀末から一二世紀にかけて、タイファ諸国は一時期イスラム王国ムラービト朝に征服される。しかし間もなくムラービト朝が衰退すると、再び台頭した。次いでムラービト朝を倒したムワッヒド朝に支配されるが、これも程なく衰退し、三度《みたび》タイファ諸国が台頭する。とはいえ、イスラムの小国家にはかつてのような勢いはすでになく、キリスト教諸国との立場はすっかり逆転していた。

イベリア半島北部山岳地帯に目を転じてみる。厳しい気象条件と不利な地理的条件から、イスラム王朝の支配を免れたこの地域には、西ゴート王国の末裔らキリスト教徒が逃げ込み、七一八年のアストゥリアス王国建国を皮切りに、それぞれ小国を成立させた。当初は点在していたが、カスティーリャ王国とレオン王国、アラゴン王国とカタルーニャ王国が、イスラム打倒を目指して連合し、次第に軍事力を強め、南方への進軍を続けた。なかには一二世紀カスティーリャ王のアルフォンソ七世のように、武力を行使するだけでなく、イスラム勢力が分裂するよう仕向けた者もいた。イスラム王朝に衰退の兆しが見られると、キリスト教軍はさらに勢いづき、各地で圧勝、さらなる南進を続け、一二五一年にジブラルタルに達する。この時点でキリスト教諸国側は、同盟関係にあったグラナダ王国のナスル朝（一二三〇年建国）を除き、すべてのイスラム勢力を駆逐していた。アルハンブラ宮殿を中心とするナスル朝支配下のグラナダには、キリスト教徒に追われたムスリムやユダヤの商人や賢者たちがこぞって移り住み、経済的にも文化的にも繁栄していたが、一四六九年、カスティーリャ＝レオン王国のイサベル王女とアラゴン＝カタルーニャ王国のフェルナンド皇太子が結婚。内戦を経て一四七九年に双方の即位が認められ、かつてない強大な連合王国、スペイン王国が誕生した。夫妻が国家統一のために最初に着手したのが唯一残ったイスラム王朝ナスル朝の征服で、一四八一年にグラナダ攻撃を開始し、一一年半の包囲の末にようやく陥落させた。七一八年に始まり一四九二年に完了する、これらイベリア半島のキリスト教諸国による一連の国土回復運動（再征服運動とも）を、レコンキスタと総称する。

シスネロスとコーランの破壊

しばしば人の噂は、誇張された真実の場合がある。一五〇〇年一月あるいは二月のこと。旧都グラナダに暮らすイスラム教徒たちは、初めはある種の期待とともに、終わりは驚きとともにそれを実感することになった。すべては老人と女性たちの叫び声で始まった。すぐに騒ぎは広まり、憤慨した群衆らは通りという通りに集結する。フランシスコ・ヒメネス・デ・シスネロス[1]という名の厳格な聖職者が、新たな信仰への統合のため一方の信仰を排除するという過激な命令をしたとの話が広まった。住人の混乱は大きかった。何しろ噂となっている人物は、それまでにも異教徒らの改宗に執心するあまり、たびたび問題を引き起こしてきた張本人だったのだから。

聖職者と兵士らが家々を回り、イスラム教徒に暴力と罵りを浴びせては、古い聖典、異端の神の象徴のひとつである書物コーランを燃やす時期が到来したと告げる。一四九二年の陥落以来、グラナダはキリスト教徒の支配下にあったが、それでもイスラム教徒の反発は強いものがあった。なかには没収されまいとコーランを地中に埋めた者もいたが、徹底した捜索によって五〇〇〇冊以上の本が押収された[2]。

レコンキスタに勝利し、教皇アレクサンデル六世から〝カトリック両王〟の称号を与えられたフェルナンド二世とイサベル女王は、迷うことなく焚書を許可した。イサベルの聴罪司祭だったシスネロスから、住民らが秘密裏にイスラム教の本を読むような町に寛容であるのは危険だと進言されたからだ。シスネロスは、王たちがイベリア半島の統一を宣言し、イスラム王朝の君主を降伏させ、ムスリムたちに新たな信仰を強制するだけでは満足できなかった。異なる宗教を排除するために、行動を起こす必要がある。ムハンマドという名の男の世界観と教えが綴られた書物、いつ何時《なんどき》敵が結束する牽引力ともなりかねない聖典を一掃したかった。

カトリック両王、特にイサベル女王に影響を与えていたこの大物聖職者について触れておこう。シスネロスは一四三六年、カスティーリャ・トレラグーナの貧しい家庭に生まれた。しかしながら社会的な格差を、サラマンカ大学での学業と派遣先のローマにおける活躍で補えるほどの逸材だった。ローマで聖職者としてスタートした彼の経歴は奇異な形で挫折している。投獄されたのだ。シスネロスの働きを高く評価した教皇シクストゥス四世は、彼がスペインに帰国する際、トレドの大司教宛てに彼をウセダの司教に任命するよう勧める書簡を持たせた。大司教はこれを拒否したが、シスネロスが納得せずに執拗に自分の権利を主張し続けたため、とうとう逮捕されてしまったのだ。その後、彼は幽閉状態で教会内でも忘れられたまま、聖書の精読に励む日々を送った。

六年間の獄中生活の末、釈放されたシスネロスは、シグエンサの司教メンドーサ枢機卿のもとでシグエンサ教会の礼拝堂つき司祭となったが、信仰上の危機に直面し、フランシスコ会に入会して修道士となる。財産を手放し、洗礼名のゴンサロを捨て、自らフランシスコと命名した。世の中に失望した彼は何にも興味を示すことなく、約一〇年間、あちらこちらの修道院を渡り歩いた。そんな彼に転機が訪れたのは、トレド大司教になったメンドーサ枢機卿の推薦で一四九二年に女王の聴罪司祭になったことだ。聴罪司祭とは単なる私的な相談役だけでなく政治的にも重要な地位である。清貧さの際立つシスネロスは、間もなくイサベルの絶大な信頼を勝ち取る。一四九五年にメンドーサ枢機卿が亡くなると、女王は教皇アレクサンデル六世に、シスネロスをトレド大司教にするよう推薦して実現に至った。そうしてカトリック両王の国スペインで、社会的に最も影響力のあるトレド大司教の地位に就いたシスネロスは、自身の戦略に着手していく。

グラナダにおける書物の破壊についての証言はいくつもあるが、ここではシスネロスの親しい友人のひとりが書いた記録を紹介する。

邪悪かつ堕落した異端派を根絶すべく、彼はウラマーたちにコーラン全部と、それに関連する本もすべて集めるよう命じ、大小合わせて四〇〇〇あるいは五〇〇〇冊以上の本を燃やした。当然膨大な量ゆえに焚き火は大規模になった。装幀に銀やモリスコ（カトリックに改宗したイスラム教徒）特有の装飾を施した書物が無数にあり、八から一〇ドゥカドの価値はあると思われるが、そうでないものも見受けられた。居合わせた者のなかには、それらの羊皮紙や紙、装幀を自分のものにしたがる者もいたが、猊下《げいか》の厳命により誰もがその行為を慎んだ。そうして文字どおり、跡形もなくすべて燃やされた。ただし医学書だけは対象外で、相当数の医学書が猊下の命令で残された。そのうち三〇から四〇冊は現在、名高いアルカラ・デ・エナーレス大学の図書館に並んでいる。また多くのモーロ式ラッパは記念として、猊下の棺が置かれたアルカラ・デ・エナーレスのサン・イルデフォンソ礼拝堂に飾られている。[3]

シスネロスの最良の弟子アルバル・ゴメス・デ・カストロは、ラテン語で師の公式伝記を執筆した。何よりも宗教上の粛清と焚書に対し絶対的な確信を抱き、一切疑っていないのに驚かされる。

このまたとない機会を利用して、ムハンマドを信奉する者たちの魂から過ちを排除できた。ヒメネス（シスネロス）は自分の成功を喜ぶと同時に、もっと慎重なやり方で彼らの古くからの慣習も一掃してはどうかとの意見を前にしても、けっして迷うことはなかった。何よりもこの方法が、魂の救済ほど重要ではない、他の事柄にも応用が利くのではと考えていた。彼は実に容易に、しかも命令も強制もせずに、協力的だったウラマーたちが、自ら率先してコーラン（つまりは彼らの迷信で最も重要な書物）と、あらゆる種類のムハンマド信仰の不敬な本を、その著者や内容の質にかかわらず、通りに運び出すよう仕向けた。およそ五〇〇〇冊が集められたが、なかには心棒つきの豪華本もあった。金銀の装飾が施され、技巧を凝らした見事な作りの一冊で、それだけにひと際目を引いた。多くの見物人がヒメネスに本をくれないかと申し出たが、彼は誰に対しても許可しなかった。ひとまとまりにされた本は、医学書の何冊かを除いてすべて燃やされた。医学は彼ら異教の民族が、とりわけ熱心な分野であるのは万人の知るところだ。焚書を免れた本は、学術的にも健全で価値ある内容で、現在はアルカラの図書館が保管している。われわれの司教の計画はこれまでのところ、申し分ない形で進んだといえる。[4]

研究者たちによると、コーランだけでなくイスラムの神秘家スーフィーの宗教書や詩集も焚書の対象にされたという。確かにイスラム文学の重要な一部を担う神秘主義スーフィズムの思想家の著作や詩集は、かなり以前からグラナダにも入ってきていたが、いずれも破壊された。スーフィー文学作品の少なくとも半分は、キリスト教徒の手で消滅させられたとみなされている。にもかかわらずカトリック両王は、自分たちの命令が完全に果たされたとは考えていなかったらしい。一五一一年の記録文書には《医学書・哲学書・年代記が免れたため、フェルナンド王はご不満であった》との記述が残っている。[5] この時の王の失望感が、その後もスペイン全土でアラビア文化の著作の破壊が継続するのを助長したのだろうか。モラ・デ・ウベダという名の女性が、イスラムの貴重な写本が破壊され、子どもの遊び用の紙にされたと述べている。[6] なお、この非情な行為に対し、グラナダのイスラム教徒たちは決起したが、間もなく鎮圧され、改宗または国外追放に処されたとのことだ。

シスネロスはその後何世紀にもわたり、書物の破壊を正当化した人物として汚名を残すことになる。だが一方で、彼を取り巻く者たちからは、畏怖と尊敬の念で迎えられもした。

一五〇四年にイサベル女王が死去。カスティーリャの王位継承問題が紛糾しかけたが、シスネロスの尽力で娘のファナが王位に就き、夫のフェリペ一世と共同統治を行なうことに話がまとまる。ところがその二年後、フェリペ一世が急死。シスネロスは精神を病んだ女王ファナの代わりに国政を執り行ない、危機を回避した。ナポリにいて不在だった父王フェルナンド二世はこの功績を称え、一五〇七年シスネロスを枢機卿に推挙するとともに、カスティーリャにおける異端審問所の長官に任命した。スペイン王室は一四七八年に、教皇庁から独自に異端審問所を開設できる権限を取りつけていた。詳しくは第八章で説明する。

一五〇八年、シスネロスにとって積年の悲願が実現する。アルカラ・デ・エナーレス大学の開校である。もちろん彼が創立者だ（医学をはじめとするアラビア語の文献の写本を所有しているのは前述のとおりである。コンプルテンセ大学とも呼ばれ、一九世紀にマドリードに移転し、現在はマドリード・コンプルテンセ大学となっている）。シスネロスの命令によって、同大学で編纂されたギリシャ語・ヘブライ語・アラム語からラテン語に翻訳した『多言語対訳聖書』は、彼の業績のなかでも高く評価されている。ラテン語訳聖書の改訂は、神学者ヒエロニムスの翻訳で四〇五年に完成し、一五四六年のトリエント公会議でカトリック教会の公式聖書とされたウルガータ聖書以来のことだ。とはいえ聖書を崇拝する一方で、コーランを崇拝する者を狂信者とみなして憎悪する点は、歪んだ信仰心の証明に思えてならない。

一五一六年、フェルナンド二世は死に際し、フランドル生まれの一六歳の孫カルロス（のちのカルロス一世・神聖ローマ皇帝カール五世）をスペイン王に、八〇歳のシスネロスをその後見役に指名する。

翌年カルロスが即位のためスペインに帰国。シスネロスはいつどこで会えるのか、知らされないいま会見に向かうが、旅の途中で病に倒れ、カスティーリャのロアで亡くなった。カルロス王子より、これまでの尽力に感謝して後見役を解任する旨を記した親書が届いて間もなくのことだったという。

第6章　メキシコで焼かれた写本

先コロンブス期の絵文書の破壊

二〇〇四年後半、本書『書物の破壊の世界史』初版の出版に後押しされ、ベネズエラの首都カラカスからメキシコシティに飛んだ私は、そこで長く不思議な一週間を過ごした。メキシコ人エッセイストのラファエル・トリスと女性作家のラケル・ペゲーロに案内されて、なりゆき任せに町を散策する。ややけだるい曇天の九月の午後のことだったが、最終的にはソカロ広場にたどり着き、権威を誇示するかのようにそびえ立つ壮大なメトロポリタン大聖堂を前にした。それを眺める私の目には、別の光景も映っていたように思える。今は足元に眠る、かつて栄華を誇ったアステカ王国の首都テノチティトランの姿だ。

廃墟と化したかつての大神殿の名残に驚きつつ、慎重な足取りで周囲を歩く私に友人たちが語る。やがて現在のメキシコとなるこの地は一三二五年、アステカ人によってテスココ湖上に築かれた。彼らは文字どおり土地を確保すべく、木の基礎杭と火山岩を建材に利用し、その上に強固な首都を構築した。一五世紀には二〇万から三〇万の人々で賑わう大都市と化し、大神殿をはじめ七八もの神殿が立ち並び、北にあるトラテロルコに巨大な市場を有する、メソアメリカ（メキシコおよび中央アメリカ北西部）の商業・交易の一大中心地となっていた。一六世紀のオスナ写本によると、テノチティトランは南西のテオパン、南東のマヨトラン、北西のクエポフパン、北東のアツクアルコの四地区に分割されていたらしい。

常識的にみれば、エジプトのピラミッドやスフィンクスの上にキリスト教の大聖堂を建てようなどと考える者はいないはずだが、一六世紀のメキシコではまさにそれが起こった。アステカ文化の象徴ともいうべき建物を徹底的に打ち砕いた上に、歴史をカムフラージュするかのようにヨーロッパの建造物が建てられた。そのためメキシコシティの通りを歩くだけでラテンアメリカの過去を感じることができた。重ね書き羊皮紙パリンプセストではないが、先住民《インディオ》の遺産を消し去るべくなされた上塗りを、まざまざと見せつけられたからだ。

当時人文主義者と称した者のなかにも、帝国の文化の強制なしに新大陸の住民を従属させるのは不可能だと考える者は多かった。スペインの文法学者・人文学者のアントニオ・デ・ネブリハ（一四四一－一五二二年）もそのひとりである。彼は一四九二年、俗語カスティーリャ語を統一国家が実現したばかりのイベリア半島の国家語にすべく、イサベル女王に初のスペイン語文法書『カスティーリャ語文法』を献上している。以下はまさにその著作を準備していた頃の彼のコメントだ。

> 高貴な女王陛下と伝統的な事柄を鑑み、われわれの記憶を思い起こしても、明確な結論に行き着く。言語はいつでも帝国の伴侶であった。（……）女王陛下が多くの蛮族たる国民と奇異な言語を話す国家を支配下に置き、束縛することは彼らが法を受け入れるためにも不可欠である。つまり勝者が敗者に法と言語を課すのだ。

征服した側の一方的な見解に注目してほしい。やはりスペイン人でコンキスタドール（征服者）のベルナル・ディアス・デル・カスティーリョ（一四九六－一五八四年）が、征服当時のメキシコの印象を自著に書き記している。

われわれは彼らから称賛されていた。あまりの出来事に、『アマディス・デ・ガウラ』（一五〇八年刊のスペインの騎士道物語）で語られる幻想のようにすら感じた。今こうして書いていても、自分たちが体験したこと、それまで聞いたことも夢見たこともなかった物事を目の当たりにした事実を、どう語っていいのかわからない。[1]

ところが先住民たちは次のように語る。

彼らはテウカルコと呼ばれる宝庫に到着すると、中に保管していたものを残らず外に出した。羽毛の織物やケツァールの羽根でできた飾り、盾、金の円盤、半月形をした金の鼻飾り、金の脛当《すねあ》てに腕輪と足輪、金の王冠などだ。盾から金を剝がしたかと思うと、他のものも同様に金だけを選り分けた。集めた金で大きな玉を作ったのち、それ以外はたとえ価値あるものでも、一切構わず火をつけ、すべて燃やした。[2]

好意的に受け入れてくれた相手に対し、どこでどうなればこのような略奪行為に及べるのか？ある詩人が一五二一年のテノチティトラン征服を一編の詩にまとめているので、参考までに紹介しよう。

道には折れた投げ槍と、
髪の毛が散乱している。
家々の屋根は剥がされ、
壁は赤く染まっている。
通りにも広場にも脳髄が飛び散った壁にも、
無数の蛆《うじ》が湧き、所狭しとうごめいている。
染料を流したように赤く染まった水を口にすると、
硝石《しょうせき》を溶かした水でも飲んでいるような味わいだ。
何度となく、日干し煉瓦の壁を叩いたが、
それらはもう穴だらけの網と化していた。
盾で身を保護したものの、
それでは孤独は拭えない。
われわれは真紅の花をつけるコロリンの枝を食べ、
硝石を含んだ芝草《しそう》と、日干し煉瓦の石を口に含み、
小トカゲ、ネズミ、土埃、
蛆虫までをも噛み締めた。

信じがたく受け入れがたいことだが、これほどの強さを秘めていたはずの文化が、襲撃によって

灰燼に帰す現実。先住民らのナワトル語で〝真実〟を意味するネルティリツリは基礎・土台から派生した単語とのことだ。スペイン人征服者らが消し去ろうとしたのは、まさにアステカ族の土台そのものだった。その証拠に征服者たちは、占星術・歴史・宗教・文学を絵で表す賢者トラマティニたちが代々受け継いできた文書を破壊し、途絶えさせている。

　アステカ時代、貴族階級の子弟を育てた教育機関カルメカクでは、彼らが古文書と呼ぶ絵文書の歌い方を学んでいたらしい。[3] そのことが反映された詩を引用する。

私は書物の絵を歌う
絵文字を解いていく
私は美しいオウム
絵画の館の内部で
古文書を歌わせる[4]

　ナワトル文学では、詩的あるいは芸術的な訓練を、詩を象徴する花と歌になぞらえて表現することが多い。これは花と歌が地上における生命の自発的表現、創造主の現れと考えられていたためらしい。また世界の他の文化と同じく、文学はまず韻文（〝歌〟あるいは〝賛歌〟を意味するクイカトル）が起こり、散文（〝言葉〟を意味するトラホトリ）に移行したが、のちに重要なジャンル、イトロカが発生する。〝語り〟〝談話〟〝叙述〟〝歴史物語〟の意味で、スペイン生まれ、テスココ育ちでナワトル語も操ったドミニコ会士ディエゴ・ドゥラン（一五三七‐八八年）によると、《大抵は戦いや勝利、記念すべき出来事の記憶を保つため（……）あらゆることが記載され（……）年月日も記された》[5]とのことだ。表記に使用されたのはアステカ文字で、テオトルという神の概念を表すことのできる記号化された絵と象形文字から成り立ち、主要な出来事は絵で表され、暦の日付や数字、人名・地名などは象形文字で表された。

彼らの文書はアマトルと呼ばれる。アマテというイチジク属の樹皮の繊維で作った紙に書かれたからだ。とはいえ、絵文字が記された文書には、シカの皮や羊皮紙製のものもある。トラクイロと呼ばれる筆写者が紙を用意して記録し、アモクスカリと呼ばれる保管所にしまう。当時その保管所を目にしたディアス・デル・カスティーリョは、《偶像やいけにえが保管されたいくつかの建物をわれわれは見つけた。（……）かなりの数の、折り目をつけて束ねられた紙の本が置かれていた》[6]と記している。残念ながら、それらの文書の大部分が姿を消した。

先にメキシコシティはテノチティトランの上に築かれたと述べた。修道士らは異教の神殿を破壊して埋めるよう命じ、為政者らは先住民が都市に住むのを禁じ、自分たちの目に触れぬ場末のバラック小屋へと追いやった。そうしながら帝国から奪い取った富によって、一八世紀にかけて豪奢なバロック建築を建てていく。一六世紀ヨーロッパのプロテスタントの宗教改革に対抗したカトリック教会の理想の反映だったのかもしれない[7]。アステカの神殿は教会に取って代わり、彼らの知恵の館は修道院に取って代わった。スペイン生まれでメキシコに渡った詩人バルブエナ（一五六二‐一六二七年）はこう歌う。

名高いメキシコの礎、
居並ぶ建物の由緒と偉大さ、
馬、通り、もてなし、礼儀、

教養、美徳、職業の多様性、
贈り物、喜びの機会、
不滅の春とその兆し、
傑出した政府、宗教、国家
すべては暗号と化している。[8]

アステカ族の古い建物は破壊され、侵略者のなすがままに略奪され、やがて放置された。しかし彼らの文学的伝承はその後、別の形で息を吹き返した。失われた絵文書を復元する試みが起こったのだ。われわれ現代人がアステカの過去を構築する際に頼るアステカ絵文書（アステカ・コデックスとも）、そのほとんどが、植民地時代にヌエバ・エスパーニャ副王領で作られた文献であるといっていい。一六世紀の特に一五二四年から三〇年にかけて、アステカ族の賢者たちはラテン語のアルファベットを併記する形で昔の年代記を編纂した。のちにフランス国立図書館に運ばれた『トラテロルコ年代記』はその代表例だ。

これら絵文書の宿敵だったファン・デ・スマラガ修道士（一四六八－一五四八年）の話をしよう。一五三〇年、同修道士はメキシコ初の司教（のちに大司教）に就任するや、アステカ族の偶像と古文書をすべて火焙りの刑に処した。このスペイン・バスク地方ドゥランゴ村生まれのフランシスコ会士の経歴を振り返ってみると、聖職者になって初めて手がけたのが故郷の村での異端行為や魔術の実態調査で、そのために悪魔払いの儀式をすることもあったという。

おそらくはその道の経験と実績を買われたのだろう。一五二七年、六〇歳でスペイン王カルロス一世（神聖ローマ皇帝カール五世）と謁見後、副王領に新設される異端審問所のメンバーに選ばれ、メキシコへの派遣が決まる。手続きの遅れで渡航は約一年後になった。新大陸に着くなり、スマラガは厳格な異端審問官としての手腕を発揮する。彼の行なった破壊行為は各地で騒動を巻き起こした。火刑の場に居合わせた者は、過去を消し去り新たな段階へと導く、そんな審問官の理念を認識せざるを得なかった。

テスココ王の外孫で歴史家のファン・バウティスタ・ポマル(一五三五‐一六〇一年)はこう記す。《先住民たちの最大の喪失のなかには、彼らの歴史が詰まった絵も含まれていた。マルケス・デル・バジェをはじめとする征服者たちは初めてテスココに足を踏み入れるや、ネサワルピルツィンテル王の館にも火を放った。そこはいわば彼らの記録文書の総合保管室でもあった[9]》

ヌエバ・エスパーニャ副王領生まれの著作家セルバンド・デ・ミエル(一七六五‐一八二七年)は、ドミニコ会士として出発するが、リベラルな思想を持っていたために処罰され、スペイン・カディスの修道院に追放・監禁の憂き目に遭う。逃亡してフランス、ポルトガル、再びスペインと渡り歩いた末に、スペインから独立して連邦共和国となったメキシコで議員になるという波乱万丈の人生を送った。そんな彼は次のような記述を残している。

初めてメキシコにやってきた司教にとって、先住民の表象だらけの古文書はどれも魔術か呪術、悪魔の産物にしか映らなかった。そこで宗教者の義務を果たすべく、古文書を根絶することに決めた。自らの手と宣教師たちの協力を得て、アステカの写本をひとつ残らず火に放った。先住民らのアテナイとも呼ぶべきテスココにあった本の数はほかよりもはるかに多く、それだけで高い山になった。スマラガの命令で火がつけられた。

二〇世紀ドイツのジャーナリストで考古学にも通じていたC・W・セラムも、《スマラガは自分が得られる限りの文書を、最大規模の焚書《ふんしょ》で破壊した》[10]と明確に指摘している。

翻ってカトリック教会側は、スマラガのイメージを損なうまいと別の面を強調してきた。それで同修道士は今では、一五三三年に初めてスペインから活版印刷の専門家たちを呼び寄せ、海を越えたメキシコの地に印刷術を導入した立役者として尊敬されている。

実に皮肉な話だが、メキシコに最初の公立図書館を創設したのも、ほかならぬ彼である。スマラガの要望に応じ、スペイン・セビリアの印刷業者ファン・クロムベルガーはメキシコに支店を創設、イタリア・ブレシア出身の従業員ジョヴァンニ・パオリを派遣して、出版人として現地で采配を振るわせた。スマラガやパオリたちの努力は一五三九年、新大陸における印刷本第一号『メキシコ語・カスティーリャ語による簡潔なキリスト教教義』の出版として結実する。だがこれも皮肉なことに、今は一冊たりとも現存しない[11]。一五四八年にスマラガが死去した際には、何百人もの信者が涙を流したと伝えられている。

絵文書、いわゆるアステカ・コデックスに関しては、当時の略奪・破壊の成果で、彼らの歴史を知るうえで重要かつ貴重な写本はほとんど残っていない状況だという。有名どころを列挙すると、コスカツィン絵文書、トロツィン絵地図（以上、フランス国立図書館蔵）、マリアベッキアーノ絵文書（フィレンツェ国立中央図書館蔵）、メンドーサ絵文書（オックスフォード大学ボドリアン図書館蔵）、ウィーン絵文書（オーストリア国立図書館蔵）、ドゥラン絵文書、オスナ写本（以上、スペイン国立図書館蔵）、マドリード絵文書、トゥデラ絵文書（以上、マドリード・アメリカ博物館蔵）……とリストは続くが、最も重要とされる文献のほとんどが、ヨーロッパにあるという事実に眩暈《めまい》を覚える。

植民地時代のメキシコで浸透した文学の形式は、大体においてヨーロッパのものである。一六一八年、銀細工師たちが資金を出し合い、聖母マリアの無原罪の御宿りの教義を祝う目的で詩のコンクールを催している。また現地生まれの学者カルロス・デ・シグエンサ・イ・ゴンゴラ（一六四五－一七〇〇年）は著作『西方の不死鳥』で、先住民の信仰する神ケツァルコアトルと使徒聖トマスを同一視し、古代メキシコ人に暦や文字を教え、文明化を進めたのは聖トマスだと主張したが、奇妙にもその本は失われている。

ほかに注目すべき逸話として、敗北を自覚したアステカ族の老賢者のなかに、敵に投降しようとした者もいて、彼らは象徴的行為としてそれぞれ書物を携えてやってきたとの記録がある。《テスココから来たエエカトル（ケツァルコアトル）の賢人三名は犬に貪られた。降伏したのも絵の入った紙の本を持ってきたのも、その者たちのみだ。のちにさらに四人が捕らえられたが、ひとりは逃げ、残り三人はコヨアカンで取り押さえられた。彼らの本がどうなったかに関しては情報がない[12]》。それらの絵文書の行方は誰にもわからぬままだ。

アステカ族とともにこの地域を代表するマヤ族について少し触れておく。スペイン征服以前にマヤ族が、現在のメキシコ・タバスコ州、チアパス州、ユカタン半島のユカタン州、キンタナ・ロー州、カンペチェ州に加え、ベリーズ、グアテマラ、エルサルバドル、ホンジュラスも含めた三二万平方キロもの領域を支配していたのはよく知られている。彼らは独自の象形文字を持ち、三六五日の太陽暦ハアブと儀式用の二六〇日の暦ツォルキンを使って計算し、金星の周期《サイクル》が五八四日であるのも熟知していた。芸術的な面を見ても、完璧な翡翠《ひすい》の彫刻に代表される高い技術も含め、高度な文明を誇っていた。

一六世紀前半にスペイン人がやってきた頃にはすでに衰退期に入っていたが、そのことで征服者らによるマヤ族の芸術作品の略奪や絵文書の焚書が回避されるわけではなかった。パレンケ、ヤシュチラン、ティカル、コパンで繁栄したマヤ文明を今日われわれが知ることができるのは、マヤの賢者が古文書の破壊にさらされながらも、命がけでそれらを復元し、口承の記憶を守り続けたことによる。

スマラガから書物の破壊を引き継いだのは、やはりフランシスコ会士のディエゴ・デ・ランダ（一五二四－七九年）だった。ランダはトレドにあるサン・フアン・デ・ロス・レイエス修道院で学んでいた頃、のちに枢機卿となるフランシスコ・ヒメネス・デ・シスネロスと知り合っている。そう、アラビア文化の象徴でもあるイスラム教の写本を、イベリア半島で焚書にしたあの人物である。彼らの行動・思考を見る限り、私には、ふたりとも急進主義的な神学を学んだとしか思えない。

ランダは文献学者の経験を活かし、何カ月にもわたってマヤ文字の分析をした末、それを論文としてまとめた。とはいえ、彼は歴史的な関心から言語を学んだわけではなく、むしろ先住民たちの思考や人間性を知り、より効果的な形でキリスト教化する目的で学んだといえる。一五六二年にはユカタン半島の町マニで首長以下四〇人のマヤの人々の異端審問を行ない、古代マヤ族の偶像五〇〇体と古文書二七冊を燃やした。自著『ユカタン事物記』で彼は、自らの行為を正当化している。

先住民らはある種独特の文字か絵文字で本を書く。本にはその文字で、昔の出来事や学問が記されており、彼らは内容を理解し、他の者にも教えることができる。われわれは数多くのマヤ文字で書かれた本を発見したが、いずれも迷信と悪魔の偽りが見受けられたため、ことごとく燃やした。彼らにとっては喜ばしくも悲しい思いだったようだ。

一方、スペインのイエズス会士で博物学者でもあるホセ・デ・アコスタ（一五四〇－一六〇〇年）

は『新大陸自然文化史』で、同じ火刑の様子を別の目で書いている。言及される機会がほとんどない文献なので、ここで取り上げたい。

ユカタン地方には、彼ら独自の方法で紙を折り曲げ、製本した本がいくつもあった。それらには先住民の賢者たちが計算した時や暦、動植物の知識、それ以外の自然の知識、古い慣習、彼らの強い関心事とすべき任務などが記されていた。伝道師はそれらの本がすべて魔術か呪術に違いないと思い、燃やすことに固執したため、本は残らず燃やされた。その後、先住民だけでなく、好奇心旺盛なスペイン人までもが、この地域の秘密を知りたい思いに駆られた。同様の件は他の物事でも生じた。われわれがすべて迷信だとみなしたことで、数多くの古代の記憶や隠されていた物事を失ったし、なかには利用できるものもあったかもしれない。これは先住

ディエゴ・デ・ランダ著『ユカタン事物記』の手稿　© Creative Commons International

民たちを知ろうともせず、彼らのなすことすべてが呪術だと主張する者たちの、愚かな経験が引き起こしたものだ。

この偶像と古文書の焼却が引き金となって争いが起こり、数百人の先住民が殺されるに至った。初代ユカタン司教がスペイン王カルロス一世のあとを継いだフェリペ二世にランダの残虐行為を報告し、ランダはスペインで裁判を受け、国王の諮問機関インディアス枢機会議から四五〇〇人もの先住民を拷問した責任を追及されたが、彼自身の手で操作された報告書によって、すべての責任を免れただけでなく、ユカタン司教の死亡を受けて後任の司教に任命されている。彼は名誉の回復に加え、一五六六年頃に出版した『ユカタン事物記』で、マヤ族研究の第一人者のひとりとしての称賛をほしいままにまでした。このことは取り立てて信じがたい話ではない。むしろ呆れさせられるのは、スペインで何百冊も焚書にした張本人であるスペイン異端審問所の初代長官トマス・デ・トルケマダが、自分のことを棚に上げてスマラガやランダの件を非難している点だ。フランシスコ会士たちと犬猿の仲だった男は、皮肉まじりに記述している。

なぜなら初の司教フアン・デ・スマラガと部下たちが、彼の地の理解に必要な数々の文献を燃やしてしまった。迷信・偶像崇拝とみなし、手当たり次第に焼き払ったのだ。先住民のなかにそれらの書物を隠そうとする奇特な者がいなければ、今われわれはこれらの情報を手にしていなかったであろう。

文化を強制する際のお決まりの方法として、修道士らはマヤ族の演劇の上演も禁じた。チチェン・イツァにあるマヤの最高神ククルカンを祀るピラミッド、カスティーヨの北面の階段前に設置された舞台で、ランダ自身がマヤ族の芝居を観たときのことを描写している。

先住民たちは、なかなか気の利いた娯楽を持っている。主な演目は機知に富んだ道化芝居である。（……）片手用の小太鼓と、重く物悲しげな音を出す木をくり抜いた別の小太鼓を、先端に樹液の一種をつけた細長い棒で叩く。やはり中身をくり抜いた木製の長いラッパの先には、ねじれた長めのヒョウタンがついている。陸亀の甲羅を丸ごと使った楽器アヨートルは、手のひらで叩くと陰鬱で悲哀に満ちた音を響かせる。ほかにもシカの脛骨《けいこつ》や大きなカタツムリの殻、葦《あし》でできた笛もあり、それらの楽器の演奏に合わせて踊り手たちが踊る。踊りは二種類ある。ひとつはコロムチェという葦の遊びの踊り。踊り手たちが音楽に合わせながら大きな輪を作り、そこからふたりが輪の中央に進み出る。一方はひとつかみの茎を手に立って踊り、もう一方はしゃがんで相手に応じながら踊る。立って踊る者が茎を相手に投げつけると、座って踊る者は小さな棒で巧みに受け止める。それが終わると、ふたりはそれぞれ輪に戻り、次のふたりが進み出て、同じことを繰り返す。もうひとつの踊りは、小さな旗を携えた八〇〇名ほどの先住民が、リズムに合わせて戦いを模した長いステップを踏み続けるものだ。重苦しい感じのリズムを脱け出そうとする者はなく、一日中延々と踊る。[13]

焚書の嵐を生き延びた先コロンブス期のマヤの絵文書は三つのみだった。ひとつはドイツ・ザクセン州立図書館にあるドレスデン絵文書。ふたつ目はフランス国立図書館所蔵のペレシアヌス絵文書。三つ目はマドリード・アメリカ博物館が保管するマドリード絵文書。いずれも本国メキシコにないのは周知のとおりである。

ところが近年四つ目の絵文書が見つかった。一九六六年にメキシコの蒐集家が手に入れ、一九七一年に公表後、メキシコ政府に寄贈されたグロリア絵文書だ。信憑性が疑問視されていたものの、その後の分析調査の結果、本物であることが判明し、現存するマヤの絵文書は四つとされている。これらの文書のほかにも、マヤ族は植民地時代に彼らのビジョンを記した絵文書を残したが、完全に秘密にしている場合も少なくなかった。たとえばマヤ族に属するキチェ族の神話・歴史・宇宙観・宗教観が集約された伝承集『ポポル・ヴフ』などもその一例といえよう。

『ポポル・ヴフ』は一五五〇年頃にマヤ文字で書かれたと推定されている。記録に残る最古の実物は一八世紀初頭のもの。グアテマラのチチカステナンゴにあるサント・トマス教会に赴任した、スペイン人のドミニコ会士フランシスコ・ヒメネス（一六六六－一七二二年）が、現地のキチェ族から見せられた手稿だ。それはラテン文字で表記されたキチェ語版の『ポポル・ヴフ』で、ヒメネスはすぐに写しを作成し、スペイン語に翻訳した（原本はのちに失われている）。ヒメネスは次のように証言している。《彼らはその本の秘密を固く守っていたため、歴代の司祭たちでさえ存在をまったく知らなかったと思います。私がサント・トマス・チチカステナンゴの教区にいたとき、その本について調査したところ、彼らが最初に口にする母乳のごとく体得する教えであることに気づきました。誰もが記憶しているばかりか、どうやらどの本も密接につながっているらしいとわかったのです[14]》。自分たちの伝統の秘密を守り続ける、彼らにその熱意がなかったら、今のわれわれのもとまで何も届かなかったかもしれない。

先住民側による自発的な破壊

書物を破壊するのは征服者だけとは限らない。新たな時代を始めたいと願うとき、アステカ族も記録文書を破壊した。たとえば謎に包まれたアステカ四代目の王イッコアトル（在位一四二七年頃－四〇年）は、過去を消し去るべく多くの文書を燃やしている。彼らの出来事を綴った年代記によると、深刻な危機に直面した王が顧問らに尋ねたところ、次のように助言されたという。《記録文書を燃やすべきでしょう。黒インクで書かれ、色の塗られたものを、民衆が知るのは好ましくない。何より持ち運べるものは人々を堕落に向かわせる。それによって隠されていたものが表に出てしまう。あれらの本は偽りしか語っていないと考えれば、今ここで真の時代を始めるべきです[15]》

研究者のなかには、これが例外的なケースではなく、よくあることだったと考える者も多い。証言も多く残されているが、ディエゴ・ドゥランがトルテカ王で神官でもあったトピルツィン・ケツァルコアトルに関する本について言及した一節を紹介する。《老いた先住民の男が、昔オクイトゥコ村に立ち寄った際、大きな本を目にしたと私に語った。厚さ四デド（約七二ミリ）ほどのもので、文字が書かれていたという。私はどうしてもその本が欲しくなり、オクイトゥコ村に行って先住民たちと会い、できる限りへりくだって見せてほしいと懇願した。ところが彼らは、六年ぐらい前に燃やしてしまったと誓っていった。自分たちの文字で書かれていないので、結局読むには至らなかったのと、何か災いがあっても困るという理由で皆で焼いたのだと。正直私は残念に思うと同時に、仮にわれわれがヘブライ語で書かれた福音書を前にしたらどう扱っていたかと思うと、本を焼いた者たちを厳しく戒めることはできなかった[16]》

第7章　ルネサンス最盛期

グーテンベルク聖書の破壊

活版印刷術の発明者とされるヨハネス・グーテンベルクについては、曖昧な部分や疑わしい情報、あるいは歪められた話が多いのはよく知られている。[1] 一三九八年頃にマインツで生まれたといわれるが、それすら決定的な証拠はない。また、父親がフリーレ・ゲンスフライシュ・ツア・ラーデン、母親がエルゼ・ヴューリヒという名前で、本名をヨハネス・ゲンスフライシュ・ツア・ラーデンといい、貴族的な名字にするためにグーテンベルクを名乗ることにしたともされるがこれも定かではない。貴族階級の出身だという説に疑問がもたれているのは確かだが、いずれにせよ彼の出自について、それ以上のことは何もわかっていない。グーテンベルクがある時期（おそらく一四三七年に）、若い女性と恋に落ちて婚約したが、それを果たさなかったために裁判沙汰になった。それ以来、彼は頭から結婚という文字を捨て去ったとも囁かれている。

元々彼は金細工師として金貨やメダルの鋳造をしていた。どんな理由かははっきりしていないが、いくつかの発明を商業化するためにハンス・リッフェ、アンドレス・ドリツェン、アンドレス・ハイルマンと共同事業を興している。宝石の研磨用の装置、完璧な鏡を製造するための機械などだ。男たちの事業は失敗に終わり、訴訟問題に発展するが、そこで初めて彼らの秘密が公になる。印刷機を発明しようとしていたのだと。

グーテンベルクは資金不足から、マインツの弁護士ヨハン・フストに借金をし、その後フストは共同経営者となった。グーテンベルクは自分の印刷機用に鋳造活字も設計したが、実際に彼が使用した型は不明のままだ。のちに彼が発明するテクストゥールという書体と同様、当時のやや判読しづらいアルファベット書体、ブラックレターの一種だったのではないかといわれている。印刷されたページがキリスト教の伝統を損なわぬような、過去に神の啓示を受けた古い写本の再現となることを望んだ。彼の努力は一四五五年頃に完成した四二行聖書として結実する。のちに『グーテンベルク聖書』と呼ばれるこの書物は一八〇部印刷されたが、現在は不完全なものも含めて四八部が現存するのみだ。うち三六部が紙、一二部が羊皮紙を使用している。一九七三年に大英博物館から分離した大英図書館には完全な状態の二部が展示されている。

いくつかの情報では、文章の印刷の美しさを重視するあまり、グーテンベルク自身が刷り上がった本を破壊したと伝えられる。この聖書の価値を理解してもらうために参考までに触れると、現在一ページに七万ドルほどの値がつけられている。

ところがグーテンベルクはある日、共同経営者のフストに訴訟を起こされる。借金を返済する前に資金が底をついてしまったためだ。債務不履行に陥った彼は、マインツの印刷所と印刷機や活字その他一切を差し押さえられてしまう。フストはグーテンベルクの弟子ペーター・シェッファーを協力者として雇い入れ、一四五七年にその機械を使って『マインツ詩篇』を出版した。これは世界で初めて奥付に印刷日と印刷者名を入れた書籍として知られるものだ。

すべてを失ったグーテンベルクは晩年、印刷技術考案の功労者として、マインツ大司教アドルフ二世ナッサウ伯に扶養されて暮らし、一四六八年二月三日に世を去った。

ピコ・デラ・ミランドラの蔵書

ジョヴァンニ・ピコ・デラ・ミランドラ。ルネサンス期ばかりか他の時代も通じて、彼が異色の人物、奇才となるのに長い歳月は必要なかった。[2] 一四六三年二月二四日生まれ。早熟な読書家であった彼は、一四八〇年秋から八二年春にかけてパドヴァの大学で、ニコレット・ヴェルニアとエリア・デル・メディゴからヘブライ語を学び、彼らの指導でアリストテレスの思想の完璧な注釈者になっている。古代ギリシャ語と文学はマヌエレ・アドラミッテノから学んだ。一四八五年七月から八六年三月のあいだはパリで神学を学んだ。イタリアに戻ったピコは、恋愛沙汰のもつれが原因で堅固な牢に入れられるが、文芸の後援者《パトロン》だったロレンツォ・デ・メディチに救われる。が、そこでひるむ彼ではない。一四八六年一二月、彼はわずか二三歳でローマ中の名だたる神学者たちに回状を送りつけ、さまざまな分野の命題九〇〇について討論会への参加を呼びかけた。いわゆる「九〇〇の定立《テーゼ》」で、テーマは弁証法・倫理学・物理学・数学・神学・魔術・ユダヤ神秘思想のカバラにまで及ぶ。カルデア・アラビア・ヘブライ・ギリシャ・エジプト・ラテン特有の叡智を習得した彼らしい幅の広さだった。彼の主著として知られる『人間の尊厳について』はその討論会での演説用に書かれた原稿だった。ところが彼にもたらされたのは知的な討論などではなく、異端の罪での訴えだった。一四八七年三月、教皇インノケンティウス八世の委員会は、ピコの申し出を却下したばかりか、彼の思想を教会の真の精神とはかけ離れたものであるとみなした。

それに対しピコは一四八七年五月三一日に刊行した『弁明』で、真っ向から自分の主張を擁護したが、教会からの攻撃を阻むことはできなかった。ピコはしかし、その後も精力的に執筆し、作品を世に送り出していった。一四八九年には旧約聖書「創世記」の天地創造の七日間について論じた『ヘプタプルス』を、九一年にはプラトンとアリストテレスのそれぞれの認識論の融合を試みた哲学書『存在と一《いっ》なるもの』を発表。その後彼は、不可解な発熱から衰弱し、一四九四年一一月一七日に死亡した。彼の死後の一四九六年には『反占星術論』が出版された。

富裕層であった彼ゆえに、個人レベルでは桁違《けたちが》いの一一九〇冊の蔵書を所有していた。主にラテン語・ギリシャ語・ヘブライ語・カルデア語（アッカド語のバビロニア方言）・アラビア語で書かれた魔術書や哲学書、宗教書や歴史書、数学書に加え、ユダヤ神秘思想のカバラ関連の書物も多かった。どの本にも奇才ピコ・デラ・ミランドラ自筆の注釈が書き込まれていたというから、やはり彼は従順な読者ではなかったと見ていい。[3]

彼の死から二年後、ドメニコ・グリマーニ枢機卿が彼の蔵書を買い取った。[4] ホメロス、プラトン、エウクレイデス、セクストス・エンペイリコス、アヴェロエス、ラモン・リュイ、レオナルド・ダ・ピサ（フィボナッチ）の著作を手元に置きたかったようだ。一五二三年、枢機卿は臨終の床で、蔵書をすべてヴェネチアのサン・アントニオ修道院の図書館に遺贈すると伝えた。それらの書物はその後も修道院で保管されたが、一六八七年に起こった不運の火事で全部灰となった。[5]

コルヴィナ文庫の消滅

一五二六年八月二九日、半ば伝説と化した〝壮麗王〟スレイマン一世率いるオスマン帝国軍がハンガリーに侵入し、氾濫する川と草の生い茂る丘を乗り越え、雨降るモハーチ平原に到達。星の動きを読めなかった助言者の忠告を無視し、直感に従い六万強の兵を進軍させた。迎え撃つのはラヨシュ二世（ルドヴィークとも。在位一五一六－二六年）のハンガリー軍三万と援軍二万あまり。ボヘミア王でもあるラヨシュ二世は弱冠二〇歳、鷹狩りと薬草に精通した博識な人物だ。しかし実戦経験のなさと若気の至りだろうか。王は援軍の到着を待たずに攻撃を開始。数時間後、平原にはハンガリー王を含むヨーロッパ人兵士の亡骸が横たわる結果となる。そのなかにはローマに殉ずるために、兵士らを戦わせるほうが好ましいと発言した司教の遺体もあった。オスマン帝国軍の殺戮は二〇〇〇人の捕虜への拷問・処刑で極みに達する。ある意味それは、一四五六年のベオグラードの戦いへの報復的な面がある。一四五三年に東ローマ帝国を滅ぼしたあと、勢いづいて外征を続けていたオスマン帝国は、そこでトランシルバニア公フニャディ・ヤーノシュ指揮するハンガリー軍に大敗し、領土拡大を阻止されたのだった。

　九月二日、スレイマン一世は休息をとった兵士らとともに、ドナウ川沿いを北上し、首都ブダを目指す。壮麗王と称される君主の意向をよそに、兵士らは道中の村々で略奪を繰り返した。スレイマン一世の日記によれば、ブダの住人は彼に対し恭順の意を表した。それでも町には火がかけられ、荒廃を招く事態は避けられなかった。スレイマン一世は町が火に飲み込まれる前に、過去の栄光が際立つブダ王宮をめぐった。中世ハンガリーの最盛期を築いたマーチャーシュ一世（一四四三－九〇年）。宰相フニャディ・ヤーノシュの息子で、ハンガリー語でフニャディ・マーチャーシュ、ラテン語でマティアス・コルヴィヌスとも呼ばれるこの王は、一四五八年から九〇年までの長きにわたりハンガリー王として君臨した。芸術家や文化人を宮廷に迎えルネサンス文化を奨励した王が、一四七六年に建設した巨大な図書館を目にして、スレイマン一世もさすがに驚嘆せざるを得なかったという。[6]

　当時このマーチャーシュ一世の図書館、通称コルヴィナ文庫は、世界でも重要な図書館のひとつで、ヴァチカン図書館に次いで二番目の規模を誇っていた。マーチャーシュ一世が熱心に蒐集した膨大な数のギリシャ語・ラテン語・ヘブライ語の蔵書を、一手に管理していたのが司書のタッデオ・ウゴレトだ。イタリアの画家アッタヴァンテ・デリ・アッタヴァンティのような才能ある芸術家を起用し、写本装飾を推進したのもウゴレトである。同文庫には少なくとも四人の筆写者がいて、絶えず写本の作成に勤しんでおり、扱う分野も哲学・神学・文学・法律学・地理学・医学・建築学と広範囲に及んでいた。蔵書の数は二〇〇〇から二五〇〇冊、あるいは三〇〇〇冊と記録されている。また、地元で先駆けとなったヤノス・ヴィテーズ司教の図書館やヤヌス・パンノニウス司教の図書館が、のちに組み込まれたとの説もある。

スレイマン一世は蔵書を吟味すると、没収してドナウ川を使って運搬させることにした。それが蔵書のすべて揃った状態を見た最後だ。今日コルヴィナ文庫が所蔵していた本と、それをもとに作られたとされる写本は計二一六冊確認されている。五三冊はハンガリー国内の図書館にあり、三九冊はオーストリア国立図書館が所有、残りはフランス・ドイツ・英国・トルコ・米国に点在している。

ミュンスターの再洗礼派

アナバプティストとも呼ばれる再洗礼派は、神学者マルティン・ルターによって始められた宗教改革の時代にあって、かなり極端な教義による救いの道を選んだ、急進的プロテスタントの一派だ。再洗礼派に対する迫害・弾圧は各地で行なわれたため、スイス・チューリッヒ起源といわれる彼らの活動を証明する情報はあまり多くない。しかしながら、彼らの過激な主張は十分知られている。大きな特徴としては、教会と国家の政教分離を主張したこと、他の教派と違って幼児洗礼を認めず、成人の信仰告白に基づく洗礼のみを認めたこと（幼児洗礼を受けた者が再び洗礼を受けることから、再洗礼派と呼ばれるようになった）、工業への従事や税金の支払いの拒絶などが挙げられる。だが、より興味深いのは、彼らが聖書の一節一節を文字どおりに解釈していた点だろう。今日でも多くの新興宗教がそうであるように、彼らも差し迫る世の終末を信じていた。そのため再洗礼派の予言者たちは人々に対し、自分の罪を清め、あがなう必要性を説いた。

再洗礼派にとって千載一遇の好機は一五三三年、ドイツ北西部ヴェストファーレン地方の都市ミュンスターが宗教改革を受け入れ、カトリックからルター派に転じたときだった。ミュンスターを代表する改革派神学者のベルンハルト・ロートマンは、再洗礼派の思想に傾倒していき、幼児洗礼を拒否するようになる。一五三四年一月、ロートマンをはじめとする支持者全員が再洗礼派に改宗した。ロートマンはギルド（職業別組合）や大衆からは支持されていたが、彼の過激な思想についていけずにミュンスターを去る住民もいた。一方で周辺国の再洗礼派は理想を求めてミュンスターに集結し出す。その代表格が二月にオランダから移住してきたふたりの再洗礼派指導者ヤン・マティスとヤン・ファン・ライデンだ。二月二三日に行なわれた市参事会員選挙では再洗礼派が圧勝し、以後ミュンスターの市政は両名と市参事会の共同で統治されることになる。

背の高いひげの宣教師ヤン・マティスは自らを預言者と自称し、キリストの再臨は一五三四年四月に起こると告げて、新約聖書の「黙示録」が述べる新しいエルサレムとはミュンスターのことだと宣言した。そうして人心を掌握し、カトリックやルター派を町から追い出して、彼らの信仰上の主義に基づく共同体を作っていった。ロートマンは私有財産共有制の導入と成人洗礼を義務づけ、拒否する者は出ていかざるを得なくなった。市を（というよりは司教区本部）を占拠した日、再洗礼派の信者らは仕上げとして図書館の蔵書、特に神学書を焼いて破壊した。

再洗礼派の信徒たちは、書物からの知識に無頓着であることを鼻にかけ、この世の罪をあがなうために神に選ばれた無知な者は、ほかならぬ自分たちだと豪語した。司教座聖堂の略奪時には、とりわけ堂内の古風な図書館に興味を示し、本や写本のページを引きちぎり、破いては燃やした。最終的に三月の終わり頃、ヤン・マティスは聖書以外の書物を読むのを禁じると、聖書以外の印刷された作品、個人が所有する本も含め、すべて大聖堂前の広場に運び、焚き火に放るのだと告げた。[7]

個人の蔵書は広場に山積みにされ、ひと晩中燃え続けたという。[8] 先導者たちの意図は明白だ。過去の記憶も制度も消し去り、聖書の解釈をすべて再洗礼派の思想に委ねる。

再洗礼派に占拠されたミュンスターは、地元の有力者である司教率いる諸侯軍に包囲されるが、堅固な防壁に守られた信徒たちがたじろぐことはなかった。ところが同年四月五日、ヤン・マティスの突然の死によって形勢は激変する。その日ヤン・マティスは通りに出て、人々に自分が神から選ばれし者であると声高に告げてまわった。そうしてわずか二〇人足らずの信者とともに、城壁の外に打って出た。神の庇護を信じてミュンスターの司教に対し、攻撃を仕掛けたのだ。だが彼が交えた戦いに神が味方することはなく、体を切り刻まれ、さらし首にされるというむごたらしい死に方をする結果に終わった。

その後の顛末は悲惨だ。戦死したヤン・マティスの代わりに指導者となったヤン・ファン・ライデンは、自ら新エルサレム王と名乗り、貨幣を廃止し、一夫多妻制を導入。市内の成人には結婚を義務づけ、反抗者は処刑された。翌一五三五年四月にミュンスターは完全に包囲され、食糧供給経路を絶たれた市内はひどい飢餓状態に陥る。脱出した市民が包囲軍側に協力し、同年六月二五日夜に突入が開始され、激しい攻防の末、ミュンスターは陥落。再洗礼派は殲滅《せんめつ》された。逮捕されたヤン・ファン・ライデンと再洗礼派の指導者二名は拷問の末に処刑され、遺骸は鉄の檻に入れられて、見せしめのためにランベルティ教会の尖塔から吊るされたという。ロートマンの遺体は見つかっていない。落ち延びたか、あるいは戦死したのではないかと見られている。

余談となるが、再洗礼派に関わる話をつけ加えたい。異端視された再洗礼派の神秘主義者ダフィット・ヨリス（一五〇一－五六年）の著作のうち、彼の死後一五五九年に出版された『オランダ出身の真の大異端者ダーヴィト・ゲオルゲン、その魅力的教えと生涯の物語』のドイツ版初版は、オランダで発禁になり、出回った本が没収後、破壊されている。これは著者のヨリス自身が実践した宗教的教えを綴った本で、彼は大胆不敵で魅力的な男だったらしく、ローマ・カトリック教会に対し、しばしば論争となる意見を交えた説教をしていたという。異端者とみなされた彼はある時、誰にも悟られぬようにバーゼルに現れ、ヤン・フォン・ブリュッゲと名乗って、まったく平穏な暮らしの末に死を迎えた。思いがけぬ形で、バーゼル大学の調査委員会が彼の本当の素性を発見したことで、教会は異端者の遺骸の発掘を命じ、彼に関する書物と小冊子すべてとともに公開火刑を実施した。一五五九年五月一三日頃の話である。

異端者ミシェル・セルヴェ

他の多くの場合と同様に、異端者の火刑の執行は正午に定められた。一五五三年一〇月二七日の正午過ぎ、ジュネーヴ市当局の役人や聖職者たちの行列が、シャンペルの丘に向かって歩いていく。一行が鎖につないで引っ張っているのは、殴られて顔中が腫れ上がり、意識が朦朧とした囚人だ。

男は時折思い出したかのように、憤慨しては叫んでいる。処刑場に着くと執行人が、男の首に縄を二回、三回と巻いて、頭を丸木に固定する。それから男の頭に、硫黄を垂らした緑色のブドウのつるを載せた。通りを歩かされているあいだに人々から小突かれ、殴られたために、男の衣服は汚れてところどころ引き裂かれ、腹部に負ったひどい傷がさらされている。誰かが男の足元に一冊の本を置いた。カトリック信者と改革主義者の双方から拒絶された彼の著作『キリスト教の復権』だ。

見物人のなかには、死刑宣告を受けた男のことを尋ねる者もいて、そこで初めてミシェル・セルヴェという名前だと知る。見たところ尊大なスペイン人と思しきこの男は、どうやら過去にカトリック教会の権威者らを随分と刺激した人物らしいが、今度は三位一体を批判して、ジュネーヴを拠点とした改革主義者たちの怒りも買ったという。男は八月一三日に逮捕され、彼への裁判は八月一四日から一〇月二六日まで続き、最終的にジュネーヴの異端審問官たちから死刑判決が下された。火刑用の薪《まき》は事前に用意されていた。火焙りの時間を延ばすためにわざと湿らせているのが、何よりも彼に対する聖職者らの憎悪の念を表している。宗教改革者ジャン・カルヴァンの同志である改革派の神学者、ギョーム・ファレルが笑みを浮かべ、居合わせた聖職者たちを前に祈りを唱え始めるが、彼の声は悶え苦しむ死刑囚の叫び声と重なり合って、しばしばかき消される。火がつけられてから二時間後、黒焦げになった男の骸《むくろ》はレマン湖に捨てられた。

火刑に処された男の元友人たちばかりで構成された異端審問所は、それでもまだ満足できずに、同年一二月二三日ウィーンにて、《"ヴィルヌーヴ"と呼ばれる人物の著作は、すでに焼かれたものも含め、例外なく火に放つとする》という命令を下した。

異端者ミシェル・セルヴェは多分野にわたる著述家として知られ、地理学、数学、古代ギリシャ・ラテン哲学、文法、神学と守備範囲が広く、関心は占星術にまで及んでいた。彼の生涯は不明な点が多いが、一五一一年九月二九日、スペイン・アラゴン王国のビジャヌエバ・デ・シヘナで、公証人の父アントン・セルヴェ・メレルと母カタリーナ・コネサ・サポルタの子として生まれたことはわかっている。したがって本名はミゲルで、ミシェルはそのフランス語読みである。サラゴサ、あるいはバルセロナで学業を修めたのちに、彼はラテン語・ギリシャ語・ヘブライ語を学んでいる。

一五二八年、法学を学びにフランス・トゥールーズに赴く。一五三〇年、尊敬する偉大な人文学者で神学者のエラスムスに会いたい一心でスイス・バーゼルを訪れたミシェルは、期せずして同市の宗教改革者ヨハネス・エコランパディウスと出会い、彼の家に一〇カ月間滞在する。一五三一年、神の三位一体の問題に一石を投じるべく、自由都市ハーゲナウ（現フランス・アグノー）で『三位一体の誤謬《ごびゅう》について』を出版し、過激な見解を武器に他の者たちの主張を論駁《ろんばく》した。

当然のことながらカトリック教会はもちろん、エコランパディウスやフルドリッヒ・ツヴィングリをはじめとする改革派教会の神学者たちからも大反発を食らうが、予想に反し、ミシェルは持論にこだわり続け、一五三二年には『三位一体についての対話』を出版した。この本が普及したことで異端審問所から起訴され、追われる身となる。パリに移った彼はミシェル・ド・ヴィルヌーヴを名乗り、スペイン・ナバラ地方のトゥデラ出身だと偽った。一五三三年から翌年にかけて美術教師の学位を取得した彼は、そのままパリ大学で教鞭をとった。一五三四年、ほとんど偶然に近い形で、のちにミシェルにとって最も残忍な敵となるジャン・カルヴァンと出会う。

リヨンでミシェルは高名な医師・哲学者のシンフォリアン・シャンピエと親交を深め、医学を志すよう勧められるも、一五三五年には同地の印刷業者メルショル&ガスパル・トレクセル兄弟からの依頼で、当時人気のあったプトレマイオスの『地理学』を新たに翻訳・編集して出版。一五三六年には医学書『レオンハルト・フックスへの弁明』を刊行している。一五三七年パリ大学医学部に入学。間もなくシロップ剤の特性を論じるまでになり、シモン・ド・コリンの印刷所から『シロップ全種の特質』という専門書を出した。医学の探究における最良の友、アンドレアス・ヴェサリウスとは、ともに解剖学を学んだ仲だ。ところがミシェルは占星術の講義で、星の運行が未来に影響を及ぼすことを擁護して物議を醸し、のちに自身の言葉を現実化している。一五三八年二月一三日、火星と月の食が起こった日に敵対者と剣で戦い、不名誉な傷を負うことになったのだ。

その後、借金と宗教上の理由から、ミシェルはリヨンの南に位置するヴィエンヌ(現イゼール県)で医療に携わった。またその時期を利用して、リヨン在住で多言語に通じたドミニコ会士、サンテス・パニーニの聖書の訳文を校閲し、同修道士が亡くなった翌年の一五四二年、ユーグ・ド・ラ・ポルトの印刷所から出版している。一五四五年にもA・ヴィンセントとガスパル・トレクセルのふたりの印刷業者の支援を得て、全七巻からなる挿画入りの聖書の出版に携わった。

ミシェルにとっては運命の分かれ道となった一五五二年、彼自身が偉大な遺産とみなす著作『キリスト教の復権』の手稿がついに完成する。そのなかで彼は汎《はん》キリスト教信仰のあり方と、教会に新たな血を吹き込む必要性についても記述している。ミシェルは当初、この本をバーゼルで出版したかったが、印刷業者らの懸念は想像以上に大きく拒まれた。しかしながら自著の価値を確信していた彼は、ねばり強く説得を繰り返し、同年九月二九日、バルターザル・アルノーの秘密印刷所からついに出版へと漕ぎ着ける。翌年の一五五三年一月三日、装幀も著者の署名もない八〇〇部の本が仕上がった。ただし最終ページにミシェル・ド・ヴィルヌーヴの頭文字M・S・Vが記された。印刷所で出版人との会合のあと、リヨン、ジュネーヴ、フランクフルトに向けてそれらの本の発送を決めた。

念には念を入れて事を進めたにもかかわらず、異端審問官らは流通した本を一冊一冊突き止めて没収し、残らず破壊した。現存しているのは三冊のみで、うち一冊は焦げ跡が残ったままのものだ。この作品『キリスト教の復権』は一七九〇年、ドイツ・ニュルンベルクの博学者クルストフ・ゴトリープ・フォン・ムルの手で復刊され、ようやく日の目を見るに至った。

ミシェル・セルヴェとその著作を火刑に追い込んだカルヴァンは、ルター派の神学者フィリップ・メランヒトンから熱烈な賛辞を受けた。だが歴史は奇異な形で埋め合わせをする。彼ら改革派の著作やそれに関わった人物が同じ目に遭う事態もそう遠くない過去に発生していた。フランスの翻訳家、印刷工兼出版人でもあるエティエンヌ・ドレは一五三八年、国王フランソワ一世からラテン語学者としての功績を認められ、ラテン語、ギリシャ語、イタリア語、フランス語の古典と自著の出版許可を一〇年間分与えられた。そこでテレンティウス・ウァロ、キケロ、ウェルギリウスなどの古典作品から、同時代のエラスムス、詩人クレマン・マロ、人文主義者フランソワ・ラブレーらの禁書になった著作に関する評論まで幅広く出版した。ところがドレはカトリック教会から怪しまれ、一五四二年に家宅捜索が行なわれた際、リヨンの自宅からカルヴァンとメランヒトンの本を発見されてしまう。即刻逮捕されたドレは、翌年チュール司教のとりなしで一旦は釈放されたものの、一五四四年に再逮捕。その際、脱獄して北イタリア・ピエモンテに逃亡するが、リヨンに戻ったところを逮捕され、パリに護送される。カトリック教会への冒瀆と煽動、禁書の出版の罪で死刑判決が下され、二年後の一五四六年八月三日、拷問の末、絞首後に火刑に処された。火刑にはやはり湿った薪が使用され、パリ・モベール広場は煙と灰にまみれたという。

迫害と破壊

奇妙なことに人類は、その歴史で人間だけでなく、書物に対する迫害も繰り返してきた。ヨーロッパを中心に各地で起こった事例を、時代や地域を問わずにいくつか列挙してみよう。

一二九八年、イングランド王エドワード一世はスコットランドを侵略後、レステンノスの図書館に火を放った。スコットランド人に過去の栄光を思い出させないようにすることで、抵抗運動を繰り広げたウィリアム・ウォレスのような英雄の出現を回避するための記憶の消去だった。[9]

一三八一年イングランドで起こった農場労働者たちの暴動も、書物と文書に対する強迫観念という点で際立った出来事だ。反乱者は無知な男たちではなかった。大土地所有者の暴利を助長する言葉や、それを正当化するような文面が記された作品や書類を選んで没収し、即座に破壊したのだった。[10]

中世のベトナムには組織化された仏教徒の学校がいくつもあったが、一四〇六年から始まった、元に続く中国・明の侵攻により、学校所有の何千冊もの本が一掃された。翌年、首都タインホアを陥落させた明の永楽帝は、ベトナム語の本をすべて没収するよう命じ、ベトナム胡《ホー》朝の皇帝父子とともに南京《ナンキン》に運ばせ、そこでどちらも処分した。

イタリア・パドヴァ大学とボローニャ大学の哲学教授ピエトロ・ポンポナッツィの最初で唯一の著作がヴェネチアで焚書《ふんしょ》にされる。一五一六年に出版された『魂の不滅について』で、人間の魂は不滅にはなり得ない、肉体と切り離しての存在はないと述べて激しい論争を巻き起こし、魂の不滅を説く教会にとって大胆な主張であったために排除された。

一五三七年、イタリアのパガニーニ印刷所から出版されたアラビア語コーランが、教皇の勅令によって破壊される。ごく最近まで、そのコーランは現存しないと思われていたが、一九八七年にヴェネチアはサン・ミケーレ・イニーゾラ教会のフランシスコ会所有の図書館で、ウーディネ大学のアンジェラ・ヌオヴァが発見し、世界に一冊だけ存在することになった。[11]

破壊のリストはまだ続く。

ちょうど同じ時代のフランスでも、無数の書物が攻撃にさらされた。フランソワ一世の顧問のひとりで法律家ルイ・ド・ベルカンが、親交があったエラスムスの作品やルターの書簡『修道誓願』など多数をフランス語に翻訳している。彼は一五二三年に異端者として告発され、著作が押収された。長い係争を経た一五二九年四月一七日、ベルカンは火刑に処されたうえ、全著作の破壊を命じる判決が下された。その結果を受けたパリの町では、彼の『六人の登場人物による神学的笑劇』というタイトルの小冊子も通りに投げ出され、破壊された。[12]

パリの印刷業者アントワーヌ・オジュローの場合も、出版の代価を死で払うことになった。彼は一五三四年のクリスマスの日、異端の書物を印刷した罪で火刑に処された。対象となった作品中一冊は（実際には彼が敬愛していた出版人オッタヴィアーノ・スコトの手によるものだったが）[13]、アクィタニア（古代ローマのガリア四属州のひとつ）の繁栄を詳しく記した小冊子『自由意志と恩寵』で、パリ、ボローニャ、米国シカゴのニューベリー図書館、ワシントンDCのフォルジャー・シェイクスピア図書館にある四冊のみが残る稀《き》覯《こう》本となっている。[14]

たび重なる書物への攻撃・迫害で、一五四三年か四四年に出版されたイタリア人パドヴァノ・デ・グラッシス・ディ・バルレッタの『パウロの集会』も、稀少価値のある本となった。当時押収を免れて生き延びたわずかな本が現在、古書店で売り出されている。

フランスではジョルジュ・ブスケが一五六三年、『異端ユグノー派のトロサにおける陰謀』というタイトルの本を出版したが、そこでは前年のトロサ（現トゥールーズ）占拠事件について、教会側の残虐ぶりや略奪も含めて詳しく説明していた。そのため地元の評議会の怒りを買い、出版直後の同年六月一六日に焚書の刑が言い渡された。また、フランス王アンリ三世に対する風刺文を書いたピエール・デスガインも一五八四年一二月一日、有罪判決を受け、著作は押収・処分された。

フランスの神学者ジャン・ブーシェが一五九四年に出版した作品、『偽りの改宗の説教』第二版も同様に、著者の政治思想と主張が原因で焚書にされた。彼は前年の一五九三年に、フランスの王家、ブルボン家全員の虐殺を要求した人物だった。

一六〇〇年刊行で一一年に三刷が出版された英国の作家サミュエル・ローランズの風刺文と説教『虚栄の頭のなかの滑稽な血』は、英王室を嘲笑する内容だったことから、公開焚書に処された。

パリ高等法院（一三世紀に設立され一七九〇年まで存在したフランス絶対王政下の最高司法機関）は一六一四年六月二六日、スペインの神学者・哲学者・法学者でスコラ哲学を集大成したフランシスコ・スアレスの『信仰の擁護』を焚書にする条例を公布。その四年後の一六一八年には、詩人デュランの『リパゾグラフィー』というタイトルの誹謗文をパリ市庁舎前のグレーヴ広場で破壊・焼却すると

カトリック教会にてカルヴァン派の肖像を破壊する者たちの狂喜

宣告した。同じく一六一八年、ジョゼフ・ブイユロとメルシオール・モンディエレが配布したいくつもの小冊子に対しては、《執行人はそれらをずたずたに破壊する義務がある》との条項を加えた奇妙な決議がなされた。

一六二六年一〇月六日、フランス南西部のベジエ議会は、一六二二年に出版されたカルヴァン派神学者テオフィル・ブラーシェの著作『良心をもって武力に抗うために、フランスの宗教家が取るべき正しい判断に関する言説』という長い題名の書物の焚書を命じた。七〇ページに及ぶ作品の内容、とりわけ著者の過激な主張を、その頃パリに亡命していたオランダの法学者フーゴー・グローティウスをはじめとする法律家たちが拒絶したためだ。

一六四七年頃、自らをこの世で天啓を受けた最も驚異的な人間だと称した不気味な男、自称シモン・モリンの『モリンの思想』が出版された。その一五年後の一六六二年一二月二〇日、著者と著作に火刑の宣告がなされ、翌一六六三年三月一四日に執行された。

フランスの哲学者ジャン・バティスト・クロード・イゾアルは、デリズル・ド・サルの筆名で一七六六年、『自然界の哲学』を発表し、著作ともども有罪判決を受けた。著者である彼は亡命生活を送り、出回っていた本はすべて押収・焼却された。その何年後かに著者は、『出版の自由についての無邪気な意見書』という本を出して、迫害者らに返礼している。

英国の自然哲学者ジョゼフ・プリーストリーは神経病学の歴史において決定的な人物だ。彼は心理学者で内科医だった友人ディヴィッド・ハートリーが著作『人間の考察』（一七四九年）で提唱した、振動説と観念連合説の理論を擁護した。一七七五年に出版されたプリーストリーによる『人間の考察』の編集版『ハートリーの人間論――観念連想の原理』は、ハートリーの思想の普及に貢献したが、唯物論的哲学を展開したため反感を買い、八二年に焚書にされた。

興味深いふたつの逸話

一八世紀スペイン啓蒙時代のベネディクト会士で随筆家でもあった、ベニート・ヘロニモ・フェイホー神父の著作の皮肉なくだりを読むと、驚くと同時に苦笑したくなる。[15] 《(ルネサンス期イタリアの医師で歴史学者の) パオロ・ジョヴィオが、アリストテレスの著作を何冊も誤訳していたアルシオニオについて語る。博学なファン・ヒネス・デ・セプルベダ (同時期スペインの神学者・哲学者) が自著でアルシオニオの翻訳を批判し、不備のある箇所を指摘した。うろたえたアルシオニオは書店に駆けつけ、セプルベダの本を買えるだけ買い、燃やして灰にしたという》。当時の毒舌家らによると、アルシオニオは翻訳中にわかりにくい文章や難しい節に出くわすと、原文を修正したがる翻訳家だったらしい。面目を失うのを恐れ、正当な批判を隠滅すべく実力行使に出たわけだ。

ルネサンス期といえばヴェネチアの人文学者アンドレア・ナヴァジェロの話も常軌を逸している。彼はローマの詩人カトゥルスを崇拝するあまり、一日たりともカトゥルスの本を読まぬ日はなく、翻訳の曖昧な箇所を一文一文検討しない日はなかった。それはホメロスやシェイクスピア、現代詩人ならチリのパブロ・ネルーダあたりに傾倒する人たちによくあることだが、彼はすべての文学がカトゥルスに拠る、あるいは集約されると信じていた。そこで毎年、崇拝する詩人に敬意を表して火を焚き、ヒスパニアのラテン語詩人マルティアリスのエピグラム (警句) を唱えつつ他の書物を燃やした。儀式は敬愛する著者の作品を大声で朗読して絶頂に達するのだった。

第8章　異端審問

異端審問所と書物の検閲

異端審問所（宗教裁判所）は、一三世紀にカトリック世界で、主に異端の告発と処罰を目的として設けられた機関である。自分たちとは異なる意見を排除するために人間が築いた、最悪の性質の機関のひとつとも言い換えられる。それだけに異端審問所が猛威を振るった旧大陸ヨーロッパの国々は、人の命に対しても書物に対しても検閲・迫害・拷問・破壊が行なわれる、暗黒の時代を過ごすことになった。異端審問の歴史に目を向けると、それがどのケースであれ、結局は古代の人間概念の負の部分が集約された姿であり、その行為を正当化する人間の残虐性の表れである事実を認めざるを得なくなる。

教条主義《ドグマチズム》はいつの時代にも自らの教義を庇護し、それに同意せぬ者を威嚇する機関を必要とする。その意味で異端審問所は、カトリック教会の政策を強固に推し進めるうえで多大な貢献を果たした。ヨーロッパ各地でカトリック以外の教派が活動を活発化させるたびに、教会はさらに権力・権威を強化すべく、彼らを抑止せざるを得なくなる。そのため破門や拷問、あるいは〝神意の裁き〟と称する無慈悲な神明裁判、異端者の火刑、異端派の大虐殺などの手段に訴えてきた。一五世紀後半頃から、ユダヤ教・イスラム教からの改宗者を迫害すべく、異端審問所の機能はより効率的な形に一新された。一五一七年、カトリック教会の腐敗を攻撃したマルティン・ルターが発端となって宗教改革運動が始まり、たちまちヨーロッパ全土に波及して多くの紛争が起こると、正統を自負するカトリック教会にとってルターは反逆者の象徴となった。

一五二一年、教皇レオ一〇世は回勅《かいちょく》（教皇から全世界のカトリック教会の司教に宛てた文書）〝デチェト・ロマヌム・ポンティフィチェム〟を発布し、ルターの破門を伝えるとともに、彼のいかなる著作も普及・読書・引用してはならないと公式に禁じた。ローマの通りではルターの著作に加え、ルターの肖像も一緒に燃やされた。神聖ローマ皇帝カール五世（スペイン王カルロス一世）もルターの教義の拡大を恐れ、やはり彼の全著作の破壊を命じている。このような強硬措置の流れから、一五二九年一〇月一四日、教会は聖職者集団の許可を得ずに本を出版することを禁じた。さらに時代を下った一五五〇年四月二九日には、異端の書物を書いた著者とそれを出版した印刷業主は死刑という、かつての愚行に逆戻りした。

以上の経緯をもう少し詳しく見てみよう。一二二〇年、神聖ローマ皇帝に即位したフェデリーコ二世が、異端者たちの全財産を没収する法律を公布している。それが約一〇年後の一二三二年、教皇グレゴリウス九世の時代に南フランスに初の異端審問所が設けられ、頑なな異端者の火刑を正当化することにつながったのはいうまでもない。

一二五二年に異端根絶の教皇勅書（教皇によって出された一種の勅令）〝アド・エクスティルパンダ〟を発布したインノケンティウス四世は、教会の擁護と異端者たちの処罰の役目を、ドミニコ会とフランシスコ会の修道士らに委ねた。異端者の逮捕や拷問、裁判手続きをより系統立てたものにする目的で一三二三年には、異端審問官のための初のマニュアルが出版された。審問官の必携の手引き書とも呼ぶべき『異端審問とその実践』を書いたのは、狂信的なフランス人ドミニコ会士のベルナール・ギーだ。彼は長年、トゥールーズで異端審問官として過ごし、合計九三〇人の裁判に携わり、そのうちの四二人を火刑に、少なくとも三〇七人を流刑に処している。

周辺諸国で急速に浸透していくプロテスタントの教義に、ローマの聖職者たちは警戒心をあらわにした。一五四二年、教皇パウロ三世が教皇庁内に正式に、ローマおよび全世界の異端審問所である検邪《けんじゃ》聖省（略称〝聖省〟）を設置した。政治や宗教の領域で問題となりそうな異端者すべてを厳しく取り締まった中世の異端審問。異端審問官らはマラーノと呼ばれる隠れユダヤ教徒に目を光らせる一方で、カトリックの教義にそぐわぬ思想を持つ神学者や聖職者を突き止めるべく、多くのスパイを雇ってつねに網を張っていた。またパウロ四世は聖省に、カトリック信仰にとって最も危険と思われる本のタイトルをすべて記載したリストの作成を命じた。そうして一五五九年に出版されたのが、一字の誤植もない恐るべき『禁書目録』だ。『禁書目録』はパリのソルボンヌ大学で一五四四年と四七年、ベルギーのルーヴェン・カトリック大学で一五四六年と五〇年、イタリアのルッカでは一五四五年、シエナでは四八年、ヴェネチアでは四三年にそれぞれ刊行されていたが、教皇庁自ら編纂に乗り出したのは初めてのことだ。

数ある『禁書目録』のなかでも最も詳しく懇切丁寧なのは、一五八三年頃スペインのサラマンカ大学で刊行された目録かもしれない。二部構成になっていて、第一部は禁止された作品のリスト、第二部は禁止された章句が記載されている。これによって教会は、疑問視された本のどの箇所を削除すれば出版・流通を許可できるかが容易に判断できるようになった。通称〝キロガの目録〟と呼ばれるこの目録は、一六一二年、三二年、四〇年、一七〇七年、四七年、九〇年に重版されている。

ここでほかの地域とは背景を異にするスペインの異端審問事情について触れておきたい。それはレコンキスタと同時進行で加速化した異教徒、とりわけユダヤ教徒に対する迫害を意味する。イベリア半島では元々イスラム王朝でもキリスト教国でも、ユダヤ教徒は信仰の自由と自治権を認められて暮らしてきた。宮廷に仕え、大臣になっていたユダヤ教徒もいる。しかし一四世紀半ば以降、ペストの流行や経済危機など社会不安を受けて、人々の不満の矛先はキリスト教徒が忌み嫌う商業活動や金融業を営み、比較的豊かな生活を送るユダヤ教徒に向けられるようになった。各地で反ユダヤ暴動が起こり、生き延びるために改宗を余儀なくされたユダヤ教徒もいた。

半島の統一を目指すフェルナンド二世は、かねてからユダヤ教徒を疎ましく思っていた。社会不安材料であるだけでなく、王自身がユダヤ教徒の金融業者から多額の借金をしていたことも関係していた。彼らを罰すれば借金を帳消しにできるうえ、財産を没収できる。そこで一四七八年、フェルナンド二世とイサベル女王は時の教皇シクストゥス四世に対し、スペインの特殊性を訴え、王の下に独自の異端審問所を設置できるよう申請した。当然ながら教皇は難色を示す。異端審問所の政治的利用を危惧したからだが、スペイン人枢機卿ロドリゴ・ボルハの説得で了承に至った（この功績でカトリック両王という強力な後ろ盾を得たボルハは、のちに買収工作で教皇の座を手にした。悪名高きアレクサンデル六世である）。こうしてセビリアに異端審問所第一号が開設された。そこでは初代長官に抜擢されたトマス・デ・トルケマダが手腕を発揮し、ユダヤ教徒やイスラム教徒に対する迫害・処罰は熾烈を極め、改宗せぬ者は処刑された。

トルケマダは一四九二年一月二日のグラナダ陥落直後から、カトリック両王に対してユダヤ人追放を執拗に迫った。グラナダには多くのユダヤ教徒が住んでいる。彼らを寛大に扱えば、それまで進めてきた改宗政策に反し、すでに改宗したコンベルソ（改宗ユダヤ人。新キリスト教徒）たちの信仰心を揺るがせ、隠れユダヤ教徒を増加させてしまうと。そこでイサベル女王は同年三月三一日、国内の全ユダヤ教徒に対し、キリスト教への改宗か国外退去を迫る「ユダヤ人国外追放令」を発布。一〇万人のユダヤ教徒が隣国ポルトガルに移住した。ところが一五三六年、ポルトガルにも異端審問所が開設され、迫害の魔の手を逃れた人々は危険を冒して大西洋の向こう側を目指すことになる。とはいえ、新大陸もまた彼らの安住の地とはならなかった。

スペインの異端審問所は、長官（大審問官とも。カスティーリャとアラゴンそれぞれに任命された時期もある）を頂点とする階層組織を形成していた（ちなみに異端審問最高会議とは、王によって選ばれた七人ほどのメンバーで構成され、高等裁判所としての役割や長官不在時の代理役などを担った機関である。長官がカスティーリャとアラゴンに分かれて任命されていた時期には、最高会議も二カ所に置かれていた）。各審問所には異端審問官三名、検事一名、書記三名、捕吏長一名、捕吏三名、審理準備員と代理弁護士数名ずつが配置される例が多かった。スペイン本国に一四カ所、ポルトガルに三カ所、アメリカ大陸に三カ所（メキシコシティ、リマ、カルタヘナ・デ・インディアス）置かれた異端審問所は、アウトダフェ（異端審問判決式）での異教徒の火刑と焚書《ふんしょ》に至るまでの過程を完璧にこなし、恐怖を武器に、人々がカトリック信仰の思想から逸脱せぬよう縛りつけていた。焚書についていえば、一五五九年の聖省による『禁書目録』出版後、さらに過激になった感がある。

ちょうどその頃、フェリペ二世の統治下でスペインは、ヨーロッパ・中南米・フィリピンにまたがる大帝国を築き上げ、〝太陽の沈まない国〟とも謳われる最盛期を迎えていた。

カトリック両王のひ孫に当たるフェリペ二世は敬虔なカトリック教徒で、一五五六年に父王カルロス一世から王位を継承すると、信仰の純潔性を守るべく異端審問の制度を厳格に適用し、プロテスタントや人文主義者たちを徹底的に弾圧した。当然そこには出版物の検閲も含まれる。国王の政策の遂行者だったアルバ公は、ネーデルラント総督として現地でプロテスタントを迫害するとともに、容赦なく禁書の著者と出版人を絞首刑にしていった。さらにスペイン本国から王の司書で礼拝堂つき司祭、ヘブライ学者、生物学者でもある、非常に博識な神父ベニート・アリアス・モンターノを呼び寄せ、ルーヴェン・カトリック大学神学部の学部長の協力も得て、一五七〇年スペイン独自の『禁書目録』を完成させた。この目録は同年二月一五日の勅令によって合法化され、本国ならびに征服地における何千もの書物の押収・破壊に大いに活用された。

スペインの詩人・人文学者ルイス・デ・レオン修道士は、大胆な思想とその実行で、二度検閲を受けて起訴されている。一度目は一五七二年、ローマ・カトリック教会の公認聖書であるウルガータ聖書のラテン語の文面に疑問を抱き、「詩篇」をヘブライ語から直接翻訳して出版したかどでだ。そのためルイス修道士は、一五七二年三月から七六年まで、バリャドリッドの異端審問所の牢獄に

15世紀末のペドロ・ベルゲーテ作『聖ドミニクスとアルビジョア派』では，焼かれる異端の書物のなかから，奇跡的に焚書を免れるカトリックの本の様子が描写されている
©Reproducción en Colección de Fernando Báez

拘禁された。その何年ものちの一五八二年、彼はサラマンカ学派のイエズス会士プルデンシオ・デ・モンテマヨールを擁護した罪で、再び異端審問所で尋問される身となった。同様のケースは他の神学者や文筆家でも起こっている。人文主義者のフランチェスコ・サンチェス・デ・ラス・ブロサスは、カトリック信仰のある側面に対し、異論を唱えた事実を率直に認めたことで異端審問を受けた。[1]文法学者でもあったサンチェスは、ひざまずいて偶像崇拝するのを拒否した。また東方の三博士は実際には王様ではないこと、彼ら三人が幼子イエスのもとを訪れたのは、生まれた数日後などではなく二年後だ。そもそもキリストが生まれたのも、一二月ではなく九月であり……と主張した。彼は二度密告されている。一度目は無罪放免、二度目は有罪判決が下り、息子の家での軟禁に処され、服役中の一六〇〇年に死去した。

すでにフェリペ二世による一五五八年九月七日の勅令には、書物の輸入を禁じる旨が明言され、全印刷業者に対し、至急カスティーリャ評議会に営業許可を申請するよう通達がなされてもいた。禁書密輸に対する刑期は延長され、刑罰は重くなった。スペイン語やイタリア語など、各言語による聖書はすべて『禁書目録』に含められ、聖書に関する調査や検閲の特権はサラマンカ大学とアルカラ大学に与えられた。ほかにもルターやカルヴァン、ツヴィングリらプロテスタントの著作をはじめ、タルムード、コーラン、占いや迷信関係の本、黒魔術や性的な事柄に言及した本は例外なく流通が禁じられた。

フェリペ二世は一五六三年にも勅令を発し、隣国フランスのシャルル九世にも六六年にこれを批准させている。とりわけ重視したのは、印刷業者や書籍商、著者らに対し、投獄や出版物の焚書の措置で威嚇する第七七条だった。一五七一年になると、いかなる書物も王室の許可なく出版できなくなり、破った者は禁固刑を科された。二〇世紀前半の英国の歴史家アーサー・スタンリー・ターバービルが、そのあたりの事情をうまく説明している。

教会や異端審問所にとっては『禁書目録』の刊行ではまだ不十分だった。焚書とされた本が読まれていない事実を確認する必要があった。異端審問所は書店ばかりか、個人の蔵書の調査・検閲のためにも秘密捜査員を使っていた。だが一番監視の目を光らせていたのは、海の玄関口である港とフランスとの国境だった。調査は書籍の包みだけでなく、あらゆる商品に及んだ。(……)港に着いた船は、乗組員も乗客も積み荷もすべて、異端審問所の捕吏の検査を受ける。船舶が入港するたびに行なわれる検査は、時間も費用もかかるので煩わしいものだった。というのも、捕吏が審査料金を取っていたからだ。商人たちの不満の声は、特にビスケー湾の主要港ビルバオで多く、他の強国の大使らも同様の不満を表明したが、いずれも何の効果もなかった。国家は有害な文学作品の毒から民衆を守る名目で、異端審問所の制度を全面的に承認し、彼らの出版・印刷物に対する法律は稀にみる徹底ぶりだった。[2]

ミゲル・デ・セルバンテス作『ドン・キホーテ』前編(一六〇五年)第一部第六章では、皮肉まじりに書物に対する異端審問の様子が描かれる。主人公アロンソ・キハーノ(ドン・キホーテ)の書斎で司祭と床屋が、アロンソが所有する一〇〇冊以上の本のなかに、火刑に処すべきものがあるかどうかを話し合う場面だ。司祭も床屋も、アロンソの奇行は彼が愛読している騎士道小説が原因だと考えているが、これは当時取り締まる側にいた者たちが文学作品をどのように捉えていたかの好例ともいえる。同じく第一部第三二章では、書物の検閲が面白おかしく描写される。

そこで司祭は最初の二冊のタイトルを見るなり、床屋に向き直って真顔で告げた。

「この場にわが友人の家政婦と彼の姪がいないのが残念だ」

「その必要もないでしょう」と床屋が答える。「これらの本を裏庭か暖炉に持っていくぐらい私にもできます。今いい具合に火は燃えていますし」

「まさか旦那方、私の本を燃やすおつもりで？」と宿屋の主《あるじ》が尋ねる。

「燃やすといってもこの二冊」と司祭が応じた。「『ドン・シロンヒリオ』と『フェリクスマルテ』だけです」

「つまり……私の本が異端か半端だと？」

「おいおい、それをいうなら」床屋が口を挟む。「半端じゃなくて分派だよ」

新世界における異端審問

新大陸の発見後、植民地となった新たな世界にやってきたスペイン人たちの関心事のひとつは、やはり宗教面だった。そのため歴代のスペイン王は、先住民のキリスト教化のための権限を教会に与えることに対し、何のためらいもなかった。一方、移住したスペイン人や彼らの子孫に対しては、管理体制強化のために、三カ所に異端審問所を設置した。

ペルー副王領（一五四三年設置）の首都リマには、一五六九年一月二五日の勅令によって異端審問所の本部が創設され、その後計二七回のアウトダフェが行なわれた。第一回は一五七三年一一月一五日に実施。リマ市内のサン・クリストバルの丘にあるペドレガル（石だらけの場所）にて、マテオ・サラドという名の男が、ルターを信奉した罪で火刑に処されている。

ヌエバ・エスパーニャ副王領が設置される一五三五年以前のメキシコでは、一五二二年から三二年にかけて、教皇勅書によって修道士たちが異端審問官の役目を担い、教会の権限も委ねられていた。先住民たちは異端の神を信奉していた罪で早い段階で弾圧されたためか、彼らに対する異端審問は一五七一年一二月三〇日以降、ほとんど見当たらない。メキシコの異端審問所はスペインのアラゴン王国の管轄下にあり、さらにアラゴン王国はカスティーリャ王国に属していた。そのため新大陸にあっても、メキシコの異端審問所に限っては、際立ってイベリア半島に準じて機能していた。つまり異端審問に従事する修道士たちによる裁判は、本国の異端審問所長官トルケマダやディエゴ・デ・デサ、フェルナンド・デ・バルデスらと同じ法規に則ってなされていた。もちろん歴代長官のなかには、王室評議会の長でもあったディエゴ・デ・エスピノサ枢機卿のように、植民地における例外的な場合を考慮して、法に付帯条項をつけることを命じる者もいた。

メキシコの地でも異端審問官らは、異端審問委員（管区内の各町村に配置された異端審問所の代理人）や捕吏の協力を得て、港に到着した船舶の中に禁書がないかを検査した。主に取り締まりの対象となったのは、現地語の聖書や騎士道小説、科学などの学術書、危険視される政治思想の本などだ。一五五五年にメキシコで行なわれた第一回地方教会会議の第七四条で、ある種の本の危険性についての警告がなされている。出版物はつねに検査され、書店も届け出をしたあとでしか本を売ることができない。個人の蔵書は徹底的に調査された。一五六五年の第二回教会会議では、聖書の流通を大幅に制限すること、先住民の聖書の所有を禁じることが決定された。一五八五年の第三回教会会議では、禁書を所有する者は例外なく破門との決定がなされている。

ジョヴァンニ・アルベルギーニの『聖なる異端審問の判断の手引き書』という本がある。そこには危険だとみなされた本のリストに加え、それらの本を発見した際、いかに処理・破壊するかについても記されている。[3] 異端審問委員は船の乗客の荷物を調べ、中身の情報を尋ねながら禁書がないかを確かめる。疑わしい本が見つかった場合には税関に送り、それが異端や不都合な内容だと確認できたあと、焼却処分した。

ベネズエラの場合は、一六一〇年二月二五日の勅令によってヌエバ・グラナダ副王領(一七一七年設置、首都サンタフェ、現在のコロンビア・ボゴタ市)のカルタヘナ・デ・インディアスに設けられた異端審問所が管轄した。[4] カラカスの異端審問委員たちは、本を所有している者の家を一軒一軒訪ねて、直接尋問したという。異端審問委員ひとり当たり、捜査官一名、書記一名、捕吏二名を擁していたとも記されている。一七四二年四月二五日には勅令により、インディアス諮問会議(一五二五年に設立された新大陸統治のための最高審議機関)が許可した以外の本の所有が禁じられた。一八〇六年にはホセ・アントニオ・ガルメニダとホセ・エスパーニャの二名が、所有していたイタリアの法律家ガエターノ・フィランギエリ作品を自ら焚書にしたことを告白した記録と、フランシスコ・ハビエル・ブリセーニョという男が、『サックス伯爵の生涯』を自分の手で破壊したとの記録が残っている。[5]

一九三〇年にベネズエラで出版されたフランソワ・デポンの著作では、ベネズエラ国内で読むのを禁じられた作品のリストが紹介されている。( )内は著者名。特に明記していないものは作者不詳である。

全面的に禁書となったフランス作品は以下のとおり。『貴婦人のアカデミー』(ニコラ・クーリエ)、『二四四〇年』(ルイ=セバスティアン・メルシェ)、『良識の哲学』、『キリスト教徒に対する皇帝ユリアヌスの演説』、『政治哲学』(教皇パウロ三世)、『歴史批評辞典』(ピエール・ベール)、『キリスト教要約辞典』(ベルジェ神父)、『世界史叙説』(ボシュエ)、『刑法理論』(ジャック・ピエール・ブリッソー)、『教程』以下同著者(コンディヤック)の最新刊六冊、『対話』、『美徳と報酬の書』、

『教訓となる誤り』、『治世の日誌』（フランス王アンリ四世）、『軍事哲学』、『モンテスキューの才能』（ジュアン・ミランダ）、『吟遊詩人《トルバドゥール》の文学史』、『政治・哲学史』（ギョーム＝トマ・フランソワ・レナール）、『ベリサリウス』（ジャン＝フランソワ・マルモンテル）、『ある貴族の回想と冒険』（アントワーヌ・フランソワ・プレヴォ）、『自然について』（ジャン＝バティスト＝レネ・ロビネ）、『アメリカ人についての研究』、『自然体系』、『社会制度』、ヴォルテールの著作、『新エロイーズ』ほかルソーの著作、『世界史に関する随筆』（ジャン・ド・アンチモン）、『ヴァシーリー王子の物語』、『ピエトロ・アレティーノの人生と物語』、『ローマ皇帝一二人の私生活の極み』……等々。[6]

ベネズエラ独立運動の先駆者で、最も印象的な英雄のひとりでもあるフランシスコ・デ・ミランダ（一八一〇年にベネズエラ第一共和国を成立させ独立を企てたが失敗）は、英国の首相ウィリアム・ピットを前に、「異端審問所の有害極まりない検閲によってラテンアメリカの人々は、有益あるいは教訓となる本を読むのを禁じられている」と嘆いた。[7]

　隣国コロンビアの国立総合古文書館には、本の破壊に関する文書が保管されている。それによると、一七七二年八月一一日、スペイン王カルロス三世を嘲笑した風刺画の焼却が命じられたという。そのカルロス三世は一七七八年、勅令で一冊の本の破壊を命じている。

『二四四〇年』に関する勅令

疑いなき情報および報告を通じて、わが王国内に『二四四〇年』と題するフランス語書籍が入り込んでいるのを知った。この書籍は一七七六年にロンドンで印刷されたと記されているものの、著者名も印刷所名もなく、崇高なカトリック信仰を揶揄するだけにとどまらず、善良なるわが国政の秩序を乱そうとしており、(……)自由と独立のため、正当な権利を有する主権者たちに抵抗するよう臣民に促している。そこで余は異端審問所に対し、この忌まわしき本を禁じるよう伝え、発見した場合には、執行人の手で公の場にてすべて焚書にするよう命じた。(……)なお、本年三月一二日の勅令と同じ内容を、副王領でも同様に果たすべく、インディアス諮問会議に対し回書を作成するよう命じた。(……)

一七七八年四月二〇日、アランフェスにて、国王

また、同じくコロンビアのコスタ地方で一七七九年に、ウィリアム・ロバートソンの『アメリカの歴史』が焚書にされた。一八一〇年から一六年にかけては、スペインの権力機関からの直接命令に対して異端審問所が協力する形で、国内各地の広場で風刺的な記事の入った新聞や小冊子、本が焼かれている。ほかにも、同国の法律家・政治家フランシスコ・ペレイラ・マルティネスの著作『いまだ教会本部に保管されているドン・バルタサルの槍がなした武勲、奇跡、美徳を偲ぶイバゲの祈禱書』(一八一三年)が、ラモン・シシリア司令官の命令によって出版から四年後に公の場で燃やされたとの記録が残っている。被害は書物にとどまらず、人命にも及んだことはいうまでもない。[8]

以上のように新大陸の異端審問所は、設置から一世紀以上にわたって猛威を振るったが、一九世紀になると世の中の流れと人々の意識の変化から、次第に異端審問の裁判そのものが減っていく。スペインにおける異端審問が正式に廃止されたのはスペインがナポレオンに制圧された一八〇八年。スペイン王となった兄のジョゼフ・ボナパルト(スペイン王ホセ一世)の勅令による。一八一三年二月二二日にはカディス議会も異端審問所の廃止を可決した。これには反発も強かったが、それは異端審問所閉鎖の決定にというよりも、フランスによる征服に対する反感だった。その後、一八一四

年にフェルナンド七世が王位を回復すると、異端審問所は一時的に復活するが、王の死後、二歳で即位した娘イサベル二世の摂政になった妃マリア・クリスティーナ・デ・ボルボンが、翌年三四年に完全に廃止した。

第9章　占星術師たちの処罰

エンリケ・デ・ビリェナの蔵書の破壊

錬金術師・占星術師で詩人でもあったエンリケ・デ・ビリェナ（一三八四年頃－一四三四年）は、中世スペインにおいて最も興味深い著述家のひとりである。カスティーリャ王の血を引く貴族だった彼は神話に入れ込み、一四一七年『ヘラクレスの一二の功業』をカタルーニャ語で出版した。ほかにも『眩惑あるいは目による呪術について』という奇書を執筆して賛否両論となったかと思うと、宮中の礼儀作法を紹介した『陪膳術』という本も出している。彼はその本の一部で、アレクサンドリア図書館の破壊について言及している。

多くの歴史家が語るところでは、ノアの息子のハム――ゾロアスターと呼ぶ人もいる――が芸術と科学を発見し、それを知らしめるために七本の柱あるいは銅の支柱に書き記した。それはギリシャ神話の太陽神アポロンの息子パエトンが、太陽の戦車を暴走させたことで起こった猛火や、ノアやオギュゴス王、デウカリオンの時代のような大洪水で失われるのを意図してのことだった。大洪水を生き延びた四本の銅の支柱は、現在ギリシャのアテネにある。その柱が原因となって、彼の地には多くの研究者や学徒、著述家が集まり、七〇万冊もの本を出版するに至った。ゲッリウスは『アッティカの夜』で、学問の館の焼失と破壊を嘆いている。

ビリェナはウェルギリウスの『アエネーイス』全文を初めてヨーロッパの言語に翻訳しただけでなく、ダンテの『神曲』も最初にカタルーニャ語とカスティーリャ語（のちのスペイン語）に翻訳している。一四三三年前後には『作詩の技法』を発表し、カスティーリャ語の正書法や吟遊詩人《トルバドゥール》らの詩の作り方について論じた。一四二八年には秘教的な愛を語った『キニョーネスの地への書簡』を出版。いずれにせよ、異端視される本の翻訳や自著を執筆する彼の名声は、晩年を不幸にするには十分すぎるものだった。教会からの迫害が止むことはなく、一四一四年にはカラトラバ騎士団の在籍権を剝奪されている。

彼が死んだ当日、エンリケ王子（のちのカスティーリャ王エンリケ四世）の家庭教師でドミニコ会士のロペ・デ・バリエントス修道士がやってきて、ビリェナの蔵書を一冊一冊調査したあと、すべて没収した。結局、異教思想を広めたとの理由で、没収された書物の多くは破壊された。[1]

トリテミウスの『ステガノグラフィア』

中世ドイツの修道院長ヨハンネス・トリテミウス（一四六二－一五一六年、本名ヨハン・フォン・ハイデルベルク）は、修道院で人知れず奉仕する人生を選んだにもかかわらず、ヨーロッパでも指折りの数学者・占星術師・神秘学者として名をなした。友人たちとともにケルト同盟という秘密結社を組織し、数学・文学・占星術・魔術・カバラを研究したともいわれている。[2] 早くに父と死別したトリテミウスは、幼い頃から非凡な才能を発揮。学問への道を志すが、母親の再婚相手に理解されず、苦労の末に親戚の援助で大学進学を果たす。学生時代、ハイデルベルクから故郷に里帰りする途中、吹雪を避けて立ち寄ったシュポンハイムのベネディクト会修道院の荒廃ぶりに胸を痛め、再建のためにそこにとどまることにする。それが貧しい彼にとって、唯一学問を続けていかれる道だったともいえる。一四八三年に同修道院の院長に就任した彼は、修道院内の図書館を充実させ、五〇冊ほどだった蔵書を二〇〇〇冊以上に増やした。そのため同図書館は貴重な情報源として人文学者たちから大いに重宝がられたという。ところが魔術師としての評判が高まるにつれ、修道院との関係が悪化。ヴュルツブルク司教の計らいで一五〇六年にヴュルツブルクの聖ヤコブ修道院の院長となり、そこで生涯を終えた。彼は一貫して厳格な神学を説く一方、美的な信仰を実践していた。

トリテミウスが残した著作をみると、歴史や魔術に強い関心を抱いていたことがわかる。『ゲルマン人の偉人目録』(一四九一年)、『修道院の写本室』(一四九四年)、『反抗の魔術』(一五〇八年)、『ヒルサウ年代記』(一五一四年)、『フランク族の起源史』(一五一四年)に続き、ユダヤ神秘思想カバラ研究の成果は『ステガノグラフィア』(一六〇六年)にまとめられた。これは彼が夢のなかで見聞きしたものを書き取った手稿といわれ、テレパシー、念力などの方法が描写されているが、実は暗号に関する理論書だと出版当初から噂されていた(ちなみにデータ隠蔽技術のひとつを指すステガノグラフィーの語は、同書のタイトルから借用したものだ)。

スペイン王フェリペ二世は、この本の真の価値を知らなかった顧問たちの助言を受け、本の普及を恐れて焼却を命じた。一六〇九年以降、『ステガノグラフィア』はカトリック教会の『禁書目録』に入り、一九〇〇年に除外されるまで定期的に焚書《ふんしょ》されてきた。よって今日、その写本を見いだすのは非常に困難だといわれている。[3]

ノストラダムスの発禁処分

ミシェル・ド・ノートルダム（一五〇三 - 六六年）、ノストラダムスの名で知られるフランス人医師は、西洋史上最も有名な予言者である。彼の人生についてはあまりわかっていないうえ、巷に出回っている情報の大部分は単なる憶測だともいわれる。毎年のように話題に上る彼の長大な予言詩『ミシェル・ノストラダムス師の予言集』の初版は、一五五五年、リヨンのマセ・ボノム印刷所から出版されたもので、四行詩を一〇〇篇ごとに一巻にまとめ、四巻目の五三番までの全三五三篇が収められている。

とはいえ、この初版本は今や完全な稀覯《きこう》本となっている。出版されて以来、定期的に破壊されたためだ。一九世紀にパリ市庁舎内の図書館にあった一冊は、一八七一年のパリ・コミューンの動乱で市庁舎が焼け落ちた際に失われているし（三六六ページ参照）、パリのマザラン図書館やオルレアンの市立図書館にもあったとされるが、いずれも紛失している。ノストラダムス関連書の蒐集で知られた、フランスの司祭エクトール・リゴー（一八四一 - 一九三〇年）も一冊所有していたが、彼の死後、一九三一年六月一七日にパリでオークションにかけられ、一万二三一〇フランで落札されて以来、行方がわからなくなっている（二〇一〇年に再びパリでオークションに出品されたとの情報もある）。現時点で所在が確認されているのは、ウィーンのオーストリア国立図書館とフランス南部タルヌ県のアルビ市立図書館の計二冊のみである。

ジョン・ディーの秘密の蔵書

英国の科学者・数学者・哲学者・魔術師・占星術師・錬金術師のジョン・ディー（一五二七 - 一六

〇八年）も、同時代の魅力的な人物のなかでひと際異彩を放っている。鋭い知性をもちながら衝動的でもあった彼は、メアリー一世とエリザベス一世というふたりのイングランド女王から信頼を得、重用された。ふたりともこの不可思議な師にホロスコープを見てもらうまでは宮殿を出ることがなかったと噂される。

彼はヨーロッパ中を旅してまわり、錬金術の極意を学んだ。前述トリテミウスの『ステガノグラフィア』などは一日中読みふけったという。一五八一年、ディーはエドワード・タルボット、のちにエドワード・ケリーと名乗ることになる男と出会う。自分は死者と語る能力がある霊媒師だといってディーを魅了した男は、当初は弟子として、次いで協力者として行動をともにするようになる。一五八三年から八九年にかけてふたりは中央ヨーロッパ各国の王宮を遍歴する。ディーと自分は鉛を金に変えることができると、ケリーが喧伝したために、どこの宮殿でも歓迎された。

しばらく良好な関係を保っていたふたりだったが、ある日ケリーが自分の見た夢をディーに語ったことで、破局が訪れる。彼の前に現れた〝高次の存在《パトロン》〟が、ディーの妻は友人と共有されるべきであると告げたというのだ。日頃は博愛主義者で温厚なディーが、ケリーと距離を置き始めたのはいうまでもない。錬金術師として有名になり、後援者もついたケリーが、ディーから独り立ちするために打った芝居とも考えられる。結局ディーはケリーと手を切り英国に帰国。ヨーロッパにひとり残ったケリーは、しばらく優雅な生活を享受したあと、一五九一年神聖ローマ皇帝ルドルフ二世の命令で収監される。これには、エリザベス一世をはじめとする他の君主にケリーを横取りされないための措置、あるいは帝国内で彼が犯した罪による逮捕、ケリーの後援者の政敵による陰謀など諸説ある。ケリーは一旦釈放されたのに、金の生産に失敗して再逮捕となった。その時ばかりはさすがに身の危険を感じたのだろう。監獄からの脱出を試みて失敗し、高所から転落した際に負った傷がもとで死亡したという。

一方、一五八九年に帰国の途に就いたディーはエリザベス一世直々の出迎えを受ける。彼の才能を高く評価していた女王は、側近でさえ知らぬような任務を彼に託すほどだった。女王に忠実に仕えたディーは、初めてメルカトルの地球儀を英国に持ち込み、エウクレイデスの『原論』の初翻訳を手がけるなど、文化・教養面でも貢献した。神秘的な著作『聖刻文字のモナド』を執筆・出版したのもこの時期だ。

ところがある時、ロンドン・モルトレークの自宅に戻ってみると、何者かによって室内が荒らされ、蔵書をはじめ所有物が略奪されたあとだった。[4] 魔術・秘術の本にかけては随一ともいわれた彼のコレクションが目当てだったのか、それとも妬みからだったのかはわからない。[5]

蔵書の数は特定されてはいないが、書斎には大量の書物のほか、メルカトルの地球儀や探検家・航海士リチャード・チャンセラーが作った四分儀、羅針盤、時計職人ディブリーが製造した時計、磁石や地図類など、ありとあらゆる測定器具が揃っていたらしい。

現在最も信頼される記述を紹介する。

主だった情報——とりわけ一五八三年作成の目録——をもとに判断すると、ディーの書棚には三〇〇〇冊から四〇〇〇冊の書物があり、古代・中世・ルネサンス期の学問ごとに整然と並べられていたという。特に化学や歴史の写本が充実していたのに加え、彼が長年研究していた事柄、たとえば秘術や航海術、芸術、同時代の錬金術師兼医師パラケルススの著作、セム語派の言語の本も多かった。これらのことから総合すると、ルネサンス時代の他の研究者らと同様に、ディーも総括的な知識を渇望していたといえるだろう。[6]

略奪された本の行方は定かではない。紛失したものもあれば、英国内の複数の図書館に流れたものもあっただろうが、いずれにせよ一六六六年のロンドン大火で焼失したと考えられている。

一六〇三年にエリザベス一世が崩御。その後に即位してイングランド王ジェームズ一世となったスコットランド王ジェームズ六世は魔術的なものを好まなかった。ディーはかつてのような寵愛を受けられずに宮廷を去り、世間からすっかり忘れられた五年後、貧困のうちに死亡した。彼の失脚はケリーとの関係が原因だったとみなす者もいる一方で、著作で恐ろしい秘密を明かしたためだと口にする者もいた。彼の死から五〇年ほど経った一六五九年、『ジョン・ディー博士と何人かの聖霊とのあいだに築かれた真の忠実なつながり』という題名の本が出版された。これは名高い魔術師だったディーが、黒曜石でできた奇妙な文字盤を使って別次元の存在——天使だといわれる——と交わした会話を綴った本だ。高次の存在たちのほうから彼に接近し、交信したとされ、天使と思しき存在は空間ではなく時間を旅するという論拠も示されているとのことだ。

第10章　英国における焚書

正統派による弾圧

一五一五年オックスフォード大学で芸術学を修め、フランス語、ギリシャ語、ラテン語、ドイツ語、イタリア語、スペイン語にも精通していた英国人ウィリアム・ティンダルは、次に入学したケンブリッジ大学でエラスムスに出会う。ティンダルはギリシャ語の『校訂版 新約聖書』（一五一六年）の編集を終えたばかりのエラスムスから影響を受け、聖書研究に傾倒していき、庶民向けに聖書を初めてヘブライ語・ギリシャ語原典から英語に翻訳した。しかし当時カトリック教会に忠実だったイングランドでは、聖書の翻訳は禁じられていた。法を破ったティンダルは追われる身となり、ヨーロッパを逃亡しながら翻訳を続けたが、一五三六年に逮捕され、ブリュッセル近郊で処刑された。ティンダル訳の新約聖書六〇〇〇冊は、イングランドに密輸されて出回ったものの、瞬く間に消滅した。聖書の通俗化に対し怒りを覚えた聖職者の一団が、大規模な焚書《ふんしょ》を行なったのだ。現存しているのは二冊のみで、一冊は完全な形で大英図書館に、もう一冊は七一ページ分が欠けた状態で、セント・ポール大聖堂の図書館に保管されている。

皮肉なことにティンダルが世を去った一五三六年、時のイングランド国王ヘンリー八世の離婚問題が原因となって、イングランドはカトリック教会から分裂、英国国教会を成立させる。自ら国教会の首長となったヘンリー八世は、修道院を破壊し、財産を没収するとともに書物の粛清《パージ》も行なった。一五五〇年には息子のエドワード六世の支持者らが、オックスフォード大学の図書館から本を奪って焼却した。

全国公立大学および私立の教育施設の図書館から、学者たちの研究書が追放された。そのほとんどはペトルス・ロンバルドゥスやトマス・アクィナス、ドゥンス・スコトゥスなどスコラ哲学の神学者やその後継者と呼ばれる者たちについての研究論文だったが、教皇礼賛者らの注解の入った著作もその対象となっていた。（……）それでも不満が収まりきらず、名だたる著者たちを罪人のように誹謗し、聖書について無知な者だとか偽善者だと罵り、著作ともども非難して永久に人々の記憶に刻み込ませる。冷酷非道ぶりはさらにエスカレートし、無法者を連れてきたかと思うと、彼らに略奪した本を棺に詰めさせ、そのまま町中を練り歩かせた。男らは棺を共同市場まで運び、すべて燃やした。プロテスタントはもちろん、それ以外の宗派の者たちが悲嘆に暮れるのを意図してだ。[1]

同図書館はその後、エリザベス一世の時代に、外交官でオックスフォード大学マートン・カレッジの研究者だったトーマス・ボドリー卿の尽力で、蔵書が再び蒐集され、どりにか復活した（一六〇二年にボドリー卿の功績を称え、ボドリアン図書館と命名されている）。

エディンバラ中央図書館館長、スコットランド図書館協会会長、英国図書館協会会長を歴任したアーネスト・アルバート・サヴェージによると、一六世紀後半の英国内では、数十万冊の写本がすでに消滅していたという。[2] 作品とその著者に対する迫害は、ほとんどの場合、歪んだ制裁の形を取る。一五七九年に出版された『フランスとのもうひとつの結婚によってイングランドが飲み込まれようとしている深淵の発見』とタイトルは長いが薄めの本は、書籍出版業組合の台所で燃やされた。パンフレット作家のジョン・スタッブスはこの著作で、エリザベス一世とカトリック教徒であるフランス王子アンジュー公フランソワとの結婚に反対したことで右手を切り落とされたという（この縁談は結局、成立しなかった）。それでも彼は残された左手を挙げて、「神よ、女王を救いたまえ！」と叫んだとの証言も残されている。

一五九九年にはカンタベリー大主教の指示により、前年に出たばかりの英国の詩人・劇作家ジョン・マーストンのギリシャ神話に関する著作『ピグマリオン像の変容』が燃やされた。一六〇三年にはイングランド王に即位したジェームズ一世が、文筆家レジナルド・スコットの『魔術の暴露』をすべて焚書にするよう命じている。これは貴族院議員を務めたこともあるスコットが、魔女など存在しないと証明するつもりで一五八四年に出版した本だったが、魔女狩りの最盛期に懐疑的な見解を示したことで、迫害推進派に非難される結果となったのだった。

迫害された論客

とはいえジェームズ一世の時代にはまだ比較的自由な雰囲気があったが、チャールズ一世に代替わりすると、イングランドはピューリタニズムの色が強くなり、社会は堅苦しい空気に支配されるようになる。ピューリタニズムとはカルヴァン派の影響を受けた運動で、聖書主義の立場を取り、禁欲や勤勉を重んじ、宗教改革の徹底による国教会の浄化を目指した。その支持者をピューリタン

（清教徒）と呼ぶ。過激なことで有名だったイングランド人弁護士・パンフレット作家のウィリアム・プリンは、道徳性に欠ける戯曲が聖書よりも売れ行きがよいのを妬み、一六三三年にパンフレット『俳優たちを鞭打つ』を出版。戯曲が聖書よりも上質の紙を使い、大型本として出版されているなどけしからんと激しく非難し、自分と一緒に社会にはびこる演劇を攻撃するよう呼びかけた。

ところが、背徳的な芸術を批判し続けた論客に不運がもたらされる。彼が六週間ほど前に出した別の著作、出版許可を得て、一部の宗教家からは好意的に受け入れられた無害な神学論が、不可解にも王室の逆鱗に触れる。彼の著作の何が王室の気に障ったのか説明はなかったが、何らかの理由で出版されたばかりのその本はすべて焚書《ふんしょ》にされた。本当の理由は先のパンフレットで、チャールズ一世の妃ヘンリエッタ・マリア・オブ・フランスが仮面劇に出演したことを非難したためといわれている。仮面劇は民俗・伝統に由来する芝居だが、イングランドでは王宮での宮廷仮面劇として発展した。音楽や歌、踊り、演劇を含む寓意性に富んだ古典劇で、当代きっての人文主義者、芸術家、詩人たちが総力を挙げて制作に携わり、時には王自ら演じることもあった。高度な芸術である一方、巨額の予算が注ぎ込まれて国の財政を逼迫させ、ピューリタンたちの反感を買っていた。

論客の処分は著作の焚書では済まず、耳を切り落とされて投獄され、名誉まで失った。それでもまだなお、獄中から匿名で、自分を擁護してくれない高位聖職者たちを非難するパンフレットを出版するだけの余力は残っていたようだ。苦節六年、一六四〇年にプリンはついに釈放される。長期議会でピューリタンが優勢になったためだ。彼らは一六四二年九月にすべての劇場を閉鎖させ、仮面劇をはじめとする英国の演劇の歴史は一旦幕を閉じる。そうしてヨーロッパ大陸で起こっていた三十年戦争、アイルランドなどからの煽りを受け、英国も内乱の世、ピューリタン（清教徒）革命へと突入していくのだった。

英国の宗教的対立

一六四二年、エドワード・デリング卿の罪なき作品『演説集』の焚書をめぐり、英国の政治家のあいだで対立が起こる。一方は革命に反対する王党派、他方は革命に賛成する議会派だ。同年、五名の議員を逮捕しようとして失敗した国王チャールズ一世が北部のヨークに逃れたのを機に、英国は内乱状態に陥る。初めは王党派が優勢だったが、クロムウェルを中心とする議会が近代的な軍隊を導入して巻き返しを図り、王党派を打ち破ると、一六四九年に国王を処刑、共和政を打ち立てる。この一連の動きをピューリタン革命という。共和政府の外国語書記官に任命された詩人ジョン・ミルトンは、国王処刑を非難する向きに対し、宗教の偽善を批判した小論文『偶像破壊者』(一六四九年)やラテン語のパンフレット『イングランド国民のための第一弁護論』(一六五一年)、『第二弁護論』(一六五四年)を著して共和政府を弁護した。内政を掌握し、外交面でもアイルランドを征服、オランダとの戦争にも勝利したクロムウェルは軍事独裁を行なう。だが娯楽を一切排除したあまりに厳格な政策に国民は反発。議会派内でも対立が生じた。一六五八年にクロムウェルが死亡、息子のリチャード・クロムウェルには事態を収拾する力がなく、スコットランド駐留の軍に攻め入られて議会は解散させられる。そこで王党派が返り咲き、議会派内で排除されていた長老派と組んでフランスに亡命していた王子チャールズを呼び戻し、王政を復活させる。いわゆる王政復古だ(即位したチャールズ二世はイングランド、スコットランド、アイルランドの王となる)。形勢が逆転するとミルトンの先の著作はすべて焚書にされ、ミルトン自身も投獄と財産没収の憂き目に遭う。一六五二年に過労で失明もしていた彼が、その深い失意のなかで、大叙事詩『失楽園』を書き上げたことは、世の知るところである。

一六六四年、ピューリタンの宗教上の不寛容さが、痛ましい出来事を引き起こす。バプテスト派の伝道者ベンジャミン・キーチが『子どもの指導者』という本を五〇〇〇部出版した。内容はおよそ神学や教義とは無縁の手引き書だったにもかかわらず、厳格な政治家トマス・ディズニーがアイルズベリーの町で、著者をさらし台に上げる命令を下す。罪人となった彼の頭には〝分派の書物を執筆・印刷・出版した罪人〟と書かれた紙が貼りつけられ、本はすべて燃やされた。

一六八三年には、オックスフォード大学の有識者グループが、トマス・ホッブズの国家に関する見解に同意できないとして、彼の『市民論』と『リバイアサン』の二作の焚書を決定した。特に後者の、《宗教は民衆を統制し、国家の平穏を保つ政治的手段だ》との見解に対し、過剰に反応した者たちが公の場で、彼の本に火を放った。

一六八五年、庶子は多いが後継ぎのいなかったチャールズ二世が死の床でカトリックに改宗して亡くなると、弟でカトリック教徒のヨーク公ジェームズに王位を委ねようというトーリー党（現保守党の前身）と、反対するホイッグ党（のちの自由党の前身）が争い合う（トーリーはアイルランド語で〝ならず者〟、ホイッグはスコットランド語で〝謀反人〟の意。いずれも敵対者がつけたあだ名だ）。結局はヨーク公がジェームズ二世として即位したが、宗教の違いから議会と対立状態に陥り、内政は再び揺らぐ。一六八八年に王に男子が生まれると、危惧した議会は次期国王に王の長女のメアリとその夫オランダのオレンジ公ウィリアムを推薦。ウィリアムがブリテン島にオランダ軍を上陸させると、ジェームズ二世は対抗しようとするが、ロンドン市民をはじめ、各地で反国王の蜂起が始まり、国王は妻子とともにフランスに亡命。無血で勝利した名誉革命の翌年、議会の権利宣言を承諾したメアリ二世とウィリアム三世が即位した。

トーリー党とホイッグ党が対立する時代を反映して一七〇二年、まだ『ロビンソン・クルーソー』を出す前だった著作家のダニエル・デフォーが、パンフレット『非国教徒撲滅策』を匿名で出版した[3]（非国教徒とは英国で国教会に属さないプロテスタントの総称）。人格者たる聖職者になりすまし、非国教徒の絶滅を望みながらも及び腰なハイ・チャーチ派（カトリック寄りの国教徒。プロテスタント寄りはロー・チャーチ派）やトーリー党に実行を促す筋書きで、非国教会派だったデフォーが敵対する陣営を完全に愚弄した作品だった。そうとは知らずにハイ・チャーチ派は当初これを歓迎したが、著者の正体が明るみに出ると激昂する。味方からも顰蹙を買ったデフォーは、翌一七〇三年七月にさらし台に上げられた。

やはりトーリー党とホイッグ党の対立が原因の逸話がある。一七〇九年、国教会聖職者ヘンリー・サッシェバレルが『偽りの同志たちの危険』と題した過激な内容のパンフレットを出版。同年三月二七日に焚書にされた。

一七五九年には、小説家で牧師のローレンス・スターンの、ヨークの宗教界の政争を風刺した寓話『政治的ロマンス』が国教会の聖職者らの命令で焼かれた。一七七九年には、同年に出版されたアイルランドの法学者ジョン・ヘリー・ハッチンソンの『アイルランドの商業規制』も、英王室への批判を理由に燃やされている。

第11章　厄災の最中で

ロンドン大火

一六六六年にロンドンで発生した不可解な大火事で、都市の四分の一、あるいは五分の一が焼失。一万三二〇〇以上の家屋と九〇の教会が灰と化した。死者五名と大惨事だった割には犠牲者が少なかったのが幸いだが、何千冊もの貴重な書物が消滅した。

そのひとつがスコットランドの知識人ジョージ・ダルガーノの著作『記号術——普遍文字と哲学的言語の普及』（一六六一年）だ。これについては後年、かつての共同研究者ジョン・ウィルキンズが、盗作で訴えられるのを回避すべく、火事に乗じて燃やしたのではないかとの説が浮上している。[1] ウィルキンズは王立協会の創立者のひとりでもある高名な科学者だが、ダルガーノに剽窃の疑いをかけられ袂《たもと》を分かっていたからだ。真偽はともかく、ウィルキンズの『真性の文字と哲学的言語に向けての試論』も同じ火事で焼失したため、彼は再度執筆し、一六六八年に出版し直している。[2]

ロンドン大火で失われた書物には、ほかにも『ブリトン・ローマ・サクソン・デーン・ノルマン・イングランド各王と、王国および統治領内の高位聖職者・民衆・大義を包括した教会の司法権の正当性を証明する歴史的年代記』（一六六六年）や、英国の詩人・作家トマス・フィリポット著、ロバート・コドリントン翻訳の『イソップの寓話と彼の生涯（英語・フランス語・ラテン語版）』（同）の名が挙がっており、後者の初版本は永久に消滅した。

アイルランドのカトリック助祭長ジョン・リンチ著『カンブレンシス（ジェラルド・オブ・ウェールズ）論駁《ろんばく》』（一六六二年）や『ロンドンの恐ろしき天罰』（一六六五年）も焼失している。

何といっても最大の損失は、一六六四年出版の『ウィリアム・シェイクスピアの喜劇・悲劇・史劇』、一六六五年出版の英国の詩人マシュー・スティーヴンソンの作品で、R・ゲイウッド作の見事な肖像画がついた『ポエム』、アイルランドの作家レドモンド・キャロンの作品で、カール一世（プファルツ選帝侯）に捧げられた『アイルランド人のルーヴェン市民に対する抗議書』が失われたことだろう。

エル・エスコリアル修道院と古文書の焼失

〝慎重王〟とあだ名されたスペイン王フェリペ二世の名を聞くと、彼の後半生を次々襲った悲劇を思い起こさずにはいられない。無敵艦隊の敗北（一五八八年）、寵臣の反乱、四人の妻と子どもたちの多くに先立たれた失望感、スペイン史上稀に見る財政危機、そして彼自身の苦悶の死……。しかしここでは、熱心なカトリック教徒であった彼が一六世紀に築いたヨーロッパ史上最大のモニュメントのひとつ、世界の七不思議に続く八番目の不思議と称された偉大な建築物について触れたい。

王立サン・ロレンソ・デ・エル・エスコリアル修道院（通称エル・エスコリアル）は、修道院兼王宮・霊廟・教育機関として建設された。着工は一五六三年、その二一年後に完成し、フェリペ二世は晩年の二〇年間をそこで過ごしたといわれている。施設内に置かれた図書館の運営は、ヒエロニムス会の修道士たちに委ねられていた。

一五五七年八月一〇日、聖ロレンソの祝日にフランス北部サン＝カンタンにおける戦いで、フェリペ二世は即位後初めてイタリアをめぐって争っていたフランス軍に勝利する。広大な複合施設エル・エスコリアルは、その戦勝記念として建てられたものだ。同時代でも比類なき建造物を通じて、プトレマイオス朝やメディチ家のように自らの権力を誇示しようとしたのかもしれないが、軍事的な勝利が図書館の建設に向かう例は珍しい。

エル・エスコリアルは首都マドリードから離れた場所にあるせいか見逃されがちで、巨大な建物の背後にある事柄にまで関心を持つ人はごく少数だ。いくつか特筆すべき情報を述べると、建築責任者はトレドの建築家ファン・バウティスタ・デ・トレドで、彼が一五六七年に死去後、数学者でもある建築家ファン・デ・エレーラが引き継いだ。宮殿・王家の霊廟・修道院を兼ね、しかも文化と芸術の殿堂も意図した壮大な空間。図書館の設置を強く勧めたのは高位聖職者で古物研究家、書誌学者でもあったファン・バウティスタ・カルドナで、最終的に三つの図書館が設けられた。王の中庭《パティオ》に面した本館、写本の図書館、賛美歌や祈禱書の図書館である。

記録文書保管所も備えており、そこには書簡や不動産権利証書、教皇勅書、各種許可証、勅令などが櫃《ひつ》ごとに分けられて保管され、ごく少数の人間しか近づけなかった。図書館の管理はベニート・アリアス・モンターノが担っていた。モンターノはスペイン南西部バダホス生まれの人文主義者で、フェリペ二世の礼拝堂つき司祭を務めると同時に、ネーデルラントとポルトガルに関わる機密事項の顧問でもあり、ネーデルラントに派遣されたことは前述（二九一ページ）のとおりだ。[3]そのモンターノが一五六八年から七二年にこの場所で、『王の聖書』と呼ばれる多言語対訳聖書（全八巻）を作成していたこと、歴史家でもあるホセ・デ・シグエンサ修道士（修道院内の学校長や修道院長を歴任した人物で、彼が綴った記録はフェリペ二世の晩年や同修道院に関する重要な資料となっている）が、一五七七年まで図書館司書として協力していたことがわかっている。

この図書館の全歴史をここで説明するのは到底不可能だが、王が世界最高の図書館を望んでいたこと、そのために自分の蔵書をすべて寄贈したのに加え、写本購入の予算を惜しまなかった事実は、ぜひ伝えておきたい。[4] 王に近しい協力者らは指示を受けると、パリやローマ、ヴェネチアに出向いて各分野の稀書や写本を買いつけてきた。一五六七年五月二八日に王がフランス在住の大使に宛てた書簡がある。《可能な限りの珍しい洗練された書物が得られるよう、努力を惜しまぬつもりだ。それは余がここに残せる主たる遺産のひとつであり、そうすることで特にこの修道院に滞在する修道士らが絶えず利用し、文学者たちも図書館に来て読書ができる。そんな公益を望んでいる……》

王の一大プロジェクトの重要性を認識した廷臣のなかには、自分の蔵書をすべて寄贈する者もいた。ディエゴ・ウルタド・デ・メンドーサの二〇〇〇冊の本（大半はイタリア語の本）が図書館の蔵書に加わり、多くの貴族も彼に続いた。一五七三年、フェリペ二世はクレタ島出身のニコラオス・トゥリアノスを筆写者として雇い入れる。トゥリアノスはそれから三〇年間で、ギリシャ語の古文書四〇冊の写本を作成した。また二〇〇〇冊の写本と二五〇〇冊の印刷本に加え、旅行記や地図、楽譜、さらには天球儀や地球儀、アストロラーベや四分儀など貴重な測定器具も集められた。

エル・エスコリアルの図書館内には特別な領域も設けられていた。禁書の間と呼ばれる空間で、誰にも中身が読まれぬように表紙が縫い合わされた書物が整然と置かれていた。たとえば一五七一年、スペイン・ヴェネチア・教皇庁の連合軍がオスマン帝国を破ったレパントの海戦で獲得されたペルシャ語・アラビア語・トルコ語の古文書二〇冊や、一六一二年にルイス・ガハルド率いるスペイン艦隊がモロッコ・アガディール沖で拿捕した船から押収した、マラケシュ・サアド朝のスルタン、ムーラーイ・ズィダン・アブー・マーリの蔵書四〇〇〇冊などである。

エル・エスコリアルの年代記には、小規模のものも含めて、この施設で発生した火災の記録がいくつも残されているが、なかでも一六七一年六月七日午後二時に発生した火災は真の大惨事だった。[5]《建物全体が激しく燃え続け、恐怖のかがり火と化していた。特に王宮内のフェリペ二世の居室二部屋と図書館、聖堂の黒焦げぶりは見るも無残だった[6]》

グアダラマ山脈から吹きつける風で、火災は瞬く間に広まった。発生から八時間、威厳を誇ったモニュメントの大半が灰になっていた。出火元は北側に位置する学校の暖炉で、消す間もなく写本室まで延焼し、貴重な資料が焼失したとのことだ。少なくとも古代ギリシャ・ローマの懐疑論者セクストス・エンペイリコスの写本三冊が永久に消滅し[7]、その他のギリシャ古典の写本も同じ運命をたどった。《絵画、テーブル、芸術および科学用の器具類、稀少な写本の多くが失われ（……）あらゆる言語と分野の約六〇〇〇冊もの本が焼けたその跡を見ただけでも、火事の猛威とそれがもたらした荒廃の凄まじさがわかる》

実際、損失は甚大だった[8]。この火災でローマ帝国時代の資料『ルーゴの人々』や西ゴート王国時代の教会会議の記録、古代ギリシャの偉大な医師ディオスコリデスの複数の作品に加え、『新大陸インディアスの自然史』全一九巻の原稿も焼失している。これは一五七一年から七七年にフェリペ二世の厳命により、初めて新大陸に派遣された学者、フランシスコ・エルナンデス・デ・トレドの研究の集大成で、科学的見地からメキシコ全域の慣習、動植物の生態系などを記録した本だった。王の侍医で博物学者でもあったエルナンデスは、当時ヨーロッパでは未知だった三〇〇〇種の植物、四〇〇種の動物、一四種の鉱物を発見し、図版入りでまとめていた。それらの手稿とともに、現地の先住民たちが描いた挿絵も灰燼に帰した。この時の火災で最終的に焼失を免れた約四五〇〇冊の写本は、一七二五年に新たな司書が任命されるまでの約五〇年間、修道院の上階の広間に山積みにされたままだった。[9]

一方、図書館本館の真上には危険視された禁書が保管されていたが、駆けつけた者たちがとっさの判断で窓から放ったことで、ほとんどの焼失が回避できたという。同様に賛美歌・祈禱書の図書館も最小限の被害で済み、記録文書保管所の所蔵物も運び出されて無事だった。そこに収められていた政治や法律関連の文書の重要性を、修道士たちが十分理解していたために救われたともいえる。

アイザック・ニュートンをめぐる書物の破壊

偉業をなした人物の生涯を振り返るとき、人は得てして理想像を追い求め、負の側面には触れたがらないものだ。しかし、かのアイザック・ニュートンにも、できれば知られたくない事柄がいくつもあった。

そのひとつがイングランド王室天文官（初代グリニッジ天文台長）のジョン・フラムスティードとの確執だ。近年の調査でニュートンがフラムスティードをことごとく過小評価し、批判していた事実が判明している。[10] 一六八〇年、彗星をめぐってふたりは論争になり、結局はニュートンが持論の誤りを認めて終結したが、それ以来、フラムスティードに恨みを抱く。ただし嫌っていながらも利用できるところは利用するというしたたかさで、ニュートンは執筆中の『自然哲学の数学的諸原理』に使用すべくフラムスティードに観測記録を要求した。天文学者は要求に応じて情報を提供したが、ニュートンはそれが自身の理論と合わないとの理由で、さらにフラムスティードをけなし、彼の信用を失墜させた。一七〇三年に王立協会会長に就任すると、ニュートンの横暴ぶりはますます悪辣になる。フラムスティードが観測記録を出版しようと念入りに準備していた『天球図譜』を先取りし、かつて彼に提供させた古い観測記録を盗用して、一七一二年に王立協会版『天球図譜』として出版してしまう。まったくひどい話だが、幸い英国の司法は権威に甘くはなかった。フラムスティードは裁判で勝訴し、ニュートンが盗用した王立協会版『天球図譜』の在庫三〇〇部の押収を要請すると、グリニッジ天文台で燃やした。これに激怒したニュートンは『自然哲学の数学的諸原理』第二版からフラムスティードの名前をすべて削除。フラムスティードは王立協会を抜きに『天球図譜』を自費で出版しようとするが果たせず、一七一九年に死去した。『大英恒星目録』（一七二五年）と『天球図譜』（一七二九年）はフラムスティード夫人らが出版を実現させたものだ。

　それとは別にニュートン自身も、自著の破壊を身をもって経験している。愛犬がよりによって手稿の上にロウソクを倒し、光学や宗教その他のテーマに関する鋭い論考が燃えて灰になったという。[11]

アウルトニ・マグヌッソンの蔵書

　アイスランドの国民的英雄アウルトニ・マグヌッソンは、世界の書物蒐集家のなかでも最も重要なひとりとされている。一六六三年デンマーク＝ノルウェー統治下のアイスランドで、大臣の父親と高位聖職者の娘である母親のもとに生まれ、祖父母とおじに育てられた。一九歳の時に、マヌグッソンは大学で学ぶためデンマークの首都コペンハーゲンに移った。ところが一六八四年、王室つき古物研究家トーマス・バルトリンと出会い、そのまま助手となる。師の死後、王室の外戚に当たる政治家の司書兼秘書となり、その後ドイツに渡った。二年後にデンマークに戻って王立文書館の事務員を務め、一七〇〇年から一〇年間は故郷アイスランドで過ごした。四八歳でデンマークに再度戻り、コペンハーゲン大学の教授（当初は哲学とデンマークの遺物研究、のちに歴史・地理学）に着任、同大学の図書館業務にも携わった。だが彼の経歴で何よりも重要なのは、一七三〇年に六七歳で死去する日まで、どこで何をしていても貫いた書物の蒐集だろう。彼はアイスランド文化に関する本を探し求めて、祖国の有力者・名家を中心にさまざまな国をめぐり、中世の写本を購入していった。一六九〇年頃、二〇代半ばだったマグヌッソンは、すでにアイスランドの主なサガ（中世アイスランドで成立した古ノルド語による物語）やエッダ（アイスランドに伝わる北欧の神話と英雄伝説。神話詩、教訓詩、英雄詩からなる古エッダと、一三世紀の詩人スノッリ・ストゥルルソンによる散文の詩学入門書・新エッダの二種類がある）の写本を獲得していて、二年ドイツに滞在しコペンハーゲンに戻ってきた一六九七年には、誰もが認めるその道の写本蒐集家になっていた。

彼はサガやエッダ研究の先駆者たちとも親しかった。若きマグヌッソンに多くの写本を託したブリュニョールヴル・スヴェインスソンもそのひとりだ。南アイスランド地方スカールホルト村のルーテル教会司教だったスヴェインスソンは一六四三年、のちに『王の写本』と呼ばれる古エッダを発見。一六五六年にはデンマーク王フレデリク三世に対し、『フラート島本』、法典『グラウガウス』、伝説物語『ヴォルンスガ・サガ』など、中世アイスランドの写本の印刷を提案している。一六六二年、スヴェインスソンはそれらの写本の原本を王の使節に譲り渡したが、事前にヴィリンガホルト村の筆写者ヨーン・エルレンドスソンに依頼し、副本を作成しておくのを忘れなかった。そうした心ある人物の尽力のおかげで、アイスランドが誇る書物は世に普及し、古典文学サガやエッダへの関心が高まった。

マグヌッソンの写本コレクションは日増しに充実し、完全なもの、不完全なものを合わせて二〇〇〇品目に及んでいた。二〇〇〇のサガに記録文書、書簡、それ以外にも五〇〇〇の証書原本と一万四〇〇〇の副本があった。

しかし一七二八年一〇月二〇日の午後に発生した火事が、コペンハーゲンを壊滅させる。三日間燃え続け、町から町へと延焼し、ついにマグヌッソンのコレクションにまで及んだ。彼の必死の努力によって写本の多くは救出できたが、印刷本や覚え書き、書類などは残らず灰になった。そのなかには一六世紀にアイスランドで初めて印刷された本も含まれていた。

火事によってコペンハーゲン大学の図書館も焼けた。いまだに人々の心を揺さぶる逸話だが、マグヌッソンは救うことができた蔵書をすべて大学図書館に寄贈するよう遺言し、一七三〇年一月七日に永眠した。彼の遺産を基金とし、一七六〇年にコレクションの研究・出版を目的とする財団が設立。一七七二年から本格的に運営が開始され、その後も購入や寄贈などによって徐々に追加・拡張されて、コレクションの総数は約三〇〇〇品目にまで上った。アイスランドは一九四四年にデンマークからの分離・独立を果たすが、それ以前から写本の返還を求め、ねばり強く交渉していた。その結果、二〇世紀後半に段階的に返還が進み、現在ではアイスランドの国民的財産とみなされた『王の写本』や『フラート島本』を含むコレクションの約半数、一六六六冊の写本と他の文書が返還。二〇〇九年には歴史的価値から、アウルトニ・マグヌッソン写本コレクションは、デンマークとアイスランドの共同でユネスコの世界の記憶に登録されている。

天災・人災の世紀

I

一一世紀から一九世紀に至るまで、火災によって幾千もの公共および個人の図書館が破壊された。もちろん図書館の消滅は火災ばかりが原因ではない。地震や洪水もそこに加わる。人間の記憶である書物の破壊の歴史を語る際には、本書でこれまで見てきたような迫害だけでなく、自然の猛威に絶えずさらされた状態にわれわれがあるのを見落とすべきではない。とはいえ、今日までに自然災害によって喪失した図書館や個人蔵書、出版社の目録は存在せず、信頼に足る資料の蒐集も不可能に近い。それでもさまざまな文化崩壊の瞬間を思い起こすことで、十分な判断材料になるのではないかと考える。

原因は天災であれ人災であれ、由緒ある図書館はその歴史のなかで、何らかの損失または焼失を経験しているものだ。イングランドのカンタベリー大聖堂では一一七四年、火災が発生し、修道院の建物にまで達した結果、図書館内の何百冊もの本が燃えて灰になった。貴重な古文書も多数所蔵していたが、その厄災時に皆失われてしまったという。

一一八四年頃、同じくイングランドのグラストンベリー修道院。キリストの聖杯が隠されていたともいわれるこの修道院にも蔵書を擁する図書館があったが、大火事によって何十冊もの貴重な写本が失われた。同国内では別の場所でも悲劇が繰り返される。一三一八年、オール・ハローズ教会の図書館がやはり火災で倒壊[12]。一四四〇年にはメガピスレオン修道院が全焼し、のちに再建されたものの、一六六〇年に再び焼け落ちた。言い伝えによれば、ある一冊の本から自然発火したとのことだ。一六六六年にはフランスでモンタギュー書店が焼け、フランソワ・マルケッティの『レバノン山の孤人、M・シャストゥイユの生涯』初版がほぼ焼失している。

一六七九年九月二六日には、ポーランドの天文学者ヤン・ヘヴェリウス（ヨハネス・ヘヴェリウスとも。一六一一‐八七年）の自宅が火事に遭い、天文観測装置と著作『天体機械』（全二巻、一六七三・七九年）が破壊され、失われた。四つの彗星を発見したことで知られるヘヴェリウスは、その後も天体観測を続けたが、火事のショックによる体調不良から立ち直れぬまま、八年後に死亡した。

デンマークの書籍蒐集家ヨルゲン・ゼーフェルト（一五九四‐一六六二年）のコレクションは二万六〇〇〇冊にのぼるといわれ、なかには値のつけようのないほど貴重なインキュナブラ（一五世紀に活版印刷術を用いて印刷された最初期の活字印刷物。揺籃期本)、羊皮紙、パピルスの写本も含まれていた。彼の一大コレクションはカール・グスタフ戦争(一六五七-六〇年、デンマークとスウェーデン間の戦争)の際に奪われ、スウェーデンに持ち去られたあと、方々の図書館に散逸した。一六九七年にスウェーデン・ストックホルムの王立図書館で起こった火災で、その稀少本の一部が失われている。

残念ながら半ば伝説と化した、失われた図書館もある。良書一万八〇〇〇冊の蔵書を誇ったドイツの神学者ハインリッヒ・アーノルド・ストックフレト(一六四三-一七〇八年)の個人図書館で、火災によって跡形もなくなった。焼失したなかには、一八世紀の読者を喜ばせた問題作『厳格公正な収税吏に対する牧杖《ぼくじょう》』も含まれていた。

スウェーデンの数学者・天文学者アンデルス・スポール(一六三〇-九九年)の個人蔵書も、科学史を振り返っても類を見ぬほどの品揃えだったといわれる。ホイヘンス、フック、ボイル、ブーロー、カッシーニ、リッチョーリ、メルカトルら、ヨーロッパ各地の天文学者・物理学者・地理学者たちと親交があった彼は、ウプサラ大学で初の王室つき天文学者だった。それだけに何十年もの研究中に、科学的見地から非常に興味深い研究書を数百冊集めていた。しかし彼の死後程なく、一七〇二年五月にウプサラ市を襲った火災で、蔵書はすべて灰となった。同じくスウェーデンの科学者オラウス・ルドベック(一六三〇-一七〇二年)の著作群『アトランドあるいはマンハイム』(全二巻、一六七九-一七〇二年)、オペラ『シャンゼリゼ』(全二巻、一七〇一年)、『図解 北方サーミあるいはラポニア』(一七〇一年)も消滅した。ルドベックはリンパ系の発見者のひとりで、ウプサラ大学の学長を務め、学内にスウェーデン初の植物園や公開の解剖劇場を設けた。風車や跳ね橋の発明者でもあり、同名の息子は植物学者(〝分類学の父〟と称される博物学者リンネの師に当たる)、子孫にはノーベルがいることでも知られている。そんなルドベックが使用していた貴重な研究器具が、火災によって失われたのも大きな損失だ。

一七六四年一月には、アメリカ・ハーバード大学で壊滅的な火災が起こり、実験用の器材が失われ、図書館の約五〇〇〇冊の本が灰になった。同大学の図書館は一六三八年に死去したジョン・ハーバードが、不動産の半分とともに遺贈した四〇〇冊の蔵書がもとになっただけに、古典・文献学研究・法学・科学書にかけては評判が高かった。奇跡的に命拾いしたハーバードの寄贈本のうちのいくつかはその後、残念ながら紛失している。

イタリア・ミラノでは、フランシスコ会士らが神秘主義の文献を中心に集めた図書館が存在したが、一七四三年に起こった火事でその一部が倒壊した。

どの年代記を参照しても、一七五五年一一月一日のリスボン大震災の惨禍は際立っている。地震のあとに津波と火災が相次いで発生し、約六万二〇〇〇人の人命と伝統的建造物が喪失したのに加え、王立図書館も消滅した。奇跡的に救出された大量の本は、三回に分けてブラジルに移送され、ラテンアメリカで最大規模を誇るリオデジャネイロのブラジル国立図書館創設（一八一〇年）に大いに寄与した。[13]

II

続く一九世紀は図書館を襲った災難に事欠かない時代だ。一八二七年フィンランド最古の都市トゥルクで、大聖堂と市立図書館が燃え、四万冊の本が失われた。一八三四年には英国ウェストミンスター宮殿で火災が発生、一八二〇年から五年間分の『上院委員会報告書』の焼失が確認されている。一八四五年九月二四日には、スコットランド・アバディーンのマリシャル・カレッジの図書館が火事で焼け落ちた。ラテン語室から出火したとのことだ。一八四八年頃、イングランド出身の海軍士官で天文学者のウィリアム・ヘンリー・スミス（一七八八―一八六五年）の個人図書館が火事になり、各世紀の稀少な写本が失われた。そのため、焼失した注釈も再度書き直してつけ加えたうえで、のちに『ハートウェルの荘園領主と邸宅』（全二巻、一八五一・六四年）の刊行に漕ぎつけた。

全米で最も歴史のある州立大学のひとつインディアナ大学（一八二〇年開学）の図書館も二度の火災を経験している。一度目は一八五四年四月一一日、当時セミナリー・スクエア・パークにあった校舎が燃え、蔵書を失った。その後同地に再建され、一万三〇〇〇冊もの書物が寄贈されたにもかかわらず、一八八三年に再び全焼し、大学は移転した。

ドイツ・ベルリンのフンボルト大学図書館も一八六五年に火災に遭い、一万七〇〇〇冊が破壊された。同年七月一〇日には英国ロンドンの大英博物館製本室で火災が発生、何百冊もの書物が失われた。翌一八六六年一二月三〇日には、ロンドン南郊にあった水晶宮（もとは一八五一年の第一回万国博覧会で使用された建物。一八五四年に場所を移して再建され、コンサートホールや植物園、博物館、美術館、催事場を有する複合施設として使われていた）で発生した火災で図書館が半焼した。

火災件数が全米一ともいわれるシカゴで一八七一年に起きた歴史的な大規模火災、シカゴ大火では、およそ一〇平方キロが焼失した。まるで爆撃されたかのような光景だけが残された町では、公立の各図書館も無数の書物もろとも焼け落ちた。

一八七三年には、英国のマンチェスター・アテナエウム（現マンチェスター市立美術館）が一万九〇〇〇冊の本とともに燃えた。一八七七年七月、カナダ・ニューブランズウィック州でも大規模火災が発生し、教会三つがそれぞれ教区司祭の個人蔵書と一緒に燃えてしまった。同じ年には米国ペンシルベニア州フィラデルフィアの商業図書館も火事で焼けている。

一八七九年一月一一日、英国バーミンガムの公共図書館が燃え、五〇万冊の蔵書が灰となった。

シェイクスピア・コレクションだけでも七〇〇〇冊を失い、ストーントン・コレクションやセルバンテス・コレクションも同様に被害を受けた。三月二八日にはノッティンガムシャーで、ニューカッスル公爵のクランバー邸が火事になり、貴重な文献が跡形もなく消えた。[14] この土地では一五年前にもノッティンガム城が火災に遭い、古い写本と絵画が焼失している。

やはり一八七九年、シベリア・イルクーツクでも大火災が発生し、政府公文書館と公立図書館がロシア地理協会シベリア支部の博物館とともに全焼した。その際、ロシア人探検家マトヴェイ・ゲデンシュトロム（一七八〇年頃 - 一八四五年）の手稿も失われたという。

Ⅲ

中世以降ヨーロッパでは一五世紀の活版印刷の発明と印刷業者の出現によって、書物が増えた分、その破壊につながる事故件数も飛躍的に増した。

印刷所における火災のなかでもよく知られているのは、一六七二年二月にオランダ・アムステルダムのグラーヴェン通りにあった、著名な地図製作者ヨアン・ブラウ（一五九九年頃 - 一六七三年）の作業場兼倉庫で起こったものだろう。このオランダ人は単なる印刷職人ではなく、数学者・芸術家・哲学者としての素養も兼ね備えていた。ブラウは父親のウィレムとともに世界地図、国内・地方地図の製作にかけては、名声をほしいままにしていた。質の高い活版印刷や彩色の技術を提供する、ブラウの完璧な仕事ぶりは、当時繁栄のなかにあった首都アムステルダムを体現していたとさえいえる。

そんなブラウの活動が唯一途絶えたのは、火事で仕事場を失ったときだった。一九世紀の作家アルフォンス・ウィレムスは次のように記す。《ブラウは大いに心を痛めた。一六七二年二月二二日、ヨーロッパ一の誉れ高い彼の印刷所が、燃え盛る炎の犠牲になったのだ。（……）被害総額は三五万五〇〇〇フローリンに上った[15]》。印刷機、活版、印刷用活字とともに火事で失われた書物のなかには、一七世紀で最も高価な本と称された、彼自身の著作『大地図帳』フランス語版全一二巻（一六六三年）も含まれていたのだから、悲観的になるのも無理もない[16]。オランダの人文学者カスパル・バルラエウスの著作『ブラジリアおよび他の地域における八年間の業務』やアントニウス・サンデルスの『図説フランドル』『フランシスコ会の全系譜[17]』など、この時代の卓越した出版物も一緒に焼失している。

ブラウの一件とは若干前後するが、同じ頃フランスでは、ある出版元のブックフェア時に起こった火災で、南ネーデルラントの歴史家でイエズス会士のジャック・マルブランク著『モリニ族と彼らの判じ絵』（全三巻、一六三九・四七・五四年）が失われている。一六六五年にも別の印刷所の火災で、やはりイエズス会士のギョーム・ド・ワハ・バイヨンヴィルの『忠実かつ勇敢な総督』（一六五八年）が焼失した。また火事ではないが出版人の死後に、おそらくは不注意から、外交官で錬金術師だったリモジョン・ド・サン＝ディディエの著作『ヴェネチアの都市と共和国』（一六八〇年）の初版本がほとんど破壊されてしまい、現存しているのは四冊のみだ。

一七三八年から一九〇四年にかけて出版された、フランスの出版人・歴史家ミシェル・ジャン・ジョセフ・ブリアル（一七四三－一八二八年）著『ガリア人とフランク人の著述家』全二四巻のうち一七八一年に出版された一三巻目も、その数年後に火事で消滅した。

英国に目を転じる。革新的で鋭い眼識の出版人として知られたウィリアム・ボウヤーは、一七一二年に自身の印刷所と倉庫が全焼した際、ほとんど気力を失いかけた[18]。焼失した出版物のなかでも、ロジャー・アトキンスの『グロスタシャーの昔と今』はたび重なる不運に見舞われた。初版本がほぼ失われ、一七六八年に印刷された第二版も、別の倉庫が火災に遭って再び焼失したのだ。一七五〇年、高名な出版人ブライソンの印刷所でも火事があり、何百冊もの本が焼け、失われた。[19] 全二巻で出版された一七六二年版『聖書』も、ドットという名の印刷業者の倉庫の火事によって焼失し、六冊だけが現存する。

一七七〇年一月八日には、ロンドン市内のパターノスター・ロウにあったジョン・ペインと共同経営者のジョセフ・ジョンソンの印刷所が火災で倒壊した（のちにこの地域は〝火のかまど〟と呼ばれることになる）。破産の危機にさらされたペインは、ウェストミンスターのマーシャム通りに移り、ジョージ・アウグストゥス・ハーベイ、ウィリアム・フレデリック・メルモスなどの筆名を使って必死に出版活動を続け、過去の損失を取り戻した。

一方、ジョンソンも火災後、セント・ポールズ・チャーチヤードに移って印刷・出版業を継続した。一七八六年には英国で初めて作家ウィリアム・トマス・ベックフォードの著作の出版（のちに代表作となるゴシック小説『ヴァセック』）を手がける。その後もジョゼフ・プリーストリー、ジョン・ホーン・トゥック、メアリ・ウルストンクラフト、トマス・ペインらの作品を世に送り出し、急進的な思想家たちに囲まれ、出版人としての全盛期を誇ったが、一七九七年に学者で論客のギルバード・ウェイクフィールドによる政治的パンフレットを販売した罪で逮捕される。釈放後、ジョンソンは政治的な書籍をほとんど出さなくなったが、懇意にしていた作家たちが離れ、印刷事業は低迷。最期は本が焚書《ふんしょ》にされる悪夢に苛まれて死んでいったと伝えられている。

同じく英国の書籍販売人で編集者でもあったトマス・カデルは、一七七六年三月二日に店の倉庫が火事で焼け、販売する本をほとんど失った。サミュエル・ジョンソンやデイヴィッド・ヒュームの友人だった彼は、エドワード・ギボンの『ローマ帝国衰亡史』（一七七六 - 八八年）やアダム・スミスの『国富論』(一七七六年)、サミュエル・ジョンソンの『イギリス詩人伝』(七九-八一年)といった名著を編集している。

カデルの火事とまったく同じ日、イングランド南東部ブライトンではピーター・エルムズリーの店の倉庫が火事になり、無数の本が焼失した。一七三六年、スコットランド・アバディーンシャー生まれの彼は書籍販売・輸入業者で、カデルら同業者と結成したシェイクスピア・ダイニング・クラブのVIPメンバーでもあった。

Ⅳ

被害を受けた印刷業者・出版人のリストはまだまだ続く。英国の著名な彫刻師・印刷業者ヴァレンティン・グリーンの弟子であるジョン・ディーンもそのひとりだ。彼はロンドン・ソーホーのベンティンク・ストリートに印刷所を持っていたが、火事で失っている。印刷業者・書店主のジェームズ・ドズリーも火事によって二五〇〇ポンドを超える損害を被った。スコットランド・エディンバラの出版人、チャールズ・エリオットとコリン・マックファクハーは、チェスターフィールド卿の『息子への手紙』(一七七四年)を増刷した矢先に印刷所が火事で倒壊し、深刻な財政難に陥った。一八〇二年にはロンドン・フリート・ストリートで、印刷業者サミュエル・ハミルトンの作業所と倉庫が全焼。当時哲学者ルクレティウスの最良の版といわれた『物の本質について』(全六巻、一七九六-九七年)もこの火事で失われた。

パターノスター・ロウの印刷業主ジョージ・ロビンソン二世も、大火事で印刷所を破壊され一八〇四年、破産に追い込まれたひとりだ。何百冊もの本を焼失したが、そのなかにはフランスの考古学者ジャン゠ジャック・バルテルミ著『若きアナカルシスのギリシャ旅行記』(全七巻、初版は一七八八年）第二版の英語版（ウィリアム・ボーモント訳、一七九四年）も含まれていた。ひょっとするとこの作品は呪われていたのかもしれない。一八〇五年一二月一二日に、フリート・ストリートのトーマス・ジレットの印刷所で火災が起こった際にも、再び灰になっているからだ。ジレットの印刷所では一八一〇年七月二八日にも火事が起き、たび重なる不幸から立ち直ることはなかった。同印刷所で出版された書籍は、今では稀少本となっている。

一八〇七年一一月五日には、フランシス・トウィス編纂『シェイクスピア劇・全台詞目録』（一八〇五年）の在庫が印刷所の火事で全滅。同じ一八〇七年、別の火事でジョゼフ・ウィルソンの『世界の名山の美しき風景』（全三巻、一八〇七年）の新刊も消滅した。

英国の出版業と商業史上、火事による空前の被害といえるのが、ジョン・ニコルズの印刷所での出来事だろう。若い時分から書籍の販売と印刷業に携わっていたニコルズは、一七六六年頃には前項で触れたウィリアム・ボウヤーの共同経営者として働き、七七年にはすでに独立している。サミュエル・ジョンソンの友人で、作家・古物商でもあった彼の最初の災難は一七八六年五月七日、事務所が火事になったときだ。だが一八〇八年二月八日の二度目の火事は最悪だった。不慮の火災によって、事務所・倉庫・印刷所すべてが崩壊したのだ。[20]

ニコルズは大著『一八世紀文人逸話集』（全九巻、一八一二－一五年）第二版の序文で次のように記している。《一八〇二年五月、私はまた印刷を始めた。少しずつだが着実に作業を進め、発行予定の半数まで挽回した。ところが一八〇八年、ある夜半に起こった災難で、前進は突如阻まれた。印刷業者として再びやっていく、その意志をくじく出来事だった[21]》

その火事では、あまりに多くの種類、しかも大量の部数の書物が消滅した。英国の製図者ジェイコブ・シュネーベリの『古物博物館』（一七九一年）、『英国地形図図書館』（全八巻）の付録誌『種々の古代美術品』、古物商ジョン・ソープの『顧客の違反』(一七八八年)、同じく古物商リチャード・ゴフの『英国地勢図』(全二巻、一七八〇年)、『エセックス州プルシーの歴史と古代美術』(一八〇八年)、『グレートブリテン島の記念墓地』(全三巻、一七八六‐九六年)、ニコルズ自身の著作『レスターの歴史と古代美術』『エリザベス女王の栄華と市民行列』(全三巻、一七八八‐一八〇五年)が灰になった。さらにそこへ一六世紀イングランドの貴族で詩人ヘンリー・ハワード(サリー伯)珠玉の詞華集《アンソロジー》『歌とソネット』(全二巻、一七九五・一八〇七年)が加わる。

一八一五年三月のこと、パターノスター・ロウの書店主ケリーの倉庫が焼け落ちた。印刷技術と品質の高さにもかかわらず、ほとんど注目されることがなかったジョゼフ・ダウンズの作業所と倉庫も一八一八年六月二〇日、本もろとも全焼する不幸に見舞われる。幸い公的支援を受けられたことで、ダウンズは会社を立て直すことができた。一七九九年から一八二八年まで『警察官報』を発行し続けた事実がそれを証明している。

一八一九年六月二六日には、ロンドン・ネルソン・スクエアにあったトーマス・ベンズリーの印刷所の倉庫が全焼。この火事で詩人ジョージ・ウィザーの『教会の賛美歌集』(一八一五年)、古物商ジェームス・ダラウェイの『サセックス州西部の歴史』(全二巻、一八一五‐一九年)と『古代の彫像と彫塑術』(一八一六年)、同じく古物商ジョセフ・ヘイゼルウッド編集『教化された人間たちの対話』(同上)の在庫がほぼ全滅した。残念ながらベンズリーにとってこの厄災は初めてではなかった。実は一八〇七年一一月五日にも倉庫を火災で失っていたのだ。

一八二一年二月七日には、カクストン印刷会社の作業所と倉庫が燃えた。印刷機を含む設備一式と、三〇〇万枚の二つ折り判《フォリオ》が焼失したという点でも最悪の出来事だった。

翌一八二二年三月、ロンドン市内のサミュエル・バグスターの倉庫が火事により倒壊。稀少本の販売人として知られるバグスターは一八一六年から、パターノスター・ロウで印刷所・書店サミュエル・バグスター&サンズ社を営んでいた。彼の功績のひとつとして、英国版の『対訳聖書』の出版に準備段階から関わったことが挙げられる。一冊の大きさは縦横約四一×二七センチ、厚さ約九センチで、一方のページには英語・ヘブライ語・ラテン語・ギリシャ語、もう一方にはドイツ語・フランス語・イタリア語・スペイン語、そして最後にシリア語の文面が記される形となっていた。この芸術的とも呼べる書物は『バグスター版対訳聖書』(全四巻)のタイトルで一八一七年から販売されていたが、二二年の火事で在庫の大部分が失われた。[22]

一八一六年から二七年にかけて全九巻で出版された奇才サミュエル・ウィリアム・ライリーの自伝『旅芸人』によると、彼の著作の第三版の準備中に、印刷業者が倒産したため、そこで作業は中断した。印刷業者は刷り上がった本をスクラップ用として他の業者に引き取ってもらうしかなかったという。

一八二四年八月には、モイーズとウィルソンの印刷所が火事になり、何十冊もの作品が焼失。そのなかにはほとんど印刷が終わり、あとは出荷するばかりだった、英国の統計学者フランシス・コルビューの『国家負債に関するさらなる調査』も含まれていた。一八三〇年八月一一日には、バーソロミュー・クローズの印刷業者アドラーが所有する作業所と倉庫も全焼し、保管していた『ロンドン百科事典』が全部破壊された。

米国ニューヨークでは一八三六年二月一八日、プロテスタントの一教派メソジスト派が経営する有名な書店が火事に遭い、本が残らず焼失した。翌一八三七年三月二〇日には、スポティスウッドの倉庫が焼け、『ラードナー百科事典』とバイロンほか英国の詩人の作品の在庫がすべて失われた。

一八五二年六月一〇日には、ロンドン・デュークス通りにあるクロウズの印刷所の一部も火事で崩壊。焼失した本のなかには『サンデー・ブック』（一八五一年の国勢調査）も含まれている。翌一八五三年一二月一〇日にニューヨーク・マンハッタンで発生したハーパー&ブラザーズ印刷所の火災では、同国の小説家ハーマン・メルヴィルの奇怪な小説『ピエール』四九四部が失われた。生き延びた一一〇部は、今では高値で取引される稀書となっている。

一八六〇年には英国ブリストルのパーク・ストリートで、トーマス・カーズレイクの書店の倉庫から出火し、何十冊もの本が焼けた。翌一八六一年九月四日、ロンドン、パターノスター・ロウにある出版社ロングマン&カンパニーの印刷所でも火災が発生。数百種類の古書と重版されたトーマス・トゥックの『物価史』が失われた。

フランス・メスでは一八七一年一二月三日、M・ルソー・パレスの印刷会社が全焼、多くの書籍が焼失した。その際、年代記作家ジャコミン・フッソン著『メス年代史一二〇〇－一五二五』（一八七〇年）の在庫と、刷り上がったばかりの歴史家アンリ・ルパージュ著『メス司教区の貧民たち』初版が、一冊を残してすべて失われた。

エディンバラでは一八七八年に起こった大火災により、数十件の書店・印刷所・倉庫が火に飲まれて崩壊した。米国ボストンでも一八七九年一二月二八日に大火が発生、ホートンやオスグッド&カンパニー、ランド、アヴェリ&カンパニーなどの有名な出版社や書店が壊滅状態に陥った。ロンドンでは一八八〇年三月三一日、印刷業者のディケンズとエヴァンスのふたりがニュー・ストリート・スクエアとフリート・ストリートに持っていた倉庫がどちらも火事に遭い、何十冊もの作品が失われたと報告している。

完全版あるいは全集、選集も、さまざまな事故で消失している。一六三〇年、スペインの文法学者ゴンサロ・コレアス・イニーゴがスペイン語の正書法を普及させようと『完全版・新カスティーリャ語正字法』を出版した。一九世紀の偉大なベネズエラ人文法家アンドレス・ベジョが高貴で威厳に満ちたスペイン語を擁護し、その統一を願って『カスティーリャ語の正書法と韻律学の原則』（一八三五年）を刊行するほぼ二〇〇年前のことだ。ところが不幸にもほとんどが失われ、稀少本となっている。

ルネサンス期フランスの作曲家ジャケ・ド・マントヴァの貴重な作品集として知られる『マントヴァ――全歌劇集』（全四巻、一五七六年）は火事で焼失した。また一七六四年に亡くなったソルボンヌ大学のシャルル・トリガン教授の著作『ノルマンディー地方の教会史』は四散し、ごく少数しか残っていないため、一部の書物蒐集家にとっては垂涎《すいぜん》の的らしい。

ニコラス・セラリオ編集、ゲオルグ・クリスト・ヨアンニス作『モゴンティアクムの歴史』（全三巻、一七二二－二七年）も失われたが、その原因は今では知る由もない（ちなみにモゴンティアクムとは前三八年頃、ローマ人が先住民ケルト人の神モゴンの祭壇跡に築いた町で、のちに属州ゲルマニアの州都となった。現マインツ）。三世紀から四世紀の初期キリスト教著述家の作品を一堂に集めた『ルキウス・カエキリウス・フィルミアヌス・ラクタンティウス全著作』（一七四八年）は、湿った倉庫内に保管したために、紙が腐敗し失われたことがわかっている。これも現存するが稀少本だ。

一八世紀において最も驚異的な辞書のひとつ、ジョン・ファーガソンの『ヒンドゥスタン（インド）言語辞典』（一七七四年）はインドへの発送途中で、そのほとんどが失われた。

一七九四年頃には、イタリアの歴史家ロサリオ・グレゴリオ著『アラゴン家統治下のシチリア王国に在住した作家たちの蔵書』（全二巻、一七九一・九二年）が火事でほぼ全滅した。ナポレオンの弟リュシアン・ボナパルトの小説『先住民族、またはエドワールとステリナ』（一七九九年）も、火事でほとんど焼失している。

ドイツの数学者カールステン・ニーブールは、飽くなき探検家でもあり、シリア、パレスチナ、キプロス島、小アジアを旅して興味深い記録を残した。『アラビアおよびその周辺地域への旅行記』（全二巻、一七七四・七八年）と題された彼の本には、幾千もの貴重なデータが記されていたが、コペンハーゲンで起こった大火事で失われた。

料理・ガストロノミー（美食学）の歴史関係の書物で最も探し求められている一冊に、聖職者で著作家リチャード・ワーナーの『古代の料理』（一七九一年）の初版本がある。この本はジョン・カーターの作品を剽窃したと訴えられ、回収される事態となった。ところが不可解にも回収した印刷所が火事になり、それらの本とともに全焼してしまった。

一九世紀に入っても本の受難は続く。一八二〇年代に目を向けると、スコットランドの古物商デイヴィッド・ライングが編纂した『スコットランド古典通俗詩選集』（一八二二年）、新プラトン主義者・翻訳家トーマス・テイラーによる『ポリュピュリオス選集』（一八二三年）、同じく翻訳家で作家・出版人のガスパレ・デ・グレゴリー著『ウェルケッラエの芸術・文学史』（全四巻、一八一九－二四年。ウェルケッラエは北イタリア西部の町、現ヴェルチェッリ）などが火事で丸ごと失われた。

詳しい事情はわからないが目録[23]によれば、クロード＝フォルテュネ・ルッジェリの著作『祝祭日と民衆の祭りの演目に関する歴史概説書』（一八二九年）も、刊行から数年後に姿を消している。

米国のナショナル・アカデミー・オブ・デザインなど数々の歴史的建造物の設計を手がけ、グリーク・リバイバルやゴシック・リバイバルの建築様式を普及させた建築家イティエイ・タウンの『米国で行なわれている独特の儀式の詳細について』（一八三五年）も、そのほとんどが火事で焼失したため、現存しているとしてもごくわずかしかない。

英国の小説家ダニエル・デフォーの『全集』（全三巻、一八四〇‐四三年）も火事で失われたため、この本を入手したがっている書物蒐集家は少なくない。同じく英国の作家ピーター・カニングハムの『さまざまな場合の詩』（一八四一年）は初版七五部のうち、二六部しか残っていない。

米国の作家ジョージ・ケラーの『大平原縦断の旅とカリフォルニアの暮らし』（一八五一年）の初版本もやはり火事でほぼ全滅した。ロンドン・ソーホー地区の火災では、ジェームズ・ウィリアム・ホワイトクロスの『スケッチとその特質』（一八五三年）が大量に失われたため、今日現存するオリジナル版は八〇冊にも満たない。

一八五七年のシカゴ大火でも、実に多くの書物が失われた。そのなかの一冊に、ジョン・レイノルズの『わが歳月』（一八五五年）がある。これは最高裁判所のメンバーであり、一八三〇年には知事も務めた彼が、一九世紀のイリノイ州の歴史と出来事を綴った本だ。初版四〇〇部のうち三〇〇部が消滅した。

ブラジルの外交官で歴史家でもあるポルト・セグーロ子爵フランシスコ・アドルフォ・デ・ファルンハーゲンが編纂、出版に至るまでの経緯ですら随筆にできそうな作品『提督ドン・クリストバル・コロン（コロンブス）の最初の書簡』（一八五八年）は、ブラジルでの大洪水時に破壊されている。

一八六五年七月二日には、英国の著名な書物蒐集家ジョージ・オフォーの蔵書が火事で焼けた。彼は一七世紀英国の文学者ジョン・バニヤンの作品を全作揃えていたことでも知られていたが、失われたなかには一冊しかない貴重なバニヤン作品も含まれていた。

フランスでは一八七一年五月、プロイセンと争った普仏戦争敗戦後の内乱でパリ市庁舎が燃やされ、数多くの歴史的文書とともに、文献学者シャルル・ニザールの『地域語辞典』も燃えた。

一方で、ニューヨークの出版社アガティニアン・クラブは、ロンドンの出版人ミドルトンによって一五五〇年に出版されたエラスムスの名著『格言集』を再版したが、その喜びはすぐに水を差されてしまう。一八九七年にブラド・ストリートで発生した大火事で、でき上がった本がほぼ全滅したのだ。クラブの創設者のひとりであるF・S・ホフマンの手で救出された何冊かは、今でも稀覯《きこう》本として大切に保管されている。

海賊の襲撃

ここで過去数世紀最大の蔵書コレクションのひとつとされる[24]、一六世紀イタリアの人文主義者で稀書蒐集家ジャン・ヴィンチェンツォ・ピネッリ（一五三五‐一六〇一年）の蔵書について触れたい。[25]同時代の人文主義者らは、パドヴァに住む彼のもとに通っては、写本を作成したといわれている。ジュール・セザール・スカリジェもそのひとりである。[26]

フランスの歴史家シャルル・シェフェルによると、ピネッリの死後、その一大コレクションを、船三隻で一族の住むナポリに移送した際、ヴェネチアとアンコナ間を航行中にトルコ人の海賊団に遭遇した。[27]海賊たちは金銀財宝を積んでいると踏んだらしいが、一隻を拿捕して当てが外れたと知り、古書が詰まった三三箱を海に投げ捨てた。[28]そのうち二二箱は引き上げられたが、残り一一箱は海に沈んでしまった。失われた一一箱のうち、八箱には書物、二箱には絵画やデッサン、一箱には測定器具類が入っていたという。[29]また、レオ・アフリカヌスの名で知られるアラブの旅行家・地理学者ハッサン・アル・ワザーンの著作のアラビア語版原本も、含まれていたのではないかと推測されている。[30]

無事だった書物は後継者たちの手で、しばらく屋根裏部屋に保管されたあと、一六〇九年にアンブロジアーナ図書館の蔵書を拡充していた、ミラノ大司教フェデリコ・ボロメオ枢機卿に売り渡された。[31] 写本のいくつかはのちにヴァチカン図書館とフランス国立図書館に移っている。

一方、この蔵書の遭難の逸話を、ヴェネチアの著名な書物蒐集家マッフェイ・ピネッリ（一七三六－八五年）のものとする説も持ち上がっている。ロンドンのペル・メルに住む書籍商ジェームズ・エドワーズがヴェネチアに出向き、マッフェイ・ピネッリの一大コレクション（一一世紀から一六世紀にかけて作成されたギリシャ語・ラテン語・イタリア語原本）を六〇〇〇ポンドで購入し、ロンドンへの搬送中に海賊に遭遇したというものだ。[32] やや的外れに思えなくもないが、英国の書誌学者ウィリアム・ブレイズをはじめ、この説を擁護する研究者は多い。[33]

海難事故

書物の破壊の全記録を、この本一冊に収めようとするのは、常軌を逸した行為かもしれない（何しろ文献として残っていない事件のほうがはるかに多いであろうから）。となると、海難事故で失われた本をすべて把握しようと考えるのは、さらに無謀な試みに違いない。しかしながら、多少なりとも集めることができたもののなかからいくつか紹介したい。

一五六八年から七二年にかけて、スペイン王フェリペ二世の命を受け、ベニート・アリアス・モンターノが編纂した『王の聖書』全八巻（『アントウェルペン多言語対訳聖書』とも呼ばれる）については先にも触れた（三一六ページ）。そのかなりの数が印刷地アントウェルペン（現ベルギー）からスペイン本国に運ぶ船の難破で失われた。また、ベンジャミン・ディスラエリ（一九世紀英国の政治家・小説家）によると、一七〇〇年に大しけに見舞われた船が難破し、数学者でアムステルダム市長だったヨアネス・フッデが所有していた東洋の写本も消失したとのことだ。

機知と風刺に富む英国の書籍販売人・作家ジョン・ダントンは一六八五年、四カ月かけて米国に渡り、その後八カ月間ニューイングランドを旅したが、その船旅中に何百冊もの自著を失った様子を詳しく語っている。逆境にもめげず彼はその後、ボストン市内で残った書物を売りさばいている。[34]

一七〇三年刊行の稀有な本『ケベック司教区の典礼』も、〇七年に出版された一二世紀アラブの詩人の作品集『トグライ詩集』ラテン語版も、新刊全部を積んでいた船が沈没したため、そのほとんどが失われた。一八一九年に出版され、ロマノフ家の伯爵宛てに発送された『執事レオのビザンティン年代記』も、運搬船の沈没でほぼ全滅している。

ベネズエラの作家・音楽家フェリペ・ララサバルは、南米五カ国を独立に導いた〝解放者〟シモン・ボリバルの生涯と偉業を扱った著作で有名だ。政治家でもあった彼は、同じ自由党から大統領に就任したアントニオ・グスマン・ブランコに反発し、政府転覆を画策すべく一八七三年、米国行きの船に乗った。ニューヨーク経由でフランスへ向から予定だったが、大しけで船が沈没。ヨーロッパでの出版のために携えていた既刊書の手稿も、三〇〇〇枚に及ぶ資料も、著者とともに大西洋の藻屑《もくず》と消えた。[35]

コロンビアの詩人ホセ・アスンシオン・シルバの場合も悲劇的だ。一八九五年一月、カラカスのコロンビア大使館で臨時職員として働いていた彼が、任期を終えてコロンビアに帰国途中、船が座礁し、沈没する。幸い彼は命拾いしたが、携えていた多くの本と、『暗黒物語』『死せる魂』『肉体の詩』など大部分の著作の手稿が失われた。詩人はその後、別の道に活路を見いだそうとしたものの、外交官試験に落ち、新規事業にも失敗し、翌年五月に自ら命を絶っている。

伝説の豪華客船タイタニック号が大西洋上で氷山に衝突し、沈没したのは一九一二年のこと。二二二四人の乗客のうち、生存者は七一一人だった。一等および二等クラスの乗客用の図書館と、各乗客が持参していた本もすべて沈んだ。

沈没船のリストを挙げたら、膨大な量になるに違いない。となれば、ともに失われた本も相当量になるであろう。豪華客船はもとより大型ヨットに充実した図書室を設けている例も少なくないのを考えれば、報道すらされない海難事故で、海の底に沈んでいった書物の数がいかに多いか推察される。

戦争・暴動

ここからは事故ではなく、戦争・暴動絡みの事例を紹介したい。大規模な書物の破壊がなされるのはこの領域だといえる。

日本の室町時代、一四六七年から七七年にかけての応仁の乱では、戦乱の中心だった京都の文書庫が破壊され、古典学者で公卿の一条兼良のアジアでも有数の貴重な蔵書、桃華坊《とうかぼう》文庫も失われた。

一五二七年五月六日頃、神聖ローマ皇帝カール五世の軍隊がローマを征服。略奪の凄まじさという点では悪夢のような一日だった。狂乱する兵士たちが暴虐の限りを尽くすなか、ふたつの大きな図書館が破壊される。ひとつは傑出したカバラ学者エリアス・レヴィータの図書館、もうひとつは彼の友人の神学者エジディオ・ダ・ヴィテルボ枢機卿の図書館だ。大量の書物は兵士が暖を取るために燃やされた。冷たい風が吹きつけるイタリアの夜に、身を縮こまらせる男たちの焚き火のために。

一五九八年、イングランド支配下のアイルランドで反乱が発生（九年戦争）。アイルランドに赴任中のイングランドの詩人エドマンド・スペンサーが自宅にしていたキルコルマン城が反乱軍に焼かれた。この時、蔵書とともに彼の代表作『妖精の女王』が何部も破壊されている。[36]

デンマークとノルウェーは一四世紀にデンマーク・オーデンセで開かれた教会会議の決定事項を軽視し、簿記帳のカバーを作るのに教会や修道院の古い羊皮紙写本を使用した。[37] そのため、たとえばクロンボー城の一六二七、二八年の登記簿の表紙に、一三世紀の歴史家サクソ・グラマティクスの著書の断片が発見されたりもする。一六三四年には、羊皮紙写本が同国のクリスティアン王子を称える打ち上げ花火の火薬の包みに使用された。

一七世紀イングランドの廷臣ケネルム・ディグビー卿は医師・錬金術師・外交官・軍人・哲学者・科学者と多彩な顔を持つ人物で、王立協会の創立メンバーでもある。ガラス製ワインボトルの発明や、兵士を傷つけた武器に塗って傷を治す武器軟膏（共感の粉）の使用で知られる。著作も多岐にわたっていたが、王党派のカトリック教徒だった彼は、ピューリタン革命以前の一六三五年から六〇年の王政復古まで、パリに亡命を余儀なくされた。[38] そのためだろうか、現存する初版本は少なく、一六二八年刊の『海戦における勇猛さと決断との関係』は二部しか残っていない。

研究者たちが強い関心を持って探し求める本に、フランドルの歴史家で神学者のアントニウス・サンデルスによる中世の封建国家についての『ブラバント公国地誌』（一六五九年）がある。この本は、約六〇年後の一七二六年にオランダ・ハーグで再版されているが、これは初版本が一六九五年、フランス軍がブリュッセル市内を攻撃した際に、没収・破壊され、稀少本になっているためだ。

一七八〇年にロンドンで発生した英国史上最大の暴動、ゴードン暴動では、プロテスタントがカトリック教徒の住宅や店舗を襲い、首席判事のマンスフィールド卿の邸宅も焼かれ、各時代の重要な法律学の文献を揃えていた彼の蔵書が消滅した。

アメリカ独立戦争時には、米国プリンストン大学の図書館が攻撃を受けて焼けている。一八〇二年には再び火災によって、ほとんどの本が焼失した。その後司書たちは、失われた写本や比類なき書物を何とか回復すべく、慈善家たちに援助を求めたという。

一八世紀ヨーロッパの啓蒙専制君主の代表格とされる、オーストリア大公・神聖ローマ皇帝ヨーゼフ二世は、一七八一年に宗教寛容令を発布し、カトリック以外の信教の自由を認めるとともに、看護や教育に尽くしていない多くの修道院を解散させ、その財産や土地を没収して国庫を潤わせた。廃止となった七三八の修道院の図書館のほとんどは、その時に消滅している。

一八〇七年、英国の遠征軍がコペンハーゲンを砲撃し、旧市街の多くの家が焼け崩れた。その際、デンマーク・アイスランドが誇る学者グリーム・ヨンソン・ソルケリンの自宅も焼け、出版を間近に控えた『ベーオウルフ』(八世紀初頭に書かれた古英語の英雄叙事詩)の原稿の大部分が破壊された。二〇年間の研究の成果が失われてしまったが、ソルケリンは一から書き直して一八一五年に出版、高い評価を得た。

スペイン・バスクの役人ベルナベ・アントニオ・デ・エガニャ著『ギプスコアのよき市民』(一七八〇年)も、スペイン独立戦争中の一八〇八年、フランス軍がサン・セバスティアンを占領した際にほとんど破壊された。

一八一二年九月半ばにはナポレオン・ボナパルト率いるフランス軍が、市民の大部分が避難したあとのモスクワに入城し、略奪・放火を働いて町全体が廃墟と化した(しかしこれは大いなる誤算で、冬を前に住む場所と食料を失ったフランス軍は、ひと月ほどで撤退を余儀なくされる)。何千、何万冊もの本が消滅したが、そのなかにはドイツ出身でモスクワで没した古典文献学者クリスティアン・フリードリヒ・フォン・マッテイの『ギリシャの著名な医師について』(一八〇八年)、『ギリシャ語雑集』(一八一一年)などの稀少本もあった。やはりドイツからモスクワ大学に移籍した植物学者ゲオルク・フランツ・ホフマンや哲学者ヨハン・ゴットリーブ・ブーレの手稿や蔵書も被害を免れなかった。

アリストテレス研究の第一人者であるブーレの『哲学史の案内書』（全八巻、一七六六－一八〇四年）や『近代哲学史』（全六巻、一八〇〇－〇五年）その他も無残にも消え失せた。

一方、フランスでも騎士ベルナール＝フランソワ＝アンヌ・フォンヴィユの図書館が、プロイセン軍の攻撃で灰になったと、彼自身が一八二三年出版の著作の序文で語っている。[39]

一八六一年から六五年にアメリカ合衆国（北軍）とアメリカ連合国（南軍）のあいだで繰り広げられた南北戦争後にも、無数の書物が姿を消した。内戦中に編纂されたテキサス州をはじめとする南部の愛国的な賛歌集は、一八六六年九月にG・W・スミス司令官の命令で焼却処分された。その時焼かれたフランシス・D・アラン著『アランのローン・スター・バラード集』は、一八七四年に同州ガルベストンで再刊された（ローン・スターとはひとつ星州、テキサスこと）。収録曲「テキサス・レンジャー」はよく知られる歌のひとつである。また、やはり戦後間もなくバード図書館が四〇〇〇冊の本とともに焼かれている。

一八七〇年の普仏戦争時、フランス・ストラスブールの図書館もプロイセンの軍隊によって焼かれ、モルビアン県ではサン・シール陸軍士官学校の図書館も砲撃で大部分が崩壊した。後者は一八〇二年にナポレオンによって設立された学校で、彼の書簡や『ミリティア・ジュールナル』『ミリティア・スペクタトゥール』といった軍事関係の専門紙誌など、貴重な文献を所蔵していたが、この時に焼失している。軍需工場も被弾し、そこにあったフランスの古典学者アンドレ・ダシエの注釈入りの、ローマ末期の軍人セクストゥス・ポンペイウス著『格言集』が失われた。同じく一八七〇年一月八日の晩から九日にかけて、パリのサント・ジュヌヴィエーヴ図書館（一八五一年開館）が攻撃を受け、多くの本と古文書・写本が消滅した。

一八七九年から八三年まで続いた太平洋戦争（チリがペルーとボリビアに対して起こした戦争）後には、

ペルーの詩人・小説家で政治家でもあったリカルド・パルマが、大統領から依頼され、ペルー国立図書館の館長として同図書館の立て直しを図った。チリ軍による略奪と焼失による損失は甚大だった。

ワシントンの焼き討ちと米国議会図書館の焼失

時は一八一二年、米国が英国・カナダ・先住民諸部族を相手に戦った、米英戦争勃発直前のワシントンでのこと。米国議会図書館は開館一二年目にして初の蔵書目録を得た。作成したのは二代目館長パトリック・マグルーダー[40]。冊数とそれぞれの値段が記されただけの至ってシンプルな目録だった。蔵書数は書籍三〇七六冊と地図が五三枚。歴史が浅く、首都にある国立図書館にしては小規模で、蔵書を是が非でも増やそうという野心が館長に芽生えなかったために、現状に甘んじて過ごしていたのかもしれない。ところが、永遠に続くかと思えた平穏な暮らしは、ある日突然一変する。

同年の六月一二日、米国第四代大統領ジェームズ・マディソンが議会に赴き、英国軍に対する攻撃の支持を要請した。英国が一七九六年から続いているナポレオン戦争、とりわけイベリア半島における対仏戦争（スペイン独立戦争）に兵力を取られ、北米が手薄になっている隙に、植民地カナダや先住民居留地を奪ってしまおうという魂胆だった。議会の承認は難なく得られ、戦闘開始まではさほどの時間を要さなかった。誰もが戦争はすぐに終わると楽観視し、大した準備もせずに宣戦布告をしたからだ。

一八一三年、米国軍がアッパー・カナダ（英国の植民地だったカナダの英語圏の部分。フランス語圏はローワー・カナダ）の首都ヨーク（現トロント）を占拠し、議会とその図書館を焼き討ちにする。すべては米国側の目論見どおりに進むかに思われたが、事態は予期せぬ展開を見せる。ナポレオンのロシア遠征の失敗によって形勢が逆転し、一八一四年四月スペイン独立戦争が終結。ヨーロッパでの戦争にかかりきりだった英国が、ようやく北米に援軍を差し向けてきた。英国軍は同年八月、米国東部最大の入り江チェサピーク湾に到達する。議会図書館の館長マグルーダーは兵役で職場を離れることになり、代理のJ・T・フロストに業務を引き継いだ。フロストは英国がカナダの件で報復攻撃をしてくると予測し、図書館の蔵書移動の準備を命じた。しかし、移動先も移動させる手段もなく、軍に相談してみたものの人命保護が優先だと相手にもされず、結局はどうすることもできなかった。

陸軍長官の指導力不足、弾薬をはじめとする軍需物資の欠乏という深刻な事態も手伝って、米国軍は各地で苦戦を強いられ、迫りくる敵軍を前に、マディソン大統領と閣僚はワシントンから避難した。惨事はそこから始まる。英国軍を率いるロバート・ロス少将は、ワシントン市を占領すると、公的機関の建物の焼却を命じた。

八月二四日、ホワイトハウスや国庫、米国議会議事堂など、政府関係の建造物に火が放たれ、当時、議事堂内にあった議会図書館も一緒に焼け落ちた。

前大統領のトーマス・ジェファーソンは、友人で相談役でもある新聞社社長サミュエル・H・スミスに宛てた一八一四年九月二一日付の書簡で、議会図書館の破壊に対し遺憾の意を表明している。《拝啓、新聞各紙の報道から、ワシントンにて気高き公立図書館が破壊され、敵の蛮行が科学や芸術といった学問に勝利したのを知った……》

議会図書館の具体的な被害状況については、国務省の報告書に詳述されているのに加え、[41] 議事堂への放火については、のちに出版されたスコットランドの軍事作家ジョージ・R・グレイグの著作でも、ある程度詳しく説明されている[42]

1814 年，英国軍の攻撃で炎に包まれる米国議会図書館

一旦戦争が終結すると、唯一とも呼ぶべき理性的な解決策が提起された。文字どおりすべてを土台から築き直すしかないということだ。図書館の新たな館長を誰にするか、どのような蔵書がふさわしいかが検討された。少なくとも二六〇〇冊の本が破壊されたことはわかっている。そこにはエドワード・ギボンの著作、辞書、文法書、神学書、古典文学などが含まれていた。

ジェファーソンは、自身が所有する六四八七冊の個人蔵書を購入するよう図書館に提案した。一八一五年に合計二万三九五〇ドルで譲渡されたが、反対派から不満の声が上がったのはいうまでもない。この機会に作成された蔵書目録は、単なるアルファベット順ではなく、テーマ別に分類されていた。

その後、蔵書が増え続け、五万五〇〇〇冊に達していた一八五一年のクリスマス、議会図書館では再び火災が発生し、三万五〇〇〇冊が破壊される。焼失した本のなかには、かつてジェファーソンの蔵書だったものもあった。だがこのことが、図書館の発展を妨げることはなかった。それから約一〇〇年後には、米国議会図書館は世界最大規模の図書館に成長していた。現時点（二〇一二年）では四七〇言語の書籍が二九〇〇万冊（二〇一八年現在で三九〇〇万冊以上）、写本五六〇〇万冊（同七二〇〇万冊）に加え、四八〇万枚（同五五〇〇万枚）の地図、さらには二七〇万（同三六〇〇万）もの音声記録を所蔵する、紛れもない知の殿堂となっている。

コットン卿の写本コレクションの焼失

一七三一年一〇月二三日の夜、英国ロンドン・ウェストミンスターのアッシュバーナム伯の館で火災が発生した。その光景を目の当たりにした人々の戦慄は、ロバート・ブルース・コットン卿（一五七一 - 一六三一年）の一大写本コレクションが燃えていると知った瞬間、さらに倍増したかもしれない。政治家で古美術蒐集家のコットン卿は、無類の書物蒐集家としても知られ、彼の邸宅内にあった奥行七・九×幅一・八メートルの図書室は書棚で埋め尽くされていた。各棚の上部にはクレオパトラやカエサルに加え、ローマ皇帝アウグストゥス、ネロ、オト、ウィテリウスなど歴史上の人物の胸像がついていて（全部で一四棚あった）、書棚に戻す際、置き場がひと目でわかるよう、蔵書には棚の胸像名と並び順が付されていた（今日大英図書館のコットン・コレクションにつけられた分類番号はその名残である）。コットン卿の生前には、友人だった哲学者フランシス・ベーコンやエリザベス一世の寵臣で探検家のウォルター・ローリー、アイルランドの大主教ジェームズ・アッシャーら当代きっての学者たちがこの図書室を利用していたという。膨大なコレクションは曾孫のジョン・コットン卿によって一七〇〇年にイングランドに寄贈された。当時はまだ国立図書館がなかったため、とりあえずの収蔵先としてまずはエセックス伯の館に、次いで一七二九年からアッシュバーナム伯の館に保管されていたのだ。

弾劾された初代バッキンガム公がコットン卿の蔵書に呪いをかけ、それが原因で持ち主であるコットン卿が亡くなった。今回の火災もその呪いのせいだと確信していたベントレーという名の医師が、急ぎ現場に駆けつけた。蔵書の計り知れない価値を熟知していたからだ。ベントレーは危険を顧みずに火が燃え盛る館に飛び込み、アレクサンドリア写本を抱えて表に出た。その後、他の写本も救出すべく再び屋内に戻ろうとしたが、周囲に制止されてかなわなかった。

翌日、難を逃れた写本は皆、ウェストミンスター・スクールの一室に移された。一年後、報告書が作成され、被害の全容が明らかになる。コットン卿の蔵書全九五八冊の写本のうち、一一四冊が焼け焦げ、九八冊が破損した。完全に消滅したのは一三冊のみで、残りの写本は部分的に焦げた程度で済んだ。

リストの一部を紹介しよう。イングランド統一以前の七王国に関する文献が多い。

（1）世界最古のひとつといわれる「創世記」のギリシャ語写本（Otho B IX）が断片に。
（2）ウェールズの修道士アッサーの著作『（ウェセックス王国）アルフレッド大王の生涯』と、古英語詩「マルドンの戦い（Otho A XII）」、二つ折り判《フォリオ》で一一五枚分が焼失。
（3）イングランド王ヘンリー八世に関する本『信仰の擁護者』（Vitellius B IV）が断片に。
（4）イングランドのケルト系キリスト教高位聖職者ギルダスの著作（Vitellius A VI）に加えて、アングロサクソン年代記のひとつである『ウィンチェスター年代記（Otho B XI）』と、『（イースト・アングリア王国）エセルワード王年代記（Otho A X）』が完全に灰に。

（5）多くの装飾写本も焼失。そのうちのひとつは八世紀にノーサンブリア王国で作成された福音書（Otho C V）である。
（6）古英語によるアングロサクソンの偉大な叙事詩『ベーオウルフ』の唯一の写本を含む、写本群（Vitellius A XV）も焼失寸前だった。

一七五三年に大英博物館が設立されると、焼け残ったコットン卿の写本コレクションはそこに移された。館内に製本室を有し、写本修復士も常勤していたためだ。けれども歴代の修復士は困難極まる作業を敬遠し、放置されたまま八〇年以上忘れられることになる。

一八三七年、助手から修復士に昇格したフレデリック・マッデン（一八〇一－七三年）は、博物館旧館の屋根裏部屋で相当量の焼け焦げた写本を発見した。三一歳で王立協会フェローに選ばれ、ナイトの称号も与えられていたマッデンは、即座にそれが一七三一年の火災で破損したコットン卿の蔵書と気づく。修復プロジェクトを提案するが、博物館側からは費用がかかると反対される。それでもマッデンは製本工のヘンリー・ゴフの協力や保護基金の援助を受けながら、地道にコットン卿の蔵書の修復を続け、一八四五年に見事に奇跡的偉業を成し遂げた。神聖な思いで作業に取り組んだと彼の日記には綴られている。当然ながらマッデンの技術は、コットン・コレクション以外の写本にも応用され、数々の貴重な写本が経年の劣化による損傷から救われている。ところが同年九月二二日付の日記には、修復に誠心誠意を尽くしたものの、報酬が一切払われなかったばかりか、それを補う程度の謝意すら受けていないとの記述がある。また彼が修復を手がけた写本のなかには、『ムリモス年代記』を含むもの（Galba A I）や、古英語による説教が含まれるもの（Galba A II と Galba A III）もあったが、一八六五年に大英博物館製本室で発生した火災で、それらの写本は完全に失われてしまった。ブリッジウォーター伯爵フランシス・エジャートンが一八二九年に寄付金とともに遺贈した六七の写本の一部（343、1961、1962）も焼失、それ以外にも深刻な損害を被った。マッデンはその翌年に大英博物館を辞職している。一八七三年、死に際し彼は、自身の日記や私信をオックスフォード大学ボドリアン図書館に遺贈する、ただし一九二〇年までは開封しないよう遺言し、その約束は果たされた。おかげでわれわれは、こうしてさまざまな事情をうかがい知ることができるのだ。

メリダの神学校図書館

一八世紀後半から一九世紀初頭にかけて、ベネズエラ総督領（一七七七年にヌエバ・グラナダ副王領から昇格）のメリダの神学校内にも、素晴らしい図書館が存在した。蔵書はイエズス会とアウグスティノ会の修道士の本を中心に、フアン・ラモス・デ・ロラ司教の蔵書、彼の後継者となったマヌエル・トリホス司教の蔵書が加わる形で増えていった。この司教区で四人目となるサンティアゴ・エルナンデス・ミラネス司教までその流れは続いた。とりわけ書物蒐集家だったと思しきトリホス司教については、ここで触れておく価値はあるかもしれない。一七九四年、故郷で前任地でもあるセスキレ（現コロンビア）を訪れた彼は、三〇〇〇冊近い文学と神学の古典作品を、ラバの一群に載せてメリダまで運ぶよう指示したという。[43]

当時としては異例の規模ともいえるこの図書館は、[44]一八一二年三月二六日のカラカス大地震でメリダの町もろとも破壊された。崩壊した建物にあった書物のなかでも、インキュナブラや唯一の版しかない本は際立っていたが、すべて四散してしまった。[45]一八一五年にフランシスコ・ハビエル・イラストサが書いた報告書では、一八一四年にセバスティアン・デ・ラ・カルサダ率いるスペイン部隊がメリダに到着し、建物を破壊したあと、何十冊ものインキュナブラを売りさばいたと記されている。その後に続く一九世紀の内乱によって破壊行為は完遂されたとさえいえる。

年代記作家のファン・デ・ディオス・ピコンが、これらの情報を確証づける記述をしている。《大地震、独立後の敵軍の急襲、その後の放置と略奪行為で、図書館はほぼ壊滅状態に陥った。それでも新学校長が整理し直し、保存しようとするだけの良書がまだある[46]》

確かにイタリアの物理学者・天文学者ガリレオ・ガリレイの『星界の報告』と、同じくイタリアの外交官・著述家バルタッザーレ・カスティリオーネの著作の計二冊が残されていたのは不幸中の幸いだった。

第12章　革命と苦悩

自由思想に対する責め苦

一六一〇年三月一〇日、ロンドンで法律家ジョン・コーウェルの著作『解説者』（一六〇七年にジョン・レガートが出版）が、見せしめ的に焚書《ふんしょ》にされる。この本は種々雑多な単語の意味を解説した辞典にすぎなかったが、イングランド議会は〝王〟〝議会〟〝特権〟〝回復〟〝特別補助金〟といった見出し語を、攻撃的あるいは侮辱的なものと判断した。

植民地時代の米国でも書物は燃やされた。一六三四年、マサチューセッツ湾植民地に入植した英国人イスラエル・ストートンの著作が、特許植民地の憲法を愚弄したかどで破壊されている。[1] 一六五〇年、前年に共和国樹立を果たしたイングランドで議員たちは、王政時代に関わるものを消し去ろうと考えた。そのため、過去を正当化すると思しき文書は残らず破壊すべきだと主張する者すらいた。同じ年の一〇月、マサチューセッツ湾植民地の首都ボストンに置かれたマサチューセッツ議会は、入植者の作家ウィリアム・ピンチョンを提訴した。理由は『われらが救済のありがたき代償』というタイトルの異端書を出版したからだ。その後、市中心部にある公園ボストン・コモンで公開焚書にする判決が下された。

一六五四年にもボストン・コモンで再び本が焼かれている。〝ふたりの予言者〟を自称した宗教思想家ロドウィク・マグルトンといとこのジョン・リーヴスの著作だ。一六世紀イングランドの神学者ジョン・ロジャースの本も、彼らと混同されて公の場で燃やされた。

英国の非国教徒の書籍商・出版人で、ロンドンで刊行したパンフレットの官憲による追及を嫌って、一六八六年にボストンに逃れたハリス・ベンジャミンの著作『子どものためのプロテスタント指導書』（一六八五年）も、数十冊が焚書にされたため、現存しているのは一冊のみである。[2] 一六九五年、マサチューセッツ議会は、プロテスタントの一派、クエーカー教徒トーマス・モールの『真実は前進と継続でつかむ』というパンフレットを、虚偽と騒動を煽動するとの理由で焚書にするよう命じた。著作のなかでモールは、マサチューセッツ州セイラム村で魔女裁判を強行した、ピューリタンのリーダーたちの失策を公に批判していた。

フランスでは一六五七年、思想家・物理学者・数学者パスカルの『田舎の友への手紙（プロバンシャル）』が、イエズス会の放蕩を糾弾したとの理由で焼かれている。ルイ一四世も本の内容を認めず、かがり火で燃やすことを命じた。パスカルはすでに警告していた。《人は宗教的確信に促されて行なうときほど、完全に、また喜んで悪事を働くことはない》

アムステルダムの出版人アンダース・ペトルス・ケンペには、発行した作品の著者が錬金術師だったことが災いした。一六七一年三月三一日、スウェーデン王カール一一世の母親で摂政のひとりヘートヴィヒ・エレオノーラが息子の名義で勅令を発し、ケンペの印刷所で出版したドイツ人神学者パウル・フェルゲンハウアーの『神学的試み』（一六六四年）を焚書にしたのだ。それとは別に、同国の学者エリック・ガブリエルソン・エンポラグリスがキリスト教の教理をわかりやすく解説した『公教要理概説《カテキズム》』(一六六九年)の破壊も命じている。著者が示唆するいくつかの意見に同意できないとの理由からだった。

カール一一世の息子カール一二世治世下の一七〇一年一二月一八日には、スウェーデン領リヴォニア(現ラトビア北部とエストニア南部)の貴族で政治家ヨハン・ラインハルト・フォン・パトクルの著作が公開焚書にされた(翌一七〇二年にはモスクワでも燃やされている)。パトクルはカール一一世時代の一六九〇年、リヴォニア代表としてスウェーデンに赴き、九二年に嘆願書を提出した。絶対王政を敷いたスウェーデン王に対し、封建領主の権利の正当性を訴えたものだったが、王はこれを拒絶、パトクルに大逆罪を宣告した。彼は国外に逃亡し、スウェーデンと対立していたポーランド・リトアニア共和国に亡命、同国を治めていたドイツ・ザクセン選帝侯アウグスト二世に仕えることになる。その後、アウグスト二世はロシア、デンマークと北方同盟(反スウェーデン同盟)を結び、スウェーデンと対戦した(大北方戦争、一七〇〇-二一年)。そんな経緯から、父王のあとを継いだカール一二世はパトクルに恨みを抱いていたというわけだ。スウェーデン王はアウグスト二世との戦いに勝利し、ポーランド・リトアニア共和国を奪い、一七〇六年に事実上の属国とする。スウェーデン側に引き渡されたパトクルは、一七〇七年にポーランドで車輪刑に処され、非業の死を遂げた。

同じくスウェーデンのヨーラン・ウィクセルの年代記『ロシアについて』(一七〇六年)はロシアで破壊されたため、数冊程度しか現存しない。ヤコブ・ローディングの『ヨーロッパ情勢の概要と判断』(一七三九年)は出版直後に人々を激怒させたらしく、発禁処分になり、間もなく消滅した。

ちょうどその頃、東南アジアのベトナムでは、皇帝が表語文字チュノムを低俗とみなし、一七一八年にその文字で書かれた本の排除を命じたと、ワシントン大学(シアトル)東アジア図書館のジュディス・ヘンチーはいう。[3] 同国の支配層が漢字や漢語を使うなか、一三世紀にベトナム語を表記するために漢字を応用して作られたチュノムは、知識人層や民衆のあいだで二〇世紀の半ば頃まで使用されていた。チュノムを公式の言語にしようとする試みはベトナム史上、何度かあった。そのひとつが西山朝《タイソン》（一七七八－一八〇二年）だが、短命に終わったため、正書法を確立するまでには至らず、続く阮朝《グエン》（一八〇二－一九四五年）は西山朝時代の文書をすべて廃棄した。中国・清はその時期、六代皇帝乾隆帝《けんりゅうてい》のもとで最盛期を迎えていたが、一七七四年から八二年頃、やはり政策に違反する全書物が破壊され、二〇〇〇冊以上の本が焼かれている。[4]

一方、一六九二年に王室植民地（マサチューセッツ湾直轄植民地）となったボストンでは一七五四年、王室の締めつけに抗して設立されたマサチューセッツ植民地議会に反対するパンフレット『モンスターのなかのモンスター』が燃やされた。

フランスにおける知識人への攻撃

一般にフランスはヨーロッパの自由発祥の地といわれるが、その反面、検閲の中心地でもあった。まずは同国の啓蒙主義を代表する文学者・思想家のヴォルテールから見てみよう。彼は若い頃から国や政府を中傷する詩を書いたり、貴族ともめごとを起こしたりと、何かと物議を醸し、バスティーユ監獄に投獄されている。二度目の投獄後に初めて渡った英国で、ヴォルテールは真に自由な空気に触れて感銘を受け、ジョン・ロックやニュートンなど、英国の哲人の研究に没頭していく。その成果ともいえる初期の代表作のひとつ『哲学書簡』は、母国に先立ち一七三三年にロンドンで英語で発表され、フランスでは翌年四月に出版された。宗教の寛容性とイデオロギーの自由を擁護した作品だが、イングランドで提唱された自由放任主義を称える一方、狂信的・独断的な教会を批判していたため、カトリック教会の怒りを買い、五月に著者に対する逮捕命令が出される。パリ高等法院は彼の『哲学書簡』が、《宗教および社会秩序に対し、最も危険な放埓・不品行を引き起こす》との理由で、見せしめに公の場で一冊を燃やすよう命じた（この時にはヴォルテールはパリから脱出し、逃亡生活を送っている間に友人の尽力で問題が解決、監獄行きにならずに済んでいる）。

その後刊行された『書簡集』は彼の個人的な手紙を集めた本だが、そのなかにロシュフォール伯爵に宛てた一七六八年一一月二日付の手紙がある。そこにはシニカルな調子で次のようにある。《本当は哲学者全員に対して、聖バルトロマイの夜を再現したくて仕方がないのだろう。ロックやモンテーニュ、ピエール・ベールの著作を所持する者たちをベッドの上で殺して首を刎《は》ね、『教会日報』と『キリスト教新聞』以外のすべての出版物を焚書に処してだ》。これは一五七二年にパリで発生したサン・バルテルミの虐殺を皮肉ったものだが、少々説明が必要だろう。一五一七年のルターによる宗教改革以後、フランスにおいてもユグノーと呼ばれるカルヴァン派寄りの改革派教会が勢いを増し、カトリック教会との対立が深まった。一五六二年、強硬派カトリックを率いるギーズ公がヴァシーでユグノーを虐殺したのをきっかけに、フランスは三六年に及ぶ内戦状態に突入する（ユグノー戦争）。一五七二年八月、和平実現に向けカトリックのシャルル九世の妹マルグリットとユグノーのナバラ王アンリを結婚させることになり、祝いのためにユグノーの貴族らがパリに集まっているところを狙って事件は起こった。八月二四日、サン・バルテルミ（聖バルトロマイ）の祝日の夜明け前に、ギーズ公の家臣がユグノーの指導者コリニー提督の宿舎に押し入り、寝台の上で彼を刺殺、遺体の首を刎ね、体を切り刻んで焼くといった狼藉を働いたのを皮切りに、シャルル九世の命で宮廷の内外に滞在していたユグノーの貴族たちが虐殺されたばかりか、暴走したカトリック市民がプロテスタント市民を襲撃。騒動は地方にも波及し、一万人から三万人の犠牲者を出す大惨事に発展したのだ。両者の宗教的対立は、一五九八年にアンリ四世が発布した、信仰の自由を認めるナントの勅令で終結するが、一六八五年にルイ一四世が出した勅令でプロテスタントは非合法化され、最終的にユグノーはフランスを去ることになった。

そういった経緯を踏まえてヴォルテールの書簡を読み返すと、前時代のユグノーと同様、社会体制を脅かすものとして危険視された啓蒙思想家が、いかに迫害を受け、そのためにどれほど苦悩していたかが伝わってくる。一七六四年九月二九日、友人で同じく啓蒙思想家のダミラヴィルに宛てた手紙には、こんなふうに綴られている。《出たばかりの不幸な携帯本（自身の著作『哲学辞典』）に一七世紀の劇作家ピエール・コルネイユの悲劇、書き記した紙も全部火に放ったよ。残りの人生は、畑仕事に専念するつもりだ》

一七五一年には、ヴォルテールも執筆に関わった『百科全書』の第一巻が出版されている。これは当初、王室公認の出版業者アンドレ・ル・ブルトンのもとに話が持ち込まれた段階では、英国で刊行された『百科事典』（一七二八年）の翻訳企画だったが、独自の百科事典を作成する方向に向かい、最終的には二〇年以上かけて、一七七二年に全二八巻に及ぶ歴史的大著として完結。編集に携わった哲学者ドゥニ・ディドロやジャン・ル・ロン・ダランベールをはじめとする一〇〇人以上の執筆者たちは、百科全書派と称されて後世に名を残すことになった。

だが、その過程は順風満帆というよりはむしろ波乱万丈で、途中何度も暗礁に乗り上げ、頓挫しそうになっている。自由な思想を持つ大勢の知識人たちが参加し、項目によっては当時の社会や宗教、哲学に対する批判も書かれていたため、企画の段階から体制側に睨まれていたのだ。

編集の中心的人物だったディドロ自身、過去に何度も迫害の憂き目に遭っている。無神論を扱ったかどで、『哲学断想』（一七四六年）を出版直後に焚書にされ、『盲人書簡』（一七四九年）出版の際には、唯物論的な主張を理由に投獄されている。

同じ頃刊行された法哲学の金字塔、モンテスキューの『法の精神』（一七四八年）も焚書にされた。一七五一年にはカトリック教会の『禁書目録』に加えられ、スペインの歴代王たちは、同作品の植民地ラテンアメリカでの普及を阻止すべく、船の積み荷から没収しては定期的に処分していた。哲学者クロード＝アドリアン・エルヴェシウスの最初の作品『精神論』（一七五八年）も、カトリック側から猛反発を食らい、出版許可が取り消された。事態はそれでも収まらず、パリ大学神学部やパリ大司教らから訴えられ、パリ高等法院は翌一七五九年、禁書と公の場における本の火刑判決を下している。[5]その際、エルヴェシウスが執筆者に加わっていたのを口実に、『百科全書』の出版許可も取り消された。刊行が再開されたのは一七六五年のことである。エルヴェシウスはその後『人間論』を著したが、弾圧を恐れて生前には発表できず、死後に出版されている。

同時代のなかでも悲惨なのはジャン＝ジャック・ルソーの生涯だ。一七六二年、『エミール』が告訴され、パリ高等法院で焚書の決定を下される。ルソー自身にも逮捕状が出され、亡命を余儀なくされた。スイス・ジュネーヴを目指すが、そこでも迫害され、各地を転々としたのちに、寛容な市民の計らいで、ひとまずプロイセンの啓蒙専制君主フリードリヒ二世の領地に逃げ込めた。ルソーはその頃のことを綴っている。《議員たちが歯に衣着せぬ口調で、書物を燃やすだけでは何にもならない、書いた張本人も燃やすべきだと主張するのを耳にしていた》。さらにつけ加える。《私の著作は燃やされ、私を投獄する法案が一八日に可決された。パリでの一件から九日後のことだ》。一七六五年には前年の『山からの手紙』（一七六四年）出版後の騒動について、《私に対する誹謗中傷が広まり始め、どこでかわからないが本が焚書にされていると聞いている》[6]。日ごとに迫害が増すなか、ルソーは自由を求めて、プロイセン領からフランスを経由して英国へと向かう。だが、どこも彼にとっての安住の地とはならず、神経をすり減らし人間不信に陥ったルソーは、絶えず不安と被害妄想に悩まされ、すっかり精神を病んでしまう。結局晩年は祖国フランスに帰国。逮捕状が出たままなので国内を移り住みながら過ごし、最期はパリで不遇の人生を終えた。

一七六八年パリ高等法院は、禁書であるフランスの著述家ベルナール・フォントネルやヴォルテール、ドイツ出身の哲学者ドルバック男爵の本を販売したとして、J・B・ジョンスヴァンとジャン・レキュイエール、マリー・スイスの三人を逮捕し禁固刑を言い渡している。没収された本は、サン＝ファルジョーという名の役人の指揮下で一冊残らず焼却された。

一七八二年にパリで出版され物議を醸した『赤いヒールの廷臣』も、マリー・アントワネットの取り巻きたちの放埒ぶりを語っているとの理由で、一七八三年四月に没収・禁書にされている。[7]

以上のように一八世紀のフランスでは、啓蒙思想家とその著作が容赦なく弾圧されたが、それでも彼らの思想は自由主義的な貴族やブルジョア市民に影響を与え、国王・宮廷貴族・高位聖職者ら一部の特権階級に支配された旧体制打破を目指す革命への拠りどころとなった。

フランス革命時の書物の破壊

一七八九年にフランスで始まった革命は、王政や封建制度を廃し、第一共和政の樹立（一七九二年）に至った一方で、自由の敵とみなされた者たちへの容赦なき弾圧や殺害、財産の略奪行為も際立っていた。特権階級の者たちが続々と断頭台の露と消えていったが、革命家ロベスピエールの右腕で〝死の天使長〟の異名をとるサン＝ジュストは飽き足らず、権力そのもの、すなわち国王の殲《せん》滅《めつ》が必要だとして実行に移す。一七九三年一月二一日、ルイ一六世が処刑され、同年一〇月一〇日革命政府宣言で、平和が訪れるまで革命的である政府を続けることが確認された。しかしながら真の平和が訪れるまでには、さらに一〇年以上の歳月を要した。ロベスピエールを中心とするジャコバン派が公安委員会、保安委員会、革命裁判所を掌握して反対派を次々粛清し、恐怖政治を断行した。この時期ギロチンで処刑された人々はフランス全体で約二万人、その他の処刑や獄中死も含めると、犠牲者は四万人を超すともいわれている。その報いを受けたのか、ロベスピエールやサン＝ジュストらジャコバン派の面々も、翌年テルミドール九日（一七九四年七月二七日）のクーデターで処刑され、血で血を洗う形で恐怖政治に終止符が打たれた。

暴力と恐怖による政権下では、当然ながら各地の図書館も攻撃された。パリ市内だけでも八〇〇〇冊以上の本が破壊され、パリ以外の地域では合計すると四〇〇万冊以上が失われたといわれる。そのうちの二六冊は古文書だったとのことだ。かなりの数の本が銃の紙製薬莢《やっきょう》の材料に使われた。

弁護士・ジャーナリストのシモン・ニコラ・アンリ・ランゲは、代表作『市民法理論』（一七六七年）で啓蒙思想家としても知られるが、何度も検閲と没収の対象とされてきた。彼が多くの裁判で被告側の弁護士として活躍し、パリ高等法院と対立したことも原因のようだ。一七七五年に弁護士資格を剝奪されたランゲは英国に逃亡。彼の地で雑誌『政治・社会・文芸紀要』を刊行した。一七八〇年に帰国しようとして逮捕され、二〇カ月間バスティーユ監獄で過ごす。オーストリア政府のとりなしで帰還が認められて釈放、出獄後に『バスティーユ回想』（一七八三年）を著した。その後は神聖ローマ皇帝・オーストリア大公のヨーゼフ二世とルイ一六世の庇護のもと、取材・執筆と弁護士を続け、一七九二年半ばに引退した。ところが恐怖政治の末期、革命前に英国で出版した『紀要』の一冊に専制君主を擁護する内容の記事を書いたとの理由だけで逮捕され、一七九四年六月、革命裁判所で裁かれ、その著作は裁判所前で焚書《ふんしょ》に、彼自身はギロチンで処刑された。

この時期に刊行されたイエズス会のジャン・ジョセフ・ロシニョール神父が編集した『高利に関する概論』も、ほとんど言及も読まれもせずに姿を消した。暴動や虐殺など革命の暴力的な側面を担ったサン・キュロット（無産市民。"キュロットをはかない人"の意）の集団に破壊されたためだ。彼らのような暴徒の放火で何千冊もの本が消滅している。そのなかには、学者でイエズス会士のジャック・シルモン著『ガリア公会議』（一七八九年）も含まれていた。ほかにも文書保管所の火災によって、『メス議会に対する勅令、声明、書簡、勅許状、登記関連集』（全五巻、一七七四‐八八年）が焼失した。

革命論者たちは、およそ正統派カトリックの著作とは思えないJ・A・ブロンという女性の『模範的内省』（全二巻、一七九一年）に対しても、ギリシャ教父の作品『ナジアンゾスの聖グレゴリオス歌劇全集』（一七八八年）に対しても、尊重することなく、暴力的に破壊し、全滅させた。フランスの地方裁判所の法規研究と思しき『ベルジェラック市の慣習および規約』（一七七九年）は、ラテン語に翻訳された本だったが、それも一七九二年に燃やされている。

同じく一七九二年の六月一九日、パリ市内のヴァンドーム広場で数百冊単位の本と小冊子が燃やされた。一七九四年には、サン・ジェルマン・デ・プレ修道院に火がかけられて図書館が全焼し、四万九三八七冊の印刷本と、七〇七二冊の写本のほとんどが焼失したと伝えられている。

革命時のフランスは、人にとっても書物にとっても不幸な時代であった。

啓蒙専制君主の時代から一九世紀にかけてのよもやま話

なかなかお目にかかれない稀少本のひとつに、一七〇〇年頃ウィーンで出版された『モスクワ旅行記』がある。著者はヨハン・ゲオルグ・コルブというドイツの法律家・外交官・旅行作家で、一六九八年、ロシア皇帝ピョートル一世が、モスクワで反乱を起こした銃兵隊ストレリツィのメンバーを赤の広場で処刑した場面を、大胆にも綴っている。当然皇帝の怒りを買い、当局によって破壊されたが、複製本がわずかに残っている。

フランスのルイ一六世は、同国の実業家・宮廷人でもあった劇作家ボーマルシェの戯曲『フィガロの結婚』の流通と上演を禁止した。この作品は『セビリアの理髪師』が大好評だったボーマルシェが、後援者《パトロン》のコンチ大公の求めに応じて創作した続編だが、国王は権威を恐れぬフィガロの陽気さの裏にある、身分制度に対する批判や権威の否定などの危険思想を見抜いていたのかもしれない。出版された本は没収・破壊されたが、それでもボーマルシェはめげず、上演許可を取りつけるべく朗読会などで着実に支持者を増やし、とうとう国王を根負けさせて、一七八三年に貴族に限定して上演、翌年にパリ市内での初演を実現させた。ところがボーマルシェは一七八五年、新聞紙上で舌戦を繰り広げた際、発言内容でルイ一六世を激怒させ、サン＝ラザール牢獄に投獄されてしまう。五日間だけの滞在で済んだとはいえ、五〇歳過ぎにもなって良家の子弟の懲罰用の獄に入れられ、プライドをひどく傷つけられた劇作家は、釈放されても頑として牢から動かず、周囲を困らせる。その後、説得に応じてしぶしぶ牢獄を出ると、名誉回復のための条件をルイ一六世にいくつも飲ませたとのことだ。

一七九〇年、ロシアの貴族・思想家でエカチェリーナ二世に仕えたアレクサンドル・ラジーシチェフは『ペテルブルクからモスクワへの旅』を自費出版する。そのなかには、ロシア皇帝の過剰な専制政治と農奴制の実態を辛辣かつ巧妙に非難する箇所があった。エカチェリーナ二世自身は作品を読んでいなかったが、目を通した顧問らが、革命的思想が書かれていると忠告。身の危険を感じた女王は即座に著作の没収と著者の逮捕を命じ、彼は七年間のシベリア送りになった。刑期を終えて釈放されたラジーシチェフだったが、女王の死後に即位した息子のパーヴェル一世が暗殺され、孫のアレクサンドル一世の代になると、再び迫害がひどくなり、追い詰められたラジーシチェフは失意のまま自殺した。現存する同書は一七冊のみである。

フランスの神秘思想家アレクサンドル・サン＝ティーヴ・ダルヴェードルの『ヨーロッパにおけるインドの使命、アジアにおけるヨーロッパの使命』（一八八六年）は、私家版で出版されたものの、著者が本の破壊と殺害の脅迫を受けたため、二冊を残して破棄された。著者の死後、一九一〇年に公刊されたが、今度は四〇年のナチスのフランス侵攻時に破壊されてしまった。

一九世紀英国の印刷工・書誌学者のウィリアム・ブレイズは、ミュラーというオランダ人書店主が、彼宛ての手紙で語っていた逸話を回想している。それによると、当時オランダには〝古紙協会〟と呼ばれるカトリック系の団体が存在し、プロテスタント諸派やカトリックの分派の著作、新聞やパンフレットなどを買い占めては古紙として売却し、収益を教皇に献上していたらしい。[8]

オノレ・ド・バルザックの小説も迫害の対象となった。一八二二年フランスで出版直後の『アルデンヌの助任司祭』が、その大胆な記述と内容に憤慨した地元の市民団体によって焚書《ふんしょ》にされたとの記録もある。

同じ頃、美術史家ピエール・フランソワ・ユーグ・ダンカルヴィユ著『ローマ皇帝一二人の私生活の極み』（一七八〇年）は、あからさまな性的図版入りの本だったため、一八一五年五月、パリ裁判所が焚書処分を命じた。同書は一八二六年九月にも再び焚書にされている。[9]

一八七一年のパリ・コミューン

一九世紀のフランスは、ナポレオンの帝政（一八〇四－一四年）とその崩壊に始まる。ナポレオンの失脚と王政の復活（一八一四年）、七月革命（三〇年）で立憲君主制に移行、二月革命（四八年）で第二共和政が成立、クーデター後にナポレオン三世による第二帝政開始（五二－七〇年）と目まぐるしく体制が変わった。対外的にもナポレオンの全盛期には、スペイン独立戦争とロシア遠征で敗退するまで、英国とスウェーデンを除くヨーロッパ全土を征服しているし、その後、ナポレオン三世の時代にはクリミア戦争でロシアと戦い、仏越戦争でベトナムを侵略（一八八七年にベトナム・カンボジア両国をフランス領インドシナ連邦としている）、メキシコに出兵（フランス干渉戦争）、プロイセンと対戦（普仏戦争）と、激動の一〇〇年を過ごした。いずれも重要な歴史的事件だが、なかでも画期的だったのが、パリ・コミューンの結成だ。

パリ・コミューンとは一八七一年三月二六日、第三共和政初期のフランス・パリで革命によって生まれた、世界史上初の労働者や市民からなる自治政府である。簡単に経緯を説明すると、普仏戦争初期の戦闘でナポレオン三世がプロイセンの捕虜になったことを受け、パリに残った軍部が無血クーデターで第二帝政を崩壊させ、国防政府を樹立。戦争は継続されたが各地で敗退し、ビスマルク首相率いるプロイセン軍のパリ包囲戦に耐えきれず、一八七一年一月二八日にフランスは降伏した（それに先立つこと一〇日前の一月一八日、ヴェルサイユ宮殿でヴィルヘルム一世の即位式が行なわれ、ドイツ帝国成立が宣言された）。二月に選挙でアドルフ・ティエールが首相に選ばれ、二月二六日にドイツ側の要求をすべて飲んだ講和条約を結んだ。

ティエール政権がパリ市民に不利な法案を次々可決させたことに加え、巨額の戦争賠償金による負担まで生じることになり、猛反発したパリ市民が決起、政府をパリから追い出した。それがパリ・コミューン成立の直接的な要因だが、世界に先駆けて産業革命を成し遂げた英国に続き、工業化が進んだフランスでも労働者階級が成立し労働運動が発生していたことや、知識人層がフランス革命で挫折した富の平等を達成すべく、社会主義に関心を向けるようになっていたことも大きい。ドイツ・プロイセン出身の哲学者・思想家カール・マルクスは、パリ・コミューンこそが真のプロレタリア（無産階級）政府であると評価したが、必ずしも賃金労働者だけではなく、法律家や医師、学者や教員、作家やジャーナリスト、手工業者や小売商人なども含まれていた。

同年三月二六日の選挙でコミューン政府が成立。その二日後にはパリ市庁舎前で宣言を行ない、以後二カ月ほど、執行委員会を中心とした一〇の機関がパリを統治した。その間、教育改革、行政改革、言論・結社・集会の自由、信教の自由、婦人参政権、生活保護、社会保障など民主的な政策が話し合われたとのことだ。

だがパリを追われてヴェルサイユに移った政府軍が反撃を開始。同年五月二一日の晩にスパイの手引きでパリ市内に侵入し、それから一週間、コミューンの市民参加者たちとのあいだで凄惨な戦いが繰り広げられる。建物が政府軍に奪われて拠点になるのを防ぐため、コミューン側が建造物に火を放ち、パリ全域で火災が発生。その際、パリ市庁舎が燃えて貴重な書物が焼失した話は先述のとおりだ（三〇三ページ）。血の週間と呼ばれる市街戦の末、五月二八日にパリ・コミューンは短い生涯を終える。政府軍によって虐殺された市民は、女性や子ども、老人も含め、二万人とも三万人ともいわれる一方、コミューン側もパリ大司教をはじめとする六〇人あまりの人質の殺害に及び、まさに泥沼状態だった。

当然、図書館や蔵書の焼き討ちも発生した。一〇〇年の歳月をかけて完成したテュイルリー宮殿は、革命前は王宮として、革命後には国民公会や公安委員会として、ナポレオン時代以降は再び王宮として使用された格調高い建物だったが、五月二三日、コミューン側の放火で完全に廃墟と化し、数百冊の本が消滅した。そこには非常に稀少な『オルレアンの少女（ジャンヌ・ダルク）の年代記』（一五一二年）も含まれていた。

二三日の晩から二四日にかけては、ルーヴル図書館も猛火に見舞われ、何十冊もの写本が焼失した。紙面の都合上、失われた写本の全タイトルは割愛せざるを得ない。[10] 確かなことは、一国の宝のみならず人類の財産だった貴重な資料が失われたという事実だ。

被害は、公法、行政、文学、芸術といった全分野に及ぶ。破壊された図書目録には、ジャンル別の目録が全九巻、アルファベット順の目録が全二二巻、著者不詳の目録が全六巻、写本の目録が少なくとも一巻あったとされる。桂冠詩人ギョーム・コルテが執筆した四五九人以上の詩人の伝記、『フランス詩人伝 一二〇九-一六四七年』が原本も写本も灰になり、詩人フランソワ・コルテの『わが時代の思い出』の写本も失われている。

『カール大帝の時代』の写本、九五一年にパピルスに記された『教皇アガペトゥス二世の大勅書』、一八世紀後半から一九世紀にかけての作家ジャンリス夫人の『八つの植物標本集』、同時代の考古学者アレクサンドル・ルノワールの『エロイーズとアベラールの埋葬に関する年代的記述と聖別について』(一八一五年)、一九世紀の司書・歴史家M・H・コシェリスの『ピカルディー地方の記録文書』、聖職者で文学者でもあったニコラ・フィリベール・エメイ・ドベルヴの名著『魔法の図書館』も焼失を免れなかった。ドベルヴの作品は過去のフランス革命時にも消滅している。

その晩、国務院《コンセイユ・デタ》宮殿にも火が放たれ、やはり無数の蔵書が破壊された。パニック状態に陥った小説家エミール・ゾラが記している。《最も大規模で恐ろしい火災としかいえない。巨大な石造りの箱と化した回廊の床が、強烈な炎を吐き出し続けていた》[11]

同じような状況下で警察署内の記録文書保管室も被害に遭い、同時代の作家アドルフ・トレブシェの『セーヌ県の公衆衛生会議における討議の総括報告書』(一八六一年)もほぼ全部数が焼けた。サント・ジュヌヴィエーブ図書館はプロイセン軍がパリを占拠した際にも襲撃されたが、今回は地理学の部門が壊滅的被害を受けた。燃やされた本のなかでも特筆すべきは、十二折り判の『旅の歴史』の全シリーズだった。

スペインとラテンアメリカにおける独立戦争と革命

スペイン独立戦争（半島戦争とも）は、ナポレオンが王位をめぐって争っていたスペイン王カルロス四世とその息子のフェルナンド七世をフランス・バイヨンヌに軟禁し、実兄のジョゼフ・ボナパルトをスペイン王ホセ一世として即位させた一八〇八年から、フェルナンド七世が帰国して王位を回復する一四年まで続いた。その残酷極まりない戦乱の恐怖は、画家ゴヤが一連の絵画で見事に描写している。[12] スペインを占拠していたフランス軍はこの時期、銃の紙製薬莢の材料とするため何百冊もの本を破壊した。[13]

ベネディクト会によって一〇二五年に創設された、由緒あるバルセロナのモンセラート修道院は、スペイン国内、いやヨーロッパ中を見渡しても、書物や古文書の分類や保管も含め、完璧な図書館のひとつだった。ところがこの独立戦争時、スペイン側が建物を要塞にするのを回避すべく、フランス軍はここを破壊した。図書館も保管文書も焼け落ち、わずかばかりの本が救われた。難を免れた本の大部分はその時、別の場所にあったそうだ。同修道院には一四九九年から印刷機があったが、作成されたほとんどの印刷物が失われている。それればかりではない。ヨーロッパでも最古の音楽学校、モンセラート少年聖歌隊養成所の重要資料や、一六世紀から一八世紀にわたって名だたる音楽家たちが寄贈した中世音楽の豊富な文献が永久に消滅したのだった。

モンセラート修道院における蔵書の損失は、いまだ書物蒐集家たちのあいだで話題に上っている。たとえばバレンシア地方セゴルベ出身のフランセスク・ビセントが、チェスの一〇〇種類の技をカタルーニャ語で解説した『チェス・ゲームの百手』（一四九五年）。ドイツ人活字職人〝アレマニ〟

ことロペ・デ・ロカと、カタルーニャの書籍商ペレ・トリンチェル(あるいはトリンガー)が制作に関わり、バレンシアの印刷所で印刷された。一五世紀の活字印刷物、いわゆるインキュナブラで、最後の一冊が同修道院にあったが、襲撃・略奪時に紛失してしまった[14]。この件について、一九世紀スペインの詩人・言語学者で、バレンシア図書館、バルセロナ図書館の館長を歴任し、カタルーニャ語文献研究の第一人者としても知られるマリアーノ・アギロ・イ・フステルが説明している。《稀に見る珍本とでもいうべきこの作品に関しては、その後現物を見た者が誰もいないことから、完全に失われたと考えられている。おそらくは独立戦争時に、フランス軍がモンセラート修道院で略奪した際、その本の唯一の版が消滅したと見ていい[15]》

フランス軍によるスペイン国内の宮殿や修道院、図書館の略奪が度を越していたため、ホセ一世が将軍たちに、スペイン王国の財産の没収とフランスへの持ち込みを禁じたほどだった。かといって軍が素直に従ったとは思えない。一八一五年のパリ条約合意によって、略奪された至宝の一部はスペインに返還されたが、多くはフランスにとどまった。それとは別に、戦争中にフランスの略奪を免れた財産は、対仏レジスタンスを支援していた英国軍に持ち去られている。フランス軍をイベリア半島から駆逐した戦功で、ウェリントン公に叙せられたアーサー・ウェルズリーも略奪者のひとりである。

フランス軍が一八一三年に撤退し、ホセ一世も国外に退去、ナポレオンがフェルナンド七世に王位を返還してからも、スペイン情勢は不安定なままだった。待望の帰国を果たしたフェルナンド七世は、その直後に憲法を無効とし、自由主義者を大量に逮捕。政治を少数の側近に任せ、彼らのいうがままに閣僚を頻繁に交替させるなど、無能ぶりを露呈した。王の死後には王位継承をめぐって内戦(カルリスタ戦争)も起こり、保守派と自由主義者の闘争とクーデターが相次ぐ内乱の世となった。

それから半世紀以上経った一八六八年には、自由主義陣営が娘のイサベル二世をフランス亡命に追いやり、君主制打倒を無血のうちに達成したクーデター、のちに九月革命と呼ばれる政変が起こる。翌一八六九年一月には臨時政府のもとで初の普通選挙が行なわれ、六月には一八六九年憲法が発布された。とはいえ、自由主義者による議会も一枚岩ではなく、王政支持者と共和政支持者が権力争いを展開した。その後もスペインは共和政と王政復古を繰り返し、一九三六年の内戦勃発、フランコによる長期独裁へとつながっていく。

ところで一八六九年一月二六日に時の開発大臣マヌエル・ルイス・ソリージャが発した政令に、一九世紀スペインにおける書物の軽視ぶりが明確に表れているので紹介しよう。

現在わが開発省には、かつてアラゴンの図書館および修道院の文書保管所に所蔵されていた数十キロ相当の羊皮紙写本がある。工場で燃やされる寸前に一〇〇〇レアルを払って救出したものだ。一方、アルカラ大学の創立者シスネロス枢機卿が手がけた『多言語対訳聖書』の古文書は、爆竹や打ち上げ花火の材料として使われてしまった。バレンシア異端審問所の記録文書については、ある図書館司書がボール紙工場から救い出し、国に寄贈してくれた。国外でも銀時計と猟銃と引き換えに、大英博物館が入手したばかりの写本一冊を四万五〇〇〇レアルで買い戻した。ほかにも国立図書館は、軍の図書館から不正に持ち去られた写本の買い戻しに何千レアルも費やしている。あるドイツ人識者が、外国で入手した大量のスペインの写本および古文書の詳細な目録を発行した。その項目を見るにつけ、スペインを愛する国民全員にとって恥ずべき出来事であるといわざるを得ない。(……)

本政令で述べている文書はいかなる個人の所有物でもなければ、団体のものでもない。国家の所有物、国民全員の財産であり、祖国の歴史と過去の事象の真実を検討する際に不可欠な、いうなれば国家の栄光あるいは記念碑的な性質の記録である。本政令に署名する大臣である私は、おそらくはすべての教養人と同様に、部屋を壁で塞ぐことで貴重な写本を隠す、そんな宗教団体のエゴイズム的犯罪を非難する。今回の写本の発見は、王立歴史アカデミーの不屈の調査によるところが大きい。

以上の理由から、臨時政府の開発大臣としての権限に基づき、次の政令を発布する。

第一条　国家は、すべての文書保管所および図書館、研究施設と、それに付随し、現在司教座聖堂、聖堂参事会、各修道院および軍施設の管理下にある科学、芸術、文学に関わる書物や器具類を差し押さえることとする。

第二条　これらの財産は国家のものとみなし、分類が済み次第、国立の各図書館および文書保管所、博物館で公共奉仕に活用されることとする。

第三条　神学校の図書館については、これまでどおり聖職者たちに委ねるものとする。

一方、海を隔てたスペインの植民地ラテンアメリカでは、アメリカ独立宣言やフランス革命の影響で自由と平等を求める気運が高まったこと、統治者であるスペイン人らの腐敗と過剰な職権乱用に業を煮やした人々が、本国の政治的混乱に乗じて、動揺した副王領当局に反旗を翻し、各地で独立が相次いだ。その立役者となったのはアルゼンチンのホセ・デ・サン・マルティン、ベネズエラのシモン・ボリバルら現地生まれのスペイン人、クリオーリョの指揮官だった。一八二四年にスペイン軍が敗退し、ペルーが独立して以来、キューバとプエルトリコを残し、ほぼすべての植民地が独立した（ちなみにラテンアメリカ諸国で一番早く独立したのは、一八〇四年にフランスから独立したハイチである）。悲願の独立は達成したとはいえ、長年の戦争は人とその心を疲弊させ、町や歴史的建造物、高い価値をもつ記録文書や書物、芸術作品の破壊を無数に生み出した。

ベネズエラは一八一一年に独立を宣言したが、完全に独立を果たしたのは三〇年のことだ。ボリバル率いる解放軍とスペイン軍がカラカスの争奪戦を繰り広げているあいだに、ボリバル自身が公立図書館開設のために集めていた蔵書が全滅してしまう。二〇世紀スペイン出身のベネズエラの歴史家マヌエル・ペレス・ビラは次のように記している。《一八一七年三月、異端審問所の審問委員がさまざまな種類の書物六九一冊の焚書を命じた。カラカスの公共図書館の核となるべき本が、ようやく揃いかけた矢先の出来事だった[16]》

かように一九世紀のラテンアメリカにおける書物の損失は著しいが、メキシコはその最たる例かもしれない。メキシコでは一八二一年、副王軍の将軍イトゥルビデが謀反を起こして独立を宣言。スペイン王フェルナンド七世を招こうとしたが、拒否されたため翌年自らメキシコ皇帝として即位した。しかし民衆の支持は得られず、一八二四年に共和政に移行した。長年の独立戦争で経済は破綻、土着の軍閥カウディーリョが幅を利かせる保守派陣営と、自由主義陣営の抗争が絶えず、双方によるクーデターが頻発して政権はたびたび交替した。中央集権体制に反発してテキサスほか地方諸州が独立を宣言するかと思えば、財政難による給料未払いで軍の反乱が続出する。対外的には再植民地化を狙うスペイン軍との攻防が続くなか、米墨《べいぼく》戦争（一八四六 - 四八年）に敗れ、テキサスやカリフォルニアを奪われるなど、混乱の極みにあった。

一八五五年、フアン・アルバレスやベニート・フアレスら自由主義者が、過去二三年間に一一回も大統領に選出されてきたカウディーリョ、サンタ・アナの独裁政権を倒して臨時政府を樹立。レフォルマと呼ばれる改革を断行する。カトリック教会と国家の政教分離がなされ、議会政治や信仰の自由、言論の自由、通商の自由や、すべてのメキシコ人の法の下での平等が謳われた、自由主義的な一八五七年憲法が制定されるなど、近代的な価値観がもたらされた。その一方で、教会の財産を没収し、先住民の共同体を解体するなど、強引な手段を取ったために猛反発を食らい、反対勢力が保守派と結託しての武力蜂起を招いてしまう。保守派はスペイン、改革派は米国に支援され、一八五七年から六一年まで内戦（レフォルマ戦争）が続いたが、最終的に改革派のファアレスが勝利し、一八六一年の選挙で正式に大統領に就任した。メキシコ初の先住民族出身大統領の誕生だ。

その後の経緯を簡単に説明しておこう。一八六一年にフランス干渉戦争が発生。首都メキシコシティを占領したナポレオン三世は、ハプスブルク家のマクシミリアン大公をメキシコ帝国皇帝マクシミリアン一世として即位させた。ファアレスは北部のパソ・デル・ノルテ（現シウダー・ファアレス）に移り、米国に援助されつつ抵抗を続け、一八六七年にフランス軍撤退を実現。共和政を復活させ、大統領に再選された。残念ながらファアレスは一八七二年、執務中に心臓発作で死去したが、いまだに国民から敬愛され、〝建国の父〟と称されている。

話をレフォルマの改革期に戻す。当時の図書館、とりわけ修道院の蔵書の略奪は際立っている。一連の法律で聖職者の特権の制限や宗教団体の土地所有の禁止、教会の全財産の国有化、十分の一税の廃止が定められただけでなく、一八六一年には、教皇大使や大司教ら高位聖職者の国外追放と修道院の廃止、修道士・修道女の還俗を義務づける法律が公布されたため、メキシコ各地で修道士・修道女たちが逃げ出す事態となったからだ。二〇世紀メキシコのジャーナリスト・作家・歴史家のフェルナンド・ベニテスが次のように記述している。

当然ながら修道士たちは、修道院にあったさまざまな貴重品を置き去りにせざるを得なかった。象牙細工に聖遺物、聖遺骨、中国製磁器、幼子イエス像、聖人像と肖像画、家具、そして図書館も。図書館の立派な書棚や机、書見台、何よりも見事な金銀装飾や挿画が施された羊皮紙その他の写本や、革装の重厚な書物もすべて放置された。そこはまさに愛書家の夢が、具現化したような空間だったことだろう。ギリシャ・ローマ・スペイン・アラブ・ユダヤの賢者たちに加え、初期キリスト教の教父らの作品と、古文書、写本、細密画入りの写本、インキュナブラが、マホガニー材やスギ材、クルミ材や熱帯特有の縞目模様の木材で作られた棚に整然と収まった光景が目に浮かぶようだ。[17]

もぬけの殻となった宗教施設の財産目当てに、押し寄せる群衆を阻止する手立てなどあるはずもなかった。略奪者たちは運べる限りのものを残らず持ち出した。サン・フランシスコ修道院では、何百体ものキリスト像や聖母マリア像、聖人像とともに建物が破壊された。彫像は残らず燃やされ、埋め込まれていた宝石類は即座に売り渡されたに違いない。一六七六年の大火事を生き延びた、サン・アグスティン修道院でも同じことが繰り返された。教会の主祭壇にあった彫刻家トマス・スアレスの手による素晴らしい飾り衝立は破壊され、図書館も灰になった。もちろん蔵書をすべて持ち逃げしたうえで火を放ってだ。

サント・ドミンゴ修道院の一連の宗教画も暴徒の収奪を免れず、焼かれるか盗まれるかされた。長年異端審問所の手先として異端者たちを迫害・抑圧してきたドミニコ会に対する市民の恨みは根深く、それだけに立場が逆転した際の反動は激しかった。異端審問官らは危険とみなした書物を必ずしも焚書にしたわけではなく、異教思想への関心から保管している例も多かったが、それらの蔵書類も徹底的に破壊された。

大聖堂でも略奪は常態化していた。聖体顕示台、金と銀の聖杯、枝つき燭台、十字架、宗教画の略奪ばかりか、備えつけの黒檀《コクタン》材の燭台から、のみを使って銀の部分を剝がしていく者までいた。金や銀を得るために、彫像を溶かす行為も平然と行なわれた。

軍人や市民による教会・修道院の略奪を一応は懸念したベニート・フアレス大統領は一八六一年、国内全域の図書館の蔵書を救出すべく、傑出した歴史家ホセ・フェルナンド・ラミレスとその弟子マヌエル・オロスコ・イ・ベラを中心とした専門委員会を任命する。しかし完全なる予算不足から、委員たちはほとんど目的を果たせなかった。各地方の修道院での略奪を運よく防げた場合でも、首都に運ぶ途中で兵士らのベッドや焚き火に使われ、消滅することも多々あった。前出のベニテスは、この頃に一冊しかない稀少本を多数含む一万冊から一万五〇〇〇冊の本が失われ、一八八四年までに合計一〇万冊が焼失したと記している。[18] 同じく二〇世紀の作家ホセ・マリア・デ・アグレダ・イ・サンチェスは、プエブラ市にあるパラフォシアナ図書館のごみ箱から本を救った体験と、ある村で老婆が家の外に分厚い書物を山と積み、調理用の焚き火にしようとしているのをすんでのところで阻止し、買い取ったときのことを綴っている。

一八六一年二月一〇日付のメキシコの新聞『一九世紀』には、図書館の被害を訴える記事が掲載された。

廃止された修道院のなかには完全に放置された状態のところが多く、そのうえ扉もこじ開けられたままなので、本も写本も自由に持ち出せる。われわれの協力者のひとりが、昨日サン・アグスティン修道院を訪れてみたところ、回廊にも独居房にも破壊された本が散らばっており、図書館の床はそれと比較できぬほど本が散乱していたという。つまりは略奪者らのやりたい放題である現実を目の当たりにしたということだ。各地の図書館から蔵書を保護すると主張していた委員会は何をしているのか？　この恥ずべき無秩序状態を野放しにしたままの権力機関は何をやっているのか？　学問の宝庫を蔑み、欲に駆られて平然と略奪・破壊に及ぶ者たち。われわれは過去の野蛮な時代に逆戻りしてしまったというのか？

国内各地の修道院の図書館から集められた蔵書の多くは、結局は雨風や過失で破損し、盗難によって失われた。当初は国立図書館の設立に向けて、大学まで本を運ぶ計画だったが、何千冊もの本がその目的地に到着することはなかったという。

第13章 過剰な潔癖さの果てに

ヤコブ・フランク

ポーランド生まれのユダヤ人宗教指導者ヤコブ・ベン・ユダ・ライブ・フランコビヒ、のちのヤコブ・フランク（一七二六‐九一年）の生涯は、心の静穏や安堵感、慎みとは無縁なものだった。その人生を語るには、彼が心酔していたサバタイ・ツェヴィ（シャヴタイ・ツヴィ、一六二六‐七六年）について説明する必要があるだろう。ツェヴィはヤコブよりも一〇〇年ほど前に、救世主待望論《メシアニズム》を掲げて登場し、一七世紀半ばのユダヤ人社会に多大な影響を及ぼした自称救世主《メシア》である。戒律や道徳を無視した奇行で騒動となり、故郷スミルナ（現トルコ・イズミル）を追われ、ギリシャ、トラキア（バルカン半島南東部）エジプト、パレスチナと放浪しながら各地のユダヤ人コミュニティを訪れ、預言を繰り返しては民衆を煽った。日頃反ユダヤ主義的な暴力や迫害に怯えて暮らしていた人々は、キリストの奇跡や古代預言者の再来を語るツェヴィの言葉に希望を見いだしたのだろう。アシュケナージ（主に東ヨーロッパに定住したユダヤ人とその子孫）とセファルディ（主にスペイン・ポルトガルに定住したユダヤ人とその子孫）の別なく、南はイエメンから北はアムステルダムまで、至るところに彼を救世主と信じる熱狂的な信奉者が急増した。

「破壊すべきだ。そうすることで何もかもが新たになる。禁じられたものこそが善なのだ」。ツェヴィはそう主張し、新たな時代を生み出すためにも、ユダヤの律法トーラーの巻物の破壊が不可欠だと訴えた。ユダヤ教では聖書の「申命記」六章四節の冒頭の一語をとってシェマと呼ばれる聖句、《聞け、イスラエルよ、主こそ我らの神、主はひとつである》を書きつけた羊皮紙を収めた〝テフィリン(経箱)〟という革製小箱を、左上腕の心臓の高さの位置と額の中心につけ、祈禱用肩掛けを羽織って祈りを捧げるが、ツェヴィは祈りながらそれらを足で踏みにじった。つまりどこへ行っても奇行は相変わらずだったわけだが、苦難に苛まれていた人々は彼を敬い、救済の日が近いことを信じて疑わなかった。

こうしてサバタイ派は一大ムーブメントと化したが、伝統的な断食の否定や食事規定の違反、掟を無視した異性交遊など、禁忌破りは次第にエスカレートし、自称救世主は行く先々で反対派と衝突して世間を騒がせた。最終的にオスマン帝国で告訴され、死刑か改宗かを迫られ、イスラム教に改宗した。その後も散々スキャンダルを巻き起こした末に、ツェヴィは流刑先のアルバニア・ウルチニ(現モンテネグロ領)で生涯を終える。

ヤコブは自らを、救世主サバタイ・ツェヴィとユダヤの族長ヤコブの再来だと信じた。創始した教団でツェヴィに倣って性的倒錯と放埒ぶりを発揮したため、一七五一年に故郷ポーランドから追い出され、オスマン帝国に亡命。その地でヤコブ・フランクと改名し、ツェヴィ同様、表向きはイスラム教に改宗した。別人になりすましてポーランドに自由に出入りできるようになると、同国内に秘密ネットワークを構築し、周辺のガリツィア(現ポーランド南東部とウクライナ南西部)、ウクライナ、ハンガリーに広げていった。ヤコブは夢のお告げで、ユダヤ教とキリスト教を融合した新たな宗教を見いだしたと信じていた。理由は不明だが、彼はユダヤ語源の言葉と書物を忌み嫌い、一七五五年には弟子たち（フランキスト）に書物の焚書《ふんしょ》を命じている。ユダヤの聖典タルムードすら否定したが、ユダヤ教神秘思想の『ゾハール（光輝の書）』だけは唯一認めた。キリスト教の三位一体論と矛盾しないとの理由からだ。とはいえ、彼の説は具現化した神と女性、その子からなる、従来の神ではない真の神に基づく三位一体で、「私は言葉であり、私は神の子であり、私は神である」とし、彼自身がその具現化した神であるゆえ、律法をも凌駕する存在であるとみなしていた。一七五六年には異端の罪で訴えられるが、それによってヤコブが士気を削がれることはまったくなかった。

一七五七年、ヤコブは議論の場で並みいるラビたちを論破すると、ユダヤ人家庭を一軒一軒回って何百冊ものタルムードを集め、それを広場で処分した。以来、彼が率いる分派《セクト》は〝反タルムード派〟と呼ばれ、完全に異端視される。だが本人は冷笑まじりの謙虚さで信奉者たちに、救世主としての自らの資質と教義の価値を強く訴え続けたらしい。狂信的なカリスマほど恐ろしいものはない。一七五九年にはヤコブをはじめフランキストたちが洗礼を受けてキリスト教に集団改宗し、世間を驚かすとともにポーランド王でザクセン選帝侯のアウグスト三世を喜ばせ、味方につけた。その年だけで五〇〇〇人以上、翌年には一〇〇〇人近くがキリスト教に改宗。一七九〇年までにポーランド国内で二万六〇〇〇人のユダヤ人が改宗したというから、王が喜んだのも無理もない。

さらにヤコブは教義の一環として信者に対し、トーラーの文面を記した羊皮紙の巻物で作ったサンダルの使用を義務づけた。また一二人の弟子とそれぞれの妻の計二四人からなる教団を結成し、慈悲深く汚れなき聖者兼暴力的な性行為の擁護者として、性的倒錯による浄化（スワッピング）を実践した。そのため、一七六〇年二月、ワルシャワ当局に逮捕されたのちに教会当局へと引き渡され、異端の罪でポーランド南部の町チェンストホヴァの修道院に監禁される。そこで一二年半を過ごしたあと、ヤコブは一七七二年八月、町を占領したロシア軍の将軍アレクサンドル・ビビコフによって釈放された。

その後ヤコブはチェコやオーストリアを訪れ、言い伝えではドイツのオッフェンバッハ・アム・マインで亡くなったとされる。彼は死の床で所有する本の破壊を命じた。ほぼ懇願に近い形で「全部燃やしてくれ。真実は私とともに死ぬのだから」と告げたという。

ナフマン・ブラツラフ

偉大なラビとして知られるナフマン・ブラツラフ（一七七二－一八一〇年）は、一八世紀半ばにウクライナでユダヤ教復興運動ハシディズム（ユダヤ教敬虔主義運動とも）を創始し、サバタイ派やフランク主義によって混乱したユダヤ教の立て直しを図ったバアル・シェム・トーヴ（一六九八年頃－一七六〇年）の曾孫に当たる。幼い頃から曾祖父の弟子である偉大な賢者たちに囲まれて育った彼は、ツェデク（義の人）として救世主の到来に備えて世を正すことを運命づけられたような人物だった。転居や旅で移動をするたび着実に支持者を増やし、カリスマ的存在となっていくナフマンは、彼を妬む別のラビとその支持者に妨害されて故郷ウクライナをあとにする。一八〇二年秋から一〇年春までロシア帝国領のブラツラフ（現ウクライナ）で過ごしたのち、そこで患った結核が原因で、同年一〇月にウマニ（現ウクライナ）で没している。ナフマンはハシディズムの一派ブレスラフ・ハシディズムの創始者として、いまだに宗派や信条の違いを超えて尊敬を集め、ウマニにある彼の墓所は、重要な巡礼地のひとつになっている。

タルムードや語源関係の専門家である現代フランスのラビ・哲学者マルク・アラン・オークニンによると、一八〇八年、ナフマンは重大な危機に見舞われている。彼が精神面でのコントロールを失った様子を、間近で見た者の証言記録が残っている。

それから彼は、先妻と四人の子どもの病死と自身の災難の原因となった一冊の本について語った。どうすればいいのかわからぬ様子だった。「（……）自宅にあるその本を燃やさぬ限り、生き続けられないと考えていた」。そんなばかな！　彼が心血を注いだ類稀なる本を焼くなどとても考えられない。（……）彼は話し続ける。「あの本を燃やしてしまえば、もうしばらくは生き続けられるだろう。しかしながらそうすれば、自分に多くの苦悩をもたらすこともわかっている。君はあの本の神聖さを理解していないかもしれないから、もちろん無理もないことだ。私が最初の妻と子どもたちを失い、その後、数々の苦しみを受けたのも、それが原因だった」。彼は吐き出すように語りながら、ひたすら涙を流していた。しばらくすると医者がやってきて（……）ラビ・ナフマンと少し話をして帰った。ラビ・ナフマンは相変わらず泣き続けている。不意にそばにいたラビ・シモンに告げた。「今すぐブラツラフ行きの馬車を借り、私の家まで行ってほしい。雨が降ろうが雪が降ろうが引き返さずに。これは自宅の戸棚の鍵だ。なかには本が二冊ある。迷わず取り出し、燃やしてくれ。とにかく急いでもらいたい」[1]

ナフマンが遺した著作と、本への執着ぶりは実に興味深い。ナフマンの死に際し、一番弟子で忠実な秘書だったラビ・ナタンは、彼の手稿を三冊の本に編纂している。一冊目は格言と物語集、二冊目、三冊目にはそれぞれ『焚書《ふんしょ》』『隠された書』とのタイトルがつけられていた。ナフマンの命令で焼かれたのが二冊目で、三冊目は誰も目にしたことがない。紛失したとも、元々書かれていなかったともいわれている。

彼の格言にこんな言葉がある。《一冊の書物を燃やすことで世に光が与えられる》

バートンの忌まわしき原稿

古代ギリシャの詩人エンペドクレスと同様、英国のリチャード・フランシス・バートン（一八二一－九〇年）も身内によって作品を焚書にされている。彼の未亡人が『匂える園』と『警句《エピグラム》』の二作に火を放った件については、大文豪ボルヘスも著作で言及し[2]、バートンのいずれの伝記でも取り上げられている。

この傑出した探検家・文筆家・翻訳家がビクトリア朝の検閲をかわすため、俗な表現にはラテン語を使っていたと、バートンの伝記を書いた二〇世紀米国の作家エド・ライスは指摘する[3]。彼が英訳した『カーマ・スートラ』（一八八三年）も『千夜一夜物語』（一八八五年）も『匂える園』（一八八六年）もしかりだ。同様のことはエドワード・ギボンもやっていて、自伝のなかで、《淫らなくだりはすべて知識階級の言語（すなわちラテン語）の闇に委ね、文章は清純な状態にしてある》と述べている。

彼の妻イザベル・バートンは周知のとおり有能な作家だった。彼女は夫がイタリア・トリエステで英国領事をしていた頃からの厳命を果たすべく、一八九〇年のバートンの死後、彼の日記や手紙、私的な文書を燃やす決断を下した。バートンが翻訳中だった『芳香の園』の訳稿もだ。前作『匂える園』でバートンが底本にしたのは、イサドール・リズーがアラビア語から翻訳したフランス語版だったが、問題のある部分が省略された不完全なものだった。そこでアラビア語の原書をもとに翻訳し直していたのだ。『芳香の園』と名づけられた新版は、性的能力をはじめ、男性の性的不能《インポテンツ》や女性の色情狂《ニンフォマニア》の処方をも含むアラビア起源の性愛術を扱った作品になる予定だった。原稿の存在を知った者から、当初未亡人は三〇〇〇ポンドのオファーを受けていたが、のちに六〇〇〇ポンドの申し出をする者が現れる。夫の遺した訳稿への興味が増す一方、業界人たちに対する疑念と彼女自身の不安も大きくなっていった。そこである日、巨額の利益が得られるにもかかわらず、原稿を読み終えたところで処分を決意した。一家の友人のグレンヴィル・ベーカーが新聞記者に対し、『芳香の園』は何百という注釈が入った紛れもない名著で、その内容は『匂える園』をしのぐものだったとコメントしている。

一八九六年、未亡人イザベルが死去する。しかし焼却作業は彼女の姉妹に引き継がれ、バートンの一八六二年から九〇年までの日記と、生前彼が送ったラブレターがすべて燃やされた。手紙の内容はアイルランドの作家ジェイムズ・ジョイスが妻ノラ・バーナクルに宛てた手紙並みに、詳細かつ私的なものだったとのことだ。

猥褻罪による焚書

猥褻性を理由とする焚書の事例は数あるが、そのなかから代表的なものを三つ紹介しよう。

英国人作家ジョン・クレランドの小説『ファニー・ヒル』(一七四八-四九年)。英国人娼婦の性体験を赤裸々に綴ったこの作品は、英国初のポルノグラフィであると同時に、小説の体裁を取った初めてのポルノグラフィとされている。女性の性《さが》に対する未知の恐怖心あるいは迷信が、人々を絶版運動へと駆り立てた。出版直後に発禁・焚書処分となり、著者のクレランドと出版元、印刷業者は逮捕。国民を堕落させた罪で裁かれ、在庫は破棄された。公式には消滅し、一〇〇年以上も再版が認められなかったにもかかわらず、海賊版が出回って異例のヒットとなる。ただし、海賊版には原書にない同性愛の描写というさらに問題視されるエピソードが挿入されていたため、一七五〇年にクレランドは挿入部分を削除した修正版を出版し、それによってまたしても起訴される羽目になった。その後、一九世紀以降も『ファニー・ヒル』は地下出版で刊行され続け、英国内のみならず米国や日本など、世界各地で物議を醸しては風紀取り締まり団体の手で焼却される。一九六〇年頃まで何かと世間を騒がせ、史上最も迫害され、焚書の憂き目に遭った書物のひとつとして名を馳せることになった。

フランスの操り人形師で作家・ジャーナリストのルイ・ルメルシェ・ド・ヌヴィユ作『南京虫の一大交響曲《シンフォニー》、ラ・サンテ街の果てなき官能劇場』（一八六四年）も、一八六六年五月六日にフランス北部リールの裁判所から焚書の判決を受けた。それによって本はほとんど姿を消している。

一九三四年に英国議会は、市内に出回っているローマの文筆家ペトロニウスの小説『サテュリコン』英語版を回収すべく、常套句ともいえる論拠を持ち出した。《未完の悪漢小説で、ローマ人の饗宴における自由奔放な性が生々しく描写されている》

ダーウィンと『種の起源』

史上最も論争の的となった本であると同時に、最も重要な一冊といえるのが、チャールズ・ダーウィンの『種の起源』だろう。初めて市場に出たのは一八五九年、ロンドンでのことだ。ジョン・マレーの出版社から初版一二五〇部が出版され、即日完売したあと、一八六〇年に第二版が出たが、これもすぐに完売した。話題をさらったこの論文では、自然選択のメカニズムに基づく進化論が紹介されているのに加え、あらゆる生物は共通の祖先から生じているとの提起もなされていた。

反響はさまざまで、科学者のなかでも、支持を表明して普及に協力する者もいれば、道徳的に受け入れられないと反対する者もいて、賛否両論が飛びかった。天地創造説というキリスト教の教義に反するため、とりわけ熱心な信者からの反発が大きく、なかには過剰に反応して本を燃やす者もいた。しかし『種の起源』は予想外に好評で、第二版以降一三年間、加筆・修正をしつつ版を重ね、一八七二年に第六版まで刊行されるベストセラーになり、国際的な関心も集め、多くの言語に翻訳された。彼の理論の次世代への貢献度は計り知れないものである。

彼はその後も『家畜・栽培植物の変異』（一八六八年）、『人間の進化と性淘汰』（一八七一年）、『人及び動物の表情について』（一八七二年）ほか、多くの著作を発表。研究者としての生涯を貫き、一八八二年四月一九日、ケント州ダウン村の自宅で死去、ウェストミンスター寺院に埋葬された。

ニューヨーク悪徳弾圧協会とコムストック法

一九一五年九月二一日、アンソニー・コムストックが七一歳で死んだ。世界で一番恐れられる郵

ニューヨーク悪徳弾圧協会のシンボルマーク

便検査官として四〇年間活動した彼の名は、いまだに米国史上最も多くの書物を破壊した人物として語り継がれている。

コムストックは一八四四年三月七日、コネチカット州ニュー・カナーンで生まれた。一八六一年から六五年の南北戦争では北軍の兵士として参戦、その時の体験が何らかの形で、彼のその後の行動に影響を及ぼしたといわれている。ニューヨークに移り住んだ一八七二年、YMCA（キリスト教青年会）での活動を始めた。あまりに熱心に聖書を読み込む彼に、友人たちは皆、驚きを隠せなかったとの逸話がある。多くの作家に悪魔が取り憑いている、作家たちの暴虐行為を阻止することが、自分のこの世での使命だ、というのが彼の持論だった。一種不可解な彼の道徳上の聖戦を阻むものは何もなかった。

一八七三年、ニューヨーク悪徳弾圧協会を創設するも満足せず、政治家でもあった彼はコムストック法と呼ばれる法案を議会に提出し、可決された。これは不道徳な内容の書籍や手紙の郵送を一切禁じる法律で、その成立によって彼は何の制約もなく、おびただしい数の本や雑誌の検閲ができるようになった。郵政省が検閲機関となって、郵便物のなかに不品行な書物、避妊や中絶に関する資料がないかを見極めるのだ。

彼の手で押収された本・雑誌・パンフレットや印刷用の版は一五〇トン近くに上り、すべて公衆の面前で焼却された。コムストックがアイルランドの文学者・劇作家・評論家のジョージ・バーナード・ショーの作品に特に多大な嫌悪感を抱いていたのは有名な話である。

第14章 書物の破壊に関する若干の文献

I

ここで現存する古代ギリシャ・ローマの図書目録を改めて見直すと、古代や中世の時代にどれだけ蔵書の選定や分類への関心が強かったかがよくわかる。『スーダ辞典』では、ビブロスのフィロンの『書物の入手と選定』やペルガモンのテレフォスの『本の鑑定』(一七八ページ参照)など、推薦書リストが掲載されたギリシャ語文献が紹介されているが、その一方で書物の破壊に関する包括的な研究・調査がなされた形跡がない現実も突きつけられる。

共和政ローマ期には、マルクス・テレンティウス・ウァロが『図書館について』を著している。現存していないが、おそらくは書物の重要性から図書館の存在意義を論じた学術書だったと思われる。あるいは同じ著者の別の作品の性質から判断して、ギリシャの図書館の歴史についての概要を記していたとも予測できるが、いずれにせよ確証は得られていない。余談だが、セネカはカエサルの軍隊がアレクサンドリア図書館の四万の本を燃やした件に言及してはいるが、本の破壊そのものは重視していない。元々彼は、本が多すぎることに否定的なところがあった。

書物の破壊への関心の低さは、裏を返せば一般市民にとって書物がまだなじみのないものだった表れで、消滅したのがどの本だったかを伝える程度で終わっていたともいえる。たとえば一世紀に歴史家ストラボンがその著作でアリストテレスの数々の名著が消滅した事実を伝え、二世紀から三世紀に著作家アウルス・ゲッリウスやアテナイオスが失われた書物について言及しているようにだ。七世紀のスペイン・セビリア大司教イシドルス（二九七ページ参照）は、百科事典『語源』のなかで、前六世紀に破壊されたエルサレム神殿内の図書館について触れている。[1]《神の魂に突き動かされた祭司エズラは、バビロン流刑後に初めてエルサレムに帰還したユダヤ人たちとともに神殿再建に着手した。かつてカルデア人（新バビロニアの王ネブカドネザル二世）らに放火され、炎のなかで荒廃していった図書館を建て直し、律法の書と預言者の書もすべて修復するに至った》

II

書物の破壊行為に対し、初めて本の擁護を提起した一冊は、英国のベネディクト会士でダラム司教だったリチャード・ド・ベリー（一二八七－一三四五年）の『フィロビブロン』だろう。フィロビブロンとは〝書物への愛〟を意味する造語である。ド・ベリーは一四世紀当時、最大級の個人図書館を所有していた。そんな彼の書物に対する考えは、のちにダラム大学図書館の規範となった。

書物を知恵の保管所であると主張し、神に仕えるような態度で大切に扱うよう促した彼は、書物の破壊の主な要因は戦争だとも指摘し、[2]あからさまにはいわないまでも、知恵を憎む者が書物の破壊に及ぶと考えていたようだ。半ば神学的なこの理論が人目に触れたのは、残念ながら彼の死後である。一五世紀に入って活版印刷術が発明されると、初版は一四七三年にドイツ・ケルン、第二版は八三年にやはりドイツのシュパイアー、第三版は一五〇〇年にパリで出版され、聖書に次いで版を重ねたといわれている。本国では一〇〇年以上経った一五九九年に、オックスフォード大学ボドリアン図書館の初代司書トーマス・ジェームスによって出版された。

一七世紀英国の著作家トーマス・ブラウン（一六〇五－八二年）は、医学・宗教・科学・秘教と、多岐にわたる著作で知られている。そんな彼も失われた書物と創造上の書物に強い関心を示した。著作『学者トーマス・ブラウンの研究』第四章（一六八六年）で種々雑多な作品について言及し[3]、なかには『閉ざされたムーサの聖域、または秘密の図書館』というタイトルの本も登場する。いずれにせよ短いながらも興味深いエッセイで、今ではほとんど入手不可能な作品リストを示してもいる。

とはいえ、実在の書物にまじって、いくつかブラウン自身の推測によるものもあるらしい。第六章ではこんな一冊を紹介している。《アフリカ西海岸を航海したカルタゴの将軍ハンノの諸国見聞に関する博識豊かな解説つき。彼が築いた植民地の名前や、当時はまだ認知されていない赤道付近で彼が駆逐した船団について、おそらくは北東貿易風の存在を知っていて、それを利用してアメリカ大陸まで達していたことなども記されている》。珍書に触れている箇所にはこうある。《一六世紀エチオピアの大使ザガ・ザバが同国の図書館からポルトガルに運んだ写本と珍書のいくつかは、その後ローマに運ばれた。だがブルボン公シャルル三世の軍勢がローマを略奪した際に破壊された》

同国の詩人ジョン・ミルトンはアテナイの雄弁家イソクラテスの作品を読了後、論文『アレオパジティカ』（一六四四年）を執筆した。西洋社会で初めて検閲に抗い非合法で出版されたパンフレットだ。その一節で彼は、書物の破壊に対する自身の思いをはっきりと述べている。《人間ひとりを殺すのは良書一冊を殺すようなものだ。人間を殺す者は神の似姿である理性を備えた被造物を殺すことになる。しかし良書を破壊する者は理性そのもの、つまりは神そのものを殺している》[4]

Ⅲ

図書館および書物の破壊に関する文献が増加したのは一九世紀に入ってからだ。

英国におけるこの分野の研究で、偉大な先駆者とされるウィリアム・ブレイズについてはあまり知られていない。彼は一八二四年一二月五日、ロンドン・クラパムに生まれた。幼い頃より父親が経営するイースト&ブレイズ印刷所に出入りしていたため、本と印刷機に慣れ親しみながら成長した。英国に初めて印刷機を導入し、活字の達人とも称された一五世紀の職人、ウィリアム・キャクストンの仕事に惚れ込んだ彼は、印刷の巨匠が手がけた四五〇冊もの本を地道に研究し続け、最初の著作にして大著『ウィリアム・キャクストンの生涯と印刷術』（第一巻は一八六一年、第二巻は六三年）を出版した。細かい事柄まで網羅した作品によって高い評価を得た彼は、研究者たちのあいだで認知される。

その後も本の研究に明け暮れ、二〇年後ついに『書物の敵』（一八八〇年）の出版に至る。書物の破壊に特化するという奇抜な内容で、おそらく初の体系的な研究書だったと思われる。彼は破壊の原因を細かく分類した。火、水、ガス、熱、埃など自然的な要因から、紙魚《シミ》と総称される本につく虫、ゴキブリ、ネズミといった害虫・害獣による被害、さらに怠慢、無知、悪意といった人間特有の要因まで加えている。製本所の落ち度、子どもや使用人による不注意、蒐集家の身勝手さといったものだ。

たとえばブレイズは、ロンドン好古家協会の創設者のひとりジョン・バグフォード（一六五〇－一七一六年）が、書物の破壊を平然と繰り返していた事実を取り上げ、非難している。バグフォードは自身が編纂中の一〇〇巻を超える印刷史に載せるため、珍しい古書の表紙や奥付を切り取っては貼りつけていた。中身を捨てることも多々あったという。深刻なのは、それらが取り返しのつかない稀少本ばかりで、貴重な資料が失われてしまうこと、必ず真似する者が現れ、被害が拡大することだ。彼はそういった不埒な者たちは愛書家どころか、書物の最悪の敵だと息巻いている。書物の味方としての生涯を貫いたブレイズは、一八九〇年四月二七日、ロンドン南部のサットンで死去した。

ブレイズと同世代で保険関係の著述家だったコーネリアス・ウォルフォード（一八二七－八五年）も、図書館蔵書の保護の分野における傑出した先駆者である。彼は何人もの顧客からの要望で一八七九年、英国のある定期刊行物に「火による図書館の破壊の歴史と実態」という短い論文を寄稿。この論文には「古代と近代の図書館の破壊と、火と水による印刷本と写本の喪失に関する年代別の概略」と題された、歴史的価値のある目録がついていた。

翌一八八〇年にはロンドンのチスウィック印刷所から、論文と同名の小冊子『火による図書館の破壊の歴史と実態』として出版した。その序文でウォルフォードは次のように述べている。

> 図書館の破壊は規模の大小にかかわらず、公立であっても私立であっても、嘆かわしい出来事だ。それは喪失したもの自体の価値というばかりでなく、それがしばしば金銭に代えがたい宝である場合が多いためだ。この問題についてはさまざまな理由から、特に今年は憂慮すべき事柄となっている。なかでもバーミンガム公立図書館がほぼ完全に破壊されてしまった一件は大きい。

この小冊子には、過去に火災に遭った世界中の有名図書館、アレクサンドリアから現代に至るまでの一覧も付されている。

ウォルフォードは一八七四年一〇月一二日に催された、彼の功績を称える祝賀会で、マーク・トウェインから賛辞を贈られている。実際彼の作成した前述の目録には、図書館の破壊や書物の喪失に直接関わる事件や事故、紛争のリストだけでなく、社会不安の根本的な原因である貧困や社会的格差の問題、世界の飢餓の歴史が論じられ、カナダの統計や英国の図書リストも掲載されているなど、図書館の安全と蔵書の保護に関するありとあらゆる資料が盛り込まれていた。にもかかわらず、どの辞典も参考書も、彼の論説に言及することはなかった。そんななかでアメリカ・コネチカット州の新聞『ハートフォード・クーラント』紙だけが、ウォルフォードを〝図書館の安全対策を熟知する英国人作家〟と評した。

Ⅳ

一方、フランスでは書誌学者ガブリエル・ペイニョ（一七六七－一八四九年）が、書物の破壊に関する信頼に足る資料を作成した先駆者のひとりといえる。彼の研究で際立っているのは『古代から中世における自由に関する歴史的随筆』（一八三二年）かもしれない。この作品が極めて面白いのは、同じ書物の破壊を扱っていても、それを世界各地で出版の自由を抑圧する意図でなされた、さまざまな歴史的出来事に結びつけている点だろう。

ペイニョはほかにも『批評辞典――焚書《ふんしょ》宣告を受け、排斥の対象となった文学作品の図書目録』（一八〇二年）やルネサンス期イタリアの作家の評伝『ピエトロ・アレティーノ』（一八三六年）などの関連書を残している。

フランス幻想文学の祖とされる小説家シャルル・ノディエ（一七八〇－一八四四年）は、《誰ひとりとして世界中で消滅した本の図書目録を作成しようと考えなかったのは、あまりに不可解でならない》と著作のなかで述べている。また、《失われた蔵書や図書館の研究がないのも嘆かわしいが、空想上の本や図書館についての研究がないのも残念である》と。彼の言葉に触発されたのかどうかはわからないが、ふたりの人物がフランスの愛書家たちの伝統に、新たな道筋をつけた。ひとりはピエール・ギュスターヴ・ブルネット（一八〇五－九六年）、もうひとりはポール・ラクロワ（一八〇六－八四年）だ。

ブルネットはフランスの有名な書物蒐集家で書誌学者、広範囲に及ぶテーマの本を多数出版した著述家でもあるが、『フランソワ・ラブレーによる「一六世紀サン・ヴィクトル修道院の図書館蔵書目録」と空想上の図書館に関するエッセイ』（一八六二年）を執筆している。

タイトルを見ただけでも興味をそそられるのは、『空想図書目録──稀覯《きこう》本蒐集家がけっして目にできない奇妙奇天烈な図書目録』（一八六四年）と『想像上の印刷屋と架空書店』（一八六六年）の二冊。書物のみならず宗教にも熱心だった彼は、カトリックの聖書正典から外された福音書の分析にも励んで、『外典福音書』（一八六三年）を著した。

さらに大プリニウスとアテナイオスの信奉者でもあったブルネットは、特異な作品ばかりを紹介した『神学的好奇心』（一八六一年）を発表している。そのなかでは、ヨーロッパでほとんど知られていなかった悪魔的儀礼などを簡潔に記述している。

今まで述べた著作以外に、彼は何百冊もの小冊子を刊行したが、ほとんどが姿を消している。その意味では破壊された本の目録の筆頭に挙げられるべきかもしれない。その他の著作のなかでは、『カトリック図書目録事典』（一八五八年）と『カトリック図書学辞典』（一八六〇年）が出色だ。ほかに『失われた本と唯一の本』（一八七二年）という私にとって驚くべきタイトルの本もある。

ブルネットのよき協力者でもあったポール・ラクロワも、失われた図書館や書物を空想する誘惑には抗えなかったと見える。無数のフランス文学の古典を校訂し、ものによっては注釈をつけて刊行した彼は、当時の慣習に則って、そうした際には〝愛書家ヤコブ〟との筆名を使用していた。それと並行して『本の旅人――愛書家が一〇年間に集めた好奇心溢れる図書目録』(一八四七年)を出版。さらには、パリの娼館への情熱と緻密な観察が生んだ『遊び人たちの売春物語』(一八五一年)なる作品も執筆している。

ラクロワは一八八〇年に『失われた、あるいは知る人ぞ知るフランスの書物の目録に関するエッセイ』を出版。そこには全部で一一五冊の作品が紹介されている。前半五二冊は完全に消失したと考えられる本で、いずれも破壊によるもの、あるいは単に所在がわからないものだと説明する。ただしラクロワは、本の消滅の原因を説明する意図よりも、むしろある特定の本の存在を知らせることで、読者に強い関心を示してもらうのを目的に資料を集めた感がある。それだけに取り上げられたなかには、『ふたりのスペイン貴族が語る恋愛論』(一五四一年)や『狂った人魚《セイレン》または貞淑女性の不可解な変身』(一六一三年)など、人目を引く奇抜なタイトルの本が見受けられる。

V

ノディエ、ブルネット、ラクロワらの次の世代に当たるフェルナンド・ドゥルジョン(一八四五-一九一二年)が、彼らの影響をもろに受けている事実は否定しようがない。ある意味ドゥルジョンは、三人の先駆者たちの野心をうまく融合して受け継いだといえる。彼の功績が正しく知られたとはまだいいがたいが、われわれはもっと高く評価すべきだろう。

書物の破壊を扱った彼の著作のなかでも筆頭に挙げられるのは『発禁書全目録(一八一四年一〇月二一日-七七年七月三一日)』(一八七九年)だろう。約四三〇ページに及ぶこの目録には、フランス国内でおよそ六三年間に法的に排除あるいは有罪宣告された写本や書籍その他の印刷物の情報が詳しく記されている。検閲を受けた著作が一目瞭然で、猥褻物とみなされた写真の一覧まで掲載している。

ドゥルジョンは一〇年後、『本あるいは蔵書の意図的な破壊に関する書誌学エッセイ』(一八八九年)を出版する。さらに刊行後の再調査をもとに新たな情報を加え、『出版物破壊の一〇〇年』(一八九三年)が完成した。この本の目的について著者は冒頭で次のように述べている。《火災や船の難破、革命などの社会動乱で、全部または一部が破壊された作品を紹介できたらと思った》。タイトルのアルファベット順で紹介され、破壊に至った経緯と彼の見解が添えられている本作の最後、一〇〇番目で、彼はある図書館が全壊した事実を記している。

『飽くなき破壊者に対するヴィルガ司教の主張』(……)ジョン・ジャック・シュタインホーファー宛てに書かれ、論争となった作品。一七〇一年、L・ストックフレトの個人図書館が火災で全焼した際に、この本の現物はすべて焼失している。

ドゥルジョンの試みを直接引き継ぐ者はいなかったが、二〇世紀に入ると、書物の破壊がなぜ起こるのかを問い質し、別の方面から理論を打ち立てる者が現れた。

英国の作家で法廷弁護士のジェームズ・アンソン・ファラー(一八四九-一九二五年)は一九〇四年、『焼却された書物』で英国における焚書について語り、オックスフォード大学の首脳陣が全蔵書を燃やすよう命じた事実を知らしめ、読む者たちを驚かせた。彼の研究を補完するのに最適なのは、ニューヨークのユニオン神学校の司書チャールズ・リプレイ・ジレットが一九三二年に出版し、この分野では古典となった『焼かれた書物――英国史と英国文学界で見過ごされた事件』だろう。今となっては稀少本となったこの本は、主に英国における宗教弾圧をテーマにし、一五世紀の聖職者レジナルド・ピーコックによるカトリック教会を批判したロラード派弾圧に始まり、三五ページにわたる禁書リストで終わる。宗教・思想に対する過去の暗鬱な束縛が色濃く感じられる。

二〇世紀フランスの物理学者で、ルイ・ポーウェルとの共著『魔術師の朝（邦題・神秘学大全）』で有名なジャック・ベルジェは、《知識を迅速かつ広範に伝え、人々の意識向上を促す本を認めない、そんなひと握りの闇の権力者たちによる世界規模の陰謀が存在する》と指摘した。[5]

この推測は秘密結社や文学サロンに関心が強い読者からジョン・ル・カレなどのスパイ小説を好む読者まで、いまだに幅広い層に支持されている。ベルジェによれば、《かなり昔から世の中では、危険視される過去の発明や発見、あるいはそれがまさに公表されるというときに、体系的に本や文書の破壊が行なわれてきた》。[6] その傾向は、古代エジプトの『トートの書』からジェームズ・デューイ・ワトソンの『二重らせん』に至るまで続いているという。創意に富んだこのフランス人は、長い歴史のなかで各時代に異なった著作が迫害されてきた理由を追究している。とはいえ、オカルトの分野で支持される彼の主張には、やや現実離れしているところがあるのも確かだ。

同じくフランスのギィ・ブクテル（一九三一年-）は『偉大なる神秘の本』（一九七七年）のなかで、独裁政治を行なう権威主義者たちは基本的に書物恐怖症で、多様性を毛嫌いすると述べている。彼はベルジェが主張する、知識の流布を阻む世界的陰謀という見解をさらに広げ、古代エトルリアやフェニキアなどの文学が失われてしまったのを嘆いている。

一九八〇、九〇年代になると農学者で精神科医・精神分析家のジェラール・ハッダド（一三五ページ参照）が『書物を食べる』（一九八四年）と『書物の破壊者』（一九九三年）を発表し、初めて精神医学の見地に基づく厳密な研究がなされた。彼は書物の破壊を説明するのにふたつの見解を示している。書物を食べる者も破壊する者も、本をフロイト的な象徴としての父に見立て、前者はカニバリズムのように貪ることで物質化した父との根源的な同一化を果たし、後者は破壊することで父殺しを達成する。[7] 要するに、ある著作は特定の民族の父の象徴であるという前提で、本を食するのは父の生殖能力、つまり子孫を作る力を受け取るためであり、反対に本を燃やす行為は父性の拒絶、すなわち父そのものを拒む行為である。さらに異教徒の火刑・焚書であるアウトダフェが公の場での愚弄を伴う見世物としてなされるのは、父に対する過剰な憎悪と拒否の表れだと説明する。[8]

ハッダドは指摘する。激しく本を憎む行為はしばしば人種差別と結びつく。人種差別が他の文化の性質を徹底的に否定するためだ。結局のところ他の文化とは、自分たちとは別の民族が生み出した行為の結果である。ハッダドは一方で、千年王国の信奉者らが唱える贖罪に伴う犠牲の中心は、本の大虐殺に行き着きかねないとも述べる。[9]

彼によると、キリスト教終末論の千年王国説では、さまざまな種類の本が拒絶される。父なる神のメタファーのあとをすべて消し去ろうとする者もいれば、作品の価値を消し去るために誹謗中傷の手段に出る者もいるという。

ドイツ語圏の論考では、注目すべきものがふたつある。ひとつはヘルマン・ラフェッゼダーの『焚書――著作の公開処刑の歴史的変遷』(一九八八年)。オーストリアの歴史家による豊富な文献に基づいた研究書で、執行吏が異端とされた本を剣で切っていた頃の話や、ナチスが政権を掌握した一九三三年の焚書の説明もなされている。ドイツの歴史家トーマス・ヴェルナーの『誤謬《ごびゅう》の抹殺――中世における焚書』(二〇〇七年)は、まだ他の言語に翻訳されていないものの、エフェソスで聖パウロが燃やさせた魔術書、初期キリスト教時代の公会議から中世の異端審問に至る書物の火刑を網羅した年代記である。

二〇〇四年以降、私のもとに届いた本のなかで、非常に興味深い内容の五冊についても触れておきたい。英国の歴史家ジェームス・レイヴン編『失われた図書館――古代以降の重要な蔵書コレクションの破壊』(二〇〇四年)には、歴史学者ジェレミー・ブラックら傑出した専門家が執筆陣に名を連ね、古代メソポタミアから現代のチベット、ボスニア、イラクまで、研究の成果がうまくまとめられている。

スコットランドの文芸評論家スチュアート・ケリーの『ロストブックス――未刊の世界文学案内』(二〇〇五年)は、過去の時代が残した文学的遺産をわれわれが失う可能性を示唆する良書である。著者の《文学の真の起源は失われた》との言葉には、少なからず衝撃を受ける一方、《人々の忘却への戦いこそが、人間の最も崇高な偉業である》との彼の理念には共感を覚える。

フランスの歴史家・作家ルシエン・X・ポラストロンの『火のなかの書物――図書館の破壊の歴史』(二〇〇四年)も価値ある本だ。私は二〇〇七年に刊行されたこの本の英語版の裏表紙に、推薦文を寄せる栄誉に恵まれた。このテーマに関して独特の文学的視点から論じる、著者の軽妙な筆致が冴えわたる作品だ。ポラストロンは中国の文献やアラビア書道の研究者であると同時に、紙の歴史の専門家でもある。

オーウェル賞を受賞した米国の作家ヘイグ・ボスマジアンの『燃える本』(二〇〇六年)も見逃せない。彼は過去に不道徳、あるいは異端とみなされた本や反体制的だと判断された本の迫害・検閲・破壊に的を絞っている。オーストラリアの作家マシュー・フィッシュバーンの同名の作品『燃える本』(二〇〇八年)では、思想に対してなされる大規模な焚書の背景、隠されたつながりが語られる。特に私の関心を引いたのは、演劇と映画の分野における書物の大量破壊を扱った項目だ。フイッシュバーンはダニエル・タラダシュ監督の『ストーム・センター』(一九五六年)やフランソワ・トリュフォー監督の『華氏451』(一九六六年)、ローランド・エメリッヒ監督の『デイ・アフター・トゥモロー』(二〇〇四年)といった映画で、蔵書が燃やされる場面を取り上げる。『デイ・アフター・トゥモロー』では、地球温暖化による異常気象で高潮が押し寄せた米国で、ニューヨーク公共図書館に孤立した人々が、暖を取るのに図書館の蔵書で焚き火をするシーンが登場する。

第15章　フィクションにおける書物の破壊

Ⅰ

　ヨーロッパ文学は始まりの時点から、書物の火刑に対する恐怖や不快感を示してきた。それは世界文学の至宝、ミゲル・デ・セルバンテス作『ドン・キホーテ』前編（一六〇五年）の第一部第六章でも見事に描写されている。ラ・マンチャ地方の貧しい郷士アロンソ・キハーノは、遍歴の騎士になりきって世の不正を正す旅に出たものの、間もなく叩きのめされて倒れ、家に連れ戻される。その翌日、主人公が眠っているあいだに書斎に足を踏み入れた司祭と床屋（教会と検閲の象徴）は、彼の愛読書一〇〇余冊を裏庭に運び出す。大部分は騎士道小説で、今回の奇行の原因と思しきものだ。司祭は一冊一冊手に取りながら焚書《ふんしょ》にすべきかどうかを判断していくが、キハーノの姪と家政婦は、本人が目を覚ます前にひと思いに燃やしてほしいと求める。最終的に『エスプランディアンの武勲』『ドン・オリバンテ・デ・ラウラ』『フロリスマルテ・デ・イルカニア』『騎士プラティル』『十字架の騎士』『パルメリン・デ・オリバ』『ドン・ベリアニス』のほか、亜流の騎士道小説が火にくべられる。

　フィクションにおける書物の破壊の描写は、スペインのセルバンテス作品が唯一だったわけではない。同時代の英国の詩人・劇作家クリストファー・マーロウの死後一一年目に出版された戯曲『フォースタス博士』（一六〇四年）の本文中の台詞には、今さらながら驚かされる。《地獄の扉よ、開くでない！　近寄るな、ルシファー！　私はこの手で自分の本を燃やすつもりだ！　おお、メフィストフェレスよ！[1]》

ウィリアム・シェイクスピアは単独作品の最後となった戯曲『テンペスト（嵐）[2]』で、主人公プロスペローに次の台詞を語らせている。《計り知れぬ深淵の底に、私の本を沈めよう》（この作品の初演は一六一一年。シェイクスピア本人がプロスペローを演じたともいわれている。二年後の再演はエリザベス・ステュアートの結婚祝いに捧げられた）。フォースタスは火による破壊、プロスペローは水による破壊を選んだ。前者はいち早い救いを求め、後者は緩やかな罪の償いを望んだとも考えられるが、いずれにせよそこには、われわれには理解しがたい何らかの意義が隠されているに違いない。[3]

スペインの詩人・小説家フランシスコ・デ・ケベドは『地獄の夢』（一六〇八年執筆。出版は二七年。『冥界の神プルートの豚小屋』のタイトルでも知られる）で、魔術師や占星術師を著作とともに火刑の永罰に処している。地獄で苦悶するのはコルネリウス・アグリッパ、ヨハンネス・トリテミウス、ジュール・セザール・スカリジェら一六世紀ルネサンスを代表する人物で、一二世紀アンダルシアの錬金術師アルテフィウスの姿も見受けられる。同じくスペインの哲学者・神学者バルタサル・グラシアンも、傑作小説『エル・クリティコン』（一六五一－五七年）のなかで焚書について触れている。第二部第四章で一六世紀イタリアの政治家ジョヴァンニ・ボテロの『国家理性論』に言及した箇所だ。《『国家理性論』を王子が愛読している。その事実を知っていた大金持ちが、それよりさらに完璧な本が出版された際、市場に出回っている本を買い占めた。周囲の人々は真っ先に王子に読ませたいのだろうと考えたが、現実はその反対で、王子の目に触れぬようにとの配慮から、焚き火に本を一

冊残らず放り、灰にしたのだった》

Ⅱ

文学史上、最も奇矯で意外性を備えた作家のひとり、ポーランドの民族学者で歴史家でもあるヤン・ポトツキ伯爵は、小説『サラゴサ手稿』（第一部は一八〇四年、第二部は一八一三年）に、「悲哀の巡礼者エルバスと不信心な博学者である父親の物語」を盛り込んでいる。博学多識なエルバスという名の男が、世界のあらゆる物事について書かれた百科全書を執筆した、その記録である。

スペイン・アストゥリアスへの旅を終えたエルバスは、帰宅し書斎に戻った。そこで彼は、自分の生涯を賭けた作品が水泡に帰した場面に遭遇する。

> 一〇〇冊に及ぶ全書がすべて破壊され、表紙もページもばらばらになった状態で床一面に散らばっていた。（……）この災いの原因はこうだった。マドリード市内の他の家と同じく、エルバスの家にも多くのネズミが住みついていた。とはいえ、自宅で食事をとる習慣がない彼の家で、ネズミがかじれるものなど、ペンを除いて見当たらない状態だ。ところが、糊《のり》で接着したばかりの真新しい百科全書が届いたことで、状況は一転する。しかもその日から部屋の主《あるじ》は長旅に出発した。糊のにおいに引き寄せられたネズミらは、エルバスの不在に乗じる形で、群れをなして書斎に押し寄せ、一冊一冊床に落としてはかじり、貪り続けたのだった。[4]

エドガー・アラン・ポーは『早すぎた埋葬』（一八四四年）で綴っている。《激しく体を動かした。思いきり外の空気を吸い込んだ。あとはひたすら、死とは異なるテーマを考えることに専念した。

医学書を捨て、スコットランドのセクト指導者エルズペス・バカンの著作を燃やし、墓場派の詩人エドワード・ヤングの詩集『夜の瞑想』を読み返すこともなくなった》

一方、ハインリヒ・ハイネは『アルマンゾル』（一八二一年）のなかで、歴史上の焚書を引き合いに出している。主人公のアルマンゾルとハッサンが、スペイン・グラナダでコーランが焼かれた事件について話し合う。そこでハッサンが言い放つ。《本を燃やす人間は、やがて人間も燃やすようになる》

米国の小説家ナサニエル・ホーソーンは短編「地球のホロコースト」（一八四四年）で、人間が周期的に抱く観念、すなわち新たな世界を始めるために白紙状態にする必要性を提示する。その機会が到来した人類は、西の大草原に火を放って燃やす。過剰なまでの知識と物質にうんざりした者たちが、新聞や雑誌、紋章や勲章、アルコール、武器、人間の科学技術や機械、あるいは創造力が作り出しては壊していったものを巨大な焚き火に放り込んでいく。当然そこには、おびただしい数の書物も含まれる。

ドイツの詩人・小説家ヨーゼフ・フォン・シェッフェルの歴史小説『エッケハルト』（一八五五年）の一節に、ヨーロッパに侵入した北アジアの騎馬民族フン族のふたり、エラクとホルネボグが修道院を前に会話する場面がある。修道院の図書館は完全に破壊されている状態だ。ホルネボグが、その場にあった本の一冊を剣で突き刺し、エラクに尋ねる。

「なあ、兄弟。このニワトリの足みたいな落書きは何の役に立つんだ？」

エラクは本を手に取り、ページをパラパラめくる。少々ラテン語が読める彼は、しばし眺めたあと相棒に答える。

「西洋の知恵だよ。ボエティウスという名前の人物が、この紙を文字で埋めたらしい。たぶん哲学による慰めについて、美しいことが書かれているんだと思う」

ホルネボグが無言で考える。言葉の意味を理解したかに思えたが、またもや問い返す。

「哲学だって？　それと慰めにどんな関わりがあるんだ？」

「もちろん、きれいな女について語った詩でもなければ、蒸留酒でもない。実のところフン族の言語でそれを説明するのは難しい。つまり……人は自分がなぜこの世にいるのか理由がわからぬときに、それを知ろうと頭のなかであれこれ考える。西洋ではそれを哲学と呼ぶんだ。この本を書いた男は、投獄された（イタリア）パヴィアの塔で嘆き悲しみ、棒で殴られて殺されたと聞いたことがある」

「当然の報いだろうよ」ホルネボグが応じる。「手に剣を握り、馬にまたがる者は、自分がなぜこの世界にいるのかをわかっている。もしも俺たちがこいつらよりも、つまりロバの皮に落書きしたやつらよりもそのことを理解していなかったら、今頃ここにいる代わりに、ドナウ川沿いを逃げまわっていたはずだ」

エラクは沈黙するが、ある考えが頭をよぎった。そこでためらうことなく相手に語る。

「彼らのほうがむしろ幸運だったかもしれない」

「なぜだ？」ホルネボグが再び問う。

「なぜって、葦《あし》ペンを握る手は、けっして骨肉を突き刺す剣を握ることがないからだ。ひとりの頭に浮かんだ狂気をひとたび本にしたら、一〇〇人の頭に火をつけることができる。一〇〇人の魂が目覚めれば、無為な戦いに身を投じる数も一〇〇人減る」

スコットランド生まれの小説家ロバート・ルイス・スティーヴンソンも、短編集『寓話』（一八九六年）で焚書をテーマにしている。短編「読者」の結末は次のようになっている。《「だったら今は誰が不信心者なんだ？」と〝本〟が尋ねると、〝読者〟は黙って〝本〟を火に放り込んだ》

スティーヴンソンの友人ヘンリー・ジェイムズは、『アスパンの恋文』（一八八八年）で、破壊的な筋書きを立てている。主人公の男性は米国の大詩人ジェフリー・アスパンに心酔し、その生涯を出版したいと目論んでいる。そこでアスパンが生前に送った恋文を是が非でも手に入れようと、かつて詩人が愛した女性で恋文の持ち主である老婦人を口説くべく、その姪を誘惑するという卑劣な手段に訴える。ところが――

「手紙は燃やしてしまいました……」

「も、燃やしたですって？」私は愕然とする。

「ええ。とっておいても何にもなりませんから。昨晩台所で一通ずつ」

「一通ずつ燃やしたと？」うわ言のように問い返す。

「たくさんあったもので、時間はかかりましたが」

一方、H・G・ウェルズは小説『タイム・マシン』（一八九五年）で、残酷な未来を創造している。第一一章「緑磁宮殿」に、タイム・トラベラーが廃墟と化した博物館の様子を説明する描写がある。《両側の壁に茶褐色のぼろ布らしきものが吊り下げられていたが、その実態は朽ち果てた本だった。原形をとどめぬほどにぼろぼろで、印刷された文字すら読めない状態だ》。この本の残骸が、愚かな地上人エロイと地下人モーロックの文明社会に、唯一残された読み物だったのだ。それにしても著者ウェルズがタイム・トラベラーに、未来から書物の残骸ではなく、未来人の情愛のしるしである花一輪を持ち帰らせたのには考えさせられる。

Ⅲ

二〇〇〇冊以上の本が並ぶ書斎で幼少期を過ごした、米国の怪奇作家H・P・ラブクラフトは、一九二七年執筆の文書『ネクロノミコンの歴史』（出版は一九三八年）で、邪悪に満ちた架空の魔導書『ネクロノミコン』の存在を創り出している。彼によれば、これは元々『アル・アジフ』というアラビア語タイトルがつけられた本で、八世紀の狂える詩人アブドゥル・アルハザードによって書かれたものだ。〝アル・アジフ〟とは昆虫が夜に立てる音を指す言葉で、一般には悪魔《デーモン》の咆哮と考えられている。

この『ネクロノミコン』の最初の破壊は一〇五〇年、正教会の総主教ミハイル一世の手で焼かれたときだという。のちにオラウス・ウォルミウスがギリシャ語からラテン語に翻訳し、一二三二年には教皇グレゴリウス九世がこの悪名高き書物の流布を禁じた。一四四〇年にはドイツでゴシック体版が出版され、一五〇〇年から五〇年のあいだにイタリアでギリシャ語版の存在が確認されている。ラブクラフトが小説『ダンウィッチの怪』（一九二八年）で明かしたところによると、一五六〇年から一六〇八年頃ジョン・ディーがこの作品を英訳している。スペイン語版は一六〇〇年代に直接ラテン語から翻訳された。現存していた本はアメリカ・サンフランシスコの図書館にあったが、一九〇六年の大火で町もろとも壊滅したと設定される。

ラブクラフトは小説『チャールズ・ウォードの奇怪な事件』（一九二八年完成）でも、破壊された本について言及している。ある魔術師のことを記憶から消したがっている男たちのグループが、魔術師の蔵書を全部燃やす描写が出てくるのがそれだ。また、小説『魔女の家の夢』(一九三三年発表)でも、呪われた館を調査し、書物や文書がすべて破壊された結果、黄ばんだ埃と紙のかけらが室内に散乱しているのを目の当たりにする場面がある。

死後にラブクラフトとの交友が評価された、小説家クラーク・アシュトン・スミスは、中世フランスと思しき架空の地アヴェロワーニュの年代記のひとつ「物語の結末」(『アヴェロワーニュ妖魅浪漫譚』一九二九年)で破壊された書物に触れている。物語は失踪した若者クリストフ・モランが残した手記の体裁を取る。トゥールからムーランに向かう途中、アヴェロワーニュの森に迷い込んだモランは、ベネディクト会修道院で宿を借りる。修道院内の図書館は実に見事なもので、書架の各段に世界の書物の歴史が凝縮されたかのようだった。大修道院長イレールが説明する。

(……)ここにあるのがカトゥルスの三編の頌詩《オード》で、彼のどの作品集にも所収されていないもの。こちらがサッフォーの原稿で、一部しか残っていないとされる詩の完全版です。ミレトゥスの失われた二編の寓話やペリクレスがアスパシアに宛てた書簡、プラトンの知られざる対話、天文学を扱ったアラビアの古文書もあります。天文学書は誰の著作かわかりませんが、コペルニクスの理論の先を行くものです。最後にベルナール・ド・ヴァイヤンクールの『愛の物語』。これはひと騒動あった作品で、出版直後に破壊され、ほかにもう一冊しか現存していません。

架空といえば、オレンジ自由国(現南アフリカ)生まれで、オックスフォード大学のアングロサクソン語と英語英文学教授だったJ・R・R・トールキンの作品も、多くの人があとでその面白さに気づき、こんなことならもっと若い頃に読んでおけばよかったと後悔する名作のひとつだろう。もちろん何歳で読んでも、ファンタジー小説の金字塔であることに変わりはない。ここで彼を取り上げるのは、『指輪物語』（一九五四－五五年）第一巻の序章にこうあるからだ。〝ホビット〟と呼ばれた人々の歴史を記した本の多くが失われ、《赤表紙本のオリジナルは現存していないが、写本が多数作られている。特に一巻目については、サムワイズの子らの子孫が使用できるよう、多くの写本が作成された》[5]

Ⅳ

南北戦争を題材にした詩で知られ、ピューリッツァー賞を受賞した米国の詩人・作家のステファン・ヴィンセント・ベネットは、名門軍人家庭の出身で、一〇歳で陸軍士官学校に入れられた過去がある。その後、イェール大学に進学し軍人にはならなかったものの、彼の死後、全二七巻以上に編纂された散文と韻文が、戦いや死に立ち向かう勇気を称揚する内容であっても不思議ではない。しかし彼は第二次世界大戦中の一九四二年、ドイツで一九三三年五月一〇日にナチスが行なった焚書の記念日に、ナチスに対する公式の反対表明に加わるべく、ラジオ用のシノリオを起草した。いまだに保管されている『彼らは本を燃やした』というタイトルの原稿には、過去に本を擁護した歴史上の人物たちに言及するくだりも盛り込まれていた。だが番組担当者は、焚書については重視せぬ姿勢であったという。

本一冊は、文字どおり一冊の本にすぎない。
紙にインクで、あるいは印刷で文字が記されただけの。
あなたがナイフで刺したところで、血を流すわけではない。

叩いたところで、あざができることもない。
たとえ焼いても、叫び声を上げはしない。
(炎がはぜる音)
本を一冊燃やす、本を百冊燃やす、本を百万冊燃やす。
何が違いをもたらすというのか?

このラジオドラマを演じたなかには、ナチスの過激な弾圧・迫害から逃れて米国に亡命してきたドイツ人俳優もいたという。

一九五三年には米国の作家レイ・ブラッドベリが『華氏四五一度』を出版。作品タイトルは紙が燃え始める温度を表している。一九六六年にはフランソワ・トリュフォー監督により映画化され、多くの人々にとって忘れがたい作品となった。よい意味でオルダス・ハクスリーの『すばらしい新世界』(一九三三年)やジョージ・オーウェルの『一九八四年』(一九四九年)を彷彿させる秀作である。舞台は本の所有や読書が禁じられ、密告がまかりとおる社会。そこでは体制を乱す恐れのある本は、発見次第、捜査官たるファイアマンが出動して焼き尽くし、持ち主は逮捕される。本来ならば消火活動を行なうファイアマン(消防士)が、放火活動を行なうファイアマン(焚書官)となっているところが、何とも皮肉だ。

著者ブラッドベリは一九九三年の再版時に寄せた序文で述べている。《古代最大の図書館、アレクサンドリア図書館が、三度の火災(二度の事故に一度の攻撃)で焼け落ちたと知るのは時間の問題だった。その事実を知ったとき、九歳だった私は思わず泣き出してしまった。それというのも私は普通の子どもと違い、当時すでにイリノイ州ウォキーガンにあるカーネギー図書館の、静けさ漂う屋

根裏部屋や地下室の住人と化していたからだ》

優秀なファイアマン、ガイ・モンターグは、とある出来事をきっかけに現実に疑問を持ち始め、組織に背き、追われる身となる。彼を助けたのは浮浪者の老人グループだ。彼らはかつての各学問分野の権威たちで、禁じられた本を頭のなかにしまい込んでおくのが賢明との結論にたどり着いた。各地を放浪して秘密裏に同志を募り、一冊の本を分担して記憶する。本を書ける時代が到来したなら、各自の記憶を合わせて活字にする。そうすることで、政令によって消滅させられた古今東西の名作をよみがえらせようというわけだ。まるで一〇〇人もの奴隷にホメロスやウェルギリウス、ホラティウス作品を暗誦させた、古代ローマの大富豪イテリオの逸話のようだが、この小説では、記憶こそが抑圧された未来を生き延びるためのひとつの手段となっているのだ。

ブラッドベリが『華氏四五一度』に先立ち、一九五〇年頃に「焚き火」という短編を書いていたことはあまり知られていない。物語では主人公が憎悪する作家が列挙されている。

何よりもウィリアム・ピーターソンを不快にさせるのは、シェイクスピアにプラトン、アリストテレス、ジョナサン・スウィフト、ウィリアム・フォークナーの小説、ロバート・フロスト、ジョン・ダン、ロバート・ヘリックの詩だった。全部焚き火に放り込み、灰になった姿を想像してみた（実際、遅かれ早かれそうなる運命なのだから）。

一九六三年出版の短編「輝ける不死鳥《フェニックス》」でもブラッドベリは、蔵書を燃やす過激な男を登場させている。ところがその人物は、町の住人たちが奇妙にも、キーツやプラトン、アインシュタイン、リンカーンといった名前を使っていることを知る。それは町中が抱える秘密で、彼らは皆、図書館の本を救出すべく、蔵書をすべて暗記したのだった。短編集『刺青の男』（一九五一年）所収の「亡命者たち」では、地球で著作が燃やされたために、フィクションの作者たちが火星に逃亡する。翌一九五二年刊行の『刺青の男』英国版には、「ロケット・マン」「火の玉」「亡命者たち」の代わりに「アッシャーII」が加わった。この物語では今度は復讐者が、世界中にいる書物の放火魔を火星に連れていき、ポーの短編に出てくる「アッシャー家」を再現した館でひとりひとり殺害。最後に館は湖に沈んでいく。短編集『スは宇宙《スペース》のス』（一九六六年）には「火の柱」というディストピア的な物語が収録されている。長年死んでいた男ウィリアム・ラントリーが目覚め、墓の中から起き上がる。未来の社会は死者を嫌悪する世の中になっていて、彼以外の死骸は残らず墓から掘り起こされて巨大な焼却炉で灰にされたあとだった。ラントリーは孤独に耐えきれず、友人を作るべく人をひとり殺す。その後、図書館に行くが、エドガー・アラン・ポーやラブクラフト、アンブローズ・ビアス、アーサー・マッケン、オーガスト・ダーレスの著作が二二六五年の大焚書で処分され、もはや存在していない事実を知る。

SFの分野ではウォルター・M・ミラー・ジュニアの名も欠かせない。彼の作品『黙示録3174年』（一九五九年）には、人類の記憶を守るために、名著の一部あるいは全文の写本と暗記に従事する教団が出てくる。書物の大量破壊に言及するくだりがあるので紹介する。

> 実際、福者リーボウィッツについてはほとんど知られていなかった。彼の逸話は過去の霧に紛れ込み、伝説がそれをさらに曖昧にさせていた。ノアの時代のように傲慢になった人間を試すため、神は当時の賢者たる学者らに命じて大量破壊兵器を完成させた。そのなかにはのちに福者となるリーボウィッツもいた。あくまでも敵に対する抑止力を目的としたものだったが、

学者たちから発明品を手渡された途端、君主たちは地球征服のためにそれを使用してしまう。その愚行によって人類は、わずか数週間足らずで文明の本質的な部分を破壊すると同時に、かなりの数の同胞たちを殲滅《せんめつ》させた。そうして地上は火焔に包まれ、次いでさまざまな疫病と災害が発生した末に、必然的に単純化へと導く集団狂気の波が巻き起こる。世界中至るところで人類の大移動に伴う言語の混乱が生じ、君主やその従者、武器を発明した学者たちへの怒りが燃え上がった。その最終段階ともいえる単純化の時代に、人類の生き残りらは復讐熱に取り憑かれ、政治家・技術者・科学者たちを残らず八つ裂きにした。人間が再び科学による破壊の道のりに身を投じることを助長する、著作や文書も全部焼却した。その時代、教養ある人間と著述家は例外なく、過去にないほどの憎悪とともに迫害された。（……）いつの間にか〝単純な者〟という言葉が、誠実・公正で徳の高い市民を指す同義語になった。

生き延びた学者たちは、〝単純な者〟たちの怒りから逃れようと、どんな隠れ家でも見つかり次第逃げ込んだ。教会は庇護を求めて避難してきた人々を受け入れた。追跡・迫害から彼らを救出すべく、修道服を着せ、焼け残った修道院や女子修道院に隠そうとした。しかしながら、いつも首尾よく事が運んだわけではない。修道院のなかには暴徒らの襲撃を受け、聖書をはじめとする神聖な書物や記録文書を燃やされたところもあるし、逃げ込んだ者が捕らえられて、絞首刑や火刑に処される例も少なくなかった。

リーボウイッツはシトー会に援助を求め、のちに誓願を立てて修道士になった。修道生活が一二年目に入った頃、教皇に申請していた修道会設立の許可が出る。聖トマス・アクィナスの師で科学者の守護聖人となったアルベルトゥス・マグヌスにちなみ、アルベルトゥス派と名乗るように、とのお達しだった。新たに発足した修道会は文化の保存に身を捧げる者たちの集団であった。

V

ホルヘ・ルイス・ボルヘスも、ホメロスと同様に自著を通じて文学的伝統を構築した作家といえる。神聖な書物に関する神話に関心を寄せた二〇世紀最大の作家のひとりでもあり、名著が排除される恐怖を再現した短編やエッセイ、詩を少なからず書いていた。『伝奇集』（一九四四年）所収の短編「バベルの図書館」では、無用な書物の排斥に従事する一派について語っている。《彼らは六角形の聖域に侵入し、一応は正式な信任状を示すと、不快感をあらわに本のページをめくり、書棚の上を片っ端から処分する。その厳格なまでの潔癖さが、数百万冊もの本の消滅という愚かな出来事をもたらした》

『エル・アレフ』（一九四九年）所収の「神学者たち」にも次のような記述がある。《馬に乗ったフン族が庭園を破壊し、聖杯も祭壇も踏みにじり、修道院の図書館にまで押し入った。彼らにはおよそ理解できぬ本を罵っては破壊し、火を放つ。ページを埋める文字の連なりが、彼らの神に歯向かう剣《つるぎ》に映ったのかもしれない。そうして写本もパリンプセストも炎に包まれ燃えていった》

『伝奇集』に話を戻す。ボルヘスは短編「ユダについての三つの解釈」で、主人公であるスウェーデンの宗教学者ニルス・ルーネベリが、二世紀のグノーシス派バシレイデス（一七〇ページ参照）の時代に小アジアかアレクサンドリアに生まれていたら、彼はグノーシス派の指導者になっていただろうし、その著作は真偽の疑わしい『異端の書』（リヨン司教エイレナイオスの『異端反駁』、一七一ページ参照）に収められて残っているか、あるいは修道院の図書館の火事で、唯一現存していた『大全《シンタグマ》』（二世紀のキリスト教神学者ユスティノスの『全異端反駁』）が焼失したときに一緒に失われていたことだろうと記している。
また『砂の本』（一九七五年）所収の「会議」では、前出のホーソーンと同じく世界を白紙に戻すための書物の破壊を描く。老アレハンドロ・フェリが若かりし日を回顧する。新聞記者をしていた頃、仲間のフェルナンデス・イラーラに誘われ、噂には聞いていた謎の〝会議〟に加入した。それはドン・アレハンドロことウルグアイの牧場主アレハンドロ・グレンコエ率いる排他的な団体で、全人類の代弁者たることを理想としていた。世界の各地に会員を有し、参考書となる名著を揃えた図書館まで完備する徹底ぶりだ。ところが試みは失敗に終わり、ドン・アレハンドロの鶴のひと声で、蒐集した本はすべて巨大なかがり火の餌食となる。『百科全書』に世界地図、大プリニウスの『博物誌』と、文化の起源的な作品が次々灰に帰していく。呆然と見守る会員たち。イラーラがつぶやく。《アレクサンドリアの図書館は、数世紀ごとに燃やされる運命なのだ》
同じく『砂の本』所収の「人智の思い及ばぬこと」でも《牛の群れが通る道からさほど遠くないごみ捨て場に、家具も道具も書物も全部一緒くたに捨てられた》と綴り、「疲れた男のユートピア」では印刷も図書館も存在しなくなった未来世界を描き出す。表題作「砂の本」には始めもなければ終わりもない、無限の本の最後の所有者が抱く恐れが語られる。《火に放ることも考えたが、無限の本が永久に燃え続け、地球全体が煙に包まれるのを私は危惧した》
アレクサンドリア図書館の焼失のテーマに絶えず魅了されていたボルヘスは、詩文集『創造者』（一九六〇年）の「天恵の歌」のなかで、自分の失明は、アルゼンチン国立図書館館長という役目とともに委ねられた、一連の書物を読めなくするという神の計らいであると述べつつ、古《いにしえ》の叡智の殿堂に思いを馳せている。

白日は虚《むな》しいほどに
惜しげもなく無数の書物に降り注いでいるが、
それらを読むのはアレクサンドリアで滅びた
写本のごとく難解だ。

後年ボルヘスは詩集『夜の歴史』（一九七七年）の「西暦六四一年、アレクサンドリア」で再びこの図書館を主題にした詩を発表している。この詩とともに、評論集『続審問』（一九五二年）の「城壁と書物」の一読を勧めたい。なぜならそこには、いかなる本の破壊も無駄だとの思いが集約されている気がするからだ。書きたいテーマが心のなかにある以上、人間は同じ作品を重ねて書くと思えてならない。

ペルシャ人たちを征圧し、
この地にイスラムの教えを広めた
私、オマールは配下の兵士たちに、
長大な図書館に火を放つよう命じるが、
図書館が消滅することはないであろう。
眠らぬ神とその使徒ムハンマドに讃えあれ。

VI

ボルヘスと同時代のアルゼンチンの作家ロベルト・アルルトは『背むし男』（一九三三年）所収の

短編「挫折作家」で、若くして成功した作家が次第に皮肉屋になっていくさまを一人称で綴っている。主人公は全蔵書が破壊される場面に出くわし、恐怖と苦悶とともにその様子を語る。

スペイン語圏の短編の名手のひとり、メキシコ人作家ファン・ホセ・アレオラの著書『陰謀』（一九五二年）には「ナボニドゥス」という短編がある。史上初の考古学者として知られ、文字と芸術の熱心な愛好家だった新バビロニア最後の王ナボニドゥスの物語だ。図書館で風化していく一方の八〇万枚もの蔵書を目にしたナボニドゥスは、軍事行動をやめて古代の叡智の救出に力を入れる。筆写者を雇い、写本学校と工房を開いて人材の育成と作業に当たらせるとともに、王自ら歴史家として古文書を読解し、壊れにくい材質の粘土板や石板を開発する。古文書の復興事業が完了しても王の活動は終わらず、臣民が理解しやすいよう言語学者や文法学者ばりにアルファベットを簡素化し、一種の速記法を発明すると、自身の偉業を書き記すようになる。

著者アレオラは、この史実の主要な情報源として架空の人物ラソロム教授を登場させ、それを補完する形で、やはり架空のアドルフ・フォン・ピンチェスが一九一二年に書いた論文『ナボニドゥス円筒形碑文』をふたつ目の情報源にして物語を進める。最終的に新バビロニアはアケメネス朝ペルシャの奇襲で滅亡。当然ながら文書は破壊され、ナボニドゥスは殺された。あるいは捕虜となって遠方に流され、そこで生涯を終えたという。

ニコス・カザンザキスの秀作『アッシジの貧者』（一九五六年）の主人公はほかならぬアッシジのフランチェスコである。太陽と火、植物と動物を敬ったことで知られるこの聖人には、不思議なことに本を敬う姿勢は感じられない。作品にはしばしば、彼が本を破壊する場面が登場する。第八章で展開される神秘主義者たる師と修練士との対話を紹介しよう。

彼は本と地図、古い写本を中庭の中央に積み上げたあとだった。私が行ったときには、もう火がついたたいまつが用意されていた。

「さあ、わが姉妹たる炎を手渡してくれ！」フランチェスコはそういって、紙の山に火をつけ、十字を切った。

「主イエス・キリストの名のもとに、聖なる謙虚さと清貧さのもとに！」と祈りを捧げると、突然誰にともなく尋ねた。「ここには全部で何人いたのだった？」

「七人です」

「六人しか見えんが、七人目はどこにいる？」

「独居房です。彼は病気なもので」

「ええい、すぐに行って担いで連れてこい！」

命じられたとおりに六人で七人目の修練士を肩に担いで中庭に戻ったときには、灰の山だけが残っていた。フランチェスコは両手で灰をすくい、私に向かって問いかける。

「兄弟レオンよ、読むがいい。この本に何と書いてある？」

「〝科学は灰以外の何ものでもない〟」


ノーベル文学賞作家で思想家のエリアス・カネッティ。彼の唯一の小説『眩暈《めまい》』（一九三五年）は、神経質で孤独な中国研究家ペーター・キーンが主人公だ（キーンはドイツ語で〝樹脂を含んだたいまつ用木材〟の意）。相次ぐ挫折に彼は、蔵書二万五〇〇〇冊を積み上げ、それとともに焼身自殺を図る。《ページの一枚一枚を剝がしては丸め、部屋の四隅に投げていく。真ん中に梯子を据えて六段目まで昇り、燃え上がる炎を見つめながら待ち構えた。ついに火の手が回った瞬間、彼は自分の人生で

一度も見せなかった高笑いをした》

チェコのボフミル・フラバルは、共産党体制下の祖国で検閲に遭い、長年作品の刊行が許されなかった。一九六三年、五〇歳を目前にしてようやく出版が許可され、作家としての活動を本格化させたが、六八年に勃発したプラハの春（チェコ事件）によって出版の自由は後退。ソビエト連邦を非難したフラバルは再び作品の発表を禁じられた。その後一九八九年のビロード革命までチェコ国内での出版は満足にできず、地下出版や外国での出版に頼らざるを得なかった。民主化後に全作品が出版されたことで、国内外で注目され、とりわけ『あまりにも騒がしい孤独』（一九七六年）で世界的に高い評価を受けた。この作品では、首都プラハの一角にあるビルの地下室で三五年間、禁書や紙類のプレス作業に従事する男の人生が語られる。彼の抱える矛盾はあまりに大きい。多大な情熱で書物を愛する人間が、仕事とはいえ、書物を粉々にしなければならないのだから。

スペイン屈指の推理小説家、マヌエル・バスケス・モンタルバンによる人気シリーズの主人公、私立探偵ペペ・カルバリョは、自宅の暖炉で本を焼くのが習慣化している。『中央委員会殺人事件』（一九八一年）で彼は、有力政治家の死の謎を追い、捜査途中で書店に立ち寄る。

書店に足を踏み入れたのはアムステルダム以来か。あの時は刺青事件の共謀者のひとりを見張るために入ったのだった。要人が出入りするプリンセサ書店のショーウィンドーにこれ見よがしに並ぶ新刊書に、懐疑とも批判ともつかない視線を投げかける。そうしながらも二、三冊のタイトルには再度目を向け、何となく記憶しておく。最近の世相をつかむため、遅かれ早かれ買い求め、その後はいつものように燃やすことになるだろう。

VII

イタリアの作家・哲学者ウンベルト・エーコのミステリ大作『薔薇の名前』（一九八〇年）。修道院内で展開される殺人は、アリストテレスの『詩学』第二部の唯一現存する写本を管理していた、愛書家の修道士の真理に対する不健全な情熱によるものだった。物語のクライマックスで、迷宮のような文書館に火の手が上がる様子を、主人公で語り手の見習い修道士メルクのアドソが描写する。

ランプはちょうど、ページが開いたまま机から落ちて、重なり合った本の山めがけて飛んでいった。油がこぼれ落ち、脆《もろ》い羊皮紙に火がついて、乾いた薪《まき》の束のごとく燃え上がる。すべては一瞬の出来事だった。書物から立ち上る火焔は、まるで無数のページが、何世紀も前から炎上の瞬間を待ち構えていたかに映るばかりか、太古からの世界燃焼（エクピロシス）への渇望を一気に満たしたことを喜んでいるふうにさえ思える。[6]

キリスト教圏最大の文書館の火災は消し止められず、周囲に燃え広がって修道院は全焼。数十年後に廃墟から蔵書の断片だけが見つかる。この作品は世界的大ベストセラーとなり、ジャン・ジャック＝アノー監督、ショーン・コネリー主演で映画化された（一九八七年公開）。

映画化といえば、スペイン人作家アルトゥーロ・ペレス＝レベルテのベストセラー小説『呪のデュマ倶楽部』（一九九三年）。一九九九年に公開されたロマン・ポランスキー監督、ジョニー・デップ主演の映画『ナインスゲート』の原作である。書物狩猟家ルーカス・コルソがデュマの作品『アンジューの葡萄酒』の手稿に奇妙な形で差し込まれた一章の調査に乗り出す。同時にアリスティデ・トルキアという出版人が一六六六年に出版したとされる『影の王国への九つの扉』の行方も追う。『影の王国への九つの扉』は、悪魔の口述で書かれ、あらゆる物事に対する無限の力を手に入れられるとの言い伝えがある。禁断の書とされ、印刷された本はほとんど破壊されたらしい。ところが三部だけ現存するとわかった。一冊は稀覯《きこう》本蒐集家のビクトル・ファルガス、もう一冊は悪魔学の専門家ウンゲルン男爵夫人、残り一冊は億万長者で著名な愛書家のバロ・ボルハが所有している。本のなかには九つの挿絵が含まれているが、本物と偽物があるという。

著者ペレス＝レベルテはボルヘス風の手法で、クロツェトという人物が編纂した『奇書・珍書・怪文書百科事典』を登場させる。そのなかには中世の出版人トルキアが出版した本の破壊に関する記述があった。《完成本（『影の王国への九つの扉』）は異端審問所の手で焚書にされ、印刷途中の本も印刷所もろとも破壊された。トルキア自身も著作と同じ末路をたどっている。魔術・呪術の容疑で一六六七年二月一七日に火刑に処されたのだ》

オランダで活動するドイツ人作家・教師ヤン・ヴァン・アーケンについても触れたい。彼は歴史小説シリーズを執筆しているが、テーマに書物の破壊を組み込むことが多くある。『バシリスクの目』（二〇〇〇年）ではフン族の最後の侵略と、教皇レオ一世とフン族の王アッティラの出会いを扱っている。彼の二作目『夜明けのワルツ』（二〇〇一年）は神聖ローマ皇帝オットー三世と教皇シルウェステル二世を登場人物に、ヨーロッパの暗黒時代を描いた小説で、多くの図書館の消滅を主要な題材に選んでいる。

このように一九九〇年代以降、書物の破壊というテーマは詩人や小説家の創造力を大いにかき立ててきたようだ。とりわけファンタジー小説の分野で、失われた写本を追い求め、取り戻すが最終的に焼失するというストーリーが主流だ。カナダ生まれの作家ロス・キングの『謎の蔵書票』（一九九八年）は、それに加えてさらに、一冊の本が燃やされる悪夢にうなされる場面も登場する。

第二部第六章で言及したメキシコ人エッセイスト、ラファエル・トリスの著作『メタフィクション』（二〇〇八年）に「書物を食う男」という短編がある。露店の古本屋めぐりをする男にとって、いつしか本は大好物の食事に変わり、やがて軽食にモンテーニュやプラトン、パトリック・ジュースキントの本を摂るまでになる。どういうわけか自分の誕生日には、ダンテかスタンダールを選ぶのだ。

二〇一〇年に読んだなかではマイケル・グルバーの『風と闇の書』と、再読だがポール・オースターの『最後の物たちの国で』（一九八七年）が楽しめた。前者はシェイクスピアの失われた写本の探究をテーマにしたパズルのような趣きのスリラー小説。後者は取材に出たまま行方不明になっている兄を探して、名もなき町を訪れた主人公の女性アンナ・ブルームが、図書館の本で寒さをしのいで生き延びる場面が印象的だった。

第3部　二〇世紀と二一世紀初頭

第1章　スペイン内戦時の書物の破壊

I

今から一二年ほど前の話になるが、私はマドリードの古本屋でミゲル・デ・ウナムノ（一八六四－一九三六年）の本を探していた。ウナムノは、スペインが米西戦争に負けて、植民地プエルトリコ、キューバ、フィリピン、グァムを失った一八九八年以降、荒廃した祖国を立て直そうと奮闘した知識人層、九八年世代に属する思想家・詩人・小説家だ。

そこは古いゴシック様式の建物をそのまま使った店舗で、フロアは大きさのまちまちな部屋に区切られ薄暗く、お世辞にも手入れが行き届いているとはいいがたかった。アーチ状になった窓が高い位置にあるだけの、くすんだアイボリーの壁に囲まれた閉鎖的な空間に、青色のスチール製書棚だけが林立する殺風景さ。鬱屈した雰囲気に加え、店主の沈黙が無言の圧力となって漂っていたのをよく覚えている。いや、むしろ忘れられないといったほうが正解かもしれない。

蒸し暑い夕暮れ時に、私は不揃いに並んだ一冊一冊の本の背に目を凝らすのだが、本のタイトルも著者も判読しがたいものばかりだ。店員はいるにはいるが、私のことなどそっちのけで、サッカーくじの用紙の記入に没頭している。どうやら悪い店に当たったようだ。そんなふうに感じながら部屋の隅に移動した。何の脈絡もなく並べられた古書類とごく最近の出版物が、一緒くたに視界に入ってくる。一六世紀ルネサンスの作家アントニオ・デ・トルケマダの『不思議な花々の庭園』(一五七〇年)、挿絵入りのアフリカの性愛神話研究書、ルテの修道院長として知られる一七世紀スペイン黄金世紀の人文主義者、フランシスコ・フェルナンデス・デ・コルドバ肉筆の注釈が入った随筆集『多様な教訓』(一六一五年)……。結局目当てのウナムノ作品は見つからなかったが、思いがけない掘り出し物に出会えた。何の気なしに手に取った一冊。虫に食われてぼろぼろで、表紙も扉もなければ、奥書も塗りつぶされている。長い序文があったと思しき箇所は、見事に引きちぎられていた。穴あき部分も多いので内容を確認するのもひと苦労だったが、読み進めるうちに、ようやくそれがフェデリコ・ガルシア・ロルカの詩集であると判明した。眩惑された気分で言葉の連なりを目で追っていると、ほとんど紙片と化したページの束が、丸ごと床に落ちた。

無造作に目次が外された本の白紙のページに、検閲官が押したであろう〝禁書。アストゥリアス、地獄〟の公印がある。困惑したまま店主のもとに歩み寄り、手にした本の値段を尋ねると、無愛想な男は厄介払いするかの口調でこういった。「そんなもの、くれてやるよ。いったい誰がここに、あんな共産主義者の本を持ち込んだんだか」

まったく予期せぬ店主の反応に、私はある種の恐れすら抱いた。私はそれ以上問うことはせずに、ただ朽ち果てた本を見つめる。スペイン内戦時に殺害された偉大な詩人と禁じられた詩の数々、それを思う私の動揺と干上がった喉を、店主もきっと察したに違いない。逃げるようにして店を出た私を、突然降り出した雨が迎える。通りを叩きつける土砂降りのなか、やっと捕まえたタクシーに乗り込んだ私は、コートのポケットに収めたほつれた本を何度もさすっていた。

そんな些細な出来事をきっかけに、私の調査は始まった。一冊の朽ちた本に凝縮されたスペイン内戦の犠牲者たちと、数十年に及ぶ文化の破壊と空白に思いを馳せながら。[1]

スペイン内戦は、国王アルフォンソ一三世の亡命・退位に伴い成立した第二共和国が、六年目を迎えた一九三六年七月一七日に勃発した。マヌエル・アサーニャ大統領率いる左派の共和国政府軍（人民戦線）と、フランシスコ・フランコ将軍を中心とする右派の反乱軍（国民戦線）が衝突。反乱軍側にナチス・ドイツとイタリアが加担する一方、反ファシズムの人民戦線軍にはソビエト連邦が肩入れし、欧米諸国からも多数の人々が国際旅団の義勇兵として参加した。一九三九年四月に反乱軍側の勝利で終結。その後、フランコ将軍による独裁政権が三六年にもわたって続くことになる。左派、右派とひと口にいっても、一方は共和主義者、労働組合員、共産主義者、社会主義者、アナーキストなど雑多な集団、もう一方は軍首脳、教会、地主層、大資本家が手を結んだ集団と、どちらも主義主張の微妙に異なる者同士が利害関係の一致で共闘したものだった。両者の争いは内戦前から続き、いずれの陣営も政権を取ると敵対者側に対して容赦ない弾圧を加えたため、国民は真っ二つに割れ、職場でも地域でも、都市部でも農村部でも、憎しみ合い、傷つけ合う悲劇が繰り返された。そのしこりはいまだに残ったままだ。

II

スペイン内戦以前の共和政の時代にも、すでに書物の破壊は行なわれていた。とりわけ一九三一年四月に左派が選挙で勝利し、第二共和政が誕生した直後の五月一〇日と一一日の二日間に各地で修道院が襲撃され、図書館と文書保管所が焼かれた事実は、覚えておいて損はない。教会や聖職者に抑圧された人々の憎悪がそれほどまでに強かったともいえる。反教権主義者たちは教会の破壊に加えて、公教要理《カテキズム》や右翼系カトリック団体のパンフレット、著作の排除も行なった。立場が逆転した結果とはいえ、無実の者も含めた多くの神父が襲撃される事態になった。内戦最中の一九三七年一月九日にバレンシアで、バスクの政治家マヌエル・デ・イルホ・オジョが読み上げた覚書を紹介する。

去年七月からバスクを除く全地域の教会で起こっている状況は次のとおりである。

(1)祭壇、聖画像その他の信仰の対象物は、ごくわずかの例外を除き、著しい侮辱とともに破壊されている。

(2)すべての教会が礼拝を中止し、完全に閉鎖された状態である。

(3)カタルーニャ地方では、大部分の教会が放火された。

(4)教会の鐘、聖杯、聖体顕示台、枝つき燭台その他の崇拝物は、公共の広場および公的機関に集められ、溶解したうえで、軍需品、または工業品のために利用された。

(5)教会の建物は公的機関の指導のもと、あらゆるものの保管所、または車庫、市場、厩舎《きゅうしゃ》、兵舎、避難所として使用されている。

(6)どの修道院も聖職者が追い出されたため、機能していない。建物や崇拝物など所有財産はすべて放火や略奪、占拠、破壊の被害に遭っている。

(7)司祭・修道士は逮捕・投獄され、異議申し立ての機会を与えられることなく銃殺刑に処されている。迫害は農村地域に限らず、都市部でも行なわれている。とりわけマドリードやバルセロナでは、聖職者だというだけで、何百人もが投獄されている状態である。

(8)聖像や崇拝物の個人所有は全面禁止となり、警察が私生活を無視した家宅捜索を行ない、聖像、聖画、宗教書など、信仰と関わるものを愚弄とともに破壊している。

このような出来事を聞かされると、ついアナーキストたちのせいにしたくなるが、教会に反感を持つ市民が、これほど激しい聖職者の殺害や宗教書の破壊に及んだ事実と、のちの激戦にもつながる遺恨には、驚愕する歴史家も多い。この時代に教会の書物・文献に対してなされた不幸な行為は、実は書誌学者アントニオ・ロドリゲス・モニィーノら、共和主義者の知識人たちの意志に反して行なわれたものだった。[2]

愛書家であるモニィーノは、エル・エスコリアル修道院でアウグスティノ会士たちが運営する大学で学んだ。その際、修道院内の図書館に魅了され、書誌学を志したという。アサーニャ大統領の政党に属していた彼は、内戦が始まると文化財保護・押収委員会のメンバーに任命され、反乱軍がマドリード入りする前に、国立図書館の稀覯《きこう》本や国立考古学博物館の財宝を安全な場所へと避難させた（ただし、二七九六枚あった歴史的に貴重な金貨のコレクションは、共和国政府と各地を移動したのちに紛失している）。内戦終結後、モニィーノはフランコ政権の法廷で裁かれ、五年間刑務所生活を強いられたうえ、二〇年以上も教職その他の公的活動を禁じられている。

皮肉なことに政情不安定だったこの時期は、スペイン文化が最も興隆した時代のひとつでもあった。スペイン黄金世紀の詩人ルイス・デ・ゴンゴラ（一五六一 - 一六二七年）の没後三〇〇年を記念しグループを結成した、フェデリコ・ガルシア・ロルカやビセンテ・アレイクサンドレら二七年世代と呼ばれる詩人たちの最盛期には、のちに国内外の芸術の歴史を変える映画監督ルイス・ブニュエルや芸術家サルバドール・ダリが活躍し、哲学・思想の分野でもホセ・オルテガ・イ・ガセットがスペイン語の哲学書・随筆に新たな活力を吹き込み、スペインの未来を象徴しているかに思えた。

Ⅲ

だが一九三四年一〇月、そんなスペインの展望に暗雲が立ち込める。北部炭鉱地帯のアストゥリアス（中心都市オビエド）で起こった大衆運動が、労働者たちの武力蜂起に発展した。左翼諸政党と労働者らが町や村を占拠し、一種のコミューン（共同体）を形成したが、二週間足らずで政府軍に鎮圧された。この動きは画期的な革命とみなされる一方、のちの内戦で反乱軍の総帥となるフランコ将軍の最初の大衆弾圧と捉える人も多い。政府軍との戦闘による死者よりも、事後に行なわれた残虐な報復による死者のほうがはるかに多かったからだ。三万人が投獄されたこの闘争は失敗に終わったものの、スペイン史上初の国家権力に対する民衆の反撃であったことから、アストゥリアス一〇月革命と呼ばれている。民衆蜂起以後、元々急進派に支配されていたオビエドでは右派がさらに横暴ぶりを発揮し、警察権力はアテネオ（学芸協会）管轄の二五七以上の図書館の本を破壊した。当時の記録にはこうある。《一九三四年一〇月の事件後、官憲はアテネオが関わる図書館の蔵書を燃やした。カサ・デル・プエブロ（社会労働党支部）図書館や労働組合図書館も同様の被害に遭い、北部鉄道図書館の蔵書四〇〇〇冊以上も焚書《ふんしょ》にされた》[3]

近隣の公的機関から称えられるほどの写本保管室を備えていたオビエド大学図書館は、事件直後の一〇月一三日に燃え上がる炎とともに消滅した。[4] 同大学の学長サビーノ・アルバレス・ヘンディンと有力者グループは、アストゥリアス地方全域にある図書館での検閲のための委員会を設立し、厳正な判断で数百冊分の禁書リストを作成。公衆の道徳に有害な書物、革命思想や猥褻文書が含まれていると定義された本を、一九三九年まで徹底的に没収していった。[5] また、公共図書館内には禁書本を収めた〝地獄〟と呼ばれる保管場所が設置された。この図書館が業務を再開するのは、フランコ独裁政権が終わる一年前の一九七四年のことだ。

一九三六年七月一七日、ナバラのパンプローナで軍部によるクーデターが発生。それに呼応してスペイン領モロッコでもクーデターが発生し、北と南から共和国政府を挟み撃ちにする形で内戦が始まった。反乱軍は七月二四日に国家防衛評議会を組織し、九月二九日にはレオンのブルゴスで国民政府の樹立を宣言。一〇月一日フランコ将軍は大元帥（軍総司令官）と総統（国家元首）に就任し、全権を掌握した。反乱軍はドイツとイタリアから空軍その他の援軍を受け、一一月一日にはマドリード郊外に到達、南西方面から首都に迫った。まずはカサ・デ・カンポ公園で政府軍を撃退すると、マンサナレス川にかかるフランス人橋を奪ってマドリード市内に侵入。オエステ公園、大学都市地区へと達した。共和国政府軍（人民戦線）は、ソ連からの支援があったものの、英・仏の協力を得られず、圧倒的不利な状況で戦わざるを得なかった。しかしながら外国人義勇兵部隊（国際旅団）と民兵が目覚ましい活躍ぶりを見せ、一一月末に反乱軍は一旦マドリード占領を断念している。

両陣営による激戦で、新興住宅地パルケ・メトロポリターノが大きな被害を受けた。砲撃で破壊された家屋の一軒、ベリントニア通り三番地には詩人ビセンテ・アレイクサンドレ（一八九八－一九八四年）が住んでいた。二七年世代の詩人で、のちの一九七七年にノーベル文学賞を受賞している。建物の砲撃から一週間後、詩人は心身の痛みを抱えたまま、若き友人で同じく詩人のミゲル・エルナンデスを伴って自宅に向かった。もちろん所持品を救出するためにだ。彼の愛した蔵書は、すべて瓦礫の下敷きになっている。無残な光景を目の当たりにして涙を流したあと、埃をかぶった詩集を一二冊ほど取り上げ、その場を去った。この出来事の全容が公にされたのは、比較的最近である。

アレイクサンドレとエルナンデスとの交流は、真の友情に根ざした情感溢れるものである。

アレイクサンドレが後年、ガブリエレ・モレリに語ったところによると、彼は自宅が戦争の最前線となって破壊された数日後、自分を案じて見舞いに来てくれたエルナンデスとともにその場に戻ったが、その際、建物の残骸と一緒に散らばった身のまわりの品と、わずかばかりの本を運び出すのに、エルナンデスが惜しみない協力をしたという。若き詩人はアレイクサンドレの引っ越し作業のために、手押し車を持って駆けつけたのだった。所持品とかろうじて救い出せた本を載せたあと、精根尽き果てたアレイクサンドレの体を両腕で抱えて、荷台の空いた場所に座らせる。長い年月で摩耗した車輪が沈むため、石畳の道路を進むのが容易でないにもかかわらず、若いエルナンデスは気丈にも平静を装って、ひたすら足早に荷車を押した。その間も絶えず行商人のような口調で友人に話しかけていた。長い道のりを歩き終えた若者が、彼を乗せたときと同様に両腕で彼の体を支え、荷台から通りの歩道に降ろしたとき、詩人は友人の体が熱を帯びて汗だくであるのを悟った。アレイクサンドレは今でも、その瞬間を鮮明に記憶しているとのことだ。[6]

エルナンデスについて補足する。一九一〇年バレンシア県オリウエラ生まれ。二〇歳にして文学賞を受賞して認められ、アレイクサンドレだけでなく、のちにノーベル文学賞を受賞するフアン・ラモン・ヒメネスやパブロ・ネルーダら、大詩人からも高く評価されていた。内戦では人民戦線に与して戦いながら詩作を続けていたが、一九三九年に逮捕されて収監。チリの外交官でもあったネルーダが枢機卿に対してとりなしてくれるよう働きかけ、一旦釈放されるが、再逮捕される。各地の監獄を転々とするうちに、劣悪な環境下で気管支炎とチフス、結核を患い、一九四二年、アリカンテの刑務所にて三一歳の若さで惜しくも早世した。

マドリード攻防戦では、数多くの書店や図書館も灰になった。二七年世代の詩人マヌエル・アルトラギーレの著作も、画家ホセ・モレーノ・ビジャや詩人エミリオ・プラドスの作品集も失われた。戦争はマドリードの大学都市を戦場に変えた。この時期の著述に目を向けると、戦闘員たちはあらゆる危険と隣り合わせになりつつも、本を間近に感じて戦っていたと思われる。《マドリードの最前線、政府軍陣営の塹壕からは、ファシスト陣営の手前一〇〇メートルほどの距離に学校や図書館があるのが見えていた。反乱軍の銃弾が塹壕上を飛びかうなか、若い兵士らは学校に通っていた》[7]

当時の詩歌には、ファシストの手で書物が破壊される危惧が反映されたものもある。国際旅団のイタリア人部隊、マテオッティ大隊の賛歌の歌詞の一部を記す。

ファシストたちは
平和と文化の卑劣な敵。
書物と学校を奪う
学問にとっての死神だ。[8]

破壊されたのは書物だけではない。そこに思いを紡いだ著者自身もしかりだ。一九三六年八月一六日、内戦勃発後のグラナダで、スペイン独立右翼連合（CEDA）の下院議員ラモン・ルイス・アロンソが、詩人ルイス・ロサレスの家にいたフェデリコ・ガルシア・ロルカを逮捕した。代表作『ジプシー歌集』『血の婚礼』で名を馳せた天才詩人は、七月のクーデター以来、友人であるロサレスのもとに身を寄せていた。ロサレスの兄弟ふたりがグラナダでも有名な右派のファランヘ党員だったからだが、それでもロルカの連行を阻止できなかった。逮捕の理由は人民戦線を支援した罪とされているが、同性愛者であるのを公言していたためともいわれている。いずれにせよ八月一九日の早朝、ロルカは銃殺された。

二カ月後の一〇月一二日、サラマンカではフランコ将軍の友人ホセ・ミリャン・アストライ将軍が、サラマンカ大学終身総長のミゲル・デ・ウナムノを逮捕した。真のスペイン人のあり方を終始模索していた思想家ウナムノは、共和政の途中から共和派と袂《たもと》を分かち、内戦当初は反乱軍を支持していた。共和派による宗教的伝統の破壊で退廃した祖国を反乱軍が再興できると期待したからだが、のちに後悔することになる。そこで一〇月一二日の民族の日（コロンブスの新大陸発見記念日）にサラマンカ大学講堂で行なわれた反乱軍集会の場で、兵士たちを前に残虐行為を激しく非難、反戦を訴える演説をした。軍人アストライに向かって《残虐性では上を行く君たちは、内戦には勝てても国民を説得はできまい。説得とは相手を納得させること。納得させるには、この戦いに欠けている道理や正当性が必要だからだ。もっとスペインのことを考えてくれと君たちに訴えても無駄かもしれんが》と諭したウナムノは、〝死よ万歳！〟〝知識人など死んじまえ！〟〝知性などくたばれ！〟という罵声を浴びて捕らえられ、自宅に軟禁。同年の大晦日、失意のうちに世を去った。

書物の破壊に話を戻す。一九三七年、マドリードのスペイン国立図書館が空爆され、司書たちの献身的奉仕で数百冊のみ救出された。知の破壊行為を拒む姿勢は、軍歌にも表れている。

黒い翼が上空を通りすぎる。
別の標的を見いだしたのだ。
それは図書館、
賢者を生み出す場所だ。
ファシストの黒い翼が

爆弾を投下する。
黒い翼が上空を通りすぎた。
もはや図書館は存在しない。
ファシストたちが
破壊して廃墟と化した。
賢者の知恵の館は
跡形もなく消え失せた。[9]

同じくマドリードのコンプルテンセ大学でも、攻撃によって歴史資料館が大きな被害を受けた。一五世紀の貴重な写本が数十冊失われたのだ。二〇〇二年に研究者グループが、破損した写本のうち一三世紀の歴史家ロドリーゴ・ヒメネス・デ・ラダの著作、ギリシャ語聖書、ヘブライ語聖書、聖人暦の四作の修復に成功している。話は前後するが一九三六年一一月のマドリード戦では、混乱に乗じてアナーキストのリーダー、ファン・ガルシア・オリベルがマドリードの主だった裁判記録の破壊活動に勤しんだという。同様のことはバルセロナをはじめとする主要都市でも行なわれた。

残念ながら、反乱軍の攻撃で破壊されたマドリード市内の図書館・蔵書のリストはまだ続く。エルミタ・デル・サント通りの近くに住んでいた画家ラモン・ガヤは、爆弾によって住居もろとも蔵書を失ったし、ファン・アルバレス・メンディサバル通り三四番地のバロハ家の邸宅も攻撃を受けて崩壊、印刷本と手稿、デッサンともに壊滅状態に陥った。バロハ家とは小説家で医師のピオ、その兄で作家・画家・彫刻家のリカルド、妹で作家・人類学者のカルメン、その息子でやはり人類学者のフリオ・カロらを輩出した名門だ。また、作家・外交官エルネスト・ヒメネス・カバジェロの蔵書も没収された。そのなかには彼が刊行していた雑誌『文学新報』の記録文書も含まれている。マドリードの演劇界や文芸誌で活躍していたガリシア地方出身の作家ラファエル・ディエステは、一九三八年一一月、人民戦線軍が四カ月間の死闘の末、エブロ川の戦いに敗れ、退却する際、行動をともにした。まずは共和国政府の移転先であるバレンシア、次いでバルセロナへ逃げたあと、フランス、オランダ、ウルグアイ、アルゼンチンへと亡命したが、マドリードの自宅に残した蔵書はすべて姿を消した。

Ⅳ

一九三八年一二月二三日、フランコ率いる反乱軍がカタルーニャへの攻撃を開始する。総勢三四万の反乱軍に対し、迎え撃つ政府軍は約九万。政府軍は戦局が不利なばかりか、内部抗争まで生じ、スペイン共産党による反対派（社会主義者、アナーキスト、トロツキストら）の逮捕・処刑が起こるなど空中分解寸前で、頼みの綱の国際旅団も解散してすでになく、結果は火を見るよりも明らかだった。この政府軍の混乱には、スペインの実権を掌握しようという支援国ソ連の思惑が多分に絡んでいた。折しもソ連本国はスターリンによる大粛清が最高潮を迎えていて、スペインにも秘密警察ＮＫＶＤ（内務人民委員部）が潜入し、暗躍していたとの話だ。

翌年一月二六日、反乱軍がバルセロナを陥落。二月七日にアサーニャ大統領をはじめとする共和国政府の首脳陣、大勢の支持者がピレネー山脈を越えてフランスに亡命。その数、軍人二五万、民間人二五万といわれている。二月二七日には英仏両国がフランコ政権を承認し、アサーニャ大統領は辞任した。フランコ軍は内戦を終結させるべく政府軍の残党を駆逐しながら前進し、首都マドリードを目指した。

反乱軍のバルセロナ占拠中、月刊誌『スペインの時間』の最新号が押収された。それらはすべて燃やされたが、奇跡的に救出できた一冊をもとに後年再版された。執筆陣を見るとアントニオ・マチャード（一八七五－一九三九年、スペイン九八年世代の詩人）、ホセ・ベルガミン（一八九五－一九八三年、作家）、オクタビオ・パス（一九一四－九八年、メキシコの詩人。一九九〇年ノーベル文学賞受賞）と錚々《そうそう》たる顔ぶれだ。英国の歴史家ヒュー・トマスが、一九六一年刊行の著作で当時の様子を伝えている。

カタルーニャの重要な芸術作品や蔵書は、自治政府が早い段階で対処したため救出できたが、それ以外の多くの文化財が失われたのはいうまでもない。ほかの地方における損害はさらに甚大だ。カスティーリャ地方クエンカの大聖堂では、図書館の蔵書一万冊が焼失し、貴重な『新大陸インディアスの公教要理《カテキズム》』も失われた（実際には放火前に盗まれていて、後年発見されている）。アラゴンのフエンデトドス教区教会では、聖堂の木扉に掲げられていたゴヤの絵がいずれも破壊された。生まれ故郷に残された、彼の一番古い作品として知られていたものばかりだった。[10]

カタルーニャではこれ以外にも一九三九年三月二七日、バルセロナで市民文化団体の国民百科学芸協会事務所が破壊され、少なくとも六〇〇〇冊の蔵書が窓から放り捨てられた。書店や出版社が多いことで知られるバルセロナ市内だけでも、七二トンの書物が破壊された。それらは全部、書店や出版社、公立図書館、あるいは個人の蔵書で、共産主義的な内容だとみなされた本である。

内戦中、バスク地方は両陣営に二分され、反乱軍の支配下に置かれたナバフでの弾圧は熾烈を極めた。

一九三六年一〇月に共和国議会でバスク自治政府が承認されると、ナバラのファシストたちは学校や図書館の取り締まりに執心し、大衆の意識に腐敗をもたらすと判断した出版物をことごとく排除した。反愛国的な書籍・新聞・小冊子、カトリック以外の異端思想の本、ポルノ雑誌や小説も対象とされた。労働団体の本部や支部、個人の家からそれらの品を略奪後、通りや広場で燃やす行為は半ば常態化していた。バスク自治政府を支持してフランコ派に逮捕され、一〇月末に処刑された地元の政治家シルベリオ・アスティスの蔵書（エスパサ社の全集全巻を含む）とバスクを称揚するパンフレットは残らず焚書にされた。フランコ反乱軍が発行した新聞『スペイン万歳』創刊号では、次のように訴えている。《同志よ！　あなたにはユダヤ主義・フリーメーソン・マルクス主義・民族分離主義を迫害する義務がある。彼らの新聞・本・雑誌・広告すべてを破壊し、燃やすのだ。同志よ！　神のため、祖国のために！》押収物があまりに大量で処理しきれず、ほどほどにするよう実行役にブレーキをかける必要が生じた。そこで、公立図書館には事前に厳しい検閲を課して粛清を強化しても、私立図書館は手をつけずに放っておいた。一九三六年一一月の時点で、すでに左翼系の蔵書は一掃されていたため、それ以外の書物を保護しようと努めていた向きもある。[11]

書物の破壊は反乱軍だけのしわざではなく、共和国政府も手を染めている。たとえば一九三七年九月二日、共産主義者のヘスス・エルナンデスが大臣を務めていた公教育省は、製紙工場で使用すべくマドリード市内の記録文書の蒐集を命じた。その後、信じがたい結果報告がなされている。

すでに周知のとおり、文書保管所にあった資料のほとんどは、戦争業務のために地下室を空ける必要から、一二月に焼却処分された。焼却を免れたのは同保管所の五部屋にあった文書と、国立考古学博物館のアラビア庭園内に保管されていた書類（約三〇〇〇ほど）のみである。

V

全国の文書保管所が深刻な損害を受けたことで、スペインは過去の記録というかけがえのない文化遺産を失った。[12] 戦争が記録文書の破壊を助長する事実は否定できない。没収・略奪による直接的な破壊に限らず、混乱の最中、あるいは亡命時の紛失で、重要な資料が散逸する例も少なくない。それにひと口に記録文書といっても、その幅は極めて広い。国や地方自治体の文書に付属機関の文書もある。教会という枠のなかですら、司教座聖堂、教区教会、修道会それぞれが何らかの文書を保管している。公証人作成の文書、戸籍簿、土地登記簿、労働組合、政党……とにかくどこでも記録文書はつきものだ。

少なくともカンタブリアの町オルサレルとレネドでは、記録文書が焼失したとわかっている。カタルーニャのシッチェスでも市の関係書類の大半が焼かれ、教会の教区記録も全滅した。バレンシアのラヤナ製紙工場には、記録文書三五二五キロと一〇〇〇冊の写本が持ち込まれた。この工場では各地で回収した紙を製紙用パルプに変えていたが、その多くはセゴルベ市の大聖堂ほか教会にあったものだという。[13] 公教育省の文書は、一八四二年から一九一四年の書類約一八トンを処分したが、それだけでは満足できずに地下室も調査し、ファシズムとみなした約二〇トン分の本を破壊した。

VI

どこの内戦でも必ずといっていいほど起こるのが、表現の自由に対するあからさまな攻撃だ。一

スペイン内戦時の焚書の光景

九三六年九月四日の右派（反乱軍側）による非難声明を紹介する。

近年の公教育省の措置、とりわけ初等教育局が行なってきた政策は、幼い子どもたちを混乱・動揺させる以外の何ものでもなかった。彼らは文化への愛情という偽りの主張を盾にして、マルクス主義・共産主義の出版物の刊行を支援してきた。国庫負担でそれらの書籍を備えた移動図書館を設置したり、各学校に書物を供給したりという具合に、子どもの教育に対し悪影響を及ぼす行為を率先し続けた。

公衆衛生の観点に鑑みて、有害な出版物の排除とそれらによる痕跡を残さぬためにも、国家防衛評議会は以下の合意に達した。

（1）市町村長をはじめとする各自治体の代表者は、迅速かつ厳格に、現在移動図書館および学校に出回っている社会主義・共産主義傾向の著作を没収・破壊すること。

（2）教育監査官に任命された者は各学校長

に対し、宗教すなわちカトリック教会の神聖な道徳理念に即した著作、子どもの愛国心を育てる規範となる本のみを学校で使用する権限を与えること。

一九三六年一二月二三日、反乱軍・国民政府の内閣的存在である国家専門評議会は、ポルノ文学の製作・販売禁止の法令を公布した。いくつかある条項のひとつでは次のように明記している。

社会主義・共産主義・アナーキズム文学の猥褻な挿画が含まれる書物・新聞・雑誌・冊子など、風紀を乱す、すべての刊行物の制作・販売・流通を違法とする。

一九三七年四月二〇日には、国家元首総局の命令により反マルクス主義広報対策および調査局が創設された。目的は《わが国において共産主義とその組織が活動に使用してきた、あらゆる宣伝材料の蒐集・分類・分析のため》である。翌月の五月二二日には報道・広報のための国家代表団が、書籍とパンフレット、それ以外の刊行物の検閲をひとつの局のみに委託した。その際、条項に記された一文は、今さら驚くに値しない内容かもしれないが、とにかくご一読いただきたい。

検閲および広報業務に配属された公務員は、それ以外の職務は免除される。そのため、できれば地方自治体の職員と同等の学位の所有と必要条件を満たすことが望ましい。

同年九月一六日、国家専門評議会本部は、一九三六年一二月二三日の法令に基づき図書館と文化施設での検閲を実施した。これは主に、《芸術的あるいは考古学的に価値がなく、社会的に有害となる思想を広める性質の本を撤去する》のが目的だった。

翌一九三八年一月に国家専門評議会が廃止され、フランコ内閣が成立。四月二二日には、フランコの義弟で統一ファランヘ党（保守派各党が合同で結成した政党、のちの独裁政権下で唯一の公認政党となる。党首フランコ）の書記長ラモン・セラノ・スニェル創案の「報道および出版法」が発布される。[14] 各新聞社の編集長に対し、新聞記者の公式名簿への登録を義務づけるものだが、当然ながら体制の賛同者しか認可されないため、報道手段や内容を制御するための法律だった。こうして新聞記事も本の内容も事前検閲がなされる事態となった。現代スペインのジャーナリスト、フスティノ・シノバが述べている。

> おびただしい数の命令事項により、実質的にどの新聞も政府の管理下に置かれたも同然だった。新聞社側に選択肢はなく、政府の指示を受け入れ、厳格に従った報道をするか、そうでなければ新聞社を閉鎖するしかなかったからだ。しかも上層部には役人が送り込まれ、政府のいうままに、絶えず報道内容をコントロールしていた。[15]

四月二七日には「報道および出版法」を最大限に活用するため、フランコの朋友でフリーメーソンと共産主義の弾圧に血道を上げていたマルセリノ・ウリバリが文書回収局を創設した。この組織は《国家の敵の活動を把握するための文書を蒐集・保護・分類する作業を強化し、より効率的に行ない（……）国防に携わる他の機関に有益な情報を提供する目的で作られた》

同年六月二二日、内務省は外国の書籍の流通・販売を制限する政令を承認した。合わせて政治や社会問題を扱った著作の没収も法令化している。没収された本は保管所に集められたが、次第に場所がなくなり、別の目的で再利用されるか処分されるかした。さらに八月一七日、スペイン国内の図書館での検閲を強化し、施設の利用を規制する政令も承認されている。[16]

一九三九年三月、フランスから空路マドリードに戻った亡命政府の首相ファン・ネグリンら共産党員は、反乱軍に徹底抗戦を図ろうとするが、すでに戦意を喪失した軍とアナーキストの反対で内紛となる。三月二八日、共産党との戦いに勝ったセヒスムンド・カサド大佐は無条件降伏を受け入れた。翌日フランコはマドリードに入城し、四月一日には内戦の終結を宣言。教皇ピオ一二世からはカトリックの勝利を称える祝電が届いたという。それと前後して、検閲の体制はさらに強化される。同じ日、報道・宣伝総指導局は全国の書店に通達を出した。そこには、営業再開を希望する書店主は、セラーノ通り七一番地の同委員会に出頭し、在庫の処分について指示を仰ぐ義務と、それを果たさずに営業した場合には不法販売で処罰される旨が記されていた。[17]

このような規則のもとで、フランコの独裁政権はスタートした。

第2章 ナチスのビブリオコースト

I

第二次世界大戦中、ナチス政権によって何百万人ものユダヤ人が組織的に大量虐殺された出来事は、〝ホロコースト〟と名づけられた。だが同政権は人間に先立って、何百万冊もの本を破壊する〝ビブリオコースト〟を行なっていた。[1] 書物ばかりか人間まで殲滅《せんめつ》しようという、血も涙もない思考に戦慄を覚え、ハインリヒ・ハイネが『アルマンゾル』(一八二一年)で予言的に綴った言葉を、否応なしに突きつけられる。《本を燃やす人間は、やがて人間も燃やすようになる》。ドイツにおける一九三三年の書物の破壊は、のちの虐殺への序章にすぎなかった。本のかがり火が巨大な焼却炉への第一歩だったなど誰が予想できただろうか。

ナチ党(国民社会主義ドイツ労働者党、略称NSDAP。ナチスとも)が政権の座に就く一九三三年以前にも、ナチ党員らは作家たちを迫害していた。エーリッヒ・マリア・レマルクの著作が書店から排除され、一九三〇年にはトーマス・マンの講演をナチ党員が急襲する事件も起こっている。ナチスの標的にされた作家は毎日のように脅迫を受けたり、家の外壁にペンキで落書きされたり、ひどいときには自宅が襲撃されることさえあった。迫害された作家の筆頭には、トーマス・マン、アルノルト・ツヴァイク、リオン・フォイヒトヴァンガー、カール・フォン・オシエツキー、フリッツ・フォン・ウンルーが挙げられる。ナチズム批判をした作家、とりわけユダヤ系の作家は公の場で愚弄の対象にされた。一九三二年、ナチ党の中央機関紙『フェルキッシャー・ベオバハター（民族主義的観察者）』は、二四人の大学教授の署名入り書簡を掲載した。そこには共産主義の作家たちへの拒絶の表明と、純然たるドイツ文化の象徴を取り戻す必要性が警告されていた。

しかしながら、ナチスの非道行為が本格化し始めたのは一九三三年一月三〇日、ワイマール共和国の大統領パウル・フォン・ヒンデンブルクがナチスに政権を委ねてからだ。しかも首相に任命されたのは画家の道を挫折した元伍長で、一九二三年のミュンヘン一揆に失敗し、収監された過去を持つアドルフ・ヒトラーだった。一度は挫折したものの、ヒトラーは世界恐慌による社会混乱に乗じて党勢を拡大し、ユダヤ人や労働組合、その他の政党への威嚇戦略を練り上げていた。

政権を委ねられた五日後の二月四日、「ドイツ民族保護のための大統領令」が出され、これによって集会と言論の自由は規制され、危険と判断されたものは何でも没収できる図式が構築された。翌五日には、各地の共産党本部・支部が襲撃を受け、施設内の図書室も容赦なく破壊された。二七日には国会議事堂が放火されて資料室の記録文書もろとも炎上したが、共産主義者たちのしわざだと報じられた。

その翌日に出された大統領令「民族と国家防衛のための緊急令」で、国家は法的手続きによらず逮捕・拘禁できる権限を手に入れた。そのうえ、統制された選挙の結果、ナチ党が議席の大多数を占め、ここにナチスによるドイツ第三帝国が誕生した。

第一次世界大戦（一九一四－一八年）で敗戦国となったドイツは、領土を奪われ、巨額の賠償金を課せられ、多大な犠牲と屈辱を味わった。そこからようやく立ち直ろうとしていた矢先に、世界恐慌で再びどん底へ転落。体制を立て直し、失墜した国の威信や大衆の自尊心を取り戻すには、多少強引でもヒトラーのように強いドイツを体現した指導者が必要だった。彼のずば抜けたカリスマ性、あるいは統率力が多くの男たちに支えられていたのも大きい。側近のなかでも際立っていたのは、ヘルマン・ゲーリング、アルフレート・ローゼンベルク、そして奇矯ともいえる人物ヨーゼフ・ゲッベルスだった。狂信的である点は共通するが、ヒトラーがすでに実施していた政策を、さらに極端にするよう彼に促したのは、ほかならぬゲッベルスだ。ナチス政権が新たに創設した機関である国民啓蒙・宣伝大臣に任命されたゲッベルスは、その後の徹底した言論弾圧、文化統制において、指導的役割を着実に果たしていく。

ヒトラーは彼を信頼し、全権を委任していたといってもいいほどだった。片脚の障害を理由に兵役に不適格とされたゲッベルスは、一九二二年、かつて哲学者ヘーゲルが教鞭をとっていたことでも知られるハイデルベルク大学で文献学の博士課程を修めた。ギリシャ古典の熱心な読者で、政治思想に関してはマルクス主義の本、特に反ブルジョアの著作の研究を好んでいた。フリードリヒ・ニーチェを敬愛し、詩を暗記して戯曲を執筆していたともいうが、ゲッベルス自身がたびたび語っていたように、ヒトラーと出会ったことで自分の本当の使命を認識したのだった。一九三三年三月三一日、四月七日の二度にわたって公布された「ラントとライヒとの均制化に関する暫定法律」とその第二法律で、州政府の自治権を奪い、完全に教育をコントロールする権限を得たことで、彼は学校・大学の改革に着手する。

すでに親衛隊(SS)、突撃隊(SA)、ゲシュタポ(国家秘密警察)が大々的な焚書《ふんしょ》キャンペーンを展開していた。彼らによる威嚇活動は当初、個人が自ら本を焼却するのを強要するものだった。キャンペーン開始直後の三月二四日に、通告を受けたレヴィンソン夫人が、夫の蔵書を残らず燃やした話はよく知られている。彼女の夫は元共産党員だったため、報復を回避してのことだった。同様の流れがその後も国内各地で続く。

　三月二六日にはカイザースラウテルンという町のシラー広場で本が焼却されたし、四月一日にはヴッパータールでも本の略奪が行なわれ、川の中洲《なかす》と市庁舎広場で焚書がなされた。書店主のヴォルフガング・ヘルマンは丸一日以上を費やして、排除すべき本の著者名を挙げたブラックリストを作成した。

　四月七日には「職業官吏再建法」が制定され、ユダヤ人が公職に就くことが禁じられた。他国からの圧力だけが頼りという状況下、ある種の熱狂が学生や知識人らを支配する。四月八日にはドイツ学生協会が「反ゲルマン精神に対抗する命題《テーゼ》」を起草。一二箇条の命題の四つ目では、《われわれにとって最も危険な敵はユダヤ人である》と主張している。四月一一日にはデュッセルドルフでも本の破壊が行なわれた。

　著名な哲学者のなかには、ゲッベルスの考えに賛同する者もいた。マルティン・ハイデッガーもそのひとりだ。[2]ハイデッガーは一九二八年二月、フライブルク大学を定年退職した師エトムント・フッサールの後任として教授に就任。一九三三年四月に同大学の総長に選出されると、五月一日には正式にナチ党に加入した。[3]その一、二週後、哲学者カール・ヤスパースがハイデッガーに対し、なぜヒトラーのような教養の低い男を支持するのかと尋ねると、『存在と時間』の著者の返答は次のようなものだった。《この際、教養などはどうでもいい。あなたは彼の見事な両手だけを見ていればいいのだ》

一九三三年五月二日、ライプツィヒの労働組合支部内の蔵書が破壊された。しかし攻撃が本格化したのはむしろ、五月五日からだった。ケルン大学の学生らが図書館に押し入り、ユダヤ系作家の作品をすべて取り除き、その後燃やした。残念ながら彼らが——国が——全世界に向けたメッセージは明らかだった。若者たちは引き続き、各家庭や出版社の倉庫をめぐって本を押収していった。五〇〇〇人の会員を抱えるドイツ作家保護連盟もしかりだ。大学や小・中・高校においては教師たちが、国の浄化という信念を生徒に植えつけることに多大な貢献をした。

五月六日午前九時三〇分、ナチ党と他の組織の若者の一団がベルリンの性科学研究所に押し入り、五〇〇〇キロ相当の本やパンフレットを持ち出す。同研究所は一九一九年にマグヌス・ヒルシュフェルト博士が創設した由緒ある機関だった。最終的にその施設からは、一万冊以上の書籍に加え、手紙や報告書、機密文書も多数没収された。ミュンスターでは大聖堂の角に立つ巨木に没収された本

マルクス主義の本を燃やす様子を描いた1933年のポスター

が縛りつけられ、〃恥ずべき本〃との看板が掲げられた。ドイツ文化への大いなる償いとしてゲッベルスが組織した焚書の集会は、毎晩のように各地で繰り広げられた。

証言によると五月八日、ハイデッガーが参加したフライブルクでの焚書集会で、何らかの混乱が生じたらしい。翌九日、ベルリンのホテル・カイザーホフではゲッベルス自ら俳優団体に向かい、《芸術家は非政治的な唯一の者であるというその意見に私は強く抗議する。(……)芸術家は後《おく》れをとるべきではないし、むしろ旗を掲げ、先頭を歩くべきだ》と主張した。シラー劇場の才能溢れる俳優たちに囲まれた機会を無駄にすることなく、彼はドイツ文化からユダヤ色を一切排除する必要性を激しく訴えた。

五月一〇日はゲッベルスにとって非常に慌ただしくも運命の日となった。首都ベルリンではドイツ学生連合のメンバーたちが、禁書をすべて没収しに向かった。予期せぬ高揚感が、本を運ぶ若者たちのあいだに伝播していく。その日集めてきた禁書に加えて、数日前に性科学研究所やユダヤ人共同体の図書館から没収した本も一緒に、国立歌劇場前の広場へと運んだ。合計すると本の数は優に二万五〇〇〇冊を超えている。間もなく、集まった学生たちの周囲に人だかりができる。頃合いを見計らって学生たちは賛歌を歌い出した。その歌声が観衆に得もいわれぬ感銘をもたらす。壮大な儀式の幕を開ける言葉がついに発せられた。

物質主義と功利主義に抗い、国民の真の協同と理想的な人生を構築するために。

(といって、カール・マルクスとカール・カウツキーの本を火に放つ)[4]

灯油をかけたかがり火は、午後一一時半から燃え続けていた。出かける前に、気の強い妻と激しい口論をしたゲッベルスが、片手を上げて〝ハイル・ヒトラー！〟と挨拶したのち、声を大にして本の焼却の根拠を説明した。

　ユダヤ人の過剰な主知主義の時代は終わりを告げ、再びドイツの革命が扉を開いた。それはわれわれをドイツ人であることの真髄に到達させる、そのための生き方への扉ともいえよう。この革命は上から始まるのではない。下からなされ、上昇していくのだ。だからこそこれは、崇高な言葉による国民の意志の純然たる表現である。（……）

　君たち学生は過去一四年間にわたって、一一月革命（ドイツ革命）後の共和国の屈辱に耐え忍んだ。ごみのような思想が充満する図書館と、ユダヤ人作家たちの腐敗した文学にさらされてだ。文化に根ざした学問が実生活と乖離していくなか、ドイツの青少年はわれわれの法制度のもとで新たな状況を築き、本来あるべき正常な人生を取り戻した。（……）

　純正な革命が止まることはない。いかなる分野も、われわれの革命に手を触れずにすり抜けることはできない。（……）

　したがって君たちが真夜中のこの時に、過去の忌まわしき精神を炎に委ねることは、極めて正しい行為だといえる。（……）

　われわれの心を焦がす炎のなかで過去の時代は燃え尽き、その炎のなかで新たな時代が正気を取り戻す。[5]

再び学生たちの歌声が鳴り響き、一節が終わるごとに（ ）内の作家の著作が火に放られる。

人間の堕落とモラルの退廃に抗い、規律と家庭および所有物に対する節度のために。

（ハインリヒ・マン、エルンスト・グレーザー、エーリッヒ・ケストナー）

恩義なき思想と不誠実な政治に抗い、民族と国家への献身のために。

（フリードリヒ・ヴィルヘルム・フェルスター）

魂を切り刻む行為と性本能の過剰な称揚に抗い、人間の魂の高貴さのために。

（フロイト学派）

歴史の歪曲と偉人たちに対する過小評価に抗い、われらが過去に敬意を払うために。

（エミール・ルートヴィヒ、ヴェルナー・ヘーゲマン）

民族の敵、民主主義のユダヤ人ジャーナリストに抗い、国家再建に向けて一致団結するために。

（テオドール・ヴォルフ、ゲオルグ・ベルンハルト）

先の大戦の兵士たちを非難する偽りの文学に抗い、軍人精神を育む国家の教育のために。

（エーリッヒ・マリア・レマルク）

ドイツ語の権威を失墜させる尊大さに抗い、民族の誇りである母語の価値を保つために。

（アルフレート・ケル）

恥知らずな態度と慢心に抗い、ドイツの永遠の知性に対する畏敬と畏怖の念のために。

（クルト・トゥホルスキー、カール・フォン・オシエツキー）[6]

実をいうとゲッベルス主導の焚書作戦は、実行の瞬間まで秘密にされていた。だが間もなく、その本当の規模が明らかになる。なぜなら同じ五月一〇日には、ドイツ国内の各地でほぼ同時に本が燃やされたのだった。

ボンのマルクト広場、ブラウンシュヴァイクのシュロス広場、ブレーメンのノルド通り、ブレスラウ（現ポーランド・ヴロツワフ）のシュロス広場、ドルトムント、ドレスデンのビスマルクの塔、フランクフルトのレーマー広場、フライブルク、ゲッティンゲンのマルクト広場、グライフスヴァルトのマルクト広場、ハノーファーのビスマルクの塔、ハン・ミュンデンのマルクト広場、キールのヴィルヘルム広場、ケーニヒスベルク（現ロシア・カリーニングラード）のトロンメル広場、ランダウのラートハウス広場、マールブルクのケンプフラセン通り、ミュンヘンのケーニヒス広場、ミュンスターのヒンデンブルク広場、ニュルンベルクのハウプト広場、ロストックのブリュッヒャー広場、ヴォルムスの裁判所前広場、ヴュルツブルクのレジデンツ広場。

フランクフルトでは没収した本が何台ものトラックで運ばれてくると、学生たちが列をなし、かがり火まで手渡しでリレーした。ミュンヘンでは焚書前日に行事のプログラムが配布された。開会

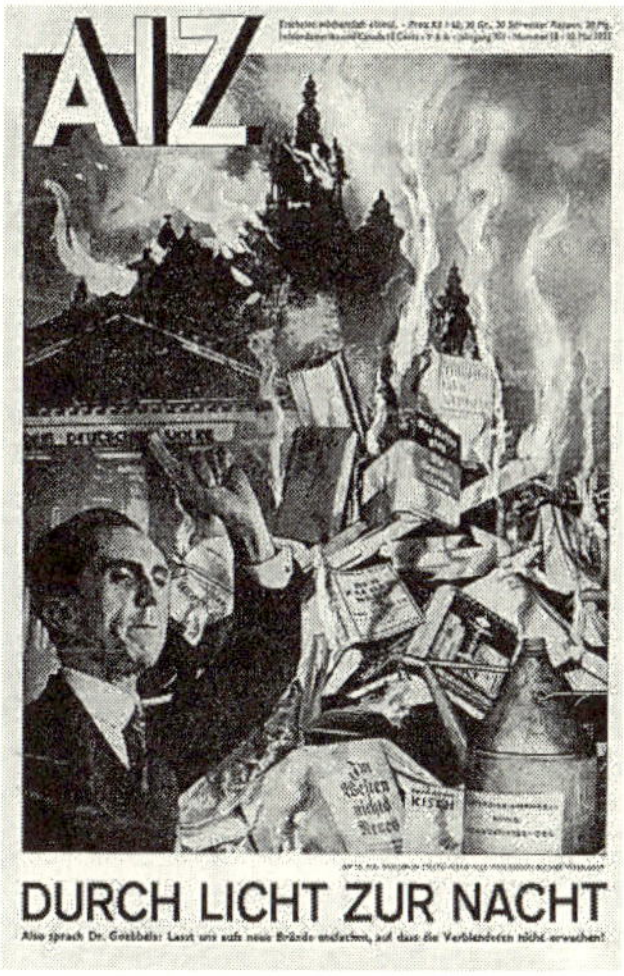

焚書を勧めるナチスのポスター　© Colección de Fernando Báez

の音楽に始まり、著名な大学学長レオ・リッターの演説、ドイツ学生連合会長クルト・エレシークの演説、有名ソプラノ歌手を招いたベートーヴェンの『エグモント』の演奏、そして最後に同じくベートーヴェンの歌曲『自然における神の栄光』で閉会する。ヴュルツブルクのレジデンツ広場でも、やはり何百冊もの本が焼却され、灰になった。

大規模な焚書が実施されたその晩、ヒトラーは友人数名と夕食をともにしていた。各地で数千冊単位の本が燃やされているとの報告を受けた彼は、会食者を見渡し、一瞬身震いしたかと思うと、皮肉とも嬉しさとも取れる顔でゲッベルスを「彼は自分のすることを信じている」と不可解な言葉で評している。一方ゲッベルスは、禁書の焼却の継続を強く主張した。翌五月一一日にはユダヤ人たちがドイツ経済に打撃を与えるべく不買運動を計画していると非難して、ヒトラー・ユーゲント(ナチス党内の青少年組織)の学生メンバーを鼓舞し、卑屈な過去を焼き尽くす作業を続けさせた。焚書時の演説は、ラジオで繰り返し放送された。

五月一二日、エアランゲンのシュロス広場、ハレにあるマルティン・ルター大学ハレ・ヴィッテンベルクの大学前広場でも本が燃やされる。一三日にはネウストレリッツ、一四日にはネウスタッドでも繰り返された。一五日にも、ハンブルクの河岸で若者グループが本を山積みにして、夜一一時にまばらな聴衆を前に演説したあと、本を燃やしている。どうやらまだメンバーが党の活動に不慣れだったらしく、人々の消極的な態度を危惧し、翌日の晩にも再度行なった。一七日、ハイデルベルク大学の大学前広場での焚書には幼い子どもたちが多数参加し、青少年らが大喜びしていたという。焚書の月記念日として、翌月一七日にも同じ場所で再び本が燃やされた。

ケルン大学の学生たちも五月一七日に焚書をしている。雨天で延期になったのに加え、党の担当者が学生たちに、効果的な演出や演説の仕方を入念に指導していたためでもあった。

1938年オーストリア・ザルツブルク．ナチスは焚書の演出に少年たちを利用した

目に見える形で連日行なわれる焚書にヒトラーは感激した。当然その成果に自信をもったゲッベルスは、さらに若者たちを激励し、行為を継続させる。五月一九日、カッセルのフリーデリキアヌム美術館前、マンハイムのメス広場でも書物の破壊が続いた。六月一七日、カールスルーエでも焚書が行なわれた。二一日にはダルムシュタットとエッセン、そして文化都市ワイマールの三カ所で本が燃やされた。

六月二三日には、マインツの学生連合と大衆が、アドルフ・ヒトラー広場で大量の本を燃やした。八月二六日にも国家社会主義経営細胞組織（NSBO）とヒトラー・ユーゲントが中心になって、イェーナの市場広場で焚書を行なった。それから五年近く経った一九三八年四月三〇日には、オーストリア・ザルツブルクで、少年たちと軍隊を動員して押収した大量の本の破壊が実施された。

III

一九三三年五月にドイツ各地で行なわれた焚書は、多大な衝撃を世界に与えた。ジークムント・フロイトは記者の取材に対し、書物の焚き火は人類史上の進歩だと述べている。《これが中世だったら、彼らは確実に私を火刑にしているはずだ。だが今は、私の著作を焼くだけで満足しているからね》

一連の焚書措置に対し、米国ニューヨークではさまざまな知識人グループが反対声明を発表した。[7] 雑誌『ニューズウィーク』はためらうことなく〝本のホロコースト〟だと報じ、[8]『タイム』誌も〝ビブリオコースト〟という用語を使って批判している。[9] 視覚・聴覚・言語の障害を克服した米国の教育家ヘレン・ケラーは、有名な「ドイツ人学生への公開状」を執筆した。《確かにあなた方は私の著作や、ヨーロッパの最も優れた人々の著作を燃やすことができます。しかしどんなに本を燃やしても、そこに込められた思想は、無数の人々の精神という名の経路を通って生き続けていくのです》[10]

詩人・劇作家のベルトルト・ブレヒトは、自分の著作が破壊されたと知って間もなく、「焚書」というタイトルの詩でその行為を非難している。

政権が危険な知恵をはらんだ本を
公の場で燃やすよう命じたことで、
何頭もの雄牛が本を積んだ荷車を
かがり火へと引きずっていく。
だが迫害された詩人のひとりが、

（上）1933 年 5 月 10 日の焚書　（下）焚書あるいは本の焼却は，大学生にとって集団儀式と化した

目を凝らして焚書のリストを見直し、
思わず驚愕する。彼の本が忘れられ、
記載から漏れている。
怒りの翼で机まで飛んでいき、
すぐさま政府宛てに手紙を書く。
私を燃やしてくれ！　断腸の思いで綴る。私を燃やしてくれ！
あんまりではないか！
私はいつでも、自分の本で真実を語ってこなかったか？
なのにあなた方は今、私を嘘つきのように扱っている！
あなた方に命じる。私を燃やしてくれ！[11]

詩人の悲痛な叫びもゲッベルスを抑えることはできなかった。一九三三年八月一四日付の日記で、ゲッベルスは出版・ラジオ・文学・映画・演劇・音楽・造形芸術を網羅した帝国文化院の創設を示唆している。彼の構想は九月に具体化する。この文化院の主要な目的は、ドイツ文化全体のアーリア化だったため、ユダヤ音楽や黒人音楽のブルースをはじめ、超現実主義《シュルレアリスム》、キュビスム、ダダイズムが全面的に禁じられた。またナチスの宣伝映画の制作のために、映画監督のレニ・リーフェンシュタールを説得・起用し、その撮影技術と質の高さもあって大成功を収めた。

一九三五年四月二五日の時点で、ゲッベルスは検閲の全権限を掌握。国内全域の公立、私立図書館の、さらなる弾圧強化に踏み出した。実施に当たってはゲシュタポをはじめとする秘密情報機関の支援を得た。一九三六年六月一七日、全ドイツ警察の長官にハインリヒ・ヒムラーが任命されたことで、ゲッベルスによる出版物の検閲・押収の命令は、今まで以上に完璧に遂行された。

一九三七年、科学・教育・文化大臣のベルンハルト・ルストは四月から一〇月の半年間に、ナチス政権にそぐわない芸術作品のリストを作成した。その結果、現代の芸術作品一万六五〇〇点が没収され、ミュンヘンでは少なくとも六五〇の絵画・彫刻・書籍が〝堕落した芸術〟の名目で人々に公開された。一年後にはそこに〝堕落した音楽〟も加えられる。焚書にされたなかでも特に知られているのは、社会学者のジークフリート・クラカウアー著『サラリーマン』（一九三〇年）だ。社会学的観点からの考察が盛り込まれていたが、ナチ党の公式見解と矛盾するとの理由で燃やされた。

Ⅳ

ゲッベルスが推し進める焚書計画の唯一の敵は、ナチ党外務局のトップ、アルフレート・ローゼンベルクだった。アルトゥル・ショーペンハウアーの熱心な読者で、クラシック音楽を好む男ローゼンベルクは、一九三〇年に出版した『二〇世紀の神話』で社会に影響を与え、ヒトラーからも多大な信頼を得ていた。ところが国民啓蒙・宣伝大臣に選ばれたのは、彼ではなくゲッベルスだったのだ。失意の淵でローゼンベルクは、苦々しい口調でライバルが勝利した理由を分析している。《当然ながらヒトラーは、ゲッベルスよりも私のほうが芸術・文化への造詣が深いことを承知していた。もしかするとゲッベルスも意識していたかもしれない。にもかかわらず総統《フューラー》は、私が愛してやまないドイツの生命たる分野の指揮を彼に委ねた。あとになって自分自身に言い聞かせることになったが、ゲッベルスは私にはけっして創り出せない雰囲気を創り出し、それでヒトラーを取り囲んだだろうえで、彼の演技的な素養を高めていった》。ヒトラーはむしろローゼンベルクの外交手腕を買っていて、対外政策の全国指導者として、侵略国に対する外交政策を担わせたのだと思うが、本人はそれでは満足できなかったらしく、一九三四年にローゼンベルク事務所を立ち上げ、宣伝省に対抗する形で独自にナチス理論の宣伝と国内の言論活動の監視を行なうようになる。

さらに一九四〇年七月には、全国指導者ローゼンベルク特捜隊（ERR）を創設。バイエルンに設立予定のエリート養成機関〝ナチス高等学院[12]〟付属図書館用の本を調達すべく、国家社会主義の敵であるユダヤ人、フリーメーソン、共産主義の文書の蒐集に従事させた。当初は同年六月に占領したパリに在仏司令部が置かれ、ロスチャイルド家が所有する世界有数の蔵書をはじめ、膨大な書物を押収し、フランクフルトに設置したユダヤ人問題研究所に運ばせていた。が、いつしか文書とともに押収していた芸術品や文化遺産の略奪が主流になり、守備範囲もフランス国内だけでなく占領地全域に拡大した。一九四二年、ローゼンベルクはERRに対し、次のように通達している。


ユダヤ人、フリーメーソン、その他の国家社会主義のイデオロギーへの反対者らは皆、第三帝国に対して現在なされている戦いの煽動者たちである。知的な戦いを組織化して、これらの勢力に対抗することは急務であり、必要不可欠だ。

そのため全占領区域に作戦指導者を配備するというローゼンベルク特捜隊の決断を、私は心から歓迎する。先に述べた分野での文化的作品、調査対象となる資料のドイツへの運搬を確実にするためにも、そのほうが望ましい。

ERR本部と党・政府・軍の各上層部が連携し合い、ERRの各地区指導者と党・政府・軍の各支部の情報伝達がより密になることで、何らかの支障が生じた際にも、私のもとへ早急にその内容が伝えられるようになる。

一九四二年六月一二日、フランス以外の占領地域にもERRの支所が設置されると、以後は驚くほど効率的に作業が進められ、総計四〇二の博物館・美術館と五三一の研究施設、九五七の図書館の資料が調査された。押収された品々はバイエルンのノイシュヴァンシュタイン城など集積所に保管され、そこから必要に応じて各地へと送られた。

V

宣伝省を通じてか、ERRを通じてかはともかく、ナチス・ドイツが一九三八年三月のオーストリア併合以来、侵略した周辺諸国の文化の略奪や破壊を行なったのは事実である。各国の被害状況を、時系列によらず順番に見てみよう。

オランダは一九四〇年五月に降伏して以後、過去に例のない規模の略奪に遭っている。同年九月にはフリーメーソンのクロッシアナ図書館が、一九四四年末には社会史国際研究所の蔵書が没収される。後者は、ドイツ社会民主党がナチスによる収奪を恐れ、オランダの社会民主労働党に譲ったマルクスとエンゲルスの遺稿や蔵書を含む、一六万冊を超える社会主義文献・資料だった。ドイツ敗戦後の一九四六年、同国のヴェーザー川に係留されていたはしけのなかから発見されたが、残念ながら五パーセントが失われた。一〇万冊の蔵書を誇ったアムステルダム大学のローゼンタール文庫のコレクション[13]、ユダヤ・ポルトガル共同体、ユダヤ・ドイツ共同体それぞれの図書室も没収を免れなかった。ローゼンタール文庫の本も戦後の一九四五年に発見されたが、その多くが銃弾を撃ち込まれ、破壊されていたという。図書館だけでなく、女性活動団体の保管文書や神智学協会の蔵書（サンスクリット語の貴重な文献もあった）、アリアンス・フランセーズ、スピノザ協会、人智学協会、エスペラント研究会の蔵書に加え、アルベルト・デ・ランゲやケリード、ペガサス、ベルマン・フィッシャーといった出版社にも略奪は及んだ。

ドイツ軍の在オランダ司令官の協力で、ユダヤ人を対象とした大規模な本の没収も可能になった。ハールレムではユダヤ人政治思想家ヤックェス・デ・カットの蔵書が没収され、アムステルダムでも一七四〇年の創設で四〇〇〇冊を有していた図書館、ベート・ミドラーシュ・エク・チャイムが略奪被害に遭った。同じことはオランダ・イスラエル神学校所蔵の四三〇〇冊のヘブライ語文献と二〇〇〇冊のユダヤ教関連書物に対しても、またユダヤ文学協会所有の一四八〇年から一五六〇年にかけての写本に対しても行なわれた。一九四二年から四四年のあいだ、オランダからは二万九〇〇〇人のユダヤ人が追放され、それに伴い約一〇〇万冊の本が消滅した。

同時期に降伏・占領された隣国ベルギーでも図書財産への被害は甚大だった。一九四〇年一〇月から四三年二月までに、大箱八〇〇個が首都ブリュッセルからベルリンに向けて発送されていることから、ベルギーではおよそ一二万冊の本が押収されたと推測される。統計には含まれない一九四〇年六月二一日からの数日間、共産主義の書籍専門店オブラの在庫本の没収を皮切りに、住宅・アパート八〇〇〇世帯の家宅捜索が実施された。ブリュッセルの全図書館と書店、イエズス会神学校の図書館の蔵書、合計六万冊も同じように没収された。一九四一年一月一八日、ERRで西部地域を担当していた、ゲルハルト・ウティカールはローゼンベルクに送った報告書で、図書館の没収の状況を詳細に報告する一方、パウル・ヴァン・ゼーランド、カミーユ・ユイスマン、ポール＝アンリ・スパーク、アルフォンス・ヴァウタース、ヴィクトル・ド・ラブレーといった国外に亡命した政治家たちの蔵書に興味があるとの個人的な意見も述べている。

フランスは一九四〇年五月一〇日に開始されたドイツ軍の侵攻で敗北。政府が首都を放棄してボルドーに逃げたあと、ナチスの軍隊がパリに無血入城を果たした。六月二二日に休戦協定を結ぶと国土の半分以上を占領され、一九四二年一一月からは全土が占領された。ERRは七二三の図書館から合計一七六万七一〇八冊を没収し、フランクフルトに輸送する。イスラエル・ユニバーサル・アライアンスの図書館の四万冊、ラビ養成学校の一万冊、フランス・ユダヤ協会の四〇〇〇冊、リプシュッツ書店の在庫二万冊、出版社カルマン=レヴィの在庫一万五〇〇〇冊、銀行家ダヴィッド=ヴェイルの蔵書五〇〇〇冊……ユダヤ関連の書物の強奪は続き、焚書も頻繁に行なわれた。

一九四〇年のパリ占領から四四年の解放まで、ジュ・ド・ポーム国立美術館はナチスが盗んだ二二の美術品の保管所と化していた。ERRの音楽担当特務幕僚部は、何千冊もの本・楽譜に加え、ワンダ・ランドフスカやダリウス・ミヨー、グレゴール・ピアティゴルスキー、アルトゥル・ルービンシュタインといった名手の楽器も押収した。そんななか、当時ルーヴル美術館の館長だったジャック・ジョジャールは、ドイツ軍の侵攻を見越して前年のうちに、学芸員らの協力を得て同美術館の所蔵品の数々を地方へと疎開させ、ナチスによる略奪から守り抜いた。一九四〇年八月にドイツの担当者がパリに到着したときには、館内はほとんど空だったという。[14] ちなみにジョジャールはスペイン内戦中の一九三八年、マドリード・プラド美術館所蔵品のスイス疎開にも携わった人物だ。また、ドイツからパリに派遣された担当者は、美術史家で学芸員のフランツ・フォン・ヴォルフ・メッテルニヒ伯爵で、ナチ党員ではなかったこともあり、ジョジャールを追及することなく美術品の隠蔽に協力。後年フランス政府からレジオンドヌール勲章を授けられている。

パリが侵略された一九四〇年、ツルゲーネフ図書館館長はロシア人歴史家ドミトリ・オディネツが務めており、ミハイル・オソルジン、マルク・アルダーノフ、ボリス・ニコラエフスキーが委員として名を連ねていた（三人とものちに作家として大成している）。この図書館は一八七五年、当時パリに住んでいたロシアの大文豪イワン・ツルゲーネフの出資によって、祖国から亡命してきた若者世代のために設立されたもので、レーニンもパリ滞在中に利用したといわれている。一九三三年にノーベル文学賞を受賞したロシア人作家イヴァン・ブーニンの文献も保存されていた。一九四〇年の一〇月、ERRが図書館にやってきて一〇万冊の蔵書を箱に詰めた。抗議した館長は逮捕された。本ばかりでなく、彫像や絵画、記録文書も同様に没収された。後年、この図書館の蔵書は分散、残っていた本はソビエト連邦に運ばれた。一九五〇年代にそのうちの多くがレーニン図書館に収められたものの、一部はレグニツァ（現ポーランド）の将校クラブの図書館にも移された。不幸にものちに図書館の担当者がそれらを灰にしたという。

ERRのメンバーはシモン・ペトリューラ・ウクライナ図書館[15]に並んだ本の内容とウクライナ人亡命者たちの活動との関係を懸念し、一九四〇年七月二二日、ラ・トゥール・ドーヴェルニュ通り四一番地にあったこの施設を訪れていた。三カ月後の一〇月二二日に図書館は閉鎖され、翌年の一九四一年一月二〇日から二四日にかけてドイツ兵の一団が、ベルリンに移送するために一万五〇〇〇冊の本を箱詰めした。そのほとんどの行方がわからなくなっている。

翻ってオーストリアはそれより数年前の一九三八年三月一二日、ドイツ軍に進駐された。すでにオーストリア・ナチスが幅を利かせていた国内で、目立った抵抗もないままドイツはオーストリア併合（アンシュルス）を進め、その一方で一四四あったユダヤ人組織への迫害を始める。とりわけ知識人に対する虐待は凄惨を極め、自殺を選んだ作家も少なくない。ハインリヒ・ハイネ、フリードリヒ・ヴィルヘルム・フェルスター、コンラート・ハイデン、クルト・トゥホルスキーらの作品が焼却された。一九三九年四月二四日、副総統ルドルフ・ヘスの部下だったマルティン・ボルマンの署名入りの令状84／39では、没収作業の統一を図っている。

画一化された検査と評価の実施には、まずは押収物をゲシュタポ各支署に集めることが不可欠である。したがってユダヤ関連施設で押収した記録文書や本は直ちに管轄の支署、あるいは付属機関に完全な状態で送り届けることを命じる。

オーストリア北東部の町クレムスでは、ナチス側の妄想的な不信感が原因で、パウル・ブリュル図書館からギリシャ語版のホメロス作品が没収された。ギリシャ文字の注解を、ナチスをオーストリアから締め出せとの暗号文と勘違いしたためだった。この時、ウィーン在住のユダヤ教ラビ、イスラエル・タグリヒト博士の著作も押収されている。

オーストリア国立図書館館長ヨーゼフ・ビックは逮捕され、ドイツ・ミュンヘン近郊のダッハウ強制収容所へと移送された。ロスチャイルドのウィーン家当主ルイ・ナタニエル・フォン・ロートシルト男爵もゲシュタポに逮捕され、財産没収と国外追放の憂き目に遭う。蔵書の多くが略奪され、永久に失われた。ほかにもユダヤの神聖な書物であるタルムードとトーラー、宗教書などもドナウ川に沈められた。

一一月一〇日、ナチスの兵は二六七のシナゴーグを図書館もろとも破壊した。[16] ゲッベルスの宣伝省はERRに対してあからさまな対抗意識を示し、押収した本を評価する〝本活用所〟と呼ばれる部局を設け、ゲシュタポと親衛隊保安部（SD）の協力で任務を遂行していた。一九三九年五月二五日時点でこの施設の倉庫には、フリーメーソン支部から押収した六四万四〇〇〇冊の本が置かれていたが、そのうち四一万冊が製紙用パルプと化したという。[17]

隣国ポーランドはナチス・ドイツ占領下のユダヤ人迫害で有名だが、同国ではそれよりはるか昔からユダヤ人共同体の存在感が際立っていた。価値の高い図書室や記録文書室を備えた文化施設が、数多く創設された事実がそれを証明している。南部の古都クラクフは一三世紀にモンゴルの襲撃で人口が減少後、一四世紀にポーランド王カジミェシュ三世が復興対策でユダヤ人の移住を奨励。文学者・哲学者が盛んに活動し、一九世紀後半から二〇世紀にかけてポーランド文化の中心地だった。一八三七年頃には作家・書店主のアブラハム&アドルフ・グンプロヴィチが、カジミエシュ地区にクラクフ初の貸出図書館を開いたが、小規模ながらも英語・ドイツ語・ヘブライ語・ポーランド語の本一〇〇〇冊を有していた。一八五〇年代にはヨアンナ・グンプロヴィチが、長年かけて集めた六〇〇〇冊の本を擁した巡回図書館を創設した。一八九九年に新設されたエズラ図書館は、瞬く間に知識の宝庫として知られることとなり、二〇世紀に入っても、重要なユダヤの律法書や珍しい新聞を含む貴重な資料を人々に提供していた。

もちろんほかの地域でも、ユダヤ人共同体の教養の高さは卓越していた。首都ワルシャワの大シナゴーグのユダヤ図書館は四万冊以上、ヴィルノ（現リトアニア・ヴィリニュス）のストラシュン図書館は三万五〇〇〇冊、YIVO《イーヴォ》（イディッシュ科学研究所）の図書館は一〇万冊を所蔵していたとされる。アレイヘム公立図書館は四万一八三四冊の蔵書のうち、一万三九三〇冊がイディッシュ語（欧米のユダヤ人の共通語。ドイツ語にスラブ語・ヘブライ語が混じった言語で、ヘブライ文字を用いる）の本だった。しばしばユダヤ人は〝書物の民〟〝聖典の民〟と称されるだけあって、彼らの礼拝堂・集会所であるシナゴーグにはタルムードを学ぶための図書館が設けられており、そのなかには値のつけようもない貴重な文書、珍しい文献も含まれていた。一例を挙げると、一五五三年クラクフに創設されたレマ・シナゴーグには、中世の聖書をはじめとする多くの写本が保管され、一六六六年刊行の『セーデル・ハフターラー』もあると聞けば、その重要度が理解できると思う。一六四六年、同じくクラクフに創設されたアジク・シナゴーグも、啓蒙思想の本を多く所有していた。

ポアレ・シオン、M・ローゼンフェルト協会、ハショメル・ハツァイル、セフレフ・ミズラチといったワルシャワにあった政治団体の各図書館も、シオニスト（パレスチナへの帰還とユダヤ人国家の建設を目指す人々）のグループが蒐集した本を数多く所有していた。シオニストばかりではなく社会主義者の団体も、ユダヤ社会主義図書館、イツホク・レイプシュ・ペレツ図書館、イェドノ図書館を創設、多くの人々が利用していた。各地のユダヤ人学校にも、周囲がうらやむような図書館が併設されていたのはいうまでもない。クラクフに目を向けると、経営・商業学校のユダヤ人学生連合の図書館は五五五三冊、チャイム・ヒルフスタイン図書館は四〇〇〇冊、ほかにも音楽院の図書館、オグニスコ・プラシィ協会の図書館という具合に、彼らがいかに本を重視していたかがうかがえる。

彼らの文化的教養を育む努力は一九三九年に水の泡となる。九月一日午前四時四五分、ナチス・ドイツの軍隊がポーランドに侵攻を開始する。陸では自動車化歩兵を従えた戦車部隊の砲撃、空からは空軍の戦闘機の爆撃、海からは海軍の艦砲射撃にさらされ、国土は三週間で壊滅状態に陥った。ドイツに宣戦布告した西側諸国は援軍を送る気配を見せず、一七日にはソ連が不可侵条約を破って東から侵攻。もはや自国軍による防衛は不可能と判断したポーランド政府は、残存部隊とともに中立国のルーマニア経由でパリに逃げ、以後ポーランドはドイツとソ連に分割支配されることになる。そこで直ちにナチスは、文化の浄化という悪辣行為に移る。ポーランド陸軍最後の部隊が一〇月六日にワルシャワの南東、ルブリン市郊外のコックで投降すると、ナチスのコマンド部隊がルブリン市内で各シナゴーグの破壊に着手。ユダヤ神学校のタルムード図書館の蔵書に火を放った（ルブリンも一六世紀後半以降、ユダヤ人コミュニティの形成で発展した町だ）。ナチスの報告書には次のように記されている。《ポーランドでも最大級のタルムードの学び舎の破壊は、格別の栄誉である。（……）名高いタルムード図書館から本を全撤去し、マルクト広場で焼却した。火は約二〇時間燃え続けた》

クラクフはポーランド侵攻時、三日間にわたって爆撃された。その直後にドイツ兵らはチャイム・ヒルフスタイン図書館、経営・商業高校のユダヤ人学生連合の図書館を破壊した。その他の学校図書館も略奪・破壊の被害に遭っている。セデル・イヴリ学校と女子学校の図書館のほか、幼稚園の教室ふたつにあった二〇〇冊と六一四冊分の本も全部焼却された。戦争終結後、クラクフ内のユダヤ人学校には一冊の本も残っていなかったという。

イツホク・レイプシュ・ペレツ図書館、セフレフ・ミズラチ図書館の四八〇冊、ハショメル・ハツァイル図書館、M・ローゼンフェルト協会の図書館も同じ時に略奪されている。二万五〇〇〇冊を貸し出していたアブラハム&アドルフ・グンプロヴィチ貸出図書館も完全に破壊、焼失した。ウニヴェルザル図書館も燃やされ、所有者のマティルダ・グロスフェルトは、マイダネク（ルブリン）強制収容所に送られ、一九四三年に収容所内で餓死している。

一九三九年九月一三日、クラクフ市内のシナゴーグが閉鎖され、ユダヤ人にとって神聖な書物であるタルムードやトーラーが焼かれる。それまでクラクフ市内のユダヤ関連施設だった場所には、代わりにドイツ図書館が設置された。一九四一年四月設立のシュターツビブリオテーク・クラカウ（クラクフ国立図書館）だ。一九四二年一一月、ドイツの占領軍は焼かずに押収した本と新設の図書館に収める本の詳細を記した報告書を作成している。

報告書ではホネ・シュメルク博士の著作八〇〇冊と、歴史家でもあるラビ、モーゼス・ショアの著作三〇〇〇冊、エズラ図書館の全六万冊のうち、かろうじて生き残った三九〇〇冊が移送された旨を伝えている。強奪と連行の恐怖の最中に、歴史家ペーター・パウルゼン率いる使節団がクラクフ入りし、本や美術品の没収命令とともに、細かい指示を出していった。

一九四〇年、占領国ドイツの宣伝省は、書店および図書館での検閲を実施した。宣伝省が作成した禁書リストには、三二〇〇冊の著作が並んだ。禁じられた作家として何十人もの名前が挙がったが、この狭いスペースで全員を記すのは不可能だ。ダニエル・グロス、モーゼス・ショア、ツォフィア・アメイセノワ、ヤクブ・アッペンシュラク、シモン・アスケナジ、マクシミリアン・バルフ、アレクサンダー・クラウシャー、ブルーノ・ヤセンスキー、アレクサンデル・アルフレート・コナー、ヤヌシュ・コルチャック、アドルフ・ルドニツキ、アントニ・ゾニムスキ、ユリアン・トゥヴィム、ブルーノ・ヴィナヴェル、ヨゼフ・ウィトリン……。

迫害は数学者にも及んだ。『整数論研究』で有名なドイツの数学者カール・フリードリヒ・ガウスが提起した難問を解き、『無理数理論』(一九一〇年)、『一般位相数学入門』(一九三四年)を発表した数学者のヴァツワフ・シェルピンスキー(一八八二‐一九六九年)はその筆頭に挙げられる。ナチスはポーランド人数学者の活躍を恐れ、阻もうとしたのだろう(実際シェルピンスキーはその後、戦火を生き延び、七二四の論文と五〇冊の著作、彼の名を冠した図形を遺して世界の数学界に多大な貢献をしている)。彼の蔵書はもとより、研究仲間の蔵書も一掃する手段に出た。シェルピンスキー自身が、大事な資料が燃やされたときのことを記録に残している。

彼らはワルシャワ大学の図書館を燃やした。そこには何千何万冊もの一般書籍に加え、雑誌、数学の専門書、ほかにもさまざまな研究者たちの再版本が山ほど保管されていた。ポーランド科学アカデミー数学研究所の刊行物『数学の基礎』全三二巻や『数学のモノグラフ』全一〇巻といった重要文献もあったが、何もかも焼失してしまった。ワルシャワ大学の数学教授四人の蔵書も、戦時下でも書き続けていた研究の記録も、すべて燃やされたのだ。

ナチス・ドイツによる占領の終了までポーランドでは、図書館や博物館に対する攻撃が止むことはなかった。一九四四年八月一日には、ポーランド国内軍によるワルシャワ蜂起が開始。激戦地となった首都では、ラクジンスキー図書館、科学協会図書館、インキュナブラの一大コレクションを有する洗礼者ヨハネ大聖堂の図書館までもが、砲火を浴びて焼け落ちた。ポーランド国立図書館も、七〇万冊の本とともに無残にも破壊されている。

二カ月後の一〇月二日に国内軍が降伏すると、ドイツ軍は懲罰的な攻撃を加えてワルシャワ市内を徹底的に破壊した。運よく残存していた書物もその際、焼却あるいは収奪の被害に遭っている。三五万冊を有する軍図書館も一掃され、公共図書館の記録文書も燃やされた。ワルシャワ工科大学の図書館には襲撃前、七万八〇〇〇冊の蔵書があった。ドイツへ持ち去られた貴重な文献や資料も多く、数年後に愛書家によって救出されたのは、そのうちの三八五〇冊だけだといわれている。五年にわたる占領期間中、ポーランド国内で約一五〇〇万冊の本が消滅したというのが、専門家たちの見解だ。

続いてチェコスロバキアの状況を見てみよう。オーストリア併合を達成したヒトラーの野望は、この国を解体させた。一九三八年九月二九日、独仏英伊によるミュンヘン協定で、まずはドイツ人が多く住む北部のズデーテン地方を奪い、翌三九年三月一四日には強制的にスロバキアを独立させたうえで、チェコを併合した。その直後にズデーテン地方では図書館が襲撃・略奪され、公の場で本が焼かれた。さらに同年一一月には、チェコの統治とユダヤ人・反乱分子の迫害に当たったカール・ヘルマン・フランクが大学の閉鎖を命じる。

一九四二年秋、チェコ語の初版本と稀少本全部の引き渡しを命じる政令が発布されると、ユダヤ系チェコ人現代作家の著作が破壊され、古典作家の作品も姿を消した。ヤン・フス、アロイス・イラーセク、ヴィクトル・ディエクなどがその対象となった。プラハ大学の図書館も甚大な被害を受け、二万五〇〇〇冊が消滅した。同大学自然科学部の蔵書も残らず破壊された。占領の終了時点でチェコスロバキア国内では、約二〇〇万冊の本が失われたといわれている。そのなかにはスラヴ語聖書やヤン・ホデコフスキー図書館所蔵の貴重な写本七冊も含まれているが、いずれも灰と化した。

ソビエト連邦においても、人々の記憶を奪う書物の破壊は繰り返された。一九四一年六月二二日、ドイツ軍が独ソ不可侵条約を破ってソ連に侵攻し、両国は戦争状態に突入する。当時レニングラード（現サンクトペテルブルク）市内の博物館には三万四二一四の展示品、図書館にも一万一七〇〇冊の稀少本が所蔵されていた。九月二三日、ドイツ兵はそれらすべての施設で略奪を行ない、不適切とみなした本は燃やした。ソ連北西部のノヴゴロドでも記念像や芸術作品、本が強奪されたあと、ほとんどが破壊された。西部のスモレンスクには一八九八年設立の美術館が存在したが、そこも略奪されたうえ、すべての図書館と学校が破壊された。少なくともその地域で六四万六〇〇〇冊の本が消滅したといわれている。モスクワ近郊でも一一二の図書館と四つの博物館、五四の劇場が完全に破壊されている。カルーガ州ポロトニャニ・ザヴォトの小村にあったプーシキン博物館も略奪後に焼かれた。ヤースナヤ・ポリャーナのトルストイの屋敷は博物館になっていて、二万二〇〇〇冊の蔵書を誇る図書館があったが、そこも占拠され、彼の手稿の多くが燃やされた。

独ソ戦の戦場となったウクライナで、ドイツ軍は博物館一五一、劇場六二、図書館一万九二〇〇を破壊している。オデッサだけでも公共図書館の蔵書二〇〇万冊を燃やし、少なくとも正教会一六七〇、カトリック教会二三七、礼拝堂六九、シナゴーグ五三二を文書保管室や図書館ごと焼き払っている。

同じく一九四一年にドイツに占領されたベラルーシでは、科学アカデミーが大量の本とともに燃やされ、エストニアでは、親ソビエトの本が全面的に禁じられ、見つけ次第、即座に破壊された。ナチスの略奪戦略により何百万もの書物と芸術作品の移動が起こった結果、その多くがもとの場所に戻されぬままで、完全に消失したものも多い。いまだに何千人もの人が自分の所有物だったコレクションの返還を求め、訴えているが、残念ながら徒労に終わっている感は否めない。[18]

VI

ドイツ・ビーレフェルト大学のヴォルフガング・ユッテによると[19]、ナチス政権下では五五〇〇人以上の作家の著作が破壊された。二〇世紀初頭のドイツ文化を代表する人々の作品が拒絶され、容赦なく焚書にされたということだ。欧州ユダヤ文化復興委員会の調査では、一九三三年の時点で欧州には四六九のユダヤ関連コレクションを有する図書施設が存在し、三三〇万七〇〇〇冊以上が流通していたという。[20] 具体的に例を挙げると、ポーランドには二五一の図書館に一六五万冊、ドイツには五五の図書館に四二万二〇〇〇冊、ソビエト連邦には七つの図書館に三三万二〇〇〇冊、オランダには一七の図書館に七万四〇〇〇冊、ルーマニアには二五の図書館に六万九〇〇〇冊、リトアニアには一九の図書館に六万七〇〇〇冊、チェコスロバキアには八つの図書館に五万八〇〇〇冊が所蔵されていた。第二次世界大戦後、残った本の数は当初の四分の一にも満たなかった。

ユダヤ人作家の著作は〝民族の敵〟とみなされ、禁書となった。一九四一年から四三年にかけて、ユダヤ関係の書物を所蔵していた施設の責任者や個人所有者は逮捕または追放され、蔵書はすべて没収された。古典文献学者で親衛隊（SS）国家保安本部に勤務していたエルンスト・グルマッハの秘密報告書には、ゲシュタポがナチスの宣伝パンフレットと雑誌を印刷するため、相当数のユダヤ人作家の書籍を製紙用パルプにしたとある。[21] 実際、ナチスがユダヤ人から押収した本、すなわち社会から排除した本を再利用する行為は頻繁に行なわれた。一九四三年八月にERRがマインツの財務局に宛てた覚書には次のように記されている。《押収したヘブライ語書籍のうち一八〇〇年以前の出版物は、こちらで対処するので当局に発送のこと。（……）近年の出版物は製紙用パルプにすべし》。ポーランドとウィーンで押収されたユダヤ関連の蔵書は、ベルリンの国家保安本部に保管されていたが、一九四三年一一月二二日から二三日にかけての連合国軍による空襲で、本部が全壊し、焼失している。

ナチス・ドイツ時代に発禁となった著者は、当初一二人だったが一七一人に増えた。一九三五年には帝国文化院によって五二四人の作品が禁じられ、ポーランドやフランスなど占領国でも検閲の対象となった。その一部を紹介する。

ネイサン・アッシュ／ショーレム・アッシュ／アンリ・バルビュス／リヒャルト・ベーア＝ホフマン／ゲオルク・フリードリヒ・ベルンハルト・リーマン／ギュンター・ビルケンフェルト／ベルトルト・ブレヒト／ヘルマン・ブロッホ／マックス・ブロート／マルティン・ブーバー／ロバート・カー／ヘルマン・コーエン／オットー・ディクス／アルフレート・デーブリーン、カージミル・エートシュミット／イリヤ・エレンブルク／アルベルト・エーレンシュタイン／アルベルト・アインシュタイン／リオン・フォイヒトヴァンガー／ゲオルグ・フィンク／フリードリヒ・ヴィルヘルム・フェルスター／ブルーノ・フランク／ジークムント・フロイト／ルドルフ・ガイスト／フョードル・グラトコフ／エルンスト・グレーザー／イヴァン・ゴル／オスカル・マリア・グラーフ／ジョージ・グロス／カール・グリュンベルク／ヤロスラフ・ハシェク／ヴァルター・ハーゼンクレーヴァー／ヴェルナー・ヘーゲマン／ハインリヒ・ハイネ／アーネスト・ヘミングウェイ／ゲオルク・ヘルマン／アルトゥル・ホリッチャー／アルベルト・ホトップ／ハインリヒ・エドゥアルト・ヤーコプ／フランツ・カフカ／ゲオルク・カイザー／ジーナ・カウス／ヨシフ・カリニコフ／アルフレート・ケル／ルドルフ・カイザー／クルト・クレーバー／エゴン・エルヴィン・キッシュ／カール・クラウス／アレクサンドラ・コロンタイ／ミハイル・A・クズミン／ペーター・ランペル／エルゼ・ラスカー＝シューラー／シンクレア・ルイス／ヴラディミル・リディン／ハインツ・ライプマン／メヒティルト・リヒノウスキー／エーミール・ルートヴィヒ／ジャック・ロンドン／クラウス・マン／ハインリヒ・マン／トーマス・マン／カール・マルクス／ロベルト・ムージル／エーリヒ・メンデルスゾーン／アルフレート・ノイマン／ロベルト・ノイマン／カール・フォン・オシエツキー／イヴァン・オルブラハト／エルンスト・オットヴァルト／レオ・ペルッツ／クルト・ピントゥス／アルフレート・ポルガー／マルセル・プルースト／テオドール・プリヴィエ／ハンス・ライマン／エーリッヒ・マリア・レマルク／ヨアヒム・リンゲルナッツ／ルートヴィヒ・レン／ヨーゼフ・ロート／イワン・A・ロディオノワ／ルートヴィヒ・ルビナー／ラエル・ザンツァラ／アルフレート・シロカウアー／シュルンプ／カール・シュローダー／アルトゥル・シュニッツラー／アプトン・シンクレア／アンナ・ゼーガース／ミハイル・ゾーシチェンコ／ハンス・ソハチェフェル／ヒョードル・ソログープ／アドリエンヌ・トーマス／エルンスト・トラー／B・トラヴェン／クルト・トゥホルスキー／ヴェルナー・テュルク／フリッツ・フォン・ウンルー／カレル・ヴァネク／アルニム・T・ウェグナー／フランツ・ヴェルフェル／ヤーコプ・ヴァッサーマン／H・G・ウェルズ／テオドール・ヴォルフ／エルンスト・ヴィーヒェルト／カール・ヴォルフスケール／エミール・ゾラ／アルノルト・ツヴァイク／シュテファン・ツヴ

アイク

（『ブリタニカ百科事典』、『エスパサ・カルペ百科事典』、ビルギット・エーベルト博士による）

Ⅶ

ヒトラーは最後までゲッベルスへの親愛の念を失わずにいた。たとえゲッベルスが愛人との堕落に走っても許したほどだ。一九四五年四月二八日、親衛隊（ＳＳ）全国指導者で内務大臣・警察長官でもあるハインリヒ・ヒムラーが、極秘で連合国軍と降伏交渉をしていたことが発覚。もはやこれまでと悟ったヒトラーは、ベルリンの総統官邸の地下壕で遺書をしたためると、二九日未明にエヴァ・ブラウンと結婚式を挙げ、三〇日午後に自殺。ゲッベルスはヒトラーの遺書に従い、第三帝国の首相に就任した。しかしベルリンを去って新しい政府の首班になれとの命令には背き、総統の

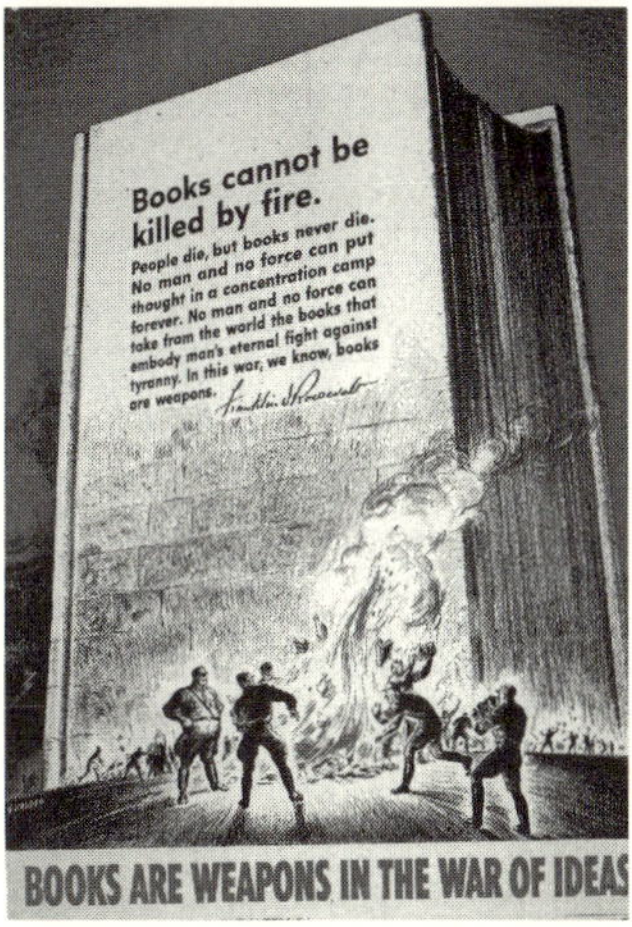

1933 年のナチスの焚書に対し，連合国が展開した文化戦争のポスター２枚．ナチズムの脅威に対する戦いの理由のひとつが，文化を担う書物の破壊だった表れでもある

傍らで一生を終える決意を固めた。その後、ソ連軍と降伏に関する交渉を行なうが、無条件降伏を要求されて交渉は決裂。運命の皮肉か、かつて大々的に焚書キャンペーンを展開したのと同じ五月、ゲッベルスは歯科医から入手した毒を子どもたちに飲ませて殺害し、それから右手を挙げて総統への敬意を表すると、妻マグダとともにピストル自殺した。拳銃ワルサーの発射音が一発だったという説もあれば、二発だったとの説もある。ゲッベルスの自殺から何十年も経ったのち、ロシアで彼の日記が発見された。彼が残した七万五〇〇〇ページにも及ぶ日記では、ナチスの行なったホロコーストもビブリオコーストも正当化し、ヒトラーがあらゆる罪から免れる旨が語られていた。[22]

一方、ゲッベルスのライバルだったアルフレート・ローゼンベルクは逮捕され、ニュルンベルク裁判で死刑判決が下された。長時間に及ぶ尋問に、動揺ひとつ見せずに応答した彼は、一九四六年一〇月一六日の午前、絞首刑に処された。

ところでドイツ敗戦直後の一九四五年春、米軍第一〇一空挺師団が、バイエルン州ベルヒテスガーデンの町に程近い塩鉱山の坑道から、ヒトラーの個人蔵書を発見した。[23] ヒトラーはベルリンの官邸とベルヒテスガーデン近郊オーバーザルツブルクの山荘に合計一万六〇〇〇冊以上の個人蔵書を有していたといわれるが、その大半は敗戦後の混乱に乗じて米ソ両国の兵士によって略奪・破壊された。残った三〇〇〇冊が米国に送られたが、さらに紛失し、最終的におよそ一三〇〇冊が一九五二年一月以来、米国議会図書館に保管されている。後年、米国の歴史家ティモシー・W・ライバックの研究で興味深い事実が判明した。ヒトラーは無類の読書家であると同時に、古書にこだわる書物蒐集家でもあった。『ロビンソン・クルーソー』『ガリバー旅行記』『ドン・キホーテ』を高く評価し、『アンクル・トムの小屋』を愛読。聖書に精通し、ゲーテやシラーよりもシェイクスピアを好み、ショーペンハウアーやニーチェのみならず、米国のヘンリー・フォード『国際ユダヤ人』やマディソン・グラント『偉大な人種の消滅』からも影響を受けていた。オカルトに入れ込み、エルンスト・シェルテルの『魔術——その歴史および理論と実践』に傾倒していたこともわかっている。その本に彼自らが下線を引いた箇所がある。《自分のなかに悪魔的な種を宿さぬ者は、けっして新たな世界を生み出すことはない》

これは、本章で語ってきた出来事に対する恐怖の、根幹をなす言葉かもしれない。

第3章　第二次世界大戦中に空爆された図書館

緒戦

第二次世界大戦が引き起こした途方もない文化の破壊。その予兆はすでに第一次世界大戦に見られていた。ベルギーに侵攻したドイツ軍は一九一四年八月二五日、ルーヴェンで市民の虐殺と市街地の焼き討ちに及んだ。その際、ルーヴェン・カトリック大学の図書館が焼き払われ、数時間で三〇万冊の本と八〇〇冊のインキュナブラ、一〇〇〇冊の写本が消滅した。[1] 大戦終了後、大学図書館はドイツの賠償金と米国の義援金、世界各国からの寄付で再建された。同図書館から蔵書の賠償を求められ、ドイツは国内にある蔵書や等価の美術品など現物を代償としたという。それから二一年後の一九三九年、第二次世界大戦が開始。一九四〇年五月にルーヴェンに侵攻したナチス・ドイツ軍は、市街地には手をつけず、図書館だけを狙い撃ちにする。重砲攻撃を受けた大学図書館は、九〇万冊の印刷本と八〇〇冊の写本、二〇〇の古書とともに再度破壊された。

ベルギー最古の町トゥルネーも第一次世界大戦中にドイツに占領され、その後解放されたが、第二次世界大戦で再び占領。やはり図書館が攻撃を受けて蔵書が何千冊も消滅している。隣国オランダの学者B・D・H・テレゲンによると、[2]同じ一九四〇年五月、オランダ・ゼーランド州の地方図書館もドイツ軍の攻撃に遭い、一六万冊以上の本が破壊された。[3]かろうじて救い出された本はその後、非情な雨にさらされ破損したという。

セルビア・ベオグラードの国立図書館も一九四一年四月の枢軸国によるユーゴスラビア侵攻時に、ドイツ軍の爆撃で破壊されている。何千冊もの国内作家の著作に加え、一三〇〇のキリル文字写本、さらにはインキュナブラや稀少本がすべて焼失した。ドイツ軍はソビエト連邦の侵略に失敗したが、両者の激しい戦闘で一億冊もの本が消滅した（計算違いではない。一億冊である）。[4]

フランス

一九三九年、ドイツのポーランド侵攻によって始まり、四五年にドイツ・日本の降伏で終結した第二次世界大戦は、紛れもなく二〇世紀最大の破壊的出来事のひとつである。それは何千万もの人命を奪っただけでなく、ヨーロッパの文化遺産の大部分をも破壊したからだ。ドイツ出身の小説家W・G・ゼーバルトの自伝『破壊の博物学』（一九九九年）における記述ではないが、ここで痛々しい時代の一端を呼び覚ます必要がある。

一九四〇年六月、フランス北部ボーヴェの図書館が破壊され、四万二〇〇〇冊の本が失われた。北西部のカーンでも市立図書館と大学の図書館が壊滅している。中部のシャルトルでは米軍の誤爆で図書館が破壊され、二万三〇〇〇冊の印刷本と数百冊のインキュナブラ、写本が失われた。一九四四年ドイツ軍はイギリス海峡に面した港町ディエップからの撤退に際し、市立図書館を破壊していった。ベルギーとの国境に近いドゥエーの市立図書館の破壊では、一一万冊以上の本が焼失した。

歴史学や地理学の本を何千冊も所蔵していた北西部のル・アーヴル商事会社も、空爆ですべて失われた。一九四四年には、あるドイツ軍の兵士が祖国のために、フランス北部サン＝カンタンの倉庫に榴弾を放った。そこにはメス図書館所蔵の数千冊の本が保管されていた。その兵士の〝英雄的行為〟によって、ドイツ南西部のコンスタンツ湖に浮かぶ島ライヒェナウの修道院写字室で、一一世紀に作成された福音書の装飾写本と、一三世紀の貴重な写本が台無しになったのだ。

同じ年、パリ・ブルボン宮殿内にある国民議会の図書館も攻撃を受け、少なくとも四万冊が破壊されている。同年九月にはやはりドイツ軍の空爆でストラスブールの国立図書館とストラスブール大学図書館が破壊され、約三〇万冊の本が失われたといわれる。トゥールーズの市立図書館への攻撃でも、二〇万冊以上の印刷本と四〇〇冊のインキュナブラ、四〇〇冊の写本が消滅している。[5]

イタリア

楽観的に見積もっても、第二次世界大戦中にイタリアで失われた本は二〇〇万冊以上、写本は三万九〇〇〇冊に上るという。あり得ぬ話ではない。過去の出来事を考えればなおさらだ。たとえば大戦勃発前の一九三八年、北西部のトリノで一九二二年より政権の座に就いていたムッソリーニの信奉者らがユダヤ人共同体の図書館を襲撃し、何千冊もの本を強奪後、カルリーナ広場に運んで公開焚書《ふんしょ》にしている。実行グループには読み書きのできぬ者もいたが、学生も多かった。

一九四二年末から一九四三年にかけてヨーロッパでは連合国側が優勢に転じた。枢軸国側のイタリアは北アフリカで連戦連敗を重ね、シチリア島を攻略される。一九四三年九月三日に本土上陸が開始されると、ムッソリーニは責任を追及されて失脚、新政府は九月八日に連合国に降伏した。ミラノでは連合国軍の爆撃によって公共図書館が破壊され、二〇万冊の蔵書とともに消滅した。一方ナポリでは、市の記録文書の管理担当者らが破壊・紛失を懸念して、三万冊の書物と約五万冊の文書をイタリア南部のモンテサノに避難させた。だが九月三〇日、書物と文書の内容を確認したドイツ騎兵中隊が直ちに広場で焚書に処した。この時の損失は計り知れない。倉庫内にはナポリ・アンジュー朝時代（一二六六－一四四二年）の三六八の登記簿をはじめ、アラゴン王国時代の登記簿、ナポリ王国の古文書や条約文書、ブルボン家やファルネーゼ家の記録文書、サンタ・クララ王立裁判所や議会の記録文書、さらにはマルタ騎士団や主要な公証人たちの記録文書までもが含まれていた。[6]

ほかにも一九四二年にはイタリア北部パルマのパラティーナ図書館が攻撃を受け、数十冊の被害が記録されているし、トリノの国立図書館も同様に攻撃され、蔵書の一部が失われた。[7] 一九四四年には〝ラ・コロンバリア〟の愛称で知られるトスカーナ自然科学・人文科学アカデミー図書館が爆撃で半壊、所蔵していた五三四冊の写本が一八五冊に減った。[8] ファエンツァのマンフレディ図書館も攻撃後の火災で、七万冊の本を失っている。

英国

一九四〇年七月から四二年にかけて、英国とドイツは英国の制空権をめぐって空中戦を繰り広げ、英国本土はドイツ空軍の攻撃にさらされた。[9] イングランド中部の工業都市コヴェントリーでは空爆によって図書館が崩壊し、約一〇万冊の本が消滅している。リヴァプールの中央公立図書館も爆撃で蔵書もろとも姿を消した。

双方の首都は当初、戦闘の泥沼化を避けて爆撃目標には入っていなかったが、ドイツ空軍のロンドン誤爆を受けて英国空軍がベルリンを空爆したため、ドイツが報復でロンドンへの攻撃を開始。一九四〇年九月七日から翌年五月一〇日まで大空襲が続いた。一九四一年五月にはインナー・テンプル図書館が爆撃を受けた。ロンドン中心部シティにある法曹院（インナー・テンプル）内に設けられた一五〇六年から文献に登場する歴史ある図書館で、ロンドン大火後の一六六八年に復興され、多くの人々からの寄贈で蔵書を増やしてきた。ドイツ空軍の容赦ない空爆の最中、司書たちが本を箱に詰め込み、持ち出そうとしたがかなわず、法律学者ジョン・オースティンの全コレクション（著者自筆の注釈入り一三三の著作）が消滅した。この時ロンドン市庁舎では、二万五〇〇〇冊以上の本が破壊されている。

イングランド南西部ブリストル大学では大広間が爆撃され、ロンドンのキングス・カレッジから移された七〇〇〇冊の蔵書とともに壊滅した。ミネット公立図書館の二万冊の書物も、爆撃によって失われた。驚くことに、大英博物館も攻撃を受けているが、司書たちの勇気ある行為で、損失は書籍二五万冊と新聞三万部以下で抑えることができたという。[10]

ドイツ

ヨーロッパ全土を恐怖の闇に沈めたナチズムの崩壊は、人類史上稀に見る空襲によって達成された。連合国軍はドイツの主要都市に、容赦ない攻撃を仕掛けた。当然何百万冊もの書物が消滅している。年号が多少前後するが、アルファベット順に紹介していく。

一九四三年七月、アーヘン工科大学の図書館が攻撃され、五万冊の蔵書と何百もの博士論文、新聞などが破壊された。

首都ベルリンへの攻撃は凄惨を極めた。当初は一九四〇年のドイツ空軍によるロンドン誤爆を皮切りにした英独空軍の報復合戦だったが、四三年以降は米空軍が昼間、英空軍が夜間に爆撃する体制となり、四四年の連合国軍によるノルマンディー上陸作戦後はさらに激化し、四五年のドイツ降伏まで空爆が常態化していた。何千人もの遺体が通りに転がる状況で、それに伴う文化の損失は多

爆撃されたロンドンの書店

大なものだった。一六六一年にプロイセン公フリードリヒ・ヴィルヘルムによって創設された図書館を起源とするベルリン州立図書館は、三〇〇万冊以上の蔵書その他を修道院や城、鉱山跡に分散して疎開させていたが、それでも施設に加えて二〇〇万冊を失った。ベルリン大学も攻撃にさらされ、二万冊が灰と化している。市立図書館、帝国議会図書館、ドイツ軍図書館といった主要な図書館も戦火を免れることはなかった。

大学都市ボンも燃え、ボン大学図書館の蔵書の四分の一が失われた。工業都市ブレーメンへの空爆では、稀覯《きこう》本や挿画、注釈入りの古書の所蔵で有名だったブレーメン国立図書館が、一五万冊の書籍とともに消滅した。最後のヘッセン大公エルンスト・ルードヴィヒが芸術を奨励したことで有名なダルムシュタットでは、ヘッセン州立図書館が爆撃を受け、七六万冊の印刷本と二二一七冊のインキュナブラ、四五〇〇冊の写本が灰燼に帰した。ダルムシュタット工科大学の図書館も爆撃による火災で、蔵書が三分の二に減った。

ドイツの重工業を牽引したルール地方の中心都市、ドルトムントやエッセンも連合国軍の爆撃の標的となった。ドルトムントでは市立図書館と州立図書館が破壊されて二五万冊が失われ、エッセンでは市立図書館が一三万の蔵書とともに消滅している。

東部戦線に通じるドレスデンに対し、一九四五年二月一三日から一五日にかけて四度にわたって行なわれた連合国軍による無差別爆撃は、市街地の八五パーセントを壊滅させ、二万五〇〇〇人の犠牲者を出した。当然図書館も難を免れず、ザクセン州立図書館では三〇万冊が破壊され、ドレスデン市立図書館は館内の資料がほぼ全滅。二〇万冊の書籍に加え、地理学協会所有の約一万二〇〇〇冊も一掃された。

フランクフルトの空爆では市立図書館とフランクフルト大学の図書館が壊滅した。これは五五万冊の蔵書と四四万の博士論文の消失を意味する。バルト海に面したグライフスヴァルトでも大学が空爆され、一万七〇〇〇冊以上の印刷本と、偉大な作家の手稿約一九〇〇枚が失われた。

大港湾都市ハンブルクも頻繁に激しい爆撃にさらされ、一九四三年の空襲では商業図書館が一七万四〇〇〇冊の本と一緒に燃えた。一九四三年と四四年の空襲で被害を受けたハンブルク国立図書館と大学附属図書館では、約六〇万冊が焼けた。同じく北部の都市ハノーファーも八八回の空爆を経験している。市立図書館は一九四三年に一度燃え、四四年の空襲で廃墟と化し、一二万五〇〇〇冊の蔵書も焼失した。南西部の都市カールスルーエも甚大な被害を受けている。一九四二年九月にはバーデン＝ヴュルテンベルク州立図書館が爆撃され、約三六万冊の本とともに破壊された。カールスルーエ工科大学も空爆を受け、自然科学を中心とした六万三〇〇〇冊の本と校舎が灰と化した。

工業都市カッセルでは、州立図書館が攻撃を受けた一九四一年九月以降、機能を停止。放置されたままの三五万冊の本は風雨にさらされ、最終的に朽ち果てた。一九四三年の一〇月にはマーハルド図書館も攻撃を受け、二四万一〇〇〇冊あった政治・哲学・社会学の本が半分に減った。軍港のあったキールも執拗に空爆され、町の八〇パーセント以上が破壊されたといわれている。一九四二年四月と四四年五月の空爆では、キール大学の図書館が襲撃され、二五万冊の本が一瞬にして吹き飛んだ。同年一月には、同じキールの州立図書館が攻撃を受け、蔵書がほぼ壊滅状態になっていた。

ヨーロッパ屈指の商業都市ライプツィヒでは、一九四三年一二月の空襲でドイツ書物博物館が六万冊の書物とともに破壊され、市立図書館も一七万五〇〇〇冊の蔵書ごと消滅した。一九四四年にはライプツィヒ大学の図書館が破壊され、何千冊もの印刷本とインキュナブラが失われている。隣接するマクデブルクもクルップ社の製鉄所があったことから攻撃にさらされた。一九四四年九月の空爆では市立図書館が破壊され、蔵書一四万冊を焼失している。

ミュンヘンのバイエルン州立図書館は、一五五八年にバイエルン公アルブレヒト五世が創設したヴィッテルスバッハ宮廷図書館を前身とする。一六六三年に法律で、公国内での出版物を二部ずつ同図書館に寄贈するよう義務づけられたことや、名家や賢人の個人蔵書、廃止された修道院の蔵書を吸収して発展。一九世紀初頭の時点で、五五万冊の印刷本と一万八六〇〇冊の写本を有していた。第二次世界大戦開始後、蔵書の一部を避難させていたにもかかわらず、一九四三年三月九日の夜間爆撃で、人文科学・自然科学を中心に五〇万冊が焼失した。世界でも最大級と称された聖書コレクションも失われている。この時ミュンヘン大学の図書館も破壊され、三五万冊が消滅した。ミュンヘン市内の市立図書館の八万冊、ベネディクト会図書館の一二万冊も破壊を免れなかった。

西部の都市ミュンスターは最も甚大な被害を受けたひとつで、市内の六割以上、旧市街は九割以上が破壊された。一九四三年にはミュンスター大学図書館が三六万冊の本とともに焼失。同じ時にフュルステンベルク＝シュタンハイム家の図書館も焼失した。同図書館はドイツ・フランスの稀少な文学作品と歴史書を二万二〇〇〇冊所蔵していたが、すべて一掃された。

中世からの伝統ある都市で、イタリアと北ヨーロッパを結ぶ貿易の中継地として栄えたニュルンベルクは、一九世紀以降バイエルン州の工業都市として発展。ナチス時代にはナチ党の党大会が開かれ、ナチス・ドイツを象徴する町として何かと喧伝されただけに、連合国軍の格好の標的となった。一九四五年一月二日、米英両空軍の低空飛行による爆撃にさらされ、ニュルンベルク全域が瓦礫の山と化し、市立図書館と一〇万冊の蔵書も消えた。

ゲルマン人の知性の象徴とも呼ばれる芸術都市・工業都市で、出版が盛んだったシュトゥットガルトも、非情な爆撃にさらされた。一九四四年七月には同市の工科大学が破壊され、図書館の蔵書五万冊が消滅。七月から九月にかけては音楽大学の図書館が壊滅し、貴重な資料が失われた。中世から司教領として繁栄したヴュルツブルクも空爆された。一四〇二年創立のヴュルツブルク大学も被害を受け、図書館にあった二〇万冊以上の蔵書と二三万以上の博士論文すべてが無に帰した。

終焉

一九四三年九月のイタリアに続き、その他の枢軸国も順次降伏していき、一九四五年五月にはドイツが降伏文書に批准。戦場はアジア・太平洋地域を残すのみとなった。連合国軍の空爆は場所を変えて継続され、書物の破壊も繰り返される。その一部を紹介しよう。

一九四一年一二月八日に始まった日米両国による太平洋戦争は、当初日本軍が優勢で、東南アジアの英、米、オランダの植民地や太平洋の島々を次々に占領した。米西戦争後に米国の植民地となっていたフィリピンもそのひとつである。だが一九四二年六月のミッドウェー海戦を境に潮目が変わり、日本軍は各地で敗北を喫することになる。一九四五年一月、フィリピン奪回を目指す米軍がルソン島に上陸し市街戦を展開。空からの爆撃と陸上における砲撃で、日本軍を追い詰めた。戦場となったマニラは廃墟と化し、巻き添えとなった七〇万人の市民のうち一〇万人が命を落としたという。同時にこの国の文化を語るうえで非常に重要な多くの文献が失われた。たとえば、フィリピン国立図書館が所蔵していたファン・バウティスタ・デ・ウルランテ著『マニラ市における慈悲の聖母修道女会』（一七二八年）。同修道女会の歴史や主旨をはじめ、付属病院や女学校、養護施設などの情報が記されていたようだ。また、フィリピンの三流文士たちに対する風刺詩が掲載された小冊子『聖ガブリエルの文芸サークル』（一八一三年）も消滅している。

米軍の爆撃機による初めての日本の本土空襲は一九四二年四月一八日。一九四四年末から本格化し、全国的に空襲に見舞われている。当初は港湾、工廠《こうしょう》、飛行場、製油所、製鉄所など軍需関連施設や工場地帯を目標にした精密爆撃が行なわれた。青森・宮城・茨城・大阪・岡山・香川・徳島・高知・大分・福岡の各県は、軒並み空襲を受け、町が破壊されている。それは町の一部が壊滅した富山・福井・岐阜・静岡・三重・兵庫・熊本なども同様である。東京も合計一〇六回の空襲を受け、当然ながら多くの図書館や蔵書、文書を失っている。とりわけ一九四五年三月一〇日の東京大空襲では市街地に焼夷弾が集中投下されたことから、ひと晩で首都は焦土と化し、約一〇〇万人の被災者と一〇万人以上の犠牲者を出す大惨事となった。その後、空爆の目的は都市部の住宅地や商業地を狙った絨毯爆撃に切り替わる。敵国民の士気を削ぎ、戦争の早期終結を目指したとはいえ、民間人を標的にした無差別攻撃は、沖縄戦の悲劇と広島・長崎の惨劇につながっていく。

一九四五年八月六日の午前八時一五分、B29爆撃機〝エノラ・ゲイ〟が、工業都市で軍需工場や軍事施設が集中していた広島に原子爆弾を投下した。[11] その三日後、八月九日の午前一一時二分には、貿易港として繁栄した長崎にも別の原子爆弾が落とされた。強烈な熱線と放射線、爆風に見舞われて、どちらの都市も一瞬にして焼き尽くされ、その年の終わりまでに広島で約一四万人、長崎で約七万四〇〇〇人の死者が出る大惨事となった。

失われた書物はそれこそ数知れない。たとえば長崎には一九世紀の貴重な中国の文献の一大コレクションが所蔵されていたらしいが、文字どおり地上から姿を消した。文化の破壊に始まり、文化の破壊に終わった世界大戦。不毛な戦いの行き着く先は、悲劇以外の何ものでもない。

第4章 現代文学の検閲と自主検閲

ジョイスに対する攻撃

現代文学を語るうえで、アイルランドの小説家ジェイムズ・ジョイス（一八八二－一九四一年）は欠かせない。言語の前衛的な実験や人間の内面の追求で、二〇世紀文学に多大な影響を与えたこの作家は、生涯検閲にさらされたともいえる。たとえば彼の代表作のひとつ『ダブリン市民』（一九一四年）は、多くの出版社から断わられ続け、企画が通っても途中で頓挫するなど、出版に至るまで苦難の連続だった。最悪なのは一九一二年九月、ダブリンの出版社モーンセル＆カンパニーのジョージ・ロバーツが出版目前に内容の変更を求めたことだ。しかもすでに印刷してしまったので、印刷費用を負担しろという。三年も待たされた挙げ句の仕打ちにジョイスは愕然とするが、支払いを了承し、現物を引き渡すよう求める。ところが今度は印刷業主のジョン・ファルコナーの反対に遭う。ファルコナーは、こんな不適切な内容の作品だったとは知らなかった、不名誉を被りたくないと頑なに引き渡しを拒否。代理人を介してのジョイスの説得もむなしく、印刷済みの一〇〇〇冊分を焼却し、活版も破壊してしまう。その後、アイルランドを再び離れたジョイスは、家族や友人たちから何をいわれても、二度と祖国の地に足を踏み入れなかったという。

当時居住していたイタリア・トリエステへの帰路、オランダのフレッシング駅で列車を待ちながら、ジョイスは「火口《ひぐち》からのガス」という詩を書き始めた。書物の破壊者ロバーツとファルコナーの視点に立って語られる詩で、終盤に次のような記述がある。


誰がいった言葉だったか？「悪人に手向かうな」

あんな本は燃やすに限る。悪魔よ、われを助けたまえ。[1]

最終的に『ダブリン市民』は、最初に持ち込んだロンドンの出版社グラント・リチャーズから一九一四年六月に出版された。ジョイスがダブリンでかろうじて手に入れ、破壊を免れた試し刷りの一冊分が、編集作業で大いに活用されたとのことだ。

彼の最高傑作で、二〇世紀モダニズム文学の最高峰といわれる小説『ユリシーズ』（一九二二年）でもひと騒動が起きた。米国の雑誌『リトル・レビュー』に連載が始まった際、あまりの卑猥さに彼の妻ノラ・バーナクルでさえも拒絶したという。彼女の繊細さを知る由もなく、アンソニー・コムストック（三八五ページ参照）の遺志を引き継いだ米郵政省の職員は、掲載誌を焼却処分した。

一九二〇年一〇月、ニューヨークでは悪徳弾圧協会が、猥雑な文書を流布したとして同出版社や雑誌編集者らを相手取って訴訟を起こした。一九二一年、編集者のマーガレット・アンダーソンとジョン・ヒープに罰金五〇ドルと、それ以後の章の出版禁止を命じる判決が下された（一九三三年には出版社側が連邦地裁で勝訴している）。

著作が破壊されたその他の作家たち

一九〇三年一〇月、ロシア皇帝ニコライ二世の命令で、ミハイル・ミハイロヴィッチ・フィリポフという名の科学者が殺害された。彼の手稿と著作は綿密な検閲後に焼却された。内容の詳細を知った軍人たちが危機感を覚えたためだった。『科学を通じての革命、または戦争の終焉』の著者で、ハイレベルな科学の普及を目指す雑誌『科学誌』を創刊したフィリポフは、ある単純なシステムで発生させた爆発力を利用する方法を発見した（あるいは発見を装った）とされる。

彼によると、爆発の衝撃波を超短波の光線に転じさせることで、何千キロ離れていても効力を発揮する。たとえばモスクワで爆発させればコンスタンティノープルまで影響を及ぼすことができる。その威力はすでに実証済みで、実験で引き起こした爆発の規模を考えれば、いかなる戦争の企てにも、世界における混乱にも終止符が打てるという話だった。しかしそのあまりの危険性に、フィリポフの著作も発明した装置も日の目を見ずに破壊され、彼自身も四五歳の若さで葬り去られた。

英国では一九一五年、小説家で詩人のD・H・ロレンス著『虹』が破壊された。彼の別の作品『チャタレイ夫人の恋人』（一九二八年）も国内外で物議を醸し、裁判沙汰になっている。いずれも人間の性を大胆に描写したため、その猥褻性が問題視されたのだった。

一九三五年には、米国各地の公立図書館がセオドア・ドライサーの小説を拒否した。『シスター・キャリー』（一九〇〇年）、『ジェニー・ゲルハート』（一九一一年）、『アメリカの悲劇』（一九二五年）の内容に不快感を示したのだ。司書のなかには本を焼却処分した者もいた。

ジョン・スタインベックの『怒りの葡萄』（一九三九年）も、出版当時は全米で論争を巻き起こした。大ベストセラーになる一方、社会主義の色が濃いと保守層から反感を買い、撤去する図書館も続出した。刊行の年には、セントルイス公立図書館の司書たちが公の場で焚書《ふんしょ》にしている。これは他の作家たちに対する、左派思想や不適切な言葉遣いへの不寛容の表明となった。

一九四五年一〇月、ベネズエラでは軍政に反対するクーデターが発生し、メディーナ政権が転覆した（一〇月革命）。この時、反政府派が、外交官で教育大臣経験者でもある歴史家カラッチオロ・パラ・ペレスの蔵書を燃やしている。ベネズエラ代表としてユネスコ（国際連合教育科学文化機関）の立ち上げにも尽力していた人物の、最も重要な著作の手稿も失われた。パラ・ペレス自身はフランスに亡命し、一九六四年にパリで亡くなっている。

米国の小説家カート・ヴォネガットは一九六九年、異端とも呼べる驚嘆すべき小説『スローターハウス5』を発表した。第二次世界大戦で欧州戦線に出征し、捕虜となってドレスデンに連行され、その地で連合国軍による爆撃を生き延びた経験をもとに書かれたSFだ。ところが、ノースダコタ州のドレーク高校の警備員は彼の著作をポルノ小説とみなし、大勢の教師と生徒を前にして、合計三二部を焚書にした。

北米における国家の検閲

多様な民族・文化を受け入れ、人種のるつぼとも称される米国が、第二次世界大戦下で示した姿勢は、多くの歴史的事実を見てもそれとは相反するものだった。コムストック法は一九三六年に無効となっていたものの一九四〇年と四一年の二年間に、米郵政省は西海岸で六〇〇トンの外国語書籍を押収し、全部破壊している。

一九三九年九月から四一年一二月七日までは愛国行為の一環として、各地の大学で敵国ドイツ色のある本が破壊された。[2]

米国務省は過去に何度となく、ある時は隠密に、ある時は公然と、書物とその著者に対して制裁を加えてきた。一九三八年の下院における非米活動委員会の設置に始まり、四〇年には外国人登録法制定による共産主義者や進歩的自由主義者の社会的追放、いわゆる赤狩り《レッド・パージ》が強化され、社会運動さえも「非アメリカ的」との理由で迫害した。左派とみなされた作家たちが粛清される最中、オクラホマシティでは共産党員が経営する書店が襲撃を受けた。店内にあったマルクスとレーニンの著作が何百冊も没収されたうえ、その場に居合わせた客と経営者は逮捕され、のちに禁固一〇年の判決が言い渡された。

第二次世界大戦後、ソ連との関係が悪化すると、共産主義を敵とみなした米国はさらに極端な赤狩りに走るようになる。一九四〇年代後半から五〇年代中頃、非米活動委員会がハリウッドを中心に活躍する映画監督、脚本家、俳優らのブラックリストを作成し、思想弾圧を行なった話は有名だ。一九五四年には、精神分析家ヴィルヘルム・ライヒが米国食品医薬品局に訴えられた。彼が病気治療用に発明した装置が不法製造販売に当たるとの理由だったが、オーストリア出身のユダヤ人で、ドイツ共産党に籍を置き、過去にマルクス主義と精神分析の融合を試みたこともあるライヒに対する迫害だったのは明白だ。彼には裁判所から装置の販売禁止と同時に、それとは関係ない著作も含め全著作の出版差し止めが命じられた。命令に従わなかったライヒは法廷侮辱罪で一九五七年に収監され、獄中で心臓発作によって亡くなった。著作は米国務省の職員の手で焚書にされている。

実をいうと、下院非米活動委員会は一九五三年に作家のブラックリストも作成していた。検閲の対象となった作家の著作は図書館から撤去され、焼却処分か製紙用パルプにされた。リストには小説家ハワード・ファストや劇作家リリアン・ヘルマンらの名前が連ねられていた。ミステリー作家のダシール・ハメットも同年上院委員会で証言させられ、委員会への協力を拒んでブラックリスト入りしている。

ナチスの焚書をあれほど激しく非難した米国が、自国では徹底的な取り締まりをしていたというのは実に皮肉な話である。

迫害された作家たち

かように二〇世紀において作家の迫害は、さほど珍しくない出来事だったといえるが、ここでは特に四人の作家について触れておきたい。

ひとり目は英国人作家のジェイムズ・ハンリー。少年船員に対する通過儀礼を生々しく綴った小説『少年』(一九三一年)の出版元は、マンチェスターの判事から四〇〇ポンドの罰金と作品の回収を命じられた。一九三四年にはボリスウッド出版が再版したが、九九部が警察に没収され、直ちに破壊された。同国の小説家ヒュー・ウォルポールが公の場で一冊破壊したのち、次のようにコメントしている。《語り口も語られる内容も不快極まりなく、ひどい限りだ。本を印刷しているあいだ、版元の誰ひとりとしてストライキをしなかったのが不思議でならない》

ふたり目はペルー人作家のマリオ・バルガス・リョサ。彼は傑作『都会と犬ども』(一九六三年)で、リマのレオンシオ・プラド士官学校での自らの体験を如実に描写し、読者に衝撃を与えた。一方、軍人たちは本の内容を危惧して、一九六四年、没収した作品を焼却処分にしている。ベネズエラのセントラル大学でも、彼の小説やキューバ政府について書いた記事が燃やされた。

三人目は共産主義者のブラジル人作家で、『フロル婦人とふたりの夫』(一九六六年)の著者ジョルジェ・アマード。独裁者ジェトゥリオ・ヴァルガス直々の命令で、彼の作品一七〇〇部が焼かれた。

最後はバングラデシュ人作家のタスリマ・ナスリンだ。彼女は一九九三年、ベンガル語で初の小説『ラッジャ（恥）』を執筆した。一九九二年一二月にインド北部で発生したヒンドゥー教強硬派によるイスラム教モスクの倒壊事件後、バングラデシュの首都ダッカに住むヒンドゥー教徒の一家を襲った悲劇を描いた作品だが、イスラム教を冒瀆したとして、バングラデシュでは全国規模の暴動に発展。著作が破壊され、殺害予告を受けて、現在も亡命生活を送っている。

サルマン・ラシュディ対イスラム原理主義

二作目の小説『真夜中の子供たち』で一九八一年に英国ブッカー賞を受賞した一九四七年ボンベイ生まれのインド系英国人作家サルマン・ラシュディには、作品中でインド独立初期の政権を攻撃していると非難され、故郷インドを離れざるを得なくなった過去がある。『悪魔の詩』はそんな彼の小説四作目で、一九八八年九月二六日の出版に際し、版元のバイキングプレス社（ペンギン・グループ）は極めて慎重に対処した。英国では高い評価を得、ブッカー賞では最終候補に残り、ウィットブレッド賞を受賞している。問題となったのは、作品の一部で預言者ムハンマドやイスラム教を挑発し愚弄するような記述があったことだった。

イスラム教徒たちの反発が起こるのに、さほど時間はかからなかった。インドの大臣はラシュディを冒瀆的であると非難、同国では一〇月五日に発禁となった。その後、作品中の最も不敬とみなされた箇所のコピーが何千枚と刷られ、各地のイスラム教育施設に配られる。人々の憤怒を駆り立てるのが意図だったとするなら、その目的は見事なまでに達成された。出版から二週間も経っていない一〇月八日、サウジアラビアの各新聞は、ラシュディがイスラム教を揶揄していると非難する記事を掲載した。一一月二四日には南アフリカで、続いてパキスタン、サウジアラビア、エジプト、ソマリア、バングラデシュ、スーダン、マレーシア、インドネシア、カタールでも発禁となり、ラシュディと版元は脅迫されるようになる。

一二月二日には英国マンチェスターのボルトンで、八〇〇〇人規模のムスリムによるデモが行なわれ、翌一九八九年一月一四日には、ウェストヨークシャー州ブラッドフォードで、アラビア人有識者らが山積みにした『悪魔の詩』を焚書にしている。二七日にはロンドンのハイドパークでも抗議デモが起こり、大手書店チェーンが全店舗から同作品を撤去する事態に進展した。この動きは世界各地に連鎖し、二月一二日にはパキスタン・イスラマバードのアメリカ文化センター前で、死者五名と負傷者六〇名を出す暴動が発生、一三日にはインド北西部カシミール地方で起こった抗議デモは、死者一名、負傷者一〇〇名以上を出す大騒動となった。

だが、これらは一作家に対する前例なき迫害の序章にすぎなかった。同年二月一四日、イランの最高指導者ルーホッラー・ホメイニー師が公の場に姿を現し、ラシュディの不敬行為をファトワー（イスラム法の解釈）によって断つ決意を表明した。

> 全世界の敬虔なイスラム教徒に告げる。イスラム教と預言者、聖典コーランに対し、あからさまに反対する小説『悪魔の詩』を執筆・印刷・出版した著者に対し、またその出版に関わった者たち全員に対しても死刑を宣告する。
> 私は敬虔な全イスラム教徒に対し、速やかに彼らの処刑を実行するよう呼びかける。（……）仮に彼らを始末する過程で殺される者がいたとしても、神の意志により、その者は殉教者とみなされるであろう。

この声明を聞いて、英国の作家V・S・ナイポールのように、ホメイニー師の宣言は極端論者の文芸批判であると皮肉まじりにコメントした者もいるが、なかには触発されてラシュディ暗殺を促すべく、殺害した者に一〇〇万ドルの懸賞金を与えると公言する者すら現れた。各国の翻訳者、出版関係者も標的となった。一九九一年にはイタリア人翻訳者が襲われて重傷を負い、日本人翻訳者が殺害され、九三年にはトルコ人翻訳者とノルウェーの出版人ウイリアム・ニガードが襲撃を受けている。一九九七年には著者暗殺の懸賞金は二〇〇万ドルに増えた。

一九九八年九月に英国との協議の結果、イラン政府がラシュディの処刑支持を撤回。一〇年近く英国警察に保護されてきた作家は、晴れて潜伏生活の終結を宣言している。とはいえ、以後もラシュディ作品の焚書は各地で行なわれた。彼の本を置いていた書店のなかには、原理主義者たちの略奪に遭い、店舗が破壊されたところもある。一九九九年二月一二日には、インドでイスラム教徒の一団がラシュディの写真と著作を燃やし、オールドデリーのジャーマー・マスジドのモスクでも、一〇〇〇人以上の活動家がラシュディに対し抗議の叫び声を上げた。いまだに神の名のもとに、彼の抹殺を求める者もいたという。

作家が自著を悔やむとき

一方で不安や恐れ、落胆や失望などが原因で、これまでも多くの作家が自らの作品を破壊してきた。また同様の理由から自分の死後、手稿や手紙の処分を遺言しておくケースも多い。

古くはローマの詩人ウェルギリウスが遺言で、長編叙事詩『アエネーイス』の焼却を命じた。それればかりか死の前日にも、彼の著作が収められたスクリニウム（本をしまう筒状の箱）を自分の手で燃やす意向すら表明している。自分の文章が不完全なままだと思ったからだろうが、彼がこの世を去ったあと、誰ひとりとしてその命令を果たさなかった。[3] 大プリニウスは、『アエネーイス』の破壊を禁じたのは、初代ローマ皇帝アウグストゥスだったと信じていたようだ。[4] そのアウグストゥスに追放されたオウィディウスは亡命中、過去に自分の詩に失望させられ、燃やしたことがあると告白している。[5]

英国の詩人ジョン・ダンは、自殺擁護論『ビアタナトス』を書き上げたが、これが価値ある作品かどうかは確信がもてなかった。その後の事情をボルヘスが説明している。〈この論文は一七世紀初頭に、偉大な詩人ジョン・ダンによって書かれたものだ。彼は自分の手稿を友人のロバート・カー卿に託し、出版も焼却もしないよう頼んでいる。ダンは一六三一年に死去し、四二年にはイングランド内戦が勃発する。一六四四年に手稿を発見した詩人の長男が、結局それを戦火から救うべく出版した。[6]

同じく英国の詩人で、サッフォーやアルカイオス、ピンダロスを愛読していたウィリアム・コリンズは自著『頌歌集《オード》』（一七四六年）の多くを、売れ行き不振を心配して燃やしている。[7] 自分の原稿、とりわけ不出来だった草稿を死後に読まれるのを嫌がる者も多いに違いない。英国の経済学者で『国富論』（一七七六年）の著者アダム・スミスは、かなりの数の手稿を処分したとされる。そのなかには修辞学関連の論文のほか、彼がエディンバラで行なった講義や、グラスゴーで行なった自然神学や法学に関する講演の原稿もあったという。[8]

フランスの植物学者・物理学者・地質学者で気象学者でもあったロベール・ド・ラマノンは自著『シャンソール谷とオー・ドーフィネ地方ドロヴェイ山の岩盤・地質研究報告』（一七八四年）の初版のほとんどを燃やしたと、多くの者が証言している。残した一二冊ほどを太平洋の調査旅行に携えていったが、一行はオセアニアで消息を絶った。乗っていた船が難破し、彼も本も沈んだと見られている。その一方で別の説も存在する。難破船から命拾いしたものの、一七八七年一〇月一〇日、漂流先のポリネシア・トゥトゥイラ島で原住民たちに殺害されたのだと。いずれにせよ、彼の本が消滅したのは確実なようだ。

英国の著名な文筆家であるアイザック・ディズレーリは、刊行した小冊子『詩の弁護』（一七九〇年）の内容を恥じ、そのほとんどを燃やしたとの話だが、数人が事前に購入し、本を救出している。スコットランドの詩人ロバート・タナヒルは、ほぼ無名とはいえ過去に『兵士の帰還――スコットランドの逸話二幕とその他の詩と歌』（一八〇七年）と『詩歌集』（一五年）の二作を発表している。しかし一八〇七年の最初の出版以来、彼の詩を受け入れてくれる版元が見つからず、ほとんど全部の原稿を焼却した。

一八二一年九月と一〇月に、『阿片服用者の告白』の第一部と第二部が出版されたことで、英国のトマス・ド・クインシーは一躍名を馳せる存在となった。しかし、読者に第三部を早く届けたい著者の思いとは裏腹に、出版社は彼の代表作となる本の刊行を先に進めるほうを選ぶ。ところが思うように事は運ばなかった。というのも、彼の自宅でちょっとした火事騒ぎがあり、『レバノンの娘』のオリジナル原稿の多くが焼失してしまったのだ。第三部『阿片の夢』で彼は告白している。《原稿が一部燃えてしまったが、まったく取り返しがつかない状態というわけでもなかった。そのなかには『レバノンの娘』も含まれていた》[9]

英国の歴史家・小説家で雑誌も刊行していた、ジェームス・アンソニー・フルードの半自伝的小説『雲の影』（一八四七年）は、〃ゼータ〃のペンネームでロンドンで出版された。だが出版に反対していた著者の父親が、手当たり次第に見つけた本を燃やしていった。

ドイツの哲学者アルトゥル・ショーペンハウアーの遺言執行人は、彼の死後に、故人が哲学やそれ以外のことを綴ったかなりの量の草稿を発見する。そのうちのいくつかは英語で書かれたもので、著者の抱える性的な問題や性愛の空想を扱っていた。生前ある女性ともめて階段から突き落とされた経験から、女嫌いの気《け》があった故人を思い、遺言執行人はそれが思想家の意志であると判断して、ほかの者には秘密にして原稿を焼却したという。[10]

一八二六年、『モヒカン族の最後』の著者、米国人作家のジェイムズ・フェニモア・クーパーは、自分の原稿をすべて燃やした。代表作『恐怖の夜の街』（一八七四年）で知られるスコットランドの詩人ジェームズ・トムソンは、自分の手稿を焼いた際に味わった思いを日記に書き記している。《私は古い文書や手稿、手紙を全部焼き捨てた。大部分がすでに印刷された、ある一冊の本の原稿を除いてだ。結局五時間ほどかけて作業をしたが、その間、煙突を焦がさぬよう絶えず燃える紙を見守っていた。悲しくもあり愚かしくもあった。燃やす前に目を通しはしなかった。もし読み返したら、破壊などできなかったかもしれない》

一八七三年一〇月二三日頃、フランスの詩人アルチュール・ランボーは、出版されたばかりの全五三ページの自著『地獄の季節』の新刊書を受け取りにブリュッセルへ旅した。ブリュッセルの版元ジャック・ポート社の社長はランボーに、一〇部または二〇部を渡したとされる。著者はそれを当時、詩人ポール・ヴェルレーヌが入っていた刑務所の守衛の男と、写真家のエルンスト・ミロ、作家のエルンスト・ドライエ、画家のジャン＝ルイ・フォランに献本している（フォラン所有の本が一八九八年、ユーグの店で売却された証拠が残っている）。だが少なくとも一冊は、ランボーが生まれ故郷のフランス北東部シャルルヴィルに帰省した際、手稿と一緒に燃やした可能性が高い。[11]残りの本は一九〇一年に発見されるまで倉庫に眠っていた。[12]

作家本人や家族ばかりでなく、友人が著作の破壊に加担する例も少なくない。フランスの小説家ギュスターヴ・フローベールの場合もそうだ。一八四九年九月、彼はルーアン近郊のクロワッセ村の自宅に親友ふたり（マクシム・デュ・カンとルイ・ブイエ）を招待した。彼がピーテル・ブリューゲル（父）の絵画から着想を得て、三年越しで書き上げた作品『聖アントワーヌの誘惑』の第一稿を批評してもらう目的でだ。四日にわたって読み聞かせると、予想に反し、友人たちの意見は否定的だった。《今すぐにでも燃やして、この件については一切口にせぬことだ》[13]

エドガー・アラン・ポーは『アル・アーラーフ、タマレーン、および小詩集』（一八二九年）のなかで、彼の『タマレーン、その他の詩集』というタイトルの初の詩集が、《私的な性質の諸事情で排除された》と述べている。この意味深な言葉については、近年活発に議論がなされた。ポー自身が作品の出版中止を回避できなかったとか、絶版を受け入れざるを得なかった、あるいは自作批判をした結果、すべて破壊するに至ったなど、さまざまな推測がなされている。

問題の詩集『タマレーン、その他の詩集』は一八二七年七月に、ボストンのカルヴィン・フレデリック・スティーブン・トーマスの印刷所で一二折り判で制作されたもので、四ページ目までがラテン語で表記され、五ページ目から四〇ページ目まではページ番号が振ってある。印刷部数は二〇〇部[14]から四〇部[15]、あるいは二〇部という説もある。いずれにせよ現存が確認されているのは一二部だけなので[16]、どの数値が正しかったとしても、残りが失われたのに変わりはない。

英国の小説家ジョゼフ・コンラッドは『コンラッド自伝――個人的記録』（一九一二年）のなかで、ポーランドの元貴族で、文学研究者としてシェイクスピアやヴィクトル・ユゴーなどの翻訳を手がけ、革命論者でもあった父親が、彼の手稿の焼却を命じたときのことを記している。《父の監督下で焼却の準備が進められた。あの晩私は、ふだんよりも少し早い時間に、誰にも見られぬようにして父の寝室に入ったのだった。そこで看護師が暖炉の火をかき立てているのを見た[17]》

フランツ・カフカは友人の作家マックス・ブロートに、自分のノートの焼却を頼んだ。《親愛なるマックス。最後の願いを聞いてくれ。私が残した文書は……どれも読まずに燃やしてほしい》。幸か不幸かブロートはそのとおりにしなかった。一方、カフカは恋人のドーラ・ディアマントにも同様の頼みごとをし、彼女のほうは忠実に、カフカの晩年の日記を全部燃やしている[18]。ボルヘスはやや皮肉めいた口調で、自分の本を本当に消したいと思う男は、その作業を別の男に任せてはならないと述べている[19]。

一八九九年、当時二四歳だったスペインの詩人アントニオ・マチャードは、フランスの出版社で翻訳者として働く兄マヌエルを頼って初めてパリを訪れた。その地でポール・ヴェルレーヌ、ルベン・ダリオ、オスカー・ワイルド、ファン・ラモン・ヒメネスら傑出した詩人たちと出会い、自著『詩歌集』を燃やすに至る。イタリアの作家ジョヴァンニ・パピーニはキリスト教に改宗後、無神論的著作『神の記憶』(一九一三年)を焼却している。コロンビアの詩人ヘルマン・パルド・ガルシアも自著『夜明けの樹』(一九二八年)を友人の歴史家ヘルマン・アルシニエガスの目の前で燃やした。ベネズエラの作家エンリケ・ベルナルド・ヌニェスは領事として米国に滞在中の一九三八年、失望のあまり、小説『ティベリウスのガレー船』(一九三二年)の最新版を全部、ニューヨークのハドソン川に沈めた。一九四八年四月九日以降、コロンビアのエドゥアルド・サンタは小説『ひまわり』を焼いた。現在この作品の初版本は一冊しかない。

一九四四年六月七日には、英国の作家マルカム・ラウリーが当時住んでいたカナダ・ノースバンクーバー・ドラートン近郊の海辺の小屋が火事で焼け、『空荷で白海へ』の手稿が焼失した。彼の二番目の妻の証言が正しければ、一〇〇〇ページ以上が失われたことになる。以後、自宅に放火したラウリーを責める人間には事欠かなかった(ラウリー自身は一九五七年に英国で没したが、近年『空荷で白海へ』手稿のカーボンコピーが残っていることが判明し、二〇一四年に初めて出版されている)。

ドイツの思想家で小説家のエルンスト・ユンガーは一九四五年、連合国軍の追及を恐れて『戦争・占領日誌』を焼却したと認めている。《あの日私は、生涯初めて焚書《アウトダフェ》を決行した。より正確にいえば、庭のゴミバケツに大量の文書を突っ込み、火を放ったわけだ。一九一九年からの日記に、詩や手紙といったものばかりだ。悲しむ間もない。とにかく即座に行動しなければ。足手まといになりそうなものは手放すしかない。その意味ではむしろすっきりとした気分だった[20]》

ボルヘスも『自伝的エッセイ』で、初期の自著を燃やした事実を包み隠さず語っている。《何年か前までは、法外な値段でない限り、それらの作品を買い取っては燃やしていた》。彼は最後の最後まで一九二〇年代に出版した三つの評論集、『審問』(一九二五年)、『わが大いなる希望』(一九二六年)、『アルゼンチン人の言語』(一九二八年)の再版を拒んだ。

ルーマニアの作家・思想家のエミール・シオランは、一九九五年に死去した際、数千ページ分のノート三四冊を遺したが、きちんと〝要破棄〟との厳重な警告をつけていた。

ほかにもまだ多くの例があるはずだが、著者自身の羞恥心ゆえに記録にさえ残らぬ場合もあると思われる。

第5章　大災害の世紀

翰林院と『永楽大典』

中国・清朝末期の一九〇〇年、排他主義的な秘密結社・義和団による外国人やキリスト教徒の襲撃事件が多発していた。その背景にはクリスチャン人口の増加と、外国人宣教師の内政干渉に対する危惧の念がある。清朝内もこれを機に外国勢力を一掃しようという強硬派と、外国との衝突回避を主張する和平派に二分されていたが、ドイツと日本の外交官が殺害されたことを受け、欧米八カ国（英国・米国・日本・ロシア・イタリア・ドイツ・フランス・オーストリア＝ハンガリー帝国）が、居留民保護の名目で連合軍の派遣を決定したため、政治の実権を握っていた西太后《せいたいこう》は六月二一日、欧米列強に宣戦布告した。外交官をはじめとする各国の民間人四七三人と、軍人四〇九人、中国人キリスト教徒約三〇〇〇人は、北京の公使館区域に避難。英国公使のクロード・マクドナルド指揮のもと、連合軍の大隊が到着するまでのあいだ、清国軍と義和団員に抵抗した。それとは別に、北京市内の北大聖堂と最大のカトリック教会・西什庫教堂《シイシークウ・ジャオタン》でも、約三〇〇〇人の中国人キリスト教徒が、修道士・修道女三三人とフランスとイタリアの兵士四三人とともに立てこもり、抵抗していた。六月二四日、外国勢の必死の抵抗に業を煮やした清国側は、英国公使館ほかに火を放った。ところが思いがけず風向きが変わり、火の粉が中国の最も重要な知の殿堂、翰林院《かんりんいん》に降りかかった。猛威を振るう炎が容赦なく襲いかかり、誰にも止められない。当然施設内の図書館にも火の手はまわる。中国学者ハーバード・アレン・ジャイルズの息子ランセロット・ジャイルズは、この出来事の証人となった。彼はのちに中国随一と称される大事典、『永楽大典《えいらくたいてん》』が燃えたときの様子を生々しく語っている。[1] 全部で二万二八七七巻に及び、目録六〇巻を擁する『永楽大典』には、古今の書物から集められた天文・地誌・陰陽・医療・思想・伝承といったおよそ人間に関わるあらゆる事項が記述され、その見出し語は三億七〇〇〇万以上ともいわれる。並みいる知識人らを驚愕させた、大惨事の最中、ランセロットは危険を顧みず火に飛び込んだ。《私はかろうじて一万三三四五巻目と自分の命を救った[2]》

身を挺した者の率直な言葉に感銘を受ける一方、何ともいえないむなしさを禁じ得ない。それというのも、『永楽大典』はどの分野の項目を調べても、必ずほかの項目の言及があって、一部だけでは機能しないことが多い。たとえばこの事典の一節を読もうとすると、まずは別の項目に目を通さざるを得なくなる、そんな性質の書物だ。誰も全体を読みとおせないだけに、広大な宇宙になぞらえる者もいるし、中国という大国のアイデンティティを何世代にもわたって守り続ける、まるで万里の長城のような事典だと考える者もいる。いずれにせよオリジナルの『永楽大典』は、印刷されることなく、つねに手書きの写本の形で保たれてきた。一四四九年の火事で初めて失われたあと、記憶を頼りに復元された膨大な唯一の写しが、一九〇〇年の悲劇で焼失した。

英国の旅行作家ピーター・フレミングは、翰林院の図書館には正確な目録がないとしながらも、《明朝の第三代皇帝の命で一四〇七年に成立した事典が所蔵されている》と『永楽大典』について言及し、《二〇〇〇人の儒学者・学士を招集して編纂した大著で、その時点で存在していた古典文学・哲学・歴史に加え、天文学・地理学・医学・神秘学・仏教・道教、芸術全般など、あらゆる物事を網羅した学問の精髄だ》と述べている。[3]

英国人は中国人が自国の文化を破壊したと糾弾し、中国人は英国人が故意に炎の向きを変えたと非難したが、世界に類を見ない大事典が破壊された事実は変わらない。

一九〇〇年の翰林院の火災では、『永楽大典』以外にも貴重な書物が焼失した。『四庫《しこ》全書』の名で知られる漢籍叢書である。これは清朝・乾隆帝《けんりゅうてい》の命で一七七三年から八二年のあいだに編纂された、三六四〇種類の古典を書き写した全三万六〇〇〇冊で、二三〇〇万ページにも及ぶこの叢書のために、四〇〇〇人の学者と四〇〇〇人の筆写者を費やした一大コレクションだった。正本七部、副本一部が作成され、全国に分散して保管されており、翰林院にあったものは副本で焼失したが、幸いにも正本が三部現存している。

日中戦争

戦争を起こすにはどんな口実でも構わないらしい。一九三一年、日本は満州事変を含め三度の事件を起こしたうえで、それらを中国側の陰謀として満州占領計画を進め、翌三二年三月には満州国の独立を宣言した。国際連盟が満州国の不承認を決議すると、日本は一九三三年三月に国際連盟を脱退、満州を占領し続けた。中国各地で抗日運動が発生するなか、一九三七年七月七日、北京郊外の盧溝橋《ろこうきょう》付近で、演習中の日本軍と駐屯していた中国軍のあいだで発砲事件が発生。日本軍の陰謀、河北《かほく》省の軍閥の陰謀、中国共産党の陰謀ともいわれるが、真相は定かではない。事件当初は停戦の話し合いも持たれたが、日本政府は強硬派の圧力で派兵を決定。それまで直接対決を回避してきた中国国民党の政府代表・蔣介石《しょうかいせき》も徹底抗戦を表明し、全面戦争を開始した。日本の侵略に抵抗すべく、国民党は毛沢東率いる共産党と手を結び、激しい抵抗を続けた。八月に入ると戦火は華北から上海に飛び火し、戦線は中国全土に広がった。同年一一月には上海が日本軍に制圧される。一二月には首都南京が陥落し、四週間で三〇万人の中国人が殺害される大惨事に発展した。年が明けた一九三八年、華北を手中に収めた日本軍は、華中・華南へと兵を進め、長江流域の内陸部・漢口(現・武漢)、南東部海岸の広東省や海南島を支配下に置き、劣勢に立たされた国民政府は四川省の重慶市(一九九七年より直轄市)に退避せざるを得なかった。

一九四五年まで続くことになるこの戦争下でも、おびただしい数の図書館が破壊された。それらは一九〇五年、湖南省での公立図書館設立を皮切りに、全国各地に続々と新設された図書館だった。そのきっかけとなったのが、一九〇九年に清朝が発布した、中国全土の省都に公立図書館を設置する法令である。同時に北京には上級の国家図書館、京師図書館《けいし》(現・中国国家図書館)が創設されている。二年後の一九一一年にはすでに浙江省《せっこう》、江蘇省《こうそ》、安徽省《あんき》、湖北省、陝西省《いんせい》、広東省、雲南省、山東省、遼寧省《りょうねい》、吉林省、黒竜江省《こくりゅうこう》、天津、南京に公立図書館が存在し、一三年には早くも北京・京師図書館の分館が登場。その時点で中国国内では四億三三〇〇万人の人口に対し、五一の有料図書館と二三九の無料図書館が機能していた。一九二五年には図書館数が五五二、二八年には六四三まで増加した。一九三四年にはその五倍以上の二八一八に、三六年には四〇四一にまで増えている。ちなみに首都の京師図書館は一九三六年の時点で中国語の書籍を五〇万冊、外国語の書籍を一一万七〇〇〇冊所蔵するまでに成長していた。

この急速な図書館・蔵書増加の要因としては、一九一〇年代後半に起こった文学革命(形式主義の打破と、口語・白話《はくわ》による表現の自由、民衆の意識変革を提唱した文学運動)と、一九一九年五月四日に発生した五・四運動（一九一九年パリ講和会議のヴェルサイユ条約に対する抗議運動から始まった、抗日・反帝国主義を掲げる大衆運動）、教育の大衆化が挙げられる。

その流れを考えると、日中戦争における教育施設の破壊は致命的だった。天津の南開大学では、一度は司書たちが外国語書籍を救出したが、一九三七年の爆撃によって二二万四〇〇〇冊が灰と化した。河北省の省都（当時）保定《ほてい》では、河北工学院、国立北洋工学院、女子普通学校、天津工商学院の図書館がそれぞれ被害に遭っている。北京の清華大学の三五万冊の蔵書は略奪されたうえ、二〇万冊が破壊された。

戦時中の多くの出来事と照らし合わせても、侵略した日本軍が敵国の記憶を消し去る政策を優先していた事実がわかる。上海、南京、蘇州、杭州の図書館も破壊を免れなかった。町を破壊していた日本兵が《これで中国は腐敗思想から浄化される》と口走っていたとの記録もある。実際上海市内では、無数の砲弾が市立図書館を約九万冊の本とともに破壊した。済南国立図書館も一万五〇〇〇冊の本とともに壊滅。同済大学、光華大学、上海大学、音楽院大学などの各図書館も無残に略奪・破壊されたばかりか、個人の蔵書も通りに投げ出され、山積みにされて焼かれた。日本の高官らが見て見ぬふりをするなか、骨董品店も日本兵の略奪に遭った。

激しい抵抗が繰り広げられた南京においても、日本人の暴虐行為は阻止できなかった。国内でも有数の貴重な写本を所蔵する江蘇省立国学図書館（現・南京図書館）も略奪被害に遭い、保管所も何もかも破壊された。南京大学をはじめとする各図書館でも約三〇万冊の本が消滅した。杭州市など浙江省の都市、江蘇省の各学校や図書館も同様の被害を受けている。山東省も絶えず艦砲射撃と空爆にさらされた結果、青島特別高等専門学堂（現・青島大学）の図書館や福建省の厦門《アモイ》大学の図書館の資料も激減した。

空爆による火災も被害に拍車をかけた。武漢大学の図書館や、ボーン・ライブラリー・スクール（米国の司書・伝道師メアリー・エリザベス・ウッドが一九二〇年武昌に設立した学校）の校舎も全壊している。戦闘機の連射で湖南省の湖南大学、広東省の中山大学、暨南《きなん》大学も蔵書と一緒に破壊された。日中戦争前の一九三六年に四〇四一あった図書館のうち、少なくとも二五〇〇が破壊されている。さらに九二の高等教育施設が全壊。戦争中に失われた本の総数は、約三〇〇〇万冊に上るといわれる。

記憶が危機にさらされるとき

I

二〇世紀にはあらゆる種類の自然災害が爪痕をとどめてもいる。地震、津波、洪水、山火事、ハリケーン、竜巻、火山噴火……。これらひとつひとつが、文化の破壊も引き起こしている。

一九〇四年一月二五日から翌日にかけて、イタリア・トリノ大学の図書館で火災が発生。[4] ここはラテン語・ギリシャ語・東洋言語に分類された、稀少価値の高い写本を多く所蔵していた。結局約二五〇〇冊が失われ、そのなかにはフランス語・イタリア語の写本も含まれていた。ピエモンテ地域に関する本は全滅し、テオドシウスの写本やキケロのパリンプセスト、それ以外の多くの写本も深刻な損傷を受けた。

一九〇六年四月一八日の午前五時一二分、米国サンフランシスコで四五秒から六〇秒にわたって大地震が起こった。市内の二万八〇〇〇の建物が倒壊、約五〇〇〇人の死者が出る惨事となった。崩壊した建物のひとつがサンフランシスコ・ロー図書館だ。一八六五年創設のこの図書館には、唯一無二の手稿や資料が数多く保管されていたが、この時の地震で四万六〇〇〇冊の本とともに消滅した。一九一〇年には、コロラド州スティームボード・スプリングスのバッド・ワーナー・メモリアル図書館が燃え、国内でも有数の叢書が失われている。

一九二三年九月一日、日本の関東地方南部を震源として発生した関東大震災で、東京帝国大学の図書館が全焼、蔵書七六万冊中七〇万冊が消滅した。失われた膨大な資料のなかには、一九世紀日本の市町村の登記簿や政府の記録文書、英国に帰化した東洋学者フリードリヒ・マックス・ミューラーから寄贈された、サンスクリットや仏教学関連の二万冊に及ぶコレクション、マックス・ミューラー文庫や、江戸時代に八代将軍徳川吉宗が購入した中国清代の百科事典『古今図書集成』九九九五冊、西村文庫（明治期の啓蒙思想家・文学博士、西村茂樹の旧蔵書）一万冊、星野文庫（明治・大正期の国史学者・漢学者、星野恒《ひさし》の旧蔵書）一万冊に含まれていた古代中国の歴史書・哲学書などもあった。[5]

一九三一年、中米ニカラグアの大地震では国立図書館が倒壊し、何千冊もの本が失われた（七二年にも巨大地震で再び被害を受けている）。一九三四年一二月一六日には、ワシントン・アンド・リー大学ロー・スクールの図書館付属のタッカー記念ホールが火事で焼失し、そこに所蔵されていた一万一〇〇〇冊が姿を消した。一九三七年に米国で起こった大洪水では、オハイオ州とウェストバージニア州、ミシシッピ州で何千冊もの本が失われた。[6] 一九四〇年代、ドイツ・ヘッセン州の廃鉱となった鉱山で起きた爆発では、マールブルク大学の図書館が五万冊の本とともに消し飛んだ。

スペイン・マドリードの近郊アルカラ・デ・エナーレスにある国立行政文書館は、スペイン中央文書館と呼ばれていた当時、全長二四六〇メートルに及ぶ書棚を有していた。[8] 検閲、内戦、忘却、予算不足にも耐え、生き延びてきたが、一九三九年八月一一日、子どものマッチの悪戯が原因で灰と化してしまった。この文書館の焼失はスペインの史料研究に計り知れぬ空白をもたらした。一九世紀の国家文書の大部分、つまりは財務省、勧業省、内務省、戦争省、会計検査院第三局の文書と、法律史の蔵書八〇〇〇冊が跡形もなく消え失せたのだ。

一九四三年五月、ペルーのリマ市内にあるペルー国立図書館の火災では、印刷本一〇万冊と、スペインの征服・植民時代と南米諸国の独立時代の写本四万冊が燃え、永久に消滅した。一九四九年二月二三日には、南アフリカのノース‐ウェスト大学フェルディナンド・ポツマ図書館が火事で崩壊。火は瞬く間に書棚へと燃え広がったという。

一九五一年二月、米国ミシガン州のミシガン図書館が火事で焼けた。燃え移った火と消火の水で、書籍二万二四〇〇冊とパンフレット七二〇〇冊が使いものにならなくなった。一九五三年四月一五日、アルゼンチン・ブエノスアイレスのジョッキー・クラブ本部で発生した火事では、施設の大部分が被害を受け、定期刊行物資料室もほぼ全焼した。だが消火時に水をかぶった本の多くは、何とか命拾いした。一九五五年、英国の支配下にあった地中海の島国キプロスの首都ニコシアで、ブリティッシュ・カウンシル（英国の公的な文化交流機関）の一階が火事になり、図書室も全焼した。一九六三年七月二六日には、ユーゴスラビアのスコピエ（現マケドニアの首都）で大地震が発生。市全体が壊滅し、中央図書館も崩壊した。[7] 一九六六年四月一八日には、米国ニューヨークのユダヤ教神学院の図書館が火事で瓦礫と化し、約七万冊の本が焼失、一五万冊以上が損傷した。[8]

一九六六年一一月四日にはイタリア・アルノ川の氾濫で、フィレンツェ一帯が洪水に見舞われた。建物の被害は深刻で、本一二〇万冊、写本一〇万冊、二つ折り判《フォリオ》が五万、新聞資料四〇万を擁するフィレンツェ国立中央図書館も水害に遭った。絶望的な状況下、イタリア人司書たちの必死の努力と、世界各地からのボランティア集団の支援で数千冊が救われた。同じ災害で市内にあるガビネット・ヴィゼウ図書館と、二〇万冊を所蔵するフィレンツェ大学図書館も浸水被害を受けている。

一九六八年には、米国マサチューセッツのホールヨーク・コミュニティ大学が火災で壊滅的被害を受け、校舎と一万六〇〇〇冊の本が焼失した。[9] 同じ年、デンマーク領グリーンランド・ヌークのゴットホープ中央図書館でも原因不明の火事が発生し、多くの限定版を含む一万冊の蔵書が破壊された。[10] 翌一九六九年には、インディアナ大学の図書館も火災に遭い、特にドイツ文化を扱った書籍二万七〇〇〇冊が大きな被害を受けた。[11]

一九七二年七月二八日には、ペンシルバニア州フィラデルフィアのテンプル大学ロー・スクール図書館が燃え、蔵書の大部分が焼失。一九七七年二月二二日には、カナダ・オンタリオ州のトロント大学工学部図書館の火事で一万二〇〇〇冊が焼けた。

一九七八年にカリフォルニア州を襲った暴風雨では、スタンフォード大学図書館も四万冊を失う被害を受けた。同年、米国のアレクト出版の建物も全焼。英国のアーティスト、トム・フィリップスが、ダンテの『神曲』地獄篇を翻訳しイラストをつけた『ダンテの地獄』の初版本がほぼ全滅した（残ったのは二冊のみ）。

Ⅱ

厄災のリストはまだ続く。

一九八五年のクリスマス、ジェンキンス出版はテキサス州オースティンでの特別販売イベントに参加していた。その間に疑わしい出火で会社が燃え、五〇万冊の在庫も焼失した。[12] 社長のジョン・H・ジェンキンスは一九四〇年三月二二日、テキサス州ボーモント生まれの男で、軍人生活ののち、一九六三年以降はベンバートン印刷＆ジェンキンス出版会社の運営をしていた。一九八五年の悲劇のあと、彼はむしろ出版事業の継続を決意し、これまで以上に精力的に取り組んでいたが、八九年四月一六日に殺害された。

一九八六年九月にはイリノイ州レイク郡の地方紙『ニュース・サン』の資料室が大雨の被害で倒

壊した。一九八七年一一月に発生した火災では、アムステルダム大学の図書館の蔵書数千冊も破壊されている。

一九九〇年代の終わり頃、エチオピア北部のアドワに近いテーブルマウンテン上にあるデブレ・ダモ修道院が大火災に遭い、全焼した。六世紀初頭に創設されたこの修道院は、シリア出身の修道士で、エチオピア正教会の九聖人のひとりとされるアブナ・アラガウィによって建てられた。かつては一〇〇〇冊以上の写本を所有した時期もあったという。一九六五年にオットー・イェーガー博士がこの地を訪れた際、計り知れぬ価値をもつ約五〇の写本を発見していた。しかし突然の発火で何もかも燃え尽きた。政府の指示で警察が原因調査を始めたものの、《犯人も犯行時刻も特定できず、目撃者もいなければ、なぜ修道院を攻撃したのかもわからない》との報告をしただけで、それ以上の追及をしなかった。一国の政治を担う立場にある者たちが、文化の喪失に何の関心も示さないという意味では、実に素晴らしい調査結果かもしれない。

一九九四年八月一日、英国ノーリッチの中央図書館が火事になり、消防士たちの懸命の努力にもかかわらず、約三五万冊の本とともに灰となった。一九九六年七月七日、カナダ・ブリティッシュコロンビア州ラングリーの図書館でも出火により、蔵書の八五パーセントが失われた。

同じく一九九六年一二月二一日、メキシコではノーベル文学賞受賞者である詩人、オクタビオ・パスの書庫を焼く火事が起こった。惨事を前に彼は「書物は友人のごとく去っていく」と口にした。この火災で彼が所有していたルベン・ダリオやマヌエル・ディアス・ミロン、マヌエル・ホセ・オトンの初版本と、祖父イリネオから譲り受けた蔵書が消滅した。偉大な詩人を敬愛する友人たちのグループが、損傷した本の一部を修復所に持ち込み、それ以外は大箱に収められた。

一九九七年二月三日午後三時三〇分、インド・カルカッタのブックフェア会場で火災が起き、一時間ほどのあいだに六〇〇以上のブースが燃え、死者一名と負傷者四〇名以上、何千冊もの本が焼失する惨事となった。[13]

AP通信の一九九七年二月五日配信記事によると、ロシア・サンクトペテルブルク近郊のプルコフ天文台で原因不明の火災があった。同天文台は一九世紀にフリードリヒ・フォン・シュトルーヴェが創設したもので、彼が蒐集した一五〇〇年から一八五〇年成立の作品の一大コレクションが収められていた。そのなかにはドイツの天文学者ヨハネス・ケプラーの稀少本も含まれていたが、第二次世界大戦時に蔵書の四分の一が失われ、今回の火事で、残りの書物もすべて失われた。

一九九七年四月には、英国サウサンプトンのシャーリー図書館の火事で三万五〇〇〇冊が焼けた。同年八月にチェコを襲った大洪水でも、何千冊もの本が消滅した。三万五〇〇〇冊以上を所蔵していたオストラバ市立光学図書館は壊滅的被害を受けた。なかでも深刻だったのは、百科事典や辞書、光学技術の基礎の参考書三六〇〇冊が失われたことだ。遺体と一緒に本が浮かぶ光景は凄惨だったと、身を震わせながら証言する者もいた。

III

一九九八年三月、米国ミネソタ州を襲った竜巻ではセントポール公共図書館が破壊され、三万冊の本が消滅した。同年一〇月のハリケーン〝ミッチ〟で被害を受けたニカラグアでは、二九万五〇〇〇冊もの本が破壊された。

一九九九年六月一一日の夜から一二日の正午にかけて、フランスのリヨン第二大学と第三大学の中央図書館で不慮の火災が発生、文献資料が全滅した。一八八六年創立のこの図書館は、国内外の一万人以上の利用者に対応していた。焼失した本は二八万冊を優に超えるという。

同年九月に米国で起こった大洪水では、ニュージャージー州ローウェイの公共図書館の本二万八〇〇〇冊とビデオ、記録文書が失われた。同州のファンウッド、コールドウェル、バークレー・ハイツ、サミット、トレントン、イリノイ州パーク・リッジ、スプリングフィールドの各図書館も同様の被害に遭っている。

やはり一九九九年の九月三〇日、インドの新聞『アジアン・エイジ・カルカッタ』紙は、カルカッタ市内の大学密集地で世界最大級の古本屋街としても有名なカレッジ・ストリートの本八万冊が、洪水で破壊された件を報じている。《長年細心の注意を払って保管されてきた稀書や写本が、押し寄せた水で全滅した[14]》

同年一二月一五日から一七日にかけての豪雨で、ベネズエラの沿岸地域一帯が壊滅的被害を受け、マクトの図書館が消滅した。ごく普通の学校図書館だったが、それでも書棚にはジョゼフ・コンラッドの著作や、ウドン・ペレス、ホセ・アントニオ・ラモス・スクレなど地元の詩人の作品が並んでいた。国民的画家アルマンド・レベロンの美術館は土石流に見舞われ、近隣の町ナイグアダにあるシモン・ボリバル大学沿岸校の図書館も瓦礫の山と化し、三万二〇〇〇冊が水に流された[15]。美しい小村カルメン・デ・ウリアは村全体が壊滅し、学校と図書館が丸ごと失われた。

二〇〇一年にはハリケーン・アリソンの一撃で、米国ヒューストン大学のオクイン法律図書館が破壊され、二〇万冊が消滅した。失われた本を取り戻すために二七三〇万ドルの予算を要した。

二〇〇二年にヨーロッパ各地を襲った大洪水でも、無数の書物が流された。チェコでは六六万冊が被害を受けた。暫定的な分析では、プラハのカレル大学図書館だけでも、法学書の三分の一を失ったとされる。ほかにも軍の記録文書や中央局の統計資料、チェコ交響楽団の資料などが消失している。洪水被害が深刻だった施設のひとつは、プラハのマラー・ストラナ地区にあるチェコ科学アカデミー考古学研究所だ。レテンスカー通りに面した本部の建物には三メートルの高さまで水が達し、国内最大の考古学文献七万冊が使用不可能となった。旧市街のイルスカー通りに本部を置くチェコ科学アカデミー哲学研究所も、哲学の分野では国内最大級の蔵書を誇っていたが、三万冊が失われた。現在、修復を待つ二万五〇〇〇冊の本が冷蔵室ふたつに保管されている。

同年五月二九日、フランス・ウール県ガズニでは出版社ベルレットルの倉庫が火事に遭い、〝ビュデ叢書〟の名で有名なギリシャ・ラテン古典文学コレクション三〇〇万冊が全焼。大プリニウス、アリストファネス、プラトン、アリストテレス、プロティノスほか、古典の人家の作品が消滅した。

六月三日には米国オレゴン州ポートランドのローリーヒルズ地区にあるウェスト・スロープ・コミュニティ図書館（一九五〇年創設）で火災が発生し、新聞と児童書が焼失した。一二月九日にはスコットランドのエディンバラ中心部で発生した火事が、エディンバラ大学情報科学学部と人工知能図書館に延焼、同図書館が所蔵していた何千冊ものＡＩ（人工知能）関連書が焼けた。

二〇〇三年一二月二六日、イラン南東部のバムを襲った大地震は四万三〇〇〇人以上の死者を出す大惨事となった。中世の街並みが残る旧市街や要塞が破壊され、アラビアの書物を多数揃えていた市立図書館も倒壊した。

今日、新聞やテレビのニュースで、災害の報道を目にしない日はない。取り上げられはしないものの、そのひとつひとつの出来事には、何千冊もの書物の破壊が付随している。適切な防災対策を講じていないがために、大きな文化的損失を生み出している感が否めない。

スペイン科学研究高等評議会の蔵書

スペイン文化史においてほとんど忘れ去られているのが、一九七八年一二月に発生したスペイン科学研究高等評議会(CSIC)人文社会科学部門の火災だ。[16] 忘却を予感してか、事件の翌日、ジャーナリストのハビエル・フェルナンデス・デル・モラルは、次のように報じている。《一九七八年一二月は、憲法が制定されたときとしてスペインの歴史に刻まれるに違いない。新聞各紙の論説と評論家のコメント、世論という証言とともに。「ドゥケ・デ・メディナセリ通りで大火事があったときだ」などと覚えているのは、少々いかれた知識人か、書物や歴史、文化の愛好家だけだろう[17]》。事件の真相はいまだ明らかになっていないが、事件が起こった日付を消し去ることはできない。

CSICは、内戦終結後の一九三九年一一月に設立された国の研究機関で、現在は経済産業競争力省の管轄である。人文社会科学、生物学・生物医学、物理学、化学など八つの部門に分かれ、各部門がさらに分野ごとに細分化されて、各分野がテーマ別の複数の研究所を従えていた。人文社会科学部門の場合は、歴史学、地中海・中東研究、言語学・文学・人類学、哲学、経済学・地理学・統計学、政治・公共の福祉の六つの分野に分けられ、各研究所は当該テーマの先駆者の名前を愛称にしていた。たとえば社会学研究所は、社会学者ハイメ・バルメスに由来しバルメス研究所、スペイン史研究所は、歴史学者の名を借りてメネンデス・ペラーヨ研究所、アメリカ史研究所は、新大陸インディアスの歴史家の名からゴンサロ・フェルナンデス・デ・オビエド研究所というようにだ。同様に、スペイン語文献研究所はミゲル・デ・セルバンテス研究所、ヘブライ・セファルディ・中東研究所はベニート・アリアス・モンターノ研究所、考古学研究所はロドリーゴ・カロ研究所、国際法律研究所はフランシスコ・デ・ビトリア研究所と呼ばれていた(その後、再編され、現在では分野も研究所名も変更されている)。

一九七八年一二月一日未明、マドリードのドゥケ・デ・メディナセリ通りにあるCSIC人文社会科学部門の本部四階から火の手が上がった。出火の原因は不明だ。五時間に及ぶ消火作業のあと、不安げに事態を見守っていた研究者や奨学生たちは、被害の全容を知って愕然とした。自身の研究の成果である未発表の論文が焼失したのだから。

焼失したのは論文ばかりではない。報告書を作成したエステバン・リモンは、何もかも焼けてしまったと述べている。バルメス研究所では約三万冊の本・刊行物を焼失したが、そのなかには経済学者アダム・スミスやホアキン・コスタの初版本をはじめ、一四世紀から二〇世紀までのスペインの人口統計や社会分析の記録書、社会学者セベリノ・アスナルの蔵書、経済学者サンチョ・デ・モンカダの蔵書、政治家パスクアル・マドスの名高い『地理学・統計学・歴史学事典』、フランスの社会学者エミール・デュルケームの著作まで含まれていた。たとえ焼け残った文書や書籍があったとしても、消火作業で大量の水を浴び、いずれにしてもだめになっていただろう。

ゴンサロ・フェルナンデス・デ・オビエド研究所も被害を受けた。施設の損傷はもちろんだが、二万五〇〇〇冊の蔵書も焼けた。とりわけ一七世紀から一八世紀にかけての稀少本と当時の旅行記、航海記、地理上の発見を扱った二〇〇〇冊以上の本が焼失したのが大きい。有名なコロンブス関係の資料も破壊された。同研究所の所長は火事の被害状況を知らされた際、次のように指摘している。《スペイン語圏の文化の母ともいえる、スペインでこのような事件が起こるのは、国際社会に対しても恥ずべきことに思える。施設の老朽化と、重要な文献資料を保管するうえでの安全対策、そのための予算の不足が原因だ》

ヨーロッパでも有数の中東研究施設だったベニート・アリアス・モンターノ研究所も深刻な被害を受け、エジプト、アッシリア、ヒッタイト、シリア、コプトの唯一無二ともいえる文献一万冊が消滅した。ロドリーゴ・カロ研究所も二五〇〇冊の刊行誌を失い、フランシスコ・デ・ビトリア研究所は三〇〇〇冊、ミゲル・デ・セルバンテス研究所は少なくとも五〇〇〇冊を焼いた。

火災から数週間後、焼失した本の数が暫定的に報告された。全部で約七万五〇〇〇冊。火災現場で残骸の後始末をしていた作業員が、被害の規模を尋ねられ、《幸い燃えたのは本だけだったよ》と答えたとの逸話がある。直接被害を被った研究者たちは、原因の徹底調査を要求した。調査はなされたものの、いつものごとく何の答えも出なかった。

図書館の二大火災、ロサンゼルスとレニングラード

《米国の図書館史を振り返っても、これほどの規模の火事はなかった》。ロサンゼルスの通りで、中央図書館の厳かな建物から立ち上る煙を見つめる神父が口にした。《事物の脆《もろ》さを突きつけられる思いだ。やはりわれわれ人間は煙であり、塵にすぎない》。聖職者特有の言い回しはともかく、おそらく図書館の保護・管理という点で、最も近代的な国で起こった最も大規模な火災であったのは確かだ。

一九八六年四月二九日、世界各地で本の日を祝った六日後、威厳を誇るロサンゼルス公共図書館の書庫から出火した。その原因が予防対策の不備なのか職務の怠慢なのか、あるいは過信による油断なのかは不明だが、火は七時間近く燃え続け、他の部屋にも及んでいった。少なくとも四〇万冊が焼失し、四〇万冊が破損した。失われた本のなかには、科学技術の分野における米国の発明品に関わる叢書も含まれる。

翌日、図書館は廃墟と化していた。午後四時から約一五〇〇人のボランティアが、のちの復旧に備えて無事だった本を一〇万個の箱に詰め、運ぶ作業に従事した。災害に遭った図書館ではお決まりの処置とはいえ、濡れた本の乾燥や洗浄をしたうえでの修復は容易ではない。火事による損失は二〇〇〇万ドルを超えた。

反骨の酔いどれ作家として定評のあるチャールズ・ブコウスキーは、この時の火事を「ひとつの夢の火災」というタイトルの詩に表している。

（……）
昔なじみのロサンゼルス公共図書館
かなりの確率で
この俺が
自殺者、
銀行強盗、
妻に手を上げる男、
冷血漢あるいは警察のバイク野郎に
なるのを回避させてくれた場所
自分の運のよさと
めぐらざるを得なかった道のりのおかげで
誰かにとってはいいやつにすらなれる、
そんな状況をもたらしてくれた
あの図書館は、若き日の自分が
すがりつける何かを
当時さほど多くなかったはずの
すがりつける何かを

探し求めた頃にはそこにあった。

新聞を広げた俺は
そこに火災によって
あの図書館が崩壊し
あそこにあった本の
大部分が消滅したと
報じる記事を読んだ。

思わず妻に話しかける。
〝俺はあそこで何時間も、
それこそ時間を忘れて
過ごしていたもんだ〟

続いてソ連崩壊前のレニングラードのロシア科学アカデミーの図書館で一九八八年二月一四日、大規模な火災が起こった。すべては三階の定期刊行物資料室の出火から始まった。この図書館は過去にも三回(一七四七年、一九〇一年、四二年)火事に遭っていた。

記録によると一九八八年の火災では四〇万冊の本が焼失、三六〇万冊以上が激しい損傷を負い、修復できぬものも多かったとのこと。そのほとんどが一七世紀から一九世紀にかけて出版されたもので、医学をはじめロシアにおけるさまざまな科学分野の研究・調査に関する本だった。

ヨーロッパで近年最も衝撃的だった，2004 年に発生したアンナ・アマリア図書館の惨事

アンナ・アマリア図書館

ドイツにおける図書館の悲劇も少なくない。取り上げるべき事例は多いが、ここでは最も知られているであろう、二〇〇四年にテューリンゲン州ワイマールで発生したアンナ・アマリア図書館の一件にとどめておきたい。

一六九一年、ザクセン・ワイマール公爵夫人アンナ・アマリアによって創設されたこの図書館は、当時世界に名だたる図書館のひとつであった。偉大なるゲーテが、この施設を頻繁に利用していたのが何よりの証明だろう。図書館自体もある種、象徴的な存在と化していた。世界中で出版されたゲーテの名著『ファウスト』の最大規模のコレクション一万三〇〇〇冊を筆頭に、シェイクスピアの初版本の数々、五〇〇冊に及ぶインキュナブラ、二〇〇〇冊の写本を所蔵する施設は、二〇世紀の終わりには一〇〇万冊もの蔵書を有していた。聖書のコレクションも傑出しており、一五三四年出版のルター訳聖書まであったほどだ。

二〇〇四年九月二日から三日にかけて、漏電が原因でロココ様式の広間から出火し、瞬く間に、ユネスコ世界文化遺産に登録されている建物全体に燃え広がった。この火災によって書籍五万冊（ほとんどが一七世紀と一八世紀のもの）のほか、貴重な音楽書と楽譜が多数焼失。六万二〇〇〇冊が火と消火時の水による損傷を被った。火が燃え盛るなか、五〇〇人以上が果敢にも人の鎖を作って二万八〇〇〇冊もの本を救出した。ワイマール古典財団会長ヘルムート・ゼーマンは、言葉少なに語っている。《わが国の古典文化揺籃の地が、一夜で失われる寸前だった》

第6章　恐怖の政権

ソビエト連邦における検閲と焚書

I

ソビエト連邦の誕生は、二〇世紀の政治・経済に最大の影響を及ぼした出来事のひとつだった。イデオロギーの面で世界を二極化したという意味でも、やはり重要な位置を占める。だが、文化的には書物の検閲と破壊を助長し、かえってマイナスだった感が否めない。

二〇世紀初頭にロシアで起こった一連の革命は、まずは一九〇五年一月、当時の首都サンクトペテルブルクで発生した血の日曜日事件（労働者による皇宮への平和的な請願行進に軍隊が発砲、多数の死者を出した事件）をきっかけに、ロマノフ朝の専制支配に不満を抱いた市民の反乱から始まった（ロシア第一革命）。同年一二月には労働者や農民による大規模ストライキも起こるが、これは軍に鎮圧された。しかし一九一七年三月（ユリウス暦二月）に五日間続いた労働者や兵士の蜂起・二月革命によって、ロマノフ朝による帝政はついに崩壊、臨時政府が成立した（ロシア第二革命）。政府は新たな政策の一環として、出版・報道の自由の回復を掲げた。それは一八〇三年から一九一六年のあいだに、二万以上の著作や新聞が禁止あるいは破棄された、そんな苦い過去を踏まえてのことだった。

ところが楽観的な状況は長くは続かなかった。左翼の多数派ボリシェビキ（のちにロシア共産党と改称）を率いるウラジーミル・レーニンが臨時政府から権力を奪取、他の政党をすべて禁止し、〝プロレタリア独裁〟と称する一党独裁制が確立した。教育人民委員部の成人教育部長に就任したレーニン夫人、ナデジダ・クルプスカヤが、国内各地の図書館からツァーリズム（ロシア帝政の専制政治）と資本主義を擁護する書籍を粛清する作業に着手した。インマヌエル・カントやルネ・デカルトといった哲学者らの著作をはじめ、多くの作家の本が焚書《ふんしょ》にされた。革命後に作られた恐るべき秘密警察チェーカー（反革命・サボタージュ取締全ロシア非常委員会）の中心的存在、フェリックス・ジェルジンスキーはためらうことなく、何十人もの作家を死刑に追い込んだ。

権力を強固にした新政府は一九二二年六月六日、教育人民委員部内に文学出版総局（通称グラヴリト）を創設。[1] これはすべての政府機関に対し、検閲の権限を行使できる組織でもあった。その結果、ロシア国立図書館の特別書庫には、グラヴリトが否認した本、つまりは禁書が保管されることになる。のちにソ連のゴルバチョフ政権がペレストロイカ（再編）政策を推進していた一九八九年、特別書庫に葬られていた本の数が公表され、約二万七〇〇〇冊のロシア語書籍と二五万冊の外国語書籍、五七万二〇〇〇冊の雑誌の存在が判明している。

一九二二年一二月、第一回ソビエト大会が開催され、ロシア・ザカフカース・ウクライナ・白ロシアの四共和国間でソビエト連邦結成条約を締結、ソビエト社会主義共和国連邦が成立した。のちに加盟国が増えて、一五の共和国、二〇の自治共和国、八の自治州、一〇の民族管区、一一〇以上の民族から構成される多民族国家と化すことになる。一九二四年には最初の憲法が制定され、二八年には作家たちに共産主義の支持が義務づけられた。一九三二年には、プロレタリア文学に代表される社会主義リアリズムを推奨する風潮が定着し、それが作品の判断基準にさえなった。社会主義を称揚し、勝利に向かって突き進む革命国家の姿を表現し、作品を通じて人民の革命意識を育てることが芸術家の使命とされたのだ。その一環として一九三四年、作家同盟が設立されたが、これはむしろ作家がそういった文学規範を忘れぬようにする目的だったといえよう。好ましくない作家を根絶すると同時にその芽も摘み取る、公立・私立の図書館にとっても恐ろしい時代がスタートした。その頃に国を捨てた作家、投獄・処刑された作家は少なくない。[2]

一九三四年、ロシア共産党中央委員会書記・組織局員のセルゲイ・キーロフが暗殺される。スターリン時代の公式見解では不倫相手の夫による殺害、あるいは反スターリン派の陰謀とされたが、キーロフの人気に嫉妬した党書記長ヨシフ・スターリンのしわざとの見方が強い。この暗殺事件を契機にスターリンが行なった大粛清によって闇に葬られた人々の数には、驚くと同時に痛ましくてならない。彼は一九三六年に新憲法（スターリン憲法とも呼ばれている）を制定すると、反対派・批判派の排除を断行した。一九三八年までに反革命分子として裁かれた約四〇〇万人のうち、少なくとも八〇万人が処刑されたといわれる。そのなかには共産党内の幹部政治家や軍の高官、一九一七年の革命時に活躍した功労者も含まれていた。とりわけ一九三六年から三八年に全三回にわたって公開で行なわれたモスクワ裁判では、外国人ジャーナリストの前で大物革命家たちが愚弄されつつ裁かれ、その後に処刑されている。多くの作家を含む一五三万人以上がシベリアのラーゲリ（強制収容所）送りになり、亡命者は三〇万人近くに達した。そこに、無理な農業の集団化によって大飢饉が発生し、土地を奪われた数百万人の農民が餓死した事実も加わる。スターリンの恐怖政治はそうして完璧なものになった。[3]

著作が禁じられた作家は一〇〇〇人以上に上るという。[4] 亡命先のパリで死去したエウゲーニイ・

ザミャーチンは、《ロシアで作家にとっての最高の栄誉は、『禁書目録』に名前が載ることだ》と発言した。

ウラジーミル・ナボコフは次のように述べる。

ここでひとつ引用させてもらおう。《芸術家の個性は、本来妨げられることなく発展させるべきものだ。われわれが要求するのはただひとつ、われわれの主義主張を公言することだ》。これはナチス・ドイツの大物、ローゼンベルクの言葉だ。それからもうひとつ。《どの芸術家にも自由に創作する権利がある。しかしわれわれ共産主義者はひとつの計画に適合することを余儀なくされている》。こちらはレーニンの言葉。あまりに似かよっていて、仮にこれが悲劇でなかったとしたら、実に笑える話なのだが。

アゼルバイジャンの作家アサフ・ルスタモフも、スターリン時代の逸話を語っている。彼がまだ一〇歳だった一九二八年七月、アゼルバイジャンのカフカス山脈の村ラフジに住んでいた頃の話だ。政府の役人の一団が村にやってきて、村内の本を全部集めるよう命じた。今日午後五時までに自分が所有する本を差し出すこと。命令に背く者は死ぬことになると告げてだ。村にあった本は、どれもコーランの言語、つまりアラビア語で書かれたものだったが、役人たちはその文字で記された書物を読むことは、思考を麻痺させる〝アヘン〟だとみなしていた。

夕刻時に村人一同を前にした役人らは、共同体の解放を声高に主張し、集めた本に火をつけた。だがルスタモフの話はそこで終わらない。一九四九年、彼自身がソビエト連邦軍の兵士となった頃、ＫＧＢ（国家保安委員会）の情報員だった友人に警告されて、自分の蔵書を全部燃やした経験があるという。途轍もない虚無感に襲われ、その後の数日間は、思い出しては涙を流すほどであったとのことだ。

著作を焚書にされた作家、あるいは投獄された作家についても年不順で何人か取り上げてみよう。ロシアの偉大な短編作家イサーク・バーベリもそのひとりだ。一九三九年五月一五日の早朝、NKVD（内務人民委員部。のちのKGB）のメンバーふたりが、ダーチャ（別荘）にいたバーベリを逮捕。罪状については何ひとつ説明がなかった。突然の出来事にバーベリは、《やらせてくれ。せめて仕事を最後までやらせてくれ》としか口にできなかったらしい。バーベリは逮捕後に消息が途絶え、一三年後にソ連政府から家族に死亡通知が届いたが、詳細は長らく不明のままだった。ところが一九九〇年代初頭に彼に対する尋問調書が発見され、刑務所内で八カ月間の尋問と拷問の末、一九四〇年一月に銃殺されていたことが判明した。

一九五八年にノーベル文学賞の授与が決定したボリス・パステルナークは、KGBと作家同盟による圧力で辞退を余儀なくされた。彼の著作はソ連では一九八八年まで公刊されず、多くの本が没収・焼却処分されていた。『ドクトル・ジバゴ』をはじめとする作品は、実は米国CIAの尽力でヨーロッパに広められていたことが現在では知られている。

一九四五年、若かりし日のアレクサンドル・ソルジェニーツィンは、前線から幼なじみに送った手紙で、暗にスターリン批判をしたかどで裁かれ、懲役八年の刑を言い渡された。一九六九年には作家同盟から追放されたが、翌七〇年にノーベル文学賞を受賞。一九七三年にパリで『収容所群島』第一巻を出版し、ソ連における政治犯の強制収容所の状況、投獄・拷問・強制労働・処刑の実態を暴露し、国家的テロの歴史を世界に知らしめた。それがもとで一九七四年、西ドイツに国外追放処分となっている。時代が変わって一九九〇年に市民権を回復するまで、ソルジェニーツィンの作品はソ連国内で没収・焚書にされ続けた。

ソ連時代に生まれた最大の詩人のひとりと称えられ、一九八七年にノーベル文学賞を受賞したヨシフ・ブロツキーも逮捕・国内流刑の末、一九七二年に国外追放の憂き目に遭っている。その後、米国の市民権を得、ミシガン大学ほかで教鞭をとった。彼の著作も禁じられ、破壊され続けたが、《本を燃やすよりもひどいことがあるとすれば、それは読まないことだ》と綴って反論している。

キエフ生まれの作家アナトーリー・クズネツォフは一九六六年、戦争時の回想『バビ・ヤール――小説ドキュメント』をソ連の月刊文芸誌『ユーノスチ』に掲載した。第二次世界大戦中、ナチス・ドイツ占領下のキエフの谷バビ・ヤールに置かれた強制収容所で、ナチス親衛隊（SS）とウクライナ警察など地元協力者によって、大勢のユダヤ人市民が連行・虐殺された事件の真相を、証言や資料をもとに一四歳から書きためた問題作だった。そのため身の危険を感じたクズネツォフは、一九六九年に取材旅行と称して訪れたロンドンでKGBの見張りを欺き、英国政府の建物に逃げ込み亡命を申請。その地で生涯を終えることになる。当然、彼の著作はソ連国内の全図書館から排除されたが、彼自身が未検閲原稿の35ミリ写真フィルムを持ち出すことに成功したため、西側で出版が実現した。

スターリンの死後、『ソビエト大百科事典』をめぐって奇妙な出来事も起きている。出版社は購読者に対し、ラヴレンチー・ベリヤの項目を削除する旨を記した手紙を送り、同封したベーリング海の写真をその部分に貼るよう求めたのだ。ベリヤはスターリンの右腕的存在で大粛清にも関与。一九五三年三月にスターリンが亡くなると実権を握ったが、ニキータ・フルシチョフとの政争に敗れ、同年一二月に逮捕・処刑されたのだった。

ソ連における検閲の徹底ぶりは、他に類を見ぬほどで、手紙や出版物はもちろん、何の変哲もない書類に対してまでなされた。チェコを代表する劇作家で、のちにチェコ共和国初代大統領になったヴァーツラフ・ハヴェルは、二〇〇二年九月二四日の演説で、当時の検閲の詭弁を非難している。

迫害・禁止・密告・強制選挙・検閲・強制収容所のシステムは、美辞麗句で覆われている。たとえば隷属は〝より高レベルな自由の形〟と表現される。それとは逆に、自立した思想は〝帝国主義への服従〟、人間の進取の精神は〝他者を困窮させる行為〟、人権は〝ブルジョアの考案品〟と恥ずかしげもなく揶揄できる。

残念ながら彼の非難する詭弁は、皇帝ニコライ二世が退位し、レーニンがボルシェビキを率いて革命を成就した一九一七年から、マルタ首脳会談で東西冷戦の終結が宣言される八九年まで有効だった。

II

第二次世界大戦中の一九四〇年、ソ連軍がエストニア、リトアニア、ラトビアを侵略。民間人を大量に虐殺したのち、厳格な検閲体制を敷いた。ソ連兵は次々本を没収すると、住民に恐怖を植えつけるべく公の場で燃やした。[6]

ソ連によるエストニアの占領はあっという間だった。即座に体制に批判的な二一二の新聞と作家の著作が禁止された。一九四〇年八月二二日、同国の教育省内務局の局長ハラルド・ハベルマンは、全国の図書館から反ソビエト、ブルジョア階級、排他主義、神学の性質をもつ本の排除を命じる声明を出した。エストニア国内では思想の〝粛清〟が始まり、タルトゥ大学やトームペア大学でも本が集められて焚書にされた。図書館蔵書の刷新に先立つ同年八月二三日、愛書家委員会が一五五二作品の推奨図書を選定したにもかかわらず、二〇万冊がソ連兵の手で破壊された。

バルト三国は一九四一年から三年間ナチス・ドイツに支配されたものの、第二次世界大戦末期に再びソ連に占領され、九一年に独立を達成するまでソ連に併合されていた。エストニアでは一九四六年から五〇年にかけての文化粛清の結果、首都タリンの中央図書館から約一五〇万冊が消滅している。また別の機会に出された勅令では、外国語書籍の大量破壊が指示された。何千冊もの本の破壊を請け負った人物が一万九〇〇〇ルーブルを得たという話もある。一九五三年には国全体で一五〇万冊が破壊され、六六年にエストニアで禁止された本の数は九三〇〇冊に上った。[7]

リトアニアでは一九四〇年五月二八日、ソ連のグラヴリトの情報員らが、国内にある七一の図書館と五二の書店を調査した。[8]さらに一九四四年一一月の勅令で、ファシストや反ソビエトに関する全書籍の没収が迅速に行なわれた。一九四七年から四九年の二年間に、二二万人のリトアニア人がシベリア送りにされたが、そこには数百人の知識人も含まれていたという。ラトビアでも他の二国とほぼ同じ状況が繰り返された。

第二次世界大戦に勝利したソ連は東ヨーロッパの国々を支配下に収め、ソ連型社会主義を押しつけたが、それには当該国の文化の抑圧も伴っていた。ハンガリーの首都ブダペストでは一九四四年から四五年の二年間に議会図書館、ハンガリー科学アカデミー図書館、ブダペスト工科経済大学の図書館を含む、数十の図書館が容赦なく燃やされている。[9]ルーマニアでも一九四五年の襲撃で三〇万冊が消滅し、[10]北東部の都市ヤシにあるゴージュ・アサチー工科大学図書館の破壊では、書籍一五万冊と数学誌四〇〇〇冊が失われた。

分断された東西ドイツのあいだに壁を築いたことで、ソ連の東ドイツにおける文化修正の実態は西側諸国に洩れにくくなった。一九五三年、共産主義者らはその地でも五〇〇万冊の本を没収し、破壊している。ドイツ社会主義統一党の権力を強固にすべく、秘密警察シュタージ（国家保安省）は出版物への事前検閲を実施し、『禁書目録』を作成した。たとえば一九七八年頃、シュタージの役人レナーテ・ドレンコウは、イデオロギー面で不適切とされる本六二冊と倫理的・美的観点から不適切とされる三〇冊をリストアップしている。検閲を担当していたのも詩人のウーヴェ・ベルガー、ドイツ学・スカンディナヴィア学研究者のリュディガー・ベルンハルトといった卓越した知識人で、彼らの残した報告書は一度読んだら記憶に刻まれるほど詳細かつ冷徹な内容になっている。皮肉まじりに綴っているのは、著者たちに恐怖心を抱かせるためだったのかもしれない。

III

第二次世界大戦終結後に、ソ連軍が各地で没収した芸術作品や記録文書の返還を求めて、いまだに多くの国家と団体が訴え続けているが、解決された様子はない。その意味ではソビエト時代をめぐるスキャンダルのひとつともいえる[11]。国の保管所には、英国・フランス・ドイツ・ウクライナ・ベルギー・リヒテンシュタイン・ポーランド・ハンガリーなど周辺諸国からの略奪品で溢れていたとされる。ヨーロッパ中のフリーメーソン支部にあった蔵書は何十年も隠蔽したうえで内容が精査され、場合によっては破壊された。ナチスがユダヤ人家庭から分捕った一連の蒐集品がモスクワやレニングラードに出回り、転売されたとの話もある。実際、ソ連は一九四五年から四六年にかけて、ゲシュタポの蔵書、ゲッベルスやリッベントロップらナチ高官の個人蔵書、モーリッツブルク（現ドイツ）のザクセン王たちの蔵書などを没収し、貨物列車あるいは飛行機で本国に移送した。のちほど分類するために保管してあったはずだが、案の定そのうちの何冊もが紛失している。

スペインのフランコ主義

スペインでは内戦が終結すると、フランシスコ・フランコを党首とする統一ファランヘ党の一党独裁制が開始され、独裁者が死去する一九七五年までフランコ主義の時代が続いた。

一九四〇年三月一日公布の「秘密結社および共産主義者取締法」で、フリーメーソンと共産主義の弾圧が、四一年三月二九日公布の「国家保安法」で、反逆者の投獄・処刑が正式に認められると、内戦で敗北した共和派の元戦士、陸・海・空軍の兵士に政治家、支持者はもとより、反乱分子とみなされた一般市民、同性愛者までもが、一般の犯罪者と一緒くたに収監された。既存の刑務所だけでは対応しきれず、スペイン各地に一八〇の強制収容所が新設されたが、囚人の数はピーク時には五〇万人を超えたともいわれ、どこも文字どおりのすし詰め状態で、横になるどころか座ることすらできない監獄もあったという。

一九三九年から四四年までの五年間に、一〇万人以上が処刑もしくは劣悪な環境が原因で命を落とした。一九四〇年一〇月一五日には、亡命先のフランスでゲシュタポに捕まり、フランコ政権に引き渡されたカタルーニャ自治政府代表のリュイス・クンパニィスが銃殺され、その少し前の九月二七日には、懲役三〇年の刑期でセビリア・カルモナ刑務所に収監されていた社会労働党・労働総同盟代表のフリアン・ベスティロが感染症で死亡している。

反対派への弾圧の枠組みが固まったフランコ主義体制は、当然ながら一九三八年制定の「報道および出版法」を利用し、出版やメディアのコントロールに邁進した。人民戦線の本部・支部その他の反フランコ派政党の事務所は閉鎖され、文書回収局によって蔵書や記録文書が押収・破壊された。禁書も明確にされる。代表格としてはマルクスとエンゲルス、毛沢東の著作、官能小説とみなされたヘンリー・ミラーやD・H・ロレンスなどの作品があり、それ以外の本も含め、没収後は製紙用パルプになるか、灰にされるかがつねだった。

都市部・農村部を問わず、記録文書も大量に押収された。[12] とりわけカタルーニャの中心都市バルセロナでは大量の文書が没収され、その大部分は、約三〇〇〇個の大袋に詰め込まれ、フランコ派の拠点で文書回収局が置かれていたサラマンカ行きの列車に積まれた。反フランコ派の多さではバルセロナと双璧をなすバスクでも、やはり押収された文書がサラマンカに移送された。反体制派の人物の有罪を立証する資料としてだ。没収の対象となったものもさまざまで、まったく無関係の写真、個人の手紙、各地域の新聞から、労働組合や政党、自治州政府当局が作成した反フランコの宣伝の記録までもが含まれていた。

両自治州政府は現在も、スペイン中央政府に対してフランコ政権が押収したオリジナル文書の返還を要求し続けている。記録文書の奪回を求める各分野の代表者らで組織された〝尊厳委員会〟は二〇〇二年の時点で、サラマンカ市の内戦総合文書館が戦後六〇年以上も経っているのに、返還要求に一切関心を示さないと批判している。

二〇〇三年、内戦総合文書館には、カタルーニャでフランコ軍が押収した文書の一〇パーセント程度しか収められていない事実が判明した。つまり一六〇トンの文書のうち一割、一六トン分だけが残され、あとの九割は製紙用パルプに変えられたということだ。その後二〇〇五年に、文書の返還に関する法案が閣議決定され、国会で可決された末、翌年一月カタルーニャ州にのみ一部が返還された。だが、サラマンカ市内外の保守派の反対が強く、移管作業は物々しい雰囲気のなかで行なわれ、サラマンカ市が返還の差し止めを求めて裁判所に提訴するなど、大騒動となった。このことからもスペイン内戦がいまだに人々のあいだに微妙な問題として残っている現実がわかる。

話をフランコ政権下に戻す。検閲の立役者はラモン・セラノ・スニェルだった。独裁者フランコの義弟でヒトラーを崇拝し、ゲッベルスの演説のコレクターを公言していた。報道・宣伝総指導局長にはファン・アパリシオが就任し、事前検閲に知識人チームの協力を得ていた。一九四五年七月一〇日発行の『文学通信』第三〇号掲載の「文学あれこれ」というコラムには、のちのノーベル文学賞作家カミーロ・ホセ・セラが出版物の検閲官として働いていたことが記されている。セラが一九四三年にアパリシオの力添えで記者証を獲得し、アパリシオのもとで二年間検閲に携わったのは事実だが、それでも彼の作品は検閲で引っかかり、代表作『蜂の巣』(一九五一年)は一九五五年までスペインで出版されなかった(性的描写の多さが問題視されたためだ)。

過去にマドリードにて、詩人ファン・ラモン・ヒメネス編集で四号のみ発行された雑誌『インデックス』(一九二一-二二年)はスペイン内外の名だたる作家たちが寄稿していた文芸誌だが、一九五四年に小説家ピオ・バロハの特集号が検閲で差し押さえられた。彼の作品が家族・教会・国家の価値を著しく傷つけるとの理由だ。教権的ファシズムの敵とみなされた作家フェリペ・トリゴとマリオ・ロソ・デ・ルナの作品も没収された。一九六八年に評伝『カミロ・トーレス――コロンビア人神父・ゲリラ』を出版したマヌエル・ペセジン・ランチャロの場合は、治安裁判所で裁かれるに至り、五〇〇〇部が廃棄処分となった。現存するのは一冊のみである。

スペイン社会の要望に応じる姿勢を見せるためか、フランコは当時、情報・観光大臣を務めていたマヌエル・フラガに「新・報道および出版法」の起草を依頼し、一九六六年三月一八日に承認された。新法では事前検閲が排除されたものの、事態は何ひとつ変わらなかった。分離・独立を訴える本、マルクス主義の本は相変わらず迫害・破壊され続けたのだから。

一九六六年には詩人ホセ・ミゲル・ウジャンの作品が没収・破壊され、その翌年には『四月のある日の前後に』の著者イサーク・モンテロに禁固刑が下り、作品は一五年間没収された。同じ年、メディナ・シドニア女公爵ルイサ・イサベル・アルバレス・デ・トレドの小説も全部禁書にされている。一九六八年にはセルヒオ・ビラルの『力は通りにある』が、七〇年にはジョセ・ルイス・メンデス・フェリンの小説が、すべて没収のうえ破壊された。『私が落ちたというのなら』のファン・マルセや『主体性のしるし』のファン・ゴイティソロなどの作家は、検閲側から警告を受け、無期発禁状態だった。ラテンアメリカ諸国などスペイン国外での出版に漕ぎつけた本が、たまたまスペインに入ったときには、ほぼ確実に破棄され姿を消した。フランコ政権後期、比較的規制が緩和された時期でさえこのありさまだった。

検閲政権

《本は存在しない。民主政府が勝利した》。これは一九七六年初頭の数カ月間、カンボジア国立図書館の玄関に吊るされていた奇異なメッセージだ。兵舎と化した図書館からは書棚や椅子、机が取り払われ、農民や兵士らが豚や鶏と一緒に寝泊りしている。そんな状況下で生き延びたわずかばかりの本も、焚きつけやタバコの巻き紙として使われた。

カンボジアにおける書物の破壊は、時や場所を選ばず常態化していた。一九五三年にフランスから独立、カンボジア王国時代を経て、七〇年親米派の軍人ロン・ノルによるクーデターでクメール共和国が生まれると、ポル・ポトを中心とする共産主義勢力クメール・ルージュは中国・北京に逃れた国王シアヌークと手を結び、カンボジア民族統一戦線を結成。米国と南ベトナム軍に支援されたロン・ノル政権とのあいだにカンボジア内戦が勃発する。一九七五年四月、統一戦線側はプノンペンに侵攻し、首都を陥落させた。ロン・ノルはハワイに亡命し、クメール共和国は崩壊。この年がカンボジアのゼロ年となる。翌一九七六年一月、ポル・ポト政権が新憲法を公布し、国名を民主カンボジアと改称、シアヌークを国家元首に任命した。しかしそれは罠だった。シアヌークは帰国早々王宮に半ば監禁され、同年四月に国家元首を辞任。後任の国家元首（国家幹部会議長）には副首相のキュー・サムファンが選ばれた。権力を掌握したポル・ポトは、国民を地獄に落とす数々の政策を実行していく。貨幣制度の廃止、国境の完全封鎖。極端な原始共産制社会への回帰政策では、都市住民を強制的に農村に移住させて強制労働に従事させた。カンボジアは長年続いた内戦時の空爆で農村が破壊され、食糧供給が危機的状況にあった。そこで食糧増産を図ろうとしたわけだが、非現実的・非効率的なやり方は大旱魃《だいかんばつ》を引き起こし、劣悪な環境でマラリアが流行して、一〇〇万人を超える犠牲者が出た。

ポル・ポト政権はあらゆる形の宗教活動や教育活動を禁じ、私有財産を没収。一九七五年から七九年にかけて、一七〇万人以上を殺害し、過去に例のない残虐ぶりで粛清を実行した。旧政権関係者だけでなく、都市部の富裕層、知識人、留学生、親ベトナム派の人々が虐殺され、反体制の疑いのある者は、政治犯収容所で拷問の末に処刑された。知識人に恨みを抱く彼らは、作家や芸術家たちを無用の人間とみなして殺し、知識の象徴でもある書物をためらうことなく一掃した。各地の図書館の蔵書は没収され、大量の印刷本と貴重な古文書が何百冊も薪《まき》の代わりに燃やされた。消滅した本の総計は二〇〇万冊以上といわれる。

隣国の南ベトナムことベトナム共和国（当時）は、一度は独立を果たしたものの、再び植民地化され南北に分断。泥沼化したベトナム戦争中の一九六三年から六八年に、ゴ・ディン・ジエム政権による仏教僧に対する迫害が起こった。首都サイゴンのカトリック系有力者の優遇政策に反発した僧侶たちに、政府が暴力で応じたもので、大勢の僧侶が逮捕され、各地の寺院が焼き討ちに遭い、図書室も燃やされた。それとは別に一九六八年一月三〇日、旧正月テトの期間は休戦としていた慣例を破り、北ベトナム人民軍と解放戦線が南ベトナムを襲撃した事件、いわゆるテト攻勢の際には、占領された都市の路上で、南ベトナム政府関係者が次々処刑されたが、破壊された何千冊もの書物も、通りという通りに散らばっていた。その時に命拾いした本と文書のいくつかは、現在ホーチミン(旧サイゴン)に保存されている。

一九八九年一一月九日に始まるベルリンの壁崩壊の影響は、東ヨーロッパ全域に波及した。ルーマニアでは一二月一六日のティミショアラでのデモに続いて、二一日には首都ブカレストでも、一九六〇年代から続くニコラエ・チャウシェスクの独裁政権に対する市民の抗議集会が起こる。チャウシェスクから市民への発砲を指示され、拒否した国防相が翌日、遺体で発見された。これをきっかけに国防軍が政権に反発、市民の側に立って治安部隊と衝突し、革命に発展する。激しい闘争の只中で、ブカレスト大学の図書館の蔵書五〇万冊以上が破壊された。その時の映像には、ヴィクトル・ユゴーの全集が、他の有名作家たちの全集とともに燃えるシーンが収められている。

中東に目を転じる。独自の国家を持たない最大の民族で、シリア、イラク、トルコなど各国の山岳地帯に分散して暮らすクルド人は、これまでもトルコとイラクから過酷な迫害を受けてきた。彼らに対する虐殺や焚書はいまだに続いている。イラク北部のクルド人自治区の主都アルビルでは、博識者として知られるノーリ・タラバニの図書室が破壊され、三〇〇〇冊の本と何十冊もの写本が消滅した。クルド人自治区の町々の公立図書館や個人蔵書の破壊で、少なくとも二五万冊の本が失われたとされる。そのほとんどはサダム・フセイン政権下のイラクによってなされた行為だった。

フセインは一九九〇年のクウェート侵攻時にも、現地で書物や記録文書を破壊している。

アラビア諸国ではいまだに、実際には読んでいない本を非難する指導者に先導されて、一般市民がさまざまな書物の破壊に及んでいる。いくつか例を挙げると、ヨルダン生まれの英国の作家ファディア・ファキル、エジプトの作家で精神科医でもあるナワル・エル・サーダウィ、パレスチナを代表する詩人マフムード・ダルウィーシュといった作家たちの著作が標的にされている。

中国の文化大革命

一九六六年八月一八日。この日、初めて世界は中華人民共和国の共産主義青少年組織、紅衛兵《こうえいへい》の存在を知った。全国各地から上京し、北京の天安門広場を埋め尽くす一〇〇万人規模の若者たちが、揃いの人民服と帽子姿で『毛主席語録』を片手に「毛沢東万歳」と叫ぶ光景。それにも増して衝撃的だったのは、その若者たちの傍らでうなだれる、元共産党幹部や知識人らの無残な姿だった。各自の首には看板が掛けられ、《反革命者》《日和見主義者》《人民を貧困に追いやった張本人》などと罪状が記されていた。

当時、毛沢東には起死回生の一手が必要だった。太平洋戦争・日中戦争後、国民党との内戦に勝利し、蔣介石を台湾に追いやって中華人民共和国の建国を宣言してから一七年。農工業の大増産を目指した大躍進運動の失敗で経済の混乱を招き、数千万人に上る餓死者を出した毛沢東は、国家主席の座を退き、劉少奇《りゅうしょうき》、鄧小平《とうしょうへい》ら政敵たちに水をあけられていた。そこで奪権を図るべく一九六六年五月一六日、「五一六通知」を出し、文化大革命の口火を切った。[13] 文化大革命とは本質的には、マルクス主義的な社会分析を導入し、知識人層を粛清、一般市民と共産党員が資本主義に傾くのを阻止するためのものだ。ところが劉少奇国家主席と鄧小平共産党総書記は、率先して資本主義を取り入れた経済再建を目指している。毛沢東はそのような柔軟路線を「資本主義の道を歩む実権派」「走資派」「修正主義」と断罪、民心に訴えることで敵対勢力を追い落とそうと考えた。五一六通知とは「ブルジョア階級の代表」と「反革命修正主義者」の浸透を許しているとして、中国共産党や軍、政府を糾弾したものだ。

その訴えに呼応する形で誕生したのが、紅衛兵と呼ばれる学生運動グループだった。紅衛兵とは〝毛沢東の紅い衛兵〟を意味し、原理主義的な毛沢東思想を信奉する。当初は北京市内の清華大学附属中学内で結成され、広く社会に波及した。毛沢東は熱狂する若者たちの巨大なエネルギーの利用を思いつき、党公認のお墨つきを与えると「司令部を砲撃せよ」と題した論文を『人民日報』（中国共産党中央委員会の機関紙）に発表し、反革命の拠点、つまり自ら築いた組織に対する攻撃を促した。

一二歳から三〇歳までの青少年で組織されたこの集団は、都市と地方の双方に本部を置き、赤旗と毛沢東思想への忠誠を新たな武器に、反革命派への監視体制と威嚇姿勢を強めていった。中国全土に数百万人あるいは一〇〇〇万人以上いたともいわれる兵士らは、毛沢東とその支持者たちにとっては実に有益な存在だった。

四《し》旧《きゅう》（旧《ふる》い思想・文化・風俗・習慣）を打破し、新たな国を築く。「破壊なくして構築なし」が前提条件で、資本主義の道を歩もうとする官僚や党幹部への攻撃は「造反有理」のひと言で正当化された。そうして劉少奇や鄧小平、共産党内の彼らの支持者や軍の長老ら要人、知識人や文化人に対する、紅衛兵の過酷な糾弾や中傷が始まる。〝批闘大会〟と称する公開の吊るし上げが毎日行なわれ、「実権派」「走資派」「反革命主義者」とされた人々は壇上に引きずり上げられ、三角帽子をかぶせられたうえで殴打・罵倒され、自己批判を強要された。軟禁状態に置かれ、連日のように言葉と力の暴力にさらされて、精神的に参って自殺する者、健康を害して病死する者が続出した。また、地元の有力者や教育者ら、数千人に上る一般市民も標的となり、吊るし上げのあと即席の収容施設・牛棚（牛小屋）に入れられ、肉体労働を強制された。

しかしながら紅衛兵運動は長続きしなかった。派閥同士の論争が武力闘争にまで発展、大量の死者が出るなど社会を混乱させたからだ。事態を収束すべく毛沢東は、一九六八年七月にリーダーたちを説得して運動をやめさせると、同年一二月から農村支援と再教育の名目で、都市部に住む約一六〇〇万人の若者たちを、半ば強制的に農村や辺境に追放した。これを上山下郷《じょうさんかきょう》運動または下放《かほう》といい、停止されるまでの一〇年間、帰郷を許さなかった。

文化大革命の時代、毛沢東の夫人で元女優の江青《こうせい》は、演劇界の刷新に着手した。イデオロギー色の強い革命的現代バレエを重視、京劇など伝統的な歌劇を排斥し、多くの名優や演目が失われた。また嫉妬心からかつてのライバルたちを迫害し、有望な女優たちを死に至らしめている。

革命を称揚せぬ作家たちも弾圧された。彼らの著作もしかりだ。一九四九年の建国以来、焚書はすでに見慣れた光景ではあったが、文化大革命の時代には、中国全土で書物の大量破壊が実施されるようになった。北京大学では国民の精神に有害とみなされた本がすべて没収され、燃やされた。[14] この時代の狂気を作家の巴金《ばきん》は次のように語る。《私は長年かかって集めてきた本や雑誌、手紙、手稿を破壊した。(……)私は完全に自分自身を否定し、文学も美も否定していた[15]》

亡命作家で二〇〇〇年にノーベル文学賞を受賞した高行健《ガオシンジェン》は北京の出版社で翻訳者をしていた頃、下放された経験がある。その際、トランクに詰めた未完の作品全部を燃やすよう強いられたという。その時代、何千人もの作家が流刑にされるか、愚弄や忘却にさらされ、残りの人生を過ごした。

中国における知識人迫害の忌まわしき記録をさかのぼっていくと、共通点が見いだせる。ひとつはそのやり方が体系化されていること、もうひとつはその国家レベルでの犯罪である。反体制派の知識人を葬り去る流れは、悲しいほどにお決まりのものだ。規制・排除・検閲・脅迫・拷問……と続き、犯罪者に仕立て上げられ、最終的に死亡あるいは行方不明となる。罰せられた作家は著作ともども社会から抹殺されるか、犯罪者同然の扱いで報じられる。亡命作家に対する扱いがいい例だ。極端論者らが行なう迫害では、標的となった知識人とその読者、信奉者たちが共有する記憶の根絶に意識が注がれる。その意味でも中国の知識人たちの名誉を失墜させる過程は、卑劣なやり方に満ちている。彼らの訴えを無視した逮捕もそのひとつだ。政治テロを行なったかどで逮捕された知識人を探すのは難しいが、腐敗した役人や裁判官、警察が共謀して仕組んだありきたりの犯罪で逮捕された知識人は数知れない。

話は変わるが、一九五〇年に中国がチベットを占領した際、禁止された著作は数十冊ほどだった。しかし一九六六年の文化大革命期にその数は桁違《けたちが》いに増え、特定の書籍を所有していたとの口実で、僧侶が投獄あるいは殺害されかねぬ状況にまで悪化したと、エヴァ・M・ネテロヴィッツは指摘する。[16]少なくとも六〇〇〇の寺院と一〇万人以上のチベット僧が、中国側からの襲撃を受けている。

国と民衆に深刻な災難をもたらした文化大革命は、一九七六年の毛沢東の死と主導した四人組の逮捕で実質的に終焉し、翌七七年に終結が正式に宣言された。一九七八年からは文革中に反革命で有罪判決を受けた人々の復権に向けた審査が行なわれ、八九年までに三〇〇万人の名誉回復が実現したという。

アルゼンチンの軍事政権

スペインから独立後の二〇〇年のあいだに、大きく分けて五回にわたる軍事政権時代を経験し、多大な文化破壊を被ったアルゼンチンにも一項目を費やす価値は十分あるだろう。とりわけ悪辣を極めた最後の軍事政権の兆しは一九七四年七月一日、ファン・ドミンゴ・ペロン大統領が死去した瞬間からすでに始まっていた。

一八一〇年にスペインからの独立を宣言したアルゼンチンでは、周辺国との紛争や内戦が続いてしばらく政情が落ちつかなかった。一九世紀の終わりから二〇世紀にかけて豊富な天然資源と肥沃な大地を生かした農牧業で経済的に発展し、二度の世界大戦で損害を被ることもなく、海外から多くの労働移民を受け入れ、繁栄した（ヨーロッパの大飢饉や世界恐慌による失業者に加え、ロシア革命やナチス・ドイツの台頭、スペイン内戦を逃れての亡命者も多かった）。しかし近代化・都市化の一方で大土地所有制は植民地時代以上に進み、社会は贅の限りを尽くす一部の支配者階級と、大多数の労働者階級に二極化した。公共の富より個人の利益が優先され、教育や福祉はおろそかにされる世の中で、大衆の不満は募り、労働者や学生らによるストライキが頻発する。

そこに登場したのが、軍人出身のファン・ドミンゴ・ペロンだった。カリスマ女優のエバ（エビータ）と再婚、労働条件の改善を謳って人心をつかみ、一九四六年の大統領選に圧勝した。基幹産業を国営化し、新憲法に労働三権を盛り込み、労働者の権利を保障する一方で、反対派に対する弾圧を強め、新聞各社を政府の監督下に置き、言論統制を敷くなど、独裁的な色も強かった。再選を禁じた憲法を修正して一九五二年に二期目に入るが、慈善事業で政権安定に貢献してきたエバが死亡、経済政策の失敗でペロンの人気は急落し、五五年の軍事クーデターで失脚、パラグアイを経てスペインに亡命する。

ペロン不在のあいだ、軍政崩壊と民政復活、再びクーデターとめまぐるしく体制が変わり、元々主義主張の異なるペロンの支持者が、右派と左派に分かれて武力抗争を繰り広げた。なかには残虐なテロ行為も辞さないゲリラ組織もあり、市民生活まで脅かされるようになる。一九七三年に帰国したペロンが大統領選に勝利して三期目に入るが、翌年心臓発作で急死し、副大統領だった後妻のイサベルがあとを継ぐ。ところが、破綻した経済を立て直すどころか失策が相次ぎ、ゲリラの取り締まりと称して極右民兵組織AAA《トリプレ・アー》（アルゼンチン反共産主義同盟）による反対派の粛清を断行する。そんなイサベル・ペロン政権の迷走と国民の反感は、軍部にとっては好都合だった。

一九七六年三月二四日、軍部はクーデターを起こしてイサベルを大統領の座から引きずり降ろすと、陸軍のホルヘ・ラファエル・ビデラ、海軍のエミリオ・エドゥアルド・マセラ、空軍のオルランド・ラモン・アゴスティの三将軍による軍事評議会を創設し、大統領に就任したビデラを中心に、社会秩序の回復に乗り出す。左記はその時のメッセージだ。

政権の空白という一大事と、社会が混乱・退廃しかねない危機的状況に際し宣言する。政府が露呈した統制能力の欠如、あらゆる対策を講じる際に繰り返し生じた矛盾、体制の転覆を図る者たちに対し、包括的な戦略で対処できる、そんな政治手腕の不足、過激派が横行する結果を生んだ問題解決能力の欠如、国家の指揮に不可欠な倫理・品位の手本となるべき人間の不在、生産物の枯渇を引き起こした無責任極まりない経済政策、無益な投機と恒常的な汚職、それらすべてが国の利益と信用に与えた取り返しのつかない損失を前にし、われわれ陸・海・空軍は義務感に駆られ、国家の管理を担うことにした。

軍人たちのやり方は妥協を許さぬものだった。クーデター当日の警告文を見てみよう。

軍事評議会は全国民に通告する。明らかに反体制的な活動やテロ活動に従事する個人または団体、あるいは非合法組織の声明文や映像を公開する者、いかなる手段であろうとも、それを行なった者は無期限の禁固刑に処されることになる。また、軍および警察、治安維持に携わる組織の活動を妨害・名誉毀損するニュース、文書、映像を社会に広めた者は最高一〇年の禁固刑に処されることになる。

左翼一掃のための容赦ない弾圧〝国家再編過程《プロセッソ》〟の始動である。軍事政権が即座に実行したのは、政治活動の中止、労働組合の廃止、ストライキの禁止、議会の解散、最高裁判所の裁判官の罷免、労働総同盟（CGT）への介入、夜間の娯楽施設の閉鎖などだった。本来ならば危惧すべき事態を国際社会は看過し、アルゼンチン国内ですら、直接影響を受けぬ者は当初無関心だった。だがアルゼンチン史上最も残虐な独裁政権の時代は、着実に社会を闇で覆い尽くしていった。

反体制派として睨まれた左翼系の政治家や労働組合幹部、教師や学生、作家らが忽然と姿を消し、捜索していた家族や人権擁護団体、弁護士、教会関係者、事件を追っていたジャーナリストまでもがいなくなる。アルゼンチン軍事政権を語る際に不可欠な〝行方不明者《デサパレシードス》〟という言葉が世間に浸透したのもこの頃だ。後年、行方不明になった人々は、軍または警察が管理する全国三八〇カ所の秘密収容所に連れていかれ、拷問を受け、自白を強要された末にその多くが殺害されたらしいと判明した。国家テロの犠牲者の五・七パーセントが教師、二〇パーセントが学生だったという[17]。身の危険を感じた人々は国を去り、亡命生活を余儀なくされた。前途有望な若者世代が多数虐殺され、大勢の優秀な人材が海外に流出したという点でも、損失は甚大だ。

クーデターから一カ月後の四月二六日、南米最古の大学コルドバ大学を有する古都、コルドバ市に駐屯する将校の一団が、社会の不道徳と共産主義との戦いのために見せしめとなる儀式を実施した。陸軍第三部隊の兵舎の中庭には、兵士らが市内の図書館と書店から没収してきた本が山積みにされた。フロイト、ヘーゲル、マルクス、サルトル、カミュへの反対声明が読み上げられ、本でできた大きな焚き火が燃え続けた。

第三部隊司令官は、キリスト教徒としての生き方と知性に有害なこれらの文書を、今日ここで焼却処分にする。このような性質の本やパンフレット、雑誌が、これ以上若者たちを欺き、われわれの国家・家庭・教会を象徴する真の善意を損なわぬために、神・祖国・家族に集約された伝統的な精神遺産を守り抜く所存である。

軍政時代の検閲と書物の破壊に関する分析がよくなされているのは、同国のジャーナリスト、エルナン・インベルニッツィとユディス・ゴシオルの著作『本への攻撃』だろう。読み進めていくと、独裁政権がある特定分野だけを服従させる目的で文化を抑圧するのではなく、歴史の記憶を修正する目的で体系的な粛清をしていたことがわかってくる。たとえば海軍提督マセラは、自分たちは文化と反文化の戦いを展開しているのだと公言している[18]。一九七七年の発言だが、七四年の時点ですでに検閲の対象作家のリストが存在し、アンリ・ルフェーブルの『マルクス主義』二万五〇〇〇部が爆破される事件も起こっていた。

内務省法務総局による検閲は表向きは合法性を装い、刊行物管理局が押収すべき禁書のリストを作成していた。マルクス主義の色が濃い出版物を監視し、その内容を審査・分類する専門員を配備してもいる。彼らの作業を支援するため、ブエノスアイレス市の文化局は、一九七六年から八二年のあいだに合計五六〇冊の禁書を公示している。

出版物の検閲の傍ら、図書館の〝浄化〟も常態化した。一九七六年七月一二日の覚え書きには、全国公共図書館長が、全図書館に向けてペロン主義の本をすべて撤去するよう命令を出している。

そのうえで一九七七年には〝市民のための図書館〟と題した規則を設け、国が利用者の読書履歴を管理・把握できるよう、毎回申請用紙への記入を義務づけた。[19]

一九八〇年八月三〇日早朝、ブエノスアイレス州サランディのだだっ広い空き地に何台ものトラックが乗り入れ、大量の本を降ろした。合計一五〇万冊の本と小冊子は、どれもラテンアメリカ出版センター(CEAL)の刊行物だった。間もなく歓喜に酔いしれた警官の一団と、強制処分の令状を出したラ・プラタ市の州裁判所の判事エクトル・グスタボ・デ・ラ・セルナが現れ、警官たちに積み上げた本にガソリンをかけ、火を放つよう命じた。火をつける前後に証拠写真を撮るのも忘れない。後日、彼らが本を焼却せずに横流ししたと疑われないための措置である。証人として居合わせたリカルド・フィゲラスとアマンダ・トゥベスのふたりのそばに、無力感に駆られながらも怒りをこらえるホセ・ボリス・スピバコウの姿があった。スピバコウはCEALの代表で、一九四七年以来、エディトリアル・アブリル、ブエノスアイレス大学出版、そしてCEALと、さまざまな出版社の立ち上げに尽力してきた男だ。

スピバコウはイベロアメリカの知識層の教養を高める数々の叢書を世に送り出してきた出版人で、彼がブエノスアイレス大学出版で手がけた「ノート」「事前出版」「世紀」や、CEALで手がけた「二〇世紀ラテンアメリカ史」「労働運動史」「アルゼンチン人の国」「歴史を築いた人々」シリーズは、社会に影響を与えた本ばかりだった。エーリッヒ・フロムの『自由からの逃走』を初めて飜訳出版して南米大陸を揺るがしたのも彼である。ブエノスアイレス大学出版を指揮していた一九五八年から六六年までの八年間で、八〇二冊の新刊書と二八一冊の復刊書を編集し、合計一一四六万一〇三二部を印刷している。これだけ聞いても彼の出版に賭ける思いは容易に理解できると思う。

一九五八年創設のブエノスアイレス大学出版は、六六年に発行部数一〇〇〇万部突破を祝った。

だが奇しくも同年、軍事クーデターで民主政府が転覆され、その後、独裁者J・カルロス・オンガニアによる軍・警察を使った暴力的弾圧〝長い棒の夜〟が発生する。多くの政治家が逮捕され、共産党本部やユダヤ人社会が襲撃に遭い、全国の大学も占拠され、国家の全面統制下に置かれた。当然ブエノスアイレス大学も自治権を否定される。それを機にスピバコウはブエノスアイレス大学出版を辞め、新たにCEALを設立することになったというわけだ。

CEALに編集者として勤めていた作家のグラシエラ・カバルは、七六年軍事政権時代の出版社の様子を、臨場感溢れる描写で説明している。


実のところ最初のうちは皆恐れを抱いていた。私は毎朝CEALに出勤前、上の階の奥さんに、万が一帰宅時間になっても私が戻らなかった場合には、三人の子どもを実家の母のもとに連れていってほしいと頼んでいた。その一方で恐怖にさらされた状態で働くことに慣れていった感もある。たとえば私の仕事机には穴がひとつあいていたけれど、それは以前会社に放り込まれた爆弾が炸裂してできたものだった。仕方がないので書類を脇に寄せ、いつものように編集作業を始めた矢先に、倉庫の管理人から家宅捜索があったと連絡が入り、警察が編集部に向かっていると知らせてきた。編集部全員ですぐに危険視されそうな文書とファイルを中庭に集める一方、備忘録を隠すなど対処した。周辺の住人にはバーベキューをやると知らせてまわり、浴槽でありったけの書類を燃やした。煤《すす》で真っ黒になっても続けるしかなかった。

家に戻っても同じことをした。バスルームで本を一冊一冊破っては燃やす。あの行為から立ち直ることは最後までできなかった。燃やしながら泣いていた。幼い子どもたちに泣き顔を見られたくはなかったし、学校でそのことを口にされても困るので。何よりも母親が本を破壊できる人間なのだと、思われたくなかったから……それだけは嫌だった。
　サランディで燃やされた大量の本は、三日間燃え続けた。なかには湿った本もあって、なかなか火がつかなかった。「少年少女のための新世界百科」はすべて燃え尽きた。封建時代の巻に載っていた、王から焚書を命じられたものの、どうしてもそれができない王子の話を思い出す。花に囲まれ、女性的な環境で育った彼には、本を燃やすことに激しい抵抗感があったのだ。[20]
ロベルト・エドゥアルド・ビオラ将軍主導で実施された〝明瞭作戦〟は、主に教育機関からマルクス主義の書類を没収するためのものだった。疑わしい本をあぶり出す目的で調査票が配られた。そこには次の情報の記入が義務づけられていた。

(1) 本のタイトルと出版社。
(2) どの教科・講義でその本が使用されているか。
(3) その本を見つけた学校名。
(4) その本を押しつけた、あるいは勧めた教師。
(5) 可能なら実物を一冊、無理な場合は反体制的だとわかるページのコピーを添える。
(6) 何人ほどの学生がその本を使用しているか。
(7) その他、気づいたことを何でも。

エントレ・リオス大学教育学部では、少なくとも六九七冊が没収され、すべて焼却された。スピバコウの古巣ブエノスアイレス大学出版も被害を受けている。軍事クーデターの翌日の一九七六年三月二五日、フランシスコ・ファアレス・バタン海軍大佐が出版社に乗り込んだ。約三カ月後の六月二二日には、同社が刊行した反米で有名なパナマの軍人オマル・トリホスの『パナマの戦い』を含む一五冊が検閲で引っかかり、没収されている。おそらくそれでは満足しなかったのだろう。一九七七年二月二七日に軍用トラック数台で乗りつけ、九万冊の本を没収していった。[21]

ロサリオ市内のコンスタンシオ・C・ビヒル財団も軍に襲撃され、付属の学校や幼稚園、図書館、出版局などの蔵書が焼かれた。本をいっぱいに積んだ手押し車が、何度となく焼却炉とのあいだを往復し、同財団出版局のラファエル・イエルピが編集した「証言」叢書、アルド・オリーバ『ペニナの銃殺』、ノルベルト・ガラッソ『忌まわしき一〇年』、グラディス・アネガ『ウリブルの革命』、マリア・ルイサ・アロセナ『忌まわしき一〇年における氾濫』、グラシエラ・ダンヘロ『フォルハの一団』が灰燼に帰していく。出版社が自社出版物の見本として保管していた予備を含む八万冊も破壊され、詩人ファン・L・オルティスやホセ・ペドロニの著作も残らず処分された。そればかりか一九七六年五月一〇日には八人の財団理事が誘拐され、秘密収容所に七カ月間拘束され、拷問を受けた。幸いにも彼らは釈放されたが、財団の職員、教師や生徒、協力者の二〇人以上が帰らぬ人となっている。

そのように本の没収・焼却には、逮捕や誘拐がセットになっているパターンが多かった。同じ一九七六年には二一世紀出版の事務所も閉鎖され、編集者たちが逮捕された。トゥクマン市にあるオマル・エストレージャ経営の書店トゥ・ビーも破壊され、ギジェルモ・シャベルソン率いるガレルナ出版は爆弾攻撃を受けている。のちに判明するのだが、クーデターが起きた一九七六年三月二四日以後、有名なトリルセ書店のオラシオ・ゴンサレス、イサベル・バレンシア、アルベルト・ブルニチョン、カルロス・ペレス、エクトル・フェルナンデスが人知れず誘拐されていた。

行方不明者のリストには次々と出版関係者の名前が連ねられていく。リバーサイド出版の編集長ロベルト・サントロと編集者エンリケ・アルベルト・コロメル、『ラ・オピニオン』紙の書籍出版担当クラウディオ・フェラーリ、書店主のモーリス・ゲゲル、『トゥクマン新聞』の校正者シルビア・リマとコンラド・ギジェルモ・セレティ、アブリル出版の校正者エンリケ・ウォーカー。

CEALでは、以前にも編集者のひとりがAAA《トリプレ・アー》に卑劣な形で殺害されていたが、今回も編集助手のグラシエラ・メリボフスキー、編集者のピリ・ルゴネスとエクトル・アブラレス、翻訳者のディアナ・ゲレーロ、イグナシオ・イコニコフほか十数人もの男女が犠牲になった。

反乱分子とみなされ、拉致されて秘密収容所で拷問を受けた人のなかには、ゲリラ活動とは無縁の市民も大勢含まれ、そのまま消息がわからなくなっている行方不明者は三万人ともいわれている。秘密収容所からの釈放・逃亡で運よく生還できた人々や亡命者の証言で、国家的犯罪の事実が明らかになってくると、さすがに国際社会も黙っていられなくなった。移民大国ゆえ犠牲者には二重国籍の人も多く、自国民が被害に遭った国々や国際機関を中心に、人権侵害を非難する声が高まり、アルゼンチン軍事政権は孤立。経済政策の失敗、マルビナス戦争（フォークランド紛争）の惨敗が重なって弱体化し、一九八三年一〇月の国政選挙に敗北して、七年半の幕を閉じた。

民政移管を果たした直後の一九八三年一二月一五日、ラウル・アルフォンシン大統領は、作家エルネスト・サバトら知識人によるCONADEP（行方不明者全国委員会）を発足させて実態調査を開始する。翌年九月二〇日、秘密収容所に監禁されていた生存者本人や被害者家族らの証言をまとめた調査報告書『ヌンカ・マス（ノー・モア）』が提出された。そこには九カ月に及ぶ調査が、いかに苦労の多いものだったかが綴られている。

悲しみと苦悩に苛まれつつ、共和国大統領から要請された使命を果たすしかなかった。実際、作業は困難を極めた。何しろ軍事政権が卑劣な行為の痕跡を消し去るべく、故意に記録文書を焼却し、時には施設そのものを破壊した何年もあとに過去の出来事を再構築するのだから。まるで絶望的な思いでジグソーパズルを並べ続けるような状態だった。

証拠隠滅のために葬り去られたはずの記録文書が、思いがけないところから出てくることもある。二〇〇〇年に旧国立開発銀行の地下室からその一部が発見され、銀行の頭文字を取って〝BANADE文書〟と名づけられた。六〇〇種類、約四〇〇〇枚に及ぶ手稿や行政文書、コピーなどで、大半は封印され、《極秘》《読後に破棄》との但し書きがついていたが、何らかの理由で焼却に至らなかったものだ。二〇年以上眠っていたそれらの文書によって、軍事政権が文化を最大の敵とみなしていたこと、文化に携わる人々、すなわち反乱分子に対する弾圧計画が具体的に存在していたこと、それは内務省を中心とした組織的なもので、行政機関が軍や警察、情報機関と連携していたことが証明された。もちろん、国にとって痛々しく辛い記憶であるのはいうまでもない。

その計画が実行された結果、アルゼンチンの出版部門が被った損失はあまりに大きい。一九五三年には刊行物五〇〇〇万部を誇り、初版の最低発行部数は一万一〇〇〇部だった。近年のたび重なる経済危機の影響もあるとはいえ、二〇〇六年の時点で最盛期の二〇パーセントも回復していない。活字文化だけではなく、映像文化、とりわけ映画業界の衰退も顕著だ。良質の映画製作で知られるアルゼンチンだったが、軍事政権時代に徹底的な弾圧を受け、多くの監督・俳優・脚本家が誘拐・殺害されるか、亡命を余儀なくされた。音楽や科学の分野も同様で、文化の破壊が国家を再建しようとする際に、大きな痛手となっている。

チリの独裁者ピノチェトと文化に対する攻撃

アンデス山脈の西側に位置するチリは一八一〇年の独立以降、短期間の内戦や先住民族マプチェ族の制圧、ボリビア、ペルー両国との国境紛争を経たものの、隣国アルゼンチンと違って、一九三二年以来クーデターもなく、国内情勢は比較的安定していた。

一九七〇年の大統領選挙では人民連合のサルバドール・アジェンデが当選し、初の社会主義政権が誕生した。ところがこの合法的な民主政府を、アウグスト・ピノチェト率いる軍事評議会はクーデターで壊滅させた。キューバ革命の影響による南米大陸の左傾化を危ぶむ米国が、他のラテンアメリカ諸国と同様、チリでも反乱軍側を全面的に支援していたのは周知の事実である。[22] それだけに、のちの独裁政権下でのアジェンデ支持者に対する迫害は苛烈を極めた。スペイン植民時代に建築された文化遺産、モネダ宮殿（大統領官邸）に対する空爆が、暗黒時代の予兆であったと、今ではみなせるが、その時点ではまだごく少数の人間しか理解できていなかった。

一九七三年九月一一日、空軍の戦闘機による爆撃にさらされた宮殿内で、アジェンデ大統領は、国民への別れの挨拶と卑劣な攻撃に屈して辞任するつもりはないとのメッセージを発した。《この歴史的な危機に際し、私はあなたがた国民への忠誠の証としてこの命を捧げます。これまでわれわれが蒔いた種は、無数のチリ人の心に芽吹き、けっして刈り取られることはないと私は確信しています。軍部は武力でわれわれを制圧するかもしれません。しかし社会変革の流れは、犯罪行為や実力行使で止められるものではないのです。歴史はわれわれのものであり、あなたがた国民が作っていくものです》。このラジオ演説の直後に、軍の総攻撃が加えられ、官邸の〝経歴の間〟にある独立証書が収められたガラスケースが砕け散った。それでもアジェンデは常人とは思えぬ威厳を保ち、一八一八年にチリを独立に導いた英雄ベルナルド・オイギンスの署名入り証書を携えたままだった。独立証書はその後、瀕死のアジェンデに最後まで寄り添い、延命を試みた〝ラ・パジータ〟こと秘書のミリア・コントレラスに委ねられた。だが彼女が他の生存者たちと一緒に官邸を出ようとしたところ、兵士に止められ、上着の内側に隠していた証書を取り上げられてしまう。兵士は彼女が制止するのも聞かずに、独立証書を粉々に破り捨てたという。チリ共和国の文化の記憶の破壊も、この瞬間から始まった。

国の実権を奪取した軍事評議会はすぐさま政令を発布し、国会と憲法裁判所を解散させ、戒厳令を敷いた。人民連合の各政党、アジェンデ派の人々が集まっていた国立工科大学などが襲撃を受け、抵抗する者はその場で殺害、それ以外はチリ・スタジアムに連行され、水も食事も与えられず、拷問にかけられ虐殺された。クーデター直後の迫害で二〇〇〇人から三〇〇〇人の人々が犠牲になったといわれるが、そのなかには国民的歌手ビクトル・ハラやノーベル文学賞詩人パブロ・ネルーダも含まれている。米国に支援された軍事政権は、近隣諸国の軍事政権とも連携して、共産主義の駆逐に着手。軍や秘密警察によって労働組合員や教員、学生、芸術家など反体制派と見られた人々が逮捕され、強制収容所で拷問を受け、殺害された。のちの二〇〇三年にリカルド・ラゴス大統領の要請で創設された、セルヒオ・バレチ司教を中心とするピノチェト時代の収容所と拷問に関する調査委員会によると、一六年半に及ぶ独裁政権下で三万四六九〇人が逮捕され、二万八四五九人が政治犯として収容・拷問されている。そのうち一二四四人が一八歳未満で、一七六人は一三歳未満の少年少女であったこともわかっている。

クーデターから二日後の九月一三日にバルパライソの新聞『メルクリオ』紙に、のちに〝文化の停電〟と呼ばれることになる告知が掲載された。

（……）以上の理由で、海軍第一管区長エンリケ・レデン・オエルケルス大尉の命令により、二六の雑誌とマルクス主義および政治的書籍の流通・販売を禁じる。該当する雑誌は以下のとおり。

1『橋』 2『中国再建』 3『新たな波』 4『交替』 5『知り得た情報』 6『鳩』 7『展望』 8『世界』 9『鳩』（6とは別） 10『事件の真相』 11『国際的焦点』 12『キマントゥ・ドキュメント』 13（記載なし） 14『歴史の一幕』 15『リズム』 16『P・E・C』 17『計画』 18『証言』 19『大学討論』 20『スペアタイヤ』 21『祖国と自由』 22『黒旗』 23『チリの今』 24（記載なし） 25『ソビエト連邦』 26（判読不明）

販売の現場を取り押さえられた違反者には、しかるべき処罰が下される。[23]

人民連合政府のキマントゥ国有出版は、クーデター直後に軍部の襲撃を受けて閉鎖され、キューバに発送予定だった五〇〇万冊の本を断裁された。右の一覧にも同社刊行の雑誌が多数含まれている。社名のキマントゥは先住民の言葉で〃知る〃と〃太陽〃を意味する単語を組み合わせたもので、政府がジグザグ出版を買い取り、一九七二年二月に創設した。同社が刊行した「みんなのキマントゥ」をはじめとするシリーズは、全国の書店や街頭の売店で販売された。質の高い本を安価で提供し、知識の大衆化を図った点でチリ史上特筆に値するし、当時としては異例の五万部を売り上げている。それればかりではない。隔週発売の「私たちチリ人」や「開かれた道」「大衆教育ノート」といったシリーズは、知識人からも定評があったもので、いずれも敏腕編集者のマルタ・ハルネッカーが手がけていた。さらに国内外の文豪の小説・短編を週刊で紹介する「ミニ・ブック」シリーズは、五五作品で終わったが、合計三六六万部を記録、異例の売上としかいいようがない。ほかにも文学シリーズ「コルディジェーラ（山脈）」を初版五〇〇〇部で月一冊、児童文学シリーズ「クンクナ（毛虫）」を初版二〇〇〇部で刊行。一年半の活動期間中、約二五〇作品、一〇〇〇万冊を印刷した。これは創業以来、月に五〇万冊以上を世に送り出した計算になる。そのように良書の普及で定評のあったキマントゥ国有出版をつぶし、国際社会から批判を浴びたピノチェト政権は、代わりにチリのノーベル文学賞詩人の名を冠したガブリエラ・ミストラル出版を立ち上げる。だが運営を任されたのが軍人のディエゴ・バロス・オルティス将軍だっただけに、一〇年後に倒産したという。

クーデターで権限を掌握した軍部の目論見は、出版活動を完全に支配することだった。そのため社会主義色のある著作の検閲が各地でなされ、パブロ・ネルーダの『武勲の詩』やゴンサロ・ドラゴの『ミスター・ハラ』、レオナルド・エスピノサの『まやかしの港』といった作品が絶えず焚書にされた。やがて出版社や書店、取次店が閉鎖されるに至る。

以後も一九九〇年まで続いたピノチェト独裁政権時代に、何十万冊もの本が没収されては、その都度破壊された。たとえば一九八六年一一月二八日、バルパライソの港湾当局は、海軍大将エルナン・リベラ・カルデロンの命令に従い、コロンビア人作家ガブリエル・ガルシア・マルケスの『戒厳令下チリ潜入記』一万四八四六部と、ベネズエラの政治家テオドロ・ペトコフの『左翼への移行』を焼却している。ほかにも、クーデター直後に亡命したホルヘ・エドワーズやアリエル・ドルフマンの著作、ネルーダの全詩集、アジェンデ関連の本などがいずれも破壊されている。

二〇〇六年、チリの首都サンティアゴにあるマトゥカナ100文化センターの陳列室で開かれた、「本の記憶／記憶の復活」という題名の展覧会では、一九七三年に本をかがり火まで運ぶ兵士の写真や、当時の証言記録がいくつも紹介された。それ以外にも、自分自身が生き延びるために、蔵書を燃やさざるを得なかった者たちの記録も加わっていた。パトロール隊が家宅捜索に来る前に、問題視される危険のある本を庭やバスルーム、台所のかまどで燃やすしかなかったのは、チリ人も同じだった。

カルロス・M・ラマは、当時テレビで報道されていた映像について語っている。[24]《視聴者によく見えるように、エルネスト・チェ・ゲバラの全四巻の全集を裁断機で破壊していく場面。続いて他の本も裁断されたが、必ずしもマルクス主義の本とは限らなかった。反ファシズムの著作も一緒に破壊していたのを覚えている。(……)兵士らは社会党本部を砲撃で破壊するよう命じられていた。だから攻撃時には、その場にあった印刷物はすべて燃やされた。人民統一行動運動(MAPU)の党本部でも何千冊もの本が四階の窓から通りに放り投げられ、次いで文書類も投げ出される様子を画面で見せられた》

研究者のカリン・バジェステロスは軍政時代を扱った論文で、多くの人に取材して証言を集めている。そのなかのある男性の証言に、当時の文化破壊の様子を語った部分がある。

やがて私たちは中庭に連れ出され整列させられた。大きな水桶がいくつも並んでいて、まずは手を洗えと命じられる。水桶のそばには、ベンジンかパラフィンか何かが入った桶があり、本が山積みになっていた。そこで本に液体をかけて火をつけろと命じられた。キューバの雑誌『ボヘミア』やキュビスムを扱った美術書、キマントゥ出版の刊行物やマルタ・ハルネッカーの著作、もちろんマルクスとエンゲルス、レーニンの本もあった。

本は次から次へと軍用トラックで運ばれてきた。いったい何十キロ、何百キロあったのかもわからない。とにかく全部燃やせとのことで、二時間ほどその作業に従事した。

正午頃になると全員バスに乗せられた。移動中、車内では両手を首の後ろで縛られた状態で床にしゃがまされていた。

連れていかれた場所がやっとわかった。国立競技場だった。（……）

だいぶあとになって、つまりアルゼンチンに来てから、あの時、焼却した本の山が、実は各地で没収されたものだと知った。アルゼンチンのテレビ番組で当時の写真や映画のシーンを見て、国立工科大学とコンセプシオン大学の蔵書だったのだとわかったのだ。[25]

チリでは社会通信局（DINACOS）が本の検閲に指針を与える役を担っていた。

チリにおける検閲措置法

一九七七年三月　軍令107

各管区の長のみが、新たな刊行物の創刊・製作・流通を認可できる。

一九七八年一一月二二日　軍令122

新たな刊行物の創刊・製作・流通を認可できるのは、首都圏の長のみとする（前回の訂正）。

（発布年月日なし）通達451

税関監察局は本の輸入業者に対し、輸入品リストが事前にDINACOSの認可を得ていることを要求する。

（一九八〇年）新憲法

第二四条は暫定措置として共和国大統領に対し、新たな刊行物の印刷・出版・流通に限り、一九八一年から八九年のあいだ、情報の自由を制限する権限を与える。

チリにおける書物の破壊

一九八一年一月二七日　政令３２５９
新たな刊行物（本を含む）の創刊・製作・流通は、内務省の認可が義務づけられる。
一九八一年二月二七日　法令１８０１５
右の政令に金銭上の罰則を加える。
一九八三年六月二四日　政令２６２
政令３２５９を修正、国内の刊行物の出版・流通は、内務省の事前認可を要する。
（ベルナルド・スベルカソー『チリにおける本の歴史』サンティアゴ、ＬＯＭ出版、二〇〇〇年）

書物だけでなく記録文書の没収・破壊も実施されたが、これには記憶の〝押収〟も伴っていたのだと痛感させられる。没収されたのは主に大学や各政治団体の記録文書で、アジェンデ大統領が進めていた計画の協力者が所属する機関のものも多かった。それらの文書はいまだ見つかっていない。文書の行方を探そうにも、調査の手がかりとなる情報提供者を得るのも容易ではない状態だ。

また、書物や文書と一緒に没収された芸術品の密売も、軍政下では盛んに行なわれた。今でも退役軍人のなかには、自宅に当時着服した稀少本を保有している者が少なくないとも聞く。

二〇〇六年一二月一〇日、九一歳でピノチェトが死去した。サンティアゴ市内の軍病院で、死因は心不全だったという。一九九〇年三月に三選が認められず大統領を辞任後も、陸軍総司令官として影響力を及ぼし、一九九八年に陸軍を退役したあとは、終身上院議員に就任。国内外の判事が起訴し、逮捕に持ち込んでも、そのたびに健康状態の悪化を理由に釈放され、結局生前に彼がまともに裁かれることはなかった。

原理主義者たち

一九八八年一〇月五日以降、アルジェリアの首都アルジェでも、六〇人以上のジャーナリストや作家が殺されている。一九九三年五月二六日、同国の人道主義的で自由主義的なジャーナリストで、詩人・作家・雑誌『断絶』の編集長でもあったタハル・ジャウトがイスラム過激派に襲われ、意識不明の重体となり六月二日に死亡した。彼は暗殺の数週間前に口にしていた。「語れば殺される。何も言わなくても殺される。ならば語って死ぬしかない」

一九九八年六月二五日、アルジェリアの詩人・歌手マトゥーブ・ルネースは自動車を運転中に武装集団の待ち伏せに遭い、自動小銃で応戦したもののかなわず、同乗していた妻とそのふたりの姉とともに銃殺された。マトゥーブは過去にも警官に狙撃されて重傷を負い、イスラム過激派に誘拐されて拷問されるなどの被害を受けていた。彼をはじめ多くの著作家は過激派のブラックリストに載り、脅迫や嫌がらせを受け、著作の焚書を何度となくされていたらしい。だが遺族はアルジェリア政府に暗殺されたと訴えているという。

ところ変わってヨルダンの首都アンマン。やはり一九九八年のこと。一月二七日、キリスト教系の書店が燃やされる。書籍の在庫に加えてパソコンや印刷機、スキャナー、テレビ、ビデオテープ三〇〇本、書類多数がすべて灰になった。

同年、米国人女性ジャーナリストのメアリー・アン・ウェーバーは、エジプト出身の知識人ナスル・ハメド・アブ・ザイードにインタビューした。進歩的なイスラム学者で、カイロ大学で教鞭をとっていたザイードは、同大学教授に昇進した矢先、コーランの解釈をめぐって保守派のイスラム学者たちに訴えられ、裁判所から〝背教者〟との判決を言い渡されたため、死刑宣告が出される前にオランダに亡命した。ザイードはウェーバーに、アブデル・サボウル・シャヒンという名のイスラム聖職者から異端の罪で訴えられていること、その聖職者が彼に対し、亡命生活をやめて帰国し、公の場で自分の本を燃やして間違った信仰を捨てるべきだと忠告したことを打ち明けている。[26] 二〇一〇年にザイードは、旅行先のインドネシアで原因不明のウイルスに感染し、カイロの病院に移送され、そこで亡くなっている。

アフガニスタンにイスラム首長国の樹立を目指すタリバンは、首都カヴールでイスラム教に反する書籍や映画フィルムのリールを破壊し、人々を威嚇した。それでは不十分だと判断したのか一九九八年八月一八日、タリバン政権の最高指導者オマルはハキム・ナセル・ジョスロウ・バルジ文化センターの五万冊の蔵書の焼却を命じる。これによって一九世紀の新聞数百部とイスラム科学と文学関連の書物が消滅した。

アフリカにおける大惨事

アフリカの図書館事情は残念ながら壊滅的だといわざるを得ない。不安定な政治情勢に経済危機、文化面での適切な戦略の不足、図書館分野での専門家の不在が原因で、絶えず退廃状態にある。アフリカ社会全般に目を向けると、読書文化が定着しなかったために、より近代に即した図書館、より充実した施設への投資に抵抗がある感は否めない。たとえばアフリカ西部、ギニア湾に面するガーナでは、ぞんざいな管理体制で蔵書や記録文書の劣化が著しく進んだ。そういった人為的な要因ばかりでなく、自然災害も考慮しなければならない。一九九八年にはエル・ニーニョ現象の影響で洪水が発生、ケニアで多くの図書館が水害に見舞われた。ナイロビにある同国最古の図書館（米国の大富豪マクミラン卿の死後、夫人が一九三一年に開設した）マクミラン記念図書館も蔵書の約八〇パーセントが被害を受けている。

一八二二年、米国植民地協会が送り込んだ解放奴隷が建国したリベリア。一八四七年にアフリカ初の共和国となったこの国は、一九八〇年にクーデター、八九年に内戦が勃発し、大統領となったチャールズ・テイラーが二〇〇三年に亡命するまで絶え間なく武力闘争にさらされた。その結果、国内のほぼ全部の図書館が略奪・破壊されている。相次ぐ内戦に苦悩するナイジェリアの場合も、公立図書館の制度そのものが崩壊し、むしろ検閲や焚書が助長される傾向が強い。一九九五年にはオゴニ族の長で作家のケン・サロ＝ウィワが軍事政権によって絞首刑にされ、九七年にはアフリカ人初のノーベル文学賞作家のウォーレ・ショインカが国家反逆罪で訴えられ、全作品が没収された。

南アフリカ共和国ではアパルトヘイト（人種隔離政策）が実施されている間、何百冊もの作品が破壊され、黒人作家の著作を所蔵していた一〇以上の図書館が、閉鎖あるいは銃撃被害に遭っている。作家のナディン・ゴーディマー、J・M・クッツェー、ガートルード・フェスター、ミリアム・トラリといった名だたる作家の本も頻繁に検閲・破壊の対象とされた。

パレスチナ、廃墟と化した国

一九六七年六月、イスラエルはパレスチナ（ヨルダン統治下の東エルサレムを含むヨルダン川西岸およびエジプト統治下のガザ地区）とエジプトのシナイ半島、シリアのゴラン高原を攻撃し、占領した。この第三次中東戦争後、協定によって占領地の一部は返還されたものの、いまだにイスラエル・パレスチナ間の領土問題は解決せず、双方の過激派に誘発されては、頻繁に衝突を繰り返している。何千人もの男女が命を奪われる出来事に付随して、図書館と書物の破壊も起こっている。

たとえば二〇〇二年三月二九日、イスラエル軍がパレスチナ自治区を襲撃した際に、文化施設も被災を免れなかった。四日後の四月二日には、アル・ビーレにあるアル・クドゥス大学で医学部の教室と図書館が跡形もなく消えたうえ、メディア・教育テレビ研究所も大きな被害を受けた。

同年四月一三日、パレスチナ自治政府は、ラマラのカリル・サカキニ文化センターへの榴弾攻撃に対し、非難声明を出した。四月一四日にはベツレヘム大学の図書館で火事が起きている。幸いこの施設の防火班の迅速な対処によって、被害は最小限に食い止められた。一方でラマラのフランス文化センターの施設の大部分は爆撃被害を受け、機関銃の砲火で約四〇〇〇冊が失われている。ギリシャ・マケドニア文化センターは一〇発のロケット弾を受けて、完全に瓦礫と化した。アル・ビーレ県が標的のひとつであったことから、ほとんどの公立図書館が破壊され、蔵書に加え、映像・音声資料も兵士の手で壊されている。

四月二二日にはラマラで記録文書保管所が燃やされたが、計画的に行なわれたのは明らかだった。なぜならそこに保管されていたのは、土地の所有証明書や登記簿をはじめ、小・中・高校と大学の生徒一〇〇万人以上の履歴書、保険証書、車両証明書、警察の記録など、パレスチナ人の生活に直接関わるものばかりだったからだ。

二〇〇二年六月一九日、米国図書館協会(ALA)が、この一連の出来事に対する非難決議案を提出したものの、そのメッセージによってパレスチナに対する文化破壊が抑制されることはなく、むしろ悪化している。

第7章 民族間の憎悪

セルビアの書物殺し

I

「ここには何ひとつ残っていない」。司書のヴィエコスラヴがつぶやく。「私が見たのは天に噴き上げる黒煙とそこら中に漂う無数の紙片だった。正直泣き叫びたい気分だったが、頭を抱えてひざまずくしかなかった。私は一生、サラエボの国立図書館がいかにして焼かれたか、その記憶という重荷を背負って生きていくのだろう」

ボスニア人作家イヴァン・ロヴレノヴィッチは語る。《ミリャツカ川沿いに堂々とそびえ立つ淡色の建物は、オーストリア・ハンガリー帝国時代の一八九六年に、市庁舎として建設されたものだ。一九四九年よりボスニア・ヘルツェゴビナ国立図書館としてオープンし、市民からはヴィイェチュニッツア（市庁舎）の愛称で親しまれるサラエボのシンボルだった。だが一九九二年八月二五日夜一〇時半に始まった集中砲火で破壊された[1]》

セルビア共和国のラトコ・ムラディッチ参謀総長の命令で、三日にわたって焼夷砲弾二五発を浴びた図書館は、一五〇万冊の本、一五万五〇〇〇冊の稀少本、四七六の写本、世界各地の何百万部もの新聞とともに全滅した。建物には「一九五四年ハーグ条約」で定められた特別保護の対象となる文化遺産の目印、青と白で描かれた三個の標章が付されていたにもかかわらずだ。攻撃開始直後、文化の焼失を食い止めようと、図書館員や心ある市民が危険を顧みずに燃え盛る館内からリレーで運び出せるだけ蔵書を運び出した。わずかとはいえ善意によって救われた本はあったのだ。消防士たちが必死に消火しようとするが、セルビア兵らの銃撃が激しすぎて思うように運ばない。やがてムデハル様式の柱が燃え始め、出口を求める火の勢いで窓ガラスが割れる。天井が崩れ落ち、床には写本や絵画の残骸と、壁や階段の瓦礫が積み重なっていった。炎の至近距離で消火活動に当たっていた消防隊長ケナン・スソニクは、あとで従軍記者から、なぜ図書館のために自分の命まで危険にさらすのかと問われ、こう答えた。「私はこの土地の生まれです。彼らは私の一部を燃やしたんですよ」

ボスニアの詩人ゴラン・シミクは翌一九九三年に、「ヴィイェチュニッツアの嘆き」という題名の作品でこの出来事を綴っている。


八月の終わりに国立図書館は三日間燃え、町は黒い雪にむせび泣いた。

瓦礫の山から解き放たれた活字の断片があてもなく通りをさまよい、逃げ惑う人々と転がった兵士たちの遺体のあいだに溶け込んでいく。

倒壊した墓地の塀の傍らには、ウェルテルがしゃがみ込んでいた。カジモドが片手でミナレット（イスラム寺院の尖塔）を示しつつ、よろめき歩く姿も見た。

ラスコーリニコフとムルソーはウチの地下室で一日中囁き合い、ガブローシュは疲れきったふうを装っていた。

ヨッサリアンはすでに備蓄品を敵に売り払った。トム・ソーヤー少年は端金と引き換えに、命を〝皇子の橋〟の彼方になげうった。

日ごとに亡霊の数は増し、生きた人間は減っていく。私の頭上に骸骨たちが降り注いできたとき、恐ろしい疑念はついに真実となった。

私は自宅に閉じこもり、ガイドブックをめくって、一歩も外に出なかった。ラジオの声が、焼け落ちた国立図書館の地下室の奥底から、炭化した一〇トンもの書物の残骸が見つかったと告げるまで。[2]

このような蛮行はいつ始まったのか？　ユーゴスラビアの現代史を簡単にまとめてみる。多民族国家のユーゴスラビア連邦は、第二次世界大戦中にはナチス・ドイツやイタリア、ハンガリー、ブルガリアに支配されていたが、パルチザンの抵抗によって自力で自国を解放した。一九四五年に首相、五三年に大統領に就任したヨシップ・ブロズ・チトーの厳格な統率のもと、六つの共和国（セルビア、モンテネグロ、クロアチア、スロベニア、ボスニア・ヘルツェゴビナ、マケドニア）がひとつの国家を形成し、ふたつの文字、三つの宗教、四つの言語、五つの民族が同居していた。ところが一九八〇年にチトーが死去、集団指導体制に入ると、後継者たちは彼のようなカリスマ性を発揮できず、民族主義や宗教間対立などそれまで抑えられてきた問題が一気に噴き出すことになる。一九八〇年代末期のソ連や東欧諸国の民主化の影響で、ユーゴスラビアでも一九九〇年七月、共産主義者同盟による一党独裁支配が終焉したのを機に、各共和国内に民族主義的な政党が結成され、独立が相次いだ。

まずはスロベニアとクロアチアが一九九一年六月二五日に独立を宣言。反対するユーゴスラビア連邦と戦闘になった。前者は一〇日間の内戦で独立、後者は一九九五年に内戦が終結するまで大量の死者と難民を出した。この差はスロベニアが独立反対の中心となっているセルビアと国境を接しておらず、あいだに挟まるクロアチアが防壁となった一方、西欧諸国に近いという地の利や、国内の民族的なまとまりのよさ、経済水準の高さといった好条件が挙げられる。次いで一九九一年九月八日にマケドニアが独立を宣言したが、武力衝突の回避を最優先し、連邦軍の要求にことごとく従ったため、無血で独立を果たすことができた。

ボスニア・ヘルツェゴビナはそれらとは事情がかなり異なる。正教徒のセルビア人、イスラム教徒のボシュニャク人、ローマ・カトリック教徒のクロアチア人と、言語・文化を同じくするものの、宗教の異なる三民族が共存していたからだ。先の三国の独立宣言を受けて、ボスニア・ヘルツェゴビナでも独立の機運が高まり、本国と同様にセルビア系住民が反対するなか、国民投票を強行し、一九九二年三月に独立を宣言した。ところが主導したのがボシュニャク人の指導者たちだったため、セルビア人勢力とクロアチア人勢力がそれぞれボスニア・ヘルツェゴビナからの分離独立を宣言。三つ巴の闘争が開始され、かつての隣人同士が支配地域の奪い合いや異民族排除のための虐殺、いわゆる民族浄化を繰り広げた。

セルビアは一九八〇年代後半以降、独裁者スロボダン・ミロシェヴィッチが君臨。一九九一年にはスロベニア、クロアチア、マケドニア、九二年にはボスニア・ヘルツェゴビナの独立運動に軍事介入し、セルビア国内で独立を目指したコソボ自治州を治安部隊を使って弾圧した。その際、アルバニア系住民を大量虐殺したかどで、ミロシェヴィッチが人道に対する罪を問われ、二〇〇一年四月に逮捕・収監、オランダ・ハーグの旧ユーゴスラビア国際戦犯法廷で裁判が続いていたことは記憶に新しい。二〇〇六年三月、ミロシェヴィッチは独房で心臓発作を起こし、判決に至ることなく死亡している。

なお、モンテネグロはユーゴスラビア連邦にとどまり、一九九二年以降は新ユーゴスラビア連邦共和国、二〇〇三年にはセルビアとの国家連合セルビア・モンテネグロを形成したが、二〇〇六年に独立している。

II

ユーゴスラビア紛争を、特に迫害の激しかったクロアチア、ボスニア・ヘルツェゴヴィナ、コソボに絞って、書物の破壊という観点から振り返ってみよう。

独立を宣言したクロアチアに対し、セルビア（ユーゴスラビア連邦）が実施した政策のなかでも最悪の結果を生んだのは、大量殺戮と記憶の抹殺だ。民族浄化に加え、何百万冊もの焚書《ふんしょ》が断行された。[3]

一九九一年九月一七日、セルビア軍の二度の砲撃を浴び、ヴィンコブツィ市立図書館が廃墟と化した。一八七五年設立のこの図書館が、攻撃で破壊された最初の図書館だった。文学・思想の至宝、地元の作家の手稿も含む八万五〇〇〇冊が全滅した。崩壊した図書館の床に散らばった本の断片を拾って張り合わせようとしていた人がいたとの証言もある。一九一九年創設のパクラッツ公立図書館は蔵書の一部、二万二〇〇〇冊を避難させていたが、それでも被害は甚大だった。

セルビア軍はオシエク大学に対しても攻撃をためらうことはなかった。約一年前に建築されたばかりの農業中央図書館が砲撃され、三万冊のうち一万二〇〇〇冊が破壊された。同じオシエク市内ではほかにも、歴史記録文書や稀書が破壊されている。

一八世紀の趣きが残るヴコヴァル。市立博物館には三万二五一三の歴史的遺物や、一六世紀から一九世紀に書かれた五一五冊もの稀少本と約一万三〇〇〇冊の書籍が保存されていた。しかし一九九一年八月二五日と二六日に空爆を受ける。被害に上塗りする形で、九月二〇日に爆撃機一機が、何度も建物に攻撃を仕掛け、図書室が炎上した。二二日から二八日にかけては絶えず重砲攻撃にさらされ、ほぼ破壊された。かろうじて命拾いした稀少本も略奪被害に遭い、その後、闇市場で売られたため、今でも世界中の骨董屋に、この博物館にあった古書が出回っている。

一九四七年創設のヴコヴァルの公共図書館は、七万六〇〇〇冊の蔵書のほか、数千本のカセット、ビデオ資料も備えていた。だが一九九一年秋の爆撃で施設は破壊されている。司書たちの懸命の努力で、わずかばかりの貴重な資料が救われたにすぎない。この市の出身で、一九三九年にノーベル化学賞を受賞した有機化学者の名を冠した、レオポルド・ルジチカ記念博物館や、歴史博物館の蔵書も容赦なく爆撃された。ヴコヴァルではフランシスコ会の修道院も壊されている。修道院の図書室には一五世紀から二〇世紀に出版された一万七〇〇〇冊の書籍と、歴史的価値の高い四つのインキュナブラが収められていたとされるが、それがどうなったのかはいまだに情報がない。同年一一月一八日、セルビア人勢力がついにヴコヴァルを占領し、五万人の住人（そのほとんどが女性と子ども）を追放、彼らにとって好ましくない本はすべて燃やされた。

古来重要な海上交易路として栄えたアドリア海沿岸のダルマチア地方も例外ではない。かつて「ユーゴスラビアの心はダルマチアにある」ともいわれたが、激しい憎悪の念とともに攻撃されたのは、それも理由だったのだろうか。三〇〇〇年の歴史を誇る都市ザダルにある科学図書館。一八五〇年に建築された至宝とも呼ぶべき建物は、この地を訪れる観光客の称賛の的だった。だが一九九一年一〇月五日のセルビア軍の砲撃で完全に破壊された。六〇万冊の本に三三のインキュナブラ、一〇八〇の写本、三七〇枚の羊皮紙写本、一三五〇冊の稀少本、一五〇〇枚にも及ぶ楽譜、五五六六部の新聞、九二九冊の雑誌、一二〇〇枚の地図、二五〇〇枚の写真、六万種類の記録文書等々、セルビア兵は奪えるだけ奪った。ところが同じ一〇月に退却を余儀なくされたとき、それら二〇万冊の本の処分に困った。軍を指揮する将校らの下した決断は、兵士らには名案だっただろう。ラテン語の書籍だけを選び、残りは全部焚書にする。燃え上がる煙は二〇キロ以上離れた場所でも確認できたと伝えられる。

一〇月九日には、約六万冊を所蔵するザダル市立図書館（一八五七年創設）も攻撃され、音楽学校が所有する一連の音楽書と楽譜コレクションも大きな被害を受けた。

宮殿や要塞、城壁、噴水、時計塔、ヨーロッパ初の薬局など、中世の地中海・アドリア海貿易で繁栄した海洋都市国家ラグサ共和国時代の面影をとどめ、〝アドリア海の真珠〟の誉れ高い古都、ドゥブロヴニク。一九七九年に世界遺産登録されたこの町も、一九九一年一〇月一〇日から七カ月間包囲・攻撃にさらされ、一二月六日の最大の砲撃では八〇〇もの砲弾を浴びた。この日、大学相互センターの図書館には焼夷弾が投下され、二万冊が永久に消滅。科学図書館（一九五〇年創設）も同年一一月一九日と翌年六月八日の二度にわたり合計七〇発近い砲弾を受けて破壊されている。二〇万冊の蔵書、九二二の写本、七七のインキュナブラ、約一万冊の稀書、七七八三部の新聞に加え、ドゥブロヴニク大学の前身であるイエズス会の教育機関コレギウム・ラグシヌムの一万三〇〇〇冊の蔵書も閲覧できた施設だった。

一万五〇〇〇冊を所蔵していたドルニシュ市立図書館も、無慈悲な略奪に遭っている。報告によると、一九九一年のクロアチアにおけるセルビア勢力の蛮行で一九五以上の図書館が破壊された。さらに一一の大学図書館、三つの研究所と八つの特殊施設、一二の歴史的施設付設の図書室、公共施設内の二三の一般向け図書室、八つの児童用図書室もそこに加わる。

ヨーロッパの歴史を振り返っても、異例の暴虐行為にさらされたのがボスニア・ヘルツェゴヴィナだった。本章の冒頭でサラエボの国立図書館の破壊について触れたが、標的となったのはそこだけではなかった。アラビア語・トルコ語・ペルシャ語・ギリシャ語・ボスニア語などの五二六三の写本と、一六世紀から一九世紀にかけてのオスマン帝国時代の文書七〇〇〇点、記録文書二〇万点以上、一万五〇〇〇冊の刊行物を擁するサラエボ東洋学研究所が、近隣の丘から焼夷弾を撃ち込まれ倒壊している。

III

同じくサラエボの市立図書館は三〇万冊あった蔵書が、侵略後には半分にまで減少した。四〇万冊を抱えるボスニア・ヘルツェゴビナ国立博物館も攻撃され、有用な歴史的遺産が深刻な被害を受けた。近郊のネジャリチにあるフランシスコ会の修道院の図書室も略奪被害に遭っている。モスタルでは一九九二年五月に、モスタル市立図書館が焼夷弾で破壊されたが、司書たちの果断によって全蔵書の三割に当たる五万冊の被害で済んだ。一方、モスタル大学図書館は運が悪かった。建物は侵略者らが立ち去る際に、砲弾・榴弾・発火物で爆破され、蔵書は他の施設の地下室に避難させていたが、そちらも火災に遭って焼失した。

本章の初めに登場したボスニア人作家イヴァン・ロヴレノヴィッチ[4]は一九九二年五月に、自身の書斎に蔵書を置き去りにするしかなかったと打ち明けている。何百冊もの古典文学作品に加え、彼が新聞に寄稿したエッセイ、短編の手稿、一八八三年版のウルガータ聖書（聖ヒエロニムスが四〇五年に完成させたラテン語訳聖書）、ラテン語・クロアチア語辞典、一六一一年出版のマティジャ・ディヴコヴィッチ修道士の『公教要理《カテキズム》』の写本があったという。しかし彼の愛した蔵書は、セルビア兵らが暖を取るために燃やされてしまった。

Ⅳ

一九九三年から翌年にかけて、国連がボスニア・ヘルツェゴヴィナ紛争における戦争責任者に対する厳格な処罰を議論している一方で、現地では同国のクロアチア人勢力の軍事組織HVO（クロアチア防衛評議会）が、イスラム教徒の主要な建造物を破壊していた。容赦なく繰り返される攻撃は公立の図書館や個人蔵書にも及んだ。

一九九三年七月半ばに、南部の町ストラッツのイスラム共同体の図書館が燃やされ、数百冊の本とともに一七世紀から一九世紀の約四〇〇の写本が焼失している。古文書数百冊を有する皇帝モスク（イスラム寺院）の図書館もクロアチア人勢力に焼かれた。彼らはのちの再建を阻止すべく、ダイナマイトで建物を爆破して去っていった。

同年七月二八日、戦闘の最中にポグラヅカ・モスクの図書館も放火され焼失している。複数の報告によると、相当数の個人蔵書を抱える名門家も襲撃に遭い、自宅の図書室を燃やされている。何十もあるなかでも特に有名なのは、ベフメン家、マームチェハジッチ家、メフメドバシッチ家、リズヴァンベゴヴィッチ家である。

一九九二年から九五年の停戦合意までのあいだに、全国で一八八の図書館が被害を受け、そのうちの四三は全壊している。また、一二〇〇のモスク、一五〇のカトリック教会、一〇の正教会、四のシナゴーグ、一〇〇〇の文化財が全壊リストに加わることになる。もちろん、これがすべてというとはあり得ない。

欧州評議会の報告書ではボスニア・ヘルツェゴヴィナ紛争を、ヨーロッパにおける文化的大惨事としては最大規模であったと述べている。[5] 国連の専門家委員会の報告でも、軍事行動の必要性を正当化し得ない、意図的になされた文化財の破壊があったと説明している。[6] 悪名高きナチスでさえ、これほど念入りな書物の破壊には至らなかったということだろうか。

V

二〇〇〇年二月二五日から三月七日の約一〇日間、国連コソボ暫定行政ミッション（UNMIK）の調査団が、セルビア共和国のコソボ自治州を訪問した。調査団にはユネスコや欧州評議会、国際図書館連盟（IFLA）から任命された専門家たちも含まれていた。彼らはセルビア人勢力が行なった民族浄化による被害状況の把握のために現地入りしたが、想像を絶する結果に直面する。

アルバニアおよびマケドニアと国境を接するコソボ自治州は、アルバニア系住民が多数を占める。一九八〇年代末からアルバニア系住民と少数派のセルビア系住民の対立が激化。コソボ独立を求めるコソボ解放軍とセルビアの警察、治安部隊とのあいだで武力衝突が起こった。セルビア側の非人道的行為に対する国際世論の批判が高まり、一九九九年三月からNATO（北大西洋条約機構）軍が約二カ月半、セルビアを空爆した。国際社会からの圧力に耐えきれなくなったセルビアは同年六月にコソボから撤退。代わりにUNMIKが置かれ、NATO軍を主とする国際部隊、コソボ平和維持部隊が駐留を開始した（コソボは二〇〇八年二月にコソボ共和国としてセルビアからの独立を宣言したが、国際機関による支援は継続している）。

調査団の報告書によると、紛争中にコソボ自治州内では三つの中央図書館が空爆によって崩壊し、二六万一〇〇〇冊が焼失、六二の地方図書館が破壊され、六三万八〇〇〇冊が失われている。

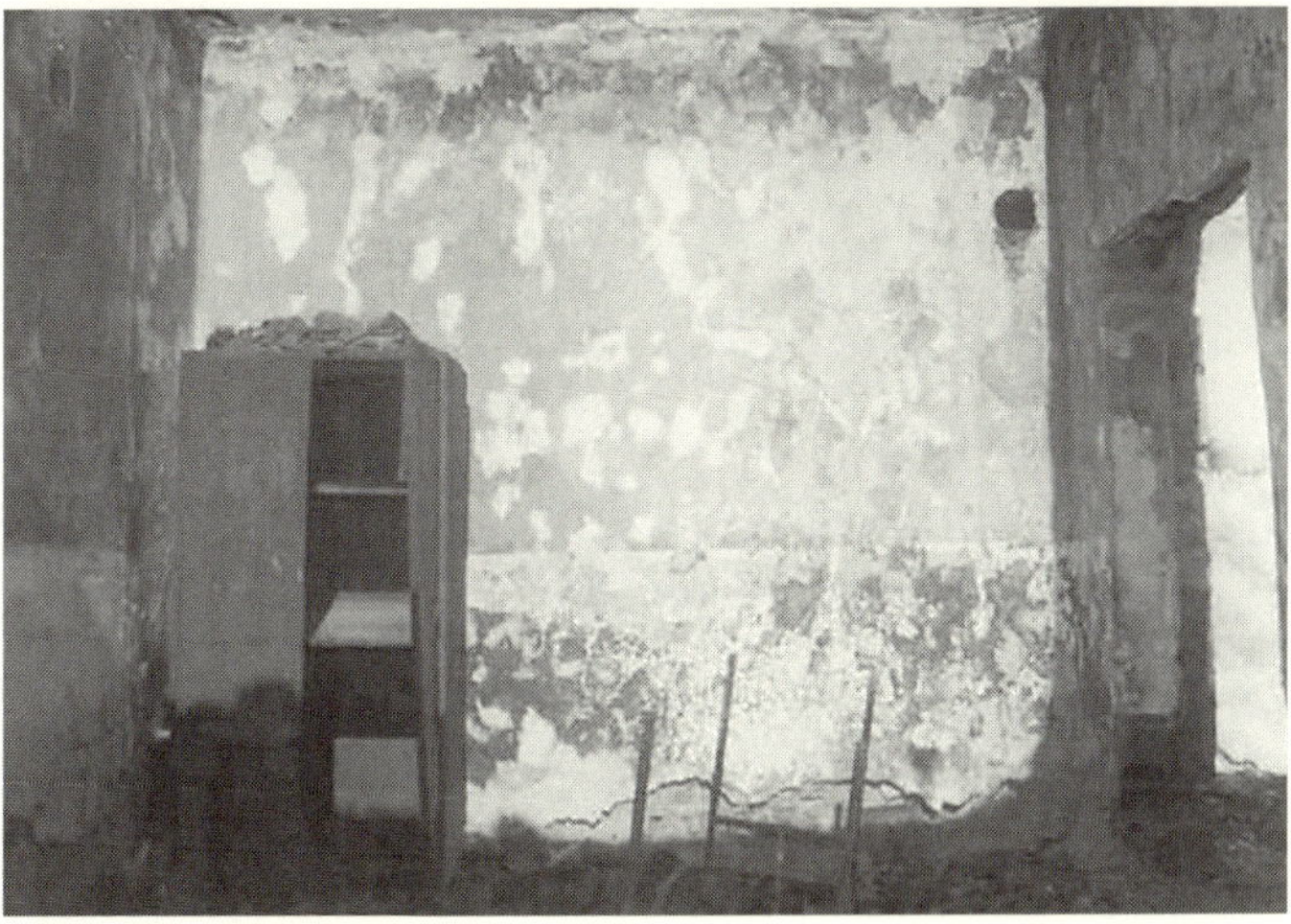

1998年7月に焼け落ちたコソボ・マリシェヴォの市立図書館

セルビア人兵士らがコソボの文化を一掃したのは民族主義的な理由からだった。一九九一年から九五年のあいだに、州都プリシュティナにある国立図書館の蔵書一〇万冊以上が破壊されている。それとは別に、一〇万冊の本と八〇〇〇冊の雑誌、数えきれない新聞が同図書館から持ち出され、トラックに積まれ、かがり火の焚かれる場所へと運ばれていった。

この件についてセルビアの指導者たちは否定し、コソボ解放軍こそが、二〇〇万冊のセルビア語の書籍を破壊した犯罪者であるとメディア上で反論している。確かに、アルバニア系勢力の支配下にあったプリシュティナ、プリズレン、ジャコヴァ、イストグ、グロゴヴァツ、スルビツァ、ポドゥイェヴォや他の町の図書館では逆の粛清、つまりセルビア語書籍の一掃が行なわれている。コソボに近いセルビアのヴラディチン・ハンでも、セルビアの言語学者・文献学者・民俗学者ヴーク・カラジッチの名を冠した図書館で、セルビア語の蔵書一万一〇〇〇冊がアルバニア人によって製紙用パルプにされたとのことだ。

書物のないチェチェン

ここでひとりの男性を想像してもらいたい。北カフカース（コーカサス）地方の中心都市グロズヌイで最も重要な図書館、チェホーワ図書館の館長だった彼が、一九九五年すでに日も暮れかけたサッカー場の芝に腰を下ろし、寒さをこらえる姿だ。彼の目、彼の心は、遠くの――あるいは近くかもしれない――地下倉庫の扉を見つめている。そこにはロシア軍のグロズヌイ空爆前にかろうじて同図書館から救い出した二万冊の本が保管されている。

一九九四年の時点でチェホーワ図書館には三〇カ国語以上に及ぶ二六四万八〇〇〇冊の蔵書と、一九五七年から九二年までの八〇万件の特許目録が収められていた。「全部破壊された。何ひとつできることはなかったよ」。そういって肩を落とす館長に、赤毛の青年が短くなったタバコを片手に応じる。「だけど、あれはほんの始まりにすぎなかった」。そこで何かを思い出したように、急に口をつぐむ。ロシア軍の砲撃の最中、一緒だった友人の身に何かあったのかもしれない。あるいは忌まわしい出来事をそれ以上語りたくなかっただけか。いずれにせよ、あの時点でグロズヌイにはひとつの図書館も存在しなくなった。

戦火による文化破壊は、一九九一年のソビエト連邦崩壊の直前に、チェチェンが一方的に独立した瞬間から始まった。同年一二月八日にソ連は崩壊したが、ロシア連邦の初代大統領ボリス・エリツィン政権下の一九九四年、独立を阻止すべくロシア軍がチェチェン共和国内に侵入（第一次チェチェン紛争）、グロズヌイで非人道的な攻撃を繰り広げ、チェチェン独立派の最高指導者で初代大統領ジョハル・ドゥダエフと、その支持者たちを弾圧し続けた。紛争は泥沼化し、一九九五年二月にはロシア軍がグロズヌイを制圧。一九九六年四月にはドゥダエフもロケット弾砲撃で殺害されている。一九九七年五月の停戦までに、一〇万人の民間人が死亡、五〇万人以上が難民となる事態になった。ところが停戦中の一九九九年八月、チェチェン独立強硬派が突然隣国ダゲスタン共和国に侵攻する。同時期にモスクワでもテロ事件が発生。五年間の停戦協定は無効となり、ウラジミール・プーチン政権下で再びロシアのチェチェン侵攻が開始された（第二次チェチェン紛争）。二〇〇九年四月のロシア政府による終了宣言まで、戦闘は過激化し、ゲリラ戦に加えて占拠事件や自爆テロも頻発した。おそらくそれゆえにロシア側は、チェチェンをテロリスト国家とみなしている。だが、報道を鵜呑みにする前に、起こった出来事に目を向ける価値はある。

一九九四年のロシア軍による第一次チェチェン侵攻前、チェチェン共和国内には一〇〇〇以上の図書館が存在し、総計すると一一〇〇万冊を所蔵していた。しかもそれら公共の図書館は、一〇九の科学図書館とグロズヌイ大学、石油公社、教育研究所、一四の技術専門図書館、四五〇の学校図書館とネットワークでつながっていた。先に紹介した一九九五年グロズヌイ制圧の時点で、ロシア軍は国立図書館、国立児童図書館、国立医学図書館、科学中央図書館、各大学の図書館を徹底的に破壊した。当然ながら六割以上の司書が逃げ、何百もの施設が閉鎖に追い込まれた。

近年グロズヌイは建設ラッシュで巨大な国立図書館も誕生したとの話だが、何百万冊もの本が略奪・破壊、あるいは行方不明になったままである。だが西洋社会は、何度となくチェチェン側が訴えたこの蛮行に対し、胸を痛めることもなく過ごしてきた。今でも闇市場には、チェチェンから流れてきた本や芸術作品が多く出回っている。

第8章 性、イデオロギー、宗教

性の追放

一八九五年、オスカー・ワイルドは若きアルフレッド・ダグラス卿との同性愛のかどで騒動を起こした。彼は自分を侮辱したアルフレッドの父親ジョンを訴えたが、その裁判で逆に不利な立場に追い込まれる。弁護士の勧めで告訴を取り下げたものの、今度は彼自身が男性に対する強制猥褻罪で告訴され、懲役二年の判決を言い渡された。表向きは道徳的に厳格で性に抑圧的だったとされるヴィクトリア朝時代の英国でのこと。この一大スキャンダルによってワイルドの著作は破壊され、その後も激しく毛嫌いされたといわれている。同性愛に対する粛清は、二〇世紀になっても続いた。

スコットランドに生まれ、ドイツで活躍した詩人・思想家・小説家で、やはり同性愛者として知られたジョン・ヘンリー・マッケイ初の小説は、主人公の性が曖昧だとの理由で一九〇九年に破壊され、一三年版はのちにナチスの手で燃やされた。マッケイは一九三三年五月、ベルリンにあった性科学研究所の蔵書がナチ党の若者たちに焚書《ふんしょ》にされた一〇日後に、自ら命を絶っている。

一九四九年当時、ベネズエラの教育大臣を務めていた作家・歴史家のアウグスト・ミハレスは、一九世紀フランスの農芸化学者ジャン・バティスト・ブサンゴー著『回顧録』の焼却処分を命じた。理由は解放者シモン・ボリバルの性生活に関する言及があったからだ。後年ミハレスは皮肉な口調で《私が大臣時代に焼却を命じた本は、一六六ページのつまらぬ回顧録だ》と語っている。[1]

コロンビア人作家ファン・アルバレス・ガルソンの場合は、一九六二年刊行の小説『夜の叫び』を燃やされたという。当時の知事カルロス・モンカヨ・キニョネスの信仰心を傷つけたのが原因らしい。米国の児童文学作家ナンシー・ガーデンも、一九八二年発表のヤングアダルト小説『わが愛しのアニー』を出版直後に大量に燃やされた。学生たちのなかには、彼女の記述があまりに猥褻だとみなす者もいた。幸いこの件によって児童書の売れ行きに水を差されずに済んだガーデンは、『彼らが本を燃やした年』(一九九九年)で当時の経験をモチーフにしている。そこには〝家族の伝統的価値を守る会〟と呼ばれる道徳団体が、主人公の本を燃やす記述がある。

一九九七年三月、英国ハートフォードの学校司書たちが、図書館に寄贈された同性愛に関する本三万冊の破壊を命じた。アンネ・サイタは、三五人のボランティアが八時間にわたり、本を埋める作業を手伝ったと報告する。[2] 学校の監督官のアンドリュー・カリングトンは、小学生には不適切な本だと判断したと述べ、その行為を正当化している。

文化の〝粛清〟

粛清の対象となったのは性だけではない。

一九八一年五月三一日の晩、タミル人が多く暮らすスリランカ北部州の州都ジャフナで図書館が放火された。一八四一年創設のこの図書館は、一九五〇年には九万七〇〇〇冊の本とタミル文化の手稿を擁する立派な建物に変貌したが、統一国民党の指示を受けた狂信者グループによって、蔵書

スリランカで破壊された図書館　© UNESCO

が焼かれた。やがて国内で多数を占めるシンハラ人との民族対立が高まり、長き内戦に突入することになる。書棚にはジャフナの町の歴史年代記『ヤルパナム・ヴァイパヴァマ』の唯一の写本もあったという。[3]

英国から独立する以前のインドでは学生グループが、一九二七年に出版された米国の歴史家キャサリン・メイヨーの著作『母なるインド』を燃やした。宗主国の立場からインドの女性の地位の低さを描いたことが社会問題となったためだ。一九九二年にはイスラム教徒が多数を占めるカシミール分離派とインド国軍の衝突の煽りを受けて、インド最北部に位置するジャンムー・カシミール州の州都スリナガルの図書館で火災が起き、何百もの古文書が失われた。

ソ連崩壊に伴って一九九一年、隣国同士で古くから対立し合うキリスト教徒が多数を占めるアルメニアと、ムスリムが多いアゼルバイジャンの両共和国はともに独立した。アゼルバイジャン共和国内の、アルメニア系住民が大多数を占めるナゴルノ・カラバフ自治州では、アルメニアとの統一をめぐって三年前から紛争が起こっていたが、同年一二月の住民投票の結果、賛成多数で翌九二年一月にナゴルノ・カラバフ共和国（現アルツァフ共和国）が独立を宣言。両民族の対立は激化した。二月二五日、ロシア軍に支援されたアルメニア系住民軍（ナゴルノ・カラバフ側）は、ナゴルノ・カラバフで唯一の飛行場を占拠して、アゼルバイジャン側の砲撃拠点があるホジャリ市を攻撃。攻略すると、女性一〇六人と子ども八三人を含む六一三人の地元住民を虐殺した。同年五月にはアゼルバイジャンの最後の砦シュシャを攻撃。激しい市街戦が繰り広げられ、双方に数百人の死者とアゼルバイジャン側に大勢の難民を出した。一九九四年五月に停戦に至ったが、六年間にわたる紛争で、アゼルバイジャン全土で九二七の図書館と二二の博物館が破壊され、四六〇万冊の蔵書が失われた。哲学や音楽関係の古文書の写本、稀少本四万冊も消滅している。

イランでは一九九二年六月一一日、シーア派の聖廟都市でもある第二の都市マシュハドで、四人の男性の処刑が宣告された。ジャヴァード・ガンクハンロウ、ゴラムホセイン・ポウルシルザド、アリ・サデキ、ハミド・ジェイビッドは、この土地で迫害を受けている少数派のバハーイー教徒で、同年五月三〇日に暴動を起こしたかどで逮捕されていた。全員が複数の罪で有罪判決を受けたが、アリ・サデキはコーランを燃やした罪でも訴えられた。彼はイスラム普及団体の建物を襲撃・放火した実行グループの首謀者で、さまざまな版のコーランが保管されていた巨大な図書室も、その時に焼失している。

一九九八年、カトリックとの宗教間対話を促す神学書数十冊の焚書を命じたロシア正教会の主教ニコン・ミロノフは、小規模ながらもナチスと同じ充足感で満たされたに違いない。懐柔派の彼の命令でジョン・メイエンドルフ、アレクサンダー・メン、ニコライ・アファナシェフ、アレクサンドル・シュメーマンら、ロシア正教会や東方正教会の神学者たちの著作が、ロシア連邦中央部の大都市エカテリンブルクの公の場で破壊された。これは正教会内部の宗教観の相違に起因するものだ。

同年オランダ・アムステルダムでは、反アパルトヘイト活動家らが、およそ寛容とはいえない姿勢を示した。オランダ・南アフリカ協会の図書室を襲撃して、蔵書をすべて運河に投げ捨てたのだ。

一九九九年三月には、ロシア連邦シベリアの中心都市ノヴォシビルスクにあるシナゴーグが襲撃を受けた。被害報告によると、歴史的にも貴重な遺物と宗教書が破壊されたという。ブナイ・イスラエル・シナゴーグで最大の損失は、施設内の図書室が完全に破壊されたことだった。ユダヤ民族の歴史、ホロコースト、ラビの伝承を収めた数十本のビデオテープも全部失われた。

統計では、一九九五年一月から九八年九月までの約四年間に、六七〇以上の宗教施設がファシスト集団の襲撃にさらされている。標的にされるのは必ずしもユダヤ教関係とは限らない。一九九九年四月、米国カンザスシティではスティールズ・キリスト教古書店が放火され、一〇万冊が焼失した。いまだに容疑者のひとりすら逮捕されぬままである。

アラブ人も文化の〝粛清〟の対象とされた。一九九八年、ヨーロッパのメディアにとっては名前すら出したくないであろうフランスの書店主が、パリ市内の図書館でイスラム教、アラビア語関連の本を破壊した罪で、二年間の営業停止処分を受けた。狂信者ともいえるその人物は、アラビア語の本を隠して持ち出しては、自宅で焼却していた。反人種差別の団体や民族間の友愛を支持する団体は、犯罪の重大さと制裁の軽さを非難している。

ベトナム戦争後、社会主義共和国として南北統一が実現したベトナムでは一九九九年二月、国の文化を乱すとの理由から、政府が仏教書七〇〇キロを没収した。また、四二歳の農場主グエン・ティ・フーが、販売目的で本を大量に違法コピーした罪で逮捕。コピーした本はすべて処分された。

一九九八年には米国人作家ダリル・リーズが、バージニア州ロアノークにあるホリンズ大学で、大量の書物が破壊される場面を目の当たりにしている。[4]〝女性団体〟と称するグループが、近代史において女性の社会的地位を損ねてきた本・新聞・雑誌をひとつ残らず巨大な焚き火に放っていたのだ。ショーペンハウアーの著作、聖書から破り取ったページ、ローマ教皇の写真、女性誌『コスモポリタン』、男尊女卑《マチスモ》の色が濃い書簡、恋愛小説といったものが、ものの二、三分で焼き尽くされていく。それを見守っていた五〇人の女生徒たちは、これら忌まわしき品々の消滅を祝って歓喜の叫び声を上げていたという。

学生が教科書に抱く憎しみ

学生たちのあいだで昔から続いている伝統のひとつに、卒業時に教科書を燃やす行為がある。私も高校を卒業したとき、友人たちとのTシャツの寄せ書き以上に、何年間も勉強してきた教科書をすべて燃やすことに少なからぬ違和感を覚えていた。何よりも驚かされたのは、教師たちが生徒の様子を、むしろ微笑ましく見守っていたことだった。

この儀式は時代、場所を変えて繰り返されるものらしい。作家のカルロス・ビクーニャ・フエンテスは、二〇世紀初頭のチリでの様子を綴っている。

> 一九二〇年七月二一日の午後一時半、モネダ宮殿（大統領官邸）から二ブロック、アラメダ通りから半ブロック、アルマス広場から三ブロックの場所に位置するその場所（アウマダ通り）で、山積みになった本のピラミッドが燃やされた。（……）燃え上がる炎は好戦的な愛国主義者たちの群れを静めた。それどころか一冊たりとも逃れられぬようにと、火をまんべんなく行き渡ら

せる配慮を示す者さえいる。炎に包まれた本の山には、旧約聖書に新約聖書、『ドン・キホーテ』『世界文学全集』、アリストファネスの『喜劇集』、ホラティウスの『頌歌《オード》』のほかに、フランスの詩人ルコント・ド・リール訳の『イリアス』がレーニンの著作と一緒に並んでいた。およそ道徳上の罪人《つみびと》とはいいがたい詩人たちの作品もあった。ルベン・ダリオ、ポール・ヴェルレーヌ、フランシス・ジェームス、ステファヌ・マラルメ、シュリ・プリュドム、ファナ・デ・イバルボウロウ、ガブリエラ・ミストラル、アルフォンシーナ・ストルニといった具合に。

やはりそのような場面に遭遇したスペインの詩人ミゲル・デ・ウナムノは、次のように反応する。

しかも、率先してやっているのは、本来勉学に打ち込むべき学生たちではないか！ 当然、勉強熱心な者たちではない！ 狂信的な愛国主義者たちだ。独裁者や大金持ち、国粋主義者の飼い犬と化した、哀れな学生たちを私も知っている。彼らが憎悪するのは知性だ。

現代スペインの作家サルバドール・ガルシア・ヒメネスが別の描写をしている。一読の価値があると思うので紹介したい。

かつて私が教師として赴任した高校では、生徒たちが修了式後にバスケットコートで本を燃やすのが慣例になっていた。それを見守る教師たちは、これ見よがしに両手で頭を抱えておどけてみせる。ゲーテの幼少期の逸話を理解すべく、フロイトがした解釈を思い起こすこともせずにだ。幼いゲーテは弟が生まれたあと、通りに食器を放って粉々にしている。これは象徴的な行為であり、本心では新たにこの世にやってきて彼の心をかき乱す赤ん坊を窓から放りたい欲求の表れだという。そうすると生徒たちがテキストを焚き火に放る行為は、口うるさく識者ぶった教師たちに対する欲求の表れかもしれない。

学校の教科書から被った苦痛への復讐という点で、先に述べた生徒たちをはるかにしのいだ者がいるとしたら、スペインはムルシア大学のネブリハ図書館に放火した匿名の学生だろう。彼はひと晩中館内に身を潜めた末、早朝五時四五分にガソリン缶をぶちまけた。インキュナブラから最新刊の印刷物まで、ことごとく根絶やしにするつもりでだ。地獄の言及に満ちた一五世紀の説教書は文字どおりの業火にさらされ、諸々の薬用植物の歴史とその調合、治療効果が記されたディオスコリデスの『薬物誌』は、カシ材の薪《まき》のような音を立てる。ガソリンが染み込んだディエゴ・デ・エステリャの『世界の虚栄について』は、酔いつぶれた男のごとく火の中で身をよじり、追悼ミサの典礼書は活躍する間もなく燃え尽きて……。[8] 放火犯は二年経っても行方不明のままだ。その男子学生を刑に処すべく、誰もが彼を探したが、彼をそこまで追い詰めた文学教師たちの責任を問い質そうと考える者はいない。メディアによる一連の報道は、火による浄化の実行には至らなかった多くの学生たちに、重大な何かを問いかけている。[5]

その他の近年の事例を挙げると、二〇〇一年六月、アンダルシア州カディスのビクトリア海岸で、学生数百人が巨大な焚き火をしてひと騒動となった。高笑いと叫び声を上げながら、学校で使った教科書を次々と火に放っていく。なかには副読本として使用されたスペイン文学の名作もあった。文壇の至宝でさえ、卒業時の忌まわしき儀式を免れないということだ。
二〇〇四年三月二六日には、ベネズエラのアンドレス・ベージョ・カトリカ大学法学部の学生三〇人のグループがベネズエラ最高裁判所に訴えを起こしている。三人の判事イバン・リンコン、ヘスス・エドゥアルド・カブレラ、ホセ・デルガド・オカンドの著作の破壊を求めてのことだった。学生たちは三人の裁判官が過去に下した判決に不満を抱き、彼らのような人間が執筆したテキストで学んできたことを後悔していると主張した。

二〇〇六年には、ある抗議デモの最中に学生の一団がチリ大学人文科学・哲学部に押し入り、お決まりの破壊行為を繰り返した。蔵書を強奪し、最終的に一二〇〇冊が焚書にされた。

米国のハーバード大学をはじめ、多くの名門大学でも、最終学年終了時の習慣で、秘密裏にテキスト類を燃やしているといわれる。そうして無数の学術書が毎年失われていく。

『ハリー・ポッター』事件

二〇〇一年一二月三〇日、米国ニューメキシコ州南部のアラモゴードにて、宗教団体のキリスト・コミュニティ教会が『ハリー・ポッター』シリーズ数百冊を公衆の面前で燃やした。多くの少年少女を魅了したJ・K・ローリングの、あの大ベストセラー作品である。

このシリーズに固執する同教会の牧師ジャック・ブロックは、複数のメディアを駆使して世の人々に警告した。ハリー・ポッターは悪魔の産物で、子どもたちに魔術を学ぶよう促し、人々を退廃に導いていると。[6] 実に奇妙な話だが、ブロックも彼の信奉者たちも、この善良な少年が活躍する小説を一冊たりとも読みとおしたことはないという。居合わせた信者のなかには、スティーブン・キングの著作を火に放り投げる者もいた。

コーランの焚書騒動

これほど危険で愚かな話があるだろうか。メディアの報道もさることながら、その後の顛末に私自身、驚きを隠せぬ思いだった。

簡単に経緯を説明しよう。すべては二〇一〇年九月一一日の数週間前から始まった。国際社会が毎年のようにアルカイダが実行したアメリカ同時多発テロと、三〇〇〇人近い犠牲者への追悼を思い起こす時期に、新聞・テレビをはじめとするメディアがこぞって、ニューヨークの中心地〝グラウンド・ゼロ〟の近くに、モスク建設の計画が進行していると報道した。これは穏健派イスラム教グループが、コルドバハウスという古い建物を取り壊し、新たに宗教間交流施設イスラム・コミュニティ・センター・パーク51を建設するとの計画だったが、マスコミ報道に煽られた反対派は「テロ攻撃によってこの地がイスラムに支配される」「敵の勝利を許すものだ」と過剰な反応を示した。これに対し、ニューヨーク市長マイケル・ブルームバーグ（当時）は、《私はモスク建築の場所にふさわしいと考えている。なぜなら米国とニューヨークが、宗教的寛容の象徴であることを全世界にアピールできるからだ》と述べた。[7] この一件は厄介かつデリケートな問題だけに、その後の反発、結果は惨憺たるものだった。

新聞を賑わす記事のなかでも、牧師のテリー・ジョーンズの登場は融和とは程遠いものであった。一九七〇年代にホテル業に従事、その後伝道師としてドイツのケルンに派遣され、不正問題の発覚で帰国。フロリダ州ゲインズビルの福音派教会ダブ・ワールド・アウトリーチ・センターで牧師を務めるジョーンズは、イスラム教施設の建設など認めるわけにはいかないと主張した。日頃から武器の愛好家を自認する牧師は、自身の信者のみならず、フロリダ州内の小教会の信者たちにまで、九月一一日の午後六時から九時のあいだ、コーランを燃やすよう訴えた。夜のニュース番組で生中継されるには格好の時間帯である。そればかりか九月一一日を、世界中でイスラム関連の品々を破壊する〝国際コーラン焚書デー〟に指定すべきだとして、あろうことか赤文字で宣伝文句を記した運搬用トラックまで調達した。焚書にするための大量のコーランを運ぶためものだ。さらに〝国際コーラン焚書デー〟名義のフェイスブックを通じて、九月一一日当日、ゲインズビルでの火刑への参加を支持者たちに呼びかけた。少なくとも三〇〇〇人が賛同、さらなる威嚇行為を求める者もいた。

当然ながら世界中のイスラム関係者から抗議が殺到し、世界福音同盟、米国内の福音派協会もジョーンズに中止を求めると同時に、彼らが残りのすべてのキリスト教徒の考えを代表しているわけではないとの声明を発表した。事態を憂慮し、ホワイトハウスが動いた。バラク・オバマ大統領（当

テリー・ジョーンズ牧師。後ろにあるのは2010年9月11日に大量のコーランを運ぶためのトラック

時）はテレビ番組の取材に応じ、ジョーンズの計画を米国の建国精神に反すると批判し、計画の中止を訴えた。また国防長官ロバート・ゲーツがジョーンズに直接電話をして説得。最終的にジョーンズは計画を中止した。

このような行為によって生じる苦い結果は、悲劇以外の何ものでもない。ハインリヒ・ハイネが『アルマンゾル』（一八二一年）で記した言葉を今一度思い出したい。《本を燃やす人間は、やがて人間も燃やすようになる》。かつてスペイン・グラナダで起こったコーランの焚書を、現代人は忘れてしまったというのだろうか。

今この時代だからこそ、歴史上最も迫害を受けた書物の一覧にコーランを入れるべきだろう。フランスの愛書家フェルナンド・ドゥルジョンの著作『出版物破壊の一〇〇年』（一八九三年）の二六番目にイスラム教徒の聖典に対する迫害の歴史が述べられている。

コーラン――一八五三年出版の『愛書家通信』には次の記述がある。

シリアのトリポリ（現レバノン）の大規模であったと思しき図書館では、数百人の筆写者が絶えず仕事をしていた。実際にその場を訪れた者の話では、コーランの写本が五万冊、その注解書が二万冊あった。（……）一一〇九年、十字軍はトリポリを占拠すると、反キリスト教の書物の大量殲滅《せんめつ》が必要だと判断した。そこで中身を確認することもなく、一冊残らず火に放った。

コーランの大量破壊はこの時だけではない。スペインの歴史には同様の破壊の例が数多くある。

第9章　書物の破壊者

書物にとっての天敵

I

当然のことながら書物の破壊者は人間だけではない。

古代ローマの詩人ホラティウスは、自分の作品が将来、ガの幼虫やさまざまな甲虫の餌食となって消滅することを嘆いていた。実際書物に巣くう虫が、これまで何千冊をだめにしてきたかと思うと残念でならない。

キンキウス・ロマヌスは一四一六年頃、詩人ペトラルカの弟子フランチェスコ・デ・フィアナに宛てた書簡のなかで、スイスのザンクト・ガレン修道院に旅したときのことを綴っている。教会の塔内におびただしい数の本が放置されている図書室があり、埃、煤《すす》、害虫など、書物の破壊に直結するものにまみれ、荒れ果てた状態だったらしい。[1]

害虫が紙や木材、布、カーテン、タペストリー、糸、ロープ、製本済みの書物に含まれる、植物繊維の主成分セルロースを食い荒らしているのは明らかだ。それに加えて製本に使用される接着剤が小麦粉などのデンプン系や、動物由来のゼラチンを主成分とする膠《にかわ》だった場合には、さらに虫を引き寄せることになる。

書物に被害を及ぼす害虫はごまんといるが、特に興味深いものに絞って紹介する。[2]

まずはシミ目。〝衣魚〟や〝紙魚〟と記されるだけあって、外見は銀色のうろこに覆われた細長い魚を思わせる。細長い紡錘形の全身は鱗片に覆われ、頭に長い触角、腹の末端に一対の尾毛と一本の尾糸を持つ。書物や衣類などの糊《のり》のほか、紙やゴム、革製品、織物まで食害する。表面を舐めるように削るのが特徴だ。

このシミ以上に破壊的なのが、甲虫目のシバンムシ（死番虫）だろう。フルホンシバンムシ、ケブカシバンムシ、ジンサンシバンムシなど種類はさまざまで、成虫の体長およそ一ミリから数ミリ。形は長楕円形か円筒状で、赤褐色や黒色をしている。幼虫は乳白色で五ミリぐらいに成長するものもある。この幼虫が曲者で、しばしば本箱や書棚など古い木材に寄生し、強い顎《あご》で本のページに直径一ミリほどの丸い穴をあける。そこから紙を貫き、ネズミのようにトンネル状の穴をあけていく。革や羊皮紙の場合にはじょうごの形の虫食い穴を残す。一五世紀から一八世紀の貴重な書物を何百冊も穴だらけにした、ヨーロッパ産のマダラシバンムシも忘れてはいけない（ちなみにこのマダラシバンムシの成虫には夜間、頭を家の建材に叩きつけて、時計の秒針のような音を鳴らして交信し合う習性があるため、死神が持つ死の秒読み時計を彷彿させることから、英語名がデス・ウォッチ・ビートルとなった）。

同じく甲虫目カミキリムシ科のオウシュウイエカミキリムシの幼虫は、終齢期の体長が五、六〇ミリと比較的大きめだが、これも松などの木や紙を好んで食べる。建材の内部に巣くった幼虫は、板を爪で引っかくような音を立てて木材をかじり、木粉を穴の外に落とす。四年ほどで蛹《さなぎ》となり、成虫になると去っていくが、その間に木材に深刻な被害をもたらす。

やはり甲虫目のヒョウホンムシは、乾燥した動植物性食品、動物や昆虫の標本、木材に革や羊毛、毛皮まで食べる。ニセセマルヒョウホンムシは体長二・五ミリほど。光沢のある赤褐色の卵型で、背中が膨らんだ形をしている。一方、ナガヒョウホンムシは体長が五ミリほどになるものもあり、オスは細長く、メスは丸みを帯びている。羊皮紙と革装の本を好むことで知られ、紙に穴をあけるのに加え、その奥に幼虫を隠していく。

甲虫目といえば衣類の害虫として名高いカツオブシムシにも要注意だ。斑《まだら》模様のヒメマルカツオブシムシ（体長三ミリ）と、黒褐色のヒメカツオブシムシ（体長五ミリ）が代表格。シルクやウールなどの動物性繊維が好物とあって、書物では特に羊皮紙や革装の本を集中的に攻撃する。

続いておなじみゴキブリ目。コバネゴキブリ、チャバネゴキブリ、ワモンゴキブリなど。暗色・扁平で、小さなもので体長一〇ミリ、大きなものになると一〇〇ミリに達するものもある。約三億

菌類、幼虫、紙の酸化によって何千冊もの本が腐食していく

年前の古生代に出現し、〝生ける化石〟と称されるゴキブリは、本来は熱帯雨林の朽ち木や落ち葉の陰に棲息していたが、人間の住空間に進出するようになった。熱帯を中心に約四〇〇〇種類が確認されており、世界中の図書館に棲みついていると考えていいだろう。台所のある家庭ならともかく、食物のない図書館とは意外な感じがするかもしれないが、ゴキブリは紙でも糊でも何でも食べる。本の背の部分も平気でかじる。人間の手垢や毛髪、食べかすなどが付着していたらなおさらだ。

また、木材のデンプンを栄養とするシロアリも書物に増して書架への被害が著しい。アフリカや中南米・カリブ地域の図書館にとっては最も被害をもたらす虫かもしれない。

シラミ、ハジラミと同じ咀顎目《そがくもく》に属するチャタテムシにも触れておかねばならない。チャタテムシは全世界に分布する。翅《はね》のある種とない種があるが、この場合は無翅《むし》のほうだ。体長一、二ミリ程度で淡黄白色、シロアリなどに似て頭部が大きい。カビや地衣類《ちいるい》を食べるが、一般住宅、製粉工場や穀物倉庫、博物館や図書館にも棲息し、穀粉や穀物、動植物標本、皮革製品、糊づけした書籍を食害する。なかでもコチャタテとヒラタチャタテは、大発生してかなりの被害を及ぼすこともある。

鱗翅目《りんしもく》（チョウ、ガ）のなかでは、三種類が書物にとって大敵である。一方はヒロズコガの幼虫で、小さく褐色がかった灰色をしており、書物のほぼ全体を貪り尽くす力がある。もう一方はイガの幼虫で、こちらも破壊的だ。ページに大きな穴を作るネジロマルハキバガの幼虫も、短期間で一冊丸ごと台無しにするだけの力がある。

直翅目《ちょくしもく》（バッタ、コオロギなど）は、一見人畜無害そうだが、紙や布、革、糊を食べて本に被害を及ぼすことがある。

膜翅目《まくしもく》（アリやハチ）の場合は、書棚に巣を作り書物に産みつけた卵が孵化し、幼虫が紙に穴をあける。アリ科のなかでもオオアリ属の幼虫は、想像を絶する貪りようで紙を破壊する。ミツバチ科に分類されるクマバチ属の幼虫は、書棚に並んだ本を一〇センチ以上も貫ける破壊力を持つといわれている。スズメバチ、クロスズメバチ、キイロスズメバチなどのスズメバチ科が、書棚に巣作りをしようものなら厄介になる。毒針を持ち攻撃的なのに加え、巣作りに紙まで使用する。また、ドロバチなどスズメバチ科の仲間が、図書館内での営巣に使用した泥などによる被害は、ヨーロッパ内で多く報告されている。たとえばアメリカジガバチが二、三冊の本の背を使って巣作りし、泥の湿気でページが貼りつき、汚損・破壊されたという具合にだ。

II

昆虫以外では、ネズミが深刻な被害をもたらす。キケロが《自宅にあったプラトンの『国家』をネズミにかじられてしまった》と語っているが、[3]ネズミによる書物の破壊を最初に心配し出したのは彼かもしれない。

一八世紀にはウェストミンスター大聖堂の図書館が、ネズミの多大な被害に遭っている。

電子書籍が主流になる前、最も進化した本の形態は、CD（コンパクトディスク）であるといわれていた。大量のデータが記録できるうえ、紙のような劣化とは無縁だからだ。ポリカーボネートに厚さ約八〇ナノメートルのアルミニウム蒸着膜《じょうちゃくまく》（反射・記録層）、保護層、印字膜と、複数の層を重ねてできた円盤は、非常に高い耐久性を持つ非生分解性の物質である。しかしながら一九九九年、ゲオトリクム属に分類される菌の被害が発見された。チーズの製造にも使用されるごく一般的なカビで、クエン酸にも悪影響を及ぼすものだ。[4]ゲオトリクムの菌はCDの外周部から侵入し、蛇行しながら進んでいく。それが起こると、ディスクの記録トラックは確実にダメージを受ける。高温多湿の場所に置く、汗や油、クリームがついた手で触るなど、カビが生えるような状況を作らなければ、ある程度は防げることとはいえ、CDでさえも天敵が出現したということだ。

自滅する紙

古代に使用されたパピルスと羊皮紙は、その寿命がさまざまな風土的条件で多少長くもなれば、著しく短命で終わることもあった。紙に関しては比較的耐久性に優れてはいるものの、一八五〇年代から一九八〇年代頃までに製造された本については、紙に含まれる酸（3－6pH）が要因で消滅の危険性があると専門家たちが指摘している。

紙が亜麻や木綿から作られていたあいだは、耐久性は悪くなかった。だが、木材と新たな精製・糊《のり》づけ過程が導入されたことで劣化が早まったと、スペイン国立図書館の修復専門家アルセニオ・サンチェス・エルナンペレスは述べる。新たな紙はパルプ（木材を化学処理してセルロース繊維を取り出したもの）で作られるようになり、大量生産が可能となった。筆記にペンを使用する欧米では、インクのにじまない紙の開発が最重要課題だ。そこで天然のロジン（松脂）を原料とした薬品を紙に塗布するという方法が編み出され、その定着に硫酸アルミニウムが使用された。硫酸アルミニウムは強い酸性薬品で、それを使った紙は必然的に酸性紙となる。さらに木材からセルロースを抽出する際に発生するリグニン（植物の細胞同士を接着する役目を担う高分子化合物）やヘミセルロース（植物の細胞壁に含まれる不溶性の多糖類）など不安定な要素の存在、膠《にかわ》づけに使用するミョウバン（明礬）の塩分も紙の劣化を速めた。紙のなかの酸の形成が促進されると、グルコースが多数連結してできていたセルロースはばらばらになってしまう。[5] どういうことかというと、硫酸アルミニウムが持つ硫酸イオンは、空気中の水分と反応して紙のなかで硫酸を生じさせる。この硫酸が紙の繊維であるセルロースを徐々に加水分解する作用を持ち、次第に紙を劣化させ、製造後五〇年から一〇〇年で紙が崩れてしまうのだ。[6]

書物の歴史におけるこの問題は、フランスの製紙・印刷業主サン＝レジェル・ディドのもとで、社員のニコラ＝ルイ・ロベールが機械製紙法を開発したときに始まった。従来の手すき法は人手不足なうえ、人件費が高くつく。ロベールは健康を損ねながらも試行錯誤を重ねた末に、一七九八年、手作業に取って代わる連続抄紙機《しょうしき》を発明した。とはいえ、動力はハンドルの手回しだった。

ロベールは一七九九年に連続抄紙機の特許を取り、雇用主のディドはそれを買い取った。産業の発達した英国でなら事業を発展させられると踏んでのことだが、フランス革命の混乱でディド自身は国を離れられず、パリ在住の英国人である義兄弟を代わりに渡英させた。この人物がロンドンのヘンリー＆シーリー・フォードリニア兄弟のもとに話を持ち込み、最終的に特許は一八〇三年頃、フォードリニア兄弟の手に渡る。フォードリニア兄弟は、技師ドンキンの協力を得て連続抄紙機を改良し、翌一八〇四年には早くも実用化に成功。一八〇八年には水車動力で動くさらに完璧な機械を作り上げた。紙を抄《す》く機械は大きく分けて、抄紙（紙の原料液を金網で漉《こ》す）・圧搾（金網に残った湿紙を、ロールのあいだを通して脱水する）・乾燥（乾燥シリンダーに押し当てて形成・乾燥させる）の三つの工程に分けられる。フォードリニア兄弟の装置は、水平に置いた金網に原料液が流され、金網が移動する間に脱水してシートを作るもので、長網抄紙機またはフォードリニア・マシンと呼ばれ、最も量産に適し、非常に薄い紙を作ることができた。原料には新たに発明されたパルプが使われ、次第に亜麻や木綿を使った紙は減っていく。

製紙にパルプが使われるようになったのは、一八三八年フランスの化学者アンセルム・ペイアンがセルロースを発見し、植物の細胞壁からの分離を成功させたのがきっかけだ。一八四〇年にはドイツで砕木《さいもく》パルプ、五四年にはフランスで藁《わら》パルプが開発された。同じく一八五四年、英国出身で米国の発明家ヒュー・バージェスとチャールズ・ワットが、木材を化学処理することで繊維を結びつけているリグニンや樹脂成分を除去する方法を発明し、製造工程の特許権を取得。製紙会社を興すと、モミ、マツなど針葉樹、ポプラやユーカリなどの広葉樹の木材を苛性ソーダにつけて高温で煮詰め、抽出した繊維を精製して化粧紙や印刷用紙を製造。ほかの製紙業者も彼らの方法を採用した。その結果、一九世紀後半以降、紙の大量生産が可能となり、印刷業者の利益は増加したが、一方で中性紙が登場するまでの一世紀以上のあいだに、製造された本が自滅の運命にさらされる事態となった。

酸性紙を使用した本は、現在の司書たちにとって大きな脅威となってのしかかっている。国際図書館連盟はこのタイプの本が、米国だけで八〇〇〇万冊、旧西ドイツでも三〇〇〇万冊はあるとの見解を明らかにした。ハンガリー国立図書館でも約二三万冊が消滅の危険性を指摘され、フランス国立図書館の蔵書のなかにも何百万冊もあるとされる。この件について米国の専門家デービッド・N・S・ホンが詳しく述べている。

（……）米国議会図書館の蔵書と小冊子コレクションの約二〇〇〇万冊のうち、およそ三〇パーセントが今後、閲覧できない状態に陥る可能性がある。ニューヨーク公共図書館での調査でも五〇〇〇万冊中、五〇パーセント近くの本が腐敗・分解の危機にさらされていることが判明した。これは大学図書館や研究所の図書館の大部分で見受けられる現象である。イェール大学図書館の司書ミリセント・アベルは、全米で七六〇〇万冊前後の本が、文字どおり粉々になると見積もっている。[7]

酸性紙問題とは別に、図書館の慢性的な予算不足による書物の危機も無視できない。一九七二年にリチャード・スミスが同一の本二〇冊を使って行なった保存状態調査では、特に米国ウィスコンシン州のローレンス大学図書館とニューヨーク公共図書館での損傷が著しいことが証明されている。[8] 他の図書館と比較した平均寿命の最終データから、ニューヨーク公共図書館が一二・八年、ローレンス大学図書館が一七・六年という結果が出たが、いずれも通常の半分程度の寿命とのことだ。のちにスミスは本の破損率が年四・六六パーセントという数字をはじき出している。[9] これは何を意味するのか？　たとえば図書館に一四〇〇万冊の蔵書があり、一冊当たりの代替あるいは修復費用が一〇〇ドルだとする。年四・六六パーセント破損すると、その分だけでも年間六五二四万ドル、もっとわかりやすくいえば、一日約一七万八七〇〇ドルが必要となる。

一九八五年の時点で米国内の図書館には三億冊の蔵書があったとされる。先の数値をもとに考えると、酸性紙による本の劣化に対処するのに必要な予算は、全図書館にかかる予算の四倍程度になる。[10] 当然そこには、通常の使用による摩耗や害虫による破損にかかっている現費用は含まれない。

紙の自滅を速める要因にはさまざまなものがある。書物にとって不適切な環境という点では、高温多湿、風通しの悪さ、乾燥のしすぎ、空気の汚染、過剰な照明などが代表的だ。光はその波長の長さにかかわらず（赤外線であっても紫外線であっても）、書物の有機的素材を酸化によって化学分解する。窓辺の日当たりのいい場所に本を数日でも放置したら、表紙が色あせ、ページが日に焼けて脆《もろ》くなっていくのは、読者の方々も経験していることだろう。セルロースでできているだけに、紫外線の影響で日々劣化していくのだ。

紙の酸化による破壊を食い止めるために、さまざまな解決法が求められてきた。ところがその裏で、新たな書物の破壊が発生していた。物議を醸す作品で知られる、米国の作家ニコルソン・ベイカーはノンフィクション『ダブルフォールド』（二〇〇一年）で、大英図書館や米国議会図書館の館長が、蔵書の修復や保管にかかる経費を削減すべく古い書籍や新聞をマイクロフィルム化し、オリジナルを廃棄している内情を暴露。その前段の一九五〇年に、CIAと米国議会図書館がこの新技術の導入に際し、何千冊もの紙媒体の消滅を選択した経緯も説明した。もちろんこれは、紙よりもマイクロフィルムのほうが耐久性に優れているという考えを前提としている。《議会図書館は本のマイクロフィルム化に巨額の予算を費やした。マイクロフィルムの維持費が年間一一〇〇万ドルに上るとなると、一〇〇年分の新聞を収納できるだけの巨大な倉庫を買うのに十分すぎる予算だ。この国の人々が知識を育もうというときに、図書館の上層部がそんなおかしな方策を取るなどあり得るのだろうか？[11]》

この作品は全米批評家協会賞を受賞する一方、信憑性や誇張性をめぐって議論にもなった。私個人は大英図書館と米国議会図書館の件については真実だろうと見ている。ただ、ベイカーが同じ本のなかで触れているサンフランシスコ公共図書館で処分された本の量と、新技術の導入にCIAが絡んでいるという主張には疑念を抱いている。論争になったことで多くの読者が痛ましい現実を知る手立てとなった事実は否定しようがない。つまり図書館でさえも本や記録文書、新聞・雑誌を破壊することがあるのだと。

唯一残った書物

骨董品店や古本市に足を運んだ人、あるいは稀《き》覯《こう》本の目録を読んだ人、博物館や展覧会に行き慣れた人は、作品の下に小さな文字で、それでいながら端的に〝唯一の現存品〟と添え書きしてあるのを目にしたことがあると思う。少なくとも書物の場合、芸術作品とは違って著者や出版社が、唯一無二になるよう望んだわけではない。何らかの理由で破壊・消滅を免れたものということになる。

確かに世界には、さまざまな事情で出版された本のほとんどが失われ、現在は一冊しか残っていないケースがある。それだけの理由でその本の価値が桁違《けたちが》いに上がるのを見ると、消滅したときの文化的損失の度合いも認識できる。たとえばコットン卿の蔵書がアッシュバーナム伯の館で火災に見舞われ、『ベーオウルフ』の唯一の写本が焼けて文学界に衝撃を与えた（全焼は免れたが、劣化が進んで現在では読めない部分がある。のちに『ベーオウルフ』出版を実現するデンマーク・アイスランドの学者ソルケリンと助手が、早い段階で一部ずつ転写していたのが幸いだった）件や、ミシェル・セルヴェの『キリスト教の復権』が焚書《ふんしょ》にされて、初版は三部しか現存していないという事実は先に述べたとおりだ。

無数にある事例のなかから、いくつか選んで紹介してみよう。

スペインで最初に印刷された文学作品『ベルヘ・マリアの詩作品』。一四七四年バレンシアの印刷業者ランベル・パルマルの出版だが、唯一の現物がバレンシア大学の図書館に所蔵されている。

西暦二〇〇年頃ヴィシュヌ・シャルマーによって編集されたインドの説話集『パンチャタントラ』。王族の子ども向けの教育読本で、動物や鳥を主人公に政治や倫理、処世術を説く八四の説話が収められている。六世紀にサンスクリット語からパフラヴィー語に翻訳され、そこからシリア語、さらにアラビア語へと翻訳。ラテン語へは一三世紀にカスティーリャ王アルフォンソ一〇世の命により、『カリーラとディムナ』（一二五一年）のタイトルでアラビア語から翻訳されている。それとは別に、改宗ユダヤ人のファン・デ・カプアが一二六二年から六八年のあいだに『世界の欺瞞と危険に対する例証』と題してヘブライ語からラテン語に翻訳した版は、原書にあったプロローグを加えた完全版で、ヨーロッパ中に広まり、各国語に翻訳されるきっかけとなった。スペイン語版は一四九三年にサラゴサでパウロ・ウルスが翻訳、挿画を加えて印刷・出版したが、現存するのは一部だけである。

一四九七年にバルセロナの印刷業者ディエゴ・デ・グミエルが出版した『騎士パリスとヴィアナの生涯と愛の物語』は、十字軍とパレスチナを扱った六〇ページ足らずの小説だ。残念ながら初版本ではなく、その後の数少ない再版が一部残っているのみである。

一四九八年にバレンシアの印刷業者ペドロ・トリンチェルが出版した『聖クリストフォリの作品集』は、唯一のインキュナブラがマドリードのスペイン国立図書館に保管されている。この本は、一四八八年の夏に開催された詩のコンクールで、一五人の詩人が（必ずしも友好的ではない）戦いを演じた記録という性質から、しばしば研究対象となっている。一五三〇年頃にフィレンツェ、またはヴェネチアで出版された作者不詳の『磔刑《たっけい》の大海』の写本も一部が現存するのみである。一五三二年に出版された錬金術師ソロモン・トリスモシンの『輝ける太陽』も一五八二年版が唯一の写本で、大英図書館が所蔵している。

一九世紀フランスの書誌学者ジョゼフ＝マリー・ケラルとピエール・ギュスターヴ・ブルネットの研究書『失われた本と唯一の本』やポール・ラクロワの『失われた、あるいは知る人ぞ知るフランスの書物の図書目録に関するエッセイ』（三九四ページ参照）には、フランス国内で出版され消失、あるいは唯一残っている本がアルファベット順で多数紹介されている。

印刷技術が発達し、大量印刷が可能となった現代では、さすがにそのような状況に至ることは珍しくなったが、完全になくなったわけではない。たとえば米国の詩人ケネス・パッチェンの『平和な洞窟』（一九五〇年）。第二次世界大戦後に起こった文学ムーブメント、サンフランシスコ・ルネサンスやビート・ジェネレーションに影響を及ぼしたパッチェンは、ヘンリー・ミラーのお気に入りの詩人のひとりだ。彼の著作が稀にみる稀書となったのは、出版社の倉庫が火事に遭い、全冊焼失したことによる。唯一生き延びた本は、見直し用にと著者に送られたものだった。その後作品が再版されることはなく、その唯一の本はカリフォルニア大学サンタクルーズ校の図書館が所蔵している。[12]

出版社や図書館

本と読書を擁護する出版社自身も、本を破壊することがある。誤植が多い、落丁が生じた、問題があって回収されたなど、何らかの理由で売り物にならなくなった本や、理論や情報が古くなり現状にそぐわず使えなくなった学校のテキストや科学書、改訂版が出て旧版が要らなくなった場合、古紙リサイクルに回す、廃棄物として処理する、あるいは自力で燃やして処分せざるを得ない。

一部のベストセラーを除き、宣伝もろくにされない本は、出版された事実も知られず、ほとんど書店に並ぶこともなく、たとえ内容が素晴らしくても必然的にワーストセラーと化し、ただ倉庫で朽ち果てていく運命だ。出版元は在庫を抱えたくないあまり、断裁という形で一気に作品を抹殺する。また、広告で大々的に触れまわっているほど実際は売れていない場合などには、その著者には内緒で作品を大量に断裁するケースも少なくない。

図書館は出版社とは若干事情が異なるが、やはり本を破壊することがある。貸し出し回数が多くて傷みの激しい本や、逆にほとんど貸し出しのリクエストがなく書庫に移された本、もしくは流行時に複数購入し重複している本などだ。状況は各図書館の規模や予算、方針など、諸条件によって違ってくるし、処分の仕方も図書館を運営する団体、国や地方自治体ごとに規定があるだろう。ベネズエラの場合には、汚損・破損した本を廃棄する場合が圧倒的に多い。読書とラテンアメリカ思想の育成に献身するプエルト・アヤクーチョの図書館で、傷み・劣化の激しさから、何千冊もの古典をまとめてパルプにせざるを得なかったことがある。パブロ・ネルーダ、ロムロ・ガジェゴス、マセドニオ・フェルナンデスなど錚々《そうそう》たる顔ぶれの本だったのはいうまでもない。

時には図書館が、不要とみなした蔵書を廃棄処分にして問題になることもある。二〇〇三年にはスペインで、バレンシア州ガンディアのサント・ロク修道院中央図書館の責任者たちが、約三〇〇冊の蔵書の処分を許可して訴えられる事件があった。これは別に例外的な話ではなく、むしろ書物は日常的に何らかの形で破壊されているといっていい。

税関

どの国の税関でも、知的所有権を侵害する本、あるいはその国の宗教・倫理に反する本は没収され、廃棄という形で破壊されている。焚書にされるか、製紙用パルプにされるかは国や状況で違う。税関特有の例として、麻薬密輸に使用された中身をくり抜いた本も押収後、大抵は捜査官の手で処分される。

ベネズエラ人作家のエンリケ・ベルナルド・ヌニェスは遺作『サマンの木の下で』(一九六三年)[13]で、自身の小説『クバグア』(一九三一年)が税関で大量に没収され燃やされたのではないかとコメントしている。また、一九九八年四月一二日にはAFP通信が、中国の警察が合計一四〇万冊の本とポルノ雑誌を破壊処分したとの記事を配信した。取り締まりの厳しい中国では珍しくないことだろう。

第10章 イラクで破壊された書物たち

I

二〇〇三年五月一〇日、私はバグダードにいた。イラク国立図書館の被害状況を調査する国際使節団の一員としてだ。奇しくも一九三三年にナチス・ドイツが大規模な焚書《ふんしょ》で文化を破壊したのと同じ日で、私も同僚たちもそれなりの覚悟はしていた。だが実際に現場で惨状に直面すると、ショックで何日間も不眠に陥った。目に焼きついた光景を忘れられたらどんなに楽だったか。だが、たとえ忘れても結局は再び衝撃を受けるだけだっただろう。どうやら人間の理性は、そうやって大切なことに気づかせる仕組みになっているらしい。

国立図書館は一万二四〇平方メートルの敷地に鎮座する三階建ての建物だった。アラビア式の斜め格子の窓が一九七七年築造の施設に統一感を与えている。私たちが訪れた時点では、まだ正面玄関前にサダム・フセイン像が立っていた。左手に書物を携え、右手を高く掲げたポーズ。信じられないかもしれないが、フセインもほかの独裁者たちと同様に、無類の読書家だった。今となってはあのフセイン像も、他の銅像と同じく破壊されたに違いない。

建物正面を一瞥しただけで、中央部分から火の手が上がったことがわかる。炎の勢いでか人間のしわざかはわからないが、あちこちの窓が壊れている。強い日差しを遮るために玄関前に設けられた庇《ひさし》には、図書館の名前が記されている。館内で動きまわる十数名ほどの作業員と専門家の姿が目に入る。窓から差し込む光が、床に散らばる無数の書類を照らし出す。閲覧室も蔵書目録の棚も、文字どおりなぎ倒されたかのような印象を受ける。

構造物の骨組みも、些細な地震で倒壊しかねないほど深刻な痛手を被っている様子だ。ある従業員の男性がためらいがちに「図書館は二度の略奪にさらされた、一度ならず二度までもだ」と小声で告げてきた。事前に配られた報告書にそんな情報は記されていない。確かに、焦げ跡が生々しい金属製の書類キャビネットは開いたままで、中身は空っぽだ。灰が散らばったままの床を見つめ、私は呆気に取られるばかりだった。

II

国立図書館の略奪は混乱の最中に起こった。最初はバグダード市内が通常兵器としては史上最大の破壊力を持つといわれるMOAB爆弾やミサイル攻撃を浴び、二〇〇以上もの公共建造物と市場、商店が破壊されたときである。この二〇〇三年三月一九日の空襲と同時に、クウェート北部からイラクへの進攻も開始された。英軍がイラク南東部のバスラを中心とした地域の攻略に当たる間、米陸軍部隊は東西二手に分かれ、首都バグダードを目指して北上。凄まじい速さで各地を攻略し、電撃戦による短期決戦を目指した。四月四日、市中心部から一〇キロの地点にあるサダム・フセイン空港を制圧。七日には町の通りに米軍の戦車が乗り込み、宮殿をひとつ占拠。翌八日に早くもバグダード市内の一部地域を支配した。同日ティグリス川にかかる共和国橋と七月一四日橋のあいだで、米軍とイラク軍の激しい戦闘が起こった。米軍の第三歩兵師団に南から猛攻され、イラク軍は北へ

バクダードで破壊・略奪を免れた書物を確認する米兵

と退却を余儀なくされたが、その際、共和国橋に爆弾を仕掛けようとしたらしい。

一部で激しい応酬になったとはいえ、米軍は圧倒的な軍事力で短期間のうちにイラク軍を無力化するのに成功し、基本的には小規模な戦闘で済んだ。午前七時半から九時半には、町中の通りを主力戦車MIエイブラムスで闊歩。イラク外務省や情報省など主要な省が入居するふたつ目の宮殿を占拠した。

劣勢に立たされたイラク軍だったが、フェダイン・サダム（″サダムの戦士″の意。フセイン大統領直属の治安部隊）は、市の南部を拠点に抵抗していた。そんななか、連合軍の歩兵隊が、ティグリス川沿いの土塁に隠されていた敵の武器・弾薬庫に砲弾を撃ち込む。この頃になると、フセイン政権崩壊の噂や大統領が息子らとともにどこかに避難したとの情報も流れ、国中が混乱状態に陥った。市民を統制すべき警察がいない一方、首都を制圧した米兵には、市民への発砲を禁じる厳命が下されていた。

四月九日水曜日、バグダードが陥落し、中央広場のサダム・フセイン像が引き倒された（これはイラクの民衆による自発的行為ではなく、米国防総省によって計画された作戦だ）。兵士のひとりが銅像の顔に星条旗を被せたが、即座に改めイラクの国旗に変えた。世界中にその映像が流れたことで、それまでは噂にすぎなかったフセイン政権崩壊の情報が確信へと変わった。独裁者による圧政と、一〇年以上に及ぶ経済封鎖に抑圧されてきた群衆が、堰《せき》を切ったかのごとく通りという通りに溢れ出て、もう誰にも止められない。市民による略奪は、まずは宮殿やイラクの高官たちの邸宅で始まった。やがて公共施設や商店にも広がっていく。病院から医療器具やベッドまでが持ち去られ、略奪に備えて拳銃・ライフル銃・こん棒で武装した店主らは、押し入ろうとする泥棒たちを必死に追い払う。強奪者には成人男性ばかりでなく、女性や子どもも混じっていた。独裁政権の象徴とみなされていた施設や記念館のほとんどは、四月九日、一〇日と二日間にわたって略奪の暴威にさらされた。

警備に当たる者などいない国立図書館に、暴徒の群れが押し寄せたのも四月一〇日のことだ。当初は目立たぬようにこそこそと盗んでいた者たちも、やがて大っぴらに強奪行為に及ぶようになった。無秩序という名のルールが略奪者たちのあいだに蔓延したともいえる。老若男女を問わず、あらゆる世代が買い物でもするかのごとく品定めをし、運べる限りのものを盗んでいく。早い時期に駆けつけた者たちは、貴重な写本が収められている場所を把握していて、迷うことなく直行したという。その後にやってきた者たちは、独裁政権に恨みを抱き、飢えに苦しむ人々で、金目のものがなくなると破壊行為に走った。盗まれたのは本ばかりではない。コピー機やパソコン機器、印刷機、印刷用紙、家具・調度品まで運び出す者もいた。壁に落書きをする者も現れる。〝サダムに死を〟〝くたばれサダム〟〝背教者サダム〟。不可解にも、暴徒が殴り書きする様子を落ち着き払って撮影しているカメラマンがいて、やがて姿を消したとも聞く。

破壊はそこで終わらなかった。四月一三日の日曜日、青いバス数台でやってきた一団が（当然ながら公的機関の承認証はない）、米兵の無関心あるいは消極的態度に勇気づけられ、書棚に燃料をまき散らし放火した。本を燃やして火種にしていた、軍用品の白いマッチを使って放火したとの証言もある。いずれにせよ、その後何時間も燃え続け、立ち上る煙の柱は四キロ先からも見えたという。この火事でそれまでの略奪を免れた蔵書の多くと、保存されていた古い機械や新聞が焼失している。

国立図書館の三階にはマイクロフィルム保管室があったが、大理石の床や鉄筋コンクリートの階段、天井にまでも大きな損傷を及ぼすほどの激しい熱だったため、室内にあった資料は全滅した。二階に同居していた国立文書館も被害を受けた。八五人の職員を有する文書館は、約一〇〇〇万の記録文書を所蔵し、オスマン帝国時代の登記簿や政令まであったが、その六割が失われた。

英国の著作家・ジャーナリストのロバート・フィスクは、証人としてこの事件を記事に書き、一躍有名になった。

昨日、書物が燃やされる事件があった。初めに略奪者、次いで放火者がやってきた。バグダード市内の略奪の最終章ともいえる。国立図書館と国立文書館――オスマン帝国の歴史的文書に加え、イラクの各王朝の古文書を含む、計り知れぬ価値を持つ宝庫――が、三〇〇〇度の熱によって灰と化した……。私はこの目で略奪者らを見ている。一〇歳にも満たない少年がイスラム法の本を持ち出すのを目撃し、周囲にいた大人たちに声を大にして訴えたが、逆に罵られる始末だった。イラクの悠久の歴史が灰燼に帰す只中で、宙を漂う文書を目にした。オスマン帝国からのアラブ独立運動の指導者でメッカのシャリフ、フサイン・イブン・アリーが、王宮からアラビアのロレンスこと英国の情報将校トーマス・エドワード・ロレンスと、バクダードのオスマン帝国の総督たちに宛てた直筆書簡の一枚だった。
この事態を前に米軍は何もしなかった。煤《すす》だらけの中庭に焦げた紙が舞っている。それでも米軍は何もしなかった。アラビアの王家に宛てた推薦状、軍隊に必要な弾薬の要請書、ラクダの盗難届けと被害を受けた巡礼者たちの報告書、いずれも繊細な文字で記されている。私が手にしていたのは、文字化されたイラクの歴史の最後の痕跡だったのだ。今年はイラクにとってのゼロ年だ。土曜日の国立考古学博物館での諸々の遺物の破壊、翌日の国立文書館の放火、その後のコーラン図書館の火災、イラク文化のアイデンティティが消えてしまった。なぜだ？　誰が火を放ったのだ？　これらの遺産を破壊した、狂気じみた意図は何なのか？[1]

壊滅的な被害を前に、文字どおり誰も何もできなかった。米国防長官ドナルド・ラムズフェルドは述べた。「自由な人々には悪事を働く自由もある。それを阻むことはできない」。一方、国立図書館の前館長は、回顧するような口調で嘆いた。「これほどの暴虐行為は、モンゴル人の襲来以来だろう」。これは一二五八年、チンギス・カンの孫のフラグ率いるモンゴル軍がバグダードを占拠し、分捕った本をすべてティグリス川に投げ捨てて破壊したときのことを指している。別の図書館員は「カエサルが再び本を一掃した気分だ」と口にした。ジョージ・バーナード・ショーの戯曲『シーザーとクレオパトラ』の一節を思い出す。

ルフィウス　何が始まったというのだ？
テオドトス　（広間に駆け降りてくる）あなた方の船から火が燃え広がったのでしょう。世界の七不思議のひとつが消滅しようとしています。アレクサンドリア図書館にも火の手が。

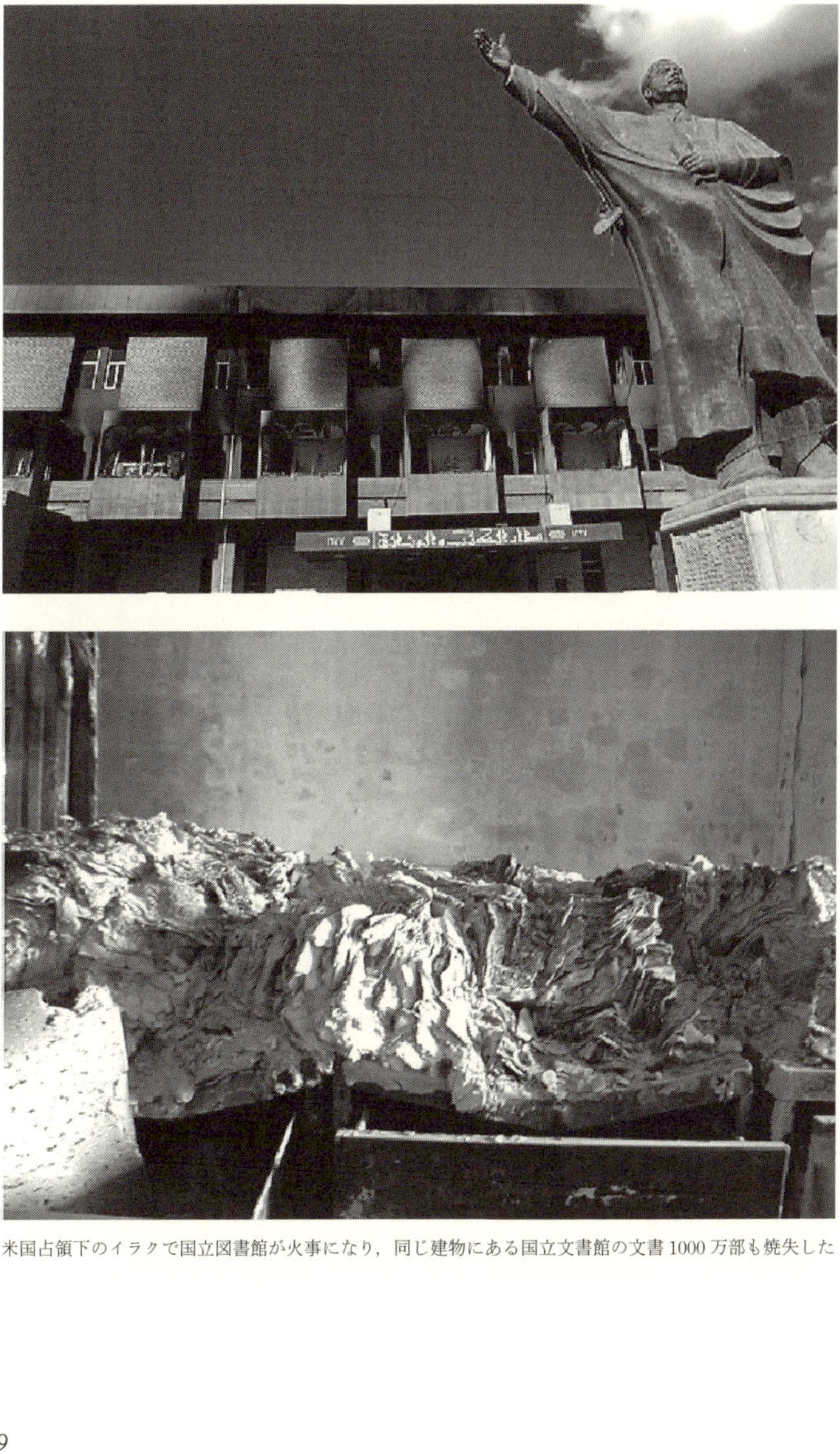

米国占領下のイラクで国立図書館が火事になり，同じ建物にある国立文書館の文書 1000 万部も焼失した

ルフィウス　そんなことか！（安堵しきった様子で拱廊《きょうろう》に昇り、海岸で準備している兵士らを眺める）
カエサル（シーザー）　それだけか？
テオドトス（信じられぬといわんばかりの顔で）それだけかと？　カエサル、そなたは後世に、書物の価値も知らぬ粗暴な一兵士として名を残すおつもりか？
カエサル　テオドトスよ。私はこれでも文人だ。いっておくが、エジプト人にとっては、書物に頼って夢を見るより、自分で人生を切り拓くほうがよいのだよ。
テオドトス（純然たる文学的情動と識者特有の情熱に突き動かされつつ、ひざまずき）カエサルよ、不朽の名作とは、一〇世代に一作しか生み出されぬもの。
カエサル（動じる様子を微塵も見せずに）その書が人類を満たさぬのなら、暴君の手で焼かれるまでだろう。
テオドトス　歴史書がなければ、そなたとて兵卒たちと同じ穴に葬られて終わりになる。
カエサル　死後のことなどどうでもよい。墓穴なんぞどれでも同じだ。
テオドトス　あそこで燃えているのは、人類の記憶ですぞ。
カエサル　所詮は忌まわしき記憶。燃えるに任せよ。

イラク国立図書館の損失に関しては、当初から諸説あり、いまだに論争となっている。二〇〇四年にイラク暫定政府に協力したことで知られるタヘル・カラフ・ジャブル・アル・バカア博士は、フランクフルト・ブックフェアで、一万七〇〇〇冊が破壊されたと述べていた。カマル・ジャワド・アシュルはより悲観的で、蔵書の半数が盗まれ、残りは焼失したとみなしている。[2] 戦争開始後に国立図書館の館長に任命されたクルド人歴史家のサアド・エスカンデルは、次のように指摘する。

国家文書と資料の約六〇パーセントが焼失、あるいは水によって被害を受けている。失われた文書はいずれも各省庁に属するもので、一九世紀の終わりからサダム政権時代までのものだ。本の被害については、蔵書のおよそ二五パーセントを失ったと見ている。そのほとんどは貴重書、あるいは稀覯本《きこう》だ。[3]

イラク人司書たちが作成した報告書をもとに、私は略奪・放火によって約一〇〇万冊が失われたと考える。巨大な図書館は一時期、印刷物・新聞・記録文書の貴重な宝庫として機能していた。その頃、公的機関への法定納本として五冊収めることが義務づけられており、それだけでも単純に数は五倍になる。もっとも二〇〇一年と〇二年には財政状況の悪化から、以前のように収められていなかった例も多いが、そんななかでも何千冊もの寄贈によってもちこたえてきた。

国立図書館で失われた稀少本を並べるのは、非常に悲しく不快な気分だ。『千夜一夜物語』の旧版、オマル・ハイヤームの数学書、イブン・シーナーの哲学書（『医学典範』も含まれていた）、アヴェロエス、アル・キンディー、アル・ファーラービー、メッカのシャリフ、フサイン・イブン・アリーの書簡、シュメール文明に関する一連の歴史書、もちろんトルストイやボルヘス、ポール・オースターといった世界の文豪たちの作品もそこにはあった。

通りに並ぶ露店では、国立図書館の本を破格の安値で買うことができた。とりわけ金曜日にムタナッビー通りに立つ露店市で売りに出される。実際に私もこの目で、扉に公印の入ったアラビア百科事典を一冊確認している。一度は印を消そうとしたようだが、断念したのがわかる。ヤジディ教徒の創世神話と風習を扱った『ミスヘファ・レシ（黒の書）』も見かけた。イラク北部からイラン、シリア、トルコ、アルメニアなどに住むヤジディ教徒は独特の宗教を持つことで知られる。〝孔雀天使〟メレク・タウスを信奉し、堕天使ルシファーの無実を信じ、ヘビを崇拝する。そのため邪教とみなされ、特にフセイン政権下では、クルド系であることもあって弾圧されてきた。宗教上・象徴的な理由から青色の衣服は身につけず、メッカではなくイラク北部モスル近郊にある聖者アディ・イブン・ムサフィールの墓に巡礼するという。

III

そんななかでも運よく救出された本もあった。心ある人々の手で、国立図書館から離れた秘密の場所に移されていたのだ。自国の文化に対する愛情の深さを、何よりも物語る証拠だと思う。略奪されずに済んだ何千冊もの本は図書館に戻されたものの、二〇〇五年末の時点まで、分類されずに一階と二階に平積み状態で保管されたままだった。というのも、もう建物の警備をする兵士は配置されず、本の仕分け作業もシーア派の従業員の何人かに任されており、手が足りなかったからだ。

それとは別にバスラのシーア派指導者アル・サイド・アブドゥル・アル・ムサウィ師が、信者たちに命じて約三〇万冊を救出している。トラック数台で運んだ本はハクのモスクに山積みにされた。天井に達するほどに積み上げたとの話だ。お世辞にも保存状態がよいとはいえない。虫の被害に遭うのも百も承知だ。だが破壊されるよりはましであると、大アヤトラ(最高指導者)、ムハンマド・アル・ハキム師が判断したうえでの行動だった。興味深い事実だが、これらの本の救出に奔走したのは、ハウザ・アル・イルミジャと総称されるイラク国内のシーア派神学校に属する者たちだった。彼ら聖職者にとって書物は神聖なもの、特に神の言葉である聖典コーランは神の一部と捉えられ、つねに大切に扱うべき存在だ。そんな彼らと争いを起こしたければ、コーランを一冊燃やすだけで事足りる理由もわかるだろう。

本を救出する試みはほかにもあった。国立図書館の蔵書のうち一〇万冊は、有志たちによって観光省の施設に移されていた。それ以外にも多くの知識人が自宅に本を保管していて、わざわざ私に見せてくれもした。不信心者らが国を去り、イラクに社会秩序が戻る日を待っていたのだと語る。名前を明かしたがらないある画家が、適切な保存を願う一心で、露店の市で何十冊もの本を購入していたことも知った。そうして救われた本の大部分は、旧サダムシティ（現サドルシティ）の貧困地区、二〇〇万人以上がひしめき合う、およそ観光地とは程遠い錯綜した場所に置かれていたのだ。

二〇〇四年四月、オランダの考古学者で文化財保存・修復の専門家ルネ・テイジェラーが、国立図書館の消火作業時に被害を受けた本の修復のためにイラクに派遣された。彼は、大量の水を吸った本がカビの餌食になるのを防ぐべく、冷凍保存の手段を取った。ところが折悪しく停電が発生。夏には気温が五〇度近くにも達するバグダードでは、電気なしの冷凍庫の中のものは八時間ともたない。解凍するよりほかなく、窓を全開にした広間に凍らせた本の塊を並べ、外気にさらすことで少しでも湿気を取り除こうとした。それでも本の破損は避けられず、表紙や背など硬い素材の部分は無事だったが、一枚一枚のページは破れてしまった。

バグダード市内での略奪から蔵書が命拾いした奇跡的な例はまだある。[4] シーア派の聖地カージマイン・モスクには、イスラム神秘主義集団として知られるスーフィーの本が揃っていた。偉大な聖者アブド・アル・カーディル・アル・ジーラーニーの一六代目後継者、サイード・アフマド・アル・ラーマン・アル・ジーラーニー率いるカーディリー教団の世界有数のコレクションだ。異教徒は中には入れないので、残念ながら直接見る機会に恵まれなかったが、神秘主義スーフィズムの六万五〇〇〇冊の書籍と二〇〇〇の秘密写本を有する一大コレクションである。アル・ウスタド・マリ・アル・クリムリの一二〇〇の写本を含む、デイル・アル・アバ・アル・クリムリン・コレクションも暴徒の手を免れた。その一方でマクタバド・アル・ヒダヤ・コレクションは略奪に遭い、六〇〇の写本のうち半分しか残っていないという。

Ⅳ

国立図書館の破壊については、国立博物館の略奪と比べると、世界のメディアの反響はほぼ皆無に等しかった。[5] 国立博物館は宮殿と見紛うほど壮大な建物で、左右に砂色をした塔がある。私が訪れたときにはふたつの塔を監視するように配置された米軍の戦車一台の砲身に、〝米国市民からのご挨拶〟と書かれた幕がかかっていた。博物館略奪のニュースが世界を震撼させたのは、二〇〇三年四月一二日、図書館の略奪が始まった二日後のことだ。誤解あるいは誤報で、当初は一七万点もの遺物が失われたといわれた。実際には、前三三〇〇年頃の作とされるシュメールの彫刻〝ウルクの貴婦人〟を含む最重要の品三〇点と、一万四〇〇〇点以上の遺物が奪われたのだとわかった。

私が訪れたのは大騒動の一カ月後だったこともあり、博物館入退時の入念な検査は非常に煩わしいものだった。今回の略奪事件の調査と盗品奪還の責任者として、米軍のマシュー・ボグダノス大佐が任務に就いていた。急を要する事態なだけに、考古遺産庁の調査研究部部長で考古学者のドニー・ジョージをはじめ、ＦＢＩとＣＩＡ、さまざまなイスラム研究機関、兵士らのグループがボグダノスに全面協力していた。弁護士でもあるボグダノスは古美術品への造詣の深さを買われた。彼が率いる調査班の仕事場にはテーブルがいくつも並べられ、取り戻した作品の分類作業に追われている。次から次へと持ち込まれてくるのは、盗品の所有者全員に対し、返還すれば恩赦との布告がなされたからだ。そのため若者が仕事場の入り口に現れては、床に彫像を置いて去っていく光景も珍しくなかった。

略奪時に展示室が燃やされずに済んだのは幸いだったが、荒らされ放題であったのは一ヵ月経った時点でも容易に理解できた。粉々に砕けた遺物が何百もあるうえ、廊下でも略奪者らが盗もうとしたものの、運べずに損傷した品を多く見かけた。全部で八つある収蔵庫のうち五つが、略奪者らによって扉が壊され、保存管理室にあった顕微鏡や化学製品、考古学用の設備も持ち去られた。展示室のある階は、展示品がガラスケースから持ち出されたため、雑然としていた。歴史遺産の展示室からは、二三六点の写本と磁器が盗まれた。なかには運よく無傷で取り戻せたものもある。ほかに四五一あった陳列棚のうち、少なくとも二八は破壊された状態だった。事務室からも文書や書籍、パソコン、机、椅子など、持ち出せるものは全部盗まれていた。

蔵書が略奪被害に遭ったのは国立図書館だけではない。国立博物館でも図書室にあった古代メソポタミア関連の本が破壊され、シュメール時代の粘土板文書の一部もガラスケースを壊して盗まれた、あるいは粉々にされたものもある。一〇万個に及ぶ粘土板が収められていた収蔵庫が、扉を開けられずに無事だったのは不幸中の幸いだった。シッパルの文書も無傷で済んだ。[6]

五月二二日、私はバグダードをあとにし、別の職務を果たすべくウィーンとロンドンに向かった。その一カ月後、復興人道支援室（現・連合国暫定施政当局）が、博物館での任務にピエロ・コルドーネ、ファーガス・ミューアのふたりと、米軍民事部隊のA・J・ケセル、コリ・ウェゲナー、クリス・ヴァルホラ、ウェス・サムナーズの将校四人を任命したのを知った。彼ら六人は一、二カ月中に行方不明の遺物を発見し、博物館を再開すると豪語。七月三日にニムルドの至宝（一九八八年に王家の墓から発掘された黄金の宝飾品）を二時間だけ、政府関係者や国際調査団、報道陣に公開するという愚行を犯し、兵士一名とジャーナリスト一名が死亡したばかりか、世界でも有数の貴重な遺産を危険にさらしている。実際には何があったのか、事件の本当の責任者が誰かは一切コメントが出ていない。[7]だが、それが悲劇の始まりだとは誰も知らなかった。

V

文化の破壊は他の施設にも及んだ。国立図書館から五〇メートルほどの場所にあるワクフ図書館では、七〇〇〇あったイスラム写本のうち一七五〇冊が略奪時に失われた。[8]放火された建物は修復不可能なほど破壊され、電気のケーブルは垂れ、むき出しになった梁《はり》がかろうじて柱に載っているが、誰が見ても崩壊寸前だ。前もって避難させ、焼失を免れた五二五〇冊の本は戻ってきたものの、司書たちの表情は陰っている。残りの一七五〇冊もカーディリー教団のモスクに預ける手はずが整っていたのに、写本を詰めた三二個のトランクの中に米ドルが入っているという噂が立ち、せっかく避難させた写本を図書館に持ち帰らざるを得なかったのだ。そして略奪が起こった。誰も詳しくは語らなかったが、ひとりだけ重い口を開いてくれた。図書館の門衛の男性が略奪の混乱の最中に米兵の誤射で負傷した、もはやどんな機関からの支援も信じられぬという。

　複数の目撃者の証言では、アラブ系と思しき市民一五人から二〇人が図書館に乗り込み、破壊が始まった。ビデオカメラを手にした若者ひとりが、暴徒のあとを追っていたともいう。実に不可解な話だが、本を詰め込んだ三二個のトランクのうち（写本八〇〇冊以上の入った）一〇個を奪うと、一団は白リン弾を図書館の中に放って退散したとのことだ。

VI

イラクの各大学の状況は、当時も今も危機的だ。バグダードが陥落した二〇〇三年四月九日、略奪者らのグループはバグダード大学にも押し入り、奪えるだけ奪っていった。トラックで乗りつけた者たちまでいて、エアコン、実験器具、ファイル、事務机、教室机、椅子、パソコン、印刷機、スキャナー、コピー機など、ありとあらゆる備品を持ち出した。強奪と混乱のどさくさに紛れ、学生名簿や論文のデータベース、成績証明書、修了証といったものまでが失われている。

一連の暴力行為は学生たちに消しようのない傷跡を残した。学生のなかには自分たちの学び舎が焼け焦げ、窓ガラスが割れ、壁にフセイン非難の落書きのある光景を目の当たりにして、以前大学近くに落ちたミサイルを思い出した者も少なくない。もっともその件については、のちに米軍が誤爆だったと認めている。ミサイルが地上に残した穴は、隕石が落下した穴に似ていたという。

各学部の校舎に目を向けても、悲惨な状況は変わらない。ロシアやドイツの古典が多く揃っていた文学部の図書館の、ドストエフスキーやトルストイ、ツルゲーネフ、チェーホフ、プーシキン、ゴーリキー、ゲーテなどの名作は灰になり、すでに袋に詰められたあとだった。縁が焼け焦げ、中央が引きちぎられ、強火で焼かれたかのような『ファウスト』が目にとまる。美しい顔をベールで覆った女子学生が、匿名を条件に説明してくれた。これらの本を燃やしたのは学生たちだ。ロシア人とドイツ人が独裁者フセインに協力していたからだと。あまりに奇妙な理屈だった。

学生たちの困惑と失望を感じた私は、教授陣の話も聞きたかった。教授たちのあいだでは、旧体制支持者だった同僚の免職と、独裁政権崩壊後初の選挙の可能性が議論の二大テーマになっていた。積年の恨みが、誰も彼もを支配している感じがした。廊下の壁には各政党の情報や個人の意見が記されている。侵略者の悪口を書いたものもあれば、それを批判する内容の文面が綴られた紙もあった。別の現実として、教師の給料と学生の奨学金の問題も深刻化していた。外国から奨学金を給付されている多くの学生が、銀行が閉まったままで受け取れずにいた。一方で教師たちもバグダード陥落以来、一切給料が支払われぬままだった。慢性的な抑鬱状態が続くなかで、怒りの感情が彼らを生かし続けている気がした。

ムスタンシリヤ大学医学部の図書館は、周辺が最初の攻撃を受けた際も何とかこれを免れることができた。しかしムスタンシリヤ中央図書館は幸運には恵まれず、無差別な略奪被害に遭っている。暫定的に作成した目録を見ても、蔵書の多くが失われ、だいぶ昔に寄贈された調度品や機器も消失したのは一目瞭然だった。

医学校の図書館は、中世アラビア医学の至宝とも呼ばれる専門書を数多く所蔵していることで高い名声を得ていたが、そこも略奪を受けた。しかも、大判の書物を少しでも軽くしようと、裏張りや表紙を引きちぎったうえで持ち去るというあくどいやり方でだ。

アル・マンスール地区に住んでいた（おそらく今でも住んでいるであろう）バグダード大学の男子学生が私に告げた。「いつの日か、誰かが米国議会図書館に放火したとしても、ここまでひどくは破壊されないと思う」

VII

八三〇年にアッバース朝の第七代カリフ、マアムーンによって建てられた図書館、知恵の館（バイト・アル・ヒクマ）は二〇〇三年四月一一日に襲撃された。オスマン帝国時代の展示物が破壊され、建物の一部が焼ける被害が確認されている。略奪者たちは午前中に価値ある品を残らず盗んでいったが、もっと高価なものが隠してあるに違いないと踏んでか、午後に再びやってきたという。施設内には図書館、閲覧室、印刷所もあり、それぞれ被害に遭っている。閲覧室の壁の損傷からすると、手榴弾にやられたらしい。私が視察に行った時点では、外国語書籍の部門は強奪直後のままだった。

書棚は空っぽで、床一面に破れたページが散らばっている。蔵書目録を見る限り、英国の外務・英連邦省関連の本五五〇〇冊以上、第一次・第二次世界大戦時のフランスの文書五部、米国が分類した一九四〇年クーデターに関する記録文書、バグダード市内のユダヤ人共同体に関する文書、オスマン帝国時代の文書一五部、イスラム裁判所の文書一五部、ブリタニカ百科事典が何冊も失われたのが把握できる。消失したなかにはほかにも、九世紀のコーランや一二世紀の詩人アル・ハリーリーの写本、何冊ものイブン・シーナーの貴重書、歴史・詩・戯曲関連の本が含まれていた。いずれも比類なき性質の本である。盗まれた本の何冊かが二、三ブロック先の露店で売られていると聞き、実際にそこまで行ってみた。ひげを蓄えた青年が愛想よく手渡してくれた本を確認したところ、確かにバイト・アル・ヒクマで盗まれたものだった。

二階部分のほうが火災の被害は深刻だった。しかしここでも略奪者らは容赦せず、パソコン、印刷機、照明器具から、エアコン、椅子、事務机、家具、鉛筆まで持ち去っていた。付属のコンサート・ホールもそれと識別できない荒廃ぶりで、ある部屋など爆弾でも破裂したかのような荒れようだ。本も文書もなくなった金属製の書棚が周囲の壁や窓と同様、黒焦げになっている。略奪からしばらく経った六月に発足したイラク暫定政府は、バイト・アル・ヒクマを復興すべく、一万七〇〇〇ドルの支援を申し出た。イラク戦争前には七〇名もの正職員と約一〇〇名の準職員を擁する文化施設であったのを考えれば、この金額が無知以外の何ものでもないのは明白だ。さらに暫定政府は、見舞金として職員ひとり当たり二〇ドルを配って評価を下げた。文化を尊ぶ彼らに、喜びよりも不快感を与えたのはいうまでもない。

イラク科学アカデミーは中東でも屈指の研究所のひとつであるが、ここもまた甚大な損失を被った。バグダード北部ワズィレヤにあるこの施設には、イスラム科学の写本をはじめ、新聞、外国語書籍、科学や人文系の雑誌、論文、各種記事のスクラップまで保存され、パソコン二〇台を有する実験室、印刷室、読書室、研究者別の研究室も備わっていた。この施設の略奪は米軍の戦車の到着と同時に起こった。同アカデミーに掲げられたイラク国旗が、米軍の手で取り去られた数時間後、待ち構えていたかのように略奪者らがやってきた。パソコン、印刷機、机、変圧器……何もかもが持ち去られた。

他の施設と違い、科学アカデミーは放火の被害は免れた。だが六万冊の蔵書の半数が奪われている。世界各国から送られてきた各言語の刊行物もほとんど失われ、コピーされた本だけが多少残った状況だ。世界の科学研究所との友好的な交流政策によって、研究員たちが絶えず最新の情報を得ていただけに、略奪による損失は計り知れない。

被害の実態調査のために赴いた私は、まずは職員に蔵書目録を見せてほしいと求めた。しかし目録も盗まれていた。これでは分類作業も容易ではなさそうだ。いくつかの部屋には略奪を免れた何百冊もの本と文書が積み上げられたままになっていたが、研究者の誰ひとりとして気にかける様子はない。整理する本があるだけましだといわんばかりだ。空爆や砲撃、歴史家アッバス・アル・アザウィの唯一無二の文書を失った略奪を生き延びた彼らにしてみれば、保存状態など大したことではなかったのかもしれない。サダム・フセインの手稿コレクションは、所長のウサマ・N・アル・ナクシャバンディが隠していたため略奪されずに済んだ。なお、同じ北部の町モスルでも博物館と大学の図書館がそれぞれ蔵書を失っている。

Ⅷ

前二〇世紀に繁栄したメソポタミア南部の都市イシンとされる、イシャン・アル・バフリヤト遺跡に設置された簡易テント内で眠っていると（今思えば眠ったふりをしていただけかもしれないが）、突然耳をつんざく轟音がして、銃が連射された。二〇〇三年五月一九日の夜のことだ。テントの外に出てみると、米兵たちが駆け足で現場に向かうところだった。軍用車両ハンヴィーに巧妙に仕掛けられた爆弾が炸裂したのだと、あとで知った。

テントから離れた場所では三〇人ほどの兵士が発砲していた。ロケット砲を構えた兵士がいたが、すぐに隊から離れるようにして遺跡に入り、素早く何かを拾い上げた。事態が飲み込めない私は、怯えたまま地面に伏せた。私のそばにいた軍曹が、襲撃者らを包囲するよう兵士に促す。するといわれた兵士は半ば嘲るように言い返した「あんたが行ってくれ。たかが粘土のかけらごときのために死ぬ気はないからな。俺は遺跡の警備をしに、わざわざニュージャージーからやってきたんじゃない。協力だったらほかの者に頼んでくれ」。それから一五分ほど、暗闇のなかで撃ち合いが続いた。最終的に米軍の軍用ヘリコプター、UH60ブラックホークが機銃掃射を行なったが、襲撃者のひとりもしとめるに至らなかった。

翌日、徹夜明けの状態で自分が寝泊まりしていた周囲を見た。発掘途中の遺跡が破壊されていた。イラクは中東でも最大の遺跡数を誇る国家である。この土地で書物が生まれ、図書館が生まれ、最初の法典が生まれた、そんな大文明国だった事実を考えると、二〇〇三年三月から続く戦争が、われわれの歴史概念を覆すかもしれない新たな発見の可能性を、絶えず危険にさらしている現実を突きつけられる。実際各地の遺跡からは、古代シュメール、アッシリア、バビロニアの文明の名残のほか、後代のギリシャ文明、ローマ文明とオリエント文明の融合を示す重要な遺物が頻繁に出土している。

残念ながら問題はその後も継続中である。世界遺産に指定されているハトラ遺跡を筆頭に、クラル・ジャブル、クユンジェク（古代名ニネヴェ）、テル・センケレ（古代名ラルサ）、テル・アル・ジュベイト、ジャウハ（古代名ウンマ）、テル・エル・ムカイヤル（古代名ウル）、ウムアルカラブ……。シカゴ大学東洋研究所や、『ナショナルジオグラフィック』の報告でも述べられているとおり、北部よりも南部のほうが状況はましだ。これは完全に治安の悪化の度合いの差である。一般にはあまり知られていないことだが、一九八七年以降、イラクでは古代都市の遺跡の発見が増加した。にもかかわらず、一九九〇年からの経済制裁で六〇〇〇以上の遺跡が未発掘のままになっている。しかしその価値が絶大なのは、過去の発掘が証明している。たとえばシッパルで発見された太陽神の図書館や、ニムルドの出土品、テル・エル・ムカイヤルのプ・アビ女王墓で見つかった金・銀・宝石の装飾具は有名だ。

イラク南部ナシリヤ近郊のウムアルカラブでは、著名なイラク人考古学者ファディル・アブドゥル・ワヒドを含むグループが、〝墓の町〟と呼ばれる巨大なシュメールの墓地を発見した。これは一八八六年に米国のオリエント学者ウィリアム・ヘイズ・ワードが訪れた遺跡だ。死者が宝飾品や像とともに埋葬されたこの場所は何百匹ものサソリが見つかったため、〝サソリの母〟とも呼ばれていた。しかし現在は、相次ぐ盗掘と破壊の結果、月面着陸を果たした宇宙飛行士が見慣れた光景、すなわちクレーターだらけの荒廃した場所と化している。

一方、北部のカルフ（古代名ニムルド）で遺跡を警備する、イラクの考古学者ムザヘム・マフムドと警備員イブラヒム・アッタのふたりは、絶えず遺跡内の地下トンネルのことを心配していた。何しろ毎晩のように何十人もの略奪者らが入り込んでは、遺物を持ち去るか、重要でないとみなしたものを平然と壊していくのだから。略奪者が血眼《ちまなこ》になって探し求めるのは金《きん》で、それ以外の無価値に映る素焼きの器などは破壊してしまう。とりわけ略奪被害が大きかったのは北西宮殿で、S室の損傷に加え、B室・I室・S室からレリーフが盗まれた。略奪者らと兵士たちの応酬によって、弾丸を浴びた壁のひとつが粉々に崩れてもいる。

バグダードから南南東へ二〇〇キロ、イシンから程近いニップルの遺跡も悲劇的な状況だった。武装した略奪者らが昼夜を問わず盗掘を繰り広げ、粘土板や芸術的価値の高い品を奪い、それに見合わぬものは粉砕されたと思われる。略奪者のなかには以前、雇われて発掘調査に参加した経験者も多く、実際近郊の村アフェジでは盗掘を自慢していた村人もいるそうだ。遺跡の警備員をしていたアバス・カルモドは、その男の盗掘で、一〇〇年以上かけて考古学者たちがしてきた発掘作業が台無しにされたと語る。

イラク北部ティグリス川の西岸、現在のカラト・シャルカートに位置するアッシュールの遺跡は、ごく最近ユネスコ世界遺産に指定されたばかりだが、ここも襲撃・盗難被害が相次いでいる。古代アッシリアの最初の首都アッシュールは非常に重要視される町だけに、多くの略奪者が計り知れぬ価値があると踏んだのだろう。

ティグリス川東岸に位置するクユンジュク（アッシリア帝国後期の首都ニネヴェ）の遺跡では、センナケリブ宮殿跡の荒廃ぶりが無残だった。一〇年以上の経済封鎖によって、多くの考古学グループへの資金が遮断された。その影響は甚大だ。遺跡の壁のレリーフが破壊され、仕切り壁に穴があいている。

イラク中部、バビロンの遺跡に程近いバビロニア博物館も略奪に遭った。貴重な出土品はバグダードに移され無事だったが、施設が被害を受けている。建物の骨組みまでは破壊されずに済んだものの、展示ケースや模型が壊され、焼け焦げた部分が目立っていた。

略奪するのはイラク人の暴徒だけとは限らない。前二一一三年から前二〇〇六年のウル第三王朝時代に大都市が築かれた南部のウルで、信じがたい出来事が起こっている。かのアブラハムがその地で生まれたのを知った米兵の何人かが、国に持ち帰るべく粘土塊の一部分を持ち去った。記念に自宅に飾るつもりなのか、聖遺物として売るためなのかはわからない。おまけに遺跡にあった石に、英語で〝私はここに来たぞ〟とまで刻んでいった。

このほか最南端のバスラ近郊テル・アブ・シャフライン（古代名エリドゥ）遺跡でも略奪はあったが、小規模で済んでいる。ウルの遺跡テル・エル・ムカイヤルから六キロのテル・アル・ウバイドにある先史時代の都市跡の盗掘被害も少なかった。同じく南部のテルロー（古代名ギルス）はラガシュ王国の町の遺跡だが、そこも略奪が続き、ラルサも慢性的に略奪されていた。バグダードの南東、ティグリス川の東岸に位置し、四〇〇年以上にわたってササン朝ペルシャの首都だったクテシフォンの遺跡では、アーチにアラビア語で政治的な落書きがされ、カーディシーヤの戦い（六三六年、正統カリフのイスラム勢力とササン朝間に起こった戦争）を象徴する建物が破壊。ウルク文化後期の遺跡テル・モハメド・アラブでも同様の盗掘がなされた。

略奪に及ぶ者たちには一定の手順がある。特に洗練された実行グループの場合、盗み出した品をトランクや箱、工芸品の器などに隠し、破損に配慮しながら運ぶ。国をまたいでの闇取引は、インターネット上でも盗品が堂々と売られているのを見ても、想像以上に広範囲に及んでいる。

二〇〇三年六月一一日、米国の中東専門家で『新たなイラク』の著者ジョゼフ・ブラウードが逮捕された。彼は二〇〇ドルで購入した筒状の印章三つを所有していたが、それにはイラク国立博物館の所有物を示すＩＭ（イラク・ミュージアム）の文字がついていたのだ。今もなおイラク各地で盗まれた遺物がニューヨーク、ロンドン、ローマ、モスクワ、東京、アンマン、ダマスカスなどで押収されている。盗品がイラクの反体制派の活動資金のために売られているとも聞く。

イラク国内の各遺跡の略奪で、未発掘の粘土板の断片が一五万枚失われたともいわれる。トルコの新聞『サバフ』紙は二〇〇四年、イタリア兵による窃盗の事実をすっぱ抜いた。美術遺産の保護部隊を持つことで有名なカラビニエリ（国家憲兵）が、本来警護すべき考古学調査の現場から、何十もの遺物を持ち去っているると。当初は噂にすぎなかった話が、現実と化した。国際社会の無関心をいいことに、占領者たちは一国の財産を奪っていく。被占領国の文化的遺産を保護するという「一九五四年ハーグ条約」をないがしろにしてだ。二〇〇四年五月半ば、ウル、エリドゥ、ラガシュ、ウンマ、ラルサなど、メソポタミア文明の遺跡が集中するジーカール県で、関税警察が数百個もの遺物を押収した。そのなかには情勢不安定なクウェート国境を目指していた、イタリア軍のトラックから見つかった粘土板文書も含まれている。

米軍は二〇〇三年四月から翌年六月にかけて、バビロン遺跡のネブカドネザル宮殿跡に駐屯施設を建設していた。遺跡からわずか三〇〇メートルの距離にヘリポートがあったために、震動でニンマー寺院の土台が壊れ、ナブ神殿の壁も崩れたが、米兵たちは砕けたかけらを戦利品として持ち去った。現地を訪れた大英博物館古代近東局長のジョン・カーティスは、二〇〇四年一二月の報告書で、米軍がバビロニアの遺跡の破壊を著しく助長したと述べている。彼は二六〇〇年前の大通りの敷石が、軍用車両や重機の通行で損なわれているのを目の当たりにした。さらに、米兵が遺跡のかけらが混じった砂を土嚢に詰めて使用していたことにも言及。ほかにも壮麗なイシュタル門の九つのドラゴンのレリーフやネブカドネザル二世の彫像に穴や亀裂が生じているのも確認している。

二〇〇五年四月一日、マルウィヤの尖塔《ミナレット》が米軍の砲撃を受けて損傷した。高さ五三メートルの塔はイラク北部のサマラがアッバース朝の首都だった八五二年に、カリフのアル・ムタワキルの命で建てられたものだ。古代メソポタミアの聖塔ジッグラトに由来すると考えられている独特のらせん形をした日干しレンガの塔は、焼きレンガと瀝青《れきせい》で補強され、イラクの主要な観光名所のひとつとして、紙幣にまで印刷されているものだった。

IX

いずれにせよ、イラク各地の古代都市遺跡の破壊・略奪については予測された事態だった。二〇〇三年一月二四日の時点で、ペンタゴン（米国防総省）では異例の秘密会合が行なわれていた。無謀にも思える行動だが、考古学者のグループがジョゼフ・コリンズと会見したのだ。キャリア官僚であるコリンズが、国防副長官ポール・ウォルフォウィッツと軍の上官に、彼らの意見を伝えるのを願ってのことだった。学者たちは米軍に対し、イラク国内の博物館および遺跡の保護を要請した。その際、考古学の分野で一目置かれる研究者、シカゴ大学東洋研究所のマクガイア・ギブソンは、主要な五〇〇〇カ所に関する資料も提供した。

その時はまだ詳しい内容は明確にはされていなかったが、重要施設の筆頭に挙げられていたのがイラク国立博物館だった。ジョージ・W・ブッシュ大統領の文化顧問マーティン・サリバンは何度も大統領に訴えていたが、各地で略奪が始まったのを知り、憤慨して四月に辞任した。実は二月二七日の時点で、米国考古学協会からも国防長官宛ての書簡で、略奪の可能性を忠告されていたのだ。研究者たちが危惧したのは、過去の例を思えば極めて理にかなっていた。一九九一年の湾岸戦争後、イラク遺物略奪品調査・回復局は、盗品の捜索と連合軍の空爆による文化財の被害の実態を調査するため、施設をふたつ設置した。イタリア・トリノと現地バグダードに置かれ、イタリア・イラク考古学協会と命名されたこの組織は、二〇〇〇年一二月から〇一年のあいだに盗まれた遺物のリストを作成している。

大規模略奪の詳細は以下のとおりだ。バービルで四六点、キルクークで六八五点、クーファで一四〇点、カーディシーヤで四六点、マイサーンで五八八点、ドホークで二〇〇点、ワーシトで七四点、バスラで七一四点、アッシュールで一一五点。これだけでも合計二六〇八点にも上るが、そのほとんどが戻らぬままだ。

X

この過去の不幸な経験に今回、さらなる驚愕の出来事が加わった。二〇〇四年五月最初の週末、米軍・イタリア軍部隊がシーア派のウラマー、サドル師率いる反米強硬派の民兵組織マフディー軍と戦闘を交えた。この戦闘でナシリヤ博物館の図書室が四〇〇〇冊の蔵書とともに全焼したのだ。

この惨事に上乗せするかのように最悪の事件が続く。過激派組織による暴力行為、イラクの知識人たちの殺害だ。二〇〇四年七月三〇日、バグダードから南へ三〇キロの都市、マームーディヤの入り組んだ通りで、教員養成機関の校長イスマイル・ジャバー・アル・キラビが殺害された。

イラク大学教職員連盟の調べでは、彼の殺害によって二〇〇三年四月以降、暴力の犠牲となった知識人は一〇〇〇人に達した。七月二七日には、バグダード大学学長のムハンマド・アル・ラウィが襲撃されて死亡。傑出した政治学者として知られたムスタンシリヤ大学のアブドゥル・ラティフ・アル・マヤ教授も死んでいる。バグダード大学アラビア文学教授ナファ・アボウドも殺された。彼に罪があったとすれば国の平和を求めたことだけだ。同じくバグダード大学のサブリ・アル・バヤティ博士も犠牲になった。偉大な地理学者で、有能な専門家たちと地理学研究室を立ち上げた人物だった。ムスタンシリヤ大学の学部長補佐ファラ・アル・デュライミ博士、バグダード大学歴史学部のヒッサム・シャリフ博士と体育学部のワジフ・マハジューブ教授もテロ行為の犠牲者である。

XI

二〇〇四年一〇月、ロンドンで開催された国際インターネット司書会議でイラク国立図書館館長のサアド・エスカンデルは、フセイン政権時代、国立図書館・文書館が放置状態にあったと公言した。独裁者は異なる意見を認めず、文化の促進も望まなかった。そのため、前文化大臣のハミド・ユスフ・ハマディは国立図書館を墓場同然に扱っていた。そのことは、図書館員全員がバース党員で占められていた事実が証明していると指摘。バース党がはびこる一九八七年、図書館への予算はほとんど打ち切られ、不適切な形で文書館と合併させられた。当然ながら新規図書の購入は不可能で、心ある人々の寄贈なしには到底運営していかれなかっただろうとエスカンデルは聴衆に訴えた。

また二〇〇三年まで図書館には維持・管理プログラムが存在せず、修復作業室も乾燥室も使われずじまいだったと非難。途中二〇〇三年四月のバグダード陥落時に何が起こったのかを詳しく説明したうえで、前任者の職務怠慢で、本来ならば回避できたはずの被害がさらに拡大したともつけ加えた。記録文書と蔵書の保護のために、近郊にある無数のモスクを利用しなかったのが、結局は大量の略奪・焼失被害を生んだのだという。

エスカンデルの話で感心したのは、米軍がバグダード占領中に文化施設の保護をせずに、「一九五四年ハーグ条約」を破った事実を堂々と指摘した点だった。四月一〇日に米兵らが、国立図書館前のフセイン像を倒して去ったあとに、略奪と放火が起こったのだと（その後、国立図書館前のフセイン像は立て直されたらしく、私が訪れたときには元の状態に戻っていた）。

それからエスカンデルは、図書館が二度の火災に見舞われたこと、二度目の火災時に文書館の資料の六〇パーセントが失われ、修復が不可能だとも語った。図書館では地図と写真類が全滅し、書籍は二五パーセントが焼失した。破壊行為が特定の何かを狙った意図的なものだったか調査してみたが、大部分は偶発的なもので、故意にやったのは共和国時代の文書の焼却ぐらいだとのことだ。

印象に残ったのは、略奪が収まったあと、管理責任者の誰ひとりとして観光省の施設に避難させていた蔵書を救う行動を取らなかった事実だ。放置されているあいだに何百冊もが盗まれた。さらに、あろうことか責任者らがその事実を隠蔽しようと床に水を撒いて本を破壊する愚行を犯したと聞き、さすがに唖然としてしまった。エスカンデルはほかにも、いくつもの国際機関が国立図書館の支援を約束しながら、結局はすべて反故《ほご》にしたことも批判し、私もそれを知って不快感を覚えた。

二〇〇六年から一時期、英国図書館のサイトでエスカンデルのブログが公開されていた。司書としての日常生活を綴ったものだが、対峙せざるを得なかった状況は身につまされる。

二〇〇六年一二月二三日から二八日
国立図書館にとってまた不運な週となった。日曜日、休暇中のアフメド・サリフが自宅で〝死の中隊〟と呼ばれる連中に殺されたとの連絡を受けた。貧困家庭で育ったアフメドは、父親の死後、一家の大黒柱として生計を立て、弟たちを養育してきた。しかも彼は二週間前に、若い娘さんと婚約したばかりだったのだ。

月曜日には、別の悪い知らせを受ける。新聞刊行局に勤めているマイアダーの兄が、テロリスト集団に殺害された。

ほかにも、ゲリラが共和国通りで車を狙撃し、運転手と同乗者全員を殺害したとのニュースも聞いている。

今はクリスマスの時期だが、治安は過去最悪の状態だ。うちの職場にはキリスト教徒が四人いる。男性三人のうちA氏とB氏は文書館、C氏は図書館、女性のD女史は私の執務室で働いている。全員に五日間のクリスマス休暇を与えたが、D女史は一日休んだきりで出勤し続けている。さすがに私も心配になって、危険地帯（つまりは武装した民兵らが支配する区域）を通るときは、髪を覆い隠してはどうかと助言すると、彼女いわく、キリスト教徒である素性を隠すために、すでにだいぶ前からスカーフを身につけて通勤していたとのこと。

火曜日、文化大臣との会合があった。いつものことだが、話題は治安と個人的な話に及んだ。執務室で会話をしていると、首席補佐官のマフムドが入ってきた。文化省周辺の治安状況が悪化していると伝える。つい先程ここから二〇〇メートルほどの映画館のそばで、テロリストらにふたりが殺害されたという。職場に戻ろうと文化省を出たところ、疑わしい車が何台かうろついているとの噂を耳にした。四カ月前、文化省はハイファ通りにあるかつての庁舎に移転した。周辺はバース党員とアルカイダの砦として知られる場所だ。案の定、職場に戻った直後に、武装グループがハイファ通りを封鎖し、公的機関の建物を攻撃したと知った。武装グループと政府機関の警備隊との戦闘は三時間続いた。

エスカンデルの記述はイラクの混沌状態を如実に物語っている。二〇〇七年二月末までに一件の大量殺戮と、何百ものテロ攻撃が続いた。ムタナッビー通りで起こった無差別テロでは三〇人以上が死亡、何十軒もの書店と古本の露天商も大きな被害を受けた。かつて中東の教養の中心地であり、世界に知の遺産を誇ったバグダード。詩人ジャッバル・ムハイブスは文化的な生活の終焉と、この地に再び光が輝くことがないだろうことを嘆いた。

それでもイラク国立図書館は、ゆっくりとだが立ち直りつつある。

XII

《バグダードからの公式声明は不適切か、そうでなければ嘘、あるいは不完全な情報だ。実際には伝えられている以上に最悪な場合がほとんどである。われわれは大惨事を間近にしている状況だ》。この記述は米軍将校の報告でも、二〇〇三年に書かれたものでもない。一九二〇年、アラビアのロレンスが英国の上官に宛てた書簡の一部である。半ば伝説と化した彼の言葉が、いまだ有効なのが何ともやるせない。

〝テロとの戦い〟の模範となるはずだったイラクは、テロリスト天国、指針なき国家になり果ててしまった。何年も続いた戦争で疲弊し、絶えず宗教紛争や襲撃にさらされるなかで、経済封鎖による困窮も味わってきた。それではまだ足りぬとばかりに今度は、イラク国民の記憶の大部分が存亡の危機に瀕している。知の財産である書物は灰にされ、美術品や遺物は密売人の手に渡る。イラクは二一世紀における最初のメモリシディオ（記憶殺し）の犠牲者であり、それは邪悪極まりない無処罰特権によって引き起こされたものともいえる。

新世紀の幕開け早々、文明揺籃の地が強奪と破壊を被るなどと誰が予想しただろう？ だがその下地は着実にでき上がっていたのかもしれない。

第11章 デジタル時代の書物の破壊

図書館に対するテロ

図書館に対するテロ攻撃の脅威は、今や避けられぬ要素のひとつとなっている。実際ここ数年、さまざまなテロ組織が米国議会図書館やヴァチカン図書館、フランス国立図書館、オックスフォード大学ボドリアン図書館、大英博物館ほか、無数の文化施設の破壊に関心を示し、なかには公言する例もある。もちろんそれを実行しようものなら、貴重書や唯一の本、特別仕様の限定版などが殲《せん》滅《めつ》する事態になるし、最悪の場合、不安と混沌《カオス》の時代の幕開けになりかねない。

過去には一九七八年米国カリフォルニア州で、サンディエゴ航空宇宙博物館が放火され、蔵書がすべて破壊されているし、九四年七月アルゼンチン・ブエノスアイレスでは、AMIA（アルゼンチン・イスラエル相互協会）の爆破事件が発生した。八五人の命が奪われ、三〇〇人以上が負傷しただけでなく、この文化施設にあった図書館も崩れ落ちた。南米大陸で最大のユダヤ人口を誇る国だけに、タルムードの注解書やカバラの研究書、豪華本など世界随一のユダヤ関連の蔵書が揃っていたが、それらがすべて永久に姿を消した。

一九九六年、スウェーデン南部の都市リンシェーピングの移民局に傷夷爆弾が投げ込まれ、同じ建物にあったリンシェーピング市立図書館の七万冊の蔵書と数百もの中世写本が焼失した。

同じ年には米国で、数学者のセオドア・カジンスキーが終身刑を言い渡されている。一六年間にわたって個人や団体に小包爆弾を送りつけ、三人が死亡、二九人以上に重軽傷を負わせた連続爆弾テロの罪による。初めての犯行は一九七八年五月二八日、ノースウェスタン大学の材料工学科教授を狙ったもので、警備員の手のなかで爆発した。それを皮切りに、カジンスキーは一連の事件を引き起こしていく。主に全米各地の大学と航空業界が標的にされたことから〝ユナボマー（ユニバーシティ＆エアライン・ボマーの略）〟と称され、恐れられた。

謎のテロリストは散々爆弾テロを行なった末、一九九五年に全米の有力紙への声明文（ユナボマー・マニフェスト）掲載を条件に犯行を中止する。それは「産業社会とその未来」と題された三万五〇〇〇語に及ぶ論文で、地球上の工場および諸々の産業をすべて破壊するよう提案していた。現代文明や科学の進歩、技術の進化は人間性や生態系を破壊すると主張し、科学技術を扱った著作を燃やす必要性も説かれていた。いわば世界中の図書館の蔵書の半分を破壊するようにと要求しているようなものだ。だがこの声明文が運の尽きだった。文面を読んだ実弟が兄のしわざと察してFBIに通報。カジンスキー自身が一九七〇年に週刊誌『サタデー・レビュー』に投稿した手紙や、ハーバード大学卒業時の論文と論調が似ていることから、容疑者として捜査され、逮捕につながった。

ワールドトレードセンターに対する攻撃

一九九三年、ニューヨーク・マンハッタンのワールドトレードセンターが爆破された。反米テロ集団が仕掛けた自動車爆弾が地下駐車場で爆発。建物の倒壊には至らなかったが、死者六人、負傷者一〇〇〇人以上を出す惨事となった。ところが二〇〇一年九月一一日には、テロリストに乗っ取られた二機の旅客機が一一〇階建てのツインタワーにそれぞれ突っ込み、二棟のタワーは崩壊、その衝撃と火災で同センター内の五棟のビルも全壊するという大惨事が発生。二機の旅客機の乗員・乗客、ビルに居合わせた人々、消防や警察などの救助隊員を含め、およそ三〇〇〇人の犠牲者と六〇〇〇人以上の負傷者を出した。[1] 本書で語ってきた歴史と照らしても、この事件が二一世紀における書物の破壊の開始を告げたといっても、けっして大げさではないだろう。何時間も炎上する上階からおびただしい数の文書が落下する場面。ワールドトレードセンターは経済分野の最重要基地であり、重要な書類が保管されていた場所でもあったが、何もかもが消滅した。事件発生直後に撮影された写真には、建物内のホールや階段に、崩れ落ちてきた本や書類が映っているものも多かった。

破壊されたのは印刷物ばかりではない。パブリック・アートとして設置されていたジョアン・ミロ、流政之《ながれまさゆき》、ルイーズ・ネヴェルソン、アレクサンダー・カルダーらの彫刻や、このビルにオフィスを構えていた各テナントが所有していた美術コレクションも失われた。たとえばシティグループは、アレックス・カッツ、ブライアン・ハント、ウルフ・カーン、ジェイコブ・ローレンスなど、世界に名だたる芸術家たちの彫刻や絵画一一一三点を失っている。ダウンタウンの芸術団体を支援するロウアー・マンハッタン文化協議会の、芸術家寄宿プログラムも中止になった。少なくともこの事件で芸術家一名が死亡している。

書籍爆弾事件

現代ならではの書物の破壊としては、テロ組織やマフィアによる本の兵器利用も挙げられる。書籍爆弾と呼ばれるもので、受取人が本を開けた瞬間に仕掛けた爆弾が作動する仕組みになっている。

誰もが犠牲者になり得るだけに、人々に不安を与えることができる。本が恐怖の道具として有効に活用される一例といえよう。

書籍爆弾の製造法については、何とおりものマニュアルが出回っている。インターネット上で少し検索しただけでも、破壊力の弱い爆弾の作り方や成分を詳しく説明したページが見つかるほどだ。なかには本の大きさや内容、書名などをもとに、使用に適した本、お気に入りの著者・作品をリストにしている者さえいる。あるグループなどは、聖書は使用しにくいと述べる一方で、『ドン・キホーテ』は使い勝手がいいともいっている。

前述のユナボマーのようなテロリストたちは、この忌まわしき仕組みを駆使してきたのだろう。ホワイトハウスなどはこの手の爆弾入りの本を、毎年何十冊も受け取るという。もちろん防犯対策を講じているうえ、爆発物処理班が撤去を請け負う。ゲリラやマフィアとの抗争が激化するコロンビアでは、書籍爆弾が政治家・検察官・ジャーナリスト・軍人に送りつけられるのは日常茶飯事だ。たとえば二〇〇二年、検事総長が受け取ったシモン・ボリバルの評伝には、二一〇グラムの硝酸アンモニウムが仕込まれていた。爆発物の専門家が迅速に処理しなければ、間違いなく死者が出ていたであろう。同年一二月には、上院議員のヘルマン・バルガス・リェラスが書籍爆弾の爆発で重傷を負った。コロンビアでは毎週のようにこの手の事件が繰り返され、郵便局員や建物の管理人、秘書、あるいはそれ以外の職種の人々も、爆発物の犠牲となっている。

同じく二〇〇二年の一二月一二日には、スペインでも有力紙『エル・パイス』のバルセロナ編集局に書籍爆弾が送りつけられたが、幸い国家警察の処理班によって郊外で爆破され、事なきを得た。この事件については、〝五つのC（資本主義・刑務所・看守・監房に反対する組織）〟と名乗るアナーキスト・グループが犯行声明を出している。

二〇〇三年一二月二七日、当時欧州委員会委員長だったロマーノ・プローディは爆薬入りの本を開けたものの、九死に一生を得た。ちなみに彼が受け取った本はダンヌンツィオの『快楽』だった。

紙の書籍 vs 電子書籍

二一世紀に入り、本という存在そのものがかつてない過渡期を迎えている。五〇〇〇年以上前にウルク（現イラク）の地で人類最初の文字が生まれて以来、図書館・書店・出版社が形成してきた情報伝達手段の大転換が始まったといえるかもしれない。出版業界にとっての大革命とも思しきこの出来事にも、著作権侵害や信頼に足るデータの消失というこれまでと同様のリスクが伴う現実も否定できない。

まだ今後の流れが見えない現時点で、電子書籍の危険性をことさらに吹聴する、あるいはハードウェア産業の宣伝をするのは極力避けたい。だが、電子書籍に何が起こっているのかを知っておくのにも意味があるだろう。eBook・オンライン書籍・デジタル書籍など呼び名はさまざまだが、基本的には「本や雑誌の内容をデジタルデータ化したもの」だ。念のために確認しておくと、電子書籍とはソフトウェアであるコンテンツ（情報の中身）のことで、それを読むための装置（専用端末・電子書籍リーダー）ではない。

二〇〇〇年から二〇一〇年までの一〇年間で、インターネットユーザーは四四四・八パーセント増加し、全世界で一九億六六五一万四八一六人が日常的に利用しているとされる。一方、その七五・八パーセントはいわゆる先進二〇カ国が占める、いびつな構図もでき上がっている。これは二〇一〇年時点の状況だが、その後、中国やインドといったアジアや、アフリカで利用者が急速に増えているので、それに伴いユーザーの総計も分布も変わっているだろう。[2]

私の祖国ベネズエラ出身の彫刻家で、フランスで活躍したヘスス・ラファエル・ソトは、〝動く芸術〟と呼ばれるキネティックアートで有名だ。見る者の視点によってイメージが無限に変化したり、鑑賞者が作品の中に入り込んだりといった既存の常識を覆す作品で、非物質的な、始まりも終わりもない、永遠に続く構造を追求した。インターネットはいろいろな面で彼の作品と似ている。たとえば外部からある部分への働きかけが、別の部分にも思わぬ作用を及ぼすところだ。インターネットの普及で人々が文字を読む量は格段に増した。それによって読書への波及効果が見込めるとなると、これは喜ばしい変化と考えられる。

一九世紀の後半以降、書籍の出版拡大に伴い、紙の大量生産・大量消費の時代が訪れた。原料である製紙用パルプの需要が増大し、森林を次々と伐採してきたことで、環境破壊が深刻化した。だが世界の紙への需要は高まる一方で、当然価格は高騰する。電子機器、電子媒体の進化が、経済的・環境的観点から印刷本に代わる新技術の開発に結びついたのは、時代の必然だった。印刷・製本などのコスト、返品や在庫の問題に悩まされる出版業界にとっても朗報といえる。

デジタル本の市場は着実に伸びている。二〇一〇年の時点で米国では全体の九パーセント、スペインでは二、三パーセントという状況だったが、同年末に六カ国（フランス・ドイツ・日本・韓国・英国・米国）の三〇〇〇人に行なったアンケートでは、今後五年間に二五パーセントが電子版での販売になると予測する結果が出ている。これはもちろん、電子書籍に力を入れるグーグルなどの企業努力による部分も大きい。米国出版協会加盟の一四社によると、二〇一〇年時点で電子書籍の売上は一九二・九パーセントの成長とのことだったが、アマゾンのキンドル（二〇〇七年発売）に続いて、アップルのiPad、カナダ・コボ（現・楽天子会社）のeリーダーが登場したこの年は電子書籍元年と呼ばれ、出版業界にとって重要な年になった。

私は個人的に、スマート・イーブック、ロケット・イーブック、ソフトブックといった、各種電子書籍リーダーを試してみた。また、プロジェクト・グーテンベルク（一九七一年に米国でマイケル・S・ハートが創始した、著作権の切れた名作などの全文を電子化して、インターネット上で公開する電子図書館）をはじめとする電子文庫が、普通のパソコンだけでなく、ブラックベリーやiPhoneなどのスマートフォン、携帯情報端末のパーム、タブレット型のiPadでも読めることも確認している。

余談になるが、iPadといえば、こんな逸話を耳にした。ある友人がスペインのアルカラ・デ・エナーレスに住む祖父の娯楽にと、iPadを贈った。ところがプレゼントを受け取った祖父はその晩、孫に電話してきてこういったそうだ。「これは、本当はウィジャボード（降霊術に使用する文字盤）じゃないのか？」笑い話に聞こえるかもしれないが、この手の誤解や思い込みはなかなか解くのが難しい。

話を元に戻そう。二〇一〇年以降、無線LANのWi-Fiや、3G（第三世代移動通信システム）によるインターネット接続が可能となり、タブレット端末の利用が急速に普及した。サムスン・ギャラクシータブ、ノーションインク・アダム、東芝フォリオ100、イーノア・インテルパッド、ナショナイト・ミッドナイト、アルコス101インターネット・タブレットなどを各国のメーカーが生産している。

電子書籍はいいことずくめかというと、そうとも限らない。多種多様な手段がある一方で、電子書籍リーダーの互換性のなさや、別のサービス会社への乗り換えが利かないといったさまざまな制約が煩わしい。それに、電子版のおかげで誰もが一九世紀スペインの小説家ベニート・ペレス・ガルドスの作品を読むことができるようになったが、現在使用している端末機器が二一〇〇年になっても有効かどうかは疑問だ。携帯電話や腕時計のように、過去の遺物としてごみの山になる可能性もある。私なりの予想を述べると、余暇を読書に費やす人たちのあいだで今後、電子書籍のユーザーは増えるだろうが、いつまでも電子書籍を使い続けるとは限らない。しかも専用端末がいつ故障するかわからず、充電式電池が熱を帯びる、わずかな衝撃で液晶画面に影響が出るといった問題があったらなおさらだ。あえて誤解や批判を承知でいわせてもらえば、iPadもキンドルも大量生産のためのひな型にすぎず、結局はパピルス文書のように、ノスタルジーの対象になるかもしれない。

われわれは今、学生が学習のために調べものをしようと思ったら、インターネットであらゆる文献――図書館の蔵書、百科事典、辞書、雑誌、新聞――にアクセスできる時代に生きている。パソコンあるいはスマートフォン一台で電子書籍のみならず、インターネット、映画、音楽、ネットゲーム、インターネット電話、ビデオ通話、SNS（ソーシャル・ネットワーキング・サービス）での交流が可能だ。教師が黒板に書いた内容をノートに書き写す代わりに写真に撮り、自分が学んでいる理論の第一人者と直接交流を試みる学生も現れているかもしれない。これらの現象が良くも悪くも、個々の人格形成や思考の成長過程に後戻りできない影響をもたらすのは必至で、その結果が吉と出るか凶と出るかは私にもわからない。

いずれにせよ現時点で重要なのは、楽観的にも悲観的にもなるべきではないということだろう。デジタル時代には偏りなき公正な姿勢が必要だ。サイバースペースにおける検閲体制は、日増しに強化されつつある。現代の異端審問はたいまつを振りかざすことはないが、自動で情報を制限し、内容を変更するソフトウェアを駆使する。法学者でハーバード大学教授のジョナサン・ジットレインは共著『アクセス拒否――世界のインターネット・フィルタリング政策と実施』（二〇〇八年）で、インターネット検閲の仕組みを解説し、情報をフィルターにかけている四〇カ国の実態を報告している。特に検閲が厳しいのは、中国・インド・イラン・サウジアラビアとされる。[3]米・英・カナダの四大学によるインターネット研究組織オープンネット・イニシアティブは、ネット上で制限されることの多いテーマのリストを作成している。表現の自由、報道の自由、反体制、改革、民兵、過激主義、人権、ポルノ、アルコール、宗教……とリストは続く。

たとえば中国では、一九八九年発生の天安門事件を扱った本は一切読むことができない。ジャーナリストで米国コロンビア大学教授のハワード・W・フレンチは、二〇〇六年に中国がサイバー検閲専門の情報員五万人を動員し、二〇〇万もの映像と六〇〇の公開討論を削除したと報じた。[4]ユーザー側は検閲を知りようがない。自分を監視していたのが親友や隣人であったとしたら、それを知るのは何よりも悲しい出来事だ。ジョージ・オーウェルの『一九八四年』の世界になってしまう。

今日〝ビッグ・ブラザー〟は、われわれが想像する以上に巨大化している。二〇一〇年一二月、二大SNSとも呼ぶべきツイッターとフェイスブックが、ウィキリークスに関連する話題を排除しようとしたとして訴えられた。米国政府の約三〇万の機密文書を公表したジャーナリスト、ジュリアン・アサンジのポータルサイトに関する内容をである。これが検索会社であれば、ある情報を検索結果から排除したり、あるいはライバル会社をマイナス要素とリンクさせるだけで名誉を失墜させることも可能だ。

電子書籍にも同様の危険性がある。コンピュータネットワークを第三者にセッションハイジャックされて、アクセスを妨げられる、データが改竄、破壊される、データに不正なコードが埋め込まれるといった被害も考えられる。ウイルス被害で電子書籍が一冊丸ごと壊される可能性もある。国家あるいは特定の組織が、彼らに不都合な電子書籍を扱っているサービス会社に対し、本の内容の消去を求めたり、商取引を一切無効にすることだって十分あり得る。

理論上、電子書籍には際限がない。人類史上初めてリアルな本よりもバーチャルな本の数が上回る事態になる。だがバーチャルゆえに、電子機器の動作の不具合から、電源障害や電波干渉、サイバー戦争に至るまで、未曾有のリスクを抱えているのだ。

電子書籍の増加と浸透を前に、図書館はどうなるのか。今後デジタル化はさらに進むだろうが、その対応に追われて、従来の蔵書の維持管理・保存をおろそかにするわけにはいかない。今こうしているあいだにも、何百万もの一九世紀、二〇世紀の本とインキュナブラの原本が消滅の危機にさらされているのだから。

最後にひとつ、つけ加えておきたい。書物の保存の解決策はDVD-ROMとの主張がある。DVDとはデジタルデータの記録媒体で、直径一二〇ミリ、厚さ〇・六ミリのポリカーボネート製の円板を二枚貼り合わせたものだ。データは記録面の外側から内側に向かって、渦巻き状のピットと呼ばれるくぼみを作ることで記録され、そこにレーザー光線を当て、くぼみの有無による反射の違いを利用して読み取る。このDVDにコンピュータ用の読み取り記録ファイルをつけたものがDVD-ROMである。形状や読み取り方はCDとほぼ同じだが、記録容量がはるかに大きい。

DVD-ROMの重要性を説明する際、よく〝ギリシャ文学の至宝をたった一枚のディスクに搭載〟と謳われる。カリフォルニア大学アーバイン校のリサーチセンター、TLG（Thesaurus Linguae Graecae）のCD-ROM『ギリシャ文学デジタルライブラリー』のように、ホメロスの時代から東ローマ帝国時代まで、古代・中世ギリシャの文献を網羅できるということだ。ミゲル・デ・セルバンテスやシェイクスピアの全作品も一枚に収まるし、何千冊もの中世の写本をデジタル画像にしてデータ保存もできる。たとえば米国ブリタニカ社の『ブリタニカ百科事典』DVD-ROM版には、同百科事典の全三二巻に加え、辞典や地図、動画、音楽、アニメ、ウェブリンクなども含まれている。満載された情報を使いこなすことができれば、非常に有益なソースとなるだろう。

しかし、これら最先端技術を駆使した媒体も正負の両面を備えている。大容量データを記憶できるＤＶＤ-ＲＯＭは確かに便利だ。そのうち図書館一館が丸ごとＤＶＤ-ＲＯＭに収められる、あるいは全蔵書がインターネット上のサイトで公開される日も来るかもしれない。リアルな図書館は消滅し、バーチャルな図書館だけが存在する世の中。利用者はいつでもどこでも必要な時に文献を検索し、閲覧できる。足を運ぶ面倒も貸出・返却の手間もかからない。その反面、蔵書がデータでしか存在しなければ、読み取り用の電子機器やインターネットが使えなくなった時点で、まったく利用できなくなる。ひとたび図書館のサイトがサイバー攻撃を受けたら、それどころか扱い方が悪くてＤＶＤ-ＲＯＭに傷がついただけで、あるいはハードディスクの不具合で、図書館の全蔵書が一挙に破壊されることになる。没収の必要も焚書《ふんしょ》の労もない。書物を破壊する側にとっては願ってもない手軽さだ。五〇〇〇年以上の時を経て、書物がシュメールの粘土板からデジタル時代に移ろうとも、破壊の歴史は基本的には変わらない。すべては扱うわれわれ、人間次第だということだ。

謝辞

本書の執筆に際しては、資料の蒐集などの準備に六年、研究に一二年を費やした。しかしこれだけの歴史を執筆するとなると、多くの方々の手を借りざるを得ず、私も大勢の友人たちに大変世話になった。彼らは厳しい目で本文を精査し、時代考証を行ない、文章上の誤りを正してくれた。

ジャン＝クロード・カリエールとウンベルト・エーコが著作『もうすぐ絶滅するという紙の書物について』（二〇一〇年）で、私の研究を取り上げてくれたことをありがたく思う。

ラファエル・ラッティア、エンリケ・デ・ラ・ガルサ、ジオバニー・マルケス、ルイス・クエバス、ホルヘ・チャシーンのユニークな発想は、本書の内容をより豊かなものにしてくれた。傑出した医師のオスマン・ゴメスとの会話からは、毎回かけがえのないヒントをもらったと特筆しておく。

哲学者にして文献学者、師であり友人でもあるJ・M・ブリセーニョ・ゲレーロとは、前三世紀から後三世紀のあいだに、継承されずに消滅したギリシャ語の文献について議論した。テキサス大学で文化財保護を専門とするマリア・ゴンサレスは参考になる意見を寄せてくれたばかりか、コーネリアス・ウォルフォードの昔の研究論文のコピーを送ってくれ、本文の再検討に生かすことができた。彼女の協力を得られたことは、まさに幸運としかいいようがない。

二〇〇八年私はベネズエラ国立図書館館長に任命され、八カ月間務めた。時の文化大臣で詩人のフランシスコ・セストの推薦で任期は一年の予定だったが、思いがけぬ大臣交替後に解任されることになった。スペインでも同じようなことが起こっていたと知ったのは何年かあとのことだ。国立図書館館長だった作家ロサ・レガスが二〇〇七年に文化大臣の交替後、辞任に追い込まれ、後任のミラグロス・デル・コラルも一〇年、政府による不可解な国立図書館管理部門の降格で辞任した。マシュー・バトルズが『図書館の興亡』（二〇〇三年）で述べているように、図書館の歴史は見た目ほど穏やかではない。とはいえ、館長職に就いたことで図書館の社会的役割を改めて痛感し、将来に向けた技術面への投資の必要性に気づくなど、得がたい経験に恵まれたのは幸いだった。

『フランセス・ヴィセントの帰還——現代チェス誕生と伝播の歴史』の著者ホセ・ガルソンにはとりわけ感謝している。アンヘル・ロメラは親切にもフィクションにおけるビブリオコーストに関する自身の調査結果を資料として提供してくれた。また、米ラトガース大学の古典文献学・哲学史教授ウィリアム・ウォール・フォーテンボーからは古代ギリシャの哲学者テオフラストスとデメトリウス・パレレオス作品の断片がすべて収録された全集を、ユニヴァーシティ・カレッジ・ロンドンの人文学部ギリシャ語・ラテン語学科教授リチャード・ジャンコからは『アリストテレスの喜劇論』をご恵贈いただいた。後者は失われたとされているアリストテレス『詩学』第二巻の復元を試みる意欲作で、私はジャンコとその問題について有意義なやり取りを交わすことができた。『イラク・クライシス・リスト』の著者でシカゴ大学東洋研究所の研究員チャールズ・ジョーンズにも深謝する。

ハーバード大学のオーウェン・ギンゲリッチ、ニュージーランド・オタゴ大学特別蔵書図書館のドナルド・カーとオリヴィエ・ティルは、イタリアの人文主義者で書物蒐集家でもあったジャン・

ヴィンチェンツォ・ピネッリのコレクションについて詳しく説明してくれた。イタリア・ウーディネ大学のウーゴ・ロッソは、ピコ・デラ・ミランドラの蔵書がどのように破壊されたかを懇切丁寧に教えてくれた。また、同大学のアンジェラ・ヌーヴォはイタリア・ルネサンス期の書物の蒐集に関する非常に価値あるデータを提供してくれた。英国・王立地理学会のフランシス・ハーバートは、私のために時間を割いて、地図製作者ヨアン・ブラウの作業場の火災について研究してくれた。献身的な協力に御礼申し上げる。

加えてハーバード大学のポール・フランクは、中国における検閲と書物の破壊に関わるあらゆる知識を与えてくれた。本文に出てくる中国語の用語のスペイン語訳も氏によるものだ。ジュリアン・ロバーツは私の求めに応じて、ジョン・ディーの蔵書の略奪の様子を詳しく解説してくれた。ジェイ・ディロンはアルチュール・ランボーが処女作を焼くことができなかった理由と、エドガー・アラン・ポーの『タマレーン』の版の変遷について詳述してくれた。

ルイス・クエバスからもらったデータや書籍のおかげで本文を補完できたことも大きい。アルゼンチン人作家カリナ・マグレギはジェラール・ハッダドの著作を送ってくれたが、それがなければ、この信望の厚い精神科医の理論を盛り込むことはできず、本書の内容は貧弱なものになってしまっただろう。マルクス・ウィリアムソンは世界に唯一現存する書物や、サミュエル・バグスターのような印刷業者の身に降りかかった厄災に関する貴重な情報を与えてくれた。

スペインの図書館司書でよき友人のエミリアノ・バルトロメ・ドミンゲスとアルセニオ・サンチェス・エルナンペレスには、スペイン内戦その他の同国の歴史に関するデータを修正してもらい、フレッド・シュライバーにはコーラン初版本の運命について知り得る限りの情報を集めてもらった。フランスの書誌情報データベース *L'Année philologique* のミシェル・チェースは、古代ギリシャとローマの最古の図書館に関する価値ある資料を揃えてくれた。戦略国際問題研究所（CSIS）の人文科学センター資料室のサムエル・ルイス・カルモナからは、二〇〇五年にスペイン・メディナセリで発生した火災についてご教示いただいた。

以下の方々にもこの場を借りて謝意を表したい。デルミノ・グリッティ、マウリシオ・バッチ、アリスティデス・メディナ、サントス・イミオブ、ルイス・ビジャファニャ（故人）、レネ・ティゲレ、ジェリー・モリス、デボラ・ブリセット、パオロ・ティンティ、クリフォード・J・シャイナー、アルフォンソ・ルイス・カヒガル、アレクサンドラ・マソン、マルティン・シネタール、マリア・テレサ・デルガド、ヘスス・ガスコン、シルビア・セシリア・アンセルミ、ハンス・ムルダー、ラサロ・シバントス、マヌエル・オリビエリ、スサナ・フェレーロ、オリバー・グラハム＝ジョーンズ、ベンジャミン・コッホ、タマラ・ブランコ、ラモン・アラウホ、セルヒオ・ウスキサ、ジョセフ・アクル、ラモン・チャシーン、ナターシャ・アルバレス、マルコルム・ブリット、マックス・ウォーデル、フアン・カルロス・メディナ、マウリシオ・ブスタマンテ、アライン・エステベス、サアド・エスカンデル、ムハマド・アライム、ブランチェ・エベリン＝コニング。

三大陸にまたがって情報を伝えてくれた古書店主や古物商の皆さま、有益なサービスを惜しみなく提供してくれた以下の図書館スタッフにも御礼を述べたい。スペイン国立図書館、王立エル・エスコリアル修道院図書館（スペイン）、アジュダ図書館（ポルトガル）、アルセナル図書館、サン・ジュヌヴィエーヴ図書館、ソルボンヌ図書館（フランス）、大英図書館（英国）、トリニティ・カレッジ図書館（アイルランド）、バイエルン州立図書館、ヘルツォーク・アウグスト図書館（ドイツ）、ヴァチカン図書館（ヴァチカン市国）、ブレラ国立図書館、トリノ国立大学図書館（イタリア）、アメリカ・ヒスパニック協会、ハーバード大学ホートン貴重書図書館、ボストン公立図書館（米国）、ベネズエラ国立図書館、ベネズエラ中央大学図書館、トゥリオ・フエブレス・コルデロ図書館（ベネズエラ）、シモン・ボリバル図書館（コロンビア）、ロス・アンデス大学古文書・稀少書図書室（チリ）、アルゼンチン国立図書館（アルゼンチン）。

私の手元に、フェルナンド・ドゥルジョン著『出版物破壊の一〇〇年』のサイン本がある。この稀少な本はマドリード在住のラファエル・ウルタドが贈ってくれたものだ。

アレハンドロ・パドロンからは、アンリ・ルフェーブル著『失われた品々のまとまり』（二〇〇四年）をいただいた。この本には消滅してしまった文化的事物がリストアップされている。ルイス・ラミレスからは失われたメキシコの写本についての情報を得ている。

末筆になったが、インターネット上でつながっている書店主や古物商の友人たち全員、それからフェイスブックやツイッターで知り合った新しい友人たちにも御礼申し上げる。

and Sites", *International Foundation for Art Research Journal*, vol. 6, núms. 1-2, 2003; Jonathan Steele, "Museum's Treasures Left to the Mercy of Looters", *The Guardian*, 14 de abril de 2003; David Blair, "Thieves of Baghdad Rob Museums of Priceless Treasure", *Daily Telegraph*, 14 de abril de 2003.

6 John M. Russell, "A Personal Account of the First UNESCO Cultural Heritage Mission to Baghdad", 16-20 de mayo de 2003.

7 Eleanor Robson, "Iraq's Museums: What Really Happened", The *Guardian*, 18 de junio de 2003.

8 Abd Allah Al-Jabbouri elaboró la historia de este centro con el título de *Maktabat al-awqâf al-'amma, târîkhuhâ wa nawâdir makhtûtâtihâ*, Bagdad, 1969.

第11章　デジタル時代の書物の破壊

1 Varios autores（著者多数）, *El día en que el terror cambió al mundo*, 11 de septiembre, Madrid, 2011.

2 最新情報は次のサイトで確認できる. www.internetworldstats.com/stats.htm.

3 Ronald Deibert, John Palfrey, Rafal Rohozinski y Jonathan Zittrain（eds.）, *Access Denied: The Practice and Policy of Global Internet Filtering*, Cambridge, MIT Press, 2008.

4 Howard S. French, "As Chinese Students Go Online, Little Sister Is Watching", www.nytimes. com/2006/05/09/world/asia/09internet.html.

Deacidification: A Preliminary Report", *Library Quarterly*, vol. 36, núm. 4, 1966, pp. 273-292; Richard D. Smith, "Deacidification of Paper and Books", *American Libraries*, vol. 6, núm. 2, 1975, pp. 108-110; Luther Young, "Librarians Try to Save Books from Their Own Paper", *The Sun*, 13 de noviembre de 1989, pp. A-1, A-5; Clive Cookson, "New Chapter Opens in a Tragic Story", *Financial Times*, 9 de marzo de 1990, p. 10; Karen Turko, *Mass Deacidification Systems*, Washington, D. C., Association of Research Libraries, 1990.

7 David N. S. Hon, "Critical Evaluation of Mass Deacidification Process for Book Preservation", en S. H. Zeronian y H.L. Needles (eds.), *Historic Textile and Paper Materials II: Conservation and Characterization*, Washington D. C., American Chemical Society (Acs Symposium Series, 410), 1989, p. 12.

8 Richard D. Smith, "A Comparison of Paper in Identical Copies of Books from the Lawrence University, the Newberry and the New York Public Libraries", *Restaurator*, suplemento 2, 1972.

9 Richard D. Smith, "Deacidifiying Library Collections: Myths and Realities", *Restaurator*, vol. 8, 1987, pp. 71-72.

10 George Martin Cunha, *Métodos de evaluación para determinar las necesidades de conservación en bibliotecas y archivos: un estudio RAMP con recomendaciones prácticas*, París, UNESCO, 1988.

11 Nicholson Baker, *Double Fold: Libraries and the Assault on Paper*, Nueva York, Vintage Books, 2001, p. 36.

12 Richard G. Morgan, *Kenneth Patchen 1911-1972: An Annotated Descriptive Bibliography with Cross-Reference Index*, Mamaronech, Paul P. Appel, 1978.

13 Enrique Bernardo Núñez, *Bajo el Samán*, Caracas, Tipografía Vargas, 1963, pp. 105-107.

第10章　イラクで破壊された書物たち

1 *The Guardian*, 15 de abril de 2003.

2 D. Gordon, *Stolen Goods*, National Public Radio, 7 de noviembre de 2003.

3 V. Mite, *Iraq: Archives, Libraries Devastated by War, Looting*, Radio Free Europe/Radio Liberty, 13 July, 2004.

4 図書目録には次の文献が含まれている．Usamah Nasir Naqshabandi y Zamya Muhammad `Abbas, *Makhtutat al-hisab waal-handasah wa-al-jabr fi maktabat al-mathaf al-'Iraqi*, Bagdad, Wizarat al-Thaqafah wa-al-I'lam, al-Mu'assasah al-'Ammah lil-Athar wa-al-Turath, 1980; Behnam Fadil Affadh, *Târîkh altibâ'a wa la-matbû'ât al-irâqiyya*, Bagdad, 1984; Abd al-Jabbar Abd al-Rahman, *Iraqi National Bibliography*, 1856-1972, 3 vols., Bagdad, 1978; Zâhida Ibrahim, *Kashshâf al-jara'id wa al-majallât al-'irâqiyya*, Bagdad, 1976; A. Kurkis Awwad, *Dictionary of Iraqi Authors during the Nineteenth and Twentieth Centuries (1800-1969)*, 3 vols., Bagdad, 1969; Kurkis Awad y Abdul Hamed al-Alouchi, *A Bibliography of Baghdad*, Bagdad, 1962; Abdul Husayn Y. Ali, *A List of Books and References Concerning Basra*, Basra, 1981.

5 McGuire Gibson, "Cultural Tragedy in Iraq: A Report on the Looting of Museums, Archives,

cil of Europe. Parliamentary Assembly. Information Report on the Destruction by War of the Cultural Heritage in Croatia and Bosnia-Herzegovina, Estrasburgo, 1993; Karen J. Detling, "Eternal Silence: The Destruction of Cultural Property in Yugoslavia", *Maryland Journal of International Law and Trade*, vol. 17, núm. 1, primavera de 1993, pp. 41-75; Robert Fisk, "Waging War on History: In Former Yugoslavia, Whole Cultures Are Being Obliterated", *The Independent*, 20 de junio de 1994, p. 18; Ivan Lovrenovic, "The Hatred of Memory", *New York Times*, 28 de mayo de 1994, p. A15.

4　同上

5　Consejo de Europa, 1993, doc. 6756, p. 47.

6　Naciones Unidas, Comisión de Expertos de la ex Yugoslavia, 1994, Anexo VI, parágrafos 183-193; Anexo XI, parágrafos 17, 22 y 33.

第8章　性，イデオロギー，宗教

1　Jean-Baptiste Boussingault, *Memorias*, Catalá, Caracas, 1974, p. 145.

2　*The Virginian Pilot*, 4 de marzo de 1997.

3　Vilani Peris, "Two Decades after the Burning Down of the Jaffna Library in Sri Lanka", *World Socialist Web Site*, 30 de mayo de 2001.

4　Daryl Lease, "A Modern Bookburning", *The Ethical Spectacle*, enero de 1998.

5　Salvador García Jiménez, *El hombre que se volvió loco leyendo "El Quijote"*, Barcelona, Ariel, 1996.

6　"¡A la hoguera con Harry Potter!", *BBC Mundo*, 1 de enero de 2002.

7　David Alandete, "La `zona cero' albergará una mezquita", *El País*, 3 de agosto de 2010.

第9章　書物の破壊者

1　"Cincius Romanus und seine Briefe"（*Quellen und Forschungen aus italianischen Archiven und Bibliotheken*, vol. XXI, 1929-1930, pp. 222-225）de Ludwig Bertalot.

2　害虫に関する言及はすべて以下の文献をもとにしている．Mireya Manfrini de Brewer y Claudio A. Sosa, "Insectos en bibliotecas y archivos. Principales especies de insectos perjudiciales para las colecciones de bibliotecas y archivos y algunos depredadores naturales que ayudan a controlarlos", *Ciencia Hoy*, vol. 35, 1996.

3　Cicerón, *De la adivinación*, XXVII.

4　Javier García Guinea, J. Víctor Cárdenes, María Jesús Martínez y Ángel Tomás Martínez, "Un hongo que se come los CD", *Mundo Científico*, vol. 226, pp. 72-73.

5　この節を書き上げることができたのは，スペイン国立図書館修復研究所に勤務する友人アルセニオ・サンチェス・エルナンペレスのおかげだ．ここに挙げた情報や例はすべて，彼の厚意で著作（*Políticas de conservación en bibliotecas*, Madrid, Arco libros, 1999）から引用させてもらったものである．

6　多くの参考文献のなかでも特に重要なものは以下のとおり．Richard D. Smith, "Paper

13　照した文献は以下のとおり．Asia Research Center, *The Great Cultural Revolution in China*, Hong Kong, Asia Research Center, 1967; William Joseph（ed.）, *New Perspectives on the Cultural Revolution*, Cambridge, Harvard University Press, 1991; Hongyong Lee, *The Politics of the Chinese Cultural Revolution*, Berkeley, University of California Press, 1978; Joan Robinson, *The Cultural Revolution in China*, Londres, Penguin Books, 1970.

14　Lee-hsia Hsu Ting, *Government Control of the Press in Modern China 1900-1949*, Cambridge, Harvard University Press, 1974.

15　Lee-hsia Hsu Ting, "Library Services in the People's Republic of China", *Library Quarterly*, vol. 53, 1983, p. 148.

16　Eva. M. Neterowicz, *The Tragedy of Tibet*, Washington, D. C., Council for Social and Economic Studies, 1989.

17　*Nunca más. Informe de la Comisión Nacional sobre la Desaparición de Personas*, Buenos Aires, Eudeba, 1985.

18　Hernán Invernizzi y Judith Gociol, *Un golpe a los libros*, Buenos Aires, Eudeba, 2003, p. 29.

19　同上，p. 89.

20　同上，p. 258.

21　Hernán Invernizzi, *Los libros son tuyos*, Buenos Aires, Eudeba, 2005.

22　2000年9月18日にCIAが歴史的価値の高い文書を機密解除したことで，チリのピノチェト独裁政権当時，国際メディアにおける《軍事評議会のポジティブなイメージを作り出すために》CIAが協力の手を差し伸べていた事実を記した文書群が公開され，証明されている．チリ秘密警察DINAの創設者で長官だったマヌエル・コントレラスは，チリにおける共産主義との戦いのために，1974年から77年にかけてCIAと密接に連絡を取り合い，資金提供を受けていた．

23　カリン・バジェステロスの傑出した学位論文を参照．Karin Ballesteros, *Destrucción del libro en Chile durante la dictadura militar 1973-1990*, Valparaíso, Universidad de Playa Ancha, 2007.

24　www.magicasruinas.com.ar/revistero/aquello/revaquello071.htm.

25　注23に同じ，p. 105.

26　"Una revolución a hurtadillas", *El Malpensante*, vol. 12, septiembre-octubre de 1998.

第7章　民族間の憎悪

1　Ivan Lovrenovic, "The Hatred of Memory: In Sarajevo Burned Books and Murdered Pictures", *The New York Times*, 28 de mayo de 1994.

2　Goran Simic, *Sorrow of Sarajevo*, Cornwall, Cargo Press, 1996.

3　ユーゴスラビア紛争時の書物の大量破壊に関しては参考文献に事欠かない．*The Art Treasures of Bosnia and Herzegovina*, edición de Mirza Filipovic con texto de Djuro Basler, Sarajevo, Svjetlost, 1987; "Rebuilding Bosnia's Library: Local Scholars Seek Help of Colleagues Worldwide", *Chronicle of Higher Education*, vol. 41, núm. 18, 13 de enero de 1995, pp. A35-37; *Coun-*

8　Arthur H. Goetz, “Books in Peril”, *Wilson Library Bulletin*, vol. 47, 1972-1973, p. 431.

9　同上, p. 432.

10　同上, p. 431.

11　同上, p. 432.

12　Don Etherington, “1985 Rare Book Fire”, *Abbey Newsletter*, vol. 10, núm. 5, 1986, p. 72.

13　“Calcutta Bookfair Fire Disaster Appeal”, *SASRF*, núm. 1, marzo de 1997.

14　“The water destroyed rare books and manuscripts preserved carefully for years…”.

15　2万冊との説もある. “Reconstruir a partir de un libro”, *El Universal*, 12 de junio de 2000, p. 4-1 de María Elisa Espinosa を参照.

16　当然ながら事件の直後には, スペインの全国紙・地方紙がこぞって報道している.

17　1978年12月16日発売の雑誌『ラ・アクトゥアリダ・エスパニョーラ』より.

第6章　恐怖の政権

1　Michael S. Fox, "Glavlit, Censorship and the Problem of Party Policy in Cultural Affairs, 1922-28", *Soviet Studies*, vol. 44, núm. 6, 1992, pp. 1045-1068.

2　Martin Dewhirst y Robert Farrell (eds.), *The Soviet Censorship*, Metuchen, Scarecrow Press, 1973.

3　Andrei Sinyavsky, *Soviet Civilization: A Cultural History*, Nueva York, Arcade Publishing, 1990.

4　Herman Ermolaev, *Censorship in Soviet Literature 1917-1991*, Totowa, Rowman & Littlefield, 1996.

5　“The Day they Burned our Books”, *Azerbaijan International*, vol. 7, núm. 3, otoño de 1999.

6　Romuald. J. Misiunas, Rein Taagepera, *The Baltic States. Years of Dependence 1940-1980*, Berkeley-Los Ángeles, University of California Press, 1983.

7　Kaljo-Olev Veskimägi, *Tsensuur Eesti nsv-s ja tema peremehed*, Talín, 1996.

8　Klemensas Sinkevicius, *Uzdrausti autoriai ir leidiniai: pirmieji sovietinos okupacijos metai, 1940.06.15-1941.06.21*, Vilnius, 1994.

9　J. Kiss, *Die ungarischen Bibliotheken*, Budapest, 1972, p. 13.

10　Suzanne Briet, p. 22(前掲書 p. 654)

11　Patricia Kennedy Grimsted, *Trophies of War and Empire: The Archival Heritage of Ukraine, World War II, and the International Politics of Restitution*, Cambridge, Harvard University Press, 2001.

12　Joaquim Ferrer, Josep M. Figueres y Josep M. Sans Travé, *Els papers de Salmanca. Història d'un botí de guerra*, Barcelona, Llibres de l'Índex, 1996; José A. Ferrer Benimelli, “Archivo de la Guerra Civil de Salamanca”, *Historia*, vol. 16, núm. 69, 1982, pp. 109-115; Josep Cruanyes Tor, “L'espoliació del patrimoni documental i bibliogràfic de Catalunya durant la Guerra Civil espanyola (1937-1939)”, *Lligall*, núm. 19, 2002, pp. 35-71.

ルチュール・ランボー』(1937年)で，ランボーが『地獄の季節』の手稿を焼いたと記しているが，焼いたのは出版社から前渡しされた試し刷り本だけだったかもしれない．というのも，1873年の初版本はその後，無事印刷されて出版社の倉庫に保管されていたからだ．

12 Léon Losseau, "La légende de la destruction par Rimbaud de l'édition princeps de *Une saison en enfer", Annuaire* [*pour 1915*] *de la Société des bibliophiles et iconophiles de Belgique*, 1916.

13 Maxime Du Camp, *Souvenirs littéraires*, París, Hachette, vol. I, cap. 12, 1882.

14 Thomas Ollive Mabbott, “Introduction”, en *Tamerlane and Other Poems*, Nueva York, The Facsimile Text Society, Columbia University Press, 1941, p. 30.

15 James Albert Harrison, *The Complete Works of Edgar Allan Poe*, vol I: *Biography*, Nueva York, T. Y. Crowell, 1902, pp. 64-66.

16 『タマレーン，その他の詩集』12部の所在は以下のとおり．ハンティントン・ライブラリー(カリフォルニア州サン・マリノ)，ハリー・ランサム・センター(テキサス大学)，バーグ・コレクション(ニューヨーク公共図書館)，リリー図書館(インディアナ大学ブルーミントン校)，個人蔵(1990年1月，ニューヨーク・サザビーズの競売で落札)，オーダーマン図書館(バージニア大学)，レーゲンスタイン図書館(シカゴ大学)，個人蔵(1988年6月7日，ニューヨーク・サザビーズの競売で19万8000ドルで落札)，大英図書館，ウィリアム・クラーク記念図書館(カリフォルニア大学)，リチャード・ギンベル・コレクション，フィラデルフィア自由図書館．

17 Joseph Conrad, *Crónica personal*, Barcelona, Alba, 1998, p. 16.

18 Gérard Haddad, p. 137(前掲書 p. 672).

19 Jorge Luis Borges, *La biblioteca de Babel*, Buenos Aires, Emecé, 2000, p. 58 [J・L・ボルヘス『新編 バベルの図書館』全6巻，国書刊行会].

20 Ernst Jünger, *Diario de guerra y de ocupación* (*1939-1948*), Barcelona, Plaza & Janés, 1972, p. 439.

第5章 大災害の世紀

1 Zhang Chensi, *A History of the Yong Lo Da Dia*, Beijing, Chinese Press, 1986.

2 Lancelot Giles, *The Siege of the Peking Legations: A Diary*, Nedlands, University of Western Australia Press, 1970, pp. 125-127.

3 Peter Fleming, *The Siege at Pekin: The Boxer Rebellion*, Nueva York, Dorset Press, 1959 ; *Die Belagerung zu Peking*, Stuttgart, Koehler, 1961, pp. 118-120.

4 *Manoscritti danneggiati nell'incendio del 1904*, Turín, Biblioteca Nazionale Universitaria di Torino, 1986.

5 I. Borsa, “Archives in Japan”, *Journal of the Society of Archivists*, vol. 7, 1984, p. 291.

6 Boudewijn Büch, *Boekenpest*, Ámsterdam, Arbeiderspers, 1988, p. 31.

7 *Encyclopaedia of Library and Information Science*, 1968-1994, vol. 33, pp. 439-440.

第3章　第二次世界大戦中に空爆された図書館

1　*Encyclopaedia of Library and Information Science*, Abingdon,Taylor & Francis,1968-1994, vol. 2, p. 310.

2　B. D. H. Tellegen, *De provinciale Bibliotheek van Zeeland*, Middelburg, Provinciaal Bestuur van Zeeland, 1953.

3　Suzanne Briet, *Bibliothèques en détresse*, París, UNESCO, 1949, p. 21.

4　この驚くべき数字の出典は *Bibliothekswesen und Bibliographie in der USSR*, Berlín, Übersetzungen aus der Grossen Sowjetenzyklopädie, 1958, p. 38.

5　注3に同じ，pp. 21-22.

6　*The American Archivist*, vol. 7, núm. 4, octubre de 1944, pp. 252-255.

7　F. Ascarelli, "Le biblioteche italiane e la guerra", *Rivista storica italiana*, vol. 60, 1948, pp. 177-182.

8　G. Näther, *Bibliothekswesen in Italien*, Múnich, Saur, 1990, p. 12.

9　Hilda Urén Stubbings, *Blitzkrieg and Books: British and European Libraries As Casualties of World War II*, Bloomington, Rubena Press, 1993.

10　J. R. Russell, "Libraries under Fire", *American Library Association Bulletin*, vol. 35, 1941, pp. 277-279.

11　Lester Brooks, *Behind Japan's Surrender*, Nueva York, McGraw Hill, 1968.

第4章　現代文学の検閲と自主検閲

1　*"Who was it said: Resist not evil? I'll burn that book, so help me devil."*

2　この信じられない情報は以下の記事を参照した．*Publishers Weekly*, 5 de septiembre de 1942, p. 832.

3　Agustín García Calvo, *Virgilio*, Madrid, Ediciones Júcar, 1976, p. 91 より．この逸話の出典は Donatus, *Vita Verg.* 38f; Servius; Probus; *Vita Gudiana* I; *Anthol. Lat.*, pp. 653 y 672, Aulus Gellius, N. A. 17, 10. 7.

4　Plinio, *Natural History*, 7, 114（前掲書 p. 679）を参照.

5　プリニウス『博物誌』(Plinio, 4, 10, 61-64）とオウィディウス『悲しみの歌』(Ovidio, *Tristes*, traducción de J. André, París, Les Belles Lettres, 1988, 1, 7, 15-26）［『悲しみの歌／黒海からの手紙』木村健治訳，京都大学学術出版会］を参照.

6　Jorge Luis Borges, "El Biathanatos", en *Otras inquisiciones*, 1952［J・L・ボルヘス「ジョン・ダンの『ビアタナトス』」『続審問』中村健二訳，岩波文庫］.

7　*100 Books Famous in English Literature*, Nueva York, Grolier Club, 1902.

8　James Anson Farrer, *Adam Smith. Biographical Sketch*, Londres, G. P. Putnam's Sons, 1881.

9　Thomas De Quincey, *The Caesars & The Avenger*, 2 vols., Boston, J. R. Osgood & Co., 1873.

10　Patrick Gardiner, *Schopenhauer*, México, Fondo de Cultura Económica, 1975, p. 24.

11　アイルランドの文芸評論家イーニッド・スターキー（1897－1970年）は，評伝『ア

4　Dietrich Aigner, "Die Indizierung `Schädlichen und Unerwünschten Schrifttums'", en *Dritten Reich*, Fráncfort del Meno, Buchhändler-Vereinigung, 1971, p. 1018 より．

5　*Völkischer Beobachter*, 12 de mayo de 1933 より．

6　注 4 に同じ．

7　Guy Stern, *Nazi Book Burning and the American Response*, Wayne State University, 1990.

8　"Germany: Students Exult as `Un-German' Books Burn", *Newsweek*, 20 de mayo de 1933, p. 16, col. 1.

9　*Time*, 22 de mayo de 1933, p. 21.

10　"Helen Keller Warns Germany's Students; Says Burning of Books Cannot Kill Ideas", *New York Times*, 10 de mayo de 1933, p. 10, col. 2.

11　Bertolt Brecht, *Gesammelte Gedichte*, vol. 2, Fráncfort del Meno, Suhrkhamp, 1978, p. 694.

12　アルフレート・ローゼンベルクがガウライター（大管区指導者）のヨーゼフ・ビュルケルに宛てた 1939 年 3 月 6 日付の書簡（57OeStA/AdR/04 Bürckel-Materie, fol. 2445/2）には次のように記されている．《高等学院にふさわしい充実した図書館の設置は，私が提案した課題のなかでも必要不可欠な要素のひとつである》

13　Herman de la Fontaine Verwey, "De Bibliotheca Rosenthaliana tijdens de besetting", *Studia Rosenthaliana*, vol. 14, 1980, pp. 121-127.

14　Hector Feliciano, *The Lost Museum: The Nazi Conspiracy to Steal the World's Greatest Works of Art*, Nueva York, Basic Books, 1997; Willem de Vries, *Einsatzstab Reichsleiter Rosenberg, Sonderstab Musik: The Confiscation of Music in the Occupied Countries of Western Europe during World War II*, Ann Arbor, The University of Michigan Press, 1997.

15　Arkady Joukovsky, "The Symon Petliura Ukrainian Library in Paris", *Harvard Ukrainian Studies*, vol. 14, núms. 1-2, junio de 1990, pp. 218-235.

16　Evelyn Adunka, *Der Raub der Bücher. Plünderung in der NSZeit und Restitution nach 1945*, Viena, Czernin Verlag, 2002.

17　Otto Seifert, "Bücherverwertungsstelle Wien I, Dorotheergasse 12", *Jahrbuch Dokumentationsarchiv des österreichischen Widerstandes*, 1998, pp. 88-94.

18　Elizabeth Simpson（ed.）, *The Spoils of War: World War II and Its Aftermath: The Loss, Reappearance, and Recovery of Cultural Property*, Nueva York, Harry Abrams, 1997.

19　"Volksbibliotheke im Naztionalsozialismus", *Buch und Bibliothek*, vol. 39, 1987, pp. 345-348.

20　統計資料の出典は Philip Friedman, "The Fate of the Jewish Book During the Nazi Era", *Jewish Book Annual*, vol. 13, 1957-1958, p. 4.

21　Dov Schidorsky, "Confiscation of Libraries and Assignments to Forced Labor: Two Documents of the Holocaust", *Libraries & Culture*, vol. 4, 1998.

22　Viktor Reimann, *Dr. Joseph Goebbels*, París, Flammarion, 1973 はお勧めの 1 冊だ．

23　Philipp Gassert y Daniel S. Mattern, *The Hitler Library. A Bibliography*, Westport, Greenwood Press, 2001.

gall. Revista Catalana d'Arxivística, vol. 18, 2001, pp.65-120.
13 同上, *Historia de los archivos y de la archivística en España*, p. 165.
14 Manuel L. Abellán, *Censura y creación literaria en España*, Barcelona, Península, 1980; Manuel Fernández Areal, *El control de la prensa en España*, Madrid, Guadiana, 1973.
15 Justino Sinova, *La censura de prensa durante el franquismo*, Madrid, Espasa-Calpe, 1989, p. 162.
16 これらの価値ある情報を入手してくれたのは，私の友人で司書のエミリアノ・バルトロメ・ドミンゲスだ．出典は *Repertorio cronológico de legislación*, editorial Aranzadi.
17 Daniel Sueiro y Bernardo Díaz Nosty, *Historia del franquismo*, Madrid, Sarpe, 1986, tomo II, p. 114.

第２章　ナチスのビブリオコースト

1 ナチスの焚書については参考文献に事欠かないが，私はこの節の執筆に次の文献を参照した．Ulrich Walberer (ed.), *10 Mai 1933 Bücherverbrennung in Deutschland und die Folgen*, Fráncfort del Meno, Fischer Taschenbuch Verlag, 1983; A. Graf y H. D. Kuebler, *Verbrannte Bücher Verbrannte Ideen*, Hamburgo, O. Heinevetter, 1993; Volker Dahm, *Das Jüdische Buch im Dritten Reich Vol. 1: Die Ausschaltung der Jüdischen Autoren, Verleger und Buchhändler*, Fráncfort del Meno, Buchhändler Vereinigung, 1979.
2 後年ハイデッガーは，自分は焚書に参加していなかったと『シュピーゲル』誌によるインタビューで確言している．焚書に対する哲学者自身の見解を知るためにも，彼の発言を見直すことが重要だろう．同インタビューをスペイン語訳してまとめた１冊(el libro *Entrevista del Spiegel a Martin Heidegger*, Madrid,Tecnos, 1996)から一部を引用する．

シュピーゲル――その点に関連してですが，あなたがナチ党および関係諸団体に協力したことについて，衝撃を受けた人々から非難の声が上がっているのはご存じだと思います．公にはまだ反論されていないと解釈されています．たとえば，学生たちあるいはヒトラー・ユーゲントによって企画された焚書に，あなたが参加していたという非難ですが．

ハイデッガー――当初は大学の校舎の前で焚書を行なう予定だったものを，私が禁じて変更させたのですよ．

シュピーゲル――それから，あなたが大学図書館と哲学部研究室の図書室からユダヤ人作家の著作を撤去させたとの非難もありますが．

ハイデッガー――学部長をしていた私には，研究室の図書室に関する権限があっただけです．ユダヤ人作家の著作を撤去するよう繰り返し催促されましたが，私は応じませんでした．私がユダヤ人作家の著作を撤去するどころか，1933年以前と同様に彼らの著作を，とりわけフッサールの著作をゼミで引用し，論じていたことは，かつてのゼミ生たちに聞けば証言してくれるはずです．

3 Rüdiger Safranski, *Martin Heidegger: Between Good and Evil*, Cambridge, Harvard University Press, 1999 ; *Martin Heidegger. Un maestro de Alemania*, Barcelona, Tusquets, 2000, p. 285.

容易ではなかったが，マリア・テレサ・デルガドが適切な参考文献を提供してくれた．Hipólito Escolar Sobrino, *La cultura durante la guerra civil*, Madrid, Alhambra, 1987; María José Turrión García, "La biblioteca de la sección guerra civil del Archivo Histórico Nacional (Salamanca)", *Boletín de la ANABAD*, vol. 2, 1997, pp. 89-113; Miguel Ángel Gamonal Torres y Juan Francisco Herranz Navarra, "Los servicios de bibliotecas en el ejército popular de la República durante la Guerra Civil", *Boletín de la Asociación Andaluza de Bibliotecarios*, vol. 2, núm. 4, 1986, pp. 35-39; María Rupérez, "Bibliografía sobre la guerra civil", *Claridad*, vol. 16, 1986, pp. 99-105.

2 Rafael Rodríguez-Miñón, *La vida y la obra del bibliófilo y bibliógrafo extremeño D. Antonio Rodríguez-Moñino*, Mérida, Editora Regional de Extremadura, 2000.

3 Juan Manuel Fernández Soria, *Educación y cultura en la Guerra Civil (1936-39)*, Barcelona, NAU Llibres, 1984, capítulo III.

4 Ramón Rodríguez Álvarez, *La Biblioteca de la Universidad de Oviedo. 1765-1934*, Oviedo, Universidad de Oviedo, 1993.

5 Leonardo Borque López, *Bibliotecas, archivos y guerra civil en Asturias*, Gijón, Trea, 1997.

6 José Luis Ferris, *Miguel Hernández. Pasiones, cárcel y muerte de un poeta*, Madrid, Temas de Hoy, 2002, pp. 343-344.

7 注3に同じ，p. 52.

8 同上，p. 140.

9 同上，p. 141.

10 Hugh Thomas, *La guerra civil española*, Madrid, Ediciones Urbión, 1979, libro II, t. 3, p. 103.

11 Ruiz Vilas, Mari José, José Mari Esparza Zabalegui y Juan Carlos Berrio Zaratiegui, *Navarra 1936: de la esperanza al terror*, Tafalla, Altaffaylla Kultur Taldea, 1986, vol. I, pp. 136 y 137.

12 スペイン内戦に関わるテーマで，文書保管所の破壊について直接的に論じられることはほとんどないが，参考文献は豊富にあるのでいくつか紹介しておこう．María Luisa Conde Villaverde y Rosana de Andrés Díaz, "Destrucción de documentos en España: historia, prevención y reconstrucción", *Archivum*, vol. XLII, 1996, pp.119-129; Koldo San Sebastián, "El Exilio de los Archivos", *X Congreso de Estudios Vascos: archivos, bibliotecas y museos*, Iruñea, 21-25 de abril de 1987, separata, Donostia, Eusko Ikaskuntza, 1987, pp.619-703; María José Sigalat Vayá, "La guerra civil y los Archivos municipales. El caso de Carcaixent", *Biblioteques, Arxius i Centres de Documentaciò, Jornadas sobre Cultura en la Comunitat Valenciana. II. 1996*, 1996, p551-559; Miguel Ángel Jaramillo Guerreira, "Los archivos y la Guerra Civil, 1936 a 1939", en *Historia de los archivos y de la archivística en España*, Valladolid, Secretariado de Publicaciones e Intercambio Científico de la Universidad de Valladolid, 1998, pp.161-174; Jaume Enric Zamora i Escala, "El salvamento de los archivos catalanes durante la Guerra Civil española (1936-1939)", *Lligall. Revista Catalana d'Arxivística*, vol. 16, 2000, pp.85-151; Josep M. T. Grau Pujol y Manuel Güell, "La crónica negra de la destrucción de archivos en la demarcación de Tarragona", *Lli-*

Obras completas,1936［J・L・ボルヘス「『千夜一夜』の翻訳者たち」『永遠の歴史』土岐恒二訳，ちくま学芸文庫］.

3 Edward Rice, *Captain Sir Richard Francis Burton*, Nueva York, Charles Scribner's Sons, 1990.

第14章 書物の破壊に関する若干の文献

1 Isidoro de Sevilla, *Etymologiarum*, libro XX, VI, 3-14, edición de José Oroz Reta y Manuel Marca Casquero, Madrid, Editorial Católica, 1982-1983.

2 Richard de Bury, *The Love of Books or Philobiblon*, Stockbridge, Hard Press, 2006, VII［リチャード・ド・ベリー『フィロビブロン——書物への愛』古田暁訳，講談社学術文庫］.

3 Thomas Brown, *The Works of the Learned Sr Thomas Brown, Kt. Doctor of Physick, late of Norwich*, Londres, Tho. Basset, Ric. Chiswell, Tho. Sawbridge, Charles Mearn y Charles Brome, 1686.

4 John Milton, *Aeropagitica*, Londres, 1644, p. 5［ジョン・ミルトン『言論・出版の自由——アレオパジティカ他一篇』原田純訳，岩波文庫］.

5 Jacques Bergier, *Los libros condenados*, Barcelona, Plaza & Janes, 1973, p. 11.

6 同上，p. 13.

7 Gérard Haddad, pp. 5-6.（前掲書 p. 675）.

8 同上，p. 7.

9 同上，p. 90.

第15章 フィクションにおける書物の破壊

1 Christopher Marlowe, *Fausto*, acto V, escena II, V, 196-197［クリストファー・マーロウ「フォースタス博士の悲劇」『筑摩世界文学大系 18』所収，平井正穂訳，筑摩書房ほか］.

2 William Shakespeare, *The Tempest*, acto V, escena I［「テンペスト」『シェイクスピア全集 8』松岡和子訳，ちくま文庫ほか］.

3 英国の映画監督ピーター・グリーナウェイの映画『プロスペローの本』(1991 年)はお勧めだ.

4 Jan Potocki, *Manuscrito encontrado en Zaragoza*, Madrid, Alianza Editorial, 1991, pp. 217-218,

5 J. R. R. Tolkien, *El señor de los anillos*, I, Barcelona, Minotauro, 2001, p. 27［J・R・R・トールキン『指輪物語 1』瀬田貞二・田中明子訳，評論社文庫］.

6 Umberto Eco, *El nombre de la rosa*, Barcelona, Lumen, 1986, p. 585［ウンベルト・エーコ『薔薇の名前』上下巻，河島英昭訳，東京創元社］.

第3部 二〇世紀と二一世紀初頭

第1章 スペイン内戦時の書物の破壊

1 スペイン内戦時の書物の破壊の実態調査は，資料が散逸してしまっていることもあり，

第12章　革命と苦悩

1　*Colonial Records*, Pensilvania, 1600, vol. I, p. 137.

2　N. C. Ford, “Benjamin Harris, Printer and Bookseller”, *Proceedings of the Massachusetts Historical Society*, vol. 57, 1924, pp. 34-68.

3　Judith Henchy, *Preservation and Archives in Vietnam*, 1988. http://www.clir.org/pubs/reports/henchy/ pub70.html.

4　*An Encyclopedia of World History*, 1948, p. 541.

5　D. W. Smith, “The Publication of Helvetius’s De l’espirit”, *French Studies*, vol. 18, pp. 332-344.

6　Jean-Jacques Rousseau, *Les Confessions*, vol II, París, Ledoux et Tenre, Libraires, 1819, libro XI, p. 527.

7　Jules Gay, *Bibliographie des Ouvrages relatifs á l’amour, aux Femmes, au marriage et des Livres Facétieux pantagruéliques, scatologiques, satyriques, etc.*, París, J. Lemonnyer, 1894, 1900, vid. vol. III, p. 821; Maurice Tourneux, *Bibliographie de l’ histoire de Paris pendant la Révolution Française*, vol. IV, París, 1890: 21047.

8　William Blades, p. 62（前掲書 p. 660）.

9　Jean-Charles Brunet, III, cols. 1874-1875（前掲書 p. 661）.

10　ルーヴル図書館で焼失した写本の目録は，次の２冊がお勧めだ．Louis Paris, *Les manuscrits de la Bibliothèque du Louvre. Brûlés dans la nuit du 23 au 24 Mai 1871 sous le règne de la Commune,* 1872 ; M. Baudrillart, *Rapport sur les pertes éprouvees par les bibliothèques publiques de Paris en 1870 y 1871*, 1871.

11　*La Débacle*, París, 1892.

12　Jean René Aymes, *La guerra de la independencia en España*（*1808-1814*）, Madrid, Siglo XXI Editores, 1974.

13　Santiago Jiménez Gómez, *Guía para el estudio de la Edad Media Gallega*（*1100-1480*）, Santiago de Compostela, Servicio de Publicaciones de la Universidad de Santiago de Compostela, 1973, p. 118.

14　Antonio Palau i Dulcet, *Manual del librero hispanoamericano*, vol. XXVI, Barcelona-Oxford, Antonio Palau i Dulcet/The Dolphin Book Co., 1975, pp. 347-348.

15　Mariano Aguiló Fuster, *Catálogo de obras en lengua catalana*, Madrid, Rivadeneyra, 1923, p. 519.

16　"Una biblioteca pública en plena guerra a muerte", *Biblioteca Nacional*, vol. 8, 1960, p. 3.

17　Fernando Benítez, *El libro de los desastres*, Era, México, 2000, p. 67.

18　同上，p. 87.

第13章　過剰な潔癖さの果てに

1　*The Burnt Book: Reading the Talmud*, 1998 を参照.

2　Jorge Luis Borges, “Los traductores de las Mil y una noches”, *Historia de la Eternidad*, en

30　Agnès Bresson, *Nicolas-Claude Fabri de Peiresc-Lettres à Claude Saumaise et à son entourage*, Florencia, Léo S. Olschki, 1992, p. 224.

31　Adolfo Rivolta, *Catalogo dei codici Pinelliani dell'Ambrosiana latini*, Milán, Tipografia pontificia arcivescovile San Giuseppe, 1933, pp. XVII-LXXX.

32　Maffeo Pinelli, *Bibliotheca Pinelliana. A Catalogue of the Magnificent and Celebrated Library of Maffei Pinelli, Late of Venice, Comprehending an Unparalleled Collection of the Greek, Roman, and Italian Authors, from the Origin of Printing*, Londres, 1789.

33　William Blades, *The Enemies of Books*, E. Elliot Stock, 1888, pp. 18-19［ウィリアム・ブレイズ『書物の敵』髙宮利行監修，髙橋勇訳，八坂書房］.

34　John Dunton, *The Life And Errors Of John Dunton, Citizen of London*, Londres, J. Nichols, Son, and Bentley, 1818.

35　*Diccionario de historia de Venezuela*, Caracas, Fundación Polar, 1998.

36　Jean Stradling, *Epigrammata*, Londres, Eliot's Court Press, 1607.

37　Sven Dahl, p. 144（前掲書 p. 685）.

38　R. T. Petersson, *Sir Kenelm Digby, the Ornament Of England*, Cambridge, Mass., Harvard University Perss, 1956.

39　Chevalier de Bernard-François Anne Fonvielle, *Voyage en Espagne*, París, Boucher, 1823.

40　James Conaway, *America's Library. The Story of the Library of Congress, 1800-2000*, New Haven, Yale University Press, 2000 はお勧めだ.

41　*Reports from the Departments of State, Treasury, War and Navy and General Post-Office, in relation to the destruction of Official Books and Papers in Consequence of the Incursion of the Enemy on the 24th of August Last. November 17, 1814*, Washington, D. C., A. & G. Way Printers, 1814.

42　George R. Gleig, *Narrative of the Campaigns of the British Army at Washington,* Filadelfia, 1821, p. 138.

43　ベネズエラの作家エクトル・ガルシア・チュエコス（1896－1973 年）は，トリホス司教が 3000 冊の蔵書と，発電機やタイヤ，天球儀，地球儀などの器具を寄贈したと主張している（*Estudios de Historia Colonial Venezolana,* I, 1937, p171-178）が，国立ロス・アンデス大学のエロイ・チャルバウド・カルドナはこの説を否定している（*Historia de la Universidad de Los Andes,* vol. IX, 1982, p346）.

44　神学校内の図書館の蔵書の内訳は以下のとおり．イエズス会からの寄贈が 1058 冊，フアン・ラモス・デ・ロラ司教の個人蔵書が 617 冊，トリホス司教の個人蔵書が 2940 冊，ミラネス司教の個人蔵書が 544 冊.

45　インキュナブラとは西欧で作られた最初期の活字印刷物のこと．グーテンベルクが活版印刷術を用いて初めて印刷した『グーテンベルク聖書』が出版された 1455 年から 1500 年までに同印刷術を用いて印刷されたものを指す.

46　Juan de Dios Picón, *Estadística y descripción geográfica, política, agrícola e industrial de todos los lugares de que se compone la Provincia de Mérida de Venezuela*, Mérida, 1832.

12　Joshua Toulmin Smith, *English Gilds: The Original Ordinances of More than One Hundred Early English Gilds*, Londres, N. Trübner & Co., 1870, p. 287.

13　Lilia Moritz Schwarcz, *A longa viagem da Biblioteca dos Reis. Do terremoto de Lisboa à Independência do Brasil*, São Paulo, Companhia das Letras, 2002.

14　Leonard Jacks, *The Great Houses of Nottinghamshire and the County Families*, Nottingham, 1881.

15　Alphonse Willems, Les Elzevier, *Histoire et annales typographiques*, Bruselas, G.A. van Trigt, 1880.

16　Cornelis Koeman, *Joan Blaeu and his grand atlas: Introduction to the facsimile edition of Le grand atlas, 1663*, Ámsterdam, Theatrum Orbis Terrarum, 1970.

17　Jean-Charles Brunet , *Manuel du libraire et de l'amateur de livres*, París, Firmin Didot, 1860-1865, V, 121.

18　John Nichols, *Biographical And Literary Anecdotes of William Bowyer*, Londres, edición de autor, 1782.

19　Henry Curwen, *A History of Booksellers, The Old and the New*, Londres, Chatto and Windus, 1873.

20　Charles Henry Timperley, *Dictionary of Printers and Printing*, Londres, H. Johnson, 1839.

21　John Nichols, *Literary Anecdotes of the Eighteenth Century*, 9 vols., Londres, edición del autor, 1812-1816.

22　Samuel Bagster, *Samuel Bagster of London 1772-1851. An Autobiography*, Londres, Samuel Bagster & Sons 1972.

23　Wright Howes, *U.S.-Iana (1700-1950): A Descriptive CheckList of 11.450 Printed Sources Relating to Those Parts of Continental North America Now Comprising the United States*, Nueva York, Bowker, 1954. T-313.

24　Marcella Grendler, "A Greek Collection in Padua: The Library of Gian Vincenzo Pinelli (1535-1601)", *Renaissance Quarterly*, vol. 33, 1980, pp. 386-416 は参考になる.

25　Angela Nuovo, "Biblioteche private tra Cinque e Seicento", en Federico Macchi (ed.), *Biblioteca Nazionale Braidense, Arte della legatura a Brera. Storie di libri e biblioteche. Secoli XV e XVI*, Cremona, Linograf, 2002, pp. 21-35.

26　Pierre Gassendi, *Viri Illustris Nicolai Claudii Fabricii de Peiresc*, París, Senatoris Aquisextiensis Vita, 1641.

27　Jean Leon African, *Description de l'Afrique, tierce partie du monde. Premièrement en langue Arabesque, puis en Toscane et à présent mise en François. Nouvelle édition annotée par Charles Schefer*, París, 1896-1898 (Recueil de voyages et de documents pour servir à l'histoire de la géographie depuis le XIIIe jusqu'à la fin du XVIe siècle", XIII-XV, I, p. XXIII).

28　Carta de Peiresc a Saumaise, fechada el 20 de noviembre de 1635 を参照.

29　Anthony Hobson, "A Sale by Candle in 1608", *The Library*, vol. 26, núm. 3, 1971, pp. 215-233.

第10章　英国における焚書

1　Anthony Wood, *The History and Antiquities of the University of Oxford*, edición de J. Gutch, vol. II, I (Annals), Oxford, The Clarendon Press, 1796, p. 108.

2　Ernest A Savage, *Old English Libraries*, 1911, http://www.gutenberg.org/etext/1615.

3　Paula R. Backscheider, *Daniel Defoe: His Life*, Baltimore, Johns Hopkins University Press, 1989.

第11章　厄災の最中で

1　Fernand Drujon, *Destructarum Editionum Centuria*, 1893.

2　B. J. Shapiro, *John Wilkins: An Intellectual Biography*, Berkeley, University of California Press, 1969.

3　L. Morales Oliver, "La política de Arias Montano y Felipe II en Flandes", *Boletín de la Real Academia de la Historia*, vol. 94, 1929.

4　エル・エスコリアルの図書館の歴史に関する参考文献は以下のとおりである．J. A. Almela, *Descripción de la Octava Maravilla del Mundo que es la excelente y santa casa de San Lorenzo, el Real, Monasterio de Frailes Jerónimos y colegio de los mismos y seminario de letras humanas y sepultura de reyes y casa de recogimiento y descanso después de los trabajos del gobierno, fabricada por el muy alto y poderoso rey y señor nuestro Don Felipe de Austria, segundo de este nombre. Compuesto por el Doctor Juan Alonso de Almela, médico natural y vecino de Murcia, dirigido a la Real Magestad del Rey Don Felipe*, 1594; G. de Andrés, "Entrega de la librería real de Felipe II (1576). Edición, prólogo e identificaciones de obras", *Documentos para la Historia del Monasterio de El Escorial*, Madrid, 7, pp. 5-233, 1964; G. Antolín, *La librería de Felipe II*, Madrid, 1964; F. J. Campos y Fernández de Sevilla, *Fondo manuscrito americano de la Biblioteca de San Lorenzo de El Escorial*, San Lorenzo de El Escorial, 1993; J. Zarco, *La Biblioteca de El Escorial*, Barcelona, 1929.

5　Gregorio de Andrés, "Relación sumaria del Incendio de esta Casa y Convento de San Lorenzo el Real del Escorial en el año 1761", *Hispania Sacra*, 1976, p. 17.

6　Julián Zarco Cuevas, *Catálogo de los manuscritos castellanos de la Real Biblioteca de El Escorial*, Madrid, 1924, p. 71.

7　失われたのは，セクストス・エンペイリコスの写本 221 番と 297 番，299 番．

8　Gregorio de Andrés, *Catálogo de los códices griegos desaparecidos de la Real Biblioteca de El Escorial*, 1968 には，焼失した書物のリストが載っている．

9　Gregorio de Andrés, *El incendio del monasterio de El Escorial del año 1671. Sus consecuencias en las artes y las letras*, Madrid, Ayuntamiento, Delegación de Educación/Instituto de Estudios Madrileños, 1976.

10　Stephen P. H. Clark y David H. Clark, *Newton's Tyranny: The Suppressed Scientific Discoveries of Stephen Gray and John Flamsteed*, W. H. Freeman and Co., 2001.

11　Cornelius Walford, *The Destruction of Libraries by Fire Considered Practically and Historically*, Londres, Chiswick Press, 1880, pp. 31-32.

nis, 1936.
15 Benito Jerónimo Feijoo, *Teatro crítico universal o Discursos varios en todo género de materias, para desengaño de errores comunes*, ed., intr. y notas de Giovanni Stiffoni, Madrid, Castalia, 1986, XVII, pp. 156-157.

第8章 異端審問

1 A. Tovar y M. de la Pinta, *Procesos inquisitoriales contra Francisco Sánchez de las Brozas*, Madrid, CSIC, 1941.
2 Arthur Stanley Turberville, *La Inquisición española*, México, Fondo de Cultura Económica, 1960, pp. 115-116.
3 R. P. F. Giovanni Alberghini, *Manuale Qualificatorum Sanctæ Inquisitionis, in quo, omnia quæ ad illud Tribunal ac Hæresum censuram pertinent, brevi methodo adducuntur; Episcopis, Inquisitoribus, eorum Ministris, Theologis, Consultoribus, Confessariis, & Jurisconsultis perutile & necessarium. Acthore Panormitano. Coloniæ, Sumpt. Fratrum de Tournes*, 1740.
4 Carlos Felice Cardot, "El impacto de la inquisición en Venezuela y en la Gran Colombia 1811-1830", *Boletín de Historia y Antigüedades*, octubre-noviembre de 1966, pp. 624-625.
5 このテーマに関しては,エルミラ・トロコニス・デベラコエチェアによる記事「書物と異端審問」(Ermila Troconis de Veracoechea: "Los Libros y la Inquisición", *Revista Nacional de Cultura,* 191, 1970, pp. 67-73)がある.
6 *Viaje a la parte oriental de tierra firme*, Caracas, Tipografía Americana, 1930.
7 William Spence Robertson, *The Life of Miranda*, 2 vol., Kessinger Publishing, 1982.
8 Vicente Pérez Silva, "Los libros en la hoguera", *Revista Credencial Historia*, vol. 52, 1994.

第9章 占星術師たちの処罰

1 Elena Gascón Vera, "La quema de los libros de don Enrique de Villena: una maniobra política y antisemítica", *Bulletin of Hispanic Studies*, vol. 56, 1979, pp. 317-324.
2 Klaus Arnold, *Johannes Trithemius (1462-1516): Zweite, bibliographisch und überlieferungsgeschichtlich neu bearbeite Auflage, Quellen und Forschungen zur Geschichte des Bistums und Nochstifts Würzburg XXIII*, Wurzburgo, Kommissionsverlag F. Schöningh, 1971.
3 Roland Behrendt, "The Library of Abbot Trithemius", *American Benedictine Review*, vol. X, 1959, pp. 67-85.
4 William H. Sherman, *John Dee: The Politics of Reading and Writing in the English Renaissance*, Amherst, University of Massachusetts Press, 1997.
5 Descrita con excelencia por Julian Roberts y Andrew Watson, *John Dee's Library Catalogue*, Londres, Bibliographical Society, 1990.
6 William H. Sherman, p. 31(前掲書 p. 663).

9　*Relación de Tezcoco*（1582）, en Joaquín García Icazbalceta, Nueva colección de documentos para la historia de México, tomo III, México, Impr. de F. Díaz de León, 1891.
10　C. W. Ceram, *Dioses, tumbas y sabios*, Barcelona, Destino, 1985, p. 356.
11　"La primera biblioteca pública del Continente americano", *Divulgación Histórica*, 8, IV, 15 de junio de 1943, de Alberto María Carreño を参照.
12　*Ms. Anónimo de Tlatelolco*（1528）, edición facsimilar de E. Mengin, Copenhague, 1945, fol. 38.
13　Diego de Landa, *Relación de las cosas de Yucatán*, 1566.
14　*Historia de la provincia de San Vicente de Chiapa y Guatemala*, 1929, vol. I, p. 5.
15　"El texto sahaguntino sobre los mexicas", *Anales de Antropología*, vol. 22, núm. 1, 1985, p. 310, de Alfredo López Austin.
16　注５に同じ.

第７章　ルネサンス最盛期

1　Henry Lewis Johnson, *Gutenberg and the Book of Books*, Nueva York, William Edwin Rudge, 1932.
2　E. Garin, *Giovanni Pico della Mirandola. Vita e dottrina*, Florencia, F. Le Monnier, 1937.
3　Pearl Kibre, *The Library of Pico della Mirandola*, New York, Columbia University Press, 1936.
4　M. Zorzi, "La circolazione dei libri a Venezia nel Cinquecento: biblioteche private e pubbliche", *Ateneo Veneto*, 177, 1990, pp. 140-142.
5　P. Paschini, *Domenico Grimani cardinale di S. Marco*（†1523）, Roma, Edizioni di Storia e Letteratura, 1943, VI, pp. 123-145.
6　Ilona Berkovits, *Illuminated Manuscripts from the Library of Matthias Corvinus*, Budapest, Corvina Press, 1964; Alfonz Lengyel, *The Library of the Humanist King Mathias Corvinus of Hungary*, 1978.
7　N. Cohn, *En pos del Milenio,* Madrid, Alianza Editorial, p. 266.
8　Gérard Haddad, p. 114（前掲書 p. 672）.
9　Charles Ripley Gillet, *Burned Books: Neglected Chapters in British History and Literature*, Nueva York, Columbia University Press, 1964, I, p. 15.
10　Steven Justice, *Writing and Rebellion: England in 1381*, Berkeley-Los Ángeles, University of California Press, 1994, pp. 256-257.
11　Angela Nuovo, *Alessandro Paganino*, Padua, Antenore, 1990.
12　Peignot, p. 50（前掲書 p. 665）.
13　J. Veyrin-Forrer, *La lettre et le texte: Trente années de recherches sur l'histoire du livre*, París, Rue d'Ulm, 1987, p. 24, n. 60 bis.
14　Lionel S. Pelland, *S. Prosperi Aquitani Doctrina De praedestinatione et voluntate Dei salvifica: De ejus in Augustinismum influxu*, Montreal, Ex Typis Collegii Maximi Immaculatae Conceptio-

12　Etienne Gabriel Peignot, *Essai historique sur la liberté d'écrire chez les Anciens et au Moyen Âge*, París, 1832, pp. 26-28.

13　Antonio Castillo Gómez, *Historia de la cultura escrita. Del Próximo Oriente Antiguo a la sociedad informatizada*, Gijón, Ediciones Trea, 2002, p. 229.

第5章　中世スペインのイスラム王朝とレコンキスタ

1　シスネロスに関しては次の２冊が参考になる．Reginald Merton, *Cardinal Ximenes and the Making of Spain*, 1934; Luis Suárez Fernández, "Francisco Jiménez de Cisneros", en AAVV, *Diccionario de Historia de España*, Madrid, Revista de Occidente, 1952, tomo I, pp. 655-656.

2　故郷を追われたイスラム教徒やユダヤ教徒は，多くの書物を手放さざるを得なかった．2003年３月カタルーニャ州の町ジローナで，本の表紙から公証人の作成した証書や，売買契約書，結婚証明書やトーラーの文言など，ヘブライ語で書かれた文書が発見された．表紙の厚みに切り込みを入れ，内側に禁じられた手稿を詰める．巧妙な細工を施すことで貴重な文書が生き残ったのだ．

3　Juan de Vallejo, *Memorial de la vida de Fray Francisco Jiménez de Cisneros*, edición de Antonio de la Torre y del Cerro, Madrid, Centro de Estudios Históricos, 1913, p. 35.

4　Álvar Gémez de Castro, *De las hazañas de Francisco Jiménez de Cisneros*, traducción de José Oroz Reta, Madrid, Fundación Universitaria Española, 1984, pp. 99-100.

5　Luis Fernández de Retana, *Cisneros y su siglo*, Madrid, El Perpetuo Socorro, 1929, tomo I, p. 242.

6　Luce López-Baralt, *Huellas del Islam en la literatura española. De Juan Ruiz a Juan Goytisolo*, Madrid, Hiperión, 1985, p. 137.

第6章　メキシコで焼かれた写本

1　Bernal Díaz del Castillo, *Historia verdadera de la conquista de la Nueva España*, México, Porrúa, 1955, p. 260［ベルナール・ディーアス・デル・カスティーリョ『メキシコ征服記』全３巻，小林一宏訳，岩波書店］.

2　同上

3　Códice Florentino, *Nuevo México*, 1950-1957, lib. III, p. 65.

4　*Manuscrito de cantares mexicanos*, México, Oficina Tipográfica de la Secretaría de Fomento, 1904.

5　Diego Durán, *Historia de las Indias de Nueva España e islas de Tierra Firme*, México, Porrúa, 1967, vid. tomo II, p. 257.

6　注１に同じ，tomo I, p. 143.

7　Luis Xavier López Farjeat, *Dos aproximaciones estéticas a la identidad nacional. Una filosofía de la cultura desde el barroco y el surrealismo*, Monterrey, Universidad Autónoma de Nuevo León, 1998, p. 34.

8　Bernardo de Balbuena, *Grandeza mexicana*, 1604.

者たちがわれわれの海岸に大挙して押し寄せている！》
7　Leighton D. Reynolds y Nigel G. Wilson, *Copistas y filólogos*, Madrid, Gredos, 1986, pp. 114-166.

第3章　アラブ世界

1　Ata-ol Molk Joveini, *Tariq-e Jahangosha*, Nashr-e Ketab, Teherán, 1367, pp. 80-81.
2　Bernard Lewis, *The Assassins: A Radical Sect in Islam*, Nueva York, Basic Books, 1987.
3　Arkon Daraul, *A History of Secret Societies*, Nueva York, Citadel Press, 1989.
4　Berthold Spuler, *The Muslim World*, vol. II, Leiden, E.J. Brill, 1969, p. 18.
5　Arif Tamir, "Khams Rasail Ismailiyya", Beirut, 1956, p. 195.
6　Steven Runciman, *Historia de las Cruzadas*, vol. 3: *El reino de Arce y las últimas cruzadas*, Madrid, Alianza Editorial, 1981, pp. 278-279.
7　David Nicolle & Richard Hook, *The Mongol Warlords: Genghis Khan, Kublai Khan, Hulagu, Tamerlane*, Poole, Firebird, 1990.
8　Edgar Blochet（ed.）. *Rashid al-Din Tabid. Djami el-tévarikh: Histoire générale du monde. Tarikh-i moubarek-i ghazani: Histoire des Mongols*, 2 vols., 1911.

第4章　中世の誤った熱狂

1　Jorge Luis Borges, *Historia de la eternidad*, en *Obras completas*, Buenos Aires, Emecé, 1974, p. 363［J・L・ボルヘス「伝奇集」「エル・アレフ」「砂の本」『集英社ギャラリー　世界の文学 19　ラテンアメリカ』篠田一士訳，集英社］.
2　*Pat. Lat.*, CDXXIX, pp. 1084-1085.
3　William Popper, *The Censorship of Hebrew Books*, Knickerbocker Press, 1899.
4　Heinrich Grätz, *Geschichte der Juden von den ältesten Zeiten bis auf die Gegenwart*, vol. IX, 346, nota 1.
5　Lauro Martines, *Fire in the City: Savonarola and the Struggle for the Soul of Florence*, Nueva York, Oxford University Press, 2006 を参照.
6　Piero Ginori Conti, *La vita del Beato Ieronimo Savonarola scritta da un anonimo de sec. XVI e già attribuita a Fra Pacifico Burlamacchi*, Florencia, 1937.
7　Peter Watson, *Ideas*, Barcelona, Crítica, 2006, p. 641.
8　吊り落としの刑とは，罪人を後ろ手に縛り上げた状態でゆっくりと柱の上に吊り上げて，地上すれすれに落下させ，両肩を脱臼させる拷問方法だ．サヴォナローラの場合，改悛の宣誓書に署名できるよう，片腕だけは無傷で残されたという．
9　*Diálogo sobre los milagros*, V, 20-22.
10　Marguerite Porete, *The Mirror of Simple Souls*, Mahwah, The Classics of Western Spirituality, 1993.
11　Émile Augustine Nicolas Jules Bégin, *Histoire des sciences, des lettres, des arts et de la civilisation, dans le pays Messin, depuis les Gaulois jusqu'à nos jours*, Metz, 1829, p. 279.

3　J. Tzetzes, *Epístola,* 58.

4　Steven Runciman, *A History of the Crusades*, vol. 2: *The Kingdom of Jerusalem and the Frankish East*, Nueva York, Cambridge University Press, 1952, pp. 123-139.

5　G. Stadmüller, *Michael Choniates Metropolit von Athen,* 1934.

6　サッフォー作品の消滅時期に関しては意見が分かれる．ローマ教皇グレゴリウス7世が1073年ローマとコンスタンティノープルに対し，サッフォーの詩集を焚書にするよう命じているので，13世紀まで残存した写本はあり得ないと従来は考えられていた．しかしながらデニス・ペイジ（1908－1978年．英国オックスフォード大学・ケンブリッジ大学の古典学者で，英国アカデミーの会長でもあった）は自著（*Sappho & Alceus*, 1955, p. 113）で，9世紀のコンスタンティノープル総主教フォティオス1世の蔵書にサッフォー全集の第8巻があったという記述（cod. 161, y p. 103a40 Bekker）を指摘している．11世紀の政治家ミカエル・プセルロスも書簡（Sathas, Mes. Bibl. 5, 59 f.）でサッフォーに触れ，傑出した女性詩人の人気を確証している．『オックスフォード・ビザンティウム辞典』（*The Oxford Dictionary of Bizantium*, 1991, p. 1841）には次のように記されている．《沈黙の歳月を経てサッフォーは10世紀末によみがえった．『スーダ辞典』が彼女の項目を設け，経歴といくつかの詩の原文を掲載したことでだ．（……）サッフォーはとりわけ12世紀に話題となったが，文献学者ヨハンネス・ツェツェスはたびたび彼女の作品が消えてしまったと抗議している（Cramer, Anecd. Gr. Paris, 1: 63. 20-21）．（……）12世紀が過ぎるとサッフォーに対する関心も徐々に薄らいでいったが，13世紀から14世紀に生きたプラヌデス，モスコポウロス，メトキテスらは彼女の詩に親しんでいたという》

7　Max Treu, "Ein byzantinisches Schulgesprach", *Byzantinische Zeitschrift*, vol. 2, 1893, pp. 96-105を参照.

8　バルラアムについては，ギリシャ・コルフ（ケルキラ）島出身のペトルス・アルクディウス（1563－1634年）が1637年に著した書物で触れている．

9　Edward Gibbon, cap. 68, 1839（前掲書 p. 676）.

10　Steven Runciman, *La caída de Constantinopla*, Madrid, Espasa-Calpe (Austral), 1997, p. 227［スティーヴン・ランシマン『コンスタンティノープル陥落す』護雅夫訳，みすず書房］.

第2章　修道士と蛮族

1　Amiano Marcelino, *Historias*, XIV, 6, 18（前掲書 p. 676）.

2　Ms. Leningrado Q. v. 1. 6-10.

3　Thomas Cahill, *De cómo los irlandeses salvaron la civilización*, Bogotá, Norma, 1998.

4　Adamnan, *The Life of Saint Columba*, traducción de Wentworth Huyshe, Whitefish, Kessinger Publishing, 2007, II, c. 29, III, c. 15 y c. 23.

5　Kuno Meyer, *Selection from Ancient Irish Poems*, Londres, Constable, 1911.

6　オセール（現フランス）のベネディクト会平修道士ヘイリックは著作『聖ゲルマヌスの生涯』（870年）で述べている．《海峡をものともせず，ほぼアイルランド全域から哲学

1964年)による復刻版(全2巻，上巻は1953年，下巻は1966年)が出ているだけだ．古代ギリシャ語の珍しい単語や言い回しを集めた貴重な辞典の唯一の写本が，火災などで失われていたらどれほどの損失だったかと思う．

2　古代ギリシャの古典文学の写本では，前5世紀から前4世紀に活躍したギリシャの詩人ミレトスのティモテオス作『ペルシャ人』のパピルス *P. Berol.* 9865(前350 - 前300年)が，『オルペウスの詩』のデルヴェニ・パピルス(前340年)とともに最古とされている．

3　参考までに，セビリア大司教イシドルスは『語源』(前掲書 p. 684)で，コデックス(写本)の語源を次のように説明している．《codexは木(もしくはブドウの木)の幹を意味するcaudexから転じた．左右のページを中央で束ねるさまを両側の枝を支える幹に見立てたところから》

4　Flavio Joviano, *Antiochus*, frag.181.

5　ビブロスのフィロン(60 - 141年)については『スーダ辞典』(前掲書 p. 682)に以下のように紹介されている．《フィロン，ビブロス出身，文法学者．皇帝ネロの時代の人で，幅広い著作を手がけた．セウェルスによると正式名はヘレニウス・フィロンで，第220回オリンピック年，78歳まで執政官《コンスル》だったともいわれている．著書『書物の入手と選定』(全12巻)，『都市と著名人』(全30巻)，フィロンが生きた『ハドリアヌスの治世』ほか》

6　『スーダ辞典』によると《テレフォス，ペルガモンの出身，文法学者．著作も多数執筆し……文法学者が知っておくべき多くの事柄を説明した．著書『ホメロス作品の言葉のあや』(全2巻)，『アッティカ方言の論文の構文論』(全5巻)，『ホメロス作品のレトリック』『ホメロスとプラトンの関係性』，『幅広い習得への愛』(全2巻)，『悲劇作家と喜劇作家の生涯』，書物が素晴らしい購入品であることを説いた『書物に関する熟達』(全2巻)，『ギリシャ語を正しく書いた古代ギリシャの唯一の作家であるホメロスについて』『ペルガモンの描写』，『ペルガモンのアウグストゥス神殿』(全2巻)，『アテナイの裁判所について』，『ペルガモンの王たち』(全5巻)，『衣類その他の日用品の使い方』(アルファベット順)，『オデュッセウスの流浪の旅路』，『やさしい発想』(気の利いた文章を編み出す助けとなる，実践的な特徴形容詞集)(全10巻)》

7　Platón, *República*, 377 c［プラトン『国家』上下巻，藤沢令夫訳，岩波文庫ほか］．

8　David Ruhnken, *Rutilius Lupus*, Academiae Typographos, 1768.

9　Ludwig Bieler, *History of Roman Literature. Condensed and adapted from the German, with the collaboration of the author*, Nueva York, St. Martin's Press, 1966, p. 20.

10　Tertuliano, *On the Proscription of Heretics*, traducción de T. Herbert Bindley, Londres-Nueva York, Society for Promoting Christian Knowledge/E. S. Gorham, 1914.

第2部　東ローマ帝国の時代から一九世紀まで

第1章　コンスタンティノープルで失われた書物

1　Temistio, *Panegírigo de Constancio*, 59d-60c.

2　N. Wilson, "Books and Readers in Byzantium", en *Byzantine Books and Bookmen*, Washington D. C., Dumbarton Oaks Center for Byzantine studies, 1975.

25　Cicerón, *Opera Omnia*, Brut., 78（前掲書 p. 674）.
26　*Antike Welt*, 17, edición especial; Zaberns Bildbände zur Archäologie, 1986, pp. 22-43.
27　Cicerón, *Opera Omnia*, Ad fam. 5, 10a, 1（前掲書 p. 674）.
28　同上，IV, 4a.
29　同上，Phil. 2, 9, 21.
30　同上，5, 4, 1.
31　*Corpus Inscriptionum Latinarum* 10, 4760.
32　同上，11, 2704.
33　C. Hanson, "Where There Libraries in Roman Spain?", *Libraries & Culture*, vol. 24, 1989, pp. 198-216.
34　G.P. Stevens, "A Doorsill from the Library of Pantainos", *Hesperia*, vol. 18, 1949, pp. 269-274.
35　Bruce Lorne, "Roman Libraries. A Review Bibliography", *Libri*, vol. 35, 1985, p. 99.
36　Michel de Montaigne, *Ensayos*, Barcelona, Orbis,1984, vol.I "De la pedantería".
37　Amedeo Maiuri, *Herculaneum and the Villa of the Papyri*, Roma, Istituto Geografico de Agostini, 1977.
38　小プリニウスことガイウス・プリニウス・カエキリウス・セクンドゥスの書簡 Plinio el Joven, *Cartas*, Madrid, Gredos, VI, 16 y 20［『プリニウス書簡集』國原吉之助訳，講談社学術文庫］より．
39　Sandra Sider, "Herculaneum's Library in 79 A. D.: The Villa of the Papyri", *Libraries & Culture*, vol. 25, núm. 4, 1990, p. 539.
40　フィロデモス（前 110 年頃 - 前 35 年頃）はギリシャの植民都市ガダラ（現イスラエルのハマト・ガデル）出身のエピクロス派哲学者で詩人．ヘルクラネウムのパピルス荘から発見された彼の著作の全断片を公表すべく，英国の古典学者リチャード・ジャンコを中心とするプロジェクト・フィロデモスで，さまざまな分野の専門家が研究を続けている．フィロデモスの思想をわかりやすく分析した参考文献は以下のとおりだ．Raffaele Cantarella, *La literatura griega de la época helenística e imperial*, 1972.

第９章　キリスト教の過激な黎明期

1　Hilario, *Operis historici fragmenta*, ed. Feder, csel 65, 1916, frag. 3. 27（Migne x, 674）.
2　Filostorgio, *Historia eclesiástica*, 11, 5; *Theodosiani codici*, edición de Th. Mommsen y Paulus M. Meyer, Berlín, 1905, 16, 5, 34.
3　*Codice Justiniano*, 1, 1, 3; *Mansi Collectio conciliorum*, V, 417.

第10章　書物の脆さと忘却

1　これは後代にもいえることである．たとえば５世紀頃にアレクサンドリアで活躍した文法家ヘシュキオスが編纂した『レキシコン（ギリシャ語辞典）』は，15 世紀に作成された写本が一部現存するのみで，ドイツの文献学・古典学者クルト・ラッテ（1891 -

bles, Madrid, Gredos, 2003), プルタルコスの『対比列伝』(Plutarco, *Vidas paralelas*, *Numa*, 22(前掲書 p. 680), ラクタンティウスの『神的教理』(*Instituciones divinas*, Madrid, Gredos, 1990), 著者不詳『著名人録』(Anónimo, *De viris Illustribus*)など多数に掲載されている.

3 T. Livio, *Historia de Roma*, 39, 16, 8: "*vaticini libri*".

4 マルクス・テレンティウス・ウァロ『アウグストゥス』(前掲書 p. 671).

5 この情報は以下の文献に載っている. E. Doblhofer, *Rutilius Claudius Namatianus. De reditu suo sive Iter Gallicum*, 2 vols., Heidelberg, Carl Winter Universitätsverlag, 1972, *De Reditu Suo 2.52:"Ante Sibyllinae fata cremavit opis"*.

6 Tácito, *Anales*, Madrid, Gredos, 1986-1991 [タキトゥス『年代記』上下巻, 国原吉之助訳, 岩波文庫ほか] を参照.

7 Séneca, *Controversia retórica*, Gredos, Madrid, 2005; Séneca, *Diálogos*, Gredos, Madrid, 2000, *De Ira*. 小セネカの『怒りについて』[兼利琢也訳, 岩波文庫] と, その父親である大セネカことマルクス・アンナエウス・セネカ(前54 - 後39年頃)の『論争問題』より.

8 Suetonio, *Vida de los Césares*, *Augusto*, 31, 1(前掲書 p. 676)を参照.

9 同上

10 Tácito, 4, 35(注6に同じ); Dion Casio, 57, 24(前掲書 p. 676).

11 Suetonio, *Vida de los Césares*, *Calígula*, 16(前掲書 p. 676).

12 同上

13 E. J. Kenney, "Books and Readers in the Roman World", en *The Cambridge History of Classical Literature*, vol. II: *Latin Literature*, Cambridge, Cambridge University Press, 1982, pp. 3-32.

14 Suetonio, *Vida de los Césares*, *Julio César*, 44(前掲書 p. 676).

15 *Instituciones oratorias*, traducción del latín por I. Rodríguez y P. Sandier, Madrid, Imprenta de Perlado Páez y Compañía, 1916, 2 vols., X, 1, 95.

16 Isidoro, *Etimologías*, texto latino, versión y notas de J. Oroz Reta y M. A. Marcos Casquero, introducción general de M. C. Díaz y Díaz, Madrid, Biblioteca de Autores Cristianos, 1982-1983, VI, 5(前掲書 p. 684).

17 P. White, "Pompeius Macer and Ovid", *Classical Quarterly*, vol. 42, 1992, pp. 210-218.

18 Gareth D. Williams, *Banished Voices: Readings in Ovid's Exile Poetry*, Cambridge, Cambridge University Press, 1994.

19 Suetonio, *Vida de los Césares*, *Augusto*, 56, 7(前掲書 p. 676).

20 *Suda*, 120(前掲書 p. 682).

21 Pablo Orosio, 7, 16, 3(前掲書 p. 676).

22 Jean-René Vieillefond, *Les Cestes de Julius Africanus*, París, Marcel Didier, 1970, pp. 290-291; y F. Granger, "Julius Africanus and the Library of the Pantheon", *Journal of Theological Studies*, vol. 34, 1933, pp. 157-161.

23 Aelius Spartianus, *The Life of Antoninus Caracalla*, traducción de David Magie, Londres, Loeb, 1924, IV.

24 Ernst Lünzner, *Epaphroditi grammatici quae supersunt*, Bonn, C. Georgii, 1866.

9　Jens Østergård Petersen, "Which Books Did the First Emperor of Ch'in Burn? On the Meaning of Pai-chia in Early Chinese sources", *Monumenta Serica*, vol. 43, 1995, pp. 1-52.

10　Nicolas Zufferey, "Le Premier Empereur et les lettrés. L'exécution de 212 avant J.-C.", *Études chinoises*, vol. XVI, núm. 1, 1997, pp. 59-98.

11　Ulrich Neininger, "Burying the Scholars Alive: On the Origins of a Confucian Martyrs' Legend", en Wolfram Eberhard, Krzysztof Galikowski y Carl-Albrecht Seyschab (eds.), *East Asian Civilizations: New Attempts at Understanding Traditions*, vol. 2: Nation and Mythology, Múnich, Simon & Magiera, 1983, pp. 121-136.

12　Edward Shaughnessy, *Before Confucius: Studies in the Creation of the Chinese Classics*, Albany, Suny Press, 1997.

13　Jean-Pierre Drège, *Les Bibliothèques en Chine au temps des manuscrits jusqu'au xe siècle*, París, École Française d'ExtrêmeOrient, 1991 を参照.

14　Ssu-ma Ch'ien, *The Grand Scribe's Records, vol. 1: The Basic Annals of Pre-Han China*, edición de William H. Nienhauser Jr., Bloomington, Indiana University Press, 1995［司馬遷『史記』全8巻，小竹文夫・小竹武夫訳，ちくま学芸文庫ほか］.

15　Koh Thong-ngee, "The Beginning of Chinese Bibliography: A Study of the Record of Literature in the History of the Former Han Dynasty", *The Repository*, núms. 7-8, 1964, pp. 2641; núms. 9-10, 1964, pp. 1-26.

16　これらの目録を一堂に集めた作品が William Hong (ed.), *Yiwenzhi ershizhong zonghe yinde* (*Combined Indices to Twenty Historical Bibliographies*), Beijing, Harvard Yenching Institute (Index Series núm. 10), 1933.

17　後漢の明帝が金色に輝く神人の夢を見て，西域に使者を遣わし，67年に使者が一緒に連れて帰ったインドの高僧たちが，洛陽の白馬寺に経典と仏像を運んだといわれている.

18　Roderick Whitfield, Susan Whitfield y Neville Agnew, *Cave Temples of Mogao: Art and History on the Silk Road*, Los Ángeles, Getty Conservation Institute, 2001.

第8章　古代ローマ

1　古代ローマにおける書物の破壊に言及する文献は数あるが，推奨するのは次の2冊だ. Theodor Birt, *Das antike Buchwesen in seinem Verhältniss zur Litteratur, mit Beiträgen zur Textgeschichte des Theokrit, Catull, Properz, und anderer Autoren*, Berlín, W. Hertz, 1882; M. Finley, "Censorship in Classical Antiquity", en M. Finley, *Democracy Ancient and Modern*, New Brunswick, N. J., Rutgers University Press,1985, pp. 142-172.

2　この伝説は，プリニウス『博物誌』(Plinio, *Natural History*, 13, 84-87，前掲書 p. 679) やティトゥス・リウィウスの『ローマ建国史』(Tito Livio, *Historia de Roma*, Madrid, Gredos, 1990-1997［『ローマ建国以来の歴史』第1-2巻、岩谷智訳，京都大学学術出版会］)，マルクス・テレンティウス・ウァロの『アウグストゥス』(Varrón ap. *Augustus*, C. D. 7, 34)，ワレリウス・マキシムスの『著名言行録』(Valerio Maximo, *Hechos y dichos memora-*

lium, V, 675B［プルタルコス『モラリア』全 14 巻, 瀬口昌久ほか訳, 京都大学学術出版会］.

62　古代ギリシャの修辞学者で，デモステネスと並びアッティカ十大弁論家のひとりに数えられるイソクラテス（前 436 - 前 338）の著作『弁論集』第 2 巻「アイギナ弁論」より. Isócrates, *Discursos*, 2 vols., Madrid, Gredos, 1979-1980, *Aegineticus* 5［イソクラテス『弁論集 2』小池澄夫訳，京都大学学術出版会］.

63　René Cagnat et al., *Inscriptiones Graecae ad res Romanas pertinentes*, Roma, L'Erma di Bretschneider, 1964, III, núm. 930.

64　Antje Krug（ed.）, *From Epidaurus to Salerno*, Rixensart, Pact Belgium, 1992.

65　Galeno, *Opera omnia*, vol. XV, p. 24（前掲書 p. 678）.

第 6 章　古代イスラエル

1　帝政ローマ期の政治家で著述家，『ユダヤ戦記』で有名なフラウィウス・ヨセフス（37 年頃 - 100 年頃）の自伝 Flavio Josefo, *Autobiografía. Sobre la antigüedad de los judíos*（*Contra Apión*）, Gredos, Madrid, 1994 より.

2　同上，Vita 418.

3　アルテミドロスは 2 世紀に活躍したギリシャ人.『夢判断の書』［城江良和訳，国文社］,『鳥占い』『手相占い』などの著作がある. Artemidoro, *La interpretación de los sueños*, introducción, traducción y notas de E. Ruiz García, Madrid, Gredos, 2, 45.

4　Gérard Haddad, *Los biblioclastas. El mesías y el auto de fe*, Buenos Aires, Ariel, 1993, p. 6.

第 7 章　中国

1　Denis Twitchett y Michael Loewe, “The Ch'in and Han Empires, 221 B.C.-A.D. 220”, en *The Cambridge History of China*, vol. 1, 1986, pp. 69-71, 751-752.

2　Derk Bodde, *China's First Unifier. A Study of the Ch'in Dynasty as Seen in the Life of Li Ssu*（*280 ?-208 B. C.*）, Leiden, E. J. Brill, 1938.

3　R. W. L. Guisso, Catherine Pagani y David Miller, *First Emperor of China*, Londres, Sidgwick & Jackson, 1989.

4　Arthur Cotterell, *Historia de las civilizaciones antiguas*, vol. 2, Barcelona, Crítica, p. 315.

5　ある意味マキャヴェッリの先駆者ともいえる法家には，慎到《しんとう》，申不《しんふ》害《がい》，商《しょう》 鞅《おう》といった思想家が名を連ねるが，彼らの主張をひとまとめにしたのが韓非だ. W. K. Liao, *The Complete Works of Han Fei Tzu. A Classic of Chinese Legalism*, Londres, Probsthain, 1939 を参照.

6　Barnard Noel, “The Nature of the Ch'in ‘Reform of the Script’ as Reflected in Archeological Documents Excavated under Conditions of Control”, en D. T. Roy and Tsien Tsuenhsuin（eds.）, *Ancient China: Studies in Early Chinese Civilization*, Hong Kong, The Chinese University Press, 1978.

7　Lois Mai Chan, “The Burning of the Books in China, 213 B. C.”, *Journal of Library History*, vol. 7, abril de 1972, pp. 101-108.

8　A. Montenegro, *Historia de la China antigua*, Madrid, Siglo XXI, 1974, p. 298.

VI 7 1141a14f, fol. 95b, pp. 320-338.

40 Jacob Bernays, *Zwei Abhandlungen über die aristotelische Theorie des Drama*, Berlín, Hertz, 1880, p. 48.

41 Ingram Bywater, *Aristotle on the Art of Poetry*, Oxford, Oxford Clarendon Press, 1909, pp. xx y ss.

42 Valentín García Yebra, *Poética de Aristóteles*, Madrid, Gredos, 1974.

43 Richard Janko, *Aristotle on Comedy: Towards a Reconstruction of Poetics II*, Berkeley-Los Ángeles, University of California Press, 1985.

44 Jenö Platthy, *Sources on the Earliest Greek Libraries with the Testimonia*, Ámsterdam, Adolf M. Hakkert, 1968 を参照.

45 Aulio Gelio, *Noches áticas*, VII, 17（前掲書 p. 675）.

46 C. Müller, *Oratores Attici… et fragmenta oratorum Atticorum*, vol. II, París, Firmin Didot, 1858, p. 523.

47 Luciano de Samósata, *Obras*, 4 vols., Madrid, Gredos, 1990-1992, *Contra el ignorante coleccionista de libros*, 4.

48 *Eusebii Pamphili Chronici canones latine vertit…*, p. 227（前掲書 p. 680）; Pausanias, *Descripción de Grecia*, XVIII, 9（前掲書 p. 683）.

49 *Inscriptiones Graecae*, 47 vols., Berlín, Berlin-Brandenburgische Akademie der Wissenschaften, 1815-ss., II2, 1029, a, 96/95 a., L. 24-25.

50 同上, 2, 1009, 1030, 1040, 1041, 1042 y 1043.

51 Ateneo, *Banquete de los eruditos,* V, 207E（前掲書 p. 677）.

52 同上, I, 3 A.

53 M. Segre, "*Iscrizioni di Cos*", *Rivista di filologia e d'istruzione classica*, vol. 13, 1935, pp. 214-222.

54 Amedeo Maiuri, *Nuova silloge epigrafica di Rodi e Cos*, Florencia, Università di Firenze, 1925, 11 *Librorum Catalogus.*

55 *Suda, Euforión*（前掲書 p. 682）.

56 *Bulletin de Correspondance Hellénique*, vol. 59, 1935, pp. 421-425 を参照.

57 M. Burzachechi, "Ricerche epigrafiche sulle antiche biblioteche del mondo greco: II", *Rendiconti della Classe di Scienze morali, storiche e filologiche dell'Accademia dei Lincei*, vol. XXXIX, 1984, pp. 307-338.

58 Horst Blanck, "Un nuovo frammento del Catalogo della biblioteca di Tauromenion", *La Parola del Passato*, vol. 52, 1997, pp. 241-255.

59 Claudio Eliano, *Historias curiosas*, X, 7（前掲書 p. 680）.

60 『ラテン碑文集成』（*Corpus Inscriptionum Latinarum*）III, 1, 607 には《L・フィラウィウス・ティトス・エミリアヌス・テルリオ・ガエトゥリクスが，ディラキウムの図書館建設のために 17 万セステルティウスを寄付した》と明記されている.

61 Plutarco, *Obras morales y de costumbres*, vol. IV, Madrid, Gredos, 1987, *Quaestiones conviva-*

16　D. Laercio, 5. 52.

17　Hans Benedikt Gottschalk (1930-2004), "Notes on the Wills of the Peripatetic Scolarchs", *Hermes*, núm. 100, 1972, pp. 314-342.

18　Ateneo, *Banquete de los eruditos*, 1, 4 3a-b（前掲書 p. 677）.

19　Estrabón, *Geografía*, 13, 1, 54（前掲書 p. 680）.

20　Paul Moraux, *Der Aristotelismus bei den Griechen*, vol. I, Berlín, Walter de Gruyter, 1973, pp. 13-16.

21　Ibn Abi-Usaybi'a, *Información esencial sobre las generaciones de los Médicos*, 15.

22　同上，13, 1, 54.

23　同上，5, 214d-e.

24　同上，5, 214e.

25　Plutarco, *Vidas paralelas*, *Sila*, 26（前掲書 p. 680）.

26　イブン・アル・キフティの前掲書（p. 676）を参照.

27　Cicerón, *Opera Omnia ex recensione Jo. Aug. Ernesti cum Varietate Lectionis Gruterianae et Clave Ciceroniana*, Halle-Berlín, Libraria Orphanotrophei, 1820, Ad. Att., II 6, 7［『キケロー選集』全 16 巻，岡道男ほか編，岩波書店］.

28　Estrabón, *Geografía*, 12, 3, 16（前掲書 p. 680）.

29　Cicerón, *De finibus bonorum et malorum*, III, 7; *Le bien et le mal. De finibus*, traducción de J. Martha, París, Les Belles Lettres, 2002［「善と悪の究極について」『キケロー選集10　哲学Ⅲ』永田康昭・兼利琢也・岩崎務訳，岩波書店］.

30　Estrabón, *Geografía*, 13, 1, 54（前掲書 p. 680）.

31　Plutarco, *Vidas paralelas*, *Sila*, 26（前掲書 p. 680）.

32　同上

33　Porfirio, "Vida de Plotino", en *Plotino. Enéadas I-II*, introducciones, traducciones y notas de Jesús Igal, Madrid, Gredos, 1992, pp. 167-168.

34　アンドロニコスの業績を最も厳密に記したのは，英国の哲学者ジョナサン・バーンズ（1942 年 - ）による次の記事だろう．"Roman Aristotle", en J. Barnes y Miriam Griffin (eds.), *Philosophia Togata II. Plato and Aristotle at Rome*, Oxford, Oxford University Press, 1999, pp. 1-69.

35　Paul Moraux, *Les listes anciennes des ouvrages d'Aristote*, Lovaina, Éditions universitaires de Louvain, 1951, pp. 314-315.

36　Cicerón, *De natura deorum*, I, 33, 35; *La Nature des dieux*, traducción de Clara Auvray-Assayas, París, Les Belles Lettres, 2002［「神々の本性について」『キケロー選集 11　哲学Ⅳ』山下太郎訳，岩波書店］.

37　同上．キケロの *Ad Atticum*, IV, 10: "*ego hic pascor bibliotheca Fausti*"（*Lettres à Atticus*, traducción de Christine Pérez, París, Les Belles Lettres, 1984）も参照.

38　Dion Casio, LXXVII, 7（前掲書 p. 676）.

39　Eustracio, *In Aristotelis Ethica Nicomachea*, edición de G. Heylbut, CAG XX, Berlín, 1892;

44　*Vida de san Pedro de Alejandría, apud* Spicilegii, Maium, vol. III, B. H. Hawkins, 1879, pp. 671 y ss.

45　Eusebio, *The History of the Church: From Christ to Constantine*, Londres, Penguin Classics, 1990, Eus. *Hist. Eccl.* 8.2.1; *The Church History*, traducción y comentarios de Paul Maier, Grand Rapids, Kregel Publications, 2007; Jacques-Paul Migne, *Patrologiae cursus completus*, París, Petit Montrouge, 1841-1846, XXV, p.1467, Jerónimo, *Commentarium in Zachariam*, 2, 8.

46　Gaston Boissier, *La fin du paganisme. Étude sur les dernières luttes religieuses en Occident au quatrième siècle*, París, Hachette, 1891, I, 387f.

47　San Aug., *Cont. Cresc.*, 3.27.30（csel, LII）; G. Boissier, *La fin du paganisme. Étude sur les dernières luttes religieuses en Occident au quatrième siècle*, 3, 29, 33.

48　Dativi et al., *Acta SS. Saturnini*, en Jacques-Paul Migne, VIII, 691［París, 1689］, 410.

49　アウルス・ゲッリウス（125 年頃 - 180 年頃）の著作 *Noches áticas*, Buenos Aires, El Ateneo, 1955, VII, 17［『アッティカの夜 1』大西英文訳，京都大学学術出版会］より．

50　Amiano Marcelino, *Historias*, XXII, 16, 13（前掲書 p. 676）．

51　ヨハネス・ツェツェスについては W. J. W. Koster, *Scholia in Aristophanem*, parte I: *Prolegomena de comoedia*, Groninga, 1975, p. 43 を参照．

第５章　古代ギリシャ時代に破壊されたその他の図書館

1　Estrabón, *Geografía*, 13, 6, 24（前掲書 p. 680）．

2　*Los diez libros de architectura de M. Vitruvio Polión / traducidos del latín, y comentados por Joseph Ortiz y Sanz…*, Madrid, Imprenta Real, 1787, VII, 4. ウィトルウィウスについては p. 678 を参照．

3　Johannes Lydus, *De Mensibus*, edición de R. Wuensch, Leipzig, Teubner, 1898, I, 28.

4　Plinio, *Natural History*, XIII, 70（前掲書 p. 679）．

5　Galeno, *Opera omnia*, vol. XV, pp. 105-107（前掲書 p. 678）．

6　D. Laercio, VII, 1, 34（前掲書 p. 682）．

7　P. M. Fraser, pp. 465-467（前掲書 p. 676）．

8　Ulrich von Wilamowitz-Moellendorff, *Antigonos von Karystos*, 2ª ed., Berlín-Zúrich, Weidmann, 1965［1966］．

9　Plutarco, *Vidas paralelas*, *Vida de Antonio*, p. 58（前掲書 p. 680）．

10　Alfonso Reyes, *La crítica en la edad ateniense, en Obras completas*, vol. XIII, México, Fondo de Cultura Económica, 1961, p. 205.

11　Estrabón, *Geografía*, 13, 1, 54（前掲書 p. 680）．

12　Ingemar Düring, *Aristotle in the Ancient Biographical Tradition*, Oxford, Taylor & Francis, 1987, Vita Marc., 6.

13　Valentin Rose, *Aristotelis Fragment*, 20, 5（前掲書 p. 683）．

14　*Suda*, 199（前掲書 p. 682）; D. Laercio, 5, 16（前掲書 p. 682）を参照．

15　D. Laercio, 5（前掲書 p. 682）．

28　Peter. M. Fraser, *Ptolemaic Alexandria,* Oxford, Oxford University Press, 1972, pp. 471-474; Lionel Pearson y Susan Stephens, *Didymi in Demosthenem commenta*, Stuttgart, B. G. Teubner, 1983; R. Pfeiffer, *Historia de la filología clásica*, vol. I, Madrid, Gredos, 1981, pp. 481-489; M. Schmidt, *Didymi Chalcenteri grammatici Alexandrini fragmenta quae supersunt omnia*, Stuttgart, B. G. Teubner, 1854 を参照.

29　Dion Casio, *Historia romana*, Madrid, Gredos, 2004, XLII, 38, 2. カッシウス・ディオ(155年頃 - 235年頃)は帝政ローマ期の政治家・歴史家. 22年の歳月を費やして書かれた大著『ローマ史』より.

30　Lucio Anneo Séneca, *Tratados morales*, Madrid, Espasa-Calpe, 1972, *De la tranquilidad del alma*, 9, 5. 小セネカことルキウス・アンナエウス・セネカ(前4年頃 - 65年)は帝政ローマ期の政治家・哲学者・劇作家. ここでは彼の『倫理論集』から「心の平静について」を参照した［『セネカ哲学全集 1』大西英文・兼利琢也編, 岩波書店］.

31　Pablo Orosio, *Historias. Obra completa*, Madrid, Gredos, 1982, VI, 15, 31. パウルス・オロシウス(5世紀前半)の『異教徒に反論する歴史』より. オロシウスはローマ帝国後期のスペインのキリスト教聖職者・著作家. ヒッポのアウグスティヌスの弟子で, 数々の歴史書や神学書を書いた.

32　注 3 の Edward Alexander Parsons, *The Alexandrian Library. Glory of the Hellenistic World*, pp. 288-319 を参照.

33　Luciano Canfora, *Julio César. Un dictador democrático*, Barcelona, Ariel, 2000, p. 226.

34　Suetonio, *Vida de los Césares*, Barcelona, Bruguera, 1970, vid. Claudio, XLII, 2［スエトニウス『ローマ皇帝伝』上下巻, 国原吉之助訳, 岩波文庫］.

35　Edward Gibbon, *The Decline and Fall of the Roman Empire*, Nueva York, Modern Library, 1932, cap. XXVIII［エドワード・ギボン『ローマ帝国衰亡史』全10巻, 中野好夫・朱牟田夏雄訳, ちくま学芸文庫ほか］.

36　Edward Pococke, *Contextio gemmarum, sive, Eutychii patriarchæ Alexandrini annales*, vol. II, 1656, p. 316.

37　イブン・アル・キフティ著『賢者の歴史(*Ta'rikh al-Hukama*)』については *Ta'rikh al-Hukama' von Ibn al-Qifti*, traducio por Julius Lippert, Fráncfort, Institut für Geschichte der Arabisch-Islamischen Wissenschaften, 1999 を参照.

38　注 35 に同じ, p. 956.

39　"Ibn al-Qifti", *Enciclopedy of Islam I*, vol. 3, p. 840.

40　"Les destinées de la bibliothèque d'Alexandrie", *Revue Historique*, vol. I, 1876, pp. 484-496.

41　Dion Casio, *Historia romana*, LXXVII, 7(前掲書 p. 676).

42　アンミアヌス・マルケリヌス(330年頃 - 395年頃)の著作 Amiano Marcelino, *Historias*, Madrid, Akal, 2002, XXII, 16, 15［『ローマ帝政の歴史 1』山沢孝至訳, 京都大学学術出版会］より.

43　ギボン『ローマ帝国衰亡史』(前掲書 p. 676)には,《ディオクレティアヌスによる迫害は, 錬金術史上初の確かな迫害事件》とある.

17 Agustín Millares Carlo, *Introducción a la historia del libro y de las bibliotecas*, México, Fondo de Cultura Económica, 1986, p. 229.

18 Estrabón, *Geografía*, I, 2, 2(前掲書 p. 680).

19 Rudolf Pfeiffer, *Historia de la filología clásica*, vol. I, Madrid, Gredos, 1981, p. 284.

20 カリマコスに関する論文は次の2点がお勧めだ. Fr. J. Witty, "The Pinakes of Callimachus", *Library Quaterly*, vol. 28, núm. 2, 1958 と Aristoxenos Skiadas, *Kallimachos*, Darmstadt, Wissenschaftliche Buchgesellschaft, 1975.

21 その作品の卓越性から，カリマコスはアレクサンドリア図書館の館長になっていてもおかしくなかったと考えるヘレニズム期専門の歴史家は多い．しかしかつてはそのように高く評価されなかったらしい．たとえば12世紀東ローマ帝国の文献学者ヨハネス・ツェツェス(1110年頃－80年頃)は，図書館に入り浸っていたこの詩人を“王立図書館の廷臣”と呼んでいた．

22 『スーダ辞典』(K227)には次のように紹介してある．《カリマコス——文法学者，バットス家の父親とメサトマ家の母親の息子，キュレネの出身．文法学者イアソのヘルモクラテスの弟子．シュラクサイのユーフラテスの娘と結婚．きょうだいの息子で甥に当たる若カリマコスは島々を題材にした抒情詩を書いた．カリマコス自身も才能に溢れ，散歩中1メートルごとに新たな詩を思いついたといわれ，散文体で多くの詩を編纂し，800以上の作品を著した．プトレマイオス2世ピラデルポスの時代の人で，王室と関わる前には，アレクサンドリアの小村エレウシスで文法を教えていた．続くエウエルゲテスと呼ばれたプトレマイオス3世の時代も生き抜いている．プトレマイオス・エウエルゲテスの治世は第127回オリンピックの年に始まった．著作に『イオの到来』『セメレ』『アルゴスの創設』『アルカディア』『グラウコス』『希望』ほか，風刺集，悲劇，喜劇，叙事詩多数．『イビス』(カリマコスの敵イビスに向けた，故意に暗く攻撃的にした詩．イビスは『アルゴナウティカ』の著者ロドスのアポロニオスを指す)，『ムセイオン』『黎明期から年代順に並べた劇作家目録』『学問諸分野における卓越した人物とその著作目録』『デモクリトスの諸作品と語彙集』『国・都市別，各月の名称』『島々と都市の創設と名称の変更』『ヨーロッパの河川について』『地域ごとに集まった人々の特徴』『魚類における名称の変更』『さまざまな風について』『さまざまな鳥について』『無人の世界の河川について』『世界各地で集められた不思議コレクション』など》

23 Rudolf Pfeiffer, *Callimachus*, vol. 1: *Fragmenta*, Oxford, Oxford University Press, 1949; vol. 2: *Hymni et epigrammata*, Oxford, Oxford University Press.

24 Ateneo, *Banquete de los eruditos*, Madrid, Gredos, 1998, 244 A, 585 B［アテナイオス『食卓の賢人たち』全5巻，柳沼重剛訳，京都大学学術出版会ほか］.

25 注23に同じ. Rudolf Pfeiffer, *Callimachus*, vol. 1, *fragmenta,* 434 y 435.

26 Friedrich Leo, *Die griechisch-römische Biographie nach ihrer litterarischen Form*, Hildesheim, G. Olms, 1965.

27 Arthur Ludwich, *Aristarchs homerische Textkritik nach den Fragmenten des Didymos*, Leipzig, B. G. Teubner, 1884-1885.

自著(Edward Alexander Parsons, *The Alexandrian Library, Glory of the Hellenic World; Its Rise, Antiquities, and Destructions*, Londres, Cleaver-Hume Press, 1952 あるいは *The Alexandrian Library,* Nueva York, Viking, 1953, pp. 215-216)で示唆しているように，十分受け入れられる説だと思う.

4　共和政ローマ期の建築家ウィトルウィウス(前 1 世紀)は，著作(Vitruvio, *De Architectura,* II, praef.1)でディノクラテスに言及している［『ウィトルーウィウス建築書』森田慶一訳註，東海大学出版会］.

5　Plinio, *Natural History*, V, 10(前掲書 p. 679).

6　*Pseudo Calístenes, Le Roman d'Alxandre. La vie et les hauts faits d'Alexandre de Macédoine*, traducción de G. Nounoure y B. Serret, París, Les Belles Lettres, 1992, I, 32［『アレクサンドロス大王物語――伝カリステネス』岡道男・中務哲郎監修，橋本隆夫訳，国文社］.

7　Plutarco, *Regum et imperatorum apophthegmata*, 189d(プルタルコス「王と将軍たちの名言集」)［『モラリア』全 14 巻，松本仁助ほか訳，京都大学学術出版会］. *Moralia*, Cambridge, Harvard University Press, 1927-1976.

8　Claudio Eliano, *Historias curiosas*, 3, 17(前掲書 p.680).

9　デメトリオスの著作リストには以下のようなタイトルが挙げられている.『ソクラテス礼讃』『アリスティデス』『アリストマコス』『アルタクセルクセス』『陪審員会議』『カルキス人』『書簡集』『高級執政官《アルコン》目録』『クレオン』『アイソーポス(イソップ)について』『信仰について』『運命について』『神の恩寵について』，『イリアスについて』(全 2 巻)，『アテナイ市民への襲撃について』『寛大さについて』，『オデュッセイアについて』(全 4 巻)，『意見について』『機会について』，『修辞学について』(全 2 巻)，『老いについて』，『アテナイ市民の法律について』(全 5 巻)，『法について』『結婚について』，『アテナイ市民について』(全 2 巻)，『学問について』『子どもについて』，『軍隊について』(全 2 巻)，『政府について』(全 2 巻)，『ディオニュシオス』『訓戒』『パイドンデス』『ホメロス作品』『外交使節について』『メドン』『歴史の序』『天における光の光線について』

10　D. Laercio 5, 37(前掲書 p. 682).

11　Aristeas, *Aristeas to Philocrates, Letter of Aristeas*, edición y traducción de Moses Hadas, Nueva York, Ktav Pub., 1973, 10-317［『聖書外典偽典 3　旧約偽典 1』左近淑ほか訳，日本聖書学研究所編，教文館］.

12　Estrabón, *Geografía*, 17, 1, 8(前掲書 p. 680).

13　Timón de Fliunte, frag. 12, Wachsmuth.

14　A. Rowe, "The Discovery of the Famous Temple and Enclosure of Sarapis of Alexandria", *Supplément aux Annales du service des Antiquités de l'Égypte*, cahier núm. 2, 1946.

15　ガレノスのキューン版全集の第 15 巻 *Opera omnia*, vol. XV, edición de Carl Gottlob Kühn, Leipzig, Knobloch, 1965 に収録されている「ヒポクラテスについての論評」(*Comentario sobre Hipócrates*, 17 (1), 607)より.

16　ストラボンが発したこの言葉は次の本に掲載されている．Walter Otto, *Priester und Tempel im hellenistichen Ägypten*, 1905, I, pp. 166 y sgs(Roma, Bardi, 1971).

郎訳，岩波文庫]）より．

55　D. Laercio, 9, 7, 40-41（前掲書 p. 682）．

56　前 370 年頃の逍遥学派の哲学者アリストクセノスは，アリストテレスの門下生だったので，プラトンと弟子たちをことごとく拒否する理由は大いにあった．また Arnaldo Momigliano, *The Development of Greek Biography*, 1971 を参照．

57　D. Laercio, 3, 5（前掲書 p. 682）．

58　*Fedro,* 275 c［プラトン『パイドロス』藤沢令夫訳，岩波文庫ほか］．

59　Platón, *Segunda carta*, 314c［『プラトン全集 14　エピノミス（法律後篇）／書簡集』水野有庸・長坂公一訳，岩波書店ほか］．

60　"El Platón italiano de Hans Kraemer", en Hans Kraemer, *Platón y los fundamentos de la Metafísica*, Caracas, Monte Ávila Editores Latinoamericana, 1996, p. 21.

61　*Elementa Harmonica* 2, 20, 16-31, 3 Macran［アリストクセノス／プトレマイオス『古代音楽論集』山本建郎訳，京都大学学術出版会］．

62　ガイウス・プリニウス・セクンドゥス（23 年頃 - 79 年）は帝政ローマ期の博物学者・政治家・軍人で『博物誌』の著者．甥の文人ガイウス・プリニウス・カエキリウス・セクンドゥス（61 年頃 - 113 年頃），通称小プリニウスと区別して大プリニウスと呼ばれる．Plinio, *Natural History*, traducción de H. Rackham, Londres, Loeb Classical Library, 1945, XXXVI.95［『プリニウスの博物誌』縮刷版，全 6 巻，中野定雄・中野里美・中野美代訳，雄山閣］を参照．

63　D. Laercio, 9, 1, 6（前掲書 p. 682）．

64　Miroslav Marcovich, *Heraclitus,* Mérida, Universidad de los Andes, 1967, frag. 39; H. Diels, *Die Fragmente der Vorsokratiker,* edición de Walther Kranz, Berlín, Weidmannsche Buchhandlung, 1952, frag. 48.

65　Heráclito, frag. 82.

66　Platón, *Protágoras,* 311b［プラトン『プロタゴラス――ソフィストたち』藤沢令夫訳，岩波文庫ほか］．

67　W. H. S. Jones y E. T. Withington, *Hippocrates,* 4 vols., Loeb Classical Library, 1957-1959［『ヒポクラテス全集』全 3 巻，大槻真一郎編，エンタプライズ］．

68　Jan Fredrik Kindstrand, *Bion of Borysthenes: A Collection of Fragments*, Uppsala, S. Academiae Ubsaliensis, 1976.

第 4 章　アレクサンドリア図書館の栄枯盛衰

1　Cicerón, *Discours, t. XVII: Pour Rabirius Postumus. Pour Annius Milon*, traducción de A. Boulanger, París, Les Belles Lettres, 1978, 9, 23. 共和政ローマ末期の政治家・文筆家・哲学者マルクス・トゥッリウス・キケロ（前 106 - 前 43 年）の『ラビリウス・ポストゥムス弁護』．

2　D. Laercio, 5, 78（前掲書 p. 682）．

3　この師弟関係に関して書かれた当時の文献の引用はないが，E・A・パーソンズが

40　プルタルコス(50 年頃 - 150 年頃)は帝政ローマ初期，カイロネイア出身のギリシャ人著述家．『対比列伝』(Plutarco, *Vidas paralelas*, México, Porrúa, 1987)[『プルタルコス英雄伝』上中下巻，村川堅太郎編，ちくま学芸文庫ほか]などの著作がある．また以下のふたつの文献も参照のこと．Max Treu, *Der sogenannte Lampriaskatalog der Plutarchs schriften*, Gymn.-Progr., Waldenberg in Schlesien, 1873; D. A. Russell , *Plutarch,* Nueva York, Charles Scribner's Sons, 1973.

41　前 4 世紀の哲学者スペウシッポス．著作は断片以外残っていない．断片集 *De Speusippi Academici Scriptis Accedunt Fragmenta*, 1911. また P. L. Landsberg, *La academia platónica,* 1926 を参照.

42　歴史家サモスのドゥリス(前 340 年頃 - 前 270 年頃)の著作は残念ながら現存していない．断片集が出版されている．Felix Jacoby, *Die Fragmente der griechischen Historiker* 16 vols., Berlín, Weidmann, 1923-1958, sección 76. また下記の 2 冊も参考になる．Eduard Schwartz, *Griechische Geschicht schreiber*, Leipzig, Koehler und Amelang, 1957.; R. B. Kebric, *In the Shadow of Macedon: Duris of Samos*, Wiesbaden, Steiner, 1977.

43　ストラボン(前 63 年頃 - 23 年頃)の著作は大部分が失われ，残っているのは『地理書』(地理誌とも)などほんの一部である．Estrabón, *Geografía*, introducción general de J. García Blanco; traducción y notas de J. L. García Ramón y J. García Blanco, Madrid, Gredos, 1991［ストラボン『ギリシア・ローマ世界地誌』全 2 巻，飯尾都人訳，龍溪書舎］. また A. Diller, *The Textual Tradition of Strabo's Geography,* Ámsterdam, Hakkert, 1975 も参照.

44　前 3 世紀の歴史家ベロッソスの断片集 Felix Jacoby, *Die Fragmente der griechischen Historiker,* 16 vols., Berlín, Weidmann, 1923-1958, sección 680. また Paul Schnabel, *Berossos und die babylonisch-hellenistische Literatur*, Leipzig y Berlín, B. G. Teubner, 1923 を参照.

45　Valentin Rose, Aristóteles, *Sobre los poetas, fragmento*, 70.（前掲書 p. 683）

46　D. Laercio, 9, 52(前掲書 p. 682).

47　Hesiquio, *Onomatol*, Esc. Plat., esp. 600C. ヘシュキオス『レキシコン(ギリシャ語辞典)』. 詳細は第 10 章の原注 1(p.669)を参照.

48　*Silos*, frag. 5. 引用箇所の出典は Sexto Empírico（*Contra los matemáticos*, IX, 56, II）. また José A. Martín García, *Poesía helenística menor* ,1994 を参照.

49　カエサレアのエウセビオスの著作 *Eusebii Pamphili Chronici canones latine verti, adauxit, ad sua tempora produxit S.Eusebius Hieronymus*, edición de John Knight Fotheringham, Londres, Milford,1923.

50　*P. sophista cuius libros decreto publico Athenienses combusserunt Ol.* 84.

51　プロタゴラスの逸話についてはキケロやフラウィウス・ヨセフス，ラエルティオス，フィロストラトス，小セネカ，エウセビウスなど，さまざまな人物が著作で言及している.

52　Olimpiodoro, *Proll*, II, 30-33.

53　Pausanias, *Periégesis*, I, 30. 1(前掲書 p. 683).

54　帝政ローマ中期の著述家クラウディオス・アイリアノス(175 年頃 - 235 年頃)の『ギリシア奇談集』(Claudio Eliano, *Historias curiosas*, Madrid, Gredos, 2006［松平千秋・中務哲

28　アリストファネス(前446年頃 - 前385年頃)の断片集 J. M. Edmonds, *The Fragments of Attic Comedy,* Leiden, E. J. Brill, 1957.; A. C. Cassio, *Banchettanti: i frammenti* , Pisa, Giardini, 1977. また L. E. Lord , *Aristophanes. His Plays and His Influence*, Boston, Marshall Jones Publisher, 1963 を参照.

29　古代ギリシャの喜劇作家ディフィロス(前4世紀後半)の断片集 A. Meineke, *Fragmenta Comicorum Graecorum,* Berlín, Reimer, vol. 4, 1839-1857 . また W. H. Friedrich , *Euripides und Diphilos,* Múnich, C. H. Beck, 1953 を参照.

30　前370年頃に活躍した喜劇作家エウブロスの断片集 R. L. Hunter, *Eubulus: The Fragments*, Nueva York, Cambridge University Press, 1983 より.

31　喜劇作家アレクシス(前4世紀)の作品は340ほどの断片が生き残っている. J. M. Edmonds, *The Fragments of Attic Comedy,* Leiden, E. J. Brill 1959, vol. 2.

32　キプロス島キティオン出身の哲学者ゼノン(前335 - 前263年)は, 1作も完全な形で著作が残っていない. 断片的に残存している資料は次の文献で読める. N. Festa, *I frammenti degli stoici antichi* , vol. I, Bari, G. Laterza & figli, 1971. また Angel J. Cappelletti, "Las obras de Zenón y las fuentes de su sistema", *Filosofía*, núm. 7, 1994を参照[ゼノンほか『初期ストア派断片集 1』中川純男訳, 京都大学学術出版会].

33　ソロイ出身の哲学者クリュシッポス(前280 - 前207年)の作品断片集. H. von Arnim, *Stoicorum veterum fragmenta,* Leipzig, B. G. Teubner, 1964; N. Festa, *I frammenti degli stoici antichi*, 1971. また E. Bréhier, *Chrysippe et l'ancien stoïcisme*, París, Éditions des Archives Contemporaines, 2006 を参照［クリュシッポス『初期ストア派断片集』第2-5巻, 中川純男・水落健治・山口義久訳, 京都大学学術出版会].

34　シュキオンの政治家・軍人で, ペロポネソス半島のアカイア人都市が結んだアカイア同盟の第2代ストラテゴス(将軍), アラトス(前271 - 前213年)の著作は何も残っていない.

35　前7世紀に活躍し, ホメロスの弟子との誉れ高い伝説上の名叙事詩人, ミレトスのアルクティヌスの著作断片 D. B.Monro&T. W. ALLEN, *Homeri Opera*, 5 vols., Oxford, Clarendon, 1902-1912. また Guillermo Morón, *Sobre griegos y latinos,* 1991 を参照.

36　詩人ピンダロス(前518年頃 - 前438年頃)の断片集のなかでもとりわけ良質の作品 Bruno Snell, *Pindari Carmina cum fragmentis,* t. 1, 1953; t. 2, 1964. また F. Schwenn ,"Pindaros" (RE, xx, 1950, cols. 1606 y ss.)を参照(前掲書 p. 684).

37　前5世紀の悲劇作家プラティナスの作品断片集 D. L. Page, *Poeta Melici Graeci*, 1967.; B.Snell, *Tragicorum graecorum fragmenta,* 1971. また M. Pohlenz, "Das Satyrspiel und Pratinas von Phleius", *Nachrichten der Gesellschaft der Wissenschaften zu Göttingen, 1926*, pp. 298-321 を参照.

38　前4世紀の悲劇作家アスティダマス. その存在は以下の断片集で確認できる. J. M. Edmonds, *Elegy and Iambus,* 1931, t. 2.; B. Snell , *Tragicorum graecorum fragmenta,* 1971.

39　ギリシャのサモス島に生まれ, 前270年頃に活躍した天文学者・数学者アリスタルコスの著作は, ほとんど失われてしまった.

16　J. M. Edmonds, *The Fragments of Attic Comedy*, Leyden, Brill, 1957, p. 419.

17　Julius Pollux , *Onomastikon*, 9, 47, Ámsterdam, Ex Officina Wetsteniana, 1706.

18　ディオゲネス・ラエルティオスは3世紀前半に活躍した哲学史家．『ギリシア哲学者列伝』の著者として有名．ここでは第2巻アナクサゴラスの章を参考にした．Diógenes Laercio, *Vidas, opiniones y sentencias de los filósofos más ilustres*, 2, 11, Anaxágoras［ディオゲネス・ラエルティオス『ギリシア哲学者列伝』上中下巻，加来彰俊訳，岩波文庫］．

19　Valentin Rose, *Vita Aristotelis Marciana*, 427, 3-7.

20　Plutarco, *Alejandro*, 26［プルタルコス『新訳　アレクサンドロス大王伝』森谷公俊訳・註，河出書房新社ほか］．

21　前496年アッティカのヒッペイオス・コロノスに生まれ，前406年頃にアテナイで没したソフォクレスは，ギリシャ演劇の歴史を変えた．ビザンティウムのアリストファネス作成の目録では，作品数は130，『スーダ辞典』(東ローマ帝国で編纂された辞書・百科事典)では123の悲劇を作ったとされている．

22　サッフォー(前7世紀末頃 - 前6世紀頃)はレスボス島出身の女性詩人．サッフォー作品の断片はFrancisco Rodríguez Adrados, *Lírica griega arcaica*, 1986を参照［『サッフォー詩集　対訳』八木橋正雄訳・出版］．

23　コリンナは前5世紀頃の女性詩人でタナグラの出身．本文中でも述べたように，よい状態で現存する作品はほとんどない．わずかな断片はJ. M. Edmonds, *Lyra Graeca: Being the Remains of All the Greek Lyric Poets from Eumelus to Timotheus Excepting Pindar*, Cambridge, Harvard University Press, 1940やDenis L. Page, *Corinna*, 1953に掲載されている．スペイン語書籍ではFrancisco Rodríguez Adrados, *Lírica griega arcaica*, 1986．またE. Lobel,"Corinna", *Hermes*, vol. 65, 1930を参照．

24　エウリピデス(前480年頃 - 前406年頃)は悲劇詩人のなかで最も哲学的な詩人である．彼の作品断片の集成A. Nauck y B. Snell, *Tragicorum graecorum fragmenta* , Gotinga, Vandenhoeck & Ruprecht, 1971．またC. Austin, *Nova Fragmenta Euripidea in Papyris reperta,* 1968. J. Diggle, *Studies on the Text of Euripides* , 1981を参照．

25　古代ギリシャの弁論家でソフィストのゴルギアス(前487 - 前376年)の著作はほとんど失われている．完全な形で現存するふたつの対話篇と断片は次の作品で読める．José Barrio Gutiérrez, *Protágoras y Gorgias. Fragmentos y testimonios,* 1984．またG. B. Kerfeld, "Gorgias on Nature or that Which Is Not", *Phronesis*, vol. I, 1955を参照．

26　悲劇詩人アガトン(前5世紀前半)作品断片の集成A. Nauck y B. Snell, *Tragicorum graecorum fragmenta,* tomo 1, 1971．またPierre Lévêque, *Agathon* , París, Les Belles Lettres (Annales de l'Université de Lyon), 1955を参照．

27　スパルタ出身の合唱抒情詩人アルクマン(前7世紀後半)の作品は，以下の文献に掲載されている．Denis L. Page, *Poeta Melici Graeci* , Oxford, Clarendon Press, 1962.; F. R. Adrados, *Lírica griega arcaica,* 1986．またMax von Treu," Alkman", *Paulys Realencyclopädie der classischen Altertumswissenschaft*, sup. XI, col. 20, 1968［アルクマンほか『ギリシア合唱抒情詩集』丹下和彦訳，京都大学学術出版会］を参照．

ほか].

7　ソフォクレスの『断片集』には《カドモスはそれらの文字をフェニキアから持ち込んだ》とある[『ギリシア悲劇全集11　ソポクレース断片』松平千秋ほか編，木曾明子ほか訳，岩波書店].

8　ドイツの古典文献学者ヴァレンティン・ローゼが編集したアリストテレスの『断片集』(Valentin Rose, *Aristotelis Fragmenta*, Stuttgart, B. G. Teubner, 1966)のなかにも《カドモスはそれらの文字をギリシャに持ち込んだ》との記述がある[『新版　アリストテレス全集19　著作断片集1』橋場弦・國方栄二訳，『新版　アリストテレス全集20　著作断片集2』國方英二訳，岩波書店].

9　古代ギリシャ語やラテン語で書かれた古典詩は，母音の長短によって韻律をつける．ヘクサメトロス(六歩格)とは古代ギリシャの叙事詩における標準的な韻律で，1行が6つの韻脚からなる．それぞれの韻律は長・短・短と，母音の長い音節のあとにふたつの母音の短い音節が続く形にしなければならない．

10　Pausanias, *Description de la Grèce*, 10 vols., edición de M. Casevitz, París, Les Belles Lettres, 1992-2005, 9, 31［パウサニアス『ギリシア案内記』上下巻，馬場恵二訳，岩波文庫].

11　Esquines, *Discursos* 2, 89; 3, 75［アイスキネス『弁論集』木曾明子訳，京都大学学術出版会].

12　Russell Meiggs y David. M. Lewis, *A Selection of Greek Historical Inscriptions,* Oxford, Clarendon Press, 1988.

13　Giovanni Reale, *Platón. En búsqueda de la sabiduría secreta*, Barcelona, Herder, 2001.

14　英国出身の米国の西洋古典学者バーナード・ノックスは，著作(Bernard Knox, "Silent Reading in Antiquity", *Greek, Roman and Byzantine Studies,* 9, 1968, pp. 421-435)のなかで，ギリシャ古典に出てくるふたつの例を挙げてこの説を支持している．

1例目はエウリピデスの悲劇『ヒッポリュトス』(前428年)．テセウスが自害した妻パイドラーの手から書字板を取り上げ，紐を解いて書き置きに目を通した途端に叫ぶ．「ああ，何ということだ！　言語を絶する耐えがたい災難．この私にさらなる不幸を上乗せするというのか？　この身があまりに哀れでならぬ！」そこで聴衆の好奇心を代弁するかのように，いったい書字板には何と書かれていたのか？　とコーラス隊が問いかけると，テセウスは声に出すことなく，黙って書字板を読む仕草を示す場面．

2例目はアリストファネスの喜劇『騎士』(前424年)．ニキアス役の下男がパプラゴーン向けに書かれたご神託を奪い，声に出して読む代わりに黙読することにした場面．

これらに，同じくアリストファネスの喜劇『蛙』(前405年)が加わると完璧だ．ディオニュソスの台詞に「ちょうど私自身のために／読んでいるところだった」とある［エウリーピデース『ヒッポリュトス――パイドラーの恋』松平千秋訳，岩波文庫][『ギリシア喜劇I　アリストパネス』上巻，高津春繁ほか訳，ちくま文庫][『ギリシア喜劇II　アリストパネス』下巻(前掲書 p. 684)].

15　Platón, *Apología de Sócrates*, 26 d-e［プラトン『ソクラテスの弁明／クリトン』久保勉訳，岩波文庫ほか].

3　J. M. Serrano Delgado, *Textos para la historia antigua de Egipto*, Madrid, Cátedra, 1993.
4　A. M. Blackman, *The Story of King Kheops and the Magicians. Transcribed from Papyrus Westcar* (Berlin Papyrus 3033), edición de W. V. Davies, Reading, J. V. Books, 1988.
5　Alan H. Gardiner, *The Royal Canon of Turin*, Oxford, Griffith Institute, 1997.
6　中世初期の神学者・セビリア大司教のイシドルスは，著書『語源』(*Etimologías*, VI, 10)で《パピルス文書を最初に使い始めたのはエジプトで，最古の文書はメンフィスで発見されている》と述べている．
7　Jean-François Champollion, *Lettres et Journaux*, 1909.
8　Fritz Milkau, *Handbuch der Bibliothekswissenschaft*,Wiesbaden, Otto Harrassowitz, vol. III, I, 1955, pp. 10-11.
9　Rainer Stadelmann, "Ramesseum", en *Lexikon der Aegyptologie*, vol. V, Wiesbaden, Otto Harrassowitz, 1983, pp. 94-98.
10　Luciano Canfora, *The Vanished Library*, Berkeley-Los Ángeles, University of Californa Press, 1990, p. 158［ルチャーノ・カンフォラ『アレクサンドリア図書館の謎』竹山博英訳，工作舎］.
11　A. Weigall, *The Life and Times of Akhnaton*, Londres, Thornton Butterworth, 1923, p. 121.
12　Donald B. Redford, "The Earliest Years of Ramesses II", *Journal of Egyptian Archeology*, núm. 57, 1971, p. 113.
13　Brian Brown, *The Wisdom of the Egyptians*, Nueva York, Brentano's, 1928.

第３章　古代ギリシャ

1　K. J. Dover, *Literatura de la Grecia antigua*, Madrid, Taurus, 1986, p. 15.
2　デルヴェニ・パピルスは1962年にマケドニアで発見された．コリン・ヘンダーソン・ロバーツら学者たちは，文字の種類から判断して文書の成立年代を前340年と特定している．André Laks & Glenn W. Most, *Studies on the Derveni Papyrus*, Nueva York, Oxford University Press, 1997を参照．
3　聖書"ビブル"のもとになったこの言葉が，フェニキアに由来するのは注目に値する．
4　読書を意味する単語"アナグノーシス"は，ピンダロスやプラトン，アリストファネス，デモステネス，アンドキデスらの作品に出てくるので，原文で味わってみるのも面白いだろう．Píndaro, *Olímpicas* X,1; *Eutidemo* 279E; *Ranae* v. 52; Demóstenes x, 27; Andócides I, 47［ピンダロス『祝勝歌集／断片選』内田次信訳，京都大学学術出版会］［プラトン『エウテュデモス／クレイトポン』朴一功訳，京都大学学術出版会ほか］［『ギリシア喜劇II　アリストパネス』下巻，呉茂一・村川堅太郎・高津春繁訳，ちくま文庫］［デモステネス『弁論集』全4巻，加来彰俊ほか訳，京都大学学術出版会］［アンティポン／アンドキデス『弁論集』高畠純夫訳，京都大学学術出版会］.
5　"Dosíadas", 458, en Felix Jacoby, *Die Fragmente der griechischen Historiker,* vol. 6, Berlín, Weidmann, 1923.
6　Herodoto, *Historias*, V, 58.1,2［ヘロドトス『歴史』上中下巻，松平千秋訳，岩波文庫

(3)最終的に粘土球にではなく，粘土板にトークンの形が刻まれるようになる．

こうして誕生したのが世界最古の書物，粘土板文書だ．そこに刻まれる文字は絵文字，楔形文字の原型，楔形文字へと進化する過程で，記号としてだけでなく音も表すようになる．文字体系が整い，文字数が整理される一方，抽象的で複雑な表現が可能となり，前2000年頃には文学作品も登場した．

2　エジプト古王国時代の聖地アビドスの文書は，放射性炭素年代測定で前3400年とされているが，確実とはいえない．

3　Federico Lara Peinado, *Himnos sumerios*, Madrid, Tecnos, 1988, p. 167.

4　John A. Garraty y Peter Gay, *El mundo antiguo*, vol. 1, Barcelona, Bruguera, 1981, p. 108.

5　原文は Herman L. J. Vanstiphout（ELA/ECSL, 1998）．下記を参考のこと．etcsl.orinst.ox.ac.uk/section1/b1823.htm.

6　参考までにオーストラリア生まれの考古学者・文献学者ヴィア・ゴードン・チャイルドの言葉を紹介しよう．彼は著書 *Los orígenes de la civilización*（1936年）[『文明の起源』上下巻，禰津正志訳，岩波新書］で次のように述べている．《はるか昔にこの世を去った人間がいまだに粘土板から語りかけることができる．それは間違いなく魔術的な行為だったのだろう》(下巻より)．

7　楔形文字という言葉は，ドイツの医師・博物学者のエンゲルベルト・ケンペルが著作『廻国奇観』(1712年)で使ったのが始まりとされる．

8　R. L. Zettler, "Nippur", *Oxford Encyclopedia of Archaeology in the Near East*, vol. 4, Oxford, Oxford University Press, 1997, pp. 148-152.

9　William Culican, "Siria", en Arthur Cotterell (ed.), *Historia de las civilizaciones antiguas*, vol. 1, Barcelona, Crítica, 2000, p. 264.

10　Paolo Matthiae, *Ebla*, Turín, Einaudi, 1989, p. 161.

11　Giovanni Pettinato, *Ebla, una ciudad olvidada*, Barcelona, Trotta, 2000, p. 175.

12　J. N. Postgate, *La Mesopotamia arcaica*, Madrid, Akal, 1999, p. 292.

13　Sven Dahl, *Historia del libro*, Madrid, Alianza Editorial, 1999, p. 22.

14　M. Weitemeyer, "Archive and Library Technique in Ancient Mesopotamia", *Libri*, núm. 6, 1956, p. 228.

15　G. Offner, *Revue d'assyriologie et d'archeologie orientale*, núm. 44, 1950, p. 137.

16　J. G. Frazer, *El folklore en el Antiguo Testamento*, México, Fondo de Cultura Económica, 1994, p. 70［J・G・フレーザー『旧約聖書のフォークロア』江河徹ほか訳，太陽社］．

17　Amir Medí Badi, *Les grecs et les barbares*, París, Payot, 1963, p. 106.

第2章　古代エジプト

1　Teofrasto, *Historia de las plantas*, IV, 8, p. 3-4［テオプラストス『植物誌』全2巻，小川洋子訳，京都大学学術出版会ほか］．

2　Dioscórides, *Materia Médica* I, 86［『ディオスコリデスの薬物誌』小川鼎ほか編，鷲谷いづみ訳，エンタプライズ］．

6　Régis Debray, *Cours de médiologie générale*, París, Gallimard, 1991［レジス・ドブレ『一般メディオロジー講義』西垣通監修・嶋崎正樹訳，NTT 出版］.

7　Jorge Luis Borges, *Borges oral*, Madrid, Alianza Editorial, 1994［J・L・ボルヘス『語るボルヘス』木村榮一訳，岩波文庫］.

8　集団や国家はそれぞれ，ひと目で自分たちのものだと識別できる象徴的な事物を尊重してきた．それらのシンボルはさまざまな名称で呼ばれ，いずれも宝石や宝物のように大切にされている．「1954 年ハーグ条約」の採択によって，国際レベルで“文化財”という言葉が普及した．ユネスコの専門家チームは多大な期待とともに，文化遺産を次のように定義づけている．“地方，地域，国，大陸，世界における，動産・不動産，物質・非物質を問わず，個人あるいは団体，公的もしくは半公的機関の所有物で，歴史的にも芸術的にも科学的にも社会経済的にも，文化全般にわたって並外れた価値を有し，国や国際社会にとって保護する価値のある，末永く人々に知られるべき事物の総体である”

1982 年メキシコシティで開催された「文化政策に関する世界会議」の期間中には，民族の文化遺産は，《芸術家や建築家，音楽家や作家，賢人，さらには大衆の心とも呼ぶべき作者不詳の創作物に至るまで，人生に意義を与える資産全体に広がるものである．そこには民族の創造性が発揮された物質的・非物質的作品，言語，慣習，信仰，歴史的・文化的史跡や記念碑，芸術作品，古文書館，図書館も含まれる》といわれはじめた．

9　Umberto Eco, "Desear, poseer y enloquecer", *El Malpensante*, núm. 31, junio-julio de 2001, pp. 55-58.

10　Tzvetan Todorov, *Memoria del bien, tentación del mal*, Barcelona, Península, 2002 を参照.

11　Josef H. Reichholf, *La aparición del hombre*, Barcelona, Crítica, 2001, p. 166.

12　Estacio, *Silvas,* Publio Papinio, Editorial Gredos, Madrid, 1995, 3. 3. 31-39.

13　Ovidio, *Les Métamorphoses*, 3 vols., traducción y edición de G. Lafaye, París, Les Belles Lettres, 2002, 15.871f［オウィディウス『変身物語』上下巻，中村善也訳，岩波文庫］.

14　David Hume, *Enquiry Concerning Human Understanding*（1748）, sección XII, parte III, p. 132.

第 1 部　旧世界

第 1 章　古代オリエント

1　考古学者デニス・シュマント＝ベッセラは著書（*Before Writing*, 2 vols., Austin, 1992）で，シュメールで文字は経済活動上の必要から生まれたと主張する．彼女の説に従うと，書物は次の 3 段階を経たのちに発明されたことになる．

（1）新石器時代，動物や幾何学模様など，さまざまな形をしたトークンと呼ばれる小型粘土製品が作られるようになり，計算具として物品の商取引や会計管理に用いられた．ウルクからはトークン入りの粘土球が出土しているが，これが会計簿の始まりである．

（2）会計簿の中身が素早く確認できるよう，表面にトークンを押しつけた粘土球が作られるようになる．そのため，トークンの形もよりわかりやすいデザインに進歩した．

原注

イントロダクション

1　Johann Wolfgang van Goethe, *Dichtung und Wahrheit*, IV, I, Fráncfort, Deutscher Klassiker Verlag, 1986［ゲーテ『詩と真実』全4巻，山崎章甫訳，岩波文庫ほか］.

2　神話というものはどれも各民族の最も重要な時期と相関関係にある神聖な物語であり，共同体内における活動の慣習的な意味を裏づけるものだと私は理解している.

3　ジークムント・フロイトは人間には破壊の本能（彼は「欲動」という言葉で表現した）が存在すると主張し，性の欲動をエロス，攻撃と破壊の欲動をタナトスと定義した．フロイトの著作には欲動をテーマにした論文も多く，それらは今なお研究に値する．その筆頭に挙げられるのが「欲動と欲動運命」（1915年）［『フロイト全集14』新宮一成訳，岩波書店］で，非常に興味深い概念がいくつも紹介されている．フロイトによると，欲動とは人間の心と体の境界に存在し，心的な刺激源として休むことなく流れる動力学的なプロセスで，欲動の衝迫，欲動の目標，欲動の対象，欲動の源泉から構成され，引き起こされた欲動は満足によってのみ達成されるとされた．同テーマでは欲動という観点から第1次世界大戦を読み解く「戦争と死についての時評」（1915年）［同上］も見逃せない．また「文化の中の居心地悪さ」（1930年）［『フロイト全集20』嶺秀樹・高田珠樹訳，岩波書店］でフロイトは，欲動のテーマを再び取り上げ，なぜ人間は文化を敵視し攻撃するのかを論じ，人間に本来備わる欲動は理性よりもずっと強力なもので，文化によって個人の自由が抑圧されると，人間は葛藤を覚え，歪んだ形で鬱積した欲動のはけ口を求めようとすると警告した．だが後年フロイトは，自らの欲動の理論に納得がいかず，“精神分析神話”と皮肉っていたという.

4　なぜなら人間の破壊性は時代が進むほど増す一方だからだ．文明の進歩に伴い戦争の件数は確実に増えている．1480年から99年のあいだは9つの戦争しかなかったが，1900年から40年にかけては892回の戦争があった．21世紀には冷戦という二極対立は終わりを告げたが，かえって緊張と恐怖，不安の度合いは増している.

5　専門家たちのあいだでは，文字の発明はメソポタミアが先かエジプトが先かの議論に加え，初の複雑な文字体系は前6000年に古ヨーロッパと呼ばれる地域で出現したのではないかとの説も浮上している．最後の氷河期が終わったとき，人類大移動の波がピレネー山脈，アルプス山脈，カルパティア山脈，ウラル山脈の順に通過したのを思い出さねばならない．リトアニア出身の考古学者マリヤ・ギンブタス（1929－94年）によると，それらの集団がひとつの文明を築き，そこで文字を発達させたという．銅器時代（石器時代から青銅器時代に至る過渡期）初頭，すでに新石器時代が最盛期を迎えていた頃に，バルカン半島中央部には傑出した文明が存在していた．セルビアの首都ベオグラードの東14キロ，ドナウ川流域に位置するヴィンチャ村の遺跡から，文字や記号が記された2000個以上の土器その他の遺物が出土し，宗教的な儀式に文字が使われていたことがわかっている．今日では200以上の独立した記号が確認され，クレタ島の有名な線文字Aとの共通性も指摘されている.

José de Pineda Ibarra, 1929.

Yates, Frances A., *Ensayos reunidos, vol. I: Lulio y Bruno*, México, Fondo de Cultura Económica, 1996.

Zarco Cuevas, Julián, *La Biblioteca de El Escorial*, Barcelona, 1929.

Zeisel, William, *Censorship: 500 Years of Conflict*, Nueva York, The New York Public Library, 1984.

Zeno, Apostolo, *Dissertazione sopra le biblioteche antiche*, Venecia, 1697.

Zintzen, Clemens (ed.), *Suda. Damascii vitae Isidori reliquiae*, Hildesheim, Olms, 1967.

Zola, Émile, *La Débâcle*, París, Le Livre de Poche, 2003 ［エミール・ゾラ『壊滅』小田光雄訳, 論創社ほか］.

Zweck, T., "Priceless Books Lost in Bushfires", *InCite*, vol. 4, núm. 6, 1983, p. 1.

Watson, J. R., "A Tropical Bookworm in Florida", *Florida Entomologist*, vol. 26, 1943, pp. 61-63.

Weiss, Harry B. y Ralph H. Carruthers, "The More Important Insect Enemies of Books and a Bibliography of the Literature", *New York Public Library Bulletin*, vol. 40, núm 9, 1935, pp. 739-752, 827-841, 985-995, 1049-1056.

—, *Insect Enemies of Books*, Nueva York, New York Public Library, 1945.

Wellisch, Hans. "Ebla: The World's Oldest Library", *Journal of Library History*, vol. 16, núm. 3, junio de 1981, pp. 488-500.

Wells, H. G., *La máquina del tiempo*, 1895［H・G・ウェルズ『タイム・マシン 他九篇』橋本槇矩訳，岩波文庫ほか］.

Weniger, Ludwig, *Das Alexandrinische Museum; eine Skizze aus dem gelehrten Leben des Alterthums: Vortrag gehalten zu Eisenach*, Berlín, Lüderitz, 1875.

Werner, Thomas, *Den Irrtum liquidieren: Bücherverbrennungen im Mittelalter*, Gotinga, Vandenhoeck & Ruprecht, 2007.

Wessely, Karl, "De Callimacho bibliothecario", en S. R. K. Glanville, Nora Macdonald Griffith y Egypt Exploration Society (eds.), *Studies presented to F. Ll. Griffith*, Londres, Egypt Exploration Society, Milford, 1932.

West, Stephanie, *The Ptolemaic Papyri of Homer*, Colonia y Opladen, Westdeutscher Verlag, 1967.

West, W. C., "The Public Archives in Fourth-Century Athens", *Greek, Roman, and Byzantine Studies*, vol. 30, 1989, pp. 529-543.

Westerman, William Linn, *Library of Ancient Alexandria*, Alexandría, University of Alexandria Press, 1954.

Whitman, Walt, "Adiós"［W・ホイットマン『草の葉』富田砕花訳，グラフ社ほか］.

Wiesner, Margot, *Verbrannte Bücher, verfemte Dichter: deutsche Literatur, 1933-1945 unterdrückt und verboten, heute lieferbar*, Fráncfort del Meno, Buchhändler-Vereinigung, 1983.

Wilford, John Noble, "Who Began Writing? Many Theories, Few Answers", *The New York Times*, sección Science, 6 de abril de 1999.

Willey, A. Elwood, "The Charles Klein Law Library Fire", *Fire Journal*, vol. 66, 1972, pp. 16-22.

Wilson, John A., *La cultura egipcia*, México, Fondo de Cultura Económica, 1974.

Wilson, N., "The Libraries of the Byzantine World", *Greek, Roman, and Byzantine Studies*, vol. 8, 1967, pp. 53-80.

Winckelmann, Johann Joachim, *Critical Account of the Situation and Destruction by the First Eruptions of Mount Vesuvius of Herculaneum, Pompeii, and Stabia*, Londres, T. Carnan and F. Newbery, 1771.

Wolter-Von dem Knesebeck, Harald, "Zur Ausstattung und Funktion des Hauptsaales der Bibliothek von Pergamon", *Boreas: Münstersche Beiträge zur Archäologie*, vol. 18, 1995.

Wulf, Joseph, *Literatur und Dichtung im dritten Reich*, Gütersloh, Mohn, 1963.

Ximénez, Francisco, *Historia de la provincia de San Vicente de Chiapa y Guatemala*, Guatemala,

ecclesia catholica, acspeciatim Anglicana, semper retenta & conservata, impugnant ac labafactant, Oxford y Londres, E Theatro Sheldoniano/Tho. Bennet, 1690.

—, *Judicium & decretum Universitatis Oxoniensis latum in convocation habita Jul. 21, an. 1683, contra quosdam perniciosos libros & propositiones impias*, Oxford, E Theatro Sheldoniano, 1683.

Valerio Máximo, *Memorable Doings and Sayings*, 2 vols., traducción de D. R. Shackleton Bailey, Cambridge, Harvard University Press (Loeb Classical Library), 2000.

Valette-Cagnac, E., *La lecture à Rome. Rites et pratiques*, París, Bellin, 1997.

Van Aken, Jan, *Het oog van de Basilisk, El Ojo del Basilisco*, 2000.

Vaux, R. de, *Archeology and the Dead Sea Scrolls*, Oxford, Oxford University Press, 1973.

Vernet, Juan, *Literatura árabe*, Barcelona, Labor, 1968.

Verweyen, Theodor, *Bücherverbrennungen: eine Vorlesung aus Anlass des 65. Jahrestages der "Aktion wider den undeutschen Geist"*, Heidelberg, C. Winter, 2000.

Vila, Samuel, *Historia de la Inquisición*, Barcelona, CLIE, 1977.

Villehardouin, Geoffrey de, *Memoirs or Chronicle of the Fourth Crusade and the Conquest of Constantinople*, traducción de Frank T. Marzials, Londres, Dent, 1908.

Virden, Kathryn, "Hurricane Damage to Libraries in South Texas", *Texas Library Journal*, vol. 43, 1967, pp. 164-165.

Virgilio, Biagio, *Gli Attalidi di Pergamo: fama, eredità, memoria*, Pisa, Giardini, 1993.

Visicato, Giuseppe, *The Power and the Writing: The Early Scribes of Mesopotamia*, Bethesda, CDL Press, 2000.

Vleeschauwer, Herman Jean de, *Les bibliothèques ptoléméennes d'Alexandrie*, Pretoria, Universiteit van Suid-Afrika, 1955.

Wachsmuth, C., *Sillographorum Graecorum reliquiae, rec. et enarravit C. Wachsmuth; praecedit commentatio de Timone Philiaso ceterisque sillographis, "Corpusculum poesis epicae Graecae ludibundae"*, Leipzig, Teubner, 1885.

Walford, Cornelius, "The Destruction of Libraries by Fire Considered Practically and Historically", en *Transaction and Proceedings, of the Second Annual Meeting of the Library Association of the United Kingdom: Held at Manchester, September 23, 24, and 25, 1879*, Londres, Chiswick Press, 1880

Wang-Toutain, Françoise, *Le Bodhisattva Ksitigarbha en Chine du ve au XIIIe siècle*, París, École francaise d'Extrême-Orient, 1998.

"Wants His Books Burned", *New York Times*, 13 de mayo de 1933, p. 7.

War Crimes Committed during the Invasion of the National Territory, May, 1940: The Destruction of the Library of the University of Louvain, Lieja, Ministère de la Justice, 1946.

"War Situation", *Special Libraries*, vol. 62, núm. 1, 1971, pp. 32-40.

Waters, Peter, *Procedures for Salvage of Water-Damaged Library Materials*, Washington, D. C., Library of Congress, 1979.

Thompson, James Westfall, *Ancient Libraries*, Berkeley, University of California Press, 1940.

—, *The Medieval Library*, Chicago, The University of Chicago Press, 1939.

Thomson, I., "Manuel Chrysoloras and the Early Italian Renaissance", *Greek, Roman and Byzantine Studies*, vol. 7, núm. 1, 1966, pp. 63-82.

Todorov, Tzvetan, *The Conquest of America: The Question of the Other*, Oklahoma City, Norman University of Oklahoma Press, 1999.

Tolkien, John Ronald Reuel, *The Lord of the Rings*, Londres, George Allen & Unwin Ltd., 1966 [J・R・R・トールキン『指輪物語』全10巻，瀬田貞二・田中明子訳，評論社文庫].

Toman, Jiří, *La protection des biens culturels en cas de conflit armé*, París, UNESCO, 1994.

"Topics of the Times: Books for Burning", *New York Times*, 12 de mayo de 1933, p. 16.

Toriz, Rafael, *Metaficciones*, México, UNAM, 2008.

Torquemada, Fray Juan de, *Monarquía indiana*, 7 vols., México, UNAM, 1975-1983.

Torre Revello, José, *El libro, la imprenta y el periodismo en América durante la dominación española*, Buenos Aires, Casa Jacob Peuser, 1949.

Tosi, Renzo, *Studi sulla tradizione indiretta dei classici greci*, Boloña, CLUEB, 1988.

Tourneux, Maurice, *Bibliographie de l'histoire de Paris pendant la Révolution française*, vol. IV, París, Imprimerie Nouvelle, 1890.

Trelles, O. M., "Protection of Libraries", *Law Library Journal*, vol. 66, 1973, pp. 241-258.

Tribolet, Harold W., *Flood Damage to Florence's Books and Manuscripts*, Chicago, R. R. Donnelly and Sons, 1967.

—, *Florence Rises from the Flood*, Chicago, R. R. Donnelly and Sons 1967.

Tsien, Tsuen-Hhsuin, *Written on Bamboo and Silk: The Beginnings of Chinese Books and Inscriptions*, Chicago, University of Chicago Press, 2004.

Tuleja, Tad, *The Catalog of Lost Books: An Annotated and Seriously Addled Collection of Great Books That Should Have Been Written but Never Were*, Nueva York, Fawcett Columbine, 1989.

Tumah, Salman Hadi, *Makhtutat al-Sayyid Muhamad Baqir al-Tabatabai fi Karbula*, al-Kuwayt, al-Munazzamah al-Arabiyah lil-Tarbiyah wa-al-Thaqafah wa-al-Ulum, Mahad al-Makhtutat al-Arabiyah, 1985.

—, *Makhtutat Karbala*, 1973.

Tzetzes, Jean, *Historiarum variarum chiliades*, Leipzig, T. Kiessling, 1826.

United States Department of the Treasury, *Letter from the Secretary of the Treasury, in relation to the destruction of official books and papers by the fire in the building occupied by the Treasury Department: inclosing sundry reports from the principals in the offices of that department: February 24, 1801*, Washington, D.C., Early American Imprints (Second series, 1501), 1990.

University of Oxford, *Judicium & decretum Universitatis Oxoniensis latum in convocatione habita August 19, anno Dom. 1690, contra propositiones quasdam impias & haereticas, excriptas & citatas ex libello quodam infami haud ita pridem intra dictam Academiam perfide tyis mandato, ac divulgato, cui titulis est, The naked Gospel microform: quae praecipua fidei nostrae mysteria in

Starr, Raymond J., "The Circulation of Literary Texts in the Roman World", *The Classical Quarterly*, vol. 37, núm. 1, 1987, pp. 213-223.

Starrett, Vincent, "Have You a Tamerlane in Your Attic?", *Saturday Evening Post*, 27 de junio de 1925.

Stavraki, Emmanuel, *La Convention pour la protection des biens culturels en cas de conflit armé*, Atenas, Ant. N. Sakkoulas, 1996.

Steinbeck, John, *Las uvas de la ira* [スタインベック『怒りの葡萄』上下巻，伏見威蕃訳，新潮文庫ほか].

Stellhorn Mackensen, Ruth, "Moslem Libraries and Sectarian Propaganda", *American Journal of Semitic Languages and Literatures*, vol. 51, 1934-1935, pp. 83-113.

Stevenson, Robert Louis, *La isla del tesoro* [スティーヴンスン『宝島』村上博基訳，光文社古典新訳文庫ほか].

Still, J. S., "Library Fires and Salvage Methods", *American Archivist*, vol. 16, núm. 2, 1953, pp. 145-153.

Stipcevic, Aleksandar, "Biblioteche distrutte e roghi di libri in Croazia 1991", *Il bibliotecario*, nú,. 31, enero-marzo de 1992, pp. 157-160.

Strasaberg, Richard, "Books: Fire and Water Damage: A Selective Bibliography on Preventive Measures and Restoration Techniques", *Cornell University Libraries Bulletin*, 1973, pp. 31-33.

Streck, Maximilian, *Assurbanipal und die letzten assyrischen Könige bis zum Untergange Ninivehs*, Leipzig, J. C. Hinrichs, 1916.

Strocka, Volker Michael, "Noch einmal zur Bibliothek von Pergamon", A*rchäologischer Anzeiger*, vol. 1, 2000, pp. 155-165.

Strong, C. H., *A Brief Sketch of the Waldenses*, Kansas, J. S. Boughton Publishing Co., 1893.

Strong, Gary E., "Rats! Oh No, Not Rats!", *Special Libraries*, vol. 78, núm. 2, 1987, pp. 105-111.

Stumvoll, J. L., "Florenzhilfe", *Biblos*, vol. 16, núm. 4, 1967, pp. 235-241.

Takács, Sarolta, "Alexandria in Rome", *Harvard Studies in Classical Philology*, núm. 97, 1995, pp. 270-272.

Talas, Muhamad Asad, *Kashshaf an makhtutat khazain kutub al-Awqaf*, Bagdad, Matbaat al-Ani, 1953.

Theodosiani codici, Ediderunt Th. Mommsen et Paulus M. Meyer, Berlín, 1905.

Thesaurus Linguae Graecae, CD-ROM, University of California, 1998.

Thiem, J., "Myths of the Universal Library: From Alexandria to the Postmodern Age", *The Serials Librarian*, vol. 26, núm. 1, 1995, pp. 63-75.

Thomas, Donald S., *A Long Time Burning: The History of Literary Censorship in England*, Londres, Routledge & K. Paul, 1969.

Thomas, Rosalind, *Oral Tradition and Written Record in Classical Athens*, Cambridge, Cambridge University Press, 1990.

cupied Europe, Jefferson, McFarland & Co. Publishers, 1997.

Shipley, A. E., "Enemies of Books", *Tropical Agriculture*, vol. 2, 1925, pp. 223-224.

Silvestri, O., "Il Friuli terremotato riavra anche le sue biblioteche", *Accademie e Biblioteche d'Italia*, vol. 44, 1976, pp. 185-189.

—, "Le biblioteche Friulane due anni dopo", *Academie e Biblioteche d'Italia*, vol. 46, 1978, pp. 377-380.

Simawe, Saadi A., "Rushdie's *The Satanic Verses* and Heretical Literature in Islam", *The Iowa Review*, vol. 20, núm. 1, 1990, pp. 185-198.

Simmons, Alan, "Los Angeles: $22 Million Blaze at Central Library Requires City's Largest Commitment of Firefighting Forces", *Firehouse*, 1986, pp. 33-35 y 67.

Simpson, Elisabeth (ed.), *The Spoils of World War II and Its Aftermath: The Loss, Reappearance and Recovery of Cultural Property*, Nueva York, Harry Abrams, 1997.

Slusser, Michael, "Reading Silently in Antiquity", *Journal of Biblical Literature*, vol. 111, 1992, p. 499.

Smith, Clark Ashton, *El fin de la historia*, 1929［クラーク・アシュトン・スミス「物語の結末」『アヴェロワーニュ妖魅浪漫譚』大瀧啓裕訳，創元推理文庫］.

Smith, K. K., "Aristotle's Lost Chapter on Comedy", *Colonial Williamsburg*, vol. XXI, 1928.

Solinus, C. Julius, *Collectanea Rerum Memorabilium*, Berlín, Weidemann, 1895.

Southeby Auction Catalogue, *Fine Books and Manuscripts: Poe's Tamerlane*, Nueva York, Sotheby's, ítem 213, 7 de junio de 1988.

Solari, Tomás-Gómez, Jorge, *Biblioclastía. Los robos, la repression y sus resistencias en bibliotecas, archivos y museos de Latinoamérica. Concurso "Fernando Báez"*, Buenos Aires, eudeba, Universidad de Buenos Aires, 2008.

Sova, Dawn B., *Banned Books: Literature Suppressed on Sexual Grounds*, Nueva York, Facts on File, 1998.

Speyer, Wolfgang, "Büchervernichtung", *Jahrbuch für Antike und Christentum*, vol. 13, 1970, pp. 123-154.

Stace, *Silves*, 2 vols., traducción de H. J. Izaac, París, Les Belles Lettres, 1943.

Stadmüller, Georg, *Michael Choniates Metropolit von Athen*, tesis, Roma, Pont. Institutum Orientalium Studiorum, 1934.

Staikos, Konstantinos, *The Great Libraries: From Antiquity to the Renaissance (3000 B. C. to 1600 A. D.)*, Londres, British Library, 2000.

—, *The History of the Library in Western Civilization*, 5 vols., New Castle, Oak Knoll Press, 2004-2007.

Stalemo, Emilie, "Svenska Brandskyddsföreningens Bibliotek", *Tidskrift för Dokumentation*, vol. 18, núm. 6, 1962, pp. 73-76.

Stanzler, Margaret A., "Precious Paper: Saving It from Age, Floods, Fires, and Skunks", *Christian Science Monitor*, 1982, pp. 21-22.

1999.
Sauder, Gerhard, *Die Bücherverbrennung: zum 10. Mai 1933*, Múnich, Hanser, 1983.
Scheffel, Josef Viktor von, Ekkehard, Stuttgart, K. Thienemann Verlag, 1930.
Schelhorn, Johann Georg, *Amoenitates literariæ, quibus variæ observationes, scripta item quædam anecdota & rariora opuscula exhibentur*, vol. 11, Fráncfort del Meno, 1730.
Scherer, Jacques, *Le "Livre" de Mallarmé*, París, Gallimard, 1978.
Schmandt-Besserat, Denise, *How Writing Came About*, Austin, University of Texas Press, 1996 [デニス・シュマント＝ベッセラ『文字はこうして生まれた』小口好昭・中田一郎訳, 岩波書店].
Schmelzer, Menahem, "Fire and Water: Book Salvage in New York and Florence", *Special Libraries*, vol., 59, núm. 8, 1968, pp. 620-625.
Schmidt, Friedrich, *Die Pinakes des Kallimachos*, Berlín, E. Ebering, 1922.
Schneeweiss, G., Aristoteles, *Protreptikos: Hinführung zur Philosophie*, Darmstadt, Wissenschaftliche Buchgesellschaft, 2005.
Schöffling, Klaus, *Dort wo man Bücher verbrennt. Stimmen der Betroffenen*, Fráncfort del Meno, Suhrkamp, 1983.
Schöne, Albrecht, *Göttinger Bücherverbrennung 1933. Rede am 10. Mai 1983 zur Erinnerung an die "Aktion wider den undeutschen Geist"*, Gotinga, Vandenhoeck & Ruprecht, 1983.
Schubart, Wilhelm, *Das Buch bei den Griechen und Römern*, edición de Eberhard Paul, Heidelberg, Schneider, 1962.
Schuchner, Silvina, "La familia que enterró sus libros y tardó 18 años en recuperarlos", *Clarín*, 23 de marzo de 2001.
Schwartz, Amy E., "Better than Ashes", *The Washington Post*, 9 de septiembre de 1996, p. A-19.
Sebald, W. G., *On the Natural History of Destruction*, Londres, Penguin Books, 2004.
Sellers, David Y. y Richard Strassberg, "Anatomy of a Library Emergency", *Library Journal*, vol. 98, núm. 17, 1973, pp. 2824-2827.
Semonche, Barbara P., *News Media Libraries: A Management Handbook*, Wesport, Greenwood Press, 1993.
Servet, Miguel, *Restitución del Cristianismo*, traducción de Ángel Alcalá y Luis Betés, edición, introducción y notas de Ángel Alcalá, Madrid, Fundación Universitaria Española, 1980.
Sexto Aurelio, *Sexti Aurelii Victoris Liber de Cæsaribus: praecedunt Origo gentis Romanæ et Liber de viris illustribus Urbis Romæ, subsequitur Epidome de Cæsaribus*, edición de Victor y Franz Pichlmayr, Leipzig, B. G. Teubner, 1911.
Shaffer, Kenneth R., "The Conquest of Books", *Library Journal*, vol. 71, núm. 2, 1946, pp. 82-85.
Sharpe, Kevin, *Reading Revolutions: The Politics of Reading in Early Modern England*, New Haven, Yale University Press, 2000.
Shavit, David, *Hunger for the Printed Word: Books and Libraries in the Jewish Ghettos of Nazi-Oc-*

Diputación provincial de Huelva, 2003.
Rose, Jonathan, *The Holocaust and the Book: Destruction and Preservation*, Amherst, University of Massachusetts Press, 2001.
Rosenbergel, Alfred, *El mito del siglo veinte*［アルフレット・ローゼンベルグ『二十世紀の神話』吹田順助・上村清延訳，中央公論社］.
Ross, W. D., *Aristotelis fragmenta selecta*, Oxford, Oxford University Press, 1955.
Rowell, H. T., "Protection of Libraries in Italy during the War", *Between Librarians: Journal of the Maryland Library Association*, vol. 13, 1946, pp. 7-9.
Roy, David Tod y Tsuen-Hsuin Tsien (dirs.), *Ancient China: Studies in Early Civilization*, Hong Kong, Chinese University Press, 1978.
Rubinstein, Nicolai, "Libraries and Archives of Florence", *Times Literary Supplement*, 1966, p. 1133.
Rufo, Quinto Curcio, *Historia de Alejandro Magno*, Barcelona, Orbis, 1985.
Ruperez, María, "Bibliografía sobre la guerra civil", *Claridad*, vol. 16, 1986, pp. 99-105.
Ruhken, David, *Rutilii Lupus*, Lugduni Batavorum [Leiden], Samuelem et Joanemm Luchtmans, 1768.
Rushdie, Salman, "Choice between Light and Dark", *The Observer*, 22 de enero de 1989, p.11.
—, "The Book Burning", *The New York Review of Books*, 2 de marzo de 1989, p. 26.
—, "The Empire Writes Back with a Vengeance", *London Times*, 3 de julio de 1982, p. 8.
Ryback, Timothy, *Los libros del Gran Dictador. Las lecturas que moldearon la vida y la ideología de Adolf Hitler*, Barcelona, Destino, 2010［ティモシー・ライバック『ヒトラーの秘密図書館』赤根洋子訳，文春文庫］.
Sable, Martin H., "The Protection of the Library and Archive: An International Bibliography", *Library & Archival Security*, vol. 5, núms. 2-3, 1983, pp. 1-183.
—, "Warfare and the Library: An International Bibliography", *Library & Archival Securitv*, vol. 7, núm. 1, 1985, pp. 25-97.
Saenger, Paul, *Space between Words: The Origins of Silent Reading*, Palo Alto, Stanford University Press, 1997.
Said, Edward W., *Culture and Imperialism*, Nueva York, Vintage Books, 1994［エドワード・W・サイード『文化と帝国主義』全2巻，大橋洋一訳，みすず書房］.
Salaberría, Ramón, "Arde la memoria", *Educación y Biblioteca*, vol. 11, núm. 104, 1999, pp. 5-20.
Salih, Qahtan Rashid, *Al-Kashshaf al-athari fi al-'Iraq*, Bagdad, Al-Jumhuriyah al-'Iraqiyah, Wizarat al-Thaqafah waal-I'lam, al-Mu'assasah al-'Ammah lil-Athar wa-al-Turath, 1987.
Salman, Isa, Usama al-Naqshabandi y Najat al-Totonchi, *Arabic Texts Part I: Texts on Wood, Stone, and Other Building Materials*, Bagdad, Ministry of Information, Directorate General of Antiquities, 1975.
Sánchez Hernampérez, Arsenio, *Políticas de Conservación en Bibliotecas*, Madrid, Arco Libros,

Reuchlin, Johannes, *Recommendation Whether to Confiscate, Destroy and Burn All Jewish Books*, Nueva York, Paulist Press, 2000.

Rey Bueno, Mar, *Los libros malditos*, Madrid, Edaf, 2005.

Ribera y Tarragó, Julián, *Bibliófilos y bibliotecas en la España musulmana*, Zaragoza, Establecimiento Tipografico de la Derecha, 1896.

Richardson, G. D., "Fire in the Library of New South Wales", *Australian Library Journal*, núm. 20, 1971, pp. 29-30.

Ricostruzione delle biblioteche italiane dopo la guerra 1940-1945, La, 2 vols., Roma, Direzione Generale Accademie e Biblioteche, 1953.

Riedlmayer, András. *Destruction of Cultural Heritage in Bosnia-Herzegovina, 1992-1996: A Post-war Survey of Selected Municipalities*, 2002, consultado en http://hague.bard.edu/reports/BosHeritageReport-AR.pdf.

Ritschl, Friedrich Wilhelm, *Die Alexandrinischen Bibliotheken unter den ersten Ptolemäern und die Sammlung der Homerischen Gedichte durch Pisistratus nach Anleitung eines Plautinischen Scholions*, Breslavia, G. P. Aderholz, 1838.

Ritchie, James M., "The Nazi Book-Burning", *The Modern Language Review*, vol. 83, 1988, pp. 627-642.

Rivera, I. R. de, "Sobre la destructividad humana: un instinto o una carencia", en *Memorias*, vol. II, pp. 532-550, 1982.

Roberts, C. H. y T. C. Skeat, *The Birth of the Codex*, Londres, British Academy, 1983.

Robertson, John W., *Commentary on the Bibliography of Edgar A. Poe*, San Francisco, Grabbhorn, 1934.

Robinson, J. M. (ed.), *The Nag Hammadi Library in English*, San Francisco, Harper and Row, 1977; edición completa revisada, con prólogo de R. Smith, 1988.

Rodríguez Adrados, Francisco, "Cómo ha llegado hasta nosotros la literatura griega", *Revista de la Universidad de Madrid*, vol. 1, 1952, pp. 525-552.

Rodríguez Álvarez, Ramón, *La Biblioteca de la Universidad de Oviedo*, 1765-1934, Oviedo, Universidad de Oviedo, 1993.

Rodríguez-Miñón, Rafael, *La vida y la obra del bibliófilo y bibliógrafo extremeño D. Antonio Rodríguez-Moñino*, Mérida, Editora Regional de Extremadura, 2000.

Rogers, David M., *The Bodleian Library and Its Treasures, 1320-1700*, Henley-on-Thames, Aidan Ellis, 1991.

Romera, Ángel, "Escrutinio de donosos escrutinios: estela de los bibliocaustos generados por un capítulo de *Don Quijote*", 2003, consultado en http://www.ucm.es/info/especulo/numero29/escrutin.html.

Romero Tallafigo, Manuel, "Historia de los desastres en archivos y bibliotecas desde la Antigüedad hasta nuestros días", en Remedios Rey de las Peñas (dir.), *Sextas Jornadas Archivísticas: los desastres en Archivos y Bibliotecas. Urgencias de su prevención y tratamiento*, Huelva. Huelva,

Pomar, Juan Bautista, *Relación de Tezcoco,* edición facsimilar con advertencia preliminar y notas de Joaquín García Icazbalceta, México, Biblioteca Enciclopédica del Estado de México, 1975.

Potocki, Jean, *Le Manuscrit trouvé à Saragosse*, París, Le Livre de Poche, 1992.

Prescott, Andrew, "Their Present Miserable State of Cremation': The Restoration of the Cotton Library", en *Sir Robert Cotton as Collector: Essays on an Early Stuart Courtier and His Legacy*, Londres, The British Library, 1997.

Prescott, William H., *Historia de los reyes católicos don Fernando y doña Isabel*, México, Compañía General de Ediciones, 1952.

Pugliese, Stanislao G., "Bloodless Torture: The Books of the Roman Ghetto under the Nazi Occupation", *Libraries & Culture*, vol. 34, núm. 3, 1999.

Putnam, George H., *The Censorship of the Church of Rome and Its Influence upon the Production and Distribution of Literature*, Nueva York, B. Blom, 1967.

Queller, Donald E. y Thomas F. Madden, *The Fourth Crusade: The Conquest of Constantinople*, Filadelfia, University of Pennsylvania Press, 1997.

Quevedo, Francisco de, *Antología poética*, Bogotá, Editorial Oveja Negra, 1984［ケベード「地獄の夢」『澁澤龍彦文学館2』筑摩書房］.

Quintiliano, *De l'institution oratoire*, vol. 6: *Livres X-XI*, traducción de Jean Cousin, París, Les Belles Lettres, 1979.

Rahman, Abd al, Badiah Yusuf, Fatin Abd al-Sahib y Husayn Azzawi, *Fihris anawin al-makhtutat fi Maktabat al-Dirasat al-Ulya*, Bagdad, Maktabat al-Dirasat al-Ulya, Kulliyat al-Adab, 1979.

Ramsden, Charles, *London Bookbinders*, 1780-1840, Londres, Batsford, 1956.

Randall, David A., *The J. K. Lilly Collection of Edgar Allan Poe: An Account of Its Formation*, Indiana, The Lilly Library, 1964.

Rashti, Muhamad Ibn 'Abd al-Husayn, al-Husayni, al-Sayyid Ahmad, *Fihrist makhtutat al-shaykh Muhamad al-Rashti al-muhdah ila Maktabat al-Imam al-Hakim al-'Ammah fi al-Najaf al-Ashraf*, Najaf, Matba'at al-Nu'man, 1971.

Rauf, Imad Abd al-Salam, *Athar al-khattiyah fi al-Maktabah al-Qadiriyah fi Jami' al-Shaykh 'Abd al-Qadir al-Kilani bi-Baghdad*, Badgdad, 1974.

—, *Fihris Makhtutat Jami al-Sayyid Sultan Ali fi Baghdad*, Bagdad, Jamiat Bagdad, Markaz Ihya al-Turath al-Ilmi al-Arabi, 1985.

Raynaudus, T., *Erotemata de malis ac bonis libris deque justa aut injusta eorum confixione*, Lyon, 1653.

Raynes, Patricia, "Insects and Their Control in the Library", *Conservation Administration News*, vol. 27, 1986, pp. 4, 24-25.

Réau, Louis y Michel Fleury, *Histoire du vandalism*, París, Robert Laffont (Bouquins), 1994.

Redmont, Jane, "Library Flood Damages Manuscript Collection", *Harvard Divinity Bulletin*, 1982.

Reimann, Viktor, *Dr. Joseph Goebbels*, París, Flammarion, 1973.

Pedram, Latif, "Afganistán: la biblioteca arde", *Auto da fe*, vol. 1, otoño de 2000.

Peignot, Étienne Gabriel, *De Pierre Aretin. Notice sur sa fortune, sur les moyens qui la lui ont procurée et sur l'emploi qu'il en a fait*, París, Techner, 1836.

—, *Dictionnaire critique, littéraire, et bibliographique des principaux livres condamnés au feu, suprimés ou censurés: précédé d'un discours sur ces sortes d'ouvrages*, París, A. A. Renouard, 1806.

—, *Essai historique sur la liberté d'écrire chez les Anciens et au Moyen Age; sur la liberté de la presse depuis le quinzième siècle, et sur les moyens de répression dont ces libertés ont été l'objet dans tous les temps; avec beaucoup d'anecdotes et de notes; suivi d'un tableau synoptique de l'état des imprimeries en France, en 1704, 1739, 1810, 1830, et d'une chronologie des lois sur la presse, de 1789 à 1831, París*, Crapelet, 1832.

Pelissier, Roger, *Les bibliothèques en Chine pendant la première moitié du XXe siècle*, París, Mouton, 1971.

Pèrez-Reverte, Arturo, *El Club Dumas*, 1993［アルトゥーロ・ペレス・レベルテ『ナインスゲート』大熊榮訳，集英社文庫］.

Petersen, Klaus, *Zensur in der Weimarer Republik*, Stuttgart, J. B. Metzler, 1995.

Phillips, Zlata F., "Libraries are Devastated in War-Torn Croatia", *American Libraries*, vol. 23, 1992, p. 209.

Pia, P., *Les livres de l'enfer. Bibliographie critique des ouvrages érotiques dans leurs différentes éditions du XVIe siècle à nos jours*, París, C. Coulet et A. Faure, 1978.

Pichon, Jean-Charles, *Histoire universelle des sectes et des sociétés secretes*, París, R. Laffont, 1969.

Pinner, H. L., *The World of Books in Classical Antiquity*, Leiden, A. W. Sijthoff, 1948.

Pinto Crespo, Virgilio, *Inquisición y control ideológico en la España del siglo XVI*, Madrid, Taurus, 1983.

Pipes, Daniel, *The Rushdie Affair: The Ayatollah, the Novelist and the West*, Nueva York, Birch Lane Press, 1990.

Plomer, Henry Robert et al., *A Dictionary of the Printers and Booksellers Who Were at Work in England, Scotland and Ireland from 1726 to 1775*, Londres, Bibliographical Society, 1932.

Plotino, Enéadas, I-II, edición de Jesús Igal, Madrid, Gredos, 1992; edición francesa: *Énéades*, traducción de É. Bréhier, París, Les Belles Lettres［『プロティノス全集』全5巻，水地宗明・田之頭安彦ほか訳，中央公論社］.

Plumbe, Wilfred John, *The Preservation of Books in Tropical and Subtropical Countries*, Oxford, Oxford University Press, 1964.

Poe, Edgar Allan, *The Unabridged Edgar Allan Poe*, Filadelfia, Courage Books, 1997.

Polastron, Lucien X., *Books on Fire*, Rochester, Inner Traditions, 2007; edición en español: *Libros en llamas. Historia de la interminable destrucción de bibliotecas*, México, Libraria-Fondo de Cultura Económica (Libros sobre Libros), 2008.

Polk, Milbry y Angela Schuster, *The Looting of the Iraq Museum, Baghdad: The Lost Legacy of Ancient Mesopotamia*, Nueva York, Harry N. Abrams, 2005.

Olschki, Leo S. y Giuseppe Fumagalli, *Biblioteche immaginarie e roghi di libri*, Campobasso, Palladino, 2007.

Oluwakuyide, Akinola, "Nigerian Libraries After the War", *Wilson Library Bulletin*, vol. 46, núm. 10, 1972, pp. 881-882, 947.

Orne, J., "Library of Congress Prepares for Emergencies", *Bulletin of the American Library Association*, vol. 35, 1941, pp. 341-348.

Orose, Paul, *Histoires contre les païens*, traducción de Marie-Pierre Arnaud-Lindet, París, Les Belles Lettres, 1990-1991.

Ortlob, J. Fr., *Diss, phil. de Ephesinorum libris curiosis combustis*, Leipzig, 1708.

Orwell, George, *1984*［ジョージ・オーウェル『一九八四年』高橋和久訳, ハヤカワepi文庫ほか］.

Ossa, Felipe, *Historia de la escritura y la letra impresa*, Bogotá, Planeta, 1993.

Otsuka, Kinnosuke, *Index librorum prohibitorum in the pre-war Japan: list of books and periodicals in Prof. Otsuka's Collection burned secretly by himself in 1940-1941 under the pressure of the Tokko (Special Higher Police) and the Kempei (Military Police)*, Musashino, impreso para K. Otsuka, 1959.

Ouaknin, Marc-Alain, *Le Livre brûlé. Philosophie du Talmud*, París, Éditions du Seuil (Point Sagesse), 1993.

Ovidio, *Ars amatoria*［オウィディウス『恋愛指南——アルス・アマトリア』沓掛良彦訳, 岩波文庫］.

Oxford Dictionary of Byzantium, Oxford, Oxford University Press, 1991.

Pardo Tomás, José, *Ciencia y censura: la inquisición española y los libros científicos en los siglos XVI y XVI*, Madrid, Consejo Superior de Investigaciones Científicas, 1991.

Parpola, S., "Assyrian Library Records", *Journal of Near Eastern Studies*, vol. 42, 1983, pp. 1-29.

Parrot, André, *Trésors du Musée de Bagdad des origines à l'Islam: Musée du Louvre, Galerie Mollien*, París, Réunion des Musées Nationaux, 1966.

Parsons, Edward Alexander, *The Alexandrian Library*, Nueva York, Elsevier, 1967.

Parthey, Gustav, *Das Alexandrinische Museum: eine von der Königl. Akademie der Wissenschaften zu Berlin im Juli 1837 gekrönte Preisschrift*, Berlín, Nicolaische Buchhandlung-Akademische Buchdruckerei, 1838.

—, *Ptolemaeus Lagi, der Gründer der 32sten aegyptischen Dynastie*, Berlín, F. Dümmler, 1861.

Paulys Real-Encyclopaedie der classischen Altertumwissenchaft, Stuttgart, J. B. Metzler, 1893-1980.

Pearcy, Lee, "Galen's Pergamun", *Archaeology*, vol. 38, núm. 6, 1985, pp. 33-39.

Pease, Arthur Stanley, "Notes on Book-burning", en *Massey Hamilton Shepherd y S. E. Johnson (eds.), Munera Studiosa: Studies in Honor of W. H. P. Hatch*, Cambridge, Mass., The Episcopal Theological School, 1946, pp. 145-160.

Pedersen, Olof, *Archives and Libraries in the Ancient Near East 1500-300 B.C.*, Bethesda, CDL Press, 1998.

Ulum, 1985.
—, *Makhtutat al-falak wa-al-tanjim fi Maktabat al-Mathaf al-Iraqi*, Al-Jumhuriyah al-Iraqiyah, Wizarat al-Thaqafah wa-al-Ilam-Dar al-Rashid lil-Nashr, Tawzi al-Dar al-Wataniyah lil-Ilan wa-al-Tawzi, 1982.
—, *Makhtutat al-hadith al-Nabawi al-sharif wa-ulumihi fi Dar Saddam lil-Makhtutat*, Bagdad, Wizarat al-Thaqafah wa-al-Ilam, Dairat al-Athar wa-al-Turath, 1988.
—, *Makhtutat al-tarikh wa-al-tarajim wa-al-siyar fi Maktabat al-Mathaf al-Iraqi*, Bagdad, Al-Jumhuriyah al-Iraqiyah, Wizarat al-Thaqafah wa-al-Ilam, al-Muassasah al-Ammah lil-Athar wa-al-Turath, 1982.
— y Qishtayni, Amir Ahmad, *Makhtutat al-fiqhiyah*, Bagdad, al-Jumhuriyah al-Iraqiya, Wizarat al-Ilam, Mudiriyat al-Athar al-Ammah, 1976.
Näther, Günther, *Bibliothekswesen in Italien*, Múnich, Saur, 1990.
Naudé, G., *Advis pour dresser une bibliothèque*, Leipzig, veb, 1963.
"Nazi Ban Derided by Writers Here", *New York Times*, 17 de mayo de 1933, p. 4.
"Nazi Students Raid Institute on Sex", *New York Times*, 7 de mayo de 1933, p. 12.
"Nazis Pile Books for Bonfires Today", *New York Times*, 10 de mayo de 1933, p. 1.
"Nazis Seize 500 Tons of Marxist Writings", *New York Times*, 22 de mayo de 1993, p. 9.
Nebrija, Antonio de, *Gramática castellana*, Madrid, Edición de la Junta del Centenario, 1946.
Nelson, Dale, "A Holocaust at LC?", *Wilson Library Bulletin*, 1982, pp. 356-357.
Nichols, Charles L., *The Library of Rameses the Great*, Berkeley, Peacock Press, 1964.
Nichols, John, *Nie wieder Faschismus und Krieg: die Mahnung der faschistischen Bücherverbrennung am 10. Mai 1933*, Berlín, Humboldt-Universität zu Berlin, Gesellschaftswissenschaftliche Fakultät, 1983.
Noblecourt, A., *Les techniques de protection de biens culturels en cas de conflit armé*, París, UNESCO, 1958.
Núñez, Enrique Bernardo, *Bajo el Samán*, Caracas, Tipografía Vargas, 1963.
Nuño, Juan, "Libros en la hoguera", en *La escuela de la sospecha*, Monte Ávila, Caracas, 1990.
Nwafor, B. U., "Recorded Knowledge: A War Casualty. An Account of Library Devastation during the Nigerian Civil War", *Library Journal*, vol. 96, núm. 1, enero de 1971, pp. 42-45.
O'brien, Flann, *At Swim-Two Birds* [ノラン・オブライエン『スウィム・トゥー・バーズにて』大澤正佳訳，白水uブックス].
O'Donnell, James J., *Cassiodorus*, Berkeley, University of California Press, 1979.
Ogden, Sherelyn, "The Impact of the Florence Flood on Library Conservation in the United States of America", *Restaurator*, vol. 3, 1979, pp. 1-36.
O'Gorman, Edmundo, "Bibliotecas y librerías coloniales, 1585-1694", *Boletín del Archivo General de la Nación*, vol. 10, núm. 4, 1939, pp. 661-1006.
Okpa-Iroha, N., "Reconstruction of Devastated Library Services in War Affected Areas of Nigeria", *Library Association Record*, vol. 73, 1971, pp. 108-109.

tin, vol. 61, núm. 7, 1987, pp. 35-39.

Moréri, Luis, *Gran Diccionario Histórico o Miscelánea de curiosidades de la historia sagrada y profana*, edición de José de Miravel, 1753.

Monro, D. B. y T. W. Allen, *Homeri Opera*, 5 vols., Oxford, Clarendon, 1902-1912.

Morón, Guillermo, *Sobre griegos y latinos*, Caracas, Academia Nacional de la Historia, 1991.

Morris, John, "Protecting the Library from Fire", *Library Trends*, vol. 33, núm. 1, 1984, pp. 49-56.

—, *Managing the Library Fire Risk*, Berkeley, University of California Press, 1979.

—, *The Library Disaster Preparedness Handbook*, Chicago, American Library Association, 1986.

Mosse, George L., *Nazi Culture: Intellectual, Cultural and Social Life in the Third Reich*, Nueva York, Grosset & Dunlap, 1966.

Mudiriyat al-Athar al-'Ammah, Mathaf al-Mawsil, *Guidebook to the Mosul Museum*, Bagdad, Govt. Press, 1966.

Muhamad, Mahmud Ahmad, *Fihrist makhtutat Maktabat al-Awqaf al-Markaziyah fi al-Sulaymaniyah*, Bagdad, Al-Jumhuriyah al-Iraqiyah, Wizarat al-Awqaf wa-al-Shuun, al-Diniyah, 1982.

Müller, Karl, *Oratores attici, Lycurgus, Aeschines, Hyperides, Dinarchus; Gorgiae, Lesbonactis, Herodis, Alcidamantis Declamationes; fragmenta oratorum atticorum: Græce*, París, A. Firmin-Didot, vol. II, 1858.

Nagaraja Rao, K., "Libraries and anti-Air-Raid Measures", *Modern Librarian*, vol. 13, 1942, pp. 27-31.

Najaf, Mohammed Mehdi, *Catalogue Manuscripts, Al-Emam Al-Hakim Public Library*, al-Najaf, The Library, 1979.

—, Matabat al-Imam al-Hakim al-Ammah fi al-Najaf, *Fihrist makhtutat Maktabat al-Imam al-Hakim*, al Najaf, Matba'at al-Adab, 1969.

Naqshabandi, Usamah Nasir, al-'Iraq, *Al-makhtutat al-Islamiyah fi al-'alam, al-juz' al-thalith*, edición de Geoffrey Roper, Londres, Mu'assasat al-Furqan lil-Turath al-Islami, 2001.

—, *Makhtutat al-Amanah al-Ammah lil-Maktabah al-Markaziyah*, Jamiat al-Sulaymaniyah, Jamiat al-Sulaymaniyah, Amanah al-Ammah lil-Maktabah al-Markaziyah, al-Sulaymaniyah, al-Jamia, 1980.

—, *Makhtutat al-lughawiyah fi Maktabat al-Mathaf al-Iraqi*, Bagdad, Mudiriyat al-Athar al-Ammah, 1969.

—, *Makhtutat al-musiqa wa-al-ghina wa-al-sama fi Maktabat al-Mathaf al-Iraqi*, Bagdad, Al-Jumhuriyah al-Iraqiyah, Wizarat al-Thaqafah wa-al-Funun, 1979.

—, *Makhtutat al-tibb wa-al-saydalah wa-al-baytarah fi Maktabat al-Mathaf al-Iraqi*, Bagdad, Wizarat al-Thaqafah wa-al-Ilam, 1981.

— y Zamya Muhamad Abbas, *Makhtutat al-adab fi al-Mathaf al-Iraqi*, al-Kuwayt, Mahad al-Makhtutat al-Arabiyah, al-Munazzamah al-Arabiyah lil-Tarbiyah wa-al-Thaqafah waal-

versity Press, 1989.

Medina, José Toribio, *Historia del tribunal del Santo Oficio de la Inquisición en México*, México, Ediciones Fuente Cultural, 1952.

Meijer, A. C. y R. M. Rijkse, "Het Vacoumvriesdrogen van Grote Hoeveelheden Natte Boeken in Zeeland", *Open*, vol. 17, núm. 3, 1985, pp. 121-127.

Mellado, Francisco de Paula (ed.), *Enciclopedia moderna: diccionario universal de literatura, ciencias, artes, agricultura, industria y comercio*, Madrid, Mellado, 1855.

Méndez, Francisco, *Tipografía española o Historia de la introducción, programación y progresos del arte de la imprenta en España...*, Madrid, Imprenta de las Escuelas Pías, 1861.

Mendham, Joseph, *The Literary Policy of the Church of Rome exhibited in an Account of Her Damnatory Catalogues or Indices*, Londres, J. Duncan, 1836.

Merlini, Marco, *La scrittura è nata in Europa?*, Roma, Avverbi Edizioni, 2004.

Metacalf, C. L. y W. P. Flint, *Insectos destructivos e insectos útiles: sus costumbres y su control*, Madrid, Continental, 1965.

Mielsch, Harald, "Die Bibliothek und die Kunstsammlung der Könige von Pergamon", *Archäologischer Anzeiger*, vol. 4, 1995, pp. 765-779.

Mier, Fray Servando Teresa de, *Apología (1817) o Memorias*, 2 vols., t. I, edición de Antonio Castro Leal, México, Porrúa (Colección de Escritores Mexicanos, 37), 1942.

Miller, Howard E., "Jail Library: Media Center Closed by Fire One Week After Opening", *Library and Archival Securitv*, vol. 3, núm. 2, 1980, pp. 41-43.

Miller, Walter M., *Cántico por Leibowitz*, 1959［ウォルター・ミラー『黙示録3174年』吉田誠一訳，創元推理文庫］.

Milton, John, *Works*, Nueva York, Columbia University Press, 1931-1938.

Minucius, Félix, *Octavius*, traducción de J. Beaujeu, París, Les Belles Lettres, 2002.

Mittelmeier, Martin (ed.). *Ungeschriebene Werke: Wozu Goethe, Flaubert, Jandl und die anderen nicht gekommen sind*, Múnich, Luchterhand, 2006.

Monfasani, J., *Byzantine Scholars in Renaissance Italy: Cardinal Bessarion and other Emigres*, Londres, Variorum, 1995.

Monserrat Torrens, José, *Los gnósticos*, 2 vols., Madrid, Grédos, 1990.

Montalbán, Manuel Vázquez, *Asesinato en el Comité Central*, 1981［マヌエル・バスケス・モンタルバン『中央委員会殺人事件』柴田純子訳，西和書林］.

Montanari, Franco, "Pergamo", en Giuseppe Cambiano, Luciano Canfora y Diego Lanza (eds.), *Lo spazio letterario della Grecia antica*, Roma, Salerno, 1993.

Morales Oliver, Luis, *La política de Arias Montano y Felipe II en Flandes*, Madrid, Editorial Volvntad, 1927.

Moreau, Édouard de, *La Bibliothèque de l'Université de Louvain 1636-1914*, Lovaina, R. Fonteyn, 1918.

Moreau, Michael, "Putting It Back Together: Los Angeles Central Library", *Wilson Librarv Bulle-*

Manganaro, Jean-Paul, *La véritable histoire de la Bibliothèque d'Alexandrie*, París, Desjonquères, 1986.

Manguel, Alberto, "Las bibliotecas y sus cenizas", *Letra Internacional*, vol. 63, 1999, pp. 18-20.

—, *Una historia de la lectura*, Madrid, Alianza Editorial, 1998.

—, *La biblioteca de noche*, Madrid, Alianza Editorial, 2007.

—, *El legado de Homero*, Barcelona, Debate, 2010.

Mansur, Mehmet, *Meshur Iskenderiye kutuphanesine dair risaledir/muellifi*, Estambul, Ceride-yi Askeriye Matbaasi, 1300 [1883].

Manuscrito anónimo de Tlatelolco (1528), edición facsimilar de E. Mengin, Copenhague, 1945.

Maracchi Biagiarelli, R., "Si Studia a Firenze Dopo l'Alluvione?", *Bibliofilia*, vol. 69, núm. 1, 1967, pp. 103-111.

Marlowe, Christopher, *Doctor Faustus*, edición de Sylvan Barnet, Nueva York, Signet Classic, 2010.

Marshack, A., *The Roots of Civilization: The Cognitive Beginnings of Man's First Art, Symbol and Notation*, Mount Kisco, Moyer Bell, 1991.

Marshall, D. N., *History of Libraries: Ancient and Medieval*, Nueva Delhi, Oxford & IBH Publishing Co., 1983.

Martin, James J., "Other Days, Other Ways: American Book Censorship 1918-1945", *The Journal of Historical Review*, vol. 10, núm. 2, pp. 133-141.

—, *An American Adventure in Bookburning: In the Style of 1918*, Colorado Springs, Ralph Myles Publisher, 1988.

Martin, John H., "Après le déluge... Resuscitating a Waterlogged Library", *Wilson Library Bulletin*, vol. 50, núm. 3, 1975, pp. 233-241.

Martín García, J. A., *Poesía helenística menor*, Madrid, Gredos, 1994.

Marx, Jean, *Las literaturas célticas*, Buenos Aires, Universitaria, 1964.

Mathaf al-'Iraqi, Mudiriyat al-Athar al-'Ammah, *Guidebook to the Iraq Museum*, Bagdad, Directorate General of Antiquities, 1966.

Matthai, Robert A. (dir.), *Protection of Cultural Properties during Energy Emergencies*, Nueva York, Arts/Energy Studio/American Association of Museums, 1978.

Matthews, Fred W., "Dalhousie Fire", *Canadian Library Journal*, vol. 43, núm. 4, 1986, pp. 221-226.

—, "Sorting a Mountain of Books", *Library Resources and Technical Services*, vol. 31, núm. 1, 1987, pp. 88-94.

Maylone, R. Russell, "A Case Studio in Disaster: The Memorial Day Steam Cleaning", *Illinois Libraries*, vol. 64, núm. 5 (1983), pp. 354-356.

McKenzie González, Germán, "Un papiro revolucionario: 7Q5", *Vida y Espiritualidad*, año 11, vol. 31, 1995.

McKitterick, Rosamond, *The Carolingians and the Written Word*, Nueva York, Cambridge Uni-

Lewis, N., *Papyrus in Classical Antiquity*, Oxford, Clarendon Press, 1974.

Li, Meng-jinn, "Book Disasters in Chinese History", *Journal of the Hong Kong Library Association*, vol. 5, 1980, pp. 77-87.

Littig, Friedrich, *Andronikos von Rhodos*, 3 vols., Múnich, Erlangen, 1890-1895.

Liu Guo, Jun y Zheng Yicheng, *The Story of Chinese Books*, Pekín, Foreign Languages Press, 1985.

Lloyd Jones, H., "Lost History of the Lost Library", *New York Review of Books*, junio de 1990.

López Férez, J. A. y Eduardo Acosta (eds.), *Historia de la literature griega*, Madrid, Cátedra, 1988.

Lord, L. E., "The Early History of the Aristotelian Corpus", *American Journal of Philology*, vol. 107, 1986, pp. 137-161.

Lorkovic, Tatjana, "Destruction of Libraries in Croatia and Bosnia-Herzegovina", *International Leads*, vol. 7, núm. 2, 1993, pp.1-2.

—, "National Library in Sarajevo Destroyed; Collections, Archives Go Up in Flames", *American Libraries*, vol. 23, núm. 9, 1992, pp. 736, 816.

—, "Wounded Libraries in Croatia", *Libraries and Culture*, vol. 30, 1995, pp. 205-206.

Lovecraft, H. P., *Historia del Necronomicón*, 1927; *El horror de Dunwich*, 1928; *Los sueños de la casa de la bruja*, 1932 [「資料『ネクロノミコンの歴史』」「ダニッチの怪」「魔女の家の夢」『ラヴクラフト全集』第5巻，大瀧啓裕訳，東京創元社].

—, *El caso de Charles Dexter Ward*, 1928「チャールズ・ウォードの奇怪な事件」『ラヴクラフト全集』第2巻，宇野利泰訳，東京創元社].

Luciano de Samósata, *Œuvres complètes*, 2 vols., traducción de Eugène Talbot, París, Hachette, 1857.

Lünzner, E. (ed.), *Epaphroditi: grammatici quae supersunt*, Bonn, Carolii Georgi, 1866.

Lyon, Haight, *Banned Books*, Nueva York, Bowker, 1955.

Mabbott, Thomas Ollive, "Introduction", en *Tamerlane and Other Poems*, Nueva York, The Facsimile Text Society, Columbia University Press, 1941.

—, *The Collected Works of Edgar Allan Poe*, vol. I: Poetry, Cambridge, Mass., Belknap Press, 1969.

Macleod, Roy (ed.), *The Library of Alexandria. Centre of Learning in the Ancient World*, Nueva York, I. B. Tauris, 2005.

Magness, Jodi, *The Archaeology of Qumran and the Dead Sea Scrolls*, Grand Rapids, William B. Eerdmans, 2002.

Maillard, Firmin, *Les Passionnés du livre*, París, Émile Rondeau, 1986.

Mair, A. W. y G. R. Mair, *Callimachus and Lycophron*, Cambridge, Harvard University Press (Loeb Classical Library), 1921.

Maktabat al-Imam al-Hakim al-Ammah fi al-Najaf, *Min nawadir makhtutat Maktabat Ayat Allah al-Hakim al-Ammah*, al-Najaf, Matbaat al-Najaf, 1962.

Manganaro, G., "Una biblioteca storica nel Ginnasio di Tauromenion e il P. Oxy. 1241", pp, vol. XXIX, 1974, pp. 389-409.

Publicaciones de la Junta Técnica de Archivos, Bibliotecas y Museos, 1960.
Kramer, Samuel Noah, *La historia empieza en Sumer*, Barcelona, Orbis, 1985.
Krehl, C. L. E., *Über die Sage von der Verbrennung der alexandrinischen Bibliothek durch die Araber*, Florencia, 1880.
Kroller, F. y S. Reinitzer, "Schaden an Kroatischen Bibliotheken durch die Kampfhandlungen 1991-1992", *Mitteilungen der Vereinigung Österreichischer Bibliothekare*, vol. 45, núms. 3-4, 1992, pp. 74-78.
Kruk, Herman, *The Last Days of the Jerusalem of Lithuania: Chronicles from the Vilna Ghetto and the Camps, 1939-1944*, New Haven, yivo Institute for Jewish Research, 2002.
Krummsdorf, Juliane e Ingrid Werner, *Verbrannt, Verboten, Verbannt, Vergessen?: zur Erinnerung an die Bücherverbrennung 1933: Bibliographie zur Schwarzen Liste, Schöne Literatur*, Dresde, Bibliothek beim Landesvorstand der pds, 1993.
Kuster, Ludolf, *Ludolphi Neocori de museo alexandrino diatribe, nunc primum edita*, Lugduni Batavorum, P. Vander, 1699.
Labowsky, L., *Bessarion's Library and the Biblioteca Marciana: Six Early Inventories*, Roma, Storia e Letteratura (Sussidi Eruditi, 31), 1979.
Lactance, *Institutions divines*, París, Le Cerf, 1976.
Landa, Diego de, *Relación de las cosas de Yucatán*, México, Porrúa, 1986［ディエゴ・デ・ランダ『ユカタン事物記』林屋永吉訳，岩波書店］.
Lao-Tsè, *Tao Te Ching*［老子訳注・帛書『老子道徳経』小池一郎著，勉誠出版ほか］.
Lapidge, Michael, *The Anglo-Saxon Library*, Nueva York, Oxford University Press, 2006.
Lara Peinado, Federico, *Poema de Gilgamesh*, Madrid, Tecnos, 1997.
Lasso de la Vega, Javier, *Bibliofilia y comercio del libro antiguo*, Madrid, El Bibliófilo, 1947.
Layton, Bentley, *The Gnostic Scriptures: A New Translation with Annotations and Introductions*, New Haven, Yale University Press, 1987.
Lazinger, Susan S., "The Alexandrian Library and the Beginnings of Chemistry", *Library History Review*, vol. 2, núm. 3, 1984.
Leighton, Phillip D., "The Stanford Flood", *College and Research Libraries*, vol. 40, núm. 5, 1979, pp. 450-459.
Lemaître, Jean-Loup y Jean-Louis Biget, *Livres et bibliothèques, XIIIe-XVe siècle*, Toulouse y Fanjeaux, Colloque de Fanjeaux/ Centre d'études historiques de Fanjeaux, 1995-1996.
Lemerle, P., *Le premier humanisme byzantin. Notes et remarques sur enseignement et culture à Byzance des origines au Xe siècle*, París, Presses Universitaires de France, 1971.
Lemmons, Russel, *Goebbels and Der Angriff*, Lexington, University Press of Kentucky, 1994.
Lengyel, Alfonz, "The Library of the Humanist King Matthias Corvinus of Hungary", *Fifteenth Century Studies*, vol. 1, 1978.
Lerner, Fred, *Historia de las bibliotecas del mundo: desde la invención de la escritura hasta la era de la computación*, Buenos Aires, Troquel, 1999.

Justice, Steven, *Writing and Rebellion: England in 1381*, Berkeley, University of California Press, 1994.

Kantorowicz, Alfred, "The Burning of the Books", *Free World*, vol. V, núm. 5, mayo de 1943.

—, *Why a Library of the Burned Books?*, Londres, Mackay, 1934.

Kapr, Albert, *Johann Gutenberg: The Man and His Invention*, Aldershot, Scolar Press, 1996.

Kazantzakis, Nikos, *El pobre de Asís*, 1956［ニコス・カザンツァキ『アシジの貧者』清水茂訳, みすず書房］.

Keeney, Philip O., "Japanese Libraries Are War-Damaged", *Library Journal*, vol. 73, núm. 9, 1 de mayo de 1948, pp. 681-684, 698.

Kelly, Stuart, *La biblioteca de los libros perdidos*, Barcelona, Paidós, 2007［スチュアート・ケリー『ロストブックス——未刊の世界文学案内』金原瑞人・野沢佳織・築地誠子訳, 晶文社］.

Kenney, E. J., *The Cambridge History of Classical Literature: Latin Literature*, Nueva York, Cambridge University Press, 1982.

Kenyon, F. G., *Books and Readers in Ancient Greece*, Oxford, Clarendon Press, 1932.

Khaqani, Ali, *Makhtutat al-Maktabah al-Abbasiyah fi al-Basrah*, Bagdad, Matba'at al-Majama' al-'llmi al-'Iraqi, 1961-1962.

King, Ross, *Ex libris*, 1998［ロス・キング『謎の蔵書票』田村義進訳, 早川書房］.

Klippel, Georg H., *Über das Alexandrinische Museum: drei bücher*, Gotinga, Vandenhoeck & Ruprecht, 1838.

Knuth, Rebecca, *Libricide: The Regime-Sponsored Destruction of Books and Libraries in the Twentieth Century*, Wesport, Praeger, 2003.

Koeller, G. K., *Previsión y conservación de bibliotecas y archivos contra agentes bióticos, el fuego y factores climáticos*, Madrid, Junta Técnica de Archivos, Bibliotecas y Museos, 1960.

Konopska, Jean A.(éd), *La Protection des biens culturels en temps de guerre et de paix d'après les conventions internationales (multilatérales)*, Ginebra, Versoix, 1997.

Kooij, Arie van der, "The City of Alexandria and the Ancient Versions of the Hebrew Bible", *Journal of Northwest Semitic Languages*, vol. 25, núm. 1, pp. 137-149.

Kornicki, P., *The Book in Japan. A Cultural History from the Beginnings to the Nineteenth Century*, Leiden, E. J. Brill, 1998.

Koster, W. J. W., *Scholia in Aristophanem*, pars I, fasc. I A: *Prolegomena de comoedia*, Groninga, Bouma's Boeckhuis, 1975.

Kracauer, Siegfried, *Die Angestellten. Aus dem neuesten Deutschland*, Fráncfort, Societätsdruckerei, 1930［ジークフリート・クラカウアー『サラリーマン——ワイマール共和国の黄昏』神崎巌訳, 法政大学出版局］.

Kraemer, Hans, *Platón y los fundamentos de la metafísica*, Caracas, Monte Ávila Editores, 1996.

Kraemer Koelier, G., *Previsión y conservación de bibliotecas y archivos contra agentes bióticos, el fuego y factores climáticos*, Madrid, Dirección General de Archivos y Bibliotecas, Sección de

Ashraf, al-Najaf, Matba'at al-Nu'man, 1971.

Hutin, S., *Los gnósticos*, Buenos Aires, Eudeba, 1964.

Ibrahim, Zahidah, *Fihrist al-makhtutat al-Arabiyah al-musawwarah fi al-Iraq wa-al-majdudah fi al-Maktabah al-Markaziyah li-Jamiat Bagdad, Jamiat Bagdad*, Jami'at Baghdad, 1970.

Isaacs, Jorge, *María*［ホルヘ・イサークス『マリア』堀アキラ訳，武田出版］.

Jackson, H., "Aristotle's Lecture Room and Lectures", *Journal of Philology*, vol. 35, 1920, pp. 191-200.

Jackson, Holbrook, *The Fear of Books*, Nueva York, Charles Scribner's Sons, 1932.

Jacobs, G., "Report on Flood Damage at the Madison County Library", *Idaho Librarian*, 1976, pp. 124-125.

James, Henry, *Los papeles de Aspern*, 1888［ヘンリー・ジェイムズ『アスパンの恋文』行方昭夫訳，岩波文庫］.

James, M. R., *The Wandering and Homes of Manuscripts*, Nueva York, The Macmillan Company, 1919.

Jammes, André, "De la destruction des livres", en *Le livre et l'historien: études offertes en l'honneur du professeur Henri-Jean Martin*, Ginebra, Droz, 1997, pp. 813-817.

Jammes, Paul, *Le bucher bibliographique. Collection de livres condamnés, poursuivis et détruits*, París, Librairie Paul Jammes, 1968.

Jewish Encyclopedia, 1901-1906, consultada en www.jewishencyclopedia. com.

Jianzhong, W., "The Destruction of Books and Libraries in Shanghai during World War II", *Journal of Information, Communication, and Library Science*, vol. 2, 1996, pp. 9-14.

Johnson, David Ronald, "The Library of Celsus, an Ephesian Phoenix", *Library Bulletin*, 1980, pp. 651-653.

Johnson, Elmer D., *History of the Libraries in the Western World*, Metuchen, Scarecrow Press, 1970.

Johnson, I. M., "The Impact on Libraries and Archives in Iraq of War And Looting In 2003. A Preliminary Assessment of the Damage and Subsequent Reconstruction Efforts", *The International Information & Library Review*, vol. 37, 2005, pp. 209-271.

Jones, Derek (ed.), *Censorship: A World Encyclopedia*, Londres y Chicago, Fitzroy Dearborn, 2001.

Jordan, René, "Sifting the Ashes: Fire in the Library", *Tennessee Librarian*, vol. 34, 1982, pp. 15-19.

Juburi, Abd Allah, *Fihris al-makhtutat al-Arabiyah fi Maktabat al-Awqaf al-Ammah fi Baghdad*, Bagdad, al-Jumhuriyah al-Iraqiya, Riasat Diwan al-Awqaf, 1973.

Juburi, Abd Allah y Hasan al-Ankurii, *Fihris makhtutat Hasan al-Ankurli al-muhdah ila Maktabat al-Awqaf al-'Ammah bi-Baghdad*, al-Nayaf, Matba'at al-Adab, 1967.

Juburi, Abd Allah y Muhamad Asad Talas, *Mustadrak ala alkashshaf an makhtutat khazain Kutub al-awqaf*, Bagdad, Matbaat al-Maarif, 1965.

Heller-Roazen, Daniel, "Tradition's Destruction: On the Library of Alexandria", *October 100*, primavera de 2002, pp. 133-153.

Henderson, G. P., "Book Salvage at the Guildhall", *Library Association Record*, vol. 52, 1950, pp. 455-458.

Hendrickson, G. L., "Ancient Reading", *The Classical Journal*, vol. 25, 1929, pp. 192-196.

Hermeias, *Kommentar zu Plantons "Phaidros"*, Tubinga, Mohr Siebeck, 1997.

Herrman, Wolfgang, "Prinzipelles zur Säuberung der öffentlichen Bücherein", *Börsenblatt für den deutschen Büchhandel*, vol. 100, 16 de mayo de 1933, pp. 356-358.

Herrmann-Mascard, Nicole, *La censure des livres à Paris à la fin de l'Ancien Régime: 1750-1789*, París, Presses Universitaires de France, 1968.

Hesíodo, *Los Trabajos y los días* [ヘーシオドス『仕事と日』松平千秋訳，岩波文庫ほか].

Hickin, Norman, *Bookworms: The Insect Pests of Books*, Londres, Sheppard Press, 1985.

Higman, Francis, *Censorship and the Sorbonne: A Bibliographical Study of Books in French Censured by the Faculty of Theology of the University of Paris, 1520-1551*, Génova, Droz, 1979.

Hochhuth, Rolf, "Verbrannte Bücher: Verbrannte Menschen. Überlegungen zur Bücherverbrennung", *Die Zeit*, vol. 20, 20 de mayo de 1943, p. 15.

Hoepfner, Wolfgang, "Zu griechischen Bibliotheken und Bücherschränken", *Archäologischer Anzeiger*, vol. 1, 1996, pp. 25-36.

Hoeven, Hans van der y Joan van Albada, *Mémoire du monde: Mémoire perdue-Bibliothèques et archives détruites au XXe siècle*, París, UNESCO, 1996.

Hoffmann, R. Joseph, *Porphyry's Against the Christians: The Literary remains*, Amherst, Prometheus Books, 1994.

Hollweck, Joseph, *Das kirchl. Bücherverbot. Ein Commentar zur Constitution L. s XIII. Officiorum ac munerum*, Maguncia, 1897.

Horsfall, Nicholas, "Empty Shelves on the Palatine", *Greece & Rome*, vol. XL, núm. 1, 1993, pp. 58-67.

Horsfield, Margaret, *The Burning Books*, 1990.

Horton, Carolyn, "Saving the Libraries of Florence", *Wilson Library Bulletin*, vol. 41, núm. 10, 1967, pp. 1034-1043.

Houston, George W., "A Revisionary Note on Ammianus Marcellinus 14.6.18: When Did the Public Libraries of Ancient Rome Close?", *Library Quarterly*, vol. 58, núm. 3, 1988, pp. 258-264.

Hrabal, Bohumil. *Una soledad demasiado ruidosa*, Barcelona, Destino, 2001 [ボフミル・フラバル『あまりにも騒がしい孤独』石川達夫訳，松籟社].

Huby, P. M., "The Transmission of Aristotle's Writings and the Places Where Copies of His Works Existed", *Classica &Medievalia*, vol. 30, 1969, pp. 241-247.

Hurley, Timothy, *A Commentary on the Present Index Legislation.*, Dublín, Belfast & Cork, 1907.

Husayni, Ahmad al-Rajibi al, *Fihrist makhtutat Khizanat al-Rawdah al-Haydariyah fi al-Najaf al-*

and Cognate Learning, 1951.

Haddad, Butrus, *Makhtutat al-Suryaniyah wa-al-Arabiyah fi Khizanat al-Rahbaniyah al-Kaldaniyah fi Bagdad,* Bagdad, al-Majma al-Ilmi al-Iraqi, 1988.

Haddad, Gérard, *Manger le livre: rites alimentaires et fonction paternelle*, París, Hachette, 2005.

Haddaw, Hamid Majid, *Makhtutat Maktabat al-Alamat al-Hijjat al-Sayid Abbas al-Husayni al-Kathani fi Karbala*, Kerbala, Matbaat Ahl al-Bayt, 1966.

Haight, Anne Lyon, *Banned Books*, 387 B. C. to 1978 A. D., Nueva York, R. R. Bowker, 1978.

Halivni, David, *The Book and the Sword: A Life of Learning in the Shadow of Destruction*, Nueva York, Farrar, Straus and Giroux, 1996.

Hamel, Christopher de, *A History of Iluminated Manuscripts*, Londres, Phaidon Press, 1986.

—, *The Book: A History of the Bible*, Nueva York, Phaidon Press, 2001.

Hamilton, Robert M., "The Library of Parliament Fire", *Bulletin of the Canadian Library Association*, vol. 9, 1952, pp. 73-77.

Hamlin, Arthur T., "The Libraries of Florence: November 1966", *Bulletin of the American Library Association*, 1967, pp. 141-150.

—, "The Library Crisis in Italy", *Library Journal*, 1967, p. 2519.

Hamman, A. G., *L'épopée du livre. La transmission des textes anciens, du scribe à l'imprimerie*, París, Perrin, 1985.

Handover, Phyllis Margaret, *Printing in London from 1476 to Modern Times*, Londres, Allen and Unwin, 1960.

Hansen, E. V., *The Attalids of Pergamon*, Ithaca, Cornell University Press, 1971.

Harper, Henry Howard, *Library: Essays about Books, Bibliophiles, Writers and Kindred Subjects*, Boston, s.p.i., 1924.

Harris, Michael H., *History of Libraries in the Western World*, Metuchen, Scarecrow Press, 1995.

Hart, William Henry, *Index expurgatorius Anglicanus: or, A descriptive catalogue of the principal books printed or published in England, which have been suppressed, or burnt by the common hangman, or censured, or for which the authors, printers, or publishers have been prosecuted*, Nueva York, B. Franklin, 1969.

Havelock, E., *La musa aprende a escribir. Reflexiones sobre oralidad y escritura desde la Antigüedad hasta el presente*, Paidós, 1996, edición original: *The Muse Learns to Write. Reflections on Orality and Literacy from Antiquity to the Present*, New Haven y Londres, Yale University Press, 1986.

Heartman, Charles F. y James R. Canny, *A Bibliography of First Printings of the Writings of Edgar Allan Poe*, Hattiesburg, The Book Farm, 1943, pp. 13-19.

"Heidelberg Burns Un-German Books", *New York Times*, 19 de mayo de 1933, p. 9.

Heiges, M. J., "Lessons from a Library Fire", *Minnesota Librarian*, 1981, pp. 717-720.

Heisterbach, Caesarius, *Dialogus Miraculorum*, Freiburg, 1901.

Heller, Agnes, *Instinto, agresividad y carácter*, Barcelona, Ediciones Península, 1980.

"Germany's Book Bonfire", *The Literary Digest*, vol. 115, 27 de mayo de 1933, pp. 14-15.
Gertz, Elmer, *Censored Books and Their Right to Live*, Lawrence, University of Kansas Libraries, 1965.
Giannini, A., *Paradoxographorum Graecorum Reliquiae*, Milán, Istituto Editoriale Italiano, 1965.
Gibson, Ian, *Erotomaniac: The Secret Life of Henry Spencer Ashbee*, Nueva York, Da Cap, 2001.
Gil Fernández, Luis, *Panorama social del humanismo español (1500-1800)*, Madrid, Tecnos, 1997.
Giles, Herbert Allen, *History of Chinese Literature*, Nueva York, D. Appleton, 1937.
Gilliard, Frank D., "More on Silent Reading in Antiquity: non omne verbum sonabat", *Journal of Biblical Literature*, vol. 112, 1993, pp. 689-696.
Gimeno Blay, Francisco M., *Quemar libros... ¡qué extraño placer!*, Valencia, Universitat de València, 2000.
Gneuss, Helmut, *Books and Libraries in Early England*, Aldershot, Brookfield, 1996.
Goldstone, Lawrence y Nancy, *Out of the Flames: The Remarkable Story of a Fearless Scholar, a Fatal Heresy, and One of the Rarest Books in the World*, Nueva York, Broadway Books, 2003.
Goodspeed, Charles Eliot, "The Story of Tamerlane", en *Yankee Bookseller*, Boston, Houghton Mifflin Company, 1937, pp. 197-211.
Goody, John Rankine, *La lógica de la escritura y la organización de la sociedad*, Madrid, Alianza,1990.
Gordon, John D., *Edgar Allan Poe: A Catalogue of First Editions, Manuscripts, Autograph Letters from the Berg Collection*, Nueva York, The New York Public Library, 1949, p. 5.
Goytisolo, Juan, "Memoricidio en Ramala", *El País*, 14 de abril de 2002.
Grätz, Heinrich, *Geschichte der Juden von den ältesten Zeiten bis auf die Gegenwart*, Leipzig, O. Leiner, 1853-1975.
Greenleaf, Richard E., *La Inquisición en Nueva España, s. XVI*, México, Fondo de Cultura Económica, 1981.
Grendler, Paul F., *The Destruction of Hebrew Books in Venice 1568*, Nueva York, American Academy for Jewish Research, 1978.
Gretseri, Jacob, *De jure et more prohibendi expurgandi et abolendi libros hæreticos et noxios*, Ingolstadt, Angemarius, 1603.
Gronovius, Johannes Frederici, *De museo alexandrino: exercitationes academicae... post caniculares ferias, ab filio ejus exceptae, et nunc primim editae*, Lugduni Batavorum, P. Vander, 1699.
Gutas, Dimitri, *Greek Thought, Arabic Culture*, Londres y Nueva York, Routledge, 1998.
Guy, Kent, *The Emperor's Four Treasuries: Scholars and the State in the Late Qianlong Period*, Cambridge, Harvard University Asia Center, 1987.
Haarmann, Harald, *Historia universal de la escritura*, Madrid, Gredos, 2001.
Haarmann, Hermann, et al., "Das War ein Vorspiel Nur", en *Bücherverbrennung Deutschland 1933: Voraussetzungen und Folgen*, catálogo de la exposición, Berlín, Medusa, 1983.
Hadas, Moses, *Aristeas to Philocrates; letter of Aristeas*, Nueva York, Dropsie College for Hebrew

va York, Cambridge University Press, 2001.

Frankfort, H. y H. A. Frankfort, J. A. Wilson, Thorkild Jacobsen, *El pensamiento prefilosófico*, México, Fondo de Cultura Económica, vol. I, 1954.

Franklin, Alfred, *Histoire de la Bibliothèque Mazarine et du palais de l'Institut*, París, H. Welter, 1901.

Frattarolo, C., "La situazione delle Biblioteche della Toscana e del Veneto ad un anno dall'alluvione", *Academie e Biblioteche d'Italia*, vol. 38, 1967, pp. 510-515.

Fraxi, Pisanus, *Bibliography of Prohibited Books*, Nueva York, Jack Brussel Publisher, 1962.

Frías León, Martha, *El libro y las bibliotecas coloniales mexicanas*. México, UNAM, 1977.

Friedrich, Thomas, *Das Vorspiel. Die Bücherverbrennung am 10. Mai 1933: Verlauf, Folgen, Nachwirkungen Eine Dokumentation*, Berlín, LitPol Verlagsgesellschaft, 1983.

Fromm, Erich, *Anatomía de la destructividad humana*, México, Siglo XXI, 1980［エーリッヒ・フロム『破壊　人間性の解剖』作田啓一・佐野哲郎訳，紀伊國屋書店］.

Fu'adi, Abd al-Hadi, *Nusus al-madrasiyah al-qursiyat al-shakl*, Bagdad, Ministry of Culture and Arts, The State Organization of Antiquities, 1979.

Fujii, Hideo y Kazumi Oguchi, *Lost Heritage: Antiquities Stolen from Iraq's Regional Museums*, vol. 3, Tokio, Institute for Cultural Studies of Ancient Iraq, Kokushikan University, 1996.

Fulton, John Farquhar, *Michael Servetus, Humanist and Martyr; with a Bibliography of His Works and Census of Known Copies, by Madeline E. Stanton*, Nueva York, H. Reichner, 1953.

Furlani, Giuseppe, "Sull'incendio della biblioteca di Alessandria", *Aegyptus. Rivista Italiana di Egittologia e di Papirologia*, vol. 5, 1924, pp. 205-212.

Fyan, Loleta D., "The Michigan State Library: An Account of Water Damage and Salvage Operations", *Bulletin of the American Library Association*, núm. 45, 1951, pp. 164-166.

Gaiser, K., "Plato's Enigmatic Lecture *On the Good", Phronesis*, vol. 25, 1980, pp. 69 y ss.

Galeano, Eduardo, *Memorias del fuego*, vol. I, México, Siglo XXI, 2000.

Gamboni, Dario, *The Destruction of Art*, Londres, Reaktion Books, 1997.

Gamillscheg, E. y B. Mersich, *Matthias Corvinus und die Bildung der Renaissance*, Viena, Österreichische Nationalbibliothek, 1994.

Garbelli, Filippo, *Le biblioteche in Italia all' epoca romana, con un' appendice sulle antiche biblioteche di Ninive ed Alessandria*, Milan, U. Hoepli, 1894.

García Icazbalceta, Joaquín, *Bibliografía mexicana del siglo XVI*, México, Fondo de Cultura Económica, 1954.

García Martínez, Florentino, *Textos de Qumrán*, Madrid, Trotta, 1992.

Gavrilov, A. K., "Reading Techniques in Classical Antiquity", *The Classical Quarterly*, vol. 47, 1997, pp. 56-73.

Geanakoplos, D. J., Greek *Scholars in Venice*, Cambridge, Harvard University Press, 1962.

Gellrich, Jesse M., *The Idea of the Book in the Middle Ages*, Ithaca, Cornell University Press, 1985.

"Germany: Bibliocaust", *Time*, vol. XXI, núm. 21, 22 de mayo de 1933, p. 21.

Erskin, A., "Culture and Power in Ptolemaic Egypt: The Museum and Library of Alexandria", *Greece & Rome*, vol. 42, núm. 1, 1995, pp. 38-48.
Escolar Sobrino, Hipólito, *La cultura durante la guerra civil*, Madrid, Alhambra, 1987.
—, *Historia universal del libro*, Madrid, Gredos, 1993.
—, *La Biblioteca de Alejandría*, Madrid, Gredos, 2001.
Eurípides, *Alcestis, The Medea, The Heracleidae, Hippolytus*, Chicago, University of Chicago Press, 1955.
— *The Cyclops and Heracles, Iphigenia in Tauris, Helen*, Chicago, University of Chicago Press, 2002.
— *Hecuba, Andromache, The Trojan Women, Ion*, Chicago, University of Chicago Press, 1992.
— *Electra, The Phoenician Women, The Bacchae*, Chicago, University of Chicago Press, 2002.
Farrer, James Anson, *Books Condemned to be Burnt*, Londres, Elliot Stock, 1904.
Febvre, Lucien y Henri-Jean Martin, *The Coming of the Book: The Impact of Printing, 1450-1800*, Londres y Nueva York, Verso, 1997.
Fehrle, R., *Das Bibliothekswesen im alten Rom: Voraussetzungen, Bedingungen, Anfänge*, Wiesbaden, L. Reichert, 1986.
Fernández, Stella Marie, *Muerte y resurrección del libro*, Buenos Aires, Universidad de Buenos Aires, 1977.
Fernández Areal, Manuel, *El control de la prensa en España*, Madrid, Guardania, 1973.
Ferruti, Francesco, "Su alcuni recenti studi riguardanti la biblioteca attalide di Pergamo", *ArchClass*, 1999-2000, pp. 305-327.
Fessler, Joseph, *Das kirchliche Bücherverbot*, Viena, Carl Gerold's Sohn, 1858.
Fierro Bello, María Isabel, *La heterodoxia en al-Ándalus durante el periodo Omeya*, Madrid, Instituto Hispano-Árabe de Cultura, 1988.
Fishburn, Mathew, *Burning Books*, Nueva York, Palgrave, 2008.
Flashar, H., *Die Philosophie der Antike*, vol. III, Basilea, Schwabe, 1983.
Forbes, Clarence A., "Books for the Burning", *Transactions of the American Philological Society*, vol. 67, 1936, pp. 114-125.
Forster, Edward Morgan, *Alexandria: A History and a Guide*, Nueva York, Oxford University Press, 1986.
Fortenbaugh, William W. (ed.), *Peripatetic Rhetoric after Aristotle*, New Brunswick, Transaction Publishers, 1994.
— y Eckart Schütrumpf, *Demetrius of Phalerum*, traducción y comentarios, Piscataway, Transaction Publishers, 2000.
Fortson-Jones, Judith, "Fire Protection for Libraries", *Catholic Library World*, vol. 53, 1981, pp. 211-213.
Fox, Marvin, *Interpreting Maimonides*, Chicago, University of Chicago Press, 1990.
Fragnito, Gigliola (ed.), *Church, Censorship and Culture in Early Modern Italy*, Cambridge y Nue-

Drogin, Marc, *Biblioclasm: The Mythical Origin, Magical Power and Perishability of the Written Word,* Savage, Rowman & Littlefield, 1989.

Drossaart Lulofs, Hendrik Joan, "Neleus of Scepsis and the Fate of the Library of the Peripatos", *Tradition et traduction. Les textes philosophiques et scientifiques grecs au moyen age latin. Hommage a Fernand Bossier*, Lovaina, Leuven University Press (Ancient and Medieval Philosophy, series 1, vol. 25), 1999.

Drujon, Fernand, *Destructarum Editionum Centuria*, 1893.

—, *Essai bibliographique sur la destruction volontaire des livres ou Bibliolytie*, París, Quantin, 1889.

Dudbridge, Glen, *Lost Books of Medieval China*, Londres, British Library (Panizzi Lectures), 2000.

Düring, Ingemar y Bernavé Navarro, *Aristóteles. Exposición e interpretación de su pensamiento*, México, Instituto de Investigaciones Filosóficas, UNAM, 2000.

Ebling, F. J., *Historia natural de la agresión*, México, Siglo XXI, 1966.

Eche, Youssef, *Les Bibliothèques arabes publiques et semi-publiques en Mésopotamie, en Syrie et en Égypte au Moyen Âge*, Damasco, Institut français de Damas, 1967.

Eco, Umberto, *The Name of Rose*, Londres, Everyman's Library, 2006［ウンベルト・エーコ『薔薇の名前』上下巻，河島英昭訳，東京創元社］.

—, y Jean-Claude Carrière, *Nadie acabará con los libros*, Barcelona, Lumen, 2010［ウンベルト・エーコ&ジャン=クロード・カリエール『もうすぐ絶滅するという紙の本について』工藤妙子訳，CCCメディアハウス］.

Eilon, Daniel, "Swift Burning the Library of Babel", *The Modern Language Review*, vol. 80, núm. 2, abril de 1985, pp. 269-282.

Eisenberg, Daniel, "Cisneros y la quema de los manuscritos granadinos", *Journal of Hispanic Philology*, vol. 16, 1992, pp. 107-124.

Eliade, Mircea, *El mito del eterno retorno*, Buenos Aires, Emecé, 1968.

—, *Mito y realidad*, Barcelona, Labor, 1983.

Elien, *Histoire variée*, traducción y comentarios de A. Lukinovich y A.-F. Morand, París, Les Belles Lettres, 1991.

Elschenbroich, Erika, *Wissenschaft und Kunst im Exil: Vorgeschichte, Durchführung und Folgen der Bücherverbrennung: eine Dokumentation*, Osnabrück, WURF, 1984.

Encyclopaedia Britannica, 2001.

Enderis, Guido, "Nazi Fires to Get 160 Writers' Books", *New York Times*, 6 de mayo de 1933, p. 8.

Enu, C. E., "The Effects of the Nigerian Civil War on the Library Services in the Former Eastern Region", *International Library Review*, vol. 20, 1970, pp. 206-217.

Ernesti, Johann, *Über das Recht, besonders das der Hierarchie auf Censur und Bücherverbote und über die sich anmaßende Abgaben-Befreiung der katholischen Geistlichkeit in weltlichen Dingen*, Leipzig, 1829.

Diez Macho, Alejandro, *Apócrifos del antiguo testamento*, vol. II, Madrid, Ediciones Cristiandad, 1983.

Dilts, M. R., *Claudii Aeliani Varia Historia*, Leipzig, B. G. Teubner, 1974.

Diodorus Siculus, *Library of History*, 12 vols., traducción de C. H. Oldfather, Cambridge, Harvard University Press (Loeb Classical Library), 1933.

Diringer, D., *The Illuminated Book. Its History and Production*, Londres, Faber and Faber, 1955.

Discoveries in the Judaean Desert, Oxford, Oxford University Press, 1955-1992; vol. I: D. Barthelemy y J. T. Milik, *Qumran Cave* I, 1955; vol. II: P. Benoit, J. T. Milik y R. de Vaux, *Les Grottes de Murabba'at*, 1961; vol. III: M. Baillet, J. T. Milik y R. de Vaux, *Les Petites Grottes de Qumran*, 1962; vol. IV: J. A. Sanders, *The Psalms Scroll of Qumran Cave II (IIQPs^{a}-11Q5)*, 1965; vol. V: J. M. Allegro, *Qumran Cave 4: I (4Q158-4Q186)*, 1968; vol. VI: R. de Vaux y J. T. Milik, *Qumran Grotte 4: II (Archeologie et 4Q128-4Q157)*, 1977; vol. VII: M. Baillet, *Qumran Grotte 4: III (4Q482-4Q520)*, 1982; vol. VIII: E. Tov, *The Greek Minor Prophets Scroll from Nahal Hever (8HevXIIgr) (The Seiyal Collection I)*, 1990; vol. IX: P. Skehan, E. Ulrich, J. Sanderson y P. J. Parsons, *Qumran Cave 4: IV. Palaeo-Hebrew and Greek Biblical Manuscripts*, 1992.

Disraeli, Isaac, *Curiosities of Literature*, vol. I, Londres, Routledge, 1859.

Ditchfield, Peter H., *Books Fatal to their Authors*, Londres, E. Stock, 1903.

Dittenberger, W., *Sylloge Inscriptionum Graecarum*, I-IV, Leipzig, Apud S. Hirzelium, 1915-1924.

Dix, T. Keith, "Books and Bookmaking", en Bruce M. Metzger y Michael D. Coogan (eds.), *The Oxford Companion to the Bible*, Nueva York, Oxford University Press, 1993, pp. 93-95.

—, "Ovid Strikes Out: Tristia 3.1 and the First Public Libraries at Rome", *The Augustan Age*, vol. 7, 1996, pp. 27-35.

—, "Pliny's Library at Comum", *Libraries & Culture*, vol. 31, 1996.

—, "Public Libraries at Rome: Ideology and Reality", *Libraries and Culture*, vol. 29, núm. 3, 1994, pp. 282-296.

—, "The Library of Lucullus", *Athenaeum*, vol. 88, 2000, pp. 441-446.

— y George Houston, "Libraries in Roman Baths?", *Balnearia*, vol. 4, núm. 1, 1996, pp. 2-4.

Dombrovskii, Kirill, "Vsya pamyat' mira", *Bibliotekar*, núm. 2, 1982, pp. 60-63.

Donaldson, Gerald, *Books: Their History, Art, Power, Glory, Infamy and Suffering According to Their Creators, Friends and Enemies*, Nueva York, Van Nostrand Reinhold, 1981.

Donaldson, Ian, "The Destruction of the Book", *Book History*, vol. 1, 1998, pp. 1-10.

Donatus, Aelius, *Life of Virgil*, traducción de David Scott Wilson-Okamura, 1996; edición revisada, 2005, consultada en www.virgil.org/vitae/a-donatus.htm.

Donini, P. L., *Tre studi sull'aristotelismo nel II secolo d.* C., Turín, Paravia, 1974.

Dort wo man Bücher verbrennt: Stimmen der Betroffenen, Fráncfort del Meno, Suhrkamp, 1983.

Dosa, Marta L., *Libraries in the Political Scene*, Westport, Greenwood Press, 1974.

Doucet, R., *Les bibliothèques parisiennes au XVIe siècle*, París, A. et J. Picard, 1956.

龍一訳，岩波文庫ほか].
—, *La variación de los animales y plantas bajo la acción de la domesticación*, 1868 [「家畜・栽培植物の変異」『ダーウィン全集』第4巻，永野為武・篠遠喜人訳，白揚社].
—, *La descendencia humana y la selección sexual*, 1871 [「人間の進化と性淘汰」『ダーウィン著作集』第1-2巻，長谷川眞理子訳，文一総合出版].
—, *Expresión de las emociones en el hombre y los animales*, 1872 [「人間及び動物の表情」『ダーウィン全集』第8巻，村上哲夫訳，白揚社ほか].
Davis, Jr., Donald G., "TLA & Texas Libraries: The Early Years", *Texas Library Journal*, vol. 77, 2001, pp. 55-57.
Daywahchi, Said, *Makhtutat al-Maktabah al-Markaziyah fi al-Mawsil*, Bagdad, Matbaat al-Majma al-Ilmi al-Iraqi, 1967.
De viris Illustribus, edición de Franz Pichlmayr, Leipzig, B. G. Teubner, 1911.
Defourneaux, Marcelin, *L'Inquisition espagnole et les livres français au XVIII*ᵉ *siècle*, París, Presses Universitaires de France, 1963.
Delia, Diana, "From Romance to Rhetoric: The Alexandrian Library in Classical and Islamic Traditions", *American Historical Review*, vol. 97, núm. 5, 1992, pp. 1449-1467.
Delon, Michel (ed.), *La bibliothèque est en feu*, Nanterre, Centre de Recherches du Département de Français de Paris, 1991.
Dempsey, D., "Operation Booklift: Restoring the Library at the Jewish Theological Seminary of America", *Saturday Review*, vol. 50, 1969, pp. 39-41.
Denis, Philippe, *Jean Morély et l'utopie d'une démocratie dans l'Église*, Ginebra, Droz, 1993.
Déroche, F. (ed.), *Manuel de codiciologie des manuscrits en écriture arabe*, París, Bibliothèque nationale de France, 2000.
Déroche, F. y F. Richard, *Scribes et manuscrits du Moyen-Age*, París, Bibliothèque nationale de France, 1997.
Déroche, F., A. Gacek y J. J. Witkamp (eds), *Manuscripts of the Middle East*, Leiden, TerLugt Press, 1990.
Deschner, Karlheinz, *Historia criminal del cristianismo*, vol. 3, Barcelona, Ediciones Martínez Roca, 1992.
Devreesse, R., *Introduction à l'étude des manuscrits grecs*, París, Impr. Nationale, Librarie C. Klincksieck, 1954.
Dewdney, S., *The Sacred Scrolls of the Southern Objibway*, Toronto, University of Toronto Press, 1975.
día en que el terror cambió al mundo, 11 de septiembre, El, Caracas, 2001.
Dickinson, Donald G., *Dictionary of American Book Collectors*, Nueva York, Greenwood, 1986.
Dietrich, A., "Ibn al-Kifti", en M. Th. Houtsma et al. (eds.), *The Encyclopædia of Islam: A Dictionary of the Geography, Ethnography and Biography of the Muhammadan Peoples*, 4 vols., Leiden y Londres, E.J. Brill y Luzac, 1913-1938.

Coeuré, Sophie, *La mémoire spoliée. Les archives des francais, butin de guerre nazi puis soviétique*, París, Payot, 2006.

Collins, Nina L., *The Library in Alexandria and the Bible in Greek*, Leiden, E. J. Brill, 2000.

Colón, Cristóbal, *The Journal of Christopher Columbus (during His First Voyage, 1492-93) and Documents Relating to the Voyages of John Cabot and Gaspar Corte Real*, Chesnut Hill, Adamant Media Corporation, 2001.

Conrad, Joseph, *Notes on My Books*, 1921, disponible en http://www.gutenberg.org/files/20150/20150-h/20150-h.htm［『コンラッド自伝——個人的記録』木宮直仁訳，鳥影社］.

Constance de Lyon, *Vie de saint Germain d'Auxerre*, París, Le Cerf, 1965.

Corbett, Dennis F., "Halon 1301: A Fire Suppressant that Respects Rare Books", *Harvard Magazine*, vol. 78, núm. 9, 1976, p. 12.

Cortázar, Julio, *Marelle*, París, Gallimard (L'Imaginaire), 1979［フリオ・コルタサル『石蹴り遊び』土岐恒二訳，水声社］.

Cotton, P. E., "Fire Tests of Library Bookstacks", *National Fire Protection Association Quarterly*, vol. 84, núm. 15, 1960, pp. 288-295.

Craig, Alec, *The Banned Books of England*, prólogo de E. M. Forster, Londres, George Allen & Unwin, 1937.

Cramer, F. H., "Book Burning and Censorship in Ancient Rome", *Journal of the History of Ideas*, vol. 6, 1945, pp. 157-196.

Cribiore, Raffaella, *Writing, Teachers, and Students in Graeco-Roman Egypt*, Atlanta, Scholars Press, 1996.

Curless, M., "Fire Protection and Prevention in Libraries", *New York Library Association Bulletin*, vol. 2, 1964, pp. 91-93.

Curtius, E. R., *Literatura europea y Edad Media latina*, México, Fondo de Cultura Económica, 1955.

Cuthbertson, David, *A tragedy of the reformation, being the authentic narrative of the history and burning of the Christianismi restitutio, 1553, with a succinct account of the theological controversy between Michael Servetus, its author, and the reformer John Calvin*, Edimburgo, Oliphant, Anderson & Ferrier, 1912.

Dadson, Trevor J., *Libros, lectores y lecturas: estudios sobre bibliotecas españolas del Siglo de Oro*, Madrid, Arco/Libros, 1998.

Dahan, Gilbert, *Le brûlement du Talmud à Paris*, 1242-1244, París, Le Cerf, 1999.

Dainard, J., "From Agamemnon to Alexandria: The Libraries of Classical Antiquity", *Pacific Northwest Library Association Quarterly*, vol. 65, 2001, pp. 28-32.

Dalby, A., "Sumerian Catalogs", *Journal of Library History*, vol. 21, núm. 3, 1986, pp. 475-487.

Daniels, Walter M. (ed.), *The Censorship of Books*, Nueva York, H. W. Wilson, 1954.

Darwin, Charles, *Sobre el origen de las especies*, 1859［ダーウィン『種の起原』上下巻，八杉

Cavallo, G. y H. Maehler, *Greek Bookhands of the Early Byzantine Period: A. D. 300-800*, Londres, University of London, Institute of Classical Studies, 1987.

Cerny, Jaroslav, *Paper and Books in Ancient Egypt*, Londres, University College, 1947.

Chalabi, Daud al, *Kitab makhtutat al-Mawsil*, Bagdad, Matb'a al-Furat, 1927.

Chalbaud Zerpa, Carlos, *Historia de Mérida*, Mérida, Talleres Gráficos, 1983.

Chartier, Roger, *The Order of Books: Readers, Authors, and Libraries in Europe Between the 14th and 18th Centuries*, Stanford, Stanford University Press, 1994.

Chimalpain Cuauhtlehuanitzin, Domingo de San Antón Muñón, *Primera, Segunda, Cuarta, Quinta y Sexta Relaciones de las* Différentes Histoires Originales, edición de Josefina García Quintana, Silvia Limón, Miguel Pastrana y Víctor M. Castillo, México, UNAM, Instituto de Investigaciones Históricas, 2003.

Chroust, A. H., "The Miraculous Disappearance and Recovery of the Corpus Aristotelicum", *Classica et Medievalia*, vol. 23, 1963, pp. 50-67.

—, *Aristotle. New Light on His Life and on Some of His Lost Works*, 2 vols., Londres, Routledge and Kegan Paul, 1973.

Cicéron, *De senectute, De amicitia, De divinatione*, Londres, Harvard University Press (Loeb Classical Library), 1970.

—, *Disputas tusculanas*, México, UNAM (Bibliotheca Scriptorum graecorum et romanorum mexicana), 1987.

—, *Cuestiones académicas*, México, UNAM (Bibliotheca Scriptorum graecorum et romanorum mexicana), 1990.

—, *De la divination*, traducción de G. Freyburger y J. Scheid, Les Belles Lettres, París, 1992.

—, Discours, t. XIX: *Philippiques* I-IV, traducción de A. Boulanger y P. Wuillemier, París, Les Belles Lettres, 1959.

—, *Brutus*, traducción de de Jules Martha, París, Les Belles Lettres, 2003.

Clanchy, M. T., *From Memory to Written Record: England 1066-1307*, Londres, Arnold, 1979.

Clark, Albert Curtis, *The Descent of Manuscripts*, Oxford, Clarendon Press, 1918.

Clark, W. P., "Ancient Reading", *The Classical Journal*, vol. 26, 1931, pp. 698-700.

Clarke, G.W., "Books for the Burning", *Prudentia*, vol. 4, núm. 2, 1972.

Cleator, P. E., *Lost Languages*, Dublín, Mentor Books, 1959.

Clendenning, Philip, "Academy of Sciences Library Fire a National Tragedy: 3,000,000 Books Damaged, 400,000 Destroyed", *The Soviet Observer*, marzo-abril de 1988, pp. 1, 3, 7.

Cline, Edward, "Censorship", *Encyclopedia of Library and Information Science*, vol. 70, 2002, pp. 38-57.

Clowes, William Laird, *Bibliotheca Arcana seu Catalogus Librorum Penetralium, being Brief notices of books that have been secretly printed, prohibited by law, seized, anathematized, burnt or Bowdlerized. By Speculator Morum*, Londres, George Redway, 1885.

Cobban, Alan, *English University Life in the Middle Ages*, Londres, UCL Press, 1999.

—, *Index de Venise, 1549, Venise et Milan*, 1554, Quebec, Université de Sherbrooke, Centre d'études de la Renaissance, 1987.
—, *Thesaurus de la littérature interdite au XVIe siècle: auteurs, ouvrages, éditions*, Quebec, Université de Sherbrooke, Centre d'études de la Renaissance, 1996.
Burton, John Hill, *The Book-hunter*, Edimburgo, W. Blackwood, 1898.
Burton, Robert, *The Anatomy of Melancholy*, Nueva York, Tudor Publishing Company, 1927.
Bushwell, G. H., *The World's Earliest Libraries*, Londres, Grafton & Co., 1931.
Busse, Adolf, *Olympiodori Prolegomena et in Categorias commentarium*, edición de Adolf Busse, Berlín, Reimer, 1902.
Butler, Randall, "The Los Angeles Central Library Fire", *Conservation Administration News*, vol. 27, 1986, pp. 1-2, 23-24.
—, "The Los Angeles Central Library Fire: Nightmare, Part II", *Conservation Administration News*, vol. 28, 1987, pp. 1-2.
Buzás, Ladislaus, *German Library History, 800-1945*, traducción de William D. Boyd, Jefferson, McFarland & Co., 1986.
Cagnat, René, et al., *Inscriptiones Graecae ad res Romanas pertinentes*, Roma, L'Erma, 1964.
Camp, L. Sprague de, "Books that Never Were", Fantasy and *Science Fiction*, vol. XLIII, núm. 6, 1972, pp. 78-85.
Canart, Paul, *Les Vaticani Graeci, 1487-1962: notes et documents pour l'histoire d'un fonds de manuscrits de la Bibliothèque vaticane*, Ciudad del Vaticano, Biblioteca Apostólica Vaticana, 1979.
Canetti, Elias, *Auto de fe*, Barcelona, Muchnik Editores, 1994［エリアス・カネッティ『眩暈』池内紀訳，法政大学出版局］.
Canfora, Luciano (ed.), *Libri e biblioteche*, Palermo, Sellerio, 2002.
—, *Conservazione e perdita dei classici*, Padova, Antenore, 1974.
—, *Une profession dangereuse. Les penseurs grecs dans la cité*, París, Desjonquères, 2001.
Capaldi, Nicholas, *Censura y libertad de expresión*, Buenos Aires, Ediciones Libera, 1973.
Cappelletti, Angel J., *Textos y estudios de filosofía medieval*, Mérida, Consejo de Publicaciones, 1993.
Carreño, Alberto, "La primera biblioteca pública del continente americano", *Divulgación Histórica*, vol. 8, 15 de junio de 1943.
Casamassima, E., "La Nazionale di Firenze Dopo il 4 novembre 1966", *Associazione Italiana per le Biblioteche*, vol. 7, núm. 2, 1967, pp. 53-66.
Casanova, Paul, *Mohammed et la fin du monde, étude critique sur l'Islam primitif*, París, P. Geuthner, 1911.
—, "L'incendie de la Bibliothèque d'Alexandrie par les Arabes: communication faite à l'Académie des Inscriptions et Belles-Lettres le mercredi 28 mars 1923", *Revue des bibliothèques*, vol. 33, 1923, pp. 253-264.
Casson, L., *Libraries in the Ancient World*, New Haven, Yale University Press, 2001.

livresques dans l'Europe moderne 1450-1830, París, Klincksieck, 2000, pp. 207-226.

Bowden, R., "On Civil War and Preservation of Library Materials, the Recovery: Nigerian Library Developments, 1970-1973", *Journal of ibrarianship*, vol. 6, 1974, pp. 179-202.

Bowman, Alan K. y Greg Woolf, *Cultura escrita y poder en el Mundo Antiguo*, Barcelona, Gedisa, 2000.

Bowring, John, *Conflagration of Åbo*, Westminster, Howlett & Brimmer, 1828.

Boyd, Clarence Eugene, *Public Libraries and Literary Culture in Ancient Rome*, Chicago, University of Chicago Press, 1915.

Boyer, J., "Insect Enemies of Books", *Scientific American*, vol. 98, 1908, p. 413-414.

Bradbury, Ray, *Fahrenheit 451*, Nueva York, Ballantine Books, 1953［レイ・ブラッドベリ『華氏451度』宇野利泰訳，ハヤカワSF文庫ほか］.

—, *The Illustrated Man*, 1951［同上『刺青の男』小笠原豊樹訳，ハヤカワSF文庫］.

—, *S is for Space*, 1966［同上『スは宇宙のス』一ノ瀬直二訳，創元推理文庫］.

Brenner, Hildegard, *Die Kunstpolitik des Nationalsozialismus*, Hamburgo, Rowohlt, 1963.

Bridgeman, B., *The Biology of Behavior*, Nueva York, John Wiley and Sons, 1988.

Brinton, Selwyn, *The Golden Age of the Medici*, Londres, Methuen and Co., 1925.

Brooks, P., "The Bookworm Vanquished", *Philippine Agriculturist*, vol. 23, 1934, pp. 171-173.

Brownrigg, Linda L. y Margaret M. Smith (eds.), *Interpreting and Collecting Fragments of Medieval Books*, Los Altos, Anderson-Lovelace Publishers, 2000.

Bruce, Lorne D., "A Note on Christian Libraries during the Great Persecution 303-305 A. D.", *The Journal of Library History*, vol. 15, núm. 2, 1980, pp. 127-137.

—, "A Reappraisal of Roman Libraries in the Scriptores Historiae Auguste", *The Journal of Library History*, vol. 16, núm. 4, 1981, pp. 551-573.

—, "Palace and Villa Libraries from Augustus to Hadrian", *The Journal of Library History*, vol. 21, núm. 3, 1986, pp. 510-552.

Brugnoli, Giorgio y Fabio Stok (ed.), *Vitae vergilianae antiquae. Scriptores graeci et latini*, Roma, Istituto Polygraphico, 1997.

Brunet, Pierre Gustave, *Dictionnaire de bibliographie et de bibliologie catholique*, París, J. P. Migne, 1860.

— y J. M. Quérard, *Livres perdus et exemplaires uniques*, reimpresión de la edición de Burdeos de 1872, Sala Bolognese, Arnaldo Forni Editore, 1984.

Büch, Boudewijn, *Boekenpest*, Ámsterdam, Arbeiderspers 1988.

Buchanan, Dennis, "Ancient Greek Libraries", *State Librarian Journal*, vol. 34, núm. 3, 1986, pp. 40-42.

Buchanan, Sally, "The Stanford Library Flood Restoration Project", *College & Research Libraries*, vol. 40, 1979, pp. 539-548.

Bujanda, Jésus Martinez de, René Davignon y Ela Stanek, *Index de l'Université de Louvain*, 1546, 1550, 1558, Quebec, Université de Sherbrooke, Centre d'études de la Renaissance, 1986.

1936.
Biondo, Flavio, *Historiarum ab inclinatione Romanorum imperii decades*, Venecia, Octavianus Scotus, 1483.
Birchall, Frederick T., "Nazi Book-Burning Fails to Stir Berlin", *New York Times*, 11 de mayo de 1933.
Birt, Theodor, *Die Buchrolle in der Kunst*, Leipzig, B. G. Teubner, 1907.
Blackie, W. J., "Preservation of Books in the Tropics", *Agricultural Journal of Fili*, vol. 3, núm. 2, 1930, pp. 84-85.
Blackmore, Susan, *Las máquinas de los memes*, Barcelona, Paidós, 2000, edición original: *The Meme Machine*, Oxford, Oxford, University Press, 2000.
Blake Shubert, Steven, "The Oriental Origins of the Alexandrian Library", *Libri*, vol. 43, núm. 2, 1993, pp. 142-172.
Blazina, Vesna, "¿El memoricidio es un crimen contra la humanidad igual que el genocidio?", *Studia Croatica*, vol. 134, 1997, p. 121.
Bloom, Jonathan M., *Paper Before Print: The History and Impact of Paper in the Islamic World*, Londres, Yale University Press, 2001.
Blum, R., *Kallimachos. The Alexandrian Library and the Origins of Bibliography*, Madison, University of Wisconsin Press, 1991.
Bogdanos, Matthew, *Thieves of Baghdad: One Marine's Passion to Recover the World's Greatest Stolen Treasures*, Nueva York, Bloomsbury, 2006.
Bolgar, R. R., *The Classical Heritage and its Beneficiaries*, Cambridge, Cambridge University Press, 1954.
Bolseé, J., "La protection des archives en temps de guerre", *Archives, Bibliothèques et Musées de Belgique*, vol. 16, núm. 2, 1939, pp. 116-120.
Bonnard, A., "The Reign of Books: Alexandria, Its Library and Museum", en A. Bonnard, *Greek Civilization: From Euripides to Alexandria*, Londres, Macmillan, 1961, pp. 170-180.
"Book-Burning Night", *New York Times*, 10 de mayo de 1933, p. 16.
Borin, Jacqueline, "Embers of the Soul: The Destrucion of Jewish Books and Libraries in Poland during World War II", *Libraries & Culture*, vol. 28, 1993, p. 4.
Borque López, Leonardo, *Bibliotecas, archivos y guerra civil en Asturias*, Gijón, Trea, 1997.
Bosmajian, Haig, *Burning Books*, Jefferson, McFarland & Company, 2006.
Boston, Guy D., *Terrorism: A Selected Bibliography*, Washington, National Institute of Law Enforcement and Criminal Justice, Law Enforcement Assistance Administration, U.S. Department of Justice, 1977.
Bottéro, Jean, *Ancestor of the West: Writing, Reasoning, and Religion in Mesopotamia, Elam, and Greece*, Chicago, University of Chicago Press, 2000.
Boudinhon, A., *La nouvelle legislation de l'index*, París, Lethielleux, 1899.
Bouge-Grandon, Dominique, *Le Livre voyageur: Constitution et dissemination des collections*

—, *A Splendor of Letters: The Permanence of Books in an Impermanent World*, Nueva York, Harper Perennial, 2004.

Basmah'ji, Faraj, *Kunuz al-Mathaf al-'Iraqi*, Bagdad, Wizarat al-I'lam, Mudiriyat al-Athar al-' Ammah, 1972.

—, *Treasures of the Iraq Museum*, Bagdad, Al-Jumhuriya Press, 1976.

Batini, Giorgio, *4 November 1966: The River Arno in the Museums of Florence*, Florencia, Bonechi Editore, 1967.

Battles, Matthew, *Library: An Inquiet History*, 2003［マシュー・バトルズ『図書館の興亡——古代アレクサンドリアから現代まで』白須英子訳，草思社］.

Bauer, Walter, *Orthodoxy and Heresy in Earliest Christianity*, Filadelfia, Fortress Press, 1971.

Bayer, Franz y Karl Ludwig Leonhardt, *Selten und gesucht: Bibliographien und ausgewählte Nachschlagewerke zur erotischen Literatur*, Stuttgart, Hiersemann, 1993.

Bechtel, Guy, *Los grandes libros misteriosos*, Barcelona, Plaza & Janés, 1974.

Beck, Christian Daniel, *Specimen historiae Bibliothecarum Alexandrinarum: quod amplissimi philosophorum ordinis permissu*, Leipzig, Ex Officiana Langenhemia, 1779.

Becourt, Daniel, *Livres condamnés. Livres interdits*, París, Cercle de la Librairie, 1961.

Bekker-Nielsen, Hans y Ole Widding, *Arne Magnusson. The Manuscript Collector*, Odense, Odense University Press, 1972.

Belis, Annie, *Aristoxène de Tarente et Aristote. Le Traité d'harmonique*, París, Méridiens-Klincksieck, 1991.

Bellinghausen, Hermann, "La muerte de los libros", *Nexos*, núm. 44, agosto de 1981.

Belyakova, L. A., "La préservation des livres dans les bibliothèques de l'urss. La protection des livres contre la moisissure à la Bibliothèque nationale Lénine", *Bulletin de l'unesco à l'intention des bibliothèques*, vol. 15, núm. 4, 1961, pp. 214-215.

Benayahu, Meir, *Sefarim she-nithabru be-Vavel u-sefarim she-neteku bah, Yerushalyim*, Jerusalén, Yad ha-Rav Nisim, 1993.

Benet, Stephen Vincent, *They Burned the Books*, Nueva York, Farrar & Rinehart, 1942.

Benítez, Fernando, *El libro de los desastres*, México, Era, 2000.

Benzelius, Adolphus y Samuel Klingestierna, *Dissertatio academica de censura librorum*, Estocolmo, Typis Petri Momma, 1743.

Bermant, Chaim y Michael Weitzman, *Ebla: An Archaeological Enigma*, Londres, Weidenfeld and Nicholson, 1979.

Bethe, Erich, *Buch und Bild im Altertum*, Ámsterdam, Adolf M. Hakkert,1964.

Bevan, Robert, *The Destruction of Memory. Architectura at War*, Londres, Reaktion Books, 2007.

Biagi, Delwin A., "Los Angeles: Success Comes with Practice", *Emergency Management Quarterly*, 1986, pp. 2-4.

Bidez, J., *Un singulier naufrage littéraire dans l'antiquité*, Bruselas, Office de la Publicité, 1943.

Bignone, E., *L'Aristotele perduto e la formazione filosofica di Epicuro*, Florencia, La Nuova Italia,

—, *Makhtutat al-tarikhiyah fi khizanat kutub al-Mathaf al-Iraqi bi-Bagdad*, Bagdad, Matbaat al-Rabitah, 1957.

— y Qasim Muhammad Rajab, *Fihrist al-makhtutat al-Arabiyah fi khizanat Qasim Muhamad al-Rajab bi-Bagdad*, Bagdad, Matbaat al-Majma al-Ilmi al-Iraqi, 1965.

Awwad, Mikhail, *Makhtutat al-Majma al-Ilmi al-Iraqi: dirasah wa-fahrasah*. Bagdad, Matbaat al-Majma al-Ilmi al-Iraqi, 1979-1983.

Baas, Valerie, "Know Your Enemies", *History News*, vol. 35, núm. 7, 1980, pp. 40-41.

Back, E. A., "Bookworms", *Indian Archives*, vol. 1, núm. 2, 1947, pp. 126-134.

Báez, Fernando, "Iraq es un libro quemado", *La Vanguardia*, suplemento *Culturas*, 29 de mayo de 2003.

—, *El Tractatus Coislinianus*, Mérida, Universidad de Los Andes, 2000.

—, *Historia de la antigua Biblioteca de Alejandría*, 2003.

—, *Los fragmentos de Aristóteles*, Mérida, Vicerrectorado Académico de la Universidad de Los Andes, Mérida, 2002.

—, *La destrucción cultural de Iraq. Un testimonio de posguerra*, Barcelona, Octaedro, 2004.

—, *El saqueo cultural de América Latina*, Barcelona, Debate, 2009.

Bagnall, R. S., "The Origin of Ptolemaic Cleruchs", *Bulletin of the American Society of Papyrologists*, vol. 21, 1984, pp. 7-20.

Bailie, Gil, *Violence Unveiled: Humanity at the Crossroads*, Nueva York, Crossroads, 1995.

Baker, H. D., R. J. Matthews y J. N. Postgate, *Lost Heritage: Antiquities Stolen from Iraq's Regional Museums*, Londres, British School of Archaeology in Iraq, 1993.

Bald, Margerat, *Banned Books: Literature Suppressed on Religious Grounds*, Nueva York, Facts on File, 1998.

Banks, Edgard J., *Bismya or The Lost City of Adab*, Nueva York y Londres, The Knickerbocker Press, 1912.

Barash, David P., *Understanding Violence*, Boston, Allyn & Bacon, 2001.

Baratin, Marc y Christian Jacob (eds.), *O poder das bibliotecas*, Río de Janeiro, UFRJ, 2000.

Barber, Giles, "Noah's Ark, or, Thoughts Before and After the Flood", *Archives*, vol. 16, núm, 70, 1983, pp. 151-161.

Barberi, F., "Esperienza di un Disestro", *Associazione Italiana per le Biblioteche*, vol. 6, núms. 5-6, 1966, pp. 135-143.

Barnes, Jonathan y Miriam Griffin (eds.), *Philosophia Togata II. Plato and Aristotle at Rome*, Oxford, Oxford University Press, 1999.

Barón Fernández, J., *Miguel Servet: su vida y su obra*, Madrid, Espasa-Calpe, 1989.

Bartlett, Frederic, *Remembering: A Study in Experimental and Social Psychology*, Londres, Cambridge University Press, 1967.

Basbanes, Nicholas, *A Gentle Madness. Bibliophiles, Bibliomanes, and the Eternal Passion for Books*, Collingdale, Diane Pub Co., 2002.

Amram, David Werner, *The Makers of Hebrew Books in Italy. Being Chapters in the History of the Hebrew Printing Press,* Londres, Holland Press, 1988.

An Encylopedia of World History, Boston, Houghton Mifflin, 1948.

Anastase, *Vida de San Pedro de Alejandría,* apud Maium, Spicilegii, B. H. Hawkins, 1879.

Andert, Frank, *Verbrannt, Verboten, Verbannt-Vergessen?: Kolloquium zum 60. Jahrestag der Bücherverbrennung von 1933,* Leipzig, Rosa-Luxemburg-Verein, 1995.

Andrés, Gregorio de, *Catálogo de los códices griegos de la Biblioteca Nacional,* Madrid, Ministerio de Cultura/Dirección General del Libro y Bibliotecas,1987.

Antolín, Guillermo (o.s.a.), "La librería de Felipe II: datos para su reconstrucción", *Boletín de la Real Academia de la Historia,* t. xc, cuaderno II, 1964.

Aragón, Henrique de (Villena, Henrique de), *Arte cisoria o Tratado del arte del cortar del cuchillo,* Madrid, El Bibliófilo, 1981.

Araujo, R. L., "Notes e Informaçoes: Notas sobre insetos que prejudicam livros", *Biologico,* vol. 1, 1945, p. 32.

Archivo General de la Nación, *Documentos para la historia de la cultura en México, una biblioteca del siglo XVII; catálogo de libros expurgados a los jesuitas en el siglo XVIII,* México, Imprenta Universitaria, 1947.

Arksey, Laura, "The Library of Assurbanipal, King of the World", *Wilson Library Bulletin,* vol. 51, 1977, pp. 832-840.

Arndt, Augustinus, S. J., *De Libris Prohibitis Commentarii,* Ratisbona, Sumptibus F. Pustet, 1895.

Arqueología de las ciudades perdidas, vol. 9, Barcelona, Salvat, 1992.

Arsalan, Ibrahim Khurshid, *Faharis al-ruqayqat li-Maktabat Makhtutat al-Majma al-Ilmi al-Iraqi,* Bagdad, al-Majma, 1981.

Ashraf, A. y M. A. Khan, *Conservation and Restoration of Archival Material,* Islamabad, National Archives of India, 1980.

Asselineau, Charles, *L'enfer du bibliophile,* 1860, consultado en http://www.bmlisieux.com/litterature/asselineau/enferbib.htm.

Auster, Paul, *El país de las últimas cosas,* Barcelona, Anagrama (Serie Compactos), 2002［ポール・オースター『最後の物たちの国で』柴田元幸訳，白水uブックス］.

Awwad, Kurkis, *al-Makhtutat al-'Arabiyah fi Maktabat al-Mathaf al-'Iraqi,* Bagdad, Matba'at al-Rabitah, 1957-1959.

—, *Maktabat al-Iskandariyah: ta'sisuha wa-ihraquha/biqalam Gurgis 'Awwad, Bagdad, Jam'iyat al-Khadamat al-Diniyah wa-al-Ijtima'iyah fi al-I'raq,* 1955.

—, *Catalogue of the Arabic Manuscripts in the Iraq Museum Library,* Bagdad, Ar-Rabita Press, 1957-1959.

—, *Fihrist makhtutat khizanat Yaqub Sarkis al-muhdah ila Jamiat al-Hikmah bi-Bagdad,* Bagdad, al-Hikma University, Matbaat al-Ani, 1966.

参考文献

Abbadi, Mostafa el, *The Life and Fate of the Ancient Library of Alexandria*, París, unesco/undp, 1990.

Abellán, Manuel L., *Censura y creación literaria en España*, Barcelona, Península, 1980.

Accardo, Salvatore, "Dommages subis par les bibliothèques de Toscane et de Vénétie", *Bulletin de l'unesco à l'intention des bibliothèques*, vol. 21, núm. 3, 1967, pp. 126-130.

Acosta, José de, *Historia natural y moral de las Indias*, en Obras, edición de P. Francisco Mateos, Madrid, Atlas (bae, 73), 1954［ホセ・デ・アコスタ『新大陸自然文化史』上下巻，増田義郎訳・注，岩波書店］.

Acte final de la Conférence intergouvernementale sur la protection des biens culturels en cas de conflit armé, La Haya, UNESCO, 1954.

Adamgy, Yiossuf, *A verdade ácerca da biblioteca de Alexandria*, Loures, Al Furqán, 1989.

Adamnan, San, *The Life of Saint Columba*, traducción de Wentworth Huyshe, Whitefish, Kessinger Publishing, 2007.

Adamonis, Beverly Ann, "Library and Aerospace Personnel Match Wits to Restore Damaged Books", *The Library Scene*, vol. 8, núm. 4, 1979, p. 14.

Afsaruddin, A., "The Great Library of Alexandria", *The American Journal of Economics and Sociology*, vol. 49, núm. 3, 1990, pp. 291-292.

Aguirre Beltrán, Gonzalo, *La actividad del santo oficio de la inquisición en Nueva España 1571-1700*, México, Instituto Nacional de Antropología e Historia, 1981.

Ahmad, Salim Abd al-Razzaq, "Fihris makhtutat Maktabat al-Awqaf al-Ammah fi al-Mawsil", *Al-Jumhuriyah al-Iraqiyah*, Wizarat al-Awqaf, 1975.

—, "Fihris makhtutat Maktabat al-Awqaf al-Ammah fi al-Mawsil", *Al-Jumhuriyah al-Iraqiyah*, Wizarat al-Awqaf waal-Shuun al-Diniyah, 1982.

Akers, Robert C., "Florence to the Eighties: The Data and Archival Damage Control Centre", *Conservation Administration News*, vol. 29, 1987, pp. 4-5.

Alexander, D. E., Confronting *Catastrophe: New Perspectives on Natural Disasters*, Nueva York, Oxford University Press, 2000.

Allen, T. W., *Homeri Ilias*, Nueva York, Oxford University Press, 2000.

Almela Meliá, J., *Higiene y terapéutica del libro*, México, Fondo de Cultura Económica, 1956.

Alnander, Samuel Johansson, *Historia librorum prohibitorum in Svecia*, Upsaliæ, S. J. Alnander, 1764.

Alusi, Numan ibn Mahmud, *Fihrist makātib Baghdad almawqūfah*, Bagdad, Jamiat Markaz Ihya al-Turath al-Ilmi, 1985.

Alvarado Moreno, Jimmy, *Historia de la Biblioteca Nacional Rubén Darío de Nicaragua*, Managua, Palacio Nacional de la Cultura, 2001.

タ

カ

人名索引

著者略歴

フェルナンド・バエス　Fernando Báez

ベネズエラ出身の図書館学者・作家・反検閲活動家．図書館の歴史に関する世界的権威として知られ，過去にベネズエラ国立図書館の館長を務めたほか，現在も複数の団体で顧問を担当している．2003年にはユネスコの使節団の一員としてイラクにおける図書館や博物館，美術館の被害状況を調査した．2004年にスペインで刊行された *Historia Universal de la Destrucción de Libros: De las tablillas sumerias a la guerra de Irak*（書物の破壊の世界史——シュメールの粘土板からイラク戦争まで）でヴィンティラ・ホリア国際エッセイ賞を受賞．その後，大幅に加筆，新たに図版を加え，タイトルを *Nueva Historia Universal de la Destrucción de Libros: De las tablillas sumerias a la era digital*（新・書物の破壊の世界史——シュメールの粘土板からデジタル時代まで）として，2013年に増補改訂された．本訳書は後者を底本としている．本書は17か国で翻訳されたほか，ウンベルト・エーコ，ノーム・チョムスキーからも絶賛された．

訳者略歴

八重樫克彦＋八重樫由貴子　やえがし・かつひこ＋やえがし・ゆきこ

翻訳家．訳書に，『ヴェネツィアの出版人』『悪い娘の悪戯』『誕生日』『チボの狂宴』(以上，作品社)，『パウロ・コエーリョ　巡礼者の告白』『ペルーの異端審問』(以上，新評論)，『明かされた秘密』『三重の叡智』『失われた天使』『プラド美術館の師』(以上，ナチュラルスピリット)など多数．

書物の破壊の世界史——シュメールの粘土板からデジタル時代まで

２０１９年３月22日　第１刷発行
２０２１年９月10日　第４刷発行

著　者　フェルナンド・バエス
訳　者　八重樫克彦＋八重樫由貴子
発行所　株式会社 紀伊國屋書店
東京都新宿区新宿３—17—７
出版部（編集）電話０３（６９１０）０５０８
ホールセール部（営業）電話０３（６９１０）０５１９
東京都目黒区下目黒３—７—10
郵便番号　１５３—８５０４

装丁　間村俊一
校正協力　鷗来堂
本文組版　明昌堂
印刷・製本　シナノパブリッシングプレス
カバー図版（表）*Santo Domingo y los albigenses*, Pedro Berruguete
（プラド美術館所蔵）（裏）*Nuremberg Chronicle*, Hartmann Schedel

ISBN978-4-314-01166-2 C0022
Printed in Japan
定価は外装に表示してあります